和谐社会视域下高校思想政治教育理论与实践研究

张慧娟　罗　莉　王银峰　主编

中国纺织出版社

图书在版编目（CIP）数据

和谐社会视域下高校思想政治教育理论与实践研究 / 张慧娟，罗莉，王银峰主编．-- 北京：中国纺织出版社，2018.9

ISBN 978-7-5180-4661-4

Ⅰ.①和… Ⅱ.①张… ②罗… ③王… Ⅲ.①高等学校—思想政治教育—研究—中国 Ⅳ.①G641

中国版本图书馆 CIP 数据核字（2018）第 018076 号

责任编辑：汤浩　　　　**责任印制：**储志伟

中国纺织出版社出版发行

地　　址：北京市朝阳区百子湾东里 A407 号楼　**邮政编码：**100124

销售电话：010—67004422　传真：010—87155801

http：//www. c-textilep. com

E-mail：faxing@c-textilep. com

北京虎彩文化传播有限公司　　各地新华书店经销

2018 年 9 月第 1 版第 1 次印刷

开　　本：787×1092　1/16　**印张：**24.75

字　　数：400 千字　**定价：**99.50 元

前　言

目前，我国高校思想政治教育工作一定程度上还存在着教育观念落后、内容僵化、形式单一、效益低下等问题，这些问题的存在，既有历史原因，也有现实原因，改变这种状况的根本出路在于创新。新的历史时期，随着改革开放和社会的和谐发展、高校教育体制和高校管理体制改革的不断深入，高校学生的思维方式、价值观念和道德行为也发生了深刻变化。中国共产党第十六届中央委员会第五次全体会议认为，发展科技教育和壮大人才队伍是提升国家竞争力的决定性因素，要深入实施科教兴国战略和人才强国战略。坚持教育优先发展，全面实施素质教育，普及和巩固义务教育，大力发展职业教育，提高高等教育质量，深化教育体制改革，加快教育结构调整，促进各级各类教育协调发展，建设学习型社会。在这样的社会大背景下，需要我们进行对当前我国高校思想政治教育的理论与实践的研究全面开展。

本书以和谐社会为视角，研究我国高校思想政治教育的理论与实践问题。建设社会主义和谐社会是一个富有时代意义的新课题，能够给大学生思想政治教育以深刻的启示。就当前的大学生思想政治教育而言，在总体上处于较好发展的状态下，还存在诸如重视不够、教材建设滞后、办法不多、机制体制不适应等不和谐的音符。这些基础性的不和谐，是大学生思想政治教育中的深层次矛盾的具体体现，会影响到大学生思想政治教育整个系统的和谐运转。高校思想政治教育的优化与创新必须全面展开。构建和谐社会带给我们的一个重要新理念、新认识，就是“以人为本”。由于市场化的影响，社会环境通过各种途径尤其是网络对大学生产生巨大的影响，在此影响下，高校出现了一些不和谐的现象，即注重技能的培养，追求短期效应，对于心理健康、理想信念、人文修养、道德规范以及各方面的能力的和谐发展等方面有所忽视。中国特色的社会主义和谐社会的发展要求我们对此进行分析、探究，以人为本、全面协调的可持续的科学发展观要求我们正确处理好这一问题，以便为社会培养更多更好的合格人才。

本书首先从社会主义和谐社会与高校思想政治教育的理论论述入手，阐述构建社会主义和谐社会与高校思想政治教育两者之间的理论关系，并基于和谐社会的视角审视当前我国高校思想政治教育的现状，探讨和谐社会视域下高校思想政治教育的指导思想。其次，深入研究构建和谐社会背景下高校思想政治教育体系，包括教育理念、目标、内容、方法、渠道、载体、机制、环境、模式、队伍、管理及其效果等。最后，基于和谐社会的视野，展望我国高校思想政治教育的未来发展。总之，在构建和谐社会背景下进行高校思想政治教育创新，必须树立和谐思想政治教育的教育理念，与时俱进、开拓创新、求真务实。只有这样，才能落实科学发展观，更好地建设和谐校园与和谐社会。

编　者

2017年10月

目　录

第一章　和谐社会视域下高校思想政治教育理论综述

第一节　和谐社会的基本理论概述

一、和谐与和谐社会基本理论

（一）和谐的基本内涵

“和谐”一词，最早出自《左传·襄》：“八年之中，九合诸侯，如乐之和，无所不谐。”在中国传统文化中，有关“和谐”的思想非常丰富，“和”，被广泛地应用于描述家庭、国家、天下等内部治理良好、上下协调一致的状态；“谐”，有协调、融洽的含义。其基本含义如下：

1. 和生万物

“和谐”这种理念，是一切事物生存与发展的基础。《中庸》则将这种思想作了进一步的发挥，认为“和”会使人与人的性情相连，要使“天下之达道”而和谐相处。有所谓“和实生物，和生万物”，这种境界有着丰富和深刻的内容，这是对“和”思想最基本特征的揭示。如果事物要生存下去，或者新的事物要产生，就需要有“和”。万事万物的生成与存在，都需要多种因素、多种要素的作用，这是多种因素与多种力量共同推动的结果；如果只有一种因素、一种力量，事物的生成与存在就没有可能或没有保障。

2. 中和中庸

“和谐”为“中和”“中庸”，是一种适度的状态。孔子认为，“中庸至德”是“山之静”与“水之动”的和谐统一。“以他平他”也好，“相存相济”也好，都要力求适中、恰当，以免“过”与“不及”。孟子则认为，对一切事，只要以“和”为原则，力求适中，合宜即可。“中和”在这里有两方面的含义，其一，是指时时执中，强调的是对道的时时、处处的坚持。其二，要求应时而中，即“执中善权”。总的说来，传统的“和”思想的特征之一就在于推崇“中和”，重视“以礼节和”“惟义尚权”，又“变不逾常”，即为达到“中庸至德”，围绕“仁”“礼”中心，发挥“和”的作用。从而要求人们在待人处事的社会实践中，坚持适度的原则，恰到好处，以实现人格完善、社会和谐。“中和”“中庸”既是“和谐”的最高标准，也是“和谐”价值实现的严格原则与规范。

3. 和而不同

“和谐”这种境界，从根本上说是一种多元与开放的状态。当然，“和谐”本身就意味着多样性和多元性，没有多样性与多元性，就意味着没有“和谐”可言。这种状态，就人与自然而言，是人与自然的协调与合一；就人与社会而言，是人之融于社会；就人与人而言，是人与人之间的和睦与友爱。就自然本身而言，是自然世界的和谐而有序的运行；就社会而言，特别在政治方面，是允许各种意见的表达，在价值观方面，是允许多元价值并存；在宗教方面，是允许多种宗教共存共处；就人之生存而言，是个体的身心处于一种和谐而安宁的状态。

今天，我们要弘扬“和谐”思想这种博大宽容与兼容并蓄的精神。不仅要有恢宏的气度，理解和尊重其他国家和民族的传统和文化，更重要的是要以开放的心态积极参与国际的经济、政治、文化的交流与合作，让其他国家的先进技术、成功的管理经验、合理的制度、优秀的文化为我所用，以促进我国的技术创新、制度创新和文化创新，将全球化的有利影响发挥到最大。

4. 和而不流

“和谐”这种境界，并不是随声附和、“和稀泥”、无原则的退让的折中主义，而是有鲜明的原则性。当然，要坚持这种原则，要达到“和合”或“和谐”这种整体境界，尽管可以通过不同的途径获得，但不管是儒家所追求的完善的道德境界，还是道家所向往的自然无为的逍遥境界，都饱含着对人世间的整体关怀与社会发展的深沉忧患意识。在列国纷争的春秋战国时代，面对动荡局势，如何来整合社会秩序，建立一个理性化的封建社会，如果要表现儒家心目中理想的社会秩序，没有什么比“礼乐”更恰当了。如果说“礼”是从“分”来达到维护社会秩序的目的，那么与“礼”相伴的“乐”则更加注重“和”的功能。“礼”是为了“辨异”，乐则是为了“统同”。因此，“礼乐和合”，使社会既有秩序，又有和谐，这是中国古代的“和合”思想的体现。正是这种鲜明的原则精神，体现了一个国家、一个民族在历史发展过程中表现出来的富有生命力的优秀思想、高尚品格和坚定志向，是一个国家、一个民族兴旺发达的精神支柱，是维系本国、本民族人民生存发展的精神底蕴。

总之，“和谐”文化在中华民族几千年的发展长河中，曾对调整阶级社会的各种关系、维护阶级统治和社会稳定以及增强民族凝聚力等方面起了非常重要的作用，直到今天它仍然对我们具有巨大的历史借鉴意义。

（二）和谐社会的思想渊源

“和谐社会”是马克思主义政党不断追求和研究的一种社会形态，它表现为在社会发展变化过程中，社会的各个系统、结构等稳定健康地向前发展。

1. 我国源远流长的“和合”文化

党的十六届四中全会提出的“构建社会主义和谐社会”的战略思想，它的理论渊源、根基土壤，正是中国传统文化价值体系中根深蒂固、源远流长的“和合”精神。要论述“和合”文化的伦理意蕴以及对我国构建和谐社会的价值启示，有必要先理清其伦理源头及发展历程。

“和合”，作为中国传统文化乃至整个东亚文化的基本价值原则之一，其初义是指两个或两个以上要素融合、结合的意思，确立于我国周朝与春秋战国时期，是先秦各家“同归而殊途，一致而百虑”的“一致”和“同归”之所在。在这里，“和”蕴涵着“他”与“他”的关系，是一种因各种不同因素、不同事物间的相互差异、相互作用、冲突融合而达平衡的状态；“同”则是排斥差异的简单同一，从而使事物得以生存与持续发展。它既深刻反映了人生天地间的自我创造使命，又和盘托出了天地自然与人事活动中“并育而不相害”“并行而不相悖”的原始话题。

先秦儒家也崇尚“和合”。孔子以“和”作为人文精神的重要内容，孔子认为，君子与小人的区别，就在于“和”，正所谓“君子和而不同、小人同而不和”。孔子认为，君子与小人的根本区别就在于两者处理事情和人际关系的方法不同，这实际反映了两者不同的处事原则和不同的人格行为。孟子则讲“天时不如地利，地利不如人和”，高度重视“人和”对社会发展和社会稳定的重要性。荀子认为，“万物各得和与生，各得其养而成”，即人之本性与道德和合而天下可以人治。可以这么说，荀子关于“合”的论述，超越了前人的思想，把理论与实践结合起来，进一步深化了儒家的“和合”思想。

道家也重“和合”，老子以“道”为其道德哲学的最高范畴，有“道生一，一生二，二生三，三生万物，万物负阴而抱阳，冲气以为和”。庄子则从人的生存方式与生存境界出发，认为“夫明白于天地之得者，此之谓大本大宗，与天和者也，谓之天乐。所以能均调天下，与人和者也，谓之人乐”。庄子认为，人之所以能够洞察天地的根本就在于能够与天和而得天乐；之所以能够治理天下，就在于与人和，而得人乐。庄子所追求的看起来是天和的境界，其实质是视“和”为真、善、美相融合的人的和谐的精神境界。

由此可见，“和”可以说是万物生存之基与万物的横常性之所在，人类要长生久视，像万物恒常不绝，就必须知“和”，才能始终处在和谐相处的统一体中。

墨家则从“兼相爱，交相利”的原则出发，将“和合”视为处理家庭、社会、国家、经济生活中各种关系的基本原则，认为如果不能“和合”，则家不成家，国不成国，社会生活与经济发展将停滞不前，将陷于一种“交相恶”的状态之中。故有“内者父子兄弟作怨恶，离散不能相和合。天下百姓，皆以水火毒药相亏害。”意思是说，人和家庭为社会的根本，父子间兄弟的关系可以说是各种社会关系的根本，如果父子兄弟之间都是形同仇人而怒目相视，形同陌路而离心离德不能和合，则天下百姓就会如同水火猛兽一样相互残害相加。因此，要使家庭和睦、社会发展、国家稳定太平就必须按照“和合”的思想来处理家庭、社会与国家之间的关系，使得人与人之间相互爱护、相互帮助、和睦共处、实现共赢而天下归同。

《管子》与《易传》也曾论述过“和合”思想。它们把“和合”看作是至高无上的目标和人生追求的终极理想。它们认为：“畜之以道，养之以德。畜之以道，则民和；养之以德，则民合。”畜养民众以道和德，就能使民众“和合”。“和合”就能使人与人之间达到和谐共处，和谐就能团结一致而不相互伤害。可见，“和合”是以道与德畜养民众的目标，而要真正能实现和达到这个目标，不仅要通过“畜之以道，养之以德”，更要通过祭祀天地神明达天人合一，可以说，在这里，“和合”是人类要追求的至高无上的目标。

到秦汉时期，“和合”思想得到进一步的继承与发展，《吕氏春秋》《中庸》等传统经典都崇尚“和合”思想。《吕氏春秋》认为“天地和合，生之大经也；夫物合成，离而生，知合知成，知离知生，则天地平矣。”意思是说，万物生存的根本，就在于天地的“和合”，“和合”而成，别离而生，这是天地自然之常道，也是人类社会发展的必然和客观规律。《中庸》则将“和合”思想作了进一步的发挥，把“和合”思想与人的性情禀赋、聪明才智和儒家之道紧密地结合起来了，认为“和合”使人与人的性情相连，要使天下之大本达道而和谐相处。

此后，尽管绵延几千年的中国封建社会分分合合，但中华民族总体上是处于一个融合过程。一直到康有为的“大同社会”，孙中山的“天下为公”。以至到当今我们中国共产党人的“构建社会主义和谐社会”，尽管中国的历史社会不断变迁与发展，但“和合”思想却在总体上没有被遗忘、曲解与否定。中国哲人们历来承认事物的美好与对立、矛盾与斗争，认为人与自然应该是协调发展、人与社会应当是和谐共处、人与人则要和睦友爱，认为人类社会的最终结局或最佳状态是“和”且“合”。

2. 西方文化中“和谐社会”的观点

追求美好和谐的生活，是我们全人类的共同目标。因此，在追求和谐社会这一伟大目标上，不仅中国思想家有过艰苦的努力，同样西方的思想家也做出了不懈的探索。古希腊哲学家赫拉克利特作为辩证法的奠基人之一，不仅在于他说出了“我们不能两次踏进同一条河流”这样一个万物皆变的思想，更可贵的是他还在欧洲哲学史上首先提出了关于对立面的统一和斗争的学说。赫拉克利特认为事物都是对立面的统一，自然界就是从对立的东西中产生和谐，由联合对立物造成和谐，而不是从相同的东西中产生和谐。

以毕达哥拉斯为代表的毕达哥拉斯派，在哲学上提出关于数的学说以及和谐说。他们首先研究音乐节奏的和谐，认为音乐节奏的和谐是由长短、高低、轻重的音调按一定比例组成的。他们还进而研究了在建筑、雕刻艺术中，按什么样的比例才会产生美的效果，提出了著名的“黄金分割”，即认为最美的图形是长与宽成一定比例的长方形。毕达哥拉斯又进一步把这种和谐现象加以夸大，推广到全宇宙，认为和谐无所不在，宇宙中的一切都存在着和谐，而且这种和谐是绝对的，这种和谐也就是他们所谓的“宇宙秩序”。在这里我们必须明确，毕达哥拉斯派的和谐说描述了宇宙中存在着的某些和谐的现象，包含了对某些自然规律的猜测。但是，毕达哥拉斯派的和谐说与赫拉克利特的辩证法有所不同。赫拉克利特也承认对立面之间的和谐统一，但他更强调对立面之间的斗争，认为只有和谐而无斗争，就没有运动和变化了。与此相反，毕达哥拉斯派认为，和谐是绝对的，斗争是相对的，和谐是美是善，斗争是丑是恶。

古希腊的另一位大哲学家柏拉图在他的《理想国》中，借苏格拉底和格劳贡二人的对话，表述了他的理想中的国家应该是一种什么样的状态。柏拉图认为，理想的国家或社会组织和整个宇宙或个人一样，理性应该在其中占据统治地位。柏拉图把国家分为三个等级，即统治阶级、武士阶级和劳动者阶级。柏拉图还进一步提出，上述三个等级的人应各尽其职。只有这样，一个国家或社会才能和谐一致，才能实现“正义”的原则。

斯多葛派是希腊哲学中流行最广泛延续时间最长的一个派别，它的创始人芝诺著有与柏拉图《理想国》同名的著作，却表达了与柏拉图相反的政治理想。这部著作提出的“世界城邦”和“世界公民”的思想，具有划时代的意义。芝诺根据理性统一性的宇宙模式，认为有理性的人应当生活在统一的国家之中，这是一个包括所有现存的国家和城邦的世界城邦，它的存在使得每一个人不再是这一或那一城邦的公民，而只是“世界公民”。“世界城邦”是完善的国家，总之，凡是无助于德行的设施一律废止，让理性以自然方式起作用。

奥古斯丁作为著名的基督教哲学家，花了十余年心血，写出了他的历史哲学著作《上帝之城》。他在书中哀叹罗马帝国濒于灭亡，但又认为这是不可避免的，因而也不必过分惋惜。奥古斯丁认为，国家的作用在于“提供现世生活必需的利益，保障能使我们在现世生活中享受健康、安全和人类友谊的世间和平”。透过宗教的外衣，可以看出奥古斯丁的“上帝之城”不过是他的理想和谐社会的代名词。

当时光到达 18 世纪时，一些代表新兴资产阶级的启蒙思想家对旧的封建专制表示强烈不满。卢梭作为法国大革命的思想先驱者，在吸收前人思想的基础上提出了自己的“社会契约论”。

卢梭认为随着文明的进步，人类的不平等也向前迈进。为了改变不平等的状况，卢梭提出了自己的“社会契约论”，认为在平等条件下制定的契约才是真正的社会契约，其目的是要建立一个能够保障人的自由和平等的国家政权。他认为，人是生而平等的，国家只能是自由的人民自由协议的产物，如果自由被强力所剥夺，被剥夺了自由的人民则有革命的权利。卢梭在《忏悔录》中描述了理想的政府：一个最有道德、最开明、最睿智并且是最美好的民主的政府，这是资产阶级和谐社会的必要条件。

在对理想的和谐社会的追求中，空想社会主义思想家最为执着。托马斯·莫尔在他的著名著作《乌托邦》中对贵族和资产阶级进行了严厉的批评，并提出实行公有制的社会主义的想法。另一个空想社会主义者康帕内拉在他的《太阳城》中描述说，在这个国家中每个公民都是社会的公仆，由国家来分配劳动和工作时间。劳动者生产出来的产品都送入公共仓库，成为社会公有的财产。农业生产采用义务劳动的形式进行，每个公民都必须根据政府的命令去完成劳动。“太阳城”是在人性论和人道主义的精神下描绘出的没有等级，经济和政治完全平等的理想和谐社会。

在18世纪的法国，空想社会主义代表者让·梅叶不仅强烈反对封建剥削和压迫，而且反对私有制，反对一切形式的剥削和压迫。他主张以公有制为基础的、人人从事劳动的共产主义社会。法国的另一位空想共产主义者摩莱里不同意卢梭的“自然状态”理论，因为在“自然状态”中人类是一无所有的、孤立无援的野蛮人，因而是自由平等的。摩莱里在《自然法典》中以法律形式规定了他心目中的理想社会，以及在经济、政治和文化生活等方面的基本原则。同样马布利作为一个反对私有制的空想社会主义者，阐述了他理想中的王国是一个美丽的荒岛，在这里人人都富有，人人都是穷人，人人平等，人人自由，人人是兄弟这样一种理想境界。当然，后来的圣西门、傅立叶、欧文也都对他们心目中理想的和谐社会有过类似的描绘。

3. 马克思主义视野中的和谐社会

社会主义和谐社会的提出并不是无源之水，而是符合马克思主义基本原理，有着深厚的马克思主义理论渊源的。马克思主义经典作家直接论述和谐的地方不多，但从他们关于共产主义的描述中，可以了解他们关于“和谐”的哲学思想。

（1）马克思主义对社会主义和谐社会本质特征的勾画。和谐是指事物协调、均衡、有序的发展状态。和谐的概念古已有之，但作为一种社会思想，是从空想社会主义开始。空想社会主义学说是在对资本主义社会的无情批判中对未来美好社会的理想勾勒。1803年，法国空想社会主义者傅立叶在《全世界和谐》一文中指出，现存的资本主义制度是不公正不合理的，必将为新的“和谐制度”所取代。

1824年，美国空想社会主义者欧文在美国印第安纳州对“和谐制度”进行了长期实验，并把这种共产主义实验称作“新和谐公社”。1842年，德国空想社会主义者魏特林在《和谐与自由的保证》一书中，将资本主义称作“病态社会”，将社会主义称作“和谐与自由”的社会。这些空想社会主义者关于理想社会的合理部分直接成为马克思主义的理论来源。然而，马克思在对空想社会主义者的和谐社会思想给予充分肯定的同时，也深刻分析了他们的历史局限性，认为他们没有认识到资本主义社会的本质矛盾，没有找到实现和谐社会的基本动力和依靠力量，因此是不可能实现的，并在此基础上以唯物史观和剩余价值为理论武器，创立科学社会主义理论。

科学社会主义从根本上说，就是人类最终实现社会和谐和人的自由全面发展的科学理论体系。科学社会主义揭示了未来和谐社会的本质特征："代替那存在着阶级和阶级对立的资产阶级旧社会的，将是这样一个联合体，在那里，每个人的自由发展是一切人的自由发展的条件。"同时在《1844年经济学哲学手稿》中，马克思说："共产主义是人和自然界之间，人和人之间的矛盾的真正解决，是存在和本质、对象化和自我确证、自由和必然、个体和类之间的斗争的真正解决。"马克思虽然没有明确提出过和谐社会的概念，但是他在《德意志意识形态》《共产党宣言》和《1857—1858年经济学手稿》等著作中，所论述的共产主义社会即是消灭三大差别、消灭阶级对立、国家自我消亡的和谐社会。马克思还认为，共产主义的理想目标就是建立一个既摆脱了人对人的统治，又摆脱了物对人的奴役，扬弃了它们之间的异化和对立的人与人、人与物之间相互统一的和谐社会。

马克思恩格斯所指的"人的自由全面发展"，既是个人自由全面发展，又是人类整体的全面发展。在他们看来，共产主义社会是以每个人的自由全面发展为基本原则的社会形式。这勾画出社会主义和谐社会的本质特征。而我国当前所提出的社会主义和谐社会正是以人的全面自由发展为最高目标的新型社会。对于马克思主义和谐社会的基本内容，恩格斯在《政治经济学批判大纲》中指出，共产主义是"人类同自然的和解以及人类本身的和解"。因此，马克思的和谐社会观作为全面的社会发展学说，关注的是人和自然的和睦相处、人与社会的全面进步和人的自由而全面的发展。

（2）马克思主义关于人与自然的和谐共处。马克思指出："我们连同我们自己的血肉，头脑都是属于自然界的，存在自然界的。"马克思恩格斯把人和自然的关系看作是"一个复杂的对立统一体"。当人们还不认识强大的自然力时，人只能敬畏自然，随着科学技术的不断发展和工业的兴起，人类征服自然的能力不断增强。但是在资本主义制度下形成的"人类中心主义"的倾向，驱使人无限度地和不顾后果地向自然界进行物质索取和开发，人由人对自然的依赖转向人与自然的对立，这从人的层面看，反映了人在发展过程中的片面性和不成熟性。只有到了共产主义社会，人与自然才能达到真正和谐，"共产主义，作为完成了的自然主义，等于人道主义，而作为完成了的人道主义，等于自然主义，它是人和自然之间，人和人之间矛盾的真正解决，……"

（3）马克思主义关于人与社会的和谐共赢。马克思恩格斯反对抽象地谈论人，而是把人理解为现实中的个人，并指出"只有在社会中，人的自然存在对他说来才是他的人的存在，而自然界对他说来才成为人""人的本质不是单个人所固有的抽象物，在其现实性上，它是一切社会关系的总和。"这样，"社会关系实际上决定着一个人能够发展到什么程度。"因此人与社会全面和谐的关系是和谐社会思想的重要内容。马克思关于构建人与社会和谐关系的理论，是建立在社会劳动生产理论上的。社会历史发展过程首先是物质生活资料的生产和再生产的过程，然后才是精神和观念等其他生产的过程。"人们首先必须吃、喝、住、穿，然后才能从事政治、科学、艺术、宗教等等；……"与此同时，精神生产以及社会关系的生产又对物质生产以能动的反作用。各种社会生产之间的作用和反作用、决定与被决定的辩证关系，推动人类社会从低级向高级、从不文明到文明、从片面到全面、从不和谐到和谐的发展。

（4）马克思主义关于人与自身的和谐发展。马克思恩格斯认为，人自身也是一个矛盾统一体，社会发展史实质上是个人的发展史。"人们的社会历史始终只是他们的个体发展的历史，而不管他们是否意识到这一点。他们的物质关系形成他们的一切关系的基础。"在资本主义及其以

前的社会，人是被奴役被蔑视的，这就决定了人不能真正平等自由地发展。马克思指出：“大工业的机器使工人从一台机器下降为机器的单纯附属物，……一切‘有教养的等级’都为各式各样的地方局限性和片面性所奴役，为他们终生从事一个专业所造成的畸形发展所奴役……”这种人的不平等，畸形和不自由的社会必然要被共产主义社会所代替，因为共产主义社会是“以每个人的全面而自由的发展为基本原则的社会形式”，是“自由人联合体”，“在那里，每个人的自由发展是一切人的自由发展的条件。”而社会主义和谐社会正是以人的全面自由发展为最高目标的新型社会。

和谐社会承载的是马克思主义理想目标与现代社会主义实践形态之间的一种互动关系。毋庸讳言，在马克思那里，真正的和谐社会只有通过共产主义才能实现。但共产主义是一种“现实的运动”，以共产主义为理想目标，努力建设我国和谐社会，是实现理想和现实统一的基础。深刻理解和把握马克思主义关于社会主义和谐社会的理论论述，将极大促进我国社会主义和谐社会的建设。

二、社会主义和谐社会的科学内涵、本质要求和基本特征

2006年10月召开的党的十六届六中全会做出了《中共中央关于构建社会主义和谐社会若干重大问题的决定》。这次全会和这个决定标志着我们党从中国特色社会主义事业总体布局和全面建设小康社会全局出发，正式提出了构建社会主义和谐社会的科学理论。这一科学理论体系是党中央对人类和谐文化积极成果的继承和发展，是对马克思主义社会建设理论的传承和创新，不仅丰富了马克思主义的理论宝库，同时也是对人类文明的一项重大贡献。由于和谐社会的相关理论是一个庞大而复杂的理论体系，所以只有先把握住社会主义和谐社会的科学内涵和本质要求，才能更好理解和研究和谐社会理论。

（一）社会主义和谐社会的科学内涵

在整个人类历史的发展过程中，许多的思想家、政治家都探索和研究过关于社会和谐的问题，并提出了很多关于“和谐”的理念。可见，有关于社会和谐的理论具有悠久的历史渊源和深厚的文化基础。也正因如此，不同的人对于和谐社会及其科学内涵的理解也各不相同。根据马克思主义著作中关于和谐社会的思想，社会主义和谐社会的科学内涵可以概括为以下四个方面：

第一，人与自然的和谐。人是自然的产物，人的生存和活动不能从自然界中分离出来；同时，自然界也不能脱离人和人的活动。一方面，人的生存和活动依赖自然，自然界为人类生存提供了广阔的空间和必需的生产生活资料，正如马克思所说：“没有自然界，没有感性的外部世界，工人就什么也不能创造。它是工人用来实现自己的劳动、在其中展开劳动活动、由其中生产出和借以生产出自己的产品的材料。”另一方面，自然界不能脱离人和人的活动而独立存在，人在自然界进行劳动和生存，并在这个过程中与自然建立起一种和谐的、可持续发展的关系。

第二，人与社会的和谐。马克思说：“人们在生产中不仅仅同自然界发生关系。他们如果不以一定方式结合起来共同活动和互相交换其活动，便不能进行生产。为了进行生产，人们便发生一定的联系和关系；只有在这些社会联系和社会关系的范围内，才会有他们对自然界的关系，才会有生产。”由此可见，人只有在社会生活中才能健全地发展，不能脱离社会而独立地生存；同时，社会同样离不开个人，个人是社会存在的现实基础，正是人的社会活动，促进了生产力

和生产关系的发展，推动了社会的进步，如果不能使人与社会保持和谐统一，就必然会对个人利益或社会利益产生损害。所以，和谐社会就是要努力构建人与社会的和谐关系，使二者相互协调、共同繁荣。

第三，人与人的和谐。人的本质是一切社会关系的总和，而社会关系最重要的方面就体现在人与人的关系上。正如马克思关于人与人之间关系的结论，“一个人的发展取决于他直接或者间接进行交换的其他一切人的发展”，也就是说，一个人的发展会受到周围人的影响，当人们在各个方面实现一种平衡时，就必然会实现人与人关系的和谐。然而，在现实社会中，人与人之间的发展肯定是存在差异的，不可能完全消除个人之间的利益冲突，这就要求我们构建和谐社会，通过这个系统中的体制尽量缓解这些矛盾和冲突，实现人与人之间的和谐。

第四，和谐社会是一个历史的实践和发展过程，要求社会系统中的经济、政治、文化、自然和人等各个要素相互作用、协调发展，其中经济是实现社会变迁的根本原因，政治和文化是经济的特定表现形式并反作用于经济，自然界是社会发展的重要因素，人是社会的主体，是推动社会发展的主要力量。所以，只有实现社会系统自身各个要素的协调，才能真正实现社会的和谐。

（二）社会主义和谐社会的本质要求

构建社会主义和谐社会，要始终把最广大人民群众的根本利益作为党和国家一切工作的出发点和落脚点，这正是社会主义和谐社会的本质要求——坚持以人为本。以人为本是和谐社会的核心和灵魂，“人”指的是广大人民群众，“本”指的是发展的根本，即要把实现人民群众的利益作为发展之本。一方面，以人为本强调的发展目标是实现人的全面发展，要从人民群众的根本利益出发，不断满足他们日益增长的物质需求和文化需求，强调对人民群众经济、政治、文化权益的保障，发展的成果要惠及全体人民，这些都反映了构建社会主义和谐社会的根本价值取向。另一方面，在我国，人民群众是建设社会主义和谐社会的主力军，人民群众参与和谐社会建设，就是为了争取和保证他们的切身利益。但是在现实条件下，由于利益主体的多元化，人与人之间既存在共同利益又存在各不相同的个人利益，而和谐社会的建设，就是要从根本上协调好社会各方面、各阶层的利益关系，确保所有的利益主体都能够享受到发展的成果，保证人民能够获得更多更明显的实际利益，体现了以人为本这一本质要求。

（三）社会主义和谐社会的基本特征

“根据马克思主义基本原理和我国社会主义建设的实践经验，根据新世纪新阶段我国经济社会发展的新要求和我国社会出现的新趋势新特点，我们所要构建的社会主义和谐社会，应该是民主法治、公平正义、诚信友爱、充满活力、安定有序、人与自然和谐相处的社会。”这六个方面科学地勾画出了社会主义和谐社会的基本特征。这些特征是我们党根据马克思主义基本原理和我国社会主义建设的实践经验，根据新世纪新阶段我国经济社会发展的新要求和我国社会出现的新趋势新特点，做出的科学概括和总结。

1. 社会主义和谐社会是民主法治的社会

社会主义和谐社会应当是民主法治的社会。在构建社会主义和谐社会中，之所以必须发扬社会主义民主，是因为我们建设的和谐社会，是社会主义的和谐社会，而政治文明是社会主义社会的重要组成部分。发扬社会主义民主政治，保证人民依法行使民主权利，维护公众的社会

知情权、社会参与权、意志表达权及民主监督权，使人民群众的积极性、主动性、创造性更好地发挥出来，促进党和人民群众的关系和谐，这是构建社会主义和谐社会的重要保证。在构建社会主义和谐社会中，之所以必须实施依法治国基本方略，是因为社会主义和谐社会不仅是法治保障的有序社会，而且依法治国是中国特色社会主义政治文明的显著特点，实施法治是建设社会主义政治文明的根本保证。发展社会主义民主政治，建设社会主义政治文明，最根本的就是把坚持党的领导、人民当家做主和依法治国有机统一起来。

2. 社会主义和谐社会是公平正义的社会

社会主义和谐社会应当是公平正义的社会。社会主义和谐社会是一个把公平和正义作为核心价值取向的社会。维护和实现社会公平和正义涉及最广大人民的根本利益，是我们党坚持立党为公、执政为民的必然要求，也是社会主义制度的本质要求。从一定意义上说，社会主义和谐社会就是公平正义的社会。那么，什么是公平正义呢？公平正义即是“社会各方面的利益关系得到妥善协调，人民内部矛盾和其他社会矛盾得到正确处理，社会公平和正义得到切实维护和实现”。公平是和谐社会的基础和前提，社会公平和正义是人类追求美好社会的永恒主题。古今中外的大量事例证明，严重的社会不公，明显的两极分化，势必导致社会成员、社会群体和社会阶级之间剧烈的利益矛盾，直至暴力冲突。一旦社会的尖锐利益冲突演化成剧烈的政治冲突，社会和谐就随之失去了制度的保障。因此，社会公平是社会和谐的基石，更是社会主义社会的本质要求，也是社会主义和谐社会形成的重要前提和基本条件。在发展社会主义市场经济条件下，我们更加需要公平正义。

3. 社会主义和谐社会是诚信友爱的社会

我们所追求的社会主义和谐社会，不仅仅是社会对公平正义秩序的制度期待，而且还有人们对美好安宁生活理想的伦理期待。一个和谐的社会应当是一个公平正义的社会，也是一个充满道义关切和共享和谐的社会。它要求社会中的每一个人具有良好的个体美德和精神心理，以确保社会的正义秩序能够长期使思想政治教育在我国构建社会主义和谐社会进程中的功能探究稳定，并从良好的社会秩序中分享和谐与安宁。因此，在社会主义和谐社会的范畴中，一个重要内容就是诚信友爱。“诚信友爱，就是全社会互帮互助、诚实守信，全体人民平等友爱、融洽相处。”诚信是中国最基本的道德规范之一，也是社会主义市场经济的重要支柱。如果没有诚信，就没有相互的合作，就没有社会的团结，就不能形成普遍的认同，也就没有社会的和谐。社会主义和谐社会也应当是一个友爱的社会，是社会成员和睦相处的社会。团结与和睦，是任何组织和团体事业发展的前提。要珍惜团体团结和睦的工作局面，因为只有团体的团结和睦才会给我们创造一个令人精神愉快的工作环境，也才能推动团体事业的发展和社会的和谐。

4. 社会主义和谐社会是充满活力的社会

社会活力是社会进步、协调、和谐的基础和条件。社会活力不断增强是推动社会不断变化发展的现实力量和动力源泉，是现代社会的重要标志。构建社会主义和谐社会，就是要最广泛、最充分地调动一切积极因素，发挥各方面的创造活力，不断推动经济社会发展。“充满活力，就是能够使一切有利于社会进步的创造愿望得到尊重、创造活动得到支持、创造才能得到发挥、创造成果得到肯定。”社会活力来自社会成员、社会组织和社会机制的有效作用，表现为政治活力、经济活力、文化活力、人的发展的活力等等。在经济上要有发展活力，就要推进改革开放，坚决破除一切妨碍发展的观念和体制弊端；在政治上要有活力，就要引导和发展公民政治参与的主动性和积极性，使公民享有广泛的权利和自由；在文化上要有活力，就要培育公民的科学文化素质和思想道德素质，大力发展先进文化。这里，摆在第一位的是要大力营造有利于创业和创新的机制和环境，充分调动人民群众的积极性和创造性，去推动各个领域的持续、健康、快速发展。

5. 社会主义和谐社会是安定有序的社会

安定有序是形成社会主义和谐社会的必要条件和基本标志。“安定有序，就是社会组织机制健全，社会管理完善，社会秩序良好，人民群众安居乐业，社会保持安定团结。”社会要和谐，首先要安定，包括政治安定、经济安定以及人心安定等方面内容。其中，政治安定是整个社会安定的核心，经济安定是整个社会安定的基础，人心安定是整个社会安定的前提。当然，仅仅安定还构不成和谐，安定还要和有序相结合，才能构成和谐。首先，思想政治教育在我国构建社会主义和谐社会进程中的功能探究就要求处理好发展、改革和稳定的关系，切实把改善人民群众的生活水平作为三者的重要结合点，把发展的速度、改革的力度同人民群众的承受程度结合起来，让改革发展的成果惠及全体人民。其次要正确处理人民内部矛盾，建立和完善矛盾调节和处理机制，加强社会管理，建立党委领导、政府负责、社会协同、公众参与的社会管理新格局。第三要建立、健全社会预警体系，及时了解社情民意，把矛盾解决在萌芽状态，切实维护社会稳定，使人民群众安居乐业，社会保持安定团结。

6. 社会主义和谐社会是人与自然和谐相处的社会

社会主义和谐社会应当是人与自然和谐相处的社会。“人与自然和谐相处，就是生产发展，社会富裕，生态良好。”我们建设和谐社会，一项重要任务就是要统筹人和自然的和谐发展。要纠正和克服以牺牲环境、过度消耗资源为代价而求得发展的片面观点和倾向，把自然代价和社会代价减少到最低限度，使人和自然双盛、人和自然双赢，使两者关系协调和谐。进而言之，和谐社会所要求的可持续发展，既是经济增长与生态环境的统筹，以及人口、资源、环境、生态的平衡，也是社会的经济、政治、文化、教育的协调。我们必须坚持全面、协调、可持续的科学发展观，实现经济效益、社会效益和生态效益的统一，努力营造优美、洁净、舒适的生产生活环境。

综上所述，民主法治、公平正义、诚信友爱、充满活力、安定有序、人与自然和谐相处既包括社会关系的和谐，也包括人与自然关系的和谐，体现了民主与法治的统一、公平与效率的统一、活力与秩序的统一、依法治国与以德治国的统一、人与自然的统一，这六条相互联系，相互作用，共同构成了社会主义和谐社会的基本特征。

三、构建社会主义和谐社会的重要意义

“构建社会主义和谐社会反映了建设富强民主文明和谐的社会主义现代化国家的内在要求，体现了全党全国各族人民的共同愿望，已经成为我们党新的战略追求，成为我国社会主义现代化的新的战略任务和奋斗目标，成为一个具有全局性、前瞻性、战略性的崭新课题，成为我们党主动地、自觉地防止和化解各种困扰及风险的重要而紧迫的战略任务。”提出构建社会主义和谐社会这一重大战略任务，是我们党在理论和实践上的重大突破与创新，也是党推进中国特色社会主义建设的一次历史性跨越，具有重大意义。

（一）构建和谐社会是中国特色社会主义的本质属性

党的十六届六中全会上提出构建和谐社会是中国特色社会主义的本质属性，这是我们党把马克思主义基本原理同我国社会主义现代化建设的具体实践相结合的又一重大理论成果。之所以说构建和谐社会是中国特色社会主义的本质属性，是因为改革开放以来，历代领导集体根据我国发展的实际情况，先后提出了很多关于中国特色社会主义的重要思想和科学论断，这些思想和论断都不约而同地提到了关于社会和谐的思想，特别是十一届三中全会以后，邓小平同志在总结国内外社会主义建设的经验和教训的基础上，创造性地提出了社会主义本质论，明确提出“社会主义的本质，是解放生产力，发展生产力，消灭剥削，消除两极分化，最终实现共同富裕”。这一论断实际上蕴含着实现社会和谐的要求：解放和发展生产力为社会和谐打下了良好的物质基础，消灭剥削，消除两极分化和实现共同富裕是实现社会和谐的前提条件。而和谐社会提出的具体要求也恰恰顺应了社会主义的本质要求，二者互为因果，相互促进，所以说构建社会主义和谐社会是中国特色社会主义的本质属性。

（二）构建和谐社会是建设社会主义现代化国家的内在要求

构建社会主义和谐社会是党的十六届六中全会做出的一项重大理论创新，是建设富强、民主、文明、和谐的社会主义现代化国家的内在要求。我们所要建设的和谐社会要坚持走中国特色社会主义道路，坚持在中国共产党的领导下全体人民共同参与建设过程、共同享受建设成果；要符合党制定的构建社会主义和谐社会的总体要求，实现社会各方面的协调发展；要实现每个人之间、个人与社会之间、个人与自然界之间的和谐统一。而构建和谐社会的这些要求和目标，也正是建设社会主义现代化国家的内在要求，二者在很多方面都有共同之处。如：经济方面，二者都要求不断健全和完善经济体制，改变经济增长方式，优化经济结构，在保证经济增长速度的同时提高效率；政治方面，二者都要求发展民主和法治，坚持党的领导，不断提高党的执政能力，维护社会的繁荣和稳定；社会生活方面，二者都要求加强政府的管理和服务职能，健全和完善社会保障体系，使社会保障体系能够最大限度地涵盖社会生活中的各个领域；文化方面，二者都要求大力提高全社会的思想道德素质，发展社会主义先进文化，提高全体国民的文化和思想水平。通过这些方面我们可以看出，构建社会主义和谐社会与建设社会主义现代化国家是一脉相承的。

（三）构建和谐社会是适应新形势、应对新挑战的迫切需要

党的十六届六中全会科学分析了当前国际国内形势，明确指出：“新世纪新阶段，我们面临的发展机遇前所未有，面对的挑战也前所未有。”从国际形势来看，世界格局多元化和全球经济一体化已经是世界发展的主流趋势，和平共处、共同发展、协调合作是当今时代的主题，但是各国之间的关系仍然错综复杂，由于维护各自的国家利益而引起的以综合国力为核心的竞争仍然比较激烈，影响和平与发展的不稳定、不确定因素增多，我们仍将长期面对发达国家在经济、科技等方面占优势的压力。从国内情况来看，改革开放以来，我国社会主义市场经济体制日趋完善，国民经济迅速发展，综合国力大幅提高，人民生活显著改善，但同时也存在着经济社会发展不平衡、群众的切身利益不能得到有效保证、民主法制还不健全、机制体制尚不完善等影

响社会和谐的矛盾和问题，这些问题都会对我国社会的发展和稳定产生消极的影响。

面对这些前所未有的机遇和挑战，我们党总结制定了一项着眼于改革、着眼于建设、着眼于在新形势下正确处理人民内部矛盾的新思路，即构建社会主义和谐社会的战略思路，大力发展经济，为各项事业的发展打下坚实的物质基础，切实提高我国的综合国力，同时着眼于国内社会存在的问题，提出具有针对性的对策和措施加以解决。正如党的十六届六中全会通过的决定所指出的："构建社会主义和谐社会是一个不断化解社会矛盾的持续过程。我们要始终保持清醒头脑，居安思危，深刻认识我国发展的阶段性特征，科学分析影响社会和谐的矛盾和问题及其产生的原因，更加积极主动地正视矛盾、化解矛盾，最大限度地增加和谐因素，最大限度地减少不和谐因素，不断促进社会和谐。"构建社会主义和谐社会是我国在面对国内外形势下提出的重要战略思路，我们只有长期坚持这一战略思路，才能冷静应对国内外形势所带来的压力和挑战。

（四）构建和谐社会是全党全国各族人民的共同愿望

构建社会主义和谐社会这一任务具有长期性和历史性，不可能在短时间之内全部完成，它需要通过几代人的不懈努力，陆续完成各个阶段的目标，逐步形成一个完整的和谐体系。实现社会和谐发展是全党全国各族人民的共同理想。党的十六届六中全会除了把构建社会主义和谐社会作为一个长远目标来规划，又把它作为全面建设小康社会的重大现实课题来部署，确定了到 2020 年的阶段性目标，这一目标充分反映了党和人民在当前形势下的共同理想和美好追求。实现经济快速发展，保证社会公平正义，强化政府的社会管理和公共服务职能，完善社会保障体系，缩小贫富差距等都是构建和谐社会的重要目标。换句话说，整个构建社会主义和谐社会的进程，就是更好地建设小康社会、实现社会和谐发展这一共同理想的进程。党对于构建和谐社会提出的许多方针政策，如：缩小城乡差距，避免城乡二元化；协调区域之间的发展战略，推动不同区域共同发展；保证就业，增加就业渠道，增加人民收入；完善收入分配，规范分配秩序；完善社会保障制度，保障群众基本生活；统筹协调各方面利益关系，妥善处理社会矛盾；巩固和壮大最广泛的爱国统一战线，充分调动各方面积极性；深入开展党风廉政建设和反腐败斗争，等等。这些都是让全国各族人民得到实实在在的利益、共享改革发展成果的实际举措。

（五）构建和谐社会是实现全面建设小康社会奋斗目标的重要保证

党的十六大指出，我们要在 21 世纪头二十年，集中力量，全面建设惠及十几亿人口的更高水平的小康社会，使经济更加发展、民主更加健全、科教更加进步、文化更加繁荣、社会更加和谐、人民生活更加殷实，这是我们党第一次在党的文件中把"社会更加和谐"明确为全党和全国各族人民的奋斗目标。构建社会主义和谐社会是全面建设小康社会的重大现实课题，对实现小康社会意义重大。当前，我国经济社会面临发展机遇期，综合国力大幅提升，人民得到的实惠增多，社会保持安定团结，民族凝聚力极大增强；但同时也面临结业、社会保障、收入分配、社会秩序、人口资源环境等方面的问题，这些方面引发的一些矛盾将成为全面建设小康社会的重大障碍。解决这些问题，构建社会主义和谐社会是必然要求，同时也是全面建设小康社会的内在要求。所以说，构建社会主义和谐社会和全面建设小康社会在目标上是完全一致的，构建社会主义和谐社会是从中国特色社会主义总体布局和全面建设小康社会全局出发提出的重

大战略任务，是为了突出解决全面建设小康社会过程中出现的各种影响社会和谐的矛盾和问题。

第二节　高校思想政治教育基本理论概述

一、思想政治教育基本概念

思想政治教育概念是中国共产党创立的、具有社会主义性质与中华民族特色的专门概念。思想政治教育包括思想教育、政治教育和道德教育，是思想政治工作的重要组成部分，担负着党的思想建设与群众性思想教育的职责，既是中国共产党的光荣传统，也是中国共产党的政治优势。思想政治教育学科自20世纪80年代初建立以来，思想政治教育则成为该学科的主概念。思想政治教育学科原来属于政治学一级学科，马克思主义理论一级学科建立以后，思想政治教育学科是其中一个二级学科。因此，思想政治教育概念在我国既是通用的应用概念，也是被广泛认同的学科概念。

对思想政治教育概念，不同的教材、专著从不同层面和不同视角有不同的界定，比较有代表性的界定有“施加论”“转化论”“内化论”。“施加论”界定认为“思想政治教育是指一定的阶级、政党、社会群体用一定的思想观念、政治观点、道德规范，对其成员施加有目的、有计划、有组织的影响，使他们形成符合一定社会、一定阶级所需要的思想品德的社会实践活动”。它是统治阶级为夺取和巩固政权，维护社会稳定和促进社会发展，培养合格的阶级接班人和社会成员而进行的社会教化的一个方面。这种“施加论”界定主要受以往教育学、伦理学和原苏联教科书界定的影响，如加里宁对思想政治教育的界定是：“思想政治教育是对于受教育者心理上所施加的一种确定的、有目的的和有系统的感化作用，以便在受教育者的心身上，养成教育者所希望的品质。”有些颇有影响的伦理学教科书对道德教育的界定也大致如此：“所谓道德教育，就是为使人们践行某种道德义务，而对人们有组织有计划地施加交往的道德影响。”这种“施加论”界定，虽然描述了思想政治教育的客观现象并揭示了其本质，但这一界定把思想政治教育理解为一种对人的外在性“施加”，强调思想政治教育的社会价值，忽视思想政治教育的个体价值，即忽视了受教育者对思想政治教育的内在需要和在思想政治教育过程中的主体性，容易导致教育者与受教育者、个体与社会的分离。

后来，《中国大百科全书·教育卷》对“施加论”界定作了修改，形成“转化论”界定：“教育者按照一定社会或阶级的要求，有目的、有计划、有组织地对受教育者施加系统的影响，把一定的社会思想和道德转化为个体的思想意识和道德品质的教育”。显然，这一界定较之前面的“施加论”界定有了一定的发展，它注意到了受教育者的主体性，但这种“转化论”仍然是“施加论”的延续。

20世纪90年代以后，关于思想政治教育的界定就更多了，其中“内化论”影响较大，认为思想政治教育是教育者按照一定社会要求，通过特定的教育活动，把特定社会的思想、政治和道德规范内化为受教育者的思想政治意识和品德的过程。“内化论”比“转化论”更强调思想政治教育注重内在认可，肯定了受教育者在教育过程中的主体作用。但也有学者认为，“内化论”界定虽有进步，但仍然是教育者对受教育者的内化，这与受教育者自主建构的内化说仍然有区别，所以这种内化说仍然是“转化论”界定的一种改良形式。于是，一些学者突破了思想政治教育是一种教育者外在性施加和受教育者被动性接受的传统模式，把思想政治教育归于社会和人的内在需要，提出了“需要论”界定。这一界定认为，思想政治教育是教育者与受教育者根据社会和自身发展的需要，以正确的思想、政治、道德理论为指导，在适应与促进社会发展的过程中，不断提高思想、政治、道德素质和促进全面发展的过程。

“需要论”界定与前面几种界定的不同之处在于：第一，强调思想政治教育既是社会和受教育者的需要，也是教育者的需要。思想政治教育是最能集中体现以人为本的活动，它既要以育人为本，即以培养、提高、开发人为目的，又要以人为用，即依靠教育者与受教育者共同开展教育活动、实现教育价值。在学习型社会和终身教育社会，教育，包括思想政治教育，是社会和每个人的需要，是社会和人的存在与发展方式，而不是社会对个体的外在“施加”。之所以强调思想政治教育是教育者的需要，是因为思想政治教育是一种广泛的社会现象，其过程是一个互动过程。在互动中，教育者（包括领导者、管理者、教师、家长等）有实施教育的一面，也有自身不断体验、提高的一面。教育者只有在思想政治教育过程中不断育德，先受教育，才能真正做到既言教又身教，否则，思想政治教育可能是一种连教育者都不向往的外在性“施加”。第二，强调以正确思想、政治、道德理论为指导。这一方面为教育者与受教育者互动提供了共同的价值取向和遵循准则，也是对教育者重言教轻身教与只教不信的制约。在思想文化多元化、价值取向多样化的现代社会，教育者以不正确的思想道德标准教育学生的现象时有发生，教育者讲述理论而自己不信的情况也存在，也就是说，不是所有教育者都能按照正确的思想、政治、道德要求实施教育的。为此，必须强调教育者也要以正确的思想、政治、道德理论为指导。第三，强调思想政治教育要把教育者与受教育者适应与促进社会发展和不断提高思想、政治、道德素质与坚持全面发展作为目的。适应与促进社会发展是思想政治教育的社会价值，提高思想、政治、道德素质与坚持全面发展是思想政治教育的个体价值，这两方面价值要统一起来。

思想政治教育的“需要论”界定，体现了人的实践性、社会性、需要性本质，强调社会价值与个体价值的统一，坚持人的全面发展目标，无疑是对“施加论”“转化论”“内化论”概念的发展，从而更加揭示了思想政治教育的真谛。

二、高校思想政治教育的内涵及外延

（一）高校思想政治教育的内涵

高校思想政治教育的内涵是丰富的。其丰富性不仅表现在对学生培养目标的全面性、教育内容的多样性、教育要求的时代性上，而且体现在教育者育人为本、为人师表上。因而，高校思想政治教育是高校教育者与学生根据社会和自身发展需要，以马克思主义理论为指导，在适应与推进社会发展的过程中，促进学生成长成才、全面发展和不断提高教育者思想政治素质的互动过程。

坚持以马克思列宁主义、毛泽东思想和中国特色社会主义理论体系为指导，全面落实党的教育方针；紧密结合全面建成小康社会的实际，以理想信念教育为核心，以爱国主义教育为重点，以思想道德建设为基础，以大学生全面发展为目标；解放思想、实事求是、与时俱进，坚持以人为本，贴近实际、贴近生活、贴近学生，努力提高思想政治教育的针对性、实效性和吸引力、感染力；培养德智体美全面发展的社会主义合格建设者和可靠接班人，这是我国高校思

想政治教育的丰富内涵与根本目的。同时，在现代社会条件下，由于实践、知识、信息发展变化快，每个人都处在学习型社会之中，需要终身学习、终身教育。高等学校是知识、信息的集散地，处在知识更新、知识创造的前沿，因而高校的教育者必须在教育实践中，不断学习，更新观念，注重道德修养，提升精神境界，做教书育人的典范。教育者只有在教育实践中先受教育，才能紧跟时代步伐，赋予高校思想政治教育丰富内涵，满足学生成长成才的需要。因而，高校思想政治教育是促进学生全面发展和不断提高教育者思想政治素质的互动过程。

（二）高校思想政治教育的外延

高校思想政治教育的外延广泛、内涵丰富，在我国已经形成了覆盖高校、辐射全社会的教育体系。高校思想政治教育的外延是在两个层面展开的。

1. 高校层面，其外延可概括为全员性与全程性

所谓高校思想政治教育的全员性，是指高校所有人员，包括教师、管理人员、服务人员、全体学生，都承担着高校思想政治教育的责任与义务。其中教师的课堂教学在高校思想政治教育中起主导作用。思想政治理论课是高校思想政治教育的主渠道；形势政策教育是高校思想政治教育的重要内容和途径；哲学社会科学课程负有高校思想政治教育的重要职责；各门课程都具有育人功能，所有教师都负有育人职责。高校党团组织和党团干部在高校思想政治教育中具有重要作用。党组织与党的干部担负着高校思想政治教育的组织与领导，要发挥政治优势和组织优势做好思想政治教育工作；共青团是党领导下的先进青年的群众组织，是党的助手和后备军，在高校思想政治教育中具有重要作用；高校全体职工，担负着管理育人、服务育人的职责；高校学生组织与全体学生是加强和改进高校思想政治教育的重要依靠力量。高校学生会、研究生会是党领导下的大学生群众组织，也是大学生自我教育的组织者；班级、社团组织是大学生的基本组织形式，是大学生自我教育、自我管理、自我服务的主要组织载体。总之，高校所有人员，特别是教职员工都承担着高校思想政治教育任务，所以在《中共中央国务院关于进一步加强和改进大学生思想政治教育的意见》中强调，广大教职员工都负有对大学生进行思想政治教育的重要责任。要制定完善有关规定和政策，明确职责任务和考核办法，形成教书育人、管理育人、服务育人的良好氛围和工作格局。

所谓高校思想政治教育的全程性，是指高校思想政治教育要贯穿到学生学习、生活的各个环节与各个方面。首先，“要把思想政治教育融入大学生专业学习的各个环节，渗透到教学、科研和社会服务各个方面。要深入发掘各类课程的思想政治教育资源，在传授专业知识的过程中加强思想政治教育，使学生在学习科学文化知识的同时，自觉加强思想道德修养，提高政治觉悟。”其次，要拓展高校思想政治教育的有效途径，包括校内外开展社会实践的途径；大力建设校园文化，形成优良校风、教风和学风的途径；主动占领网络，开发网络思想政治教育的途径；建立健全心理健康教育和心理咨询的途径；开展个别辅导、教育与解决学生实际问题的途径。

2. 高校思想政治教育的社会层面

主要是指全社会都要关心大学生的健康成长，支持高校思想政治教育，并担负着营造高校思想政治教育良好社会环境的职责。宣传、理论、新闻、文艺、出版等方面要坚持弘扬主旋律，为高校思想政治教育营造良好的社会舆论氛围，为大学生提供丰富的精神食粮；各类网站要牢牢把握正确导向，主动承担社会责任，开展形式多样的网络思想政治教育活动；文化部门和艺术团体要进一步推进“高雅文化进校园”活动，丰富校园文化生活，提高学生艺术修养；各类博物馆、纪念馆、展览馆、烈士陵园等爱国主义教育基地，对大学生集体参观实行免票；各级政府和企事业单位要鼓励和支持面向大学生的公益性文化活动；各级党委和政府要为高等学校创建良好的育人环境，优化校园周边环境建设，为大学生专业实习和社会实践创造条件、提供便利，动员社会各方力量，完善资助困难大学生的机制，帮助大学生解决实际困难；学校还要建立与大学生家庭联系沟通的机制，相互配合对学生进行思想政治教育。

（三）高校思想政治教育的内涵与外延的联系

高校思想政治教育的全员性、全程性与社会性，既是育人为本、德育为先的原则体现，也是开放环境、信息社会的客观要求。它冲破了传统思想政治教育的单一性与封闭性，使高校思想政治教育呈现高度开放性、社会化与发展性特征。高校思想政治教育的丰富内涵，既是大学生健康成长、全面发展的需要，也是社会和谐、社会发展所必需。它蕴涵人类文明精华，体现时代精神，呈现先进性、民族性与创造性特征。高校思想政治教育的外延与内涵，是不可分割地联系在一起的。外延的广泛性决定了高校思想政治教育内容的丰富性、方式和特色的多样性；内涵的丰富性需要高校思想政治教育者的全员性、过程的全程性与广泛的社会性。只有把高校思想政治教育的外延与内涵紧密结合起来，才能形成教育合力，才能有效促进大学生健康成长与全面发展。

三、高校思想政治教育的内容

思想政治教育的内容是由思想政治教育目的和任务以及教育对象精神世界发展的需要决定的。思想政治教育目的和任务内在规定的丰富性，教育对象的思想发展及精神世界需要的多样性，这些都决定了思想政治教育内容具有广泛性、全面性的特点。在我国，关于思想政治教育的内容有哪些方面的问题，还存在一些不同的观点，本人在前人观点的基础上，认为我国思想政治教育内容主要包括思想教育、政治教育和道德教育，“因为这三种教育所涉及的内容基本上包括了社会意识形态的主要形式，也是人的思想道德素质的主要内容”。

（一）思想教育

我国思想教育的内容主要体现在三大方面，即马克思主义理论、毛泽东思想和中国特色社会主义理论体系、科学精神等内容。

1. 马克思主义理论教育

马克思主义理论包括马克思主义哲学、政治经济学和科学社会主义三部分。中国大学生思想政治教育注重以完整的马克思主义理论体系为指导，三个部分的概念、规律、发展逻辑相辅相成、相互促进，共同指导着大学生思想政治教育工作的顺利进行。

首先，马克思主义哲学。马克思主义哲学是指辩证唯物主义和历史唯物主义。辩证唯物主义和历史唯物主义是马克思主义最根本的世界观和方法论。它从根本上揭示自然、社会和人类思维科学发展的一般规律，是马克思主义全部科学理论的基础，同时也是大学生思想政治教育形成科学的世界观和方法论的理论基础。以马克思主义哲学为指导，就是要运用马克思主义唯物论的观点、辩证法的观点、群众论的观点、阶级论的观点、社会矛盾论等理论来分析和解决

问题。因此，中国共产党非常注重以马克思主义哲学的基本理论方法为指导来构建思想政治教育的科学理论体系。

其次，马克思主义政治经济学。马克思主义政治经济学主要阐述了资本主义的形成及其本质，揭示了资本主义的基本矛盾，科学地解释了人们从事社会实践的物质动因。马克思主义物质利益观也要求大学生思想政治教育工作要与物质利益有一定的结合，使大学生思想政治教育工作在仰望星空的同时，脚踏实地，真正做到以人为本、尊重人、关心人，以求达到思想政治教育的最佳效果。同时，在经济全球化、信息现代化的今天，只有全面了解资本主义国家的形成和发展过程，揭露出资本主义国家的政治制度和意识形态的本质，大学生思想政治教育工作才能更好也进行。

最后，科学社会主义。科学社会主义的理论基础是历史唯物主义和剩余价值学说。马克思恩格斯利用历史唯物主义理论方法分析了资本主义的生产关系，从中发现了剩余价值学说，彻底揭露了资本主义剥削的本质及其发展和消亡的必然规律，科学地论证了社会主义代替资本主义的历史必然性，为思想政治教育确定了根本目的和任务。大学生思想政治教育也将以此为指导，确立社会主义社会方向，并以培养热爱祖国、树立共产主义信念和正确的世界观、人生观、价值观、具备一定建设社会主义现代化事业的知识技能的年轻人为目标。

2. 毛泽东思想和中国特色社会主义理论体系教育

毛泽东思想和中国特色社会主义理论体系是中国把马克思主义理论和中国具体实际结合、创新发展的结果。真正具有指导意义的理论并非一成不变的教条，而是必须要与实际相结合，要与时俱进地进行改革创造。马克思主义之所以经久不衰、成为指导社会主义国家不断发展的思想武器，根本原因就是因为它具有发展性，与时俱进地在实践中不断得到补充和发展。马克思主义理论与中国的具体实践相结合，产生了毛泽东思想和中国特色社会主义理论体系等重大理论成果。

（二）政治教育

我国政治教育内容主要包括理想信念教育、爱国主义教育、法制观教育等。

1. 理想信念教育

在我国大学生思想政治教育诸内容中，理想信念教育是核心。这是指理想信念教育在思想政治教育诸内容中居于主导地位，对爱国主义教育、道德规范教育、全面发展教育起着支配作用，决定着爱国主义教育、道德规范教育、全面发展教育的性质和方向。中国大学生理想信念教育的目标在于引导大学生树立正确的个人理想与社会理想，形成为理想不懈奋斗的信念；引导大学生把个人的成长同中国特色社会主义伟大事业、同祖国的繁荣富强紧密联系在一起。大学生理想信念教育的目标决定其内容，因此，我们可以把大学生理想信念教育的基本内容概括为四个方面：一是马克思主义基本理论教育，二是中国共产党的基本路线教育，三是中国革命、建设和改革开放的历史教育，四是基本国情和形势政策教育。

2. 爱国主义教育

在我国大学生思想政治教育诸内容中，爱国主义教育是重点。这是指在围绕理想信念教育这一核心开展思想政治教育的过程中，必须突出强调爱国主义教育，把爱国主义教育放在重要位置。在新时期，中国大学生爱国主义教育的内容主要包括以下几个方面：一是中华民族优秀传统文化教育，二是社会主义信念教育，三是法制观教育。

（三）道德教育

中国道德教育的主要内容包括：共产主义道德教育、社会公德教育、职业道德教育和家庭美德教育等内容。

1. 共产主义道德教育

在社会主义初级阶段，共产主义道德教育不是可有可无的。这不仅是因为社会主义的职业道德、社会公德、恋爱婚姻家庭道德等都要受到它的制约和指导，离开了共产主义道德，现阶段的道德教育就会迷失方向；而且因为共产主义道德教育是中国社会不断向前发展，最终过渡到共产主义社会的一个重要条件，共产主义道德是促进中国生产力发展的强大精神动力，是正确处理人与人之间的关系，建设社会主义和谐社会的重要保证，是培养一代社会主义新人的精神前提。因此，在社会主义初级阶段，我们要始终坚持共产主义道德教育，推动整个社会的道德水平不断提高，推动中国社会沿着共产主义方向前进。

2. 社会公德教育

加强社会公德教育，首先要大力提高全民的思想道德素质和文明程度。这是一项长期的工作，也是一项基础性的工作，是治本固本的工作，因为提高公民的文明程度，就能促使其更好地遵守社会公德。其次要明确社会公德规范，使人们有所遵循。社会公德教育是关于人们公共行为、公共关系的最基本的规则，因而它应该是最明确的规则，不能含含糊糊。明确的公德规范是进行社会公德教育的前提之一。再次，要运用多种方式，采取多种途径，如学校、社区、大众传媒等对公民进行社会公德教育，以对人们产生潜移默化的影响。最后，要营造遵守社会公德的良好氛围。凡是规范地遵守社会公德的人，都应得到肯定和赞扬；凡是不遵守社会公德的人，都应该受到批评和谴责。这样，社会公德对人们的行为就会产生实实在在的约束力，从而在全社会形成遵守社会公德的良好风气。

3. 职业道德教育

职业道德是指人们职业活动中所应遵循的行为规范的总和。进行职业道德教育，要帮助人们树立爱岗敬业意识，也就是树立主人翁意识责任感、高度的职业尊严感和荣誉感，目标明确的事业心和责任感，引导人们热爱本职工作；要帮助人们树立勤业敬业意识，引导人们勤奋工作，努力钻研业务，提高技术水平，在工作中充分发挥自己的创造性；要帮助人们树立职业规范意识，引导人们充分认识和自觉遵守各种职业规范，倡导诚实守信、办事公道、团结互助、文明礼貌。进行职业道德教育，还有助于人们认识到，在社会主义社会中，只有职业分工不同，没有地位高低的差别。在社会主义社会，任何职业对社会的存在和发展都有其不可替代的重要意义，各种职业之间没有高低贵贱之分。从事不同职业的人们，在政治上、人格上都是完全平等的。无论从事什么职业，只要对社会有所贡献，都应该得到社会的肯定。

4. 家庭美德教育

家庭美德是每个公民在家庭生活中应该遵循的行为准则，涵盖了夫妻、长幼、邻里之间的关系。中国进行家庭美德教育，就是要大力倡导以尊老爱幼、男女平等、夫妻和睦、勤俭持家、邻里团结为主要内容的家庭道德，鼓励人们在家庭里做一个好成员。家庭生活与社会生活有着密切的联系，正确对待和处理家庭问题，共同培养和发展夫妻爱情、长幼亲情、邻里友情，既

关系到每个家庭的美满幸福，也有利于社会的安定和谐。

第三节　构建和谐社会与高校思想政治教育的互动关系

一、大学生思想政治教育与构建和谐社会的相通相融

随着改革开放和现代化建设的不断推进，我国社会发生了深刻的变化，社会主义经济、政治、文化、社会和生态建设上了一个新台阶，人民生活水平的不断提高也加快了社会主义和谐社会构建的步伐，这些成就的取得无不与历来我国持续加大推进意识形态领域工作力度息息相关，其中最重要的因素就是高校思想政治教育。因此，我们必须深刻意识到二者之间是相互依存而存在的。

（一）构建和谐社会与高校思想政治教育目的的一致性

构建社会主义和谐社会，就是要建设一个民主法治、公平正义、诚信友爱、充满活力、安定有序、人与自然和谐相处的社会。在构建社会主义和谐社会的过程中，要始终坚持以人为本的原则。十六届四中全会把“尊重劳动、尊重知识、尊重人才、尊重创造”作为不断增强全社会的创造活力的前提，进一步突出了“四个尊重”在构建社会主义和谐社会中的重要性。在不断推动经济社会高速发展的同时还要求我们重视提高人才素质，努力培育出有利于社会稳定发展的优秀人才。高校思想政治教育的开展就是为了给未来国家建设培养综合素质高、有发展潜力的优质人才。具体来说，高校思想政治教育工作的基本目标有三项：培养社会主义思想品德、塑造社会主义理想人格和引导正确的行为实践。培养社会主义思想品德，主要就是要求全面培养大学生树立积极理想，塑造良好的人格素养等。例如，国家专门为所有高校学生开设了一门名为“思想品德修养与法律基础”这门课程，这样可以引导大学生通过学习马列主义、毛泽东思想、邓小平理论、“三个代表”重要思想和科学发展观，树立科学的世界观、人生观和价值观，树立社会主义法制观念，认同社会主义道德，坚持集体主义原则，这与社会主义和谐社会的构建目标是相一致的。面对日益发展并不断变化的国际大环境，高校通过思想政治教育，不断培养出创新型、自主型、进取型的人才，也为国家未来发展提供了强大的后备力量。大学校园中，每一位教育者在实践教学过程中的最根本目标就是为了使学生能够用理性知识指导自身的实践活动，为日后就业以及个人发展奠定良好基础。每个大学生最终都是要走向自己相应工作岗位的，具体看来不仅要求学生在校期间学习各种理论知识，并且要求他们能够知行合一。高校思想政治教育的目的，是以坚持共产主义理想作为导向，通过向学生传授各方面相关素质教育的知识，引导学生形成正确的世界观，将个人理想与国家未来紧密结合，在为祖国贡献自己微薄之力的同时促进高校学生实现全面发展。无论是从国家还是从学校出发，这一目的的实现都是要经历一个漫长的时间，它需要付诸实践、艰苦努力才会实现。和谐社会的构建过程也需要长时间的规划和努力，高校思想政治教育活动能够助它一臂之力。二者相互补充、互相支持。

（二）构建和谐社会与高校思想政治教育本质的趋同性

和谐社会构建的理想状态是实现人与自然、人与人以及社会各个组成元素之间协调发展。在这几对矛盾体中，人类自身的和谐是社会得以和谐发展的根本前提，同时又是自然与社会和谐的产物。人类只有在自身的努力之下，实现思想道德和品行修养的广泛提高，理性地处理这些客观存在的纷繁复杂的矛盾，才能从本质上减少冲突出现的机会，为每一个体提供良好的发展机遇，最终实现社会所有组成要素的全面发展，进而增加和谐局面的可能性。就高校思想政治教育含义来讲，它存在的最根本原因就是为了顺应社会潮流和趋势，培养大学生为国家发展和社会和谐做贡献，实现国家稳步前进。

高校思想政治教育与和谐社会构建在本质上的趋同性十分显著。当代大学生的存在使我们国家日后的发展充满了生命的活力，他们在构建和谐社会的过程中起着中流砥柱的作用。由于当前大学生正处于学习发展的关键阶段，身心尚未成熟，社会阅历尚浅，因此需要在大学这个熔炉里面认真修炼，为未来发展奠定基础。构建和谐社会要深入贯彻落实马列主义、毛泽东思想、邓小平理论、“三个代表”重要思想和科学发展观的精神，引导大学生将已掌握的理论知识付诸行动，实现理论与实际有效的结合，能够从容地面对纷繁复杂的国际形势及环境，时时刻刻以集体利益出发，实现社会的协调发展。和谐社会是诚信友善、充满活力的社会，想要实现这一目标就要求社会中的个体之间互相关心和帮助、没有暴力和恶性竞争，这就需要高校通过有效的思想政治教育来引导促进，为社会培育大量高素质人才。大学生高尚道德情操不仅对社会有利，而且还会在潜移默化中影响到其他社会构成要素。和谐社会的构建离不开有力的管理体制和机制，大学中的党政机关更容易形成向心力，同时也因为其高度凝聚力能够确保管理工作的顺利开展，塑造当代受教育者的综合素质。因此，在和谐社会的构建过程中，我们必须对大学生思想政治教育引起高度重视，顺应社会发展和实现教育目标。

（三）构建和谐社会与高校思想政治教育内容的同构性

高校思想政治教育的内容构成非常丰富，它用最科学的理论来指导实践，为高校的和谐发展贡献重要力量。高校思想政治教育的内容是围绕当代大学生思想观念、道德品质和法制观念等方面展开的，当代大学生一切行动指南是以马克思列宁主义为核心的辩证唯物主义和历史唯物主义，只有认真贯彻学习这些理论知识，才能帮助当代大学生树立正确世界观。作为和谐社会构建过程中的重要组成部分，当代大学生的身心健康以及知识文化水平的高低直接影响到目标结果，对其实效性也会产生不小的影响。高校思想政治教育的内容必须符合时代发展的要求，根据不断变化的国际国内环境调整方针政策，为和谐社会构建提供优质服务。大学的教育者通过必要的理论教授以及传播效应，在教育过程中更加注重对大学生政治观的培育和养成，时刻督促教育对象加强对国外最新知识理论的研究和学习，以最新的党的理论武装自己，同时也要认清当前国情和党情，学会做人共事，将自己学到的理论知识内化为个人素质，用正确的思维指导日常实践活动。此外，高校思想政治教育也要对学生进行法制道德方面的教育，坚持在日常学习中认真学习社会主义民主法制，遵守学校国家的纪律，严于律己；在社会生活中也要坚持集体主义原则，养成良好的职业道德和家庭美德，以共产主义道德为准绳，严格要求自己的行为，为和谐社会构建增光添彩。

社会主义和谐社会的构建需要在相关理论知识的引导下开展。在这个过程中，党和政府制定的相关路线、方针和政策是我们前行的一盏明灯。因此，要想构建社会主义和谐社会，就要求国家的每个公民都要深刻领悟和学习相关理论知识，对此，思想政治教育就起到了至关重要的作用。

社会主义和谐社会不仅仅是一个公正和稳定的社会，同时还应是一个有活力的社会。社会活力需要每一个社会主体及主体之间的关系来调节。而高校在思想政治教育的过程中，能够激励这些社会个体，提高大学生个体的思想政治素质和科学文化素质，实现个体的全面发展。大学生个体在相互交往交流中，个人素质会得到提高，同时由于思想政治教育的先导，很容易形成相互团结、和平共处、充满活力的和谐大环境。

（四）构建和谐社会与高校思想政治教育指导思想的共通性

构建社会主义和谐社会与高校思想政治教育二者的理论基础都是马克思主义。在思想政治教育过程中，需要通过马克思主义中国化的成果来指导高校教育中的各学科建设，用马克思主义的立场观点方法来研究和解决当代中国的现实问题，这为建设有中国特色的思想政治教育学科奠定了坚实的理论基础。同时在高校教育过程中，思想政治教育学科建设特别强调坚持以中国特色社会主义理论体系为指导思想，坚持以党的基本理论、路线、纲领、经验为方针。当前我党强调要深入贯彻落实科学发展观，推进社会主义和谐社会建设，思想政治教育及其学科建设当然也要以此为准绳，理论联系实际。社会主义和谐社会构建的最终目标是实现国家经济、政治、文化等各方面协调发展，而这一目标的实现是以马克思主义的相关理论为指导，深入贯彻落实党的相关理论政策，实现人的全面发展。而高校思想政治教育的目标是提高高校学生的知识、文化水平，向社会输送高素质人才，高校的思想政治教育这一目标的实现也是离不开马克思主义相关理论知识的指导的，通过向大学生传输马克思主义相关理论，并用这一理论指导学生实践，为建设社会主义和谐社会贡献自己的力量。

二、社会和谐对大学生思想政治教育的重要作用

社会是一个复杂的系统，社会的和谐是多方面、多层次与广泛范围的社会组成要素的和谐，从根本上来说需要经济、政治、文化与社会的协调、健康、和谐发展，它是涵盖社会微观、中观、宏观全方位的完整体系，也是在人的全面发展的过程中演进的一段历史进程。它不仅能为大学生思想政治教育提供一个良好的教育环境，为其发展创新提供政治导向，增强大学生思想政治教育使命感，而且也有利于大学生思想政治教育的整体提升。

（一）社会和谐有助于大学生思想政治教育的发展

1. 经济的和谐是大学生思想政治教育的基础

经济的和谐是指以经济建设和构建和谐社会为中心，保持经济与社会、自然的健康发展，运用各种方式解决经济转型期间各种利益关系的冲突，充分利用经济学、社会学、管理学等学科的知识，妥善解决社会矛盾，正确处理经济发展与社会发展的关系，为大学生思想道德教育营造一个良好的经济和社会环境。大学生思想道德教育是经济与社会和谐发展的前提，它可以为经济与社会的和谐发展提供德才兼备的人才支持；而经济与社会和谐发展是大学生思想道德

教育的基础和保障，只有和谐经济的发展才能为大学生思想道德教育提供雄厚的物质支持，二者具有紧密的相关性。

经济基础决定上层建筑，经济是基础，进行大学生思想道德教育，根本的还是要坚持以和谐经济建设为中心，不断解放和发展社会生产力。只有在经济高度发展的基础上，才能使大学生思想道德教育的功效得到最大化的发挥。我国成立 60 多年以来，经济规模已经达到世界第二，综合国力大为增强，这一方面为我国高校进行大学生思想政治教育工作提供了强大的物质基础，另一方面从马斯洛的需求层次理论来看，只有解决了最基本的生存需求，才有更高层次的精神需求，我国的大学生由于家庭财产和社会财富增加导致的就业机会的增加，生存问题逐步地解决之后，更倾向于寻求精神上的慰藉，而此时正是对大学生进行思想政治教育的最佳时期。

经济和谐的另一个特点便是经济发展与自然之间处于和谐的关系，这里最主要的就是企业与自然的和谐相处，企业与自然和谐相处就是生产发展，环境良好。企业和自然和谐相处的实现，必然会产生健康稳定的社会心理机制，而心理健康教育也是大学生思想政治教育的主要内容之一。这一方面迫使政府从思想道德教育的角度为大学生提供充分的心理咨询和援助，另一方面促进了社会成员在成长过程中健康心理和完善人格的养成。所以，大学生心理健康的培养，大学生与自然的和谐相处，是构建大学生思想政治教育环境的发展动力，也是大学生思想政治教育取得实效的根本所在。

因而，要取得大学生思想政治教育的最大成效，最基础的便是进一步发展和谐经济，促进社会的和谐，促进大学生与自然的和谐相处，为大学生思想政治教育奠定坚实的物质基础和发展动力。

2. 政治的和谐是大学生思想道德教育的保障

社会大环境中的政治和谐，包含了两个层面上的意思：一是国家把握一定时期世界政治格局的发展变化，与世界各国和谐相处；二是执政党根据实际情况推动国内政治制度的变革发展，制定路线、方针、政策，影响人们的理想信念等，其基本方式便是民主法治、公平正义，本文所论述的政治和谐是第二个层面上的意义，这是社会主义政治和谐的基础和核心，政治参与和依法治国是社会主义政治和谐的外在表现。

政治的和谐促使大学生政治参与水平的提高，促进大学生思想政治教育的发展。大学生具有较高的科学文化知识，能够很好地利用网络在一定程度上保证政治决策的民主化和政治监督的有效性。因此必须合理引导大学生的思想政治方向，提高大学生的思想政治素质，促进大学生认识和分析思想政治能力的提高，加强大学生思想道德教育。政治的和谐也有着思想道德功能，它能培养大学生的权利与义务意识，培养大学生的政治责任感，提高大学生政治参与的主动性和积极性，而这也是大学生思想道德教育的初衷之一。因此政治的和谐在引导大学生积极参与政治生活的同时，对高校建立健全大学生思想政治教育体系也是非常必要的。

依法治国为大学生思想道德教育提供法律保障，国家通过法律法规的形式将大学生思想道德教育由全党意识转化为国家意识。在这个过程中，法制教育也成了高校德育的重要内容之一，通过学习法律规范，为法制教育创造良好的氛围，深入学习领会、广泛宣传、认真贯彻执行教育法规，加大执法力度，切实做到有法可依，有法必依，对加强大学生思想政治工作具有极其重要的作用。在实际的教学活动中，通过宪法和行政法等的学习，不仅使大学生充分了解我国

的基本政治制度、经济制度与行政制度，使大学生能够直观地感受到社会主义制度和人民代表大会制度的优越性，而且使大学生从心理上真正认识到“没有共产党就没有新中国”。政治的和谐务必使大学生认识到爱国主义、爱社会主义、爱中国共产党、爱人民政府四者之间具有深刻的内在一致性。法律在培养大学生的社会主义道德中具有重要作用。我国宪法、婚姻法和合同法等都包含有社会公德、职业道德、婚姻家庭道德的要求，把某些社会主义道德规范变成社会主义法律规范，对于违反这些道德规范（同时也是违法）的行为，予以法律制裁。在对大学生进行法制教育时，就能够也应该对其进行社会主义道德教育。我国婚姻法规定：“子女对父母有赡养的义务。”也就是说，父母在无劳动能力或生活困难时，子女应当履行赡养义务。经过法制教育，大学生懂得不赡养老人，不行孝道，不但要受到道德的谴责，而且还要受到法律的制裁。在现实生活中，要做到孝敬父母，尊敬师长，自觉养成良好的道德习惯，做一个有道德的人。总而言之，它通过对学生进行社会主义民主法制教育，培养学生树立社会主义法律意识，增强法制观念，实现依法治国。

从本质上说，政治的和谐只是暂时的、相对的一种政治关系，随着经济、社会的发展，人们参与政治的热情会慢慢地消减，这一点从欧美国家的政治发展史就可以看出来，从最初的高投票率到如今的连创新低的投票率都证明了这一点；同时，依法治国也是一个漫长的过程，法律的完备、执法的严格都是对政府和人民的考验。因此我们必须在实现现阶段政治的和谐的目标上继续努力，与时俱进、开拓创新，加强大学生思想政治教育，以促进政治和谐向另一个高度发展。

（二）不和谐的社会因素对大学生思想政治教育的影响

随着改革的深入和开放领域的扩大，中国和国际社会的交流日渐密切，伴随着科技的发展，这种交流的深度和广度达到了前所未有的程度，网络、报纸、电视等等作为信息传播的载体在潜移默化地影响着大学生的思想。这种不和谐的社会现象主要表现在我国转型时期的社会问题的突出和对西方强势文化所体现出的人生观、价值观、世界观等观念的向往所产生的对传统文化基本理念的冲击，这样中国大学生思想政治教育就面临着内外两方面的压力：一方面来自内部诉求的解决压力，另一方面来自外部交流的传播压力。

1. 社会环境中的不和谐因素对大学生思想政治教育的影响

大学生感触最深的便是教育公平问题，中国青年报社会调查中心的一项调查显示，高考加分政策、择校费、大学高学费，成为公众心中的三大“教育不公平”。高考户籍一直是人们关注的焦点，户籍问题会给一些大学生带来优越感，但同时也会给另外一些大学生带来阴影，这不仅引发了许多社会不和谐现象，如高考移民、留守儿童等等，而且这些会对人生观、世界观、价值观正处于形成关键期的大学生造成各种不良影响，给大学生思想政治教育工作带来各种新问题。

经济全球化一方面带来物质的极大丰裕，促进了构建和谐社会的物质基础建设；另一方面，它所带来的政治思想和价值观的多样性，也对当代大学生的政治思想素质产生一定的负面影响。西方国家一直都很注重意识形态领域的对华输出，一些反华、反社会主义的思想经过包装、隐藏进而通过电影、书籍、网络等各种途径进入中国，企图对中国青年尤其是青年大学生进行侵染，以图和平演变中国特色社会主义，这一方面体现了国际社会的不和谐，一方面也说明了大学生自身的不和谐。多元文化的侵袭使当代大学生的价值取向相对于以前有了明显的变化，这种变化可以描述为改革开放以前的以国家主义为价值取向、改革开放之后至今以集体主义为价值取向，应当引起重视的是自改革开放尤其是21世纪以来以个人主义为价值取向的价值观在大学生中间得到迅速发展。价值的多样性和现实的复杂性使大学生在选择时容易产生盲目性、冲动性的选择，要么不顾国情的追求西方资本主义国家宣扬的“自由”“民主”，被一些别有用心的人利用；要么一味地追求现实的物质财富，远离精神升华的道路，陷入“享乐主义”“个人主义”“拜金主义”的窠臼之中。虽然从经济学角度来看这会促进中国经济的发展，但是从社会学角度来看，在分配制度还不是很完善的国家宣扬分配不公会对大学生思想政治教育产生长期的负面影响。

应当看到，现阶段不成熟的市场经济对大学生思想政治教育有一定的负面影响，具体表现在大学生各项素质的下降，从层出不穷的校园考试作弊到招聘会上的长队，从大学生轻生到以虚假材料欺骗他人。就需求的层次而言，思想政治是属于高级需求，在大学生面临巨大生存压力的时候是无暇顾及的。从大学生自身来看，这种现象是大学生的目标过高而致。从社会的角度来看，一方面是教育体制的改革过快导致大学生—学校—社会三者的和谐被打破，另一方面是由于相应的社会信用体制没有建立导致的诚信倒挂。

2. 大学环境中的不和谐因素对大学生思想政治教育的影响

经济的发展使大学的硬件设施得到了极大地改善，大学的环境也在发生改变，而这种改变呈现这样一种趋向：重硬件建设，轻软件建设。结合社会大环境的改变，大学环境的这种改变会给大学生思想政治教育工作带来很多问题。

首先，大学将大量的资源放在硬件的扩张上，必然会对软件方面有所弱化。和理工科不同，思想政治教育在很大程度上是教师作为软件起决定性作用的，因此大学的这种环境在一定程度上限制了大学思想政治教育者的教育职能的履行和大学生对思想政治教育成果的吸收。

其次，时代的发展使大学也具有了一定的商业化倾向，教育资源的公益性质在利益的驱使下经常被商业化。当然，适当的商业化是允许的，但是大学的教育资源是为大学生思想政治教育提供的重要场所，因此必须在保证完成其思想政治教育职能的基础上来进行商业化。

再次，从1999年11月我国开始进行高校后勤管理社会化改革以来，大学和大学生在生活上的沟通主要通过后勤集团来进行，在客观上使大学和大学生之间的联系日渐松散。某些后勤服务员工素质偏低，不利于良好的校园文化的建设，后勤工作员工在大学生的生活中是很重要的人际关系的一环，与大学生日常生活靠得最近，从业人员的不良行为对大学生的消极影响很明显。高校后勤服务的社会化还没有完善的管理体制，后勤工作不能满足大学生实际生活需求的情况时有发生，对大学生的正常生活造成了困扰。后勤服务公司与学校的沟通不良，令学生遇到问题无处解决。由商业营利性的公司来承担后勤工作，令大学生的日常生活充满了商业气息，人文气氛的缺失使学生生活社区逐渐失去大学生活的纯净氛围，冰冷的商业服务无法对学生进行必要的道德熏陶和人情关爱。后勤服务社会化导致学生生活社区的物价与学生实际消费能力的偏离，给大学生群体远超以往的经济压力，在缺乏有效控制和引导的情况下，容易引发大学生群体的强烈不满情绪。这就增加了高校日常管理和思想政治教育的难度，势必不会取得预定的思想政治教育效果。

最后，网络化所带来的信息繁杂性、矛盾性、不可控性等等对高校思想政治教育工作者的

思想政治教学活动产生了严重的影响，由此也给大学生思想政治教育带来了压力。在单向信息传播时代，大学生获得知识的渠道很狭窄，主要途径是教师的教授和书籍的学习，因此教师的地位和知识的掌握程度是成正比的。在多向传播的互联网时代，大学生通过互联网在理论上可以获得所有的共享资源，在知识的掌握上可能并不逊色于教师，这时教师的地位便受到了大学生的挑战，从而使两者之间的和谐关系遭到破坏，大学生思想政治教育过程充满艰辛。在信息来源单一时，即使有不同的信息解读，也不会引起很大的震动，而在信息来源多样化的时候，大学生对信息有可能会从不同的角度解读，当其与思想政治教育所提供的信息相悖之时，如何在相关知识的引导下帮助大学生正确认识争议信息，是一个急需解决的问题。

网络信息的繁杂体现的不是“和而不同”的和谐本质，而是真假参半的不和谐表现。网络的开放性和及时性无疑给大学生思想政治教育工作带来了极大的难度，在传统的单向传播时代，只要控制信息的源头便可以隔离不良信息，但在现代隔离信息基本上是无法实现的，这对大学生思想政治教育的效果产生了严重的不良影响。

三、大学生思想政治教育对构建和谐社会的作用

（一）有效的大学生思想政治教育促进和谐社会的构建

1. 大学生思想政治教育的激励作用

和谐社会是稳定有序的社会，但一个稳定有序的社会不一定是一个和谐的社会。和谐社会不仅要求稳定有序，而且它还有开放、动态、有活力的特性。和谐社会的活力包括社会和个人两个层面，个体活力指的是个人的积极性、主动性和创造性充分发挥；社会活力是指社会的凝聚力和整合力。前者是后者的前提和基础，而且受到后者的影响和限制。社会活力的来源是人们追求自己的利益所产生的动能，马克思曾说：“对于所有的人的行动而言，本质都与他们的利益之争有关。”邓小平曾经说过：“如果你只谈论牺牲精神，不讲物质利益，那就是唯心论。”人的行为是对利益的追求，社会活力的源泉也正是基于此，那就要充分发挥思想政治教育调节利益和需求的激励功能，以激励人们的积极性和创造力。所谓思想政治教育的激励功能，是指思想政治教育使用一定的物质和精神手段，促进教育对象思想和动机发生变化，提高教育对象的主观能动性，调动教育对象的积极性，使教育对象自觉的为构建和谐社会而努力奋斗。这就要求：第一，大学生思想政治教育要引导大学生清醒地认识到不同社会成员利益获取方式与数量差异的存在性和必然性。社会主义制度的建立仅仅消灭了剥削阶级，奠定了非阶级的利益差别，并不能消除利益之间的差别。这在社会主义初级阶段表现得尤为明显，中国自改革开放以来取得的巨大成就，其根本原因就是：打破了原有的利益平等的格局，将劳动生产和财富紧紧连在一起，调动了人民群众的生产积极性，人们的创造力和智力得到充分激发和发展。第二，在大学生思想政治教育过程中，必须重视物质激励与精神激励的结合，因为随着市场经济的建立，大学生的思想不断发生变化，大学生的趋利性得到充分发展，开始追求现实的利益。鉴于这种趋势愈演愈烈，如果不从大学生的需求出发，同时进行物质的和精神的奖励和惩罚，而只是一味地进行思想政治教育说教，那么，思想政治教育是难以达到预期的效果的。因此，发挥大学生思想政治教育的激励功能，就必须满足大学生的物质需要，在此基础上进行精神激励，以此调动大学生的积极性，为构建和谐社会提供动力。第三，思想政治教育要引导大学生认识到适

度的激励可以促进生产力的发展，过大的利益分化差异不但不会产生激励作用，还会严重挫伤大部分成员的生产积极性，只要社会让不同群体或个人之间存在对适度利益差异的追求，就会产生竞争，社会也将充满生机和活力。

促进社会和谐，不仅仅是经济、政治和谐，也应该包含人的精神和谐。马克思主义基本原理中关于意识的巨大能动作用的理论，特别是关于先进思想和理论作用的讨论，充分说明了思想政治教育是我们建设一个充满活力的社会主义和谐社会的强大思想基础。大学生思想政治教育的一个根本出发点是尊重、理解、关心、启发大学生，影响大学生的思想，鼓励大学生前进，通过挖掘大学生的优点，培育大学生积极向上的作风，使大学生自信自强；通过榜样激励，培养大学生不断进取的精神；通过关怀、信任和理解，安慰大学生的心灵，培养与大学生的感情；通过设置激励目标，提高大学生的动力，刺激大学生的积极性；通过鼓励参与、鼓励竞争，提高人们的责任感和敬业精神，有效促进形成积极向上的精神面貌，使大学生不断进步。为了实现这个目标，我们必须充分发挥思想政治教育工作的激励功能。

2. 大学生思想政治教育的政治保障作用

对于思想政治教育而言，政治保障作用是其最基本的功能。思想政治教育有着社会角色和政治角色两重身份，对社会和政治都起着重要的作用。社会主义的政治性要求构建和谐社会必须要坚持四项基本原则；和谐社会的社会属性反映出在社会主义建设的新时期我党为人民服务的本质，因此也得到了大多数人的接受和支持，这既是我们党的执政之基，也是建设和谐社会的理念所在。通过大学生思想政治教育，大学生既可以了解和传播和谐社会理念，也能够使他们理解，“我们的目标，是想造成一个又有集中又有民主、又有纪律又有自由、又有统一意志、又有个人心情舒畅、生动活泼，那样一种政治局面”。增强大学生建设和谐社会的主动性和坚定性。“和谐是中国特色社会主义的本质属性，是国家富强、民族振兴、人民幸福的保证。”发挥思想政治教育的政治保障作用，使大学生对构建和谐社会的意义有深刻的了解、使和谐社会理念深入人心。大学生思想政治教育就是通过仔细有效的思想政治工作，对大学生这个群体宣传党和国家的路线、方针和政策，整合社会成员形成思想政治共识，从而提高社会凝聚力，实现社会和政治稳定，保证社会主义和谐社会的方向。

《国语·郑语》上说“和实生物，同则不继”，和谐是不同因素间的平衡组合，而不是单一纯粹的孤立。同样正是因为我们有了这样一个多元化的发展道路，才有了构建社会主义和谐社会的可能。唯一可能的问题是当我们选择了这种广泛的发展之后，伴随着改革开放的继续进行和社会主义市场经济的迅猛发展，中国的经济和社会生活的方方面面都发生了深刻变化，由于这种多元价值观的存在，社会各因素之间会产生矛盾、摩擦，甚至冲突。当然冲突不是和谐，但是冲突可以转化为和谐，事物的矛盾和分歧是和谐的前提，和谐是多样性中不同的运动的统一协调。因此，我们应该合理看待和解决这个问题。和谐社会不仅是物质利益的和谐，而且也是精神层面上的和谐，全球化进程对中国这样一个大国而言，如果要立足于世界强国之林，必须要加强内部的价值观的认同与和谐。而大学生作为时代的精英，掌控着价值观的工具，因此和谐社会要重视大学生的思想政治教育，形成能够团结大学生思想、凝结大学生人心、传播共同价值观的意识形态教育；要充分发挥大学生思想政治教育工作的特点，利用思想整合功能，正确处理“一”和“多”的关系，增强大学生的价值认同感。这就要求我们进行大学生思想政治教育时，务必要将主流意识形态、马克思主义及其世界观和价值观凝练为具有强大凝聚力和

巨大亲和力的思想政治教育工具，引导和整合大学生观念，进而促进社会达成共识，实现社会安定有序与和谐。

3. 大学生思想政治教育的社会控制作用

社会稳定是社会发展的先决条件之一。一个稳定的社会未必是一个和谐的社会，但一个和谐的社会必须先是一个稳定的社会。没有稳定就没有和谐，没有稳定就没有发展。邓小平指出：“没有一个稳定的环境，什么都不可以做，已经取得了也将丢失。”因此，要保持稳定，已成为构建和谐社会的必备条件。所以，必须要发挥大学生思想政治教育的控制作用，促进大学生的和谐稳定，进而形成和谐稳定的校园文化，最后带动社会稳定和促进社会各阶层的协调发展。

社会和谐需要一个稳定有序的社会大局，但是在目前的中国社会，仍然存在许多冲突。如果各方面的矛盾没有得到妥善解决，必然会对正常的社会秩序产生不良的影响。应当看到，在我国确实存在不同的利益集团，同时也应该认识到我国最广大人民群众的根本利益是一致的。在社会主义市场经济体制转型时期，许多经济关系、利益关系需要调整，这样会化解一部分的矛盾，但是从根本上解决人们的矛盾，除了依靠发展生产力，形成合理的结构和利益分配机制之外，还需要思想政治教育尤其是大学生思想政治教育的控制和保障。大学生思想政治教育要通过各种教育方法和手段，使思想政治教育的理念辐射开来，进而影响不同的利益集团使之相互增进理解，认识到和谐发展的重要性，认识到不能无限扩张自己的利益，认识到不能随意忽视他人的利益。大学生有着自身的知识优势，通过沟通、说服、宣传、教育等等，协调和帮助各种利益群体之间促进理解，克服偏见，使不同群体能够站在大局看问题，共创和谐局面，缓解利益冲突。因此我们必须高度重视大学生思想政治教育，为构建和谐社会建设提供控制作用。

4. 大学生思想政治教育的引导作用

无论是经济和社会发展的核心动力，还是经济和社会发展的最终目标，最终都可以归结到人。社会的发展依赖于生产力的发展，并最终依靠科学技术生产力的发展。人作为科学技术进步的载体，不可避免地成为社会发展的重要驱动力。从经济、社会和人类的全面发展的逻辑关系来看，经济和社会发展是一种手段，人的发展才是目的。从这个意义上讲，社会和谐归根到底是人的和谐。而社会和谐和人与自然的和谐的关键在于人的全面发展。和谐社会的构建离不开人才，高校是为社会培养人才尤其是和谐社会建设所需要的高素质人才的重要场所，大学生思想政治教育应该为和谐社会建设中所需要的人才提供思想政治教育上的专业支持。和谐社会需要的人才应该是一个全面发展的人才，而人的全面发展的终极目标是一个长期的历史过程，它需要在社会主义市场经济高速发展、生产力水平大幅提高时来为人的全面发展提供坚实的物质基础；需要通过坚持社会主义民主政治、大力建设社会主义政治文明来为人的发展方向提供政治保证；需要坚持社会主义先进文化发展方向、坚持和大力建设社会主义精神文明来为人的整体全面发展提供一个强大的精神支柱；需要坚持社会主义和谐社会的发展方向，为人的全面发展提供社会条件。大学生思想政治教育在促进学生的全面发展方面起着非常重要的作用，据此中共中央国务院下发的《关于进一步加强和改进大学生思想政治教育的意见》中指出，大学生教育不仅要加强文化教育的学习，也要加强道德、科学、健康教育的学习，也就是加强思想政治教育的力度。

5. 大学生思想政治教育的模范作用

大学是社会的一部分，它本身也是一个小社会，作为社会道德的最后守卫者，在一定程度上起着标杆的作用，因此建设和谐校园可以起到构建和谐社会系统工程的榜样作用，带动其他的社会单元一起构建和谐社会。所谓和谐校园，应该是民主法治、公平正义、诚信友爱、充满活力、安定有序、学生和学校环境融为一体的校园。

第一，作为社会的一部分，建设和谐校园，可以在一定程度上维护社会稳定。稳定是和谐的前提和促进社会和谐的基础。没有社会的和平、稳定、有序，构建社会主义和谐社会就成了空中楼阁。通过和谐校园的思想政治教育建设，有利于维护学校稳定，更有利于维护整个社会的稳定。大学生乐于接受新的想法，但也容易被错误的思想所误导。大学生思想政治教育可以及时纠正大学生的错误思想，维护校园稳定。

第二，和谐校园的建设将有助于培养学生的社会责任感。大学生思想政治教育首先要调动学生积极参与到学校的发展和建设中，引导学生合理看待学校所存在的优势与问题，使他们认识到这些问题是直接的、暂时的，并会随着学校改进和改革的不断发展逐步淘汰，以培养学生的社会责任意识。

第三，和谐校园的建设将有助于在大学生中培养合作、诚信的精神。合作精神和诚信意识是两个和谐社会所需要的非常重要的素质，是和谐社会对人才的基本要求。大学生思想政治教育要在平时的学习、工作、生活中培养学生的集体意识、合作精神。大学生思想政治教育通过对学生的培养在校园形成良好的风气，进而对全社会产生影响。

（二）大学生思想政治教育的不足影响和谐社会构建

党的十六届六中全会通过的《中共中央关于构建社会主义和谐社会若干重大问题的决定》指出："社会和谐是中国特色社会主义的本质属性""构建社会主义和谐社会是随着经济、政治、文化的发展而不断推进的历史过程，将贯穿于社会主义社会的整个历史阶段。"和谐社会的构建与社会主义的发展两者是相互统一、相辅相成的关系。然而，当代的大学生在政治思想、思维模式、心理素质等方面都与构建和谐社会的要求存在一定的差距，制约着社会主义和谐社会的发展。

1. 大学生思想政治教育地位低制约和谐社会构建

尽管党中央一再强调大学生思想政治教育工作的重要性，但是仍有不少的高校领导和主管领导没有认识到大学生思想政治教育在大学教育中的重要地位，没有给予大学生思想政治教育以应有的重视，仅仅是以开会、贯彻指示为主，没有应有的主动性。在课程的安排上，将思想政治教育作为一门考查课来进行，而且仅仅是一学期或者一学年的学习，并没有将其摆在学习首位，贯穿于大学教育的全过程。这样导致部分学生对社会主义和资本主义的历史和现状缺乏全面而深入的认识，并被西方各种思潮的一些表面现象所迷惑，导致他们对现实社会政治生活中存在的一些问题感到困惑不解，而此时并没有专职的思想政治教师来对他们进行解答，有些同学对中国特色社会主义及党中央提出的构建和谐社会等问题的认识还停留在感性的、片面的、模糊的甚至错误的层面上，对其前途缺乏信心；在政治取向上具有明显的实用性、功利性的特点，认为"政治可有可无，唯有金钱是真的"；对政治理论学习缺乏热情，没有兴趣，感到厌倦，没有动力。和谐社会的构建不仅是经济上的构建，更是政治上的构建，只有经济的和谐社会是海市蜃楼，因此高校必须将大学生思想政治教育工作列入工作的首要位置，为和谐社会的构建打下良好的政治基础。

2. 大学生思想政治教育内容、方式的落后影响和谐社会构建

网络时代对于文化程度较高的大学生而言，使他们的视野比以前任何一个时代都宽广，他们对思想政治教育内容、方式以及教育者本人的形象与人格等，都有着自己的判断，而高校的思想政治教育者仍旧延续过去的那套灌输式的教育内容、方式来进行教学，而不是从受教育者大学生自身的特点和环境的变化出发来改革教育内容、方式。当代的大学生有着鲜明的时代特色，他们有着丰富的知识储备、充足的竞争意识、活跃的思想方式，他们思想状况的主流是积极、健康、向上的。但不可否认，一些大学生不同程度地存在政治信仰迷茫、理想信念模糊、价值取向扭曲、诚信意识淡薄、社会责任感缺乏、艰苦奋斗精神淡化、团结协作观念较差、心理素质欠佳等问题。

一个能在世界民族之林屹立的民族，必然具有共同的理想信念，而现实中大学生政治思想的不成熟，理想信念的不坚定，严重影响着和谐社会的构建。因此急需针对教育内容、方式对大学生思想政治教育进行改革，以适应构建社会主义和谐社会的需要。

3. 大学生自身思想政治学习的不足阻碍和谐社会构建

市场经济的发展使得人们的思想发生了变化，而这种变化在大学生身上表现得尤为剧烈。随着传统集体主义价值观的暂时式微，有些大学生便随着社会的洪流转向个人主义和功利主义价值观，他们过于注重个人的利益与价值，将个人的发展置于集体和国家之上，强调个人奋斗和个人利益，对于思想政治的学习兴趣十分淡薄。个人主义的盛行必然会导致利益冲突的发生，使社会陷入不和谐之中。而另一部分大学生虽然在人生价值取向上表现为健康、积极，但在价值的实现过程和实现途径上却表现出强烈的功利色彩，在处事方式上讲求实际、实用和实惠，行为庸俗化、物欲化。和谐社会是充满活力的社会，需要思想道德水平较高的大学生去构建。部分大学生的这种个人主义和功利主义心理，显然不能担当此重任。

第二章　和谐社会视域下高校思想政治教育现状透视

第一节　和谐文化建设中思想政治教育面临的新课题

和谐是社会建设和文化建设的目标，思想政治教育是实现目标的手段之一。和谐社会依托和谐文化，和谐文化视野中的思想政治教育面对的是诸多的非和谐社会因素和文化因素。这些非和谐因素既是思想政治教育学科面临的课题，也是这个学科和这项事业存在和发展的客观社会条件。对此，从理论与实践紧密结合，历史与逻辑有机统一的角度进行阐释和说明具有重要意义。

一、市场经济体制下非和谐因素给思想政治教育提出的新课题

（一）市场经济体制下非和谐因素的主要表现

市场经济需要社会文化、社会心理、社会观念等多方面的环境保障，也受到多方面的环境制约。如果没有很好的思想文化氛围，即使是成熟的市场经济，也会引发社会不和谐的因素。改革开放以来，社会主义市场经济体制的逐步建立完善给中国创造了巨大的物质财富。但是，同任何事物都有两面性一样，市场经济的某些消极因素也造成了特有的文化矛盾和价值冲突，突出表现为市场的趋利性和交换原则对社会道德文化生活领域的侵犯，导致拜金主义、享乐主义、消费主义、诚信危机等泛滥蔓延，成为社会不和谐的重要文化诱因。

市场经济趋利原则的负面影响挑战思想政治教育构建和谐文化的能力。作为谋求利益最大化的物质活动，市场经济内部包含诸多矛盾或价值冲突。由于利益驱动对价值取向的影响，极易引发利己主义、拜金主义、享乐主义等思想，从而给和谐文化建设造成极大的负面影响。

市场经济的交换原则挑战思想政治教育的基本价值导向和构建和谐文化的理论思维前提。市场经济是商品经济，以等价交换为最基本的运行原则。如果仅就单纯和孤立的经济运行领域来看，交换原则，特别是等价交换原则，是最合理、也是最和谐的经济运行原则。然而商品交换的原则一旦演变成为一般的社会意识，“泛化”到非经济其他社会生活领域，特别是政治生活领域，就会成为最严重的社会问题。

在一个以功利为终极目标的价值体系中，道德也必会沦落为工具。工业革命带给了人类社会巨大的物质财富，却也造成了人类道德的总体退步，而所谓的后工业社会则进一步加剧了物质进步与道德退步的鸿沟。人们充分地品尝到物质进步带来的享乐，但生活意义却在逐步丧失，造成了今天道德秩序的混乱，产生了全球性的“道德危机”。恰如美国学者哈曼所说：“我们唯

一严重的危机主要是工业社会意义上的危机——我们对‘为什么’这种具有意义的问题，越来越变得糊涂起来，越来越多的人意识到谁也不明白什么才是值得去做的。我们的发展越来越快，但我们却迷失了方向。”哲学家麦金太尔在《德性之后》一书中也指出，“人类生活的性质本身已经改变，社会道德如此贫乏，只能意味着一个新的黑暗时代已经来临”。

改革开放以来，中国在逐步建立市场经济的经济体制，但没有建立起符合市场社会的道德伦理机制。市场经济的发展打破了中国人的道德价值观，使得原有的道德价值观支离破碎，而新的道德价值观迟迟建立不起来。今天的中国社会，传统的、没落的连同外来的、新生的许多道德观念混杂在一起，没有形成被普通大众信服和接受的主流道德价值标准。没有宗教的道德约束，又缺少适当的道德理论引导，加上市场经济的浸润，很多国人也就不择手段地追求起个人利益，以至于道德问题已成为国人普遍关注谈论的话题，甚至老人跌倒该不该扶都成为群民热议的话题，让人感觉到社会道德的底线都难以维系了。三十年前我们在谈论的“道德滑坡”，今天已经不折不扣的变成“道德危机”了。

当前社会中存在的道德危机，已经显现出多方面的表现，例如，社会成员之间缺少同情心和起码的信任感；某些社会成员的荣辱观念被扭曲；有些社会成员和阶层缺失社会正义感，趋炎附势，是非不分，正不压邪等等，所有这些都已经成为社会不和谐、文化不和谐的重要诱因。道德是任何一种文明的基本内核。中国当前的道德危机，是对中华文明的一种巨大冲击。

（二）市场经济体制下思想政治教育面临的新课题

从宏观上看，建设社会主义和谐社会，基本的和谐是经济、政治与文化的和谐。建设市场经济，从文化上必须强化与市场经济相适应的市场伦理道德，必须发展社会主义民主政治，必须建设和谐文化。通过市场伦理、民主政治与和谐文化建设，才能最大限度地减少市场经济的负面影响，使市场经济在资源配置方面的效率和效益最大限度地发挥出来。能否正确有效地解决这些问题，把人们在经济活动中的趋利倾向加以正确的规范和引导，控制在合理的、社会能够接受和认可的范围以内，既保证经济运行具有强劲动力，又保证社会的和谐稳定，这是思想政治教育面临的重大而长期的课题。

在这样的情况下，思想政治教育一方面不能简单地否定市场经济的交换原则，而必须维护和尊重市场经济的交换原则，另一方面应当控制并防止这样的交换原则对社会生活其他领域的侵蚀和渗透，维护社会的公平正义，维护政治生活纯洁透明的基本底线，这是和谐社会与和谐文化建设的最起码的要求。思想政治教育如果不能正确回答这些问题，不能从理论和实践两个方面有效解决这样的问题，其自身存在的意义和价值就要受到质疑。

第一，要构建社会主义市场经济条件下的伦理道德体系。在发展社会主义市场经济条件下，加强道德建设已成为构建和谐社会刻不容缓的紧迫艰巨的任务。虽然市场有其自身的天生弱点和负面影响，但是中国自向市场经济体制转变以来的种种道德不良现象，却更多地与市场道德的建构和道德教育的弱化有关。市场经济逐步走向稳定、成熟的过程，本身就应该是市场经济的规范内化于人们心灵的过程，即市场道德的建构过程。只有这两个过程真正内在的统一，社会繁荣的创造和经济的可持续发展才能成为现实。任何经济发展，都离不开与其相应的伦理道德支撑。对此，马克斯·韦伯在《新教伦理与资本主义精神》中是这样论述的：“许多国家的资本主义的发展程度，按西方的标准来看一直是落后的，但在靠赚钱以谋取私利方面使绝对不讲道德的做法普遍流行，却恰恰是那些国家一直具有的一个突出的特征。”现代思想政治教育的核心功能是对社会成员的伦理道德教化，为市场经济创造和谐文化氛围。思想政治教育如果不能为市场经济构建良好的教化环境，不能把社会的主流价值观念与市场经济的基本要素有机结合起来，那就会失去自身存在的意义和价值。目前首要的是要构建社会主义市场经济条件下的伦理道德体系。新的市场经济伦理精神应该包括：自强不息、开拓进取、遵纪守法、成德建业精神；崇尚整体、热爱集体、爱国齐家、修身践履精神；敬业乐群、务实求效、谦德守信、敬职敬业精神；节俭忍耐、勇敢正直、廉洁奉公、无私奉献精神；既竞争又协作，义利相容、互惠互利、共同发展、共同富裕精神等等。

第二，要启迪社会成员内在的责任感。尊重个人合法权益与承担社会责任是一致的。我们在承认个人合法权益的同时，也要提倡个人社会责任分担。要从正面引导，把单纯的谋利动机升华为社会责任感，赋予经济行为更高尚的动机。在市场经济条件下人们追求物质利益是正当的，但是社会主义市场经济更呼唤人们在追求物质利益过程中合乎道德要求的动机和行为。当今人们物欲高涨，对物质利益的追求到了前所未见的程度。一些人认为，人生最重要的事就是努力实现个人利益最大化，人的一切行为归根到底是经济行为，人生的意义在于占有尽可能多的金钱和物质财富。人们一旦走向物质利益追求的极端，就有可能在经济活动中不择手段，采取不顾后果的行为牟取暴利。而这种过度行为往往损害他人的利益或国家和集体的利益。这不仅会破坏经济的正常运行和发展，而且还会使社会生活中的人情淡漠，关系疏远，使个人精神浮躁、空虚、失落、颓废。任何经济活动本质上都是一种与人的利益相关联的道德活动，人的本质并不仅仅是物质功利的，文化精神更是不可或缺的。我们不仅要关注功利，而且还要关注灵魂。我们不仅要求经济活动中的经济主体成为有道德的“经济人”，而且还要求把经济行为的动因升华为敬业精神、民族成就，以此来推动经济的健康发展。

第三，要使诚实守信成为社会成员内在的自觉和自律，为经济的良性运行奠定道德基础。诚信和守信固然需要外在的约束，但更重要的是内在的自我约束。国人的诚信问题从来没有像今天这样成为社会热点问题。中国目前正处于严重的诚信危机之中，经济活动中存在的诚信问题尤为突出。假冒伪劣商品、坑蒙拐骗行为，以及尔虞我诈、相互倾轧、玩弄诡计等丑恶行径几乎遍及社会的各个角落，不讲诚信的事情经常发生，使人们不得不高度提防，以免受骗。市场经济的良性运行需要以道德诚信作为基础，缺失了道德诚信的经济活动将会变得无序而混乱不堪。“诚信的缺失会增加经济的不确定性与变数，使经济充满了无谓的风险，人与人之间的交易变得偶然和难以预测，正常的交换变得不正常，刚性的合约变得脆弱不堪。诚信缺失造成的不确定性还使得很多交易变成了一次性博弈行为：骗一把就走。”缺失诚信的经济行为使得人人都以一种警觉的心态进入市场，交易变得缓慢，经济运行的摩擦力加大，资本流通速度减慢，进而效益降低。而一个失信于别人的经济主体，又会被别人不信任，从而会影响和阻碍自己事业的发展，既害了别人也害了自己。市场经济的发展和完善需要人们的经济行为光明磊落，处事实在，讲信誉，重信用，认真履行自己应承担的义务。经济活动的有序进行离不开人们的诚实守信，因此，发展市场经济更需要提升人们的道德诚信修养。

第四，引导社会成员在经济上富裕以后，还要有更高层次的精神追求。改革开放多年，使国家强大了，人民富裕了，但也使一些人面对“滚滚而来”的金钱与财富不知所措，找不准生活的坐标，不能超越庸俗的物质享受，沉湎于一种安逸、享乐的生活之中。他们的超前享受、

挥霍享乐绝不逊色于一些发达国家，与我们国家依然属于贫困的发展中国家的现实极不相称。“挥霍即是气派”“消费即是道德”，“比阔攀富”“沉湎感性”的氛围一度笼罩了我们的社会。不少人患上了“贫困国家的富贵病”，比阔攀富，以消费为道德，享乐主义盛行，扭曲真正的生活意义和价值乃至彻底丧失生活的意义和价值。贪图安逸、享乐是一种资产阶级的生活作风，它可以使人生活上糜烂、庸俗，精神上浮躁、颓废，任其蔓延泛滥，会扰乱市场经济的秩序，使人们丧失更高的精神追求。在物质财富不断丰富的同时，更应该警惕消费主义和享乐主义。面对市场经济条件下的文化价值冲突，我们需要培育并倡导符合全面发展的和谐文化精神，引导人们的价值取向趋于更高的目标和水平。只有人们真树立起以为人民服务为核心的、以集体主义为原则的社会主义和谐文化价值观，我们的社会主义市场经济条件下的和谐社会才会真正建成。

二、传统文化中非和谐因素给思想政治教育提出的新课题

（一）传统文化中非和谐因素的主要表现

文化构成，一般包括传统文化与现代文化两个组成部分。在一般情况下，传统文化与现代文化并不存在优劣之分，也并非天然存在不和谐因素。但是传统文化与现代文化中都存在着与和谐文化不适应的因素和成分，甚至对和谐文化有消解的作用。面对建设和谐文化的历史任务，怎样才能化解克服传统文化中的消极因素，这是思想政治教育所面临的新课题。

1. 因循守旧的传统与现代创新精神的不和谐

伴随长时间的农业社会模式，我国传统文化形成了安于现状、不思进取的思想习惯，对新事物缺乏探索的兴趣和渴望。述而不作、因循守旧、怯于变革，这与现代文化勇于探索未知、讲求进取创新的精神存在着根本冲突，从而也严重阻滞了社会主义现代化的建设事业。守旧与创新之争表面上看是不同文化倾向的争论，而实质上则是事关党和国家前途命运的争论。

2. 家长制权威主义传统与现代民主平等精神的不和谐

中国长期农业经济和宗法社会赖以生存的基础是家庭。中国传统的家庭主义以一整套家规、族规、家教培养了每个人对家庭、家族的归属感、依附感和认同感。“孝”是中国的最基本的道德标准，这是无可厚非的。不过由于教育两千年的不断强化，使得我们的传统文化过于强调家庭本位，从而使个性的发展受到抑制。在长期的家长制传统形成的权威主义长期束缚下，人们养成了一切听命于家长权威的传统观念。在“家长”的管理下，子女无权过问家长的事情，而家长却可以操纵和代办子女的事情，这样就造成了一种家庭关系中的不平等。这种不平等的关系实际上是整个社会的“具体而微者”，“君君、臣臣、父父、子子”成为社会的金科玉律。直至现代社会，这种顽固存在的封建家长制作风，作为传统文化的遗存仍然广泛存在，从而与现代的平等观念发生严重冲突。封建专制主义权威传统往往把“民主”当作是“长官”的恩赐，这无疑与现代民主平等精神处于对立地位，也成为构建社会主义和谐社会的文化阻滞因素。

3. 人治传统与现代法治精神的不和谐

人治与法治，表面上看是政治理念的冲突，深层次看则是文化观念的冲突。人治是儒家学说倡导的一种治国理论，《中庸》就讲“人存政举，人亡政息”，从这句话里不难解读出祖先的人治观念。这种观念主张为政在人；法固然不可缺，但执政者“其身正，不令则行，其行不正，

虽令不从”；主张君主以身作则，施德行仁，并尚贤使能；主张把人治与礼治、德政结合起来。人治与法治各有优劣，各有不同的前提。这两种方式并不具有通常意义上赋予其的那种褒义或贬义。但中国是一个人治传统久远、民主法治意识严重缺乏的社会，国人普遍的把希望寄托在圣君、清官上，而很少从制度层次思考长治久安的国家治理。这种不重法治偏重人治的思维形成了一种牢固的价值观念，从而在国家治理上延续“法制底下的人治”，政治生活中“权大于法，办事依人不依法，依言不依法”的现象普遍存在。因此，当代中国思想政治教育的重要课题就是普及和培植法治思想、法治观念，让法治观念深入人心，让人治观念逐渐退出历史舞台。这样的使命无疑是长期的、艰巨的。

4. 平均主义传统与按劳分配原则的不和谐

在生产力水平低下的社会形态里，平均分享劳动成果，才能维系种群的繁衍，因此，在原始社会里，平均是最高的社会准则，而在奴隶社会和封建社会，极端的贫富分化催生平均主义。我国长达两千多年的封建社会，存在不同形式的均贫富的社会理想。如孔子所说：“不患寡而患不均，不患贫而患不安。”这种平均主义思想与中国文化中安贫乐道的价值观以及自给自足的小农经济社会相协调，但却与市场经济的运行规律相背离，减弱了社会主体的风险创新意识，不利于社会竞争中的强者，在现代社会中无法被普遍接受，特别是与社会主义社会各尽所能、按劳分配的原则相背离。在按劳分配和平均主义之间，在公平与效率的呼声之间，思想政治教育要立足于和谐，以和谐文化引导和统筹社会各个方面的要求。既要有利于调动和发挥社会各个方面的发展经济、创造财富的热情和积极性，同时又要悉心关照社会的弱势群体表达他们的诉求和愿望，防止片面性和极端倾向。把握好这两个方面的平衡，维护社会前进的动力，维护社会的稳定运行，这是和谐文化的根本宗旨，也是思想政治教育事业的使命。

（二）文化传承中思想政治教育面临的新课题

针对传统文化中的这些消极因素，思想政治教育不仅要发挥引导作用，还要发挥鉴别和批判作用，分清传统文化的精华与糟粕，弘扬民族精神，升华民族情感，克服狭隘保守落后的民族传统习惯，以和谐文化构建现代意义上的民族精神。立足于中国的国情，从时代的要求出发，将优秀的传统文化继承下来并发扬光大，同时扬弃传统文化中因不适应现代发展而阻滞和谐社会文化建设的方面，从而构建起适应社会发展需要的社会主义和谐文化。

第一，保持中国传统文化的主体性。文化是一个民族的灵魂，在人类历史上，以儒家文化为基础的中华文明是唯一没有中断过的古代文明。在过去两千多年时间里，中华文化的发展道路虽然相当曲折和坎坷，但其强大的生命力始终没有减弱和停息过。对中国的现代化进程来说，在先进的科学技术和传统文化之间寻找一条真正适合自己的发展道路，是一项史无前例的浩大工程，中国要对人类做出更大的贡献，绝不能长期跟在西方国家的后面循规蹈矩，而应该创造出独具特色的模式。我们要大力弘扬民族文化，振奋民族精神，努力提高民族文化产品的质量及在国际市场上的竞争力；继续深化文化体制改革，增强民族文化自身发展的活力；旗帜鲜明地反对和坚决抵制一切腐朽思想文化的侵蚀，保持民族文化的独立性，使我国文化沿着健康的道路走向现代化。只有这样，中华文化才能不断地得到创新和发展，才能完全展现其超时代的价值。

第二，强化对传统文化的“现代性”创新。对传统文化的“现代性”创新，必然表现为积

极面向世界，面向未来。中国文化一直不乏创新意识，《周易》中已有和谐创新思想，儒家有“苟日新，日日新，又日新”之说，法家也提出过“不法其礼”“三代不同礼”的思想。中国传统文化追求“和”，讲求“和而不同”，肯定多样性，承认差异性。这一点在全球化的今天，更应该焕发出感召力。中国传统文化的传承与改造要有时代意识，同时要坚持“取其精华、去其糟粕”的原则。一方面，传统文化中优秀的带有普适性元素的内容例如“仁义礼智信”“兼爱”“自强不息”等要发扬光大，使之成为中国先进文化的重要组成部分。另一方面，西方文化中包含的科学精神、民主思想等，要吸收、消化，同样使其成为中国先进文化的重要组成部分。更为关键的是，要在中国传统文化中寻求到医治由“过度文明”带来的“文明病”的良方，发挥中国传统文化弥补现代文化缺陷的潜力，给现代生产方式以新的动力，使中国文化成为世界性的文化思想，成为人类文化的重要有机组成部分。

第三，大力传播中国优秀传统文化。传统文化作为一种弱势资源在当今不具备语言和教育的承传强势，更不具备西方现代物质生活对人们日常生活所具有的那种冲击力。当今教育中的中国传统文化教育，只能算是一种点缀。如果中国文化在人为因素下“沙漠化”，则融合创新将无从谈起。因此，应该将其作为一门独立的课程。这门课程应重在介绍中国传统思想、传统价值观和道德观、传统风俗习惯、传统文学艺术等，让学生在这门课程中认识到中国传统文化的博大精深而产生文化自信；看到中国传统文化与现代中国千丝万缕的联系而产生历史认同感和归属感；看到中国传统文化与世界发展的联系而产生自信心；吸收中国传统思想而提高道德修养，学习中国传统文学艺术而获得美的教育。另外，要利用现代传播媒介，向大众、向世界宣传中国传统文化。利用现代传播媒介宣传中国传统文化，是中国传统文化的普适性宣传，将传统文化融入文学艺术、影视戏剧中，渗透在网络、文化交流、旅游观光中，面向社会大众，重新唤起社会大众了解传统历史和文化的热情。通过这些媒介宣传，使中国传统文化民间化、大众化、全球化。

三、多元文化倾向中的非和谐因素给思想政治教育提出的新课题

今天的和谐文化建设是在网络信息时代，在经济全球化的世界背景下，在我国建设社会主义市场经济条件下进行的，文化多元化趋势明显，主流文化的中心地位受到很大冲击，主流文化与多元文化并存是当前文化的基本格局。我们的思想政治教育，从理论到实践，长期以来都是依托主流文化的，因此，多元文化如何演变和发展成为和谐文化，包括多元文化与主流文化的和谐，多元文化各种要素之间的和谐，都是具有重大意义的课题，对思想政治教育的传统观念模式形成挑战。

（一）多元文化的构成

文化多元化可以从不同角度或范围来理解。今天所谈论的文化多元化包含两个不同的层次：其一，指世界文化格局多元化；其二，指当前我国文化价值观念的多元化。本章论述的主流文化与多元文化的博弈问题所涉及的“多元文化”主要是指后者，即当前我国文化价值观的多元化。

第一，世界文化格局多元化。文化本身是具有民族性的，不同民族、国家有不同的生活方式，也就必然具有不同的文化现象和文化价值观。随着文明的演进，现代人类社会愈发复杂，

信息交流愈发便利，各民族文化的发展无不面临着各种机遇和挑战，新的文化也层出不穷。国际政治、经济的多元格局的析出效应，使全球范围内超越国界、社会意识形态的文化价值观念的冲突与整合随之而来，世界文化也呈现出了多元化趋势。就像塞缪尔·亨廷顿所指出的："未来不会出现一种普世皆准的文化，人类仍然生活在一个不同文化并存的世界。"在所谓的地球村里，几乎任何一个国家都存在着多元文化。一方面，多元文化并存并推动了不同文化的交流融合，使不同文化能够在共存中更好的发展和繁荣，促进了人类文明的进步。另一方面，在文化多元化的进程中，不同文化的碰撞冲突，西方强势文化的强势扩张甚至大搞"文化殖民主义"，给民族国家的文化安全带来很大影响，甚至以此为说辞颠覆主权国家的政权。因此，多元文化在追求文化共性的同时，应该是在尊重各民族、各个体文化选择多样性的前提下进行的，是多样性基础上的统一，而不是完全的同质化。

第二，中国文化价值观念多元化。在实行改革开放以前，我国的文化具有较强的强制性、排他性，属于比较标准的一元文化。随着我国改革开放的深入，社会主义市场经济体制的逐步建立所导致的所有制的多形式、利益主体的多样化使中国文化价值观念领域产生了深刻的变化，特别是西方各种思想观念、生活方式等意识形态的不断涌入，出现了传统与现代、东方与西方、主流和非主流等多元文化并存的格局。"新的与旧的，洋的与土的，传统的与现代的，大马路与小胡同，迪斯科与太极拳，疾驶而过的摩托车与慢腾腾的三轮车，大企业的联合公司与个体商贩的夫妻老婆店，灯红酒绿的夜总会与悠闲清淡的小茶馆，通信卫星与长线风筝，豪华建筑与低矮瓦房并存。"改革开放多年来，中国取得的成就世界瞩目，国家步入发展的快车道，在很短的时间里压缩了过量的社会变化，中国迅速走向世界。中国人也具有了广阔的胸襟，向世界表明了社会意识形态和文化价值观念不同的民族国家可以在同一法则下共同发展。

（二）多元文化倾向中非和谐因素的主要表现

多元文化冲突中蜂拥而起的各种新的社会思潮为中国民众提供了各不相同甚至激烈冲突的信仰选择。由于没有一个统一的标准来评判社会现象以及对现实价值选择的困惑，部分人经受不住西方价值观念的诱惑，丧失了一直指导我们前行的主体意识形态，我们面临社会转型时期严重的信仰危机，这正是多元文化倾向中非和谐因素的主要表现。

考察信仰危机可以有两个基本的角度，一是社会群体的角度，一是个体人生的角度。一般而论，在社会历史进程中，每当社会发生某种重大的变革，社会或政权处于一种转折或转型时期，往往都会引起人们精神信仰的动摇，在这个层面看到的更多的是整个社会群体主导信仰的危机，实质上成为意识形态的危机，给社会带来巨大影响。同时，这种信仰危机对个体的人生也会造成剧烈撞击。当前信仰危机的表现主要有以下几个方面：

第一，信仰的多元化。这种多元化体现在，在今天的社会生活中，人们的信仰已经不再是单一的马克思主义、社会主义和共产主义信仰，而是既有马克思主义的，又有非马克思主义的；既有科学的信仰，也有非科学的信仰；既有理性的信仰，又有非理性的信仰；有信仰集体主义、社会主义的，也有信仰个人主义的；还有信仰宗教和迷信，信仰权利、金钱的等等。总之，信仰的多元化已成不争的现实。

第二，信仰的非理性化。表现在部分社会成员的信仰具有迷信、盲目、盲从的倾向。在多元文化的相互激荡中，一部分人失去了价值选择上的方向感，丧失了基本的价值判断力，是非

不辨、美丑不分、匆忙轻浮、草率从事。当共产主义运动遭受挫折时，对马克思主义的信仰便开始怀疑和动摇，认为马克思主义不灵了，随后又一味崇拜西方文化，把西方的价值观、民主观、自由观不加辨别地照单全收；或者一味拒斥西方文化，视西方文化如洪水猛兽，表现出一种狭隘的爱国主义和民族主义情绪。在世界经济一体化、政治民主化、科技全球化及思想多元化的新趋势下，他们又认为什么信仰都可以了。

第三，信仰的非科学化。随着我国社会各项改革的深入，社会生活中的竞争愈来愈激烈，部分社会成员因不能适应这种转变而对现实感到失望，转而向神灵寻求庇护，开始信仰宗教和迷信，这种消极的信仰对和谐社会的构建造成了不可忽视的负面影响。

第四，信仰的世俗化。在市场经济的消极因素刺激下，部分社会成员的理想信念淡化，他们在强烈的文化碰撞中失去了自我，失去了精神和信念的追求与期望。少数人经受不住西方生活方式的诱惑，丧失了我国主流的理想信念和价值追求，文化心理受到了冲击，把金钱和利益看得至高无上，拜金主义、物质主义、享乐主义、个人主义、消费主义等现象的增多凸显了信仰的世俗化倾向。

（三）多元文化倾向中思想政治教育面临的新课题

新世纪的思想政治要在文化多元化的历史潮流中应对挑战，就必须发现和有效利用多元文化的积极倾向，克服多元文化的消极倾向，以文化的手段解决中国现代化进程中的文化问题，走出现代化的文化困境。

第一，正视多元文化。在世界一体化、经济全球化、政治多极化的时代，文化和价值观念多元化、多样化是不可避免的趋势。同时，社会主义初级阶段国情决定了我国文化的多元发展。一定的文化是一定的经济、政治在观念形态上的反映。我国社会主义初级阶段的国情决定了我国存在多种经济成分共同发展的状况，反映在文化上，就是多种文化的共存。特别是在当前，我国正处于社会转型时期，由于政策、社会结构、产业结构的调整、分配方式的多元化等多种因素的变动，导致社会阶层分化，已使我国产生了多种新型文化，最明显的即私营企业主文化、亦工亦农群体文化、贫困阶层文化、自由职业文化等。这些文化在改革前未曾存在过，是改革开放特别是市场经济体制改革的产物，是与多种经济形式相适应的。随着改革的深入、制度的完善，一些文化将会继续存在，而一些文化将会衰亡，另一些文化将会兴起，这既是由我国的经济基础决定的，同时也是由文化运行规律决定的。另一方面，与社会主义市场经济相适应的社会主义文化必然是多元文化。市场经济是一种开放性经济，作为反映社会主义市场经济的社会主义文化也必然是一种开放型文化。凡是能适应并促进我国市场经济健康发展需要的文化，不管是民族传统的还是外国的，都要择取；反之，都要舍弃。在文化多元化的进程中，过分强调“离异”就会导致“文化孤立主义”；过分强调“趋同”，则必然导致“文化霸权主义”。

第二，树立文化自信。民族文化是一个国家、一个民族精神和智慧的体现，也是民族得以传承、国家得以维系的精神支柱及凝聚力的体现，是民族认同的“身份证”。在全球化时代，任何一个民族和国家都无法完全抗拒外来因素的影响而单靠自身社会内部的机制运行，不同文化模式之间的互动与对接、不同价值观之间的激荡与碰撞不可避免。文化自信要求我们要自觉、清醒地意识到民族文化的特性，了解优势，克服弱点，取长补短。思想政治教育工作在充分认识和理解社会的主流文化及核心价值观必须建立在民族优秀的文化传统之上的同时，也要客观认识西方文化价值观的历史性和相对性，充分发掘传统文化中的优秀基因，克服“文化自卑感”，增强民族自信心、自豪感。

第三，强化主流价值体系。在多元文化的冲突中，必须理直气壮地加强主流思想文化的宣传教育。现阶段急需确立一种占主导地位的价值观念，社会主义核心价值体系的构建具有极其重要的现实意义。社会主义核心价值体系代表了中国特色社会主义社会的主流价值，提供了和谐社会建设所需要的文化认同和价值追求。因此，在进行大众化社会主义核心价值体系教育时，不但强调以马克思主义为指导思想，切实推进马克思主义的进一步中国化与大众化，而且强调尊重差异、包容多样、求同存异、团结友爱、和睦相处，从而能够坚定人们对马克思主义的信仰、对建设中国特色社会主义的信念、对改革开放和现代化建设的信心、对党和政府的信任，促进整个社会的团结和稳定。

社会主义文化作为人类文明长期发展的必然结果，是以马克思主义的大文化观主导文化的。这种文化是在继承了自身优秀文化基础上融汇世界各个国家和民族优秀思想和文化成果的文化。社会主义市场经济条件下的文化，作为历史发展和经济、政治全球化的必然结果，除了继承优秀传统文化，同时也积极向外来文化学习；既有纵向上的继承，又有横向上的开拓与渗透，同时也是一种立足于中国现实的有中国特色的多元文化。总的说来在可以预见的相当长的一段时间内，不同传统的文化，特别是目前仍在起作用的多元文化，将在社会主义市场经济条件下得以继续发展；而社会主义文化作为全球多元文化中的一元要得以长存，最重要的条件，就是能在人类文化发展的进程中做出自己特有的贡献而有益于其他文化。

四、人文精神与科学精神冲突裂变中的非和谐因素给思想政治教育提出的新课题

科学精神与人文精神的关系是社会现代化进程中最重要的精神因素，也是当前我国构建社会主义和谐文化面临的主要问题。构建科学精神和人文精神既是思想政治教育的手段途径，也是思想政治教育的目标。现代化进程同时也是社会转型的过程。同许多国家和地区在社会向现代化转型时出现了科学精神和人文精神的碰撞一样，我国也存在这两者的冲突与矛盾。对两者关系的处理是否妥当，反过来影响着社会转型能否顺利实现及其代价之大小，影响着社会主义和谐社会的构建，挑战思想政治教育构建和谐文化的能力。

（一）对科学精神和人文精神的基本理解

总括当代对科学精神的阐释和界定，大致有三种理解：一是以“实证性”为原则，把“科学”作为与“非科学”、进而与“错误”相对立的概念，由此与“精神”组合起来的“科学精神”就成了“正确精神”的代名词，于是，人类一切美好、崇高、值得肯定的精神价值都可以归结为科学精神。二是将“科学”作为一种职业，科学精神就成为一种特定的职业精神，进而将从事这一职业的人即科学家们通常具备的精神品质作为科学精神的代表如“理性精神”“批判精神”“创造精神”等等。这种意义上的科学精神实际上相当于“科学家的精神”。三是将“科学”从学科的意义上去理解，从科学这门学科所具有的特性中提升出“科学精神”的要义，并从科学和科学以外的学科，尤其是人文学科的区别中，归结出科学精神不同于其他精神尤其是人文精神的特质。从科学活动的客观性、精确性、实证性、效用性等显著特点中，或从科学所普遍持有的观念和使用的方法中，可以归纳出科学精神的大致内容是：以外在对象为尺度，追

求真实、探索规律、推崇理性，重在获取真知、注重实证依据、实现最大功效，即人们通常所说“客观精神”“理性精神”“实证精神”“实效精神”等等。科学精神是人类文明中最宝贵的精神财富，它曾经引导人类摆脱愚昧和迷信。科学精神不仅仅体现在科学家的科研行为，更重要的是它逐渐地渗入大众的意识深层，体现着人类对客观性、真理性、合理性的追求与创造。总而言之，科学精神并非是科学本身。科学精神是由科学技术发展进步所导致的社会和人的观念的变化和升华，是人在科学技术发展的宏观环境下所形成的某种思维方式，是人们从科学观点和立场认识理解事物的自觉性和主动性，是人们用科学态度理解和把握处理日常生活各种问题的能力。

人文精神是一个内涵十分广泛的概念。从一般意义上说，凡是与人的活动有关的思想意识观念理念等等，无不体现和彰显人文精神，人文精神就是人的精神。然如此泛泛讨论，并不能准确揭示人文精神的内涵。目前学术界往往倾向于在以下两个方面使用“人文精神”的概念：一是在知识主体上使用，把人文精神看作是人文知识分子身上体现出来的精神价值，人类知识的精神价值，知识分子的精神价值，即通常所说的“文人精神”。毫无疑问，知识分子，尤其是人文知识分子，对于人文精神的价值具有更自觉的意识，对人文精神的话题有着更热切的关注，对于弘扬人文精神也有更迫切的愿望。然而，如果把人文精神仅仅看作专属于知识分子或人文知识分子圈的东西而使之与社会大众相隔离，则这种人文精神必然失去其最广泛的生存基础，无助于社会文明发展和精神进步；二是在学科意义上使用，把人文精神看作是从人文学科和人文文化中提升出来的一系列价值观念、共同准则和规范特点等。“与科学精神的内容相对应，人文精神的内容包括：以人为中心，开掘主体的内在感受，推崇睿智、追求美好、重在良善，实现浪漫情怀、向往健全完美的人格等价值理想”。这种意义上的人文精神，区别于科学认识的探究活动，就是回归人文本体。人文精神是一种普遍的人类自我关怀，包含着对人的尊严、价值、命运的维护、追求和关切。总之，不论是知识意义上的人文精神还是科学意义上的人文精神，其共同倾向都是把人文精神看作“人类精神”，即“在历史中形成和发展的，由人类优秀文化积淀、凝聚、孕育而成的人类精神”。显然，在这一层次上理解的“人文精神”，内在的包含着科学精神。

（二）科学精神与人文精神冲突裂变中的非和谐因素

科学理性与人文精神作为人类精神的两个侧面，它们在本质上是和谐统一的。这种统一在早期是一种原始的、朴素的、未经分化的统一。到了近代，由于启蒙主义精神与科学理性传统相互促进，两者和谐发展，然而在此后相当长的时间里，由于片面强调科学理性的作用，又产生了两种对立的观点——唯科学主义与反科学思潮。进入 20 世纪以后，随着对科学理性认识的进一步深入，出现了科学的人文化趋势，21 世纪，科学理性与人文精神必将在新的实践基础上重新融合。

第一，科技进步与人文发展的现实对立。人文精神与科学精神的分野与对立，是随着近代科学技术的发展所产生的物质繁荣与人性扭曲的双重效应造成的。自启蒙运动以来，西方文明的演进是建立在这样两种观念上的：一是否定宗教神学和追求世俗生活的人文主义观念，一是继承古希腊以来理性主义的文化传统，把自然、社会、个人都看作科学认识的对象，并在此基础上解决一切问题的技术理性观念。现实的功利性使现代科学技术和工业取得了巨大发展，创造出极其繁荣的物质文明。科学打破了神学的教条，在各个领域都表现了它的巨大潜力，人们在对上帝的崇拜产生疑问的同时建立了对科学理性自身的崇拜。科技进步极大地强化了人的认识和实践能力，改变了人类的生产方式、生活方式乃至思维方式，但与此同时也引发了人与自然、人与社会的诸多矛盾，对物质近乎无限追求的同时也造成了人性的扭曲与压抑，演化出了当前人类社会的各种“现代病”。例如，在人与自然的关系问题上，生态问题日趋严重；在人与社会的关系方面，族群矛盾、国家矛盾等并未随着物质财富的大幅增长减弱，而是以更加复杂多变的形式存在，并时常以异常尖锐的形式表现出来；在人的精神生活领域，信仰缺失、拜金横行、物欲泛滥等现象普遍存在。这些都是科技进步与人文发展冲突裂变的现实表现。现代化问题表现在文化精神上，即科学理性和价值理性的碰撞。人文发展与科技进步呈现出的愈益分化的趋势，形成了人文精神与科学精神的分离趋势。

第二，“科学”与文化的“异化”。近代科学有两种形象：笛卡尔形象和培根形象，其分别代表了古典的理性传统和新兴的功利传统。在随着自然的数学化、研究的方法论化、科学建制的分科分层化，即近代科学完成了其理性化过程之后，它还以其“效用”服务于意欲“控制”的人类权力意志。“新科学的一个革命性的特点是增加了一个实用的目的，即通过科学改善当时的日常生活。寻求科学真理的一个真正目的必然对人类的物质生活条件起作用。这种信念在全世界越来越强烈而广泛地传播，构成了新科学本身及其特点。”“西方的科技照亮了整个世界，西方的理性滋润和启发了人们的心灵。在西方的文化舞台上，科学是主要角色。作为西方文化主义向度的科学理性，因其在技术上的巨大功利而被人们称为征服物质世界的‘十字军’”。由于对科学的崇拜，人们把任何非理性的东西都视为是错误的东西，这种状况人为地造成了科学理性和人文精神的割裂。当人们醉心于用新兴的科学去索取财富的时候，当人类文明在追求物质财富的道路上疾驰的时候，价值观念经受了前所未有的冲击。世俗生活以科学为工具来满足自己，科学以世俗生活的欲望作为发展自己的动力，随着技术理性不断取代现实生活中的一切并成为支配性的力量时，就不可避免地造成了科学技术的滥用。科学技术的滥用是工具理性对价值理性的背弃，是文化的异化。科学与人文的对立，随着科学技术的发展而愈演愈烈，形成了科学和人文精神相对立的两种文化观，由此造成的文化后果和文化危机，给人类的生存环境和心理处境带来一系列严重问题。

第三，“人文精神”的重生与变异。近代科学继承了希腊科学传统的理性形式和自由精神。如果说文艺复兴是西方近代科学技术的诞生，不如说是重生。这种重生首先发生在人文领域。文艺复兴时期的人文主义者，复兴的是脱离宗教神学的世俗知识，但同时包含着对“人”之地位的一种新的审视和思考：呼唤人性的解放，尊重人的价值、权利和作用。这些是工业生产诞生的思想基础。随着科技的不断进步和工业生产的不断扩张，人类取得了历史上从未有过的巨大成就，这促使人们相信，科学技术可以解决一切问题：如果有问题还没有解决，那就是科技还不够发达；如果发展中伴随负面作用，那消除这种负面作用也还得靠科技的进步。机器生产是近代工业生产的基本形式和科技进步的主要标志，由于机器的重要功效，在社会文化领域形成了机器文化，在哲学上形成了机械论。于是在生产领域，人成了机器的奴隶；在哲学领域，人被看作是机器；在社会生活领域，人与人的关系被看作是机器零部件之间的关系。科学的方法由于服务于对自然的支配和控制，所以其基本的逻辑是强权的逻辑、力量的逻辑。这种逻辑用于社会问题上，必然会给出一个严密控制和高效统治的社会方案，即物化的社会方案。用物

性来代替人性，实际上是否认了人性。胡适在评论科玄论战的“科”字方时就指出，“他们虽然抽象的承认科学可以解决人生问题，却不愿公然认同那具体的纯物质、纯机械的人生观”。于是，自然科学家在强调科学技术、工具、机器作用的同时，昭示了科学无限扩张的动机。“科学从来不为自己的信念找根据，或解释自身的意义。”而在科学无限扩张的负面作用越来越显现的时候，从事人文文化的专家则对此愤愤不平，开始反思乃至贬低科学技术的作用，重新召唤人文精神。从古代希腊到文艺复兴的历史说明，人文精神在不同的历史时代往往都要经历重生的过程。人类进入知识经济时代，信息化时代，迫切需要人文精神发生一次凤凰涅槃式的重生。这既是构建和谐文化的基础和前提，也是思想政治教育能否升华到全新境界的考验。

（三）科学精神与人文精神和谐统一中思想政治教育面临的新课题

第一，建设和谐社会理念的提出呼唤人文精神的回归。“西方社会现代化进程曾表现出二重性，一方面，科技和生产突飞猛进，社会物质财富急速增长；另一方面，出现了一系列现代化问题：个人主义、拜金主义、消费主义盛行，人的生存状态片面化，资源和环境的危机达到前所未有的程度。”我国是现代化的后发国家，在现代化进程中特别是改革开放以后也明显表现出上述的二重性。这种二重性发展下去的必然结果就是社会的不和谐。世界上一些现代化的先发国家和地区，都出现过这种社会不和谐的局面，也都有在现代化过程中某种程度上实现社会和谐的经验。但是，正处于“发展的黄金期”和“矛盾的凸显期”的中国，地区差异巨大，传统农业、大工业和信息化并存，怎样解决社会不和谐问题还从来没有先例。现代化的急剧转型，使当代中国的文化精神的动荡与变迁甚至远远比物质或制度层面的变革还要剧烈。对于物质利益的过分追求使社会长期以来形成的精神价值被颠覆，价值理性被长时间忽略乃至遗忘，从而导致社会矛盾愈发突出。人们在享受于物质丰盈的同时，逐渐失落了精神家园。当前“以人为本”“和谐社会”等理念的提出，也是基于对此类问题加以反思的结果。构建社会主义和谐社会是目前我们国家一个重大的战略性变化。要实现中国社会的和谐，必须要有精神支柱。汤因比认为，要使整个世界避免危机，“最重要的精神就是中国文明的精髓——和谐”。中华文化孕育了中华民族灿烂的文化与和谐文明，尤其是其中的和谐人文精神是中国传统文化的精髓和瑰宝。

第二，正视人文精神与科学精神在当代中国的双重不足与缺失。科技产生的负效应已成为摆在现代人面前的不争事实，除了物质层面如环境恶化、生态失衡等以外，其对人文文化层面产生的负效应即人文精神的缺失也慢慢显现出来，并成为困扰现代人的一个严重问题。由于这种负效应直接危害到人类生存的精神状况，引起我们的高度注意，以至于我们在反思检讨人文精神缺失的时候，似乎总有科学精神在我国已经彰显得过了头的潜台词，而忽略了当前科学精神缺失的现实。科学精神的缺失，对于当代中国来说已经不是一个理论性问题，而是一个带有普遍性的实际问题。我国文化传统向来是轻科学而重人文。西方科学对近代中国社会的发展起了巨大的推动作用。但是，因为中国近代科学教育的产生和发展，是在救亡图存的时代背景中进行的，决定了中国近代的科学教育关注的只是科学教育的具体层面即仅仅是功利地从技术层面入手，而未能关注科学精神的培养。近代中国在学习西方科学的过程中，使科学在中国的发展出现了偏颇。人们不是将科学作为一个完整的体系来对待，而是忽视和否定其精神内涵和传统，将它作为一种改造社会的万能工具。现在，我们很多人对科学看重的仍是它的经济价值，即它的生产力作用，而对科学中包含的社会价值或深厚的文化思想，往往忽略不见。即使在今天，我们的科普工作仍然是重科学技术的普及推广，轻科学精神的传播；重科学知识的学习，轻科学精神的培养。“客观地分析，即使在认同‘科学技术是第一生产力’的今天，科学精神在我国也不是倡导得过了头，而是还很不够，因为人们对科学意义的理解，更多是停留在手段、器物的层面，而非文化精神的层面。”这表明，弥补人文精神的缺失不应是限制科学精神。科学与人文的关系，既有现阶段对立性的一面，也有本源和终极意义上一致性的一面。二者不是势不两立的敌对关系，而是彼此依存、相互促进、共同发展的，应使二者之间始终保持一种合理的张力，如果片面强调任何一方而忽视、抑制另一方，都不利于社会和人的和谐、全面发展。

第三，和谐文化建设倡导科学精神与人文精神的融合。离开了人的主体地位，单纯地谈论人文精神或科学精神，难免会陷入将人文精神与科学精神对立起来的误区。从人类未来的高度看，单纯依靠科学技术或单纯依靠人文情怀，都不足以解决人类面对的种种危机。只有实现人文精神与科学精神的消解与融合，才有可能使人类现在面临的种种困境得到圆满的解决。只有在推崇科学精神的同时，注重人文精神的培养和提高，重新把科学定位为人类的长远发展谋利的角色，把对科学的盲目崇拜转化为对生存意义的反思上去，实现科学精神与人文精神的融合，人类社会才能拥有真正的未来。在当代中国，科学精神和人文精神分别从不同的角度、不同的层面对构建社会主义和谐社会发挥着重要作用。我们既要看到它们相互区别的一面，又要看到它们相互渗透、相互补充、相互促进的一面，自觉地把二者统一起来。一方面，经济社会的发展必须服务于人的全面发展。实现经济社会的全面协调可持续发展，是构建社会主义和谐社会的必然要求。要满足这一要求，必须树立和落实科学发展观，大力弘扬科学精神，自觉遵循和运用客观规律。科学发展观就是对过去发展的一种全面反思，以人为本作为科学发展观的核心思想，本身就是人文精神的体现。因此，在推动经济社会发展的过程中，必须坚持以人为本，不断实现好、维护好、发展好最广大人民的根本利益，使改革发展的成果惠及全体人民。

科学和人文是人的精神世界之阴阳，如同车之两轮，鸟之双翼，缺一不可。唤起人的内心世界的科学精神和人文精神，促使科学和人文的融合，这是世界文化发展的总方向，也是构建和谐文化目标，更是思想政治教育的使命与责任。科学与人文汇流的趋势也已经露出端倪，“我们正朝着一种新的综合前进，朝着一种新的自然主义前进，也许我们最终能够把西方的传统科学精神与中国的传统人文精神结合起来”。人类未来的文化发展需要两种精神的汇流，只有如此人类的生活才会更加和谐。

第二节　和谐社会视域下高校思想政治教育现状分析

一、高校思想政治教育现阶段取得的主要成果分析

“加强高校思想政治教育工作，注重大学生全面发展，提高思想认知水平，学会用正确的方式处理人际关系。”这是我党对高校思想政治教育管理工作的新思路，也是对当前思想政治教育管理工作提出的新的要求。

（一）大学生思想政治教育得到不断重视与加强

改革开放之初，由于特殊的历史条件，党和政府“以经济建设为中心”，相对忽视了思想政治教育，造成了巨大损失。十五大、十六大报告明确提出“青少年是祖国的未来，民族的希望，要十分重视青少年思想道德建设”。1994 年颁布的《中共中央关于加强和改进学校德育工作的若干意见》明确规定“完善德育体系，积极推进教育教学改革”，及时扭转了思想政治教育的工作局面。接着，《中国普通高等学校德育大纲》从德育目标、德育内容、德育原则、德育途径、德育实施和德育考评等方面对《意见》精神作了具体部署。2004 年 8 月 26 日，中共中央国务院颁发“16 号文件”明确了高校思想政治教育的指导思想、目标原则、主要任务、途径方式等，是目前和未来很长一段时间内大学生思想政治教育的纲领性文件。全国加强和改进大学生思想政治教育工作会议于 2005 年 1 月在北京隆重召开，这是改革开放以来中央首次就“大学生思想政治教育问题”召开的专门会议，胡锦涛同志出席并发表了重要讲话，提出“学校教育，育人为本；德智体美，德育为先”的全新理念，为大学生思想政治教育提供了思想先导。

（二）大学生思想政治教育体系进一步健全与完善

改革开放以来，大学生思想政治教育在学科建设、课程设置、教材建设以及工作评估等方面取得了巨大的进步，使大学生思想政治教育体系进一步健全与完善，相互运作更加和谐，教育效果也明显改善。1984 年教育部批准在全国 12 所重点院校开设思想政治教育专业，正式确立了思想政治教育的学科地位，隶属于法学门类政治学一级学科。20 多年以来，学科建设不断加强，已经形成了专科生、本科生、第二学士学位生、硕士研究生、博士研究生等多种办学层次的学科体系，一直以来在人才培养、科学研究、服务社会等方面发挥了重要作用。

2005 年面对新形势、新情况、新问题，国家新增马克思主义理论一级学科，将“马克思主义理论与思想政治教育”一分为二调整至马克思主义理论一级学科下，分别隶属于马克思主义基本原理和思想政治教育两个二级学科。这是贯彻落实中共中央加强和改进大学生思想政治教育重大决策在学科建设上的新举措，使思想政治教育学科有了更加独立的发展空间和更加优越的支撑条件，更加便于其立足现实，实现长远发展。

在课程体系方面，20 世纪 90 年代以后得到逐步完善。十几年来，“两课”不仅发挥了其巨大的德育功能，同时也实现了其课程体系的日益规范和完善。1998 年 4 月，中央批准“两课”课程设置新方案——“98 方案”，使大学生思想政治教育的课程设置走上规范化之路；2005 年，“两课”更名为“思想政治理论课”，优化了以往课程过多，任务繁重的状态，使大学生思想政治教育的课程设置更加科学化、人性化。

随着课程设置的改进与完善，教材建设也不断调整与加强。很多教材在课程结构、教学目标、教学要求、内容设置等方面表现了很强的系统性、科学性、针对性和可操作性，为提高大学生思想道德素质做出了突出贡献。在工作评估方面，近些年来中央和地方主管部门对各高校展开了深入的评估检查，高校自己也及时对各院系的德育工作情况加以评估，很多学校将德育评估工作纳入到本科教育教学的评估体系中，以评促改、以评促建，既节约了成本，又达到了效果；通过检查反思，督促整改，思想政治教育的各项工作取得重大进展。

（三）大学生思想政治工作者的素质明显提高

为了加强工作队伍建设，有关部门和各高校开展了大量工作，采取了许多措施。中央教育部门和地方政府通过建立人才培养、科学研究和师资培训基地以及增列博士点硕士点，选派留学生等方式，培养和造就了一大批人才。这些专家学者现在已经走上大学生思想政治教育的前线岗位，成为大学生思想政治教育的中坚力量，大大优化了思想政治教育工作队伍的主体结构，提高了思想政治教育队伍的整体水平。当代大学生思想政治工作者不仅在教学方法、教学手段、学历水平、科研能力等方面有了明显进步，更重要的是他们在教育思想、德育理念等方面有很大的突破与创新。

（四）大学生思想政治教育的价值取向日益人性化

随着社会发展和文明进步，大学生思想政治教育的价值取向发生了根本变化。思想政治教育的人文意蕴越来越丰富。关注人、了解人、发展人，成为思想政治教育理论研究和实际工作的出发点和归宿；“以人为本”“以学生为本”的理念日益深入人心，成为大学生思想政治教育长远发展和大学生思想道德素质全面提高的价值指南。

（五）大学生思想政治教育理论研究取得新突破

十三届四中全会以来，国家加大了对高校思想政治理论课研究的支持力度。学术界对思想政治教育和大学生思想道德建设等问题进行了深入而细致的研究，发表并出版了一批有分量、有影响的研究成果。这些研究成果深化了对德育规律的认识，丰富完善了社会主义市场经济条件下的高校德育理论，为切实加强和改进大学生思想政治教育，提高大学生思想道德素质提供了理论依据。

在课题研究方面成果卓著，建立了以思想品德为核心的综合素质评价体系，是国家重要相关文件出台的重要理论来源与实践依据，也为高校（也包括幼儿园、小学和中学）进行大学生思想政治教育提供了一个操作性很强的学校德育体系范本。目前，思想政治教育理论界业已形成了一大批学识渊博，卓有成就的专家、教授、知名学者以及一批博士生导师、学科带头人，还有一大批以专著、专刊、文章、论文集为形式的成果群。一些重点研究基地已经成了国家在该学科发展的重要思想库、资料库和人才库。所有的这些成就都是过去加强理论研究的重大收获，也是未来思想政治教育理论研究走向新台阶的有利条件和重要推动力量。

二、和谐社会视域下高校思想政治教育存在的问题

自改革开放以来，党中央反复强调要加强思想政治教育尤其是大学生的思想政治教育。大学生的思想政治教育也曾经取得了辉煌的成绩，充分发挥了其自身在社会主义建设中的促进作用。随着党中央对构建社会主义和谐社会发展目标的提出，对大学生思想政治教育也相应地提出了更高的要求。从和谐社会发展理念和发展内涵来看，当前大学生思想及思想政治教育也确实存在着一些“不和谐”状况。对这些“不和谐”的状况进行分析，有利于我们发现问题、分析问题和解决问题，增强大学生思想政治教育的实效性，进而更好地发挥大学生思想政治教育在构建社会主义和谐社会中所应有的积极作用。

（一）大学生思想中存在的与和谐社会建设不相适应的问题

1. 大学生思想中对主旋律教育的认识有较大差距

所谓主旋律教育主要是指爱国主义、集体主义和社会主义教育。要构建社会主义和谐社会必然要坚持马列主义、毛泽东思想、邓小平理论和“三个代表”重要思想以及科学发展观在意识形态领域的指导地位。但是伴随着经济全球化的浪潮，大学生的思想观念受到了很大冲击。大学生缺乏正确的、全面的判断，往往只以现有的经济差距作为是非判断的标准，对主旋律教育的基本内容和社会主义制度的优越性还存在这样那样的错误认识，甚至产生一些错误的思想观念，这与构建社会主义和谐社会的目标是格格不入的。在这样一个错综复杂的环境下落实我们党提出的新的发展理念，大学生的思想政治教育只有唱好主旋律，才能真正取得实效。

2. 大学生的价值观念和价值取向发生了重大变化

随着改革开放的深入和市场经济体制的逐步建立，大学生从封闭的环境走向开放的社会，必然会对大学生的价值观念产生影响。一方面，市场经济强调优胜劣汰的竞争原则，要求市场对资源进行优化配置，这无疑增强了大学生强烈的危机感和紧迫感，激发他们拼搏向上、奋勇进取、开拓创新的精神。但是，另一方面，市场经济本身的一些缺陷使得有些学生完全以追求个人理想为重，责任意识淡薄，追求物质利益，忽视精神境界的提高，过分追求个人利益，集体主义意识削弱等等，这与和谐社会的建设也不相适应。

3. 大学生的法制观念与法制社会的要求相距甚远

市场经济是法制经济，它要求市场主体必须按法律所规定的模式运行。随着依法治国执政方略的提出，建设社会主义法治国家的内容已经被正式写入宪法。和谐社会对建设法制社会的要求也相当强烈。然而当前大学生思想政治教育中，虽然开设了思想道德修养与法律基础来培养学生的法律意识，但很多学生只是把其当成一门课程来应付，并不能在思想上意识到提高法律素质的重要性，导致学生法律知识缺乏，在现实生活中的守法自觉性比较差。还有不少学生认为只要不违法，法律就与自己没关系，法律意识淡薄。这导致了大学生的违法犯罪行为呈现上升趋势。这显然与法制社会的要求相距甚远，更不要谈和谐社会了。

4. 大学生心理状况面临失衡

培养学生具有良好的心理素质，是大学生思想政治教育的目标之一。但由于大学生进入高校之后，学习、生活及人际交往环境发生了很大变化，各方面的竞争激烈，同时随着高等教育体制改革的深入，就业等又面临着巨大的压力，这些都给大学生带来了巨大的心理压力，引起了一系列的心理问题。这就需要帮助他们正确看待所面临的问题，帮他们分析问题产生的原因，帮助他们减轻压力和疏导心理不适，使他们的心理状态调整到符合和谐社会的构建中对人才的基本要求。

5. 部分大学生缺乏诚信品质

诚信是做人之本。作为肩负着全面建设小康社会、实现中华民族伟大复兴的历史使命的当代大学生更应该把诚信作为自己的一种信念，努力把自己培养成为一个诚实守信的人。但是，当前大学生诚信缺失、道德背离的现象日益严重。在高校中仍存在着一些不诚信的现象，如国家助学贷款有借不还、考试作弊、求职作假等，这些虽属个别的现象，但是严重损坏了大学生积极向上的形象而且影响了和谐社会的建设。大学生思想政治教育必须加强以诚信为核心的道德教育，才能提升大学生的精神境界与道德情操。

（二）大学生思想政治教育中存在的“不和谐”状况分析

1. 教育理念的不和谐

当前的大学生思想政治教育并没有真正落实“以人为本”的教育理念。构建和谐社会视角下的大学生思想政治教育应该围绕“培养什么样的人”这个核心和本质来展开。然而在我国的大学生思想政治教育实践中则存在着忽视“以人为本”的现象，对学生的主体性、个性以及人本身价值性的重视不够导致不和谐的产生。

首先，大学生思想政治教育长期以来片面强调教师的主导地位而忽视了学生的主体地位。学生们在这样一种教育理念的指导下，始终处于被动接受的地位。他们受制于教师，缺乏自主性和独立思考的能力，以至于使得学生逐渐养成了“唯书”“唯上”“唯师”“不敢越雷池一步”的顺从之性。这种做法使得学生只能消极地适应环境而不能独立自主地超越和创造环境。其次，在大学生思想政治教育过程中，教师习惯停留在宏观层面，用很高的标准和统一的目标来要求学生。其没有贯彻教育目标的具体性和层次性，忽视了学生的个性以及个体差异性，从而造成培养出来的学生是“千篇一律”“千人一面”的尴尬局面。个性缺失当然地导致了学生创新精神的磨灭，不利于国家和社会的前进与发展。最后，大学生思想政治教育往往只注重该学科的工具理性，忽视其本质价值即价值理性。这种简单地把大学生思想政治教育作为一种实现社会目的的手段和工具，忽视其价值理性即人本身价值的提升也是不和谐的。这种不和谐的教育理念培养出来的学生，与现代社会所追求的开拓、进取、创新的时代精神不相匹配，是不能够满足和谐社会发展要求的。因此创新大学生思想政治教育就要首先转变这样一种不符合时代发展要求的教育理念，充分重视人的主体性、个性和差异性以及人本身的价值性。

2. 教育方法的不和谐

当前的大学生思想政治教育方法单一落后，不能适应形势发展的要求。教师在教学中过多地空洞说教、过分依赖传统的教育方法，而忽视了对新方法的开发运用。

首先，我国当前的大学生思想政治教育通常较多采用的是显性的灌输方法。在课堂上对学生进行政治思想理论和道德意识的灌输，以命令式、说教式、号召式的“满堂灌”对学生讲什么应该做，什么不应该做。这种传统的强制性显性教育方法经常会导致学生产生抵触情绪，影响教育效果。使得大学生思想政治教育变成一种从理论到理论的说教，变成一种学生背诵的概念体系，变成一种赚取学分的工具。其次，传统的大学生思想政治教育只注重他律的遵守，忽视了发挥大学生主观能动性的自律建设，忽视了大学生思想政治教育的对象主体——学生的参与热情、自我教育以及自我修养的提高。没有自律建设的加强，不可能让学生将教师所教授的东西真正内化为自己的知识、能力、观点和信念，进而在实践中自觉地外化出来。最后，传统的大学生思想政治教育普遍缺乏稳定有效的社会实践基地，往往导致学生只能进行抽象的理论知识探讨，对教学效果和教学质量产生不利影响，最终造成了知、行的不和谐。因此，我们要创新大学生思想政治教育的方法，提高其实效性。

3. 教育内容的不和谐

当前的大学生思想政治教育内容滞后，一些思想政治教育内容脱离学生的思想实际，不能体现与时俱进的特点，不能有针对性地回答重大的理论和现实问题，也不能有针对性地回答学生关心的热点、难点问题。

首先，传统的大学生思想政治教育关注政治思想内容过多，而忽视了贴近时代脉搏、贴近学生实际、贴近学生生活的道德教育内容。缺乏时代性特征的道德教育内容不可能在大学生思想政治教育过程中发挥有效作用，更不可能促进大学生思想政治教育的全面协调发展。其次，当前的大学生思想政治教育对集体利益和学生个人利益关系的处理上，宣传集体利益的内容过多，过分强调个人对社会的责任和义务，而很少关注学生个人的正当利益和权利。尤其是与学生切身利益密切相关的内容则更少，忽视了对学生合法权益维护的教育。这样一味地以牺牲个人价值去迎合社会价值的教育内容不能满足学生的需要，不能引起他们的兴趣，导致大学生思想政治教育疏远学生、背离学生，甚至导致学生对其产生抵触情绪。这样也就造成了大学生思想政治教育的不和谐。因此，我们要确立一些新内容来促进和谐。

4. 教育载体的不和谐

大学生思想政治教育载体是实现教育目标的中间环节。如果没有这一中间环节，思想政治教育就无法由此达彼，无法实现自己的目标。当前的大学生思想政治教育过分依赖于学校，忽视了发挥学校之外其他因素之间的合力作用，导致大学生思想政治教育载体的不和谐。

我们党的领导集体历来都非常重视思想政治教育，反复强调社会各个方面和教育过程的各个环节要齐抓共管，共同关心和开展思想政治教育。但是在现实生活中家庭、学校、社会在学生的思想政治教育方面仍然有诸多不和谐的地方。首先，社会和家庭中普遍存在着知识教育与思想政治教育不和谐的现象。在现实中，二者不是相互交融而是被截然分成了两个独立的部分。一方面，社会在形式上把思想政治教育放在各项教育的“首位”。另一方面，家庭在事实上是把知识教育放在首位而忽视思想政治教育，即“有人花钱买智育，无人花钱买德育”。其次，在家庭和社会中存在严重的功利思想，只重视眼前的利益让学生得高分，考好大学，找好工作，忽视了政治思想教育和道德教育的培养是一种长期的利益，是一种能够影响人一生功过成败的关键要素。这样一种错误的家庭观念与社会氛围最终导致了大学生思想政治教育中“5＋2＝0”的尴尬现象，即5天的学校教育加上2天的家庭教育与社会影响，学校的思想教育效果便等于零。这个公式反映出学校、家庭、社会三方没有相互支持、相互配合，没有形成合力，三者之间的关系不是和谐统一的。因此，我们应该形成一种新的和谐载体来促进大学生思想政治教育目标的实现。

5. 教育发展的不和谐

从大学生的思想政治教育发展过程中可以看出，我们继承本土的思想政治教育经验比较多，借鉴国外的思想政治教育有益经验少，而在继承、借鉴的基础上创新的就更少了。有些人甚至主观地认为思想政治教育是我们党的“专利”，国外是没有所谓的思想政治教育的这样一种错误的思想。他们否认国外有思想政治教育的活动，拒绝学习国外思想政治教育的有益经验，就禁锢了大学生思想政治教育的发展。因此，我们应该协调继承、借鉴、创新的关系实现其和谐。

第三节　和谐社会视域下高校思想政治教育存在问题的原因

一、社会环境方面的原因

首先，从国际环境看，进入新世纪后，国际局势发生了深刻的变化。经济全球化，政治多极化在曲折中发展，科学技术日新月异，尤其是现代信息技术快速发展，给传统的、垂直型的大学生思想政治教育方式带来严峻的挑战。西方敌对势力借全球化、信息化之机加紧对我国进行“西化”“分化”。西方世界观、人生观、价值观也势必趁机而入，并使得带有思想、文化、信仰等各种各样的意识形态相互交织、融合、激荡、碰撞。大学生作为思想开放，极易接受新鲜事物的群体，这对他们的世界观、人生观、价值观产生了极大的影响，因此，西方价值观的强烈冲击是造成大学生思想政治教育存在问题的一个重要原因。西化势力主要是通过经济全球化和信息化进行价值渗透。

一是利用经济全球化进行价值观渗透。现代科学技术迅猛发展所带动的经济全球化的迅猛推进，是我们时代的主要特征之一。全球化的最主要特征是市场经济的全球扩张、信息技术的全球联网和生态环境的全球互动。伴随着经济全球化的到来，多元文化的相互激荡强化了价值取向的多样化，冲击着长久以来形成的政治思想和文化信仰。经济全球化浪潮中，西方加紧对我国大学生进行价值观渗透，鼓吹西方价值观和意识形态，使大学生的思想、信仰发生分化，个人的独特性、选择性、自主性日益增强。这就要求高校学生思想政治教育不仅要加强主旋律教育，更要充分考虑到大学生的个性需求和多样化的特点，加强大学生的政治敏锐性、辨别力和抵制诱惑能力的培养，使他们能在更大范围内和更深层次上参与经济全球化进程，成为具有良好经济行为的市场经济主体。

二是利用现代信息技术进行思想渗透、文化渗透。随着现代信息技术的高速发展，特别是互联网的日益普及，现代社会逐渐进入互联网时代。从某种程度上讲大学生已成为全社会信息化程度最高的团体，同时也是综合信息最庞大的节点。当代高校学生运用信息手段了解社会，触摸社会，逐渐成为他们的生活必需。西方敌对势力利用互联网的绝对优势搞思想渗透、文化渗透，极力向我国宣传他们的发展模式、政治制度和价值观念，大打“攻心战”，其主攻方向就是中国的知识分子和年轻人，企图把资本主义的意识形态渗透到社会主义国家中来，以动摇共产主义的理想信念和颠覆社会主义制度。

必须看到，西方网络文化正在冲击着大学生的理想信念和价值观。理想信念是人们向往、追求和奋斗的根本目标，是人们前进的航标、灯塔。一个民族、一个国家如果没有理想信念，就会是一盘散沙，一个人如果没有正确的理想信念，就会迷失前进的方向。但是，快速发展的互联网对大学生树立正确奋斗目标，确立坚定正确理想信念产生了极大的冲击。以美国为首的西方发达国家善于利用手中所掌握的网络控制权和信息发布权。目前，美国利用英语这种强大的文化语言优势，通过国际互联网向全世界全方面、全时空推销他们的意识形态、价值标准、文化观念。面对互联网滚滚而来西方文化的冲击，对大学生理想信念产生了不可低估的影响。大学生长期接触互联网很容易被网络中的表面现象所迷惑，在思想上、认识上出现混乱现象。加之西方发达国家大力宣扬资产阶级政治、文化价值观，甚至诋毁社会主义制度，宣扬拜金主

义、享乐主义和个人主义。久而久之就会使大学生对西方价值观和文化产生亲近感、信任感，从而造成大学生理想信念的倾斜、迷失、蜕变及其道德人格的缺失。

从国内环境看，当前，我国进入改革开放的深度发展时期，社会主义市场经济蓬勃发展，推动了我国社会主义现代化建设的发展，极大地改善了思想政治教育的宏观环境。但是，市场经济自身的弱点和消极方面给大学生思想政治教育带来了一些负面影响。主要表现为：大学生政治理想趋于实际，大学生在价值观上重视自我价值的实现，大学生价值选择上表现出多样化等等。市场经济的消极作用集中反映在人们对利益关系看法的改变之上，由此导致大学生价值观“泛功利化”倾向较为普遍。他们在观察和处理问题时，更多地采用实际利益标准而不是是非原则标准。职业理想和生活理想明显，但社会理想和道德理想比较模糊。同时，高校校园内外环境也发生了重大变化。

一是大学实行收费制后，学生作为教育消费者的权利意识增强，要求大学生思想政治教育的工作思路作重大调整。过去是“人民送我上大学，我上大学为人民”，现在是“家长送我上大学，我为家长要争气”。这就要求思想政治教育在内容、主题上要适应大学生的实际。

二是高等教育进入大众化阶段，由于学生人数大量增加，学生求学目的和社会需求的多样化，高等教育的目标必然多样化。因此，要满足大学生为完善自身素质所提出的各种需求。同时，严峻的就业形势使他们的就业观念发生了很大变化，工作期望值降低并变得比较实际。为了就业，他们热衷各种实用技术和技能，在积极争取当学生干部和入党动机上掺入了更多世俗的因素。

三是高校周边环境复杂。为了最大限度地赚取大学生的钱财，众多行业集结在高校周围，通过各种渠道和方式，满足、激发和引诱大学生的各种需求。既使校园周边环境复杂且难于治理，又使大学生在满足各种感官需求的同时陷入了众多不良影响之中。正是急剧的社会转型引发诸多问题，使大学生思想政治教育面临着新的时代主题。

二、学校教育方面的原因

学校是大学生思想政治教育的主渠道、主课堂、主阵地。不管环境如何，高校的教育仍是对大学生思想最具影响的一环。近年来，各高校在对加强和改进大学生思想政治教育工作方面给予了高度重视。总体看来，大学生思想政治工作状况是好的。但是，随着高等教育体制改革的不断深化，大学生思想政治工作也存在诸多问题，主要表现在以下几个方面。

第一，大学生思想政治教育机制不健全。部分高校在思想政治教育的领导体制和工作机制上没有理顺，存在教育和管理脱节现象，没有形成系统的合力。目前，在大学生思想政治教育工作机制的建立与完善中，还不同程度地存在一些不尽人意的地方，导致了工作运转不畅的现象，弱化了学生思想政治教育的效果。调查显示，主管思想政治理论课教学的领导部门不统一。

第二，大学生思想政治教育工作者队伍的整体素质有待提高。高校思想政治教育工作者队伍主要包括思想政治理论课教师队伍、辅导员和班主任队伍。在思想政治理论课教师队伍方面，尽管所有高校都有一支思想政治理论课教师队伍，但是，在教师数量、整体素质和教学质量等方面，还存在一些问题：一是高校思想政治理论课教师队伍数量不能满足实际教学需要；二是目前的思想政治理论课教师专业水平和教学能力还有待提高。在辅导员队伍方面，高校辅导员工作是最基层的学生工作，它是联系广大学生的“桥梁”，起到了“上情下达、下情上传”的作用。高素质、高水平辅导队伍的建设直接关系着高校的发展和未来。然而，调查显示，不少学校存在两个突出的问题：一是数量不足，本身高校思想政治工作纷繁复杂，有的学校一个辅导员甚至要管理几个班，工作量大，任务重，在工作中难免出现疏漏；二是辅导教师队伍不稳定，目前大部分高校辅导员和班主任来源于研究生和本科生，由于他们对学生工作没有充分准备，加之随着高校的发展，要求提高教师学历层次。因此，有的辅导员或班主任工作一段时间后就考博或考研离开了岗位。可见，建立一支相对稳定的辅导员和班主任队伍，是当前高校面临的一个突出问题。

第三，大学生思想政治教育在功能、内容、方式上存在封闭性和滞后性，不能与时俱进。首先，在认识上不到位。一些高校师生认为思想政治教育主要是单一的政治教育、伦理道德教育，而对其育人功能重视不够，甚至提出应该淡化思想政治教育。其次，在内容上滞后。陈旧的思想政治教育内容脱离学生的思想实际，难以有针对性地回答重大的理论和现实问题，也难以有针对性地回答学生关心的思想热点、难点问题。当前大学生最关注的问题是法治、时事、反腐败与社会公正等问题，而这些内容在公共政治理论课中论述较少。再次，高校思想政治理论工作者的教育方式落后单一，不适应形势发展的要求。如有的思想政治教育工作者还只停留在开会、听报告、学文件等形式上；有的思想政治理论课教师对马克思主义中国化的最新理论和现代教育技术手段缺乏必要的认知和主动掌握的积极性，使思想政治理论课教学缺乏吸引力和感染力。

三、家庭教育方面的原因

家庭教育是人类教育实践的主要形式，是指在家庭中由家长自觉地、有意识地按一定社会、一定阶层对培养人的要求，通过自己的言传身教和家庭生活实践对子女实施以一定教育影响的社会活动。

家庭是大学生身心成长的摇篮，是社会的细胞，是孩子生活的第一个受教育的场所。目前，大学生思想政治状况尚存一些问题，与他们的家庭教育有着直接的联系。调查显示，当代大学生家庭教育主要有以下几个特点：

一是过于理性。进入 21 世纪的家庭教育比起 20 世纪 80 年代的“神童教育”“分数第一”的功利性教育要理性得多。目前，我国的家庭教育现状主体上是理性科学的，但是科学理性的家教理念、内容、方法与似是而非甚至是明显错误的家教理念、内容、方法相并存。具体表现为：在家庭教育观念上，以人为本、德育为先与重理轻文、重智轻德并存；在家庭教育的内容上，重视基础教育、个性教育与功利片面教育并存；在家庭教育的态度上，耐心、宽容、沟通与专制、粗暴、放任并存；在家庭教育的方法上，溺爱、打骂与重视实践、加强家校合作并存。

二是无序性。家庭教育是我国现行教育体系中一个非常薄弱的环节。这表现在家庭教育没有系统、完整、科学的教材资料，更没有严格而具体的规范要求，自发性、随意性大，而且教育观念与教育行为都存在太多的非理性成分。这种无序性导致教育功能的弱化，社会影响中的不健康因素极易乘虚而入。面对大学生思想道德问题，家庭教育往往处于无力甚至失控状态。

三是偏导性。中国传统的社会结构一直赋予家长至高无上的地位与作用。昔日家长制的治家方式和家长的无上权威，影响延续至今。许多家长把孩子看作自己的私有财产，而忽视孩子的社会属性。在这种“集体无意识”的文化传统中，许多家长总是在“都是为了孩子好”的招

牌下以“我”为主地实施偏狭的教育：一种是对孩子过分粗暴，奉行棍棒教育；另一种是对孩子过度的溺爱，其中这种方式最为普遍；还有一种就是灌输庸俗的为人处世之道，而对孩子的人格发展是否健全则不闻不问或听之任之。由于缺乏积极健康的教育，许多大学生从小就在德行、习惯和行为上出现偏差。

四是复杂性。随着社会经济的发展，外来文化及现代社会衍生的新观念渗透进家庭，导致传统家庭教育与现代家庭教育观的冲突，进而导致了家庭教育的复杂性。来自不同家庭的大学生受到相异的管教与熏陶，其社会化程度与社会化内容也迥异。此外，家庭贫富差别渐趋明显，不同的家庭经济状况也会给大学生的心理发展带来深刻的影响。家庭成员受教育程度差异所形成家庭教育能力的参差不齐，责任意识的不同，也会使家庭对大学生的教育影响更为复杂。

四、当代大学生自身的原因

当代大学生自身也存在着令人忧虑的弱点，这是造成其世界观、人生观、价值观取向上出现问题的不可忽视的重要原因。

在生理发展方面，当代大学生的生理成熟期普遍前移。当代大学生一般都出生于20世纪80年代中期前后，在这一时期成长起来的大学生，由于物质生活条件的普遍改善，他们的生理发展普遍呈现成熟期前移的鲜明特点。就整体而言，当代大学生在高中阶段，已经进入了生理迅速发展期，身体形态急剧变化，神经系统迅速发展，内分泌活动日益活跃，性机能逐渐健全，性意识也迅速觉醒。到大学阶段，他们已经渡过了生理发展的疾风暴雨期，普遍进入生长稳定期。随着生理发育的成熟，躯体渐渐变得渺小，而心灵变得更为重要。已经渡过了生理迅速发展期的当代大学生开始进入从以生理发展转到心理和社会领域发展为主要里程碑的人生发展时期，心理和思想的发展成为这一阶段大学生人生发展的主要议题。一方面，他们对各种思想观念的分析判别还缺乏经验，但是他们接受各种思想观念影响的能动性已进入空前的活跃期。另一方面，他们正确的世界观、人生观、价值观还未完全定型，但他们接触到的国内外各种不同的思想观念已进入空前的多样期。这一特殊的发展时期，既是青年学生正确的思想意识、良好的思想道德素质易于塑造的有利时期，又是青年学生受到错误思想观念影响、形成不好的思想意识和习气的危险时期。这一发展阶段的特殊性，要求我们将学生思想政治工作作为高校思想政治工作的重点，切实加强有效的思想政治工作，引导青年学生健康发展，茁壮成长。

在心理特点方面，一是心理成熟期后移。一般而言，个体的生理发展与心理发展往往不是同步的，生理发展为心理发展提供必备的物质基础，心理发展稍后于生理发展。心理发展与生理发展之间的这种异步性，在当代大学生的生理心理发展中呈现进一步拉大的特点，表现为当代大学生心理成熟期的普遍性后移。如与20世纪八九十年代的同龄大学生相比较，当代大学生的理性思维相对缺乏，对深层次人生和社会问题的关注相对不足，心理的稳定性与心理承受力相对较差，自我同一性确立时间的推迟，等等。这一特点，与当代大学生中独生子女比例的增加，社会阅历的相对不足等具体的生活环境、生长经历等有着密切的关系。二是心理矛盾增多。大学生作为人的青年期发展的一个阶段，是人生发展的一个过渡时期，与这一特殊时期相应，矛盾性是大学生心理发展呈现的最基本的特征。如当代高等教育的发展越来越关注大学生主体性的发展，关注对大学生主体性的培养，信息网络的迅速发展，也使得越来越多的大学生获得更加丰富的主体体验。但是由于当代大学生生理成熟期整体前移的情况下心理成熟期普遍后移，由于当代大学生在主体意识迅速发展的同时各方面的自理能力与自立条件还相对不足，当代大学生主体意识与依赖性之间的矛盾便呈现逐渐加大之势。又如，一般而言，处于青年期的个体会遇到心理发展方面人际交流渴望与心理发展的相对闭锁性的矛盾，这一矛盾在当代大学生身上表现得更加明显。由于网络的发展，越来越多的大学生热衷于网上交流，Email、QQ 等成了许多大学生日常生活中必不可少的一部分。人机交流在将人、机距离拉近的同时，也客观地将人际交流疏远；人机交流在给在线交流的大学生创设无边界的虚拟世界的同时，也不可避免地使不少的大学生将网络世界的虚幻性带入现实人际交流之中，诱发现实人际交流中的虚拟感；网络交流中交流双方身份的隐匿性也不可避免地会带来大学生对现实人际交流中真诚性的怀疑，等等。这一独特的生活、成长环境，无疑会进一步强化当代大学生心理发展方面真诚的人际交流渴望与心理发展的相对闭锁性之间的矛盾。三是心理压力加大，心理问题增多。与当代大学生群体在总体上心理矛盾的增多相一致，再加上当代社会人才竞争的全方位性、日益激烈性，当代大学生的心理压力呈不断加大趋势，心理问题日益增多。大学生在诸多压力面前，对前途失去信心，在学习、生活中难免会做出失信行为，在价值取向中表现得功利化。

第三章　和谐社会视域下高校思想政治教育理论指导

第一节　指导思想——马克思主义的科学理论

马克思主义的世界观、人生观、价值观、青年观理论是大学生思想政治教育的指导思想。马克思主义世界观理论为大学生思想政治教育揭示了客观规律，确立了正确的思想路线，提供了根本方法；马克思主义人生观理论科学阐述了人的本质，为大学生树立正确人生观指明了方向；马克思主义价值观理论解决了人的价值评价问题，为大学生树立正确的价值观提供了理论指导；马克思主义青年观理论为我们科学认识教育对象奠定了坚实的理论基础。

一、马克思主义世界观理论

（一）马克思主义哲学是科学的世界观

马克思主义哲学产生于19世纪40年代，以1848年发表的《共产党宣言》为标志。它是社会历史发展、科学发展和哲学本身发展的必然产物。在马克思主义哲学看来，哲学是世界观和方法论的统一。世界观又称宇宙观，是人们对整个世界以及人与世界关系的根本观点和总的看法。哲学是理论化、系统化的世界观。马克思主义哲学揭示了自然、社会和思想发展的规律，是大学生思想政治教育的指导理论。

1. 马克思主义哲学对自然发展规律的揭示

马克思主义哲学揭示了自然的发展规律，创立了辩证唯物主义，认为世界统一于物质，物质世界是普遍联系和永恒发展的，并提出了唯物辩证法的基本规律和基本范畴。

首先，马克思主义哲学揭示了世界的物质性。世界的物质性是辩证唯物主义的根本原理。概括地说，就是自然界是在时间、空间中按照其固有的规律永恒运动、变化和发展着的物质世界。列宁在19世纪末20世纪初，为了打退唯心主义的猖狂进攻，捍卫辩证唯物主义，第一次给物质下了一个完备的科学定义，科学阐述了哲学基本问题，为整个辩证唯物主义奠定了坚实的基础。辩证唯物主义认为，世界是物质的世界，世界的统一性在于它的物质性。

其次，马克思主义哲学认为物质世界是普遍联系和永恒发展的。联系作为哲学范畴，是指事物之间及事物内部诸要素之间的相互影响、相互作用、相互制约。联系具有客观性和普遍性。联系又是多样的，有直接联系和间接联系、一般联系和个别联系、内部联系和外部联系、本质联系和非本质联系、必然联系和偶然联系等。事物存在和发展过程中起支配作用的是事物本身发展的规律性。规律就是事物内部的、本质的、必然的联系。事物的相互联系、相互作用构成运动。唯物辩证法通常用运动、变化、发展等概念一起来表述自己的发展观。新事物不断产生，旧事物不断灭亡，新事物必然战胜旧事物是不可抗拒的客观规律。

最后，马克思主义哲学进一步探究事物究竟是怎样联系、怎样发展的时候，提出了唯物辩证法的基本规律和基本范畴。这些规律和范畴主要是：对立统一规律、质量互变规律、否定之否定规律，本质和现象、内容和形式、原因和结果、必然性和偶然性、可能性和现实性等范畴。它们构成了唯物辩证法的理论体系，是联系和发展观点的展开和深化，从不同的方面进一步揭示了联系和发展的思想。

2. 马克思主义哲学对社会发展规律的揭示

马克思主义哲学揭示了社会的发展规律，创立了历史唯物主义，认为社会存在和社会意识的关系问题，是历史观的基本问题，对这个问题的不同回答，是划分两种历史观的根本标准，认为社会意识第一性、社会存在第二性，社会意识决定社会存在的，就是历史唯心主义；认为社会存在第一性，社会意识第二性，社会存在决定社会意识的，就是历史唯物主义。

首先，马克思主义哲学指出人类社会发展是自然历史过程。社会有机体尽管有其特殊性，但它同自然界一样，本质上是客观的物质体系。人类社会由其内部所固有的矛盾推动，同自然界一样，是一个合乎规律的辩证发展过程。人们的社会物质生活条件也就是马克思所说的社会存在是指构成社会这一运动形态的诸物质要素的总和，它包括地理环境、人口和物质生活资料的生产方式，其中对社会发展起主要决定作用的是物质生活资料的生产方式。马克思主义哲学认为，历史固然是人的有意识的活动所创造的，但是，并不能抹杀社会历史发展规律的客观性。社会规律是客观的，但是由于社会是一个复杂的有机体，社会规律又是多样的。如果按其起作用的范围和过程的久暂来说，可以区分为一般规律和特殊规律。社会发展的一般规律，是指在一切社会中都普遍发生作用的规律。

其次，马克思主义哲学揭示了社会的基本矛盾和社会发展的最普遍最一般的规律。历史唯物主义认为，社会基本矛盾是推动人类社会向前发展的根本动力，人类社会的历史归根到底就是社会基本矛盾运动的历史。社会基本矛盾包括生产力和生产关系之间的矛盾，经济基础和上层建筑之间的矛盾。社会基本矛盾运动是有规律的。马克思主义哲学揭示了社会发展的最普遍最一般的规律，其一是生产关系一定要适合生产力状况的规律；其二是上层建筑一定要适合经济基础发展要求的规律。在这两个规律的相互关系中，前一个规律更为根本。社会基本矛盾运动的规律规定着人类社会发展的基本趋势，预示着共产主义必然代替资本主义的光辉前景。

最后，马克思主义哲学认为，阶级、国家、革命和改革的现象，属于社会的政治生活，而人民群众才是历史的创造者。在阶级社会中，社会基本矛盾集中表现为阶级矛盾和阶级斗争。阶级是生产发展到一定阶段的产物，阶级斗争是阶级对立社会发展的直接动力。国家是阶级矛盾不可调和的产物，是阶级压迫的工具。社会革命是阶级斗争的最高形式，在阶级社会里，社会形态的更替要通过社会革命。改革是推动社会发展的又一重要动力，它在一定程度上解决社会基本矛盾，促进生产力发展，推动社会进步。科学技术革命也是推动社会发展的强大杠杆。

中国共产党人在建设中国特色社会主义的伟大实践中，坚持马克思主义辩证唯物主义和历史唯物主义的基本原理，提出了一系列新思想、新观点、新论断，深化了对社会主义发展规律的认识，提出了科学发展观。科学发展观，第一要义是发展，核心是以人为本，基本要求是全面协调可持续，根本方法是统筹兼顾。科学发展观揭示了社会发展的本质和内涵，是指导我们

认识社会发展的根本观点。它指明了实现经济社会又好又快发展的科学道路，是马克思主义关于发展的世界观和方法论的集中体现。

3. 马克思主义哲学对认识发展规律的揭示

马克思主义哲学揭示了认识的发展规律，创立了辩证唯物主义的认识论。在马克思主义的认识论中，实践的观点和辩证的观点是密切结合在一起的，这就既坚持了认识论的唯物论，又体现了认识论的辩证法。这样的认识论，就是能动的革命的反映论，是科学的认识论。马克思主义的认识论以社会实践为特征，把辩证法运用于反映论，揭示了认识的本质及其产生和发展的规律，阐明了真理的客观性、绝对性和相对性，指导人们坚持理论创新和实践创新，不断提高在实践中自觉认识世界和改造世界的能力。

首先，马克思主义哲学揭示了人类意识的起源、本质和作用，认为意识是人所特有的精神活动及产物。意识是自然界长期进化的产物，更是社会劳动的产物。首先是劳动，然后是语言与劳动一起，成为意识产生的决定力量。意识是人脑的机能，是客观存在的主观反映，这就是意识的本质。意识有正确和错误之分。正确的意识是对客观存在的正确反映，错误的意识则是对客观存在的歪曲反映。归根结底，任何思想和观念，都来源于客观物质世界。马克思主义哲学坚持物质第一性、意识第二性，承认物质对意识的决定作用，也承认意识对物质的能动的反作用，即意识对人在实践基础上能动地认识世界和改造世界的指导作用。

其次，马克思主义认识论揭示了人类认识产生和发展的普遍规律，认为：第一，实践是认识的基础。实践观点是马克思主义认识论的首要的和基本的观点。实践是认识的来源和认识发展的动力。实践又是检验认识的真理性的唯一客观标准。实践是认识的目的。认识从实践中来，又必须回到实践中去，为实践服务，指导实践，实践才是认识的最终目的。第二，人们在实践的基础上，从感性认识能动地发展到理性认识，又通过理性认识能动地指导革命实践，因而科学理论在一定条件下也起决定作用，这就是物质变精神、精神变物质的辩证，是认识和实践的具体的历史的统一。第三，在认识过程中，人们通过实践发现真理，又通过实践证实真理和发展真理，这又贯穿着主观和客观的具体的历史的统一。第四，由实践到认识，再由认识到实践，实践、认识、再实践、再认识，这种形式，循环往复以至无穷，一步步地深化和提高。这就是认识发展的全过程。这就是人类认识产生和发展的普遍规律，这就是辩证唯物主义的认识论。

再次，马克思主义认识论阐明了真理的客观性、绝对性和相对性。真理是人们对于客观事物及其规律的正确认识。辩证唯物主义认识论在真理问题上的基本观点，可以概括为一句话：真理是客观的、绝对的，又是相对的，二者是辩证的统一。第一，承认真理是客观的，这就是在真理问题上坚持了唯物论。第二，承认真理是绝对的，又是相对的，这就是在真理问题上坚持了辩证法。第三，真理的绝对性和相对性是辩证的统一。绝对真理和相对真理是相互渗透和相互包含的，相对真理和绝对真理又是辩证转化的。

最后，马克思主义认识论指出，实践是检验真理的唯一标准。马克思在《关于费尔巴哈的提纲》中指出："人的思维是否具有客观的真理性，这不是一个理论的问题，而是一个实践的问题。人应该在实践中证明自己思维的真理性，即自己思维的现实性和力量，自己思维的此岸性。"为什么只有实践才是检验认识的真理性的唯一标准呢？这是由真理的本性和实践的特点所决定的。从真理的本性看，真理是人们对客观事物及其发展规律的正确反映，它的本性就在于主观和客观相符合。检验真理，就是检验人的主观认识同客观实际是否相符合以及符合的程度。检验真理的标准，既不是思想理论本身，也不是客观事物，而只能是把主观和客观联系起来的桥梁，这就是社会实践。从实践的特点看，实践是人们改造世界的客观的物质性活动，具有直接现实性的特点，作为真理标准的主要根据，使它成为最公正的审判官，具有最高的权威。坚持了实践是检验真理的唯一标准，就是坚持了在真理标准问题上的唯物论。

（二）马克思主义世界观的指导意义

1. 马克思主义世界观为大学生思想政治教育揭示了客观规律

大学生思想政治教育的根本目的是帮助大学生提高认识世界、改造世界的能力，在改造客观世界的同时改造自己的主观世界，即通过思想政治教育，把当代大学生培养成社会主义事业的合格建设者和可靠接班人，促进大学生自身素质的全面发展。

马克思主义世界观揭示了自然和社会发展的规律，为大学生提高认识世界、改造世界的能力提供了理论武器。首先，思想政治教育要帮助大学生正确认识世界。马克思主义世界观对自然和社会发展规律的揭示，可以帮助大学生运用自然和社会发展的规律去认识世界，树立辩证唯物主义和历史唯物主义的世界观。其次，思想政治教育要引导大学生投入改造世界的实践。人类总是在不断地改造世界的过程中求得生存和发展的。正确认识世界是基础，更重要的还在于依据这种认识去有效地改进自然界和人类社会。认识世界无非是为了达到改造世界的目的。最后，思想政治教育要帮助大学生处理好认识世界与改造世界的关系。在对待改造世界与认识世界的关系上，有两种错误倾向：一种是片面夸大认识世界的作用，理论脱离实践；另外一种是片面夸大改造世界即实践的作用，否认、排斥正确认识世界对改造世界的重要作用，片面地把实践理解为“天然合理”的东西，陷于盲目性。马克思主义在改造世界与认识世界的关系上，坚持的是认识与实践、知与行的统一，坚持的是在正确认识基础上的改造世界。

马克思主义世界观揭示了思想发展的规律，为大学生在改造客观世界的同时改造自己的主观世界提供了理论武器。思想政治教育的根本目的不仅在于帮助人们正确地认识世界和改造世界，还要求在改造客观世界的同时改造主观世界。这是由人类改造客观世界这个根本目的所决定的。改造客观世界以满足人类的生存和发展，这是人类实践活动的根本目的。同时，人类在不断改造客观世界的过程中，使自身的主观世界也得到改造，人类才不断获得自由，不断完美，最后实现自身的完全解放。马克思主义世界观揭示的思想发展的规律告诉我们：物质是第一性的，意识是第二性的；物质对意识起决定作用，意识对物质具有能动的反作用。人们应该在实践基础上能动地认识世界和改造世界，并在实践中不断提高认识世界和改造世界的能力；同时要认识科学理论在一定条件下的决定作用，充分发挥科学理论的指导作用，实现物质与精神的相互转化。因此，在思想政治教育的实践过程中，不但要求教育者要主动学习和掌握思想政治教育规律，而且必须针对一定社会发展要求同人的实际思想道德水准之间的矛盾，遵循和运用思想政治教育规律，对教育对象发出思想信息以施加影响，使其形成符合社会发展要求的思想道德素质。

2. 马克思主义世界观为大学生思想政治教育确立了正确的思想路线

马克思主义世界观为大学生思想政治教育确立了正确的思想路线。世界的物质统一性原理，是全部马克思主义哲学的理论基石。我们党依据这一原理，制定了一切从实际出发，理

论联系实际，实事求是，在实践中检验真理和发展真理的思想路线。“实事”就是客观存在着的一切事物，“是”就是客观事物的内部联系，即规律性，“求”就是我们去研究。邓小平继承并发展了这一思想，提出“解放思想、实事求是”。江泽民指出坚持解放思想、实事求是，必须“与时俱进”，胡锦涛则进一步强调解放思想、实事求是、与时俱进，必须“求真务实”。习近平强调在全面深化改革的进程中，各级主要负责同志要做到“实事求是求真务实把准方向，善始善终善作善成抓实工作。”在各项工作中始终坚持实事求是。实事求是是马克思列宁主义、毛泽东思想、邓小平理论、“三个代表”重要思想、科学发展观和习近平新时代中国特色社会主义思想的精髓。

在大学生思想政治教育中贯彻实事求是的思想路线，首先，必须研究“实事”，即认真地深入地研究大学生思想政治教育的历史与现实背景，特别是面临的新情况、新问题。国际国内形势的深刻变化，使大学生思想政治教育既面临有利条件，也面临严峻挑战。各种势力与我们争夺下一代的斗争更加尖锐复杂，大学生面临着大量西方文化思潮和价值观念的冲击，某些腐朽没落的生活方式对大学生的影响不可低估。社会主义市场经济的深入发展，我国社会经济成分、组织形式、就业方式、利益关系和分配方式日益多样化，人们思想活动的独立性、选择性、多变性和差异性日益增强，这些都是大学生思想政治教育必须面对的“实事”。因而要认真研究体制市场化、经济全球化、社会信息化、文化多元化和民主法制化对大学生思想政治教育的影响以及高等教育发展与高校改革对大学生思想政治教育的影响。其次，还要认真研究当代大学生在当代社会背景下的生理、心理、思想、行为发展的特点，以增强教育的针对性。

贯彻实事求是的思想路线还必须“求是”，即认真地深入地研究大学生思想政治教育的规律。包括大学生心理与思想发展的规律，特别是思想道德形成与发展的规律；思想政治教育的基本规律和具体规律，特别是贯穿于思想政治教育全过程的基本规律；思想政治教育服从和服务于社会发展的规律。只有研究规律并遵循规律办事，才能真正明确大学生思想政治教育的战略定位、目标定位和学科定位，才能切实担当大学生思想政治教育的使命，才能不断总结经验，更有效地开展大学生思想政治教育。

3. 马克思主义世界观为大学生思想政治教育提供了根本方法

马克思主义世界观为大学生思想政治教育提供了根本方法，这就是：理论联系实际的方法、群众路线的方法、唯物辩证的方法。

理论联系实际的方法要求我们首先应该善于把握和运用科学理论；其次应该在科学理论的指导下认真开展对大学生思想政治教育问题的调查和研究；最后，理论联系实际的最终结果，应该是获得对于思想政治教育的规律性认识，从而切实解决各方面的问题，并上升为新的理论。运用理论联系实际的方法既要反对教条主义，又要反对经验主义。

群众路线方法的主要内容分为两个方面：其一是一切为了群众，一切依靠群众；其二是从群众中来，到群众中去。前者是宗旨，后者是工作方法，二者是辩证统一的。在新的历史时期运用群众路线的方法，必须坚持依靠群众和引导群众相结合、关注群众的物质利益与注重精神提高相结合，促进人的全面发展；以制度和法律保障群众路线的贯彻。

正确运用唯物辩证方法必须坚持以下几个思想前提：一是必须坚持唯物主义世界观，克服唯心主义世界观；二是必须坚持辩证法，克服形而上学；三是必须坚持在实践中不断发展已有的认识，克服教条主义；四是必须坚持以马克思主义立场、观点、方法为指导的“具体问题具体分析”的“活的灵魂”，坚持全面性，反对片面性。

二、马克思主义人生观理论

（一）马克思主义关于人的本质与人的全面发展理论

人生观是关于人生目的、态度、价值和理想的根本观点。它主要回答什么是人生、人生的意义、怎样实现人生的价值等问题。马克思主义人生观理论揭示了人的本质，科学回答了什么是人生的问题；提出了人的全面发展理论，科学回答了什么样的人生最有意义和怎样实现人生的价值的问题。

1. 马克思主义关于人的本质的理论

本质是事物的根本性质，是事物本身所固有的，决定事物的性质、面貌和发展的根本属性，是事物存在和发展的根据。人的本质是人产生、存在和发展的根据。人的本质理论是马克思主义理论的重要组成部分。马克思关于人的本质的揭示，主要包含三个方面的内容。

第一，实践主体性是人之为人的根本特质，即人的实践性本质。人的类本质是指作为人这个族类的每一个成员都具有而为他类不具有的特殊规定性，它既是人之成其为人而区别于其他动物的根据，也是产生出人的各种属性并使之得以发展的基础。在传统哲学家们看来，人之所以成其为人，就在于他有理性、有意识、有思想。马克思认为，既能和动物根本区别开来，又能使人成其为人的内在根据，是人的自由自觉的创造性活动，即劳动、实践。马克思明确指出：“一个种的全部特性、种的类特性就在于生命活动的性质，而人的类特性恰恰就是自由的有意识的活动。”劳动、实践是人区别于动物的类本质或一般本质，劳动创造了人本身，形成了人的各种属人的本性；实践实现和完善着人的本质；生产劳动，是人区别于动物的根本标志。正如恩格斯明确论述的“自然界为劳动提供材料，劳动把材料转变为财富。但是劳动的作用还远不止于此。它是一切人类生活的第一个基本条件，而且达到这样的程度，以致我们在某种意义上不得不说：劳动创造了人本身”。

第二，“人是一切社会关系的总和”是人的社会特质，即社会性本质。马克思非常注重用社会的观点、实践的观点来阐述人的本质。他批判黑格尔的抽象人性论，说他忘记了“特殊人格”的本质不是人的胡子、血液、抽象的肉体的本性，而是人的社会特质；又批评费尔巴哈由于不懂得人的现实的本质而假定有一种抽象、孤立的个体。在《德意志意识形态》中，马克思恩格斯进一步指出，一旦我们从实践出发去研究现实的人的能动的生活过程，去研究个人怎样表现自己的生活，就会发现，这种生命的生产“立即表现为双重关系：一方面是自然关系，另一方面是社会关系”，做出了人的本质是“一切社会关系的总和”的科学论断。在马克思看来，离开生活于其中的社会就不能理解人。人是社会关系之中的人，正是不同的社会关系、不同的社会实践造就了人的不同本质。“人是一切社会关系的总和”的论断说明的是人的社会本质，是人的本质规定中的核心部分，这就把人的本质建立在历史唯物主义的基础上了。

第三，人作为自然存在物，具有其需要性本质。马克思恩格斯指出，“全部人类历史的第一个前提无疑是有生命的个人的存在。因此，第一个需要确认的事实就是这些个人的肉体组织以及由此产生的个人对其他自然的关系”。在人的本质问题上，人的自然性存在无论如何是不应该被忽略或“简化”的。承认人是一个自然的存在物是一个具有重大历史意义和实践价值的科学

命题。因为人是自然的存在物，所以他有着维持生活的生理本能，由于这种本能，产生了人们对于外在对象的需要。人的需要是多样的、全面的，不仅有物质需要，而且有精神需要；不仅有劳动需要，而且有交往需要；不仅有生存需要，而且有安全与发展需要。人的需要是人的全部活动的内在动力。人的本质与人的需要具有内在的一致性。从某种意义上我们也可以说，人的需要是人之为人的根据之一。

马克思主义关于人的本质的这三个命题是相互统一的有机整体。把握人的本质应当贯彻三者统一的原则。一方面，一定的社会关系是人的活动的具体的历史形式，它的性质和变化都是由实践活动的性质和水平决定的。离开实践活动，就不可能产生人的社会关系，也不可能满足人的需要，人就失去了人之为人的具体本质。另一方面，社会关系作为人们活动的组织方式，又是人得以存在和人的活动得以进行的必要条件。离开一定的社会关系，人和人类活动都是不存在的。在现实的人身上，实践活动是内容，社会关系是形式，人的需要是动力。只有正确地理解三者之间的内在联系，从三者相统一的基础上进行考察，才能全面把握人的本质，也才能科学把握什么是人生的问题。

2. 马克思主义关于人的全面而自由发展的理论

人的全面而自由发展理论是马克思主义理论的重要组成部分。在马克思看来，人的全面而自由发展作为人自身发展的高级形态，是人类社会历史发展的必然趋势。人的本质规定了人的全面而自由发展的特定内涵，那就是劳动能力、社会关系和个体素质诸方面的自由而又充分的发展。

马克思恩格斯始终将人的全面发展和自由发展视为两个不可分割的方面进行整体思考，明确指出：未来的共产主义社会是“以每一个人的全面而自由的发展为基本原则”的社会形式，共产主义社会的特征是“建立在个人全面发展和他们共同的、社会的生产能力成为从属于他们的社会财富这一基础上的自由个性”。“只有在共同体中，个人才能获得全面发展其才能的手段，也就是说，只有在共同体中才可能有个人自由。”

人的“自由发展”与“全面发展”是一个不可分割的有机整体。

马克思恩格斯在《共产党宣言》中已明确提出关于人的自由发展的思想。他们指出：“代替那存在着阶级和阶级对立的资产阶级旧社会的，将是这样一个联合体，在那里，每个人的自由发展是一切人的自由发展的条件。”可见，人的自由发展被作为未来共产主义社会的基本特征，是马克思恩格斯为人的发展所设定的目标。所谓人的自由发展的内涵，恩格斯的界定具有经典意义。他指出：“人终于成为自己的社会结合的主人，从而也就成为自然界的主人，成为自身的主人——自由的人。”这就是说，第一，人的自由发展是人成为自己的社会结合的主人。“人并不是抽象的栖息在世界以外的东西。人就是人的世界，就是国家、社会。”第二，人成为自然界的主人。“自由就在于根据对自然界的必然性的认识来支配我们自己和外部自然。”第三，人成为自身的主人。就人自身而言，人的自由发展就是摆脱对物的依赖后高度自主的选择和自由个性的发展，恢复自己的“类特性”，即获得“一个种的全部特性、种的类特性就在于生命活动的性质，而人的类特性恰恰就是自由的自觉的活动”，重新占有人之为人的本质。

马克思恩格斯关于人的全面发展的思想有着明确而丰富的表述，如：共产主义是“在保证社会劳动生产力极高度发展的同时又保证人类最全面的发展”的经济形态；共产主义社会的生产“给社会劳动生产力和一切个体生产者的全面发展以极大的推动”。可见，人的全面发展也是马克思恩格斯对未来社会中人的发展状态的设定。它是马克思恩格斯在批判资本主义社会中广大无产阶级被迫畸形、片面发展的基础上提出的人的发展目标，具有强烈的现实批判性。人的全面发展的内容一般包括三个方面：第一，人的劳动能力的全面发展。人的劳动能力就是“劳动者自己的肉体和精神的能力”，包括体力和智力。第二，人的社会关系的全面发展。人的社会关系的发展同人与自然关系的发展是密切关联的。在改造自然的过程中，随着人的对象性关系的不断生成和丰富，必然带来社会关系的高度丰富。个人发展决定于社会关系，也就是决定于社会分工，而分工决定了个人的职业和能力的发展。第三，人的个性的全面发展，也就是人的个性由自然进化赋予的和社会活动获得的各种潜能、禀赋、素质和能力的发展。

（二）马克思主义关于人和社会关系的理论

对于人与社会的关系这一问题，马克思给出了自己的解释，其内涵主要包括以下两方面。

1. 社会是人的社会

马克思认为，社会是人的社会，没有人，社会也就不可能存在。社会的形成伴随着人的发展。人和社会之间存在互为基础、互为结果的关系。如果将社会看作一个复杂的有机体，那么社会的产生、构成及发展过程中存在的有机性完全是根源于人的有机性，是因为社会是人存在和发展的载体，因此，社会才具有有机性。因此，在任何社会的关系中还存在一个社会历史前提的问题。

马克思在创立唯物史观的时候提出，唯物史观必须从“现实的个人”出发研究人的本质以及人和社会的关系。这是因为，历史存在的前提是有生命的人的存在，因此要首先确定“肉体组织”的存在，然后再讨论受到肉体组织制约的人与社会的关系。

马克思认为，“现实的人”一定是处于一定社会历史条件中的，并且存在于一定的社会关系中。一方面，无论是何种形态、何种形式的社会，其都是人的交互作用的结果；而社会的主体只能是人，但是这些人是存在于一定的相互关系之中的，也就是说社会其实就是处于社会关系中的人本身。人处于的社会关系主要包括生产关系、家庭关系、阶级关系、政治关系、交换关系等等。这些关系的主体是个人，同时这些关系也是在个人的相互作用下产生的。因此，马克思得出结论：人是什么样，社会就会是什么样。从这个角度分析，我们不难理解，马克思定义下的“现实的人”并不仅仅是人这个个体，而是存在于一定社会关系中的人。同时，社会历史也不是别的事物的历史，而是由处于社会关系中的“现实的人”在生产和交往活动中创造出来的历史。

2. 人是社会的人

马克思认为，人是社会中的人。马克思将社会看做人存在的形式和载体，而他认为仅仅具备物质结构和功能的生命个体不能算作真正的人，真正的人是现实的人，是存在于社会关系中的人。因此，人与社会是无法分离的，只有存在在一定社会关系中并和其他人发生关联的时候，人才是真正的人。人无法脱离社会孤立地存在。

人是社会的存在物。人类存在的本质实际上是社会生存。作为社会的存在物，人的生命表现，无论是否是与他人一同完成的，都是社会生活的体现。马克思认为：“人的个人生活和类生活并不是各不相同的，尽管个人生活的存在方式必然是人类生活的较为特殊的或者较为普遍的方式。”社会和个人不是对立存在的，人是社会整体中的一部分，人的个人生活方式无论是表现

出其独特的个性，还是表现出一类群体的共性，在本质上都是社会生活的重要体现。

人和人的生产能力都是单方面的，但是为了满足自己多方面的需求，个人就需要和其他人进行分工合作，实现生产交换和互补，从而实现满足个人需求的目的。从这个角度上不难看出，个人只有通过在社会关系中同他人建立联系才能获得生存和发展。

从表面上看，每个人都是独立存在的个体，但是人的本质还是社会的，人并不是抽象地存在于世界之外的事物，而是构成国家、世界的元素，本质上就是国家，就是社会。除了物质生产之外，人的脑力劳动经过科学研究从本质上来看也是社会的活动，这是因为我们进行脑力劳动、开展科学研究所需要的材料和条件都是社会提供的。因此，人是社会的人。

（三）马克思主义人生观理论的指导作用

1. 人的本质理论为大学生思想政治教育提供了科学的理论依据

马克思主义关于人的本质的理论为思想政治教育提供了生理基础、社会基础和实践基础，是大学生思想政治教育的科学指南。

马克思主义揭示的人的需要性本质表明，人是基于某种需要在一定的社会关系中、在所从事的实践活动过程中不断生成的历史存在物。人的需要正是实施思想政治教育可能性的内在机制。如果以人的自然属性为基础，遵循人的自然需求，采取合理物质激励的方法，就可以促使教育对象自觉培养他人和社会所肯定和赞成的道德品质，实施合乎道德的行为；如果撇开人的自然属性，完全用精神需求代替自然需要，教育对象根本无法接受，思想政治教育的可能性就不能转化为现实。我们应该以正确的态度和科学的眼光来看待人的自然性，要尊重人、关心人，充分理解人们正当的物质需要与本能欲望的合理性，以合理满足原则为前提实施思想政治教育，以人的自然属性为生理依据，选择合理的教育方法，以提高教育实效。

马克思主义揭示的人的社会性本质表明，人永远是社会性动物，必须在社会中才能获得生存和发展。处于一定社会关系中的人，其思想政治观点和心理特征不完全是先天固有的，也非一成不变的，而是在社会环境、交往和教育的影响下不断形成和发展的。人只要想立足和适应这个社会，就必然会具有接受社会的主流政治思想观念和道德规范的内在需求，这是与他们自身生存和发展的利益紧密相连的，也是他们为适应这个社会必须做出的一种价值选择。人的本质属性决定人具有群体合作与归属的倾向。在现实生活中，人总要与他人发生关系，这就决定了人们能够受到他人和社会环境的影响，通过反思来改变或深化自己原有的思想认识，以期得到他人和社会的肯定，从而使自己的思想得到改造和进步，这正是思想政治教育的社会基础。

马克思主义揭示的人的实践性本质表明，动物的行为出于本能，是消极被动的，而人是有目的、有意识、有实践能力的。人具有主观能动性。人的主观能动性在实践活动中发挥着重要作用，规定着实践活动朝着目的实现的方向发展。人在实践活动中的主观能动性决定了人们在思想政治教育的实践活动中绝不会消极被动地接受施教，而是积极能动地接受教育，能够配合教育主体实施教育计划，完成教育任务，实现教育目标。人们具有自我驱动的实践能动性、外观内省的意识能动性和自我教育的主体能动性。他们能够把自己发动起来，根据自身需求、兴趣及价值标准，主动地获取教育者、他人和社会等教育主体发出的各种有关政治立场、理想信念、价值观念和道德规范以及心理健康等方面的信息，能够反观、审视教育主体发出的各种信息的正误，并进行分析、判断、选择和学习，也可以把自己作为认识对象来觉察和反思自身思想、心理和行为，对自己有评价、自省和自控能力，还可以根据社会发展需要与自身需求、兴趣进行自我学习，使自己成为社会所需要的人。这正是实施思想政治教育的途径。

2. 人的全面发展理论为大学生思想政治教育指明了正确的培养目标

人的“全面”和“自由”发展有着紧密的内在逻辑联系。首先，“人的全面发展”是“人的自由发展”的逻辑前提。“人的自由发展”是人的“自由个性”的一个重要方面，但“要使这种个性成为可能，能力的发展就要达到一定的程度和全面性”。人的能力发展越全面，人的自由选择的空间也就越大，从而也就愈能按照自己的兴趣和爱好来发展自己，反之亦然。其次，“人的自由发展”制约和规定着“人的全面发展”。马克思强调“个人的全面发展，只有到了外部世界对个人才能的实际发展所起推动作用为个人本身所驾驭的时候，才不再是理想、职责等等，这也正是共产主义者所向往的”。只有当人能够自由地操纵和驾驭外部力量为己所用时，人才有获得全面发展的可能，这就明确指出了自由对于个人全面发展的制约作用。再次，没有不自由的全面发展，也没有片面的自由发展。人的自由发展意味着人能够在认识和掌握自然、社会和人自身发展规律的基础上，根据自己的兴趣和爱好自觉地发展多方面的能力，其指向必然是人的全面发展。同样，人的全面发展意味着只要个人有某方面的兴趣和爱好，现实就能够为他该方面的发展创造和提供充要条件，其结果也同样必然指向人的自由发展。人的全面发展是一个不断提高、不断完善的渐进的历史过程。

马克思认为，人的全面发展是与社会经济发展相统一的过程，这一历史过程大体要经过三个重要的发展阶段：一是前资本主义阶段，二是资本主义阶段，三是共产主义阶段。马克思认为人的全面发展只有在社会生产能力成为社会财富的社会主义、共产主义社会才能完全实现。马克思恩格斯将人的全面而自由的发展视为共产主义社会的核心特征，它既是共产主义者与空想社会主义者相区别的标志，又是共产主义社会超越原始社会和以资本主义社会为代表的阶级社会的核心表征。

马克思关于人的全面发展的理论为大学生思想政治教育提供了科学的理论依据。可以这样讲，马克思主义关于人的全面发展的理论为新时期我们重新审视大学生思想政治教育提供了一个新的视野，为大学生思想政治教育指明了正确的培养目标。只有坚持马克思主义人的全面而自由发展理论的指导，大学生思想政治教育才能真正建立在科学的理论基础上。以马克思主义关于人的全面发展的理论指导大学生思想政治教育，首先必须坚持思想政治教育为社会全面发展和大学生个体素质的全面而自由发展服务。只有社会全面发展了，社会人才能获得全面而自由的发展；其次必须坚持社会的发展、学校的发展为大学生的全面而自由发展创造条件。因此，大学生思想政治教育要促进人的全面发展，就要通过社会实践促使大学生在实践中培养和发展正确的世界观、人生观、价值观，使他们在这个过程培养并发展自身的意志、性格和品质，锻炼自己的身心，增强体魄，培养健康向上的心理状态。人的需要的充分发展是实现人的全面发展的前提，大学生思想政治教育工作只有自觉地围绕学生的这种需要来展开，才具有说服力和吸引力，才会引起学生的共鸣，使大学生自觉地将思想道德素质的提升内化为自己的需要，自觉自愿地加入思想政治教育的活动中来，接受教育和锻炼。只有大学生思想政治教育树立了为学生素质拓展服务的意识，为学生素质教育服务，通过素质拓展活动来培养学生多方面的能力，才能使他们成为全面发展的人才。

3. 人的本质与人的全面发展理论为大学生树立正确人生观提供了理论指导

马克思主义认为，人作为自然的存在具有自然本质，人作为社会的存在具有社会本质，人作为有意识的存在具有精神实质。人的肉体需求决定了人首先要通过满足自己的衣食住行等基本生活条件并确立物质生活目标；而人的社会需求决定了人需要交往建立各种社会关系；人的精神需求决定了人会思考、会创造和传承文化、会追问人生意义和追求远大目标。人的这些多方面需求与寻求满足需求的方式，使人在发展过程中变得异常复杂并充满矛盾。生活于自然、社会及其他人之中的人，无时无刻不在亲历着人生的矛盾，回味着人生的感受，追寻着人生的意义，对这种人生基本矛盾的探究便构成了人生观的基本内容。人生观是由人生目的、人生态度和人生价值三个主要方面构成的思想体系。人生目的，回答人为什么活着；人生态度，表明人应当怎样对待生活；人生价值，判别什么样的人生才有意义。这三个方面相辅相成，其中人生目的是人生观的核心。

马克思主义人的本质理论告诉我们，各种人生观都是一定的社会生产力和生产关系的产物。由于各个时代的各个阶级所处的社会地位不同，生活经历和境遇不同，对人生的意义和目的认识不同，人生观也就必然不同。每一个时代的人生观，都是该时代政治、经济和文化的反映，处于不同时代的人，由于对人生问题认识的深度广度和正确程度不同，而拥有不同的人生观。因此，人生观是随着时代的发展而发展的，没有超越社会历史生活的永恒的人生观。在阶级社会里，每一个阶级的人生观都直接反映一定社会的经济基础，表现出一定阶级的利益，体现一定阶级的思想、愿望和要求。在阶级社会中，统治阶级的人生观和被统治阶级的人生观往往是根本对立的。人生观的发展有它自身的历史继承性，它是一种历史文化或民族传统文化的积淀与演化，每一个时代创立新的人生观，都离不开利用和改造原有的人生观。而评价一种人生观是进步的还是落后的，根本标准就是看它是否符合社会发展的要求。

马克思主义人的全面发展理论告诉我们，大学生必须树立为社会发展做贡献并促进自身全面发展的人生观。因为未来的共产主义社会是以“人的全面而自由的发展”为基本原则的社会形式。人的全面发展只有在社会生产能力成为社会财富的社会主义、共产主义社会才能完全实现。

4. 人和社会关系理论对大学生思想政治教育的启示

大学生思想政治教育的根本目标是帮助大学生提高自身认识世界、改造世界的能力，而人是社会的人，人是唯一以社会行为自身基础和根本特色存在的存在物，人总是在一定的社会关系中存在和发展的，人的内在全面丰富的本质只有在社会关系中才能得到表现和实现，马克思认为：“社会关系实际上决定着一个人能够发展到什么程度”，“一个人的发展取决于和他直接联系或间接交往的其他一切人的发展……发展不断地进行着，单个人的历史决不能脱离他这种发展正是取决于个人之间的联系”。只有人的社会关系得到高度的丰富和发展，处于社会关系中的人才会实现自身的全面发展，大学生思想政治教育也才能取得进一步的成效。

三、马克思主义价值观理论

（一）马克思主义价值观理论的丰富内涵

价值、价值观念和价值观是三个既有区别又相联系的概念。从一般意义上讲，价值是客体的存在对主体需要的满足及意义，即客体的特性、结构和功能对主体是否有用，是否具有积极意义。价值观念则是关于价值的观念体系，是对现实价值关系的评价性反映。价值观则是人们关于什么是价值、怎样评判价值、如何创造价值等问题的根本观点，是关于价值、价值关系的整体的根本的看法、观点和态度，是价值观念的内核和基本精神。马克思主义价值观理论具有丰富的内涵，其中人民主体思想及社会主义核心价值体系是大学生思想政治教育必须树立的价值观。

1. 人民主体思想

在马克思主义产生以前，一切旧的历史观基本上都属于英雄史观。历史唯物主义从社会存在决定社会意识的前提出发，认为人民群众是历史的创造者。在马克思主义看来，社会存在是社会物质生活条件的总和，其中，对社会发展起决定作用的是物质资料的生产方式。因此，社会发展的历史，首先而且最根本的是生产发展的历史，是社会生产方式新陈代谢的历史，同时也是生产者即劳动群众的历史，因为劳动群众是社会生产过程的基本力量。人民群众创造历史的决定作用，表现在人民群众是社会物质财富、社会精神财富的创造者，人民群众又是变革社会制度、推动历史前进的决定力量。当然，人民群众的创造活动也不是随心所欲的，总是在一定社会历史条件的制约下，在既定的现实关系的基础上，遵循社会发展客观规律进行的。在不同的社会历史条件下，人民群众创造历史所起的作用是不同的。马克思说：“人们自己创造自己的历史，但是他们并不是随心所欲地创造，并不是在他们自己选定的条件下创造，而是在直接碰到的、既定的、从过去承继下来的条件下创造。”马克思主义在承认人民群众是创造历史的决定力量时，并不排斥历史人物对加速或延缓历史进程、影响历史具体外貌的重大作用，但历史人物的作用再大，也不能超越人民群众的作用，也不能超越历史必然规律的支配；而反动的历史人物逆潮流而动，对历史发展起严重的阻碍作用，但他们最终总要被历史所抛弃，成为历史的罪人。

中国共产党人发展了马克思主义的人民主体思想。毛泽东提出要“全心全意为人民服务”；邓小平认为人民利益高于一切，人民应取得最大民主权，强调要围绕“人民利益”制定党的路线、方针、政策，并加以贯彻、落实；江泽民指出“中国共产党必须始终代表中国最广大人民的根本利益”；胡锦涛强调“科学发展观的核心是以人为本”；党的十八大以来，习近平总书记多次强调“任何时候都要把人民利益放在第一位，始终与人民心连心、同呼吸、共命运，始终依靠人民推动历史前进”。同时，习近平同志在十九大报告中也强调：“全党必须牢记，为什么人的问题，是检验一个政党、一个政权性质的试金石。”他还指出，“实现我们的奋斗目标，开创我们的美好未来，必须紧紧依靠人民，始终为了人民”，“推进任何一项重大政策，都要站在人民立场上，把握和处理好涉及政策的重大问题，都要从人民利益出发谋划改革思想，制定改革举措”。这就深刻阐述了始终坚持人民群众的主体地位，一切为了人民，把人民利益放在第一位的思想，彰显出人民至上的价值立场。人民至上的价值立场，使习近平新时代中国特色社会主义思想承接了浓浓的民众地气，灌注了鲜活的实践生气，汲取了民众的智慧滋养，充满着为民解忧、造福人民的亲民情怀，获得了坚实牢固的价值基石，赢得了广泛而深厚的社会基础，具有了历史正当性与现实合理性。这些思想对大学生思想政治教育都具有重要指导意义。

2. 社会主义核心价值体系

《中共中央关于构建社会主义和谐社会若干重大问题的决定》提出了建设社会主义核心价值

体系的战略任务，并明确阐述了社会主义核心价值体系的基本内容。马克思主义指导思想、中国特色社会主义共同理想、以爱国主义为核心的民族精神和以改革创新为核心的时代精神、社会主义荣辱观构成了社会主义核心价值体系的基本内容。社会主义核心价值体系这四个方面的内容相互联系、相互贯通、相互促进，是有机统一的整体。

马克思主义指导思想是社会主义核心价值体系的灵魂。建设社会主义核心价值体系，最根本的是坚持马克思主义的指导地位。我国是社会主义国家，中国共产党是中国特色社会主义事业的领导核心，马克思主义是我们党的根本指导思想，这就决定了马克思主义是社会主义意识形态的旗帜。马克思主义指导思想决定了社会主义核心价值体系的性质和方向，是社会主义核心价值体系的灵魂。

中国特色社会主义共同理想是社会主义核心价值体系的主题，体现了人们对美好生活的向往和追求，是一个国家和民族奋勇前进的精神动力。随着社会主义市场经济深入发展，我国经济成分、组织形式、就业方式、利益关系和分配方式日益多样化，不可避免会出现社会意识的多样化，这就必须要有一个能够代表广大人民根本利益、为社会各个阶层广泛认可和接受、能有效凝聚各个方面智慧和力量的共同理想。有共同理想，才能有共同步调。这个共同理想，就是在中国共产党领导下，走中国特色社会主义道路，实现中华民族的伟大复兴。这个共同理想，把党在社会主义初级阶段的目标、国家的发展、民族的振兴与个人的幸福紧密联系在一起，把各个阶层、各个群体的共同愿望有机结合在一起，经过实践的检验，有着广泛的社会共识，具有令人信服的必然性、广泛性和包容性，具有强大的感召力、亲和力和凝聚力。不论哪个社会阶层、哪个利益群体的人们，都能够也应该认同和接受这个共同理想，并且为这个理想而共同奋斗。在全社会树立和弘扬这一共同理想是社会主义核心价值体系的主题。

民族精神和时代精神是社会主义核心价值体系的精髓。以爱国主义为核心的民族精神是民族文化最本质、最集中的体现，已经深深地融入我们的民族意识、民族品格、民族气质之中，成为各族人民团结一心、共同奋斗的价值取向。以改革创新为核心的时代精神，是马克思主义与时俱进的理论品格、中华民族富于进取的思想品格与改革开放和现代化建设实践相结合的伟大成果，已经深深地融入我国经济、政治、文化、社会建设的各个方面，成为各族人民不断开创中国特色社会主义事业新局面的强大精神力量。中华民族生生不息、薪火相传、奋发进取，靠的就是这样的精神；中华民族抵御外来侵略、赢得民族独立和解放，靠的就是这样的精神；在新的历史时期，抓住机遇，加快发展，由贫穷走向富裕，靠的也是这样的精神；建设社会主义和谐社会，实现全面建设小康社会的宏伟目标，还是要靠这样的精神。大力弘扬民族精神和时代精神，使全体人民始终保持昂扬向上的精神状态，这就是社会主义核心价值体系的精髓。

社会主义荣辱观是社会主义核心价值体系的基础。确立和实践社会主义核心价值体系，必须以全体社会成员的道德修养和素质为基础。以“八荣八耻”为主要内容的社会主义荣辱观，即“坚持以热爱祖国为荣，以危害祖国为耻；以服务人民为荣，以背离人民为耻；以崇尚科学为荣，以愚昧无知为耻；以辛勤劳动为荣，以好逸恶劳为耻；以团结互助为荣，以损人利己为耻；以遵纪守法为荣，以违法乱纪为耻；以艰苦奋斗为荣，以骄奢淫逸为耻”，是对与社会主义市场经济相适应、与社会主义法律规范相协调、与中华民族传统美德相承接的社会主义思想道德体系全面系统、准确通俗的表达，它旗帜鲜明地指出了在社会主义市场经济条件下，应当坚持和提倡什么、反对和抵制什么，为全体社会成员判断行为得失、做出道德选择、确定价值取向提供了基本的价值准则和行为规范。

（二）马克思主义价值观理论的实践意义

1. 人民主体思想解决了人的价值评价问题

马克思主义人民主体思想明确指出：无产阶级的、社会主义的“人的价值观”是集体主义的，社会主义首先强调人民的价值，只有在人民的价值中才谈得到个人的价值。

在社会主义社会中，在个人和社会的关系上，人的价值包括两方面，即：社会对个人的尊重和满足，个人对社会的责任和贡献。必须着重指出的是，我们决不能只从社会给予个人这方面来说“人的价值”。因为社会要能够提供实现其每个成员的“人的价值”的条件，首先就需要把它们创造出来，所以评价一个人的价值，不仅在于他的存在和需要是否从社会、从他人那里得到承认和满足，更重要的是在于他为社会、为他人尽了什么责任，作了什么贡献。社会主义的各尽所能、按劳分配原则，共产主义的各尽所能、按需分配原则，都是从这两个方面的结合来规定个人和社会的关系的，而且都把为社会、为他人尽其所能放在首位。

历史唯物主义关于社会主义条件下个人和集体之间的相互关系的原理，是正确评价人的价值的准则和出发点。历史唯物主义认为，评价一个人的价值，不能从他的能力大小出发，也不能从他从事何种职业和地位的高低出发，更不能像资产阶级那样，从他手中握有多少货币出发，而只能从他和集体、和社会的相互关系出发。我们所讲的人的价值，确切地说，就是指人的社会价值。一个人的社会价值的大小，在于他能否和能在多大程度上满足社会的物质需要和精神需要，简而言之，人的价值就在于贡献，这是马克思主义的人的价值观的一个基本思想。

一个人的能力有大小，地位有高低，职业有不同，但是，他只要把自己的生活、命运、一定的道路，同社会历史的进步，同广大劳动人民的幸福和整个人类的解放联系起来，发扬集体主义的忘我精神，发扬英雄主义的献身精神，全心全意为集体、为人民、为国家、为社会服务，那么，他就是为社会的进步做出了应有的贡献，就是一个高尚的人，一个真正有价值的人。

所以，从共产主义的价值观、人生观看来，人的价值首先在于为共产主义事业、为无产阶级和全人类的解放做出贡献。在我国，在今天，首先就是为建设社会主义物质文明和精神文明做出贡献。一味片面地从个人需要的角度提出人的价值问题是不符合马克思主义的。

2. 社会主义核心价值体系在大学生人生观价值观塑造中的作用

社会核心价值体系作为一种社会意识和价值观念，集中反映一定社会的经济、政治、文化，是统治阶级意志的根本表达，体现着社会意识的性质和方向，不仅作用于社会生活各个方面，而且对每个社会成员人生观、价值观的形成和发展都具有深刻影响。社会主义核心价值体系是当代中国的社会核心价值体系，它在大学生人生观、价值观的塑造中起着十分重要的作用，其主要功能如下。

引领人生目标。社会主义核心价值体系代表了人们对现实生活的总体认识、基本观念和理想追求，体现着统治阶级的意志和国家主流意识形态，对其他形形色色的社会思潮起统摄、规范和导向作用，能发挥思想引领的功能。具体地说，社会主义核心价值体系在引领人生目标中的作用表现在：马克思主义理论能为社会成员确立正确的世界观和方法论，为人们确立正确的人生目标提供理论武器；中国特色社会主义的共同理想是中华民族共同的理想追求，它使人们超越民族、城乡、地域和阶层等多方面差异，增强社会成员的归属感和向心力，直接引领广大

社会成员的人生目标，为建设中国特色社会主义伟大事业而奋斗。

端正人生态度。每个人在人生实践中都会遇到义利、荣辱、善恶、苦乐、得失、成败、祸福、生死等人生矛盾，如果能以正确的人生态度对待和处理这些问题，就可以正确把握人生，促进自身的发展。社会主义核心价值体系能帮助人们用马克思主义的世界观、方法论去分析和处理人生矛盾，用中国特色社会主义共同理想和爱国主义、改革创新的精神去激发生活斗志，使人们满怀希望和激情、热爱生活、珍视生命，树立起认真、务实、乐观、进取的正确人生态度。

明确价值取向和评价标准。改革开放和社会主义市场经济的社会条件，使得社会成员的价值观普遍发生了变化，价值取向多元化成为社会成员价值结构的一个重要特征。社会主义核心价值体系建设能最大限度地形成社会思想共识，取得全社会广泛而深刻的价值认同。这种价值认同的强化，有利于调节人们的各种需要，明确价值取向，在马克思主义指导下以有利于中国特色社会主义建设为价值取向，以社会主义荣辱观为评价标准，弘扬以爱国主义为核心的民族精神和以改革创新为核心的时代精神，做有益于社会，有益于人民的人。

四、马克思主义青年观理论

马克思主义青年观是马克思主义创始人、马克思主义经典作家们运用辩证唯物主义和历史唯物主义的世界观和方法论来分析研究青年，从而揭示出的正确认识和对待青年的基本原则和理论观点。它是我们认识和研究青年的理论指南，是培养和教育青年的思想武器。学习和掌握马克思主义青年观，对于正确认识青年、做好大学生思想政治工作，具有重大的指导意义。

（一）马克思主义关于青年特点的理论

1. 青年是变革现实的新生力量

马克思主义者十分重视青年的力量，认为青年热情高、干劲足、敢说、敢干，是革命和建设中的先锋队和突击队，对青年在社会历史变革中的地位和作用给予了充分肯定。早在1845年，恩格斯在给德国一家报社记者的信中就预见，德国“将发生光荣的革命”（指无产阶级革命），他肯定“实现这一变革的将是德国的青年”。可见，恩格斯已充分认识到青年是勇于变革现实的新生力量，是积极进行社会革命的主力军，他把无产阶级取得革命胜利的希望寄托在青年一代身上，热情赞扬了青年的革命精神。列宁认为，“青年更乐于跟着革新者走”。毛泽东对中国青年在革命和建设中的地位与作用更是给予了高度评价，他说：“带着新鲜血液与朝气加入革命队伍的青年们，无论他们是共产党员或非党员，都是可贵的，没有他们，革命队伍就不能发展，革命就不能胜利。”

为什么青年是勇于变革现实的新生力量呢？首先是因为青年思想敏锐、接受新事物快，富有积极向上的精神。正如毛泽东所说，“青年是整个社会中最积极最有生气的力量。他们最肯学习，最少保守思想，在社会主义时期尤其是这样”。其次是青年倾向革命、富于革新精神。他们热情奔放，勇于创新，积极投身社会主义革命，是无产阶级和革命人民的宝贵财富。

2. 青年是社会主义事业的未来和希望

马克思指出：“最先进的工人完全了解，他们阶级的未来，从而也是人类的未来，完全取决于正在成长的工人一代的教育。”可见，革命导师从来都认为青年是我们事业的未来、国家的未来、人类的未来，要将培养教育青年作为无产阶级特殊的历史使命。

马克思主义唯物史观认为，人类社会的发展是代代相传的，老一辈革命家开创的事业要靠青年一代来继承。实现共产主义是一个相当长的历史过程，不是一两代人所能完成的。因此，马克思主义者将培养共产主义的接班人放在十分重要的地位。从根本意义上来说，培养无产阶级革命事业的接班人，是关系到老一辈革命家开创的事业能否后继有人的问题，是关系到党和国家的领导权能否继续掌握在马克思主义者手中的问题，是关系到我们的子孙后代能否继续沿着社会主义道路前进的问题。这是无产阶级革命事业的百年大计、千年大计、万年大计，我们绝对不可麻痹大意。

3. 青年是各种阶级力量争夺的对象

青年是整个社会中最积极最有生气的力量，但他们缺乏社会经验，世界观尚未完全确立，因此在阶级社会中，青年成为各种阶级力量争夺的对象。无产阶级在反对剥削阶级统治和建设社会主义的斗争中十分重视青年力量和对青年的培养，而资产阶级和一切剥削阶级总是竭力和无产阶级进行争夺。

列宁 1903 年在分析当时俄国大学生情况时指出："社会上有哪些派别，大学生中也必然而且不可避免地会有哪些派别"，因为"阶级利益的分歧不可避免地会反映在政治派别的划分上"。他主张无产阶级的任务不是掩盖这些分歧，而应该向尽量广泛的群众说明这种分歧，做好争取和团结的工作。毛泽东早在井冈山斗争时期就十分重视争取青年群众的工作，指出"取得青年群众的宣传，是整个宣传任务中的一个重要任务"。

（二）马克思主义关于青年教育的理论

1. 对待青年的态度——信任与引导

马克思主义者对待青年的态度是：充分地理解青年、坚定地信任青年、热情地帮助青年。青年正处在由不够成熟逐步走向成熟的过渡阶段。在他们身上，既有突出的优点和长处，也存在明显的弱点和不足，要把他们培养成为坚定的社会主义建设者和接班人，一是要热情关怀他们，二是要严格要求他们。恩格斯在《致爱利莎·恩格斯》的信中，对一个叫卡尔·济贝耳的青年给予了充分的理解、关怀和帮助，他认为济贝耳正处在发育时期，还不成熟，不能求全责备，应该用发展的眼光看待他，抓住他的主流给予充分肯定。这才是对青年的理解和信任的态度。

马克思主义者对青年的信任和关怀是建立在正确认识和对待青年的基础上的。列宁早就指出，要广泛和大胆地把青年组织起来，不要对青年存戒心。为此，他提出了三个"不必怕"，即不必怕他们缺乏锻炼，不必怕他们没有经验，不必怕他们不够成熟。因为青年"血气方刚、热情奔放和正在探索中"，"不要对青年不放心"。要引导他们发扬优点、克服弱点，健康成长。要允许青年犯错误，允许青年改正错误，即使对那些思想比较后进、毛病比较多的青年，也不能抛弃他们，而应该满腔热情地教育和帮助他们。容不得青年的过失，有点错误就横加指责，这不是马克思主义的态度。

2. 青年教育的目标——全面发展

马克思主义认为，个人的全面发展是未来社会发展的基本要求。这就是说，未来社会生产力的高度发展，要求青年迅速摆脱由于分工所造成的片面性，成为"全面发展的和受到全面训练的人，即会做一切工作的人"。青年的全面发展，既包括政治思想和道德品质，又包括科学文

化知识和才能，还包括健康的体质。作为社会主义的一代新人，应当是既能从事体力劳动，又能从事脑力劳动，既具有社会主义觉悟，又具有丰富的知识和能力，既有高尚的道德品质，又有强健的体魄的人。这是马克思主义对青年全面发展的基本要求。

今天，在社会主义条件下，必须要求青年在德、智、体各方面发展。同时特别强调把德育放在首位。德、智、体三个方面是相互联系、相互促进、相辅相成的，我们强调把德育放在首位，丝毫不意味着可以把智育和体育摆在次要的位置。但是，从实施全面发展教育的整体要求来讲，德育是起保证作用的。因为“没有正确的政治观点，就等于没有灵魂”。只有把德育放在首位，并有机地渗透到各项业务活动中去，才能推动和促进智力、体力健康发展。

3. 青年教育的原则——理论联系实际

在实施对年轻一代的教育中，马克思主义特别强调必须坚持理论联系实际的原则。列宁在《青年团的任务》中尖锐指出：“离开工作，离开斗争，那么从共产主义小册子和著作中得来的关于共产主义的书本知识，可以说是一文不值，因为这样的书本知识仍然会保持旧时的理论与实践的脱节，而这正是资产阶级旧社会的一个最令人厌恶的特征。”只有坚持理论联系实际的原则教育青年，才能使青年从实践中加深对知识的理解，并善于运用知识解决实际中的问题，培养言行一致的作风。

如何坚持理论联系实际的原则呢?

首先必须学习理论。马克思主义认为在传授知识、学习理论的过程中，要坚持灌输原则、循序渐进原则与说服教育原则。灌输指的是有领导、有计划地向青年传播革命理论，帮助他们树立辩证唯物主义与历史唯物主义的世界观，培养共产主义思想和道德品质。这一原则是列宁在《怎么办?》一文中首先提出的，他认为共产主义思想是不可能自发地产生的，只能从外面灌输进去。循序渐进则要求教育青年时不要操之过急、拔苗助长，而应遵循青年成长的规律。同时，列宁非常反对思想教育中的强制成分，他说：“我们不赞成用棍子把人赶上天堂”，对青年的思想教育必须坚持说服、引导，以理服人。

其次，学习理论的目的是运用理论指导实践，因此马克思认为学习理论必须坚持同生产劳动相结合的原则。他在《资本论》中指出：“生产劳动和智育、体育相结合，它不仅是提高社会生产的一种方法，而且是造就全面发展的人的唯一方法。”并应引导青年积极投身到社会实践中去。

4. 青年成长的必由之路——投入社会实践，与工农群众相结合

马克思主义十分关心青年的成长，并把参与社会实践看作是青年成长的必由之路。列宁指出：“共产主义青年团必须把自己的教育、训练和培养同工农的劳动结合起来，不要关在自己的学校里，不要只限于阅读共产主义书籍和小册子。只有在与工农的共同劳动中，才能成为真正的共产主义者。”对待社会实践的态度，是区分青年革命与否的重要标准。毛泽东指出：“看一个青年是不是革命的，拿什么做标准呢? 拿什么去辨别他呢? 只有一个标准，这就是看他愿意不愿意、并且实行不实行和广大的工农群众结合在一起。”

这个标准不论在民主革命时期，还是在社会主义建设时期，都是普遍适用的。因为，第一，知识青年从书本上得来的知识，是不完全的知识，只有把书本知识与实际斗争结合起来，才能变为完全的、有用的知识；第二，青年的最大弱点是缺乏实践经验，看问题容易片面、急躁，甚至脱离实际，走与工农相结合的道路，能在实际斗争中经受锻炼，增长才干，使自己变得成熟起来；第三，青年与工农群众打成一片，有利于了解群众疾苦，培养工农感情，继承和发扬艰苦奋斗的作风。

马克思主义认为，青年仅仅掌握了一定的书本知识，还不能完全成才。只有把书本知识同社会实践结合起来，并运用知识造福于国家、造福于人民，在社会主义建设中做出了实实在在的贡献，才能真正成为人才。投入社会实践，与工农群众相结合是青年成长的必由之路。

第二节　理论基石——科学发展观的基本内涵

作为马克思主义中国化的最新理论成果，科学发展观是我党对社会主义初级阶段社会与人关系问题的全面思考和理论凝结。作为当前的时代精神，科学发展观中“以人为本”“科学发展”等理念已经深深润泽和渗透进当今的思想政治教育思想中。进行大学生思想政治教育，必然要以此时代精神作为思想引导，培养符合时代要求的高素质创新型人才。

一、科学发展观的形成过程

在抗击“非典”胜利之后，和谐发展的方针首先被提出，到了十六届三中全会召开的时候，科学发展观的基本命题首次被提出。抗击“非典”胜利之后，国家及政府加大了对公共卫生的重视和管理力度，同时提出了经济社会协调发展、城乡协调发展、区域协调发展、人与自然协调发展的方针政策，在2003年10月召开的党的十六届三中全会上，中共中央审议通过了《中共中央关于完善社会主义市场经济体制若干问题的决定》，其中对贯彻落实上述协调发展政策进行了详细的规定和要求，并提出，要坚持统筹兼顾，协调改革发展过程中各种利益之间的相互关系；坚持以人为本，树立全面、协调、可持续的发展观。这是科学发展观首次被正式提出。

2003年11月，中央经济工作会议召开，在会议上，经济工作组提出了坚持立党为公、执政为民的政绩观；2004年2月，在中央党校举办的省部级主要领导“树立和落实科学发展观”专题研究班上，温家宝、曾庆红等中央领导先后进行了发言，对科学发展观的内涵进行了阐述和报告；同月，中共中央发布《中共中央国务院关于促进农民增加收入若干政策的意见》，这项意见的发布对于农民增产增收具有重要意义，体现了以人为本的科学发展观精神；2004年3月，胡锦涛同志在中央人口资源环境工作座谈会上对科学发展观的具体内容和要求进行了系统地阐述。2004年9月，在十六届四中全会上，党中央明确提出科学发展观的内涵，要以人为本，坚持全面协调可持续发展，在十六届四中全会上，党中央不仅对科学发展观的内涵进行了明确定义，而且总结了国内外在发展问题上的经验教训，站在历史的新高度，进一步对我国全面建设小康社会的新阶段将要面临的问题和解决方法进行了解答。2009年5月，习近平同志在高校学习实践活动座谈会上强调，各级党委和高校党组织要以高度的政治责任感、良好的精神状态和扎实的工作作风抓好高校学习实践活动，坚持把科学发展观内化为高校办学观，把科学发展观的要求转化为高校科学发展的正确思路和自觉行动，切实做到学以致用、用有所成。2013年9月，习近平同志主持审议并同意印发《科学发展观学习纲要》的会议，《科学发展观学习纲要》阐述了科学发展观的重大意义、科学内涵、精神实质，阐述了深入贯彻落实科学发展观的基本要求，体现了党的十八大精神，体现了科学发展观同邓小平理论、“三个代表”重要思想既一脉相承又与时俱进的内在关系，为广大党员、干部、群众学习和掌握科学发展观提供了重要参考。

会议指出，党的十八大对科学发展观作了精辟阐述和高度评价，把科学发展观同马克思列宁主义、毛泽东思想、邓小平理论、“三个代表”重要思想一道，确立为党必须长期坚持的指导思想。

二、科学发展观的内容体系

（一）第一要义是发展

科学发展观的内容丰富，其中首要含义就是发展，自此我们也能看出来发展在科学发展观这一科学体系中的重要性。发展是当代世界的主体，同时也是中国的主题，是我党执政兴国的首要任务。对于“发展是科学发展观的第一要义”，从大学生思想政治教育的角度出发，我们可以从以下四个角度来解读。

发展是第一位的。科学发展观是关于发展是什么、怎样展开发展、发展的指导思想和具体理念是什么的思想。在研究大学生思想政治教育工作的时候，我们要坚持用发展的观点去看待大学生，去看待大学生思想政治教育。针对大学生思想政治教育之中存在的一系列问题，我们只能不断发展理论，将社会之中的内容引入到大学生思想政治教育之中，并且教会大学生运用发展的眼光看待问题。因此，从这个角度上看，只有发展才能帮助大学生思想政治教育工作，也只有发展，才能实现社会主义教育的目标。如果离开发展，社会和经济的进步都不可能发生，也就没有所谓的科学发展观的思想了。因此，在科学发展观中，发展始终是第一要义的，是处于首要位置的。

“发展才是硬道理”“发展是执政兴国第一要务”。这两句话分别出自邓小平和江泽民，也同时和“发展是第一要义”有着密切关系，它们都肯定了发展在党治理国家中的重要地位。

科学发展观是建立在邓小平理论和“三个代表”重要思想的理论基础之上的，继承和发扬了邓小平理论以及“三个代表”重要思想中关于发展的重要思想，它们之间一脉相承。以胡锦涛为核心的党中央在这些宝贵的理论基础上，站在新阶段的历史高度，从我国新阶段的具体实际出发，提出适应全面建设小康社会目标的理论——科学发展观的概念，这使我党对于发展问题形成了新的认识和理解。

根本着力点是要创新发展思路。坚持科学发展观，不是一味地对发展进行否定、批评和阻碍，而是要创新发展思路，用新的理念和方式实现更好更快的发展。要充分认识到坚持发展是“第一要义”同贯彻落实科学发展观之间的关系并积极处理，通过贯彻落实科学发展观来实现科学发展。从大学生思想政治教育所面临问题的角度来看，因循守旧式的盲目发展不可能使问题得到解决，发展必须创新。从问题的本质出发，从实践出发，不自欺欺人，将一些思路和其他学科的方法引入到大学生思想政治教育需要解决的问题中来，发展大学生思想政治教育。

发展是指社会的全面进步。科学发展观认为，发展不单单是指经济的增长，而是指整个社会的全面进步。讲发展，我们首先想到的一定是经济，因为只有经济的发展、社会生产力的进步，才能从根本上改善人民群众的生活水平，给社会发展提供基础条件。但是如果只重视经济的发展，而忽略了社会其他因素的进步，那么就很有可能造成人们的生活需求同社会其他因素不相适应的问题。因此，重视发展，要注重整个社会的全面进步，根据人们生活需求的改变和增长来确定社会的发展方向和具体内容。在经济增长的同时，我们必须要注重社会文化的进步和人民素质的提升，关注人和人之间的和睦关系的维持以及良好社会风气的形成和保持。

这一点暗示我们，大学生思想政治教育水平的发展不单单是教学绩点的提高，不单单是做出了什么样的教学成绩，而是大学生素质的全面发展。

（二）核心是以人为本

科学发展观的核心是以人为本，其本质的含义就是指以人民群众作为根本，要重视人民群众在发展中的根本地位和根本作用。这种根本地位和根本作用，具体而言又可以概括为必须把依靠人作为发展的根本前提，把提高人作为发展的根本途径，把尊重人作为发展的根本要求，把为了人作为发展的根本目的。在大学生思想政治教育之中，科学发展观的以人为本就是以大学生为本，从大学生的角度出发，发展思想政治教育。

教育的宗旨是为学生服务、为社会服务。在大学生思想政治教育工作中贯彻落实科学发展观的根本目的就是为大学生的根本利益服务，尊重大学生在教育中的主体地位，促进大学生的全面发展，推动大学生素质的全面提高。以人为本就是坚持各项工作为了学生，做到发展为了学生、发展依靠学生，也就是要让教师全心全意为学生服务的宗旨在发展中得以体现。

在发展的目的上，首先要坚持大学生的根本利益不动摇，只有实现了大学生的根本利益，才能证明大学生思想政治教育的发展是以大学生为本的。离开以大学生为本的“发展”不是大学生思想政治教育的科学发展，不是我们需要的发展。

（三）基本要求是全面协调可持续发展

发展是当代中国的主题，是我们党执政兴国的第一要务。胡锦涛提出：“科学发展观基本要求是全面协调可持续。”科学发展观所倡导的发展，之所以是科学的，就在于它是全面协调可持续的发展，即又好又快的发展，而不是片面的发展、不计代价的发展、竭泽而渔式的发展。

党的十八大报告提出，必须更加自觉地把全面协调可持续作为深入贯彻落实科学发展观的基本要求。我们所追求的发展，不是片面的发展、不计代价的发展、竭泽而渔的发展，而是又好又快的发展，是要实现经济社会永续发展。全面协调可持续，抓住了发展的内在规律，是一个相互联系、相互促进的有机整体。借鉴到大学生思想政治教育之中，要实现大学生思想政治教育的目标即为社会主义建设培养“四有新人”，就要实现大学生素质的全面协调可持续发展。

大学生素质需全面发展。所谓全面，就是指大学生素质的发展始终能够跟得上现代化建设的步伐，能够在社会主义建设之中发挥应有的积极作用。大学生素质的发展是为社会建设服务的。离开社会建设，大学生素质的全面性就不值一提。因此，能够在社会快速发展的现实面前，跟上社会发展的节奏是大学生素质全面发展的第一要义。

大学生素质全面发展的科学内涵也在于推进全面建设小康社会以及促进人的全面发展的两个方面的进步。全面建设小康社会是我国新阶段经济社会发展的重要环节，它要求我们既追求实现经济社会内部各因素的协调和全面发展，同时也为人的全面发展提供了环境、奠定了基础。同时，促进人的全面发展也是全面建设小康社会的核心目标。因此，全面发展作为一项科学发展观的基本要求，不仅标志着我国已经形成了更加科学合理的发展的实践标准，同时已经成为我国促进人的全面发展的历史性建构过程。

协调发展——促进大学生素质在全面发展的过程中能够得到优化。马克思认为，“人是各类

社会关系的总和”。人因为自己所处职位的不同，环境的不同而有不同的素质特征。人的素质发展要在这些基本特征的基础上进行新的发展，否则就是不科学、不合理的发展。因此，一方面要依据个人的特征优化其基本素质，扬长避短，使其符合社会发展的需要。另一方面，协调发展要实现基本素质关系的质、量两方面的优化，促进各方面、各个环节的协调发展，促进各环节的统一发展。协调发展的关键还是人的素质整体发展。我们不仅要把握好协调发展的总体要求，而且要对重点问题和关键环节进行慎重、准确地处理。

可持续发展——坚持走可持续发展道路。坚持可持续的发展道路是科学发展观基本要求的第三个内容。所谓可持续发展是指一个国家在推动现代化建设的同时实现的劳动成果不仅能满足当代人对生存和生活发展的需求，而且不会对后代的生存发展造成危害。这一点从思想政治教育的发展来看，大学生素质的可持续发展关键是要使大学生认识到自己学习的问题所在，并能够解决好这些问题，在未来的社会之中能够始终跟随社会不断进步。联合国教科文组织在其一个重要文献《学会生存》之中指出，终身教育已经成为现代人在社会之中立足的一个重要素质。大学生要确立终身教育观念，要在不断发展的社会之中找到自己的立足点。

（四）根本方法是统筹兼顾

坚持把统筹兼顾作为根本方法，既抓住大局、统一筹划，又协调好各方、全面发展，对于创新和改进党的领导方法和工作方法，深入贯彻科学发展观，坚持和发展中国特色社会主义，具有十分重大的理论和现实意义。

统筹兼顾根本方法的理论基础，是马克思主义哲学原理中关于矛盾发展的不平衡性理论。首先，马克思主义哲学关于主要矛盾与次要矛盾的原理告诉我们：在复杂的矛盾体系中，各种矛盾之间、矛盾的各个方面之间的发展是不平衡的，这就要分析主要矛盾和次要矛盾。所谓主要矛盾是在一个矛盾体系中处于支配地位的、对事物的发展过程起着决定作用的矛盾。它的存在和发展规定并影响着事物复杂矛盾体系中的其他矛盾的存在及发展。因此，主要矛盾就是决定事物和工作的全局的矛盾。抓主要矛盾就是抓全局，次要矛盾则是处于从属地位的，对事物的发展不起决定作用的矛盾。正是由于事物发展过程中，主要矛盾和次要矛盾所处的地位和作用不同，决定了在人们的工作实践中，只有把握住并解决了主要矛盾，次要矛盾才能随之得到有效的解决。其次，马克思主义哲学关于主要矛盾与次要矛盾的原理又告诉我们，主要矛盾与次要矛盾之间是辩证统一的关系，二者相比较而存在、互相联系、互相制约、互相作用。即主要矛盾决定着次要矛盾，次要矛盾影响着主要矛盾。主要矛盾的解决为次要矛盾的解决创造必要的前提，次要矛盾的解决也为主要矛盾的解决提供有利的条件。因此，在我们的各项工作中，既要坚持抓主要矛盾、抓全局工作这个大方向，同时又不能忽视各种次要矛盾，要做到统筹兼顾。最后，马克思主义哲学关于主要矛盾与次要矛盾的原理还告诉我们，主要矛盾与次要矛盾的区别是相对的、可变的，在一定条件下是可以互相转化的。因为在事物发展的过程中，由于出现了新的条件，原来的主要矛盾可以转化为次要矛盾，原来的次要矛盾也可能转化为主要矛盾。所以，在实际工作中，还必须注意条件的变化，并及时随着条件的变化来认识主要矛盾，转换全局工作，真正把握全局、统筹兼顾。因此，统筹兼顾其实是“重点论”与“均衡论”，“一点论”与“两点论”的有机结合。

统筹兼顾是我们党在长期执政过程中一条行之有效的重要经验和战略方针。

以毛泽东、邓小平和江泽民为核心的三代党中央领导集体都曾根据时代主题和实践需要的不同对统筹兼顾的发展方法进行了深刻的阐述，从而为以胡锦涛为核心的党中央领导集体集发展方法之大成、提出科学发展的统筹兼顾方法奠定了坚实的基础。早在民主革命时期，毛泽东就多次论述过统筹兼顾的方法。新中国成立后，他提出要把“统筹兼顾”作为中国社会主义建设的基本方法。在社会主义建设时期，毛泽东又把“统筹兼顾、适当安排”作为我们必须坚持的基本方针。改革开放后，以邓小平为核心的第二代党中央领导集体，针对计划经济时代的平均主义给中国带来的普遍贫穷和人民群众急切要求解决温饱的现状，提出了通过“先富”“后富”，最终达到“共富”的非均衡发展思想，使统筹兼顾方法与“以经济建设为中心”的政治路线相结合，在探索非均衡发展的统筹兼顾方法上取得了突破性的进展，为我国综合国力的快速增强做出了巨大贡献。以江泽民为核心的第三代党中央领导集体深刻分析了社会主义现代化建设全局的各种关系，特别是江泽民的《正确处理社会主义现代化建设中的若干重大关系》的讲话，不仅继承了我们党要统筹经济社会发展的思想，而且创新地提出了统筹人口、资源、环境的发展，并在此基础上提出了可持续发展战略，从而使我们党的统筹兼顾思想更加完善。党的十六大以来，以胡锦涛为核心的党中央领导集体概括提升党的三代中央领导集体关于发展的思想和方法，提出了科学发展观，并把“五个统筹”确立为科学发展观的根本要求。“五个统筹”，实质上就是统筹兼顾。党的十七大把科学发展观作为中国特色社会主义理论体系的重要内容，使之成为我们党的指导思想，而且特别强调科学发展观的根本方法是统筹兼顾，从而把统筹兼顾方法从一般方法、基本方法上升到了根本方法的高度，为我们深入贯彻落实科学发展观提供了方法论依据。党的十八大把科学发展观同马克思列宁主义、毛泽东思想、邓小平理论、“三个代表”重要思想一道确立为党的行动指南写入党章，实现了党的指导思想的与时俱进。

三、以科学发展观引领大学生思想政治教育

科学发展观是被证明了的正确的、系统的、科学的世界观和方法论，是不断加强和改进大学生思想政治教育工作的指导方针，必须以科学发展观统领高校思想政治教育，将科学发展观贯彻于大学生思想政治教育工作始终。

（一）教育大学生树立发展观，践行科学发展观第一要义

发展属于马克思主义的基本范畴，是世界各国的主要问题和重要任务，也是我国社会主义各项事业建设的重要目标。我国国家领导人一直致力于国家发展的探索、实践和总结。毛泽东同志将发展和革命紧密联系，提出“革命是为了发展”的发展观；邓小平将发展和改革紧密联系，从全球角度发展中国与世界的关系，提出“发展才是硬道理”，主张抢抓机遇；江泽民将发展和党的建设紧密联系，指出发展是我党的第一要务，要与时俱进地提高党的执政能力；胡锦涛同志将发展与科学紧密联系，提出发展是解决一切问题的关键；习近平同志将发展与群众紧密联系，提出群众路线教育活动等。坚持发展观，用发展来解决前进中出现的各种问题，也是新中国成立以来，特别是改革开放以来我国社会主义现代化建设的基本经验。我国社会主义道路本身就是一条发展的道路，新中国所取得的伟大建设成就，都是以发展为指导，建立在发展基础之上的。大学生是祖国的未来、民族的希望，要牢固树立发展观，以发展的眼光和思维看待和解决现实问题。大学生要不断加强自身学习，提高自身政治素质、知识素质、能力素质、

心理素质和身体素质等，坚定社会主义共同理想，自觉做中国特色社会主义事业的合格建设者和可靠接班人。

（二）教育大学生树立以人为本观，践行科学发展观核心

人民群众是历史的伟大创造者，是社会发展的直接推动者。社会发展的价值目标应该是人的发展，以人民利益为本，也就是以人为本。以人为本内涵非常丰富，主要是指“以实现人的全面发展为目标，从人民群众的根本利益出发谋发展、促发展，不断满足人民群众日益增长的物质文化需要，切实保障人民群众的经济、政治和文化权益，让发展的成果惠及全体人民”。做到“发展为了人民、发展依靠人民、发展成果由人民共享”。大学生知识水平层次高，即将步入社会各行各业建功立业，应牢固树立以人为本观，要理解人、关心人、尊重人，站在对方角度思考问题，竭尽全力促进和帮助他人发展，不断积极发展自我，实现自我全面发展，最终实现自我人生价值，带动社会发展和文明进步。

（三）教育大学生树立全面协调可持续观，践行科学发展观基本要求

十一届三中全会确立了“以经济建设为中心”的改革开放战略方针，开启了中国经济高速增长的发展模式。但现阶段我国存在经济发展不平衡，环境破坏污染严重，高耗能低产出粗放型增长等严重问题，急需转变发展方式。科学发展观的基本要求是全面、协调、可持续发展，是一种适应时代要求的先进的、系统的、科学的先进发展方式，全面发展是指要在我国经济快速发展的基础上不断快速有效地促进当前我国社会的全面进步和我国人民群众的全面发展，实质上就是继续着眼于我国经济、社会、政治、文化、生态资源等各个方面的科学发展；协调发展是指要实现我国社会的各个子系统之间的良性互动、有机结合、能量互补，强调我们所要发展的整体性，重点关注各个阶段之间发展的协调性；可持续发展就是要通过促进人与自然的和谐相处来不断实现经济发展与人口、资源、环境的协调共存，这就需要我们始终坚持走生产发展、生活富裕、生态良好、文明和谐的发展道路。大学生应以全面发展、协调发展、可持续发展观要求自己，加强专业知识学习，不断提高综合素质，做一个全面发展的大学生；要注重内外部环境宏观和微观协调，实现自身整体发展；要注重不断学习，自觉践行终身学习理念，获得无穷发展动力，实现自身可持续发展。同时，应以全面发展、协调发展、可持续发展观投身到社会主义现代化建设的各项事业中。

（四）教育大学生树立统筹兼顾观，运用科学发展观根本方法

统筹兼顾是解决发展中的各项问题、促进和谐社会建设的根本方法和有效途径。经过改革开放 30 多年的高速发展，我国存在城乡发展、区域发展、经济与社会之间、人与人之间、人与自然之间等的发展不平衡问题，国家发展进入了改革攻坚期，正在快速转型。党的十六届三中全会提出“五个统筹”重要部署，即统筹城乡发展、统筹区域发展、统筹经济社会发展、统筹人与自然和谐发展、统筹国内发展和对外开放。统筹兼顾本质上是要求党和国家把握好经济社会发展大局，协调好各个阶层、各行各业的利益关系。新中国历史证明，只有坚持统筹兼顾方法，才能有效维护我国社会主义初级阶段改革、发展与稳定的大局，才能有效保障全国各族人民的切身合法利益，才能有效发展中国特色社会主义现代化各项事业。大学生经过学校多年培

养，完全具备统筹兼顾能力，应该将专业学习与综合素养统筹兼顾、日常学习与休闲娱乐统筹兼顾、短期计划与长远目标统筹兼顾、个人择业与社会需要统筹兼顾、个人发展与社会发展统筹兼顾等，从而不断提升和发展自我。

第三节　学理依据——相关学科及西方思想政治教育理论

在马克思主义科学理论的指引下，在科学发展观时代精神的影响下，大学生思想政治教育还吸收了相关交叉学科以及西方思想政治教育理论的精髓，扩大其内涵，深化其主旨，坚持“以生为本”，坚持“学生发展”，以实现学生才能和力量最大限度的全面自由的发展。

一、大学生思想政治教育对相关交叉学科理论的借鉴

大学生思想政治教育是一门综合性、应用性很强的学科。它除了要以马克思主义的基本原理作为理论基石，还要从相关学科中吸取营养。走借鉴之路是许多学科形成的重要因素，大学生思想政治教育也是在向其他学科的理论借鉴中形成和发展起来的。

（一）对心理学学科理论的借鉴

心理学是研究认识、情感、意志等心理过程和能力、性格等心理特征的规律的科学。心理学在一般意义上研究了人的心理活动的本质和规律以及如何培养健康的心理等问题，大学生思想政治教育必须吸取和借鉴心理学所提供的一般理论和方法。在大学生思想政治教育的过程中，应注意把大学生的心理障碍和政治、思想意识问题的区别和联系把握好，必须遵循教育对象的心理活动规律来开展教育活动。

1. 心理学关于需要动力的理论

需要理论认为，人的一切行为都是受本能需要的直接刺激而产生的。人固然有满足需要的一面，但更多地是从理性的角度考虑需要和满足需要的动机、行为对其生命的意义，以及对他人、社会的意义，从而自觉调整自己的需要、动机和行为。思想政治教育工作的任务就是要指导高校师生及教职工以合理的方式来选择和组合自己的需要，以合理的途径和手段来实现自己的需要，以正确的态度来对待需要上的挫折，使他们的思想和行为沿着健康、正确的轨道发展。

心理学关于需要的理论告诉我们，在开展大学生思想政治教育工作时，管理者应该注意：

其一，就目前我国高校的情况来说，物质需要是最基本的。在开展大学生思想政治教育工作时，不能离开物质需要去谈论各种思想问题。物质利益是历史唯物主义的一个基本理论问题。物质利益是人类生存和发展的物质条件，人们对物质利益的关心是一个客观存在。人类要生存，就要有衣、食、住、行等物质资料，人们奋斗所争取的一切，都同物质利益有关。高校各项工作的开展也以物质利益为基本保证，如高校的教学改革、教材建设等，都需要相应的奖励制度作保障。

其二，人的需要是多种多样的，不能忽视人的精神需要。人的需要是多种多样的，既有物质需要，又有精神需要，而且精神需要是人的更高级的需要。目前，我国的高校的基本情况是，广大教职工已不再单纯的考虑生计问题，而更多的追求工作的成就感，尤其是广大教师。他们在教学中要求享有更多的教学自由，发挥教学管理中的主体地位和作用，进行具有自己特色的教学改革和尝试。而广大学生在学习知识的基础上，更多地追求自身的发展，选择自己喜欢的

学习，发挥自己学习的主体性。开展大学生思想政治教育工作不能忽视这些精神需求。大学生思想政治教育工作的任务是在满足人们的基本物质需要，帮助人们解决物质生活方面的实际困难的基础上，教育和引导人们从低级需要逐渐过渡到高级需要，追求更高层次的需要，以建设精神文明。

其三，对某些不能满足的需要，要发挥思想政治教育工作的调节作用。具体来说，就是对于那些不切实际的过高需求，要循循善诱地进行说服教育；对于无理的个人主义要求，应当进行有说服力的批评；对于一些正当的，但又一时未能满足的需要，除了要做好耐心细致地解释和说服工作，还要使其保留一丝希望。

2. 心理学研究的基本方法

心理学是介于自然科学和社会科学之间的一门实证性很强的学科，除了一般自然科学共同使用的客观实验法外，还有结合人的心理特点的观察法、测验法和个案分析法等。心理学关于对人的研究方法，大学生思想政治教育都是可以采纳借鉴的，这对于发展和完善大学生思想政治教育具有重大意义。

观察法是有目的、有计划地观察被试者在一定条件下的言行变化，做出详尽记录，然后进行分析处理，从而判断其心理活动的方法。此研究方法最大的优点是被试者表现自然，尤其适合对其隐秘行为进行研究。

测验法是通过标准化测验来研究个体心理或行为差异的一种方法。此方法最大的优点是标准化测验编制严谨，效果可靠；量化程度高，结果处理方便；有常模可供参照；简便易行。

个案分析法是对单个研究对象的某个方面或某些方面进行广泛深入研究的方法。此方法最大的优点是便于对对象进行全面深入的了解，而且结合其他方法，可以考察人的行为发展过程。

（二）对人才学学科理论的借鉴

人才学是通过研究成才主体内在素质的变化，从而揭示人才产生和发展规律的科学。人才学研究揭示出人才产生和发展的运动过程表现为育才阶段和用才阶段。人才学与思想政治教育学有密切关系。思想政治教育学非常注重“培养什么样的人和如何培养人”的问题，思想政治教育的根本目的是为国家和社会培养现代化建设所需的人才。了解和掌握人才学所研究的育才、用才理论，对于实现思想政治教育的目的具有重要帮助。

1. 人才学关于育人的理论

（1）个体人才成长发展的过程和规律。人才学研究指出，成才是人的发展到一定阶段的产物。个体人才成长的过程有其运行的阶段，一般可划分为内在素质优化阶段、外在活动质变阶段和社会承认阶段。

内在素质优化强调人才通过主观能动活动实现德、识、才、学、体五方面内在素质的有机统一；外在活动质变强调人才通过创造性劳动取得创造性劳动成果；社会承认是社会对成才者的素质和成果进行鉴定后予以肯定和承认的活动。成才主体的素质、成果通过社会承认，就标志着成才过程的结束，进入人才发展阶段，人才开始展示才能。经过若干次的社会承认，人才就会由初级人才上升到高级人才。

人才学研究还指出，个体人才成长是有规律可循的，大致概括为以下普遍性规律，一是有效地创造实践成才规律，二是顺势成才律，三是协调成才律，四是全面发展律，五是蓄积成才律。除此以外，个体人才成长还有一些特殊规律，如纵横成才律、扬长成才律、聚焦成才律等等。大学生思想政治教育可通过借鉴个体人才成长过程及规律的理论，对大学生的成长过程和规律有更加科学的认识、分析和把握，以有效实现培育全面发展的社会主义新人的目标。

（2）人才的素质与开发理论。人才素质是指人才所具有的先天素质和后天品质的综合。人才素质区别于一般人的素质的核心在于人才素质的层次要求更高、潜在能量更大、可创造的预期财富更多。人才素质是由多要素组成的结构体系，包括生理素质系统和心理素质系统，其中心理素质系统又分为智能素质和非智能素质两个子系统。

智能素质系统由知识系统和能力系统等构成，非智能素质系统主要包括思想政治品德系统和心理品格系统两个子系统。人才素质的开发是在认识和掌握了人才素质的基本原理、结构与功能的基础上，进一步优化人才素质，促进人才健康成长，充分发挥人才素质功能，加强人才队伍建设的必要工作。大学生思想政治教育可有效借鉴人才素质及开发理论，全面剖析大学生的素质构成，采用行之有效的方法，激发并引导大学生的素质提高。

（3）人才成长和发展的环境理论。人才的成长和发展与环境密不可分。马克思主义环境论探讨出人与环境的密切关系，使得人才成长环境也成为人才学探讨的重要话题。人才成长的环境是指人才在时空上赖以存在和发展的一切外部因素的总和。

根据不同的标准，人才成长的环境可分为物质环境和精神环境，可分为大环境、亚环境和小环境，可分为自然环境和社会环境，可分为历史环境和现实环境，可分为积极环境和消极环境，可分为国内环境和国际环境。其中，自然环境和社会环境是人才成长的两个重要环境，社会环境又分为宏观和微观环境，包括社会经济、政治、文化环境，还包括家庭、校园、单位、社区环境。人才成长的环境对人才成长有支撑、约束、塑造、激励等作用，同时人才又能够认识和改造自身成长的环境。人才成长环境理论的研究对大学生思想政治教育环境论的系统研究，具有直接的借鉴作用。

（4）人才社会承认的方式。人才的社会承认，就是指在人才成长与发展过程中，社会对成才者的素质和成果进行肯定和认可的活动。社会承认在人才成长过程中是一个至关重要的环节，只有获得社会承认，潜人才才能转化为显人才，低层次人才才能转化为高层次人才。否则，人才便会被忽视以至埋没，人才的价值便难以实现。

人才的社会承认可以通过多种方式进行，主要的方式有传播式承认、认定式承认、规范评判式承认和选举式承认等几种。在人才社会承认活动中，应努力认识社会承认各构成要素，推动社会承认的科学化。大学生思想政治教育在研究自身教育活动价值时，也要通过评价社会对其教育对象的素质水平的承认程度来实现，从此角度思考，人才社会承认的研究成果对大学生思想政治教育评估研究具有较大的借鉴意义。

2. 人才学关于用才的理论

（1）人才的识别、选拔和考核理论。正确地识别、选拔人才，并对人才进行考核，是人才管理过程中的重要环节，是科学使用人才的前提。人才识别又称人才鉴别，应坚持灵活多样、不拘一格的原则，人才识别的方法包括考试、考察、民意评选等。人才选拔是指按照一定的要求，在一定范围内，按照一定程序和方法选择优秀人才的过程。

人才选拔应坚持德才兼备、实践、竞争、公开公平、灵活性原则，选拔的方式包括考任制、选任制、委任制、招聘制、荐举制等。人才考核是指通过一定的考核方法和程序，对人才在工

作中的表现进行全面了解和正确评定。人才考核包括对人才的德、能、勤、绩、识各方面的客观描述和人才优缺点的评价意见两部分。

（2）人才的使用原则。人才使用原则是在任用、配备和使用人才的过程中遵循的基本要求和准则。它主要包括宏观的党管人才原则、人才的配置使用与经济社会发展相协调的原则、人才的宏观调控与市场配置相结合的原则，也包括微观的用人单位任人唯贤、尊重信任、用养并重、扬长避短、激励、择优劣汰原则。

人才学的用才理论，为大学生思想政治教育队伍建设的理论和实践，提供了丰富的知识借鉴。

（三）对社会学学科理论的借鉴

社会学是从某种特有的角度，或侧重对社会、对作为社会主体的人、对社会与人的关系等进行综合性的研究，即研究社会问题的一门科学。它所研究的领域相当广泛，所研究的社会文化和社会思潮，涉及社会生活的方方面面。社会交往与人际关系，社会组织与社会群体以及青年问题、家庭问题、犯罪问题等，都与思想政治教育的内容和方法相关。其中很多方面的研究，都能为思想政治教育学科所借鉴和应用。

1. 社会学关于人的社会化理论

社会学所研究的人的社会化问题，与大学生思想政治教育在本质上有一致性。大学生思想政治教育所要解决的主要任务就是实现大学生的思想政治和道德的社会化。大学生思想政治教育还是社会化的一个重要手段，思想政治教育帮助大学生树立远大理想和培养高尚的道德品质，明确自己的社会职责和行为规范，在此意义上说，大学生思想政治教育的过程也是大学生的社会化过程，大学生思想政治教育可以帮助大学生完成全面的社会化。

（1）社会化的定义和途径。社会化就是指个人从生物人发展成为社会人，不断认识社会、适应社会，从而形成、发展和完善自己的人格并积极作用于社会的过程。社会化的基本途径是社会教化和个体内化。社会教化，即广义的教育，这是社会通过社会化的载体及其执行者对个体进行的社会化过程。个体内化，是指个体将社会教化的内容转化为自身的行为模式、人格特征、思维方式的过程。

（2）社会化与个性发展。所谓个性的发展就是指个人特有的生理素质、心理素质、思维方式和行为方式等的充分自由发展。马克思主义认为，个性的充分自由发展在人的全面发展中占有重要地位，人的发展在一定意义上就是“有个性的个人”的发展。在人的个性的形成过程中，生理、心理因素都以社会因素为中介发挥作用，人的个性是个人社会化的产物，是随着个人社会化的进程而逐步形成和发展的，可以通过社会化来塑造一个人的个性。社会化就是人的个性与自我形成及发展的过程。

人的个性发展是通过个人与社会的相互作用而实现的，个性发展包括自我意识的发展和道德意识的发展，这都是人的社会化的重要方面。

2. 社会学的研究方法

社会学的研究方法是社会学知识体系中最为重要的基础支柱之一，同时也是社会学相对于其他社会科学来说最具特色和优势的学科领域。社会学有一套比较成熟的社会调查和统计分析方法，如：抽样调查法、统计推论法等，这些科学的方法对大学生思想政治教育的研究方法具有较大的借鉴作用，对于加强大学生思想政治教育的定量分析，实现定性分析与定量分析相结合，促进大学生思想政治教育科学化有着重要的意义。

二、西方相关教育理论对大学生思想政治教育的启示

为促进我国大学生思想政治教育进一步发展，我们不仅要吸取中华文化的优秀成分，而且要借鉴世界一切先进文化的因子。西方德育教育历史悠久，经验丰富，有很多值得我们学习和借鉴的地方。

（一）绅士教育思想

约翰·洛克是英国近代史上最重要的一位哲学家、政治家和教育家，其教育名著《教育漫话》中所提出的绅士教育思想，标志着从封建教会教育到资产阶级世俗教育的转变，适应了当时新兴的资产阶级的社会需要，奠定了英国近代教育的思想基础。约翰·洛克是新兴资产阶级的代表，培养绅士是洛克教育思想的最高目标。他认为真正的绅士具备“德行、智慧、礼仪和学问”四种精神品质。

洛克绅士教育的理论基础和内容。“我们日常所见的人中，他们之所以或好或坏，或有用或无用，十之八九都是由他们的教育所决定的。人类之所以千差万别，便是由于教育之故。”根据绅士教育的目的，洛克主张从德智体三个方面系统地对绅士进行教育。他最重视体育，认为一个健康的身体是绅士从事工作的基础；其次是德育，洛克认为良好的道德品质是绅士人格的灵魂，而智育则是对绅士一切活动的辅助。在德行教育方面，绅士的德行应该具备两方面的内容，第一是理智，因为一切道德与价值的重要原则及基础在于顺从理性所认为最好的指导来克制自己的欲望，所以德行首先是自制力的培养，即培养坚忍的性格以使自己的言行符合社会的道德规范。第二是礼仪，礼仪意味着良好的举止和行为或态度，美德固然是精神上的一种宝藏，但使其焕发光彩的则是良好的礼仪。

洛克绅士道德教育思想的原则和方法。洛克认为：“导师不只应该进行劝导谈论，而且应该利用教育的工作技巧，把它提供给心理，把它固定在心田里面。”在德育的原则和方法上，洛克提出了以下几点理论。第一，道德教育应顺应自然和理性约束。洛克认为，教育要符合儿童“心性”，要根据儿童的个别差异因材施教。同时，人是具有理性的动物，要通过规范约束、习惯养成使其长大后能自觉接受理智的规范与约束。第二，道德教育应及早实践，及早训练。幼时，儿童未接受任何的知识，心智未开，最容易接受基本的道德原则，而且会受益终身。第三，道德教育应宽严有度和奖罚得当。洛克认为对孩子既要亲近又要让他有所敬畏，宽严结合且有度，才能使其遵守规范。奖励主要是称赞和鼓励，重在培养人们的荣誉感，而非物质奖励，惩罚特别是体罚应尽量少用。第四，道德教育应该综合运用说理、习惯养成与榜样教育的方法。洛克认为，由于人是理性的动物，说理是对待人们尤其是对待青少年的真正办法，他还主张在说理的同时遵循相应的规则，通过反复练习养成习惯，而一旦养成良好的习惯，就不需要死记规则，道德就形成于自然；在各种教育方法中，榜样是最简明、最容易而又最有效的办法，因为榜样示范符合儿童模仿性强的特点，其教育力量较之口头说教要大得多。

（二）“五种道德观念”学说

约翰·弗里德里希·赫尔巴特是传统教育学派的代表人物，也是第一个把教育科学化的教

育学家。在道德教育方面，他认为，教育唯一的和全部的工作都可以归结于道德，道德是教育的最高目的，道德教育的目标是培养具有内心自由、完善、友善、正义和公平等“五种道德观念”的完人，教学是道德教育最基本的途径。

赫尔巴特以五种道德观念学说为核心内容的实践哲学构成了其道德教育思想的一个基础。他认为，“五种道德观念”构成人类的道德基础，是维持社会秩序的永恒真理，因此，其实践哲学的核心就是“五种道德观念”。内心自由是道德要求的首要因素。个人内心的理性判断驾驭自身的意志和行为，避免受外界因素的干扰和内心欲望的摆布，达到个人意志、行为与理性的协调一致。如果个人不能实现自己内心的自由，就要依靠完善和友善的观念，和谐处理自己与他人、与社会的矛盾。在与人起冲突时，个人应坚持公平正义的观念，克己守法，维持社会公平有序。

观念心理学构成了赫尔巴特道德教育思想的另一个理论基础。赫尔巴特承袭了苏格拉底“美德即知识”的观点，他把道德归结为“观念”，进而归结为知识。他认为教育领域中大部分问题都是因为缺乏对人内心的认知，于是第一个明确提出教学要以心理学为基础。在哥廷根大学研究期间，他确立了自己的观念心理学，把观念看成是人的全部心理活动的基础。观念心理学的另一个基本概念是“统觉”，新观念被旧观念所同化和吸收、新旧知识的融合就是“统觉”，任何观念、概念乃至知识的形成都是“统觉”的过程。

赫尔巴特通过划分管理、教学、训育三阶段来实现自己的道德目标。他认为，道德教育是全部教育的核心，为实现道德认知灌注于儿童的认识之中，应把道德教育分为不同的阶段。其一，管理是教育过程的前提、教学的基本条件，应通过管理使儿童从小养成守秩序的精神。其二，教学是实施道德教育最基本的途径。赫尔巴特十分重视教育性教学，他认为“教学如果没有进行道德教育，只是一种没有目的的手段，道德教育如果没有教学，就是一种失去了手段的目的”。其三，赫尔巴特认为道德教育是品格教育，即通过训育形成性格的过程，所以道德教育既要与儿童管理和知识教学相结合，又要发挥训育的特殊作用。

（三）实用主义道德教育思想

约翰·杜威的实用主义教育思想不仅对美国，而且对世界许多国家包括中国、苏联的学校教育都曾产生过广泛而深刻的影响。杜威的思想是以传统的赫尔巴特教育思想为对立面而形成并发展的，建构于其哲学思想中实用主义经验论、机能心理学和民主主义的理论基础上，强调教育与生活、学校与社会的联系，强调从实践教学。学校道德教育理论是杜威实用主义教育理论的重要组成部分，主要体现在他的《教育中的道德原理》《学校与社会》《中学伦理学教育》和《民主主义与教育》等论著中。

“教育即生活”与“学校即社会”是杜威教育思想中的两个基本观点。他认为，教育是经验不断改造的过程，是经验的生成、生长过程，最好的教育是从生活中学习，从经验中学习，所以“教育即生活”“教育即生长”。另外，教育是一个社会生活过程，学校就是社会生活的一种方式，学校必须为儿童呈现现在的社会生活，因而学校应该是一个雏形的社会，“学校即社会”。杜威认为，思想道德教育的目的是培养美国社会的良好公民。他反对传统道德教育脱离现实生活进行纯道德观念的传授，强调教育应与生活和社会保持一致，因为“只有当学校本身是一个小规模的合作化社会的时候，教育才能使儿童为将来的社会生活作准备”。这就意味着，学校思想道德教育的内容要以社会生活为主。

“以儿童为中心”“从做中学”是杜威实用主义道德教育的基本原则。杜威提出，教育的基本原则应该是“以儿童为中心”和“从做中学”。“以儿童为中心”就是一切以儿童为出发点，以儿童为目的。儿童教学必须从心理学的基础上探索儿童的本能、兴趣和习惯，都应该服从于儿童的兴趣和经验的需要。“从做中学”就是“从活动中学”“从经验中学”。按照这两个基本原则，杜威认为学校道德教育要采取间接的道德教育途径，即将道德教育寓于学校生活、各类学科的教学和日常学习生活实践中，特别是要通过儿童参加各种活动和社会实践来加强道德训练。他提出两种学校道德教育方法。一是要以探究、商量和讨论的方法来代替传统教育中强制性灌输的方法，这是“以儿童为中心”的必然诉求。二是“从做中学”，即社会实践的道德教育方法。他认为通过社会实践可以避免传统道德教育空洞说教、强行灌输而导致的知行脱节的弊病。

（四）个性全面和谐发展教育理论

苏联教育理论家苏霍姆林斯基，一生辛勤工作，致力于教育理论和教育实践的创造性探索，其教育思想即来源于教育实践，对世界教育领域都产生了广泛的影响。苏霍姆林斯基认为，学校教育的目标就是培养社会主义新社会的公民和“个性全面和谐发展的人”，和谐全面发展的核心则是高尚的道德。

按照苏霍姆林斯基的个性全面和谐发展理论，道德教育必须遵循以下四条基本原则。

第一，必须尽量使人们丰富多样的才能、天赋、兴趣和爱好等个性特点充分发挥。这就要求教师要尽可能了解孩子的个性特点，因材施教。

第二，集体的道德素质是个体道德素质的源泉。由于外部环境是学生精神生活的决定因素，学校集体是学生的外部环境，所以苏霍姆林斯基强调集体教育，重视学校集体对学生道德教育的特殊作用。

第三，在德育中要重视培养学生的自我教育能力。苏霍姆林斯基认为，只有激发自我教育的教育才是真正的教育，在建立丰富多彩的集体生活的基础上，教育的关键就在于，要激发学生良好的精神状态以及自我教育的愿望和要求，只有通过学生自我教育、自身努力，才能形成良好的道德品质。

宽恕优于惩罚，惩罚必先教育。在苏霍姆林斯基看来，惩罚要少用、慎用，惩罚的目的在于教育，惩罚必先教育才有意义，不过，只要学生不是故意作恶，一般都不应给以惩罚，在这种情况下，恰恰可以通过宽恕触及学生自尊心的敏感部分，使其产生改错的意愿和积极性。无疑，这些原则对学生来说也是很有益的。

在具体实施德育的过程中，苏霍姆林斯基认为这些方面非常重要，主要包括以下几点：一是要注意学生童年时期良好道德习惯的培养。学生的童年时期是道德习惯养成的关键时期，必须重视道德教育，使他们逐步认识社会的道德准则，尽早养成良好的道德习惯。二是要注意培养学生丰富的道德情感。他认为，道德情感乃是“道德信念、原则性和精神力量的核心和血肉；没有情感，道德就会变成枯燥无味的空话”。三是要帮助学生树立坚定的道德信念。苏霍姆林斯基深刻认识到，道德信念是道德发展的最高目标，德育就是要在学生的心目中把道德概念变为道德信念，只有当道德行为形成道德习惯并最终成为学生内心信念支配下的行动时，学生才能够把道德行为、道德习惯、道德情感和道德意识全部融为一体，才能称得上形成自己的道德品质。

第四章　和谐社会视域下高校思想政治教育理念更新

理念，即指导行为的最基本、最核心的思想认识，它既体现着对行为及其结果的理想性认识和理想性追求，也包含着对相应行为方式的坚守。新时期大学生思想政治教育适应时代的新变化和当代大学生的新发展，在新的历史条件下，以科学发展观为指导。因此，以人为本、全面发展、整体育德、开放育人，是新时期大学生思想政治教育应当坚持的基本理念。

第一节　高校思想政治教育以人为本的基本理念

科学发展观是我们党的社会主义现代化建设指导思想之一。坚持以人为本是科学发展观的本质和核心，也是大学生思想政治教育应该坚持的基本理念。在全面建设小康社会的新时期，大学生思想政治教育坚持以人为本，不仅要把大学生作为实践主体，充分调动大学生的积极性、主动性、创造性，而且要把大学生作为价值主体，关注其价值追求和实际利益，满足大学生的物质需要、精神需要和发展需要。只有这样，才能充分实现大学生思想政治教育的价值。

一、以人为本的科学内涵

了解以人为本的科学内涵，我们必须厘清以下关系：第一，以人为本与民本思想。民本思想源于中国古代，最典型的代表观点有孟子“民贵君轻”的思想以及唐太宗李世民提出的“水可载舟，亦可覆舟”的思想。但“民”不等于“人”，应该说，在历史发展中，“民”是有着不同的含义的。在古代，“民”是相对于“君”而言的，或者说是相对于统治者来说的，亦即被统治者。民本思想虽然强调要重视“民”，但绝不是要以被统治者为根本，最终还是强调维护、实现统治者的统治和利益。至于“人”，不管是作为与神本思想的对立物产生的人本思想，还是作为与以物为本的对立物产生的以人为本思想，其所涉及的人，都是泛指的人，其所强调的，都是要实现人的价值和幸福。第二，以人为本与以个人为本。正确理解以人为本，不能把它理解为以个人为本，更不能理解为以自我为本。以人为本中的人最终当然要落实到个人，但这个“人”不是指单纯的个人或少数人，而往往是指大多数人，甚至是全人类，如果把这个“人”理解为一个人，即我自己，就会犯个人本位主义的错误，就会陷入利己主义和自我中心主义的泥潭。第三，阶级社会的以人为本与社会主义社会的以人为本。这两者存在着本质区别。这种本质区别体现在“人”上。马克思主义不仅深刻揭露出资本主义社会剥削人和压迫人的本质，而且也指明了解放人和人类的光明道路。马克思恩格斯在《共产党宣言》中就指出，过去的一切运动都是少数人的或者为少数人谋利益的运动，只有“无产阶级的运动是绝大多数人的、为绝大多数人谋利益的独立的运动”。

在社会主义社会，以人为本具有以下本质内容和规定：第一，以人作为世界的根本，而不是以神、物等作为世界的根本。“人”，不是单个人，不是少数人，而是绝大多数的人，甚至是人类。第二，以人作为实践的根本。“人是万物之灵”，劳动才是人之为人和人异于其他动物的最根本之处。实践是人所特有的“对象化”活动。只有人民群众才是历史的创造者，才是历史的真正主人。只有在社会实践活动中始终依靠人民群众，充分调动人民群众的积极性、主动性、创造性，才能推动改造世界、改造社会的历史进程，促进社会的发展。第三，以人作为价值的根本。人不仅是实践的主体，更是价值的主体，是实践主体与价值主体的统一。人们实践活动的目的就是为了实现人的价值、人的利益，满足和实现人的需要。

综上所述，社会主义中国所说的和正在实践的以人为本，“人”，不仅是指个人，还指群体，不是少数人，而是绝大多数人；它不仅强调满足人的自然需要，更强调满足人的社会需要；不仅强调满足人的物质需要，也强调满足人的精神需要。因此，以人为本就是以人民群众为本。这是作为无产阶级先锋队组织的中国共产党的根本宗旨的集中体现，也是全面建设小康社会的题中应有之义。

“人是万物的尺度”，是最宝贵的财富。大到实现我国现代化的宏伟目标，小到实现每个群体的具体目标，关键都在人，在于人的思想解放、观念更新的程度，在于人的思想道德、科学文化素质的提高，在于人的积极性和创造性的发挥。同时，国家、社会、群体的发展与利益最终都要落脚到实现人的发展、人的利益上，大学生思想政治教育最终也要落脚到激励人们为实现自己的利益而奋斗。因此，可以说，人既是大学生思想政治教育的对象，更是大学生思想政治教育的目的。大学生思想政治教育要尊重人、理解人、关心人，最终就要落实到促进人的全面发展、满足人们的物质生活和精神文化发展需要、实现人民群众的根本利益和价值上来。大学生思想政治教育说到底是为了实现人的发展、人的价值和人的利益。因此，以人为本是大学生思想政治教育的本质要求。

二、以人为本的本质要求

以人为本对人类社会活动的各个领域普遍有效，但具体表现形式各不相同，因而它必须同各个领域的实际情况结合起来。以人为本在大学生思想政治教育领域的本质要求，强调要突出人的发展，人是教育的中心，也是教育的目的；人是教育的出发点，也是教育的归宿；人是教育的基础，也是教育的根本。

大学生思想政治教育以人为本就是要把人作为大学生思想政治教育的出发点和落脚点，把大学生看作具有独立个性和特定观念的主体，在教育过程中重视启发引导大学生的内在的教育需求，通过调动和激发人主动学习和发展的积极性、主动性、创造性，使人们自觉树立起科学的世界观、人生观、价值观，形成正确的思想道德素质和高尚的道德品质，促进大学生的全面发展，从而使他们真正成为合格的社会主义现代化事业的建设者和接班人。

（一）调动大学生的积极性，充分发挥实践主体在实践活动中的能动作用

积极性，是指人的主观能动性在实践中的外在表现，它从本质上反映了人们在思想政治上的精神状态，劳动工作中的基本态度，以及社会活动中的事业心、责任感。在民主意识、平等意识、自主自强意识、价值意识不断增强的今天，要充分调动人的积极性，首先必须满足人们

自我尊重的需求。尊重人的思想、尊重人的人格、尊重人的个性、尊重人的创造。

大学生思想政治教育是社会发展的要求，也是广大受教育者自我生存、自我发展的要求。大学生思想政治教育本质上应当是个体人格和思想政治品德的构建过程，是受教育者个体与社会规范要求的互动过程。然而，现实中的大学生思想政治教育却在一定程度上已经成为教育者对受教育者人格和思想政治品德的单向作用过程。要改变这一状况，就应该顺乎受教育者的接受机理和内在需求，着力贯彻人本原则的精神，发挥受教育者在接受教育过程中的主动作用，激发大学生接受思想政治教育的主体性。

以人为本原则倡导以人为中心的大学生思想政治教育理念，它所要求的大学生思想政治教育培养的对象，不仅仅是一个劳动者，而且是具有明确奋斗目标、高尚审美情趣、既能创造又能懂得享受的主体。而当前大学生思想政治教育普遍存在缺乏实践中介、过于认知化的问题。由于缺乏实践中介，主体能动性未能得到有效发挥，思想政治品德规范不能内化为个体信念，导致“知而不信”；个体信念又不足以外化、支持、指导个体行为，导致“言而不行”。这种大学生思想政治教育获得的是“关于思想政治品德的知识”，而不是人的内化的精神和品德发展。在受教育者主体意识不断增强的今天，只有从受教育者自身的实际出发，调动人们的积极性，充分发挥实践主体在实践活动中的能动作用，我们的大学生思想政治教育才能取得更佳效果。

（二）促进大学生的全面发展，以培养“四有”新人作为大学生思想政治教育的根本要求

促进人的全面发展是马克思主义关于建设社会主义新社会的本质要求。我们党的最高纲领是实现共产主义，最终实现人的彻底解放和全面发展。1986 年 9 月，党的十二届六中全会通过的《中共中央关于社会主义精神文明建设指导方针的决议》把“四有”人才的培养模式作为精神文明建设的根本任务载入党的文献。《决议》指出：社会主义精神文明建设的根本任务，是适应社会主义现代化建设的需要，培育有理想、有道德、有文化、有纪律的社会主义公民，提高整个中华民族的思想道德素质和科学文化素质。“四有”新人是未来社会。“人的全面而自由发展”的终极目标与社会主义初级阶段人的发展特点相结合的具体化，是符合我国基本国情的人的发展标准和规格。“四有”作为社会主义初级阶段人的发展的四个维度，“分别从政治素养、伦理素养、知识素养、行为素养等方面对社会主义新人提出了严格要求”。促进人的全面发展，培养社会主义“四有”新人，不仅是社会主义社会发展的需要，更是人的根本需要和利益所在，也是大学生思想政治教育的本质要求与根本任务之所在。

（三）全面满足大学生的物质、精神生活需要

马克思曾精辟地指出：“人们奋斗所争取的一切，都同他们的利益有关。”从根本上说，大学生思想政治教育就是要用先进理论武装人们的头脑，提高人们的思想认识，调动人们的积极性，激发人们的主体性和创造潜能，教育和引导人们为实现自己的利益而奋斗。当前，我国正在进行一场极其深刻的社会变革，必然涉及人们相互关系、利益格局的变化与调整。只有重视人的物质生活需要，贯彻物质利益原则，才能从根本上调动人的积极性。在满足人们基本物质生活需要的前提下，还要满足人们多方面的精神需要，如归属与爱的需要、尊重的需要、自我实现的需要等。在满足人的各种需要的同时，要注意加强马克思主义世界观、人生观、价值观教育，引导人们正确认识自己的利益，正确处理国家、集体和个人利益的关系，引导人们从低

级需要向高级需要过渡。要看到个人需要与社会需要的满足是一个问题的两个方面。大学生思想政治教育要把尊重个人与服务集体，个人发展与社会发展，坚持原则性与尊重人、理解人结合起来，把统一要求和因人施教结合起来，把灌输正确的思想意识和自我教育结合起来，不断提高人们的思想道德素质，满足人们思想道德发展的需要。

此外，以人为本还在方法上对大学生思想政治教育提出了更高的要求。以人为本的大学生思想政治教育要做到教育者与受教育者在民主、平等、和谐、合作中相互作用、相互促进、教学相长、共同提高，这就要求教育者要尊重人、理解人、关心人。尊重人就是要尊重人的需求、兴趣、创造和自由，要平等待人，在平等的基础上双向互动，进行思想沟通，求同存异。理解人就是要充分考虑人的内在心理需要。人的内在心理需求是接受外部教育影响的根本前提。大学生思想政治教育的内容只有经由各种教育渠道进入人的视野，满足人的心理需要，才能促使个体通过各种途径去接受和践行。关心人主要是要关心人们的生活，关注人们的现实需求，通过感受、体验、感染，使人们在情感共鸣和潜移默化中转变思想观念，提高思想认识。

第二节　高校思想政治教育全面发展的基本理念

以人为本的最终归宿在于促进人的全面发展。人的全面发展问题，是一切工作的中心问题，这个方面解决得好与坏，直接关系到经济社会发展的全局。四个现代化的前提、基础和根本在于人的现代化。没有人的现代化，就不可能有整个社会的现代化。大学生思想政治教育承载着培养社会主义合格建设者和可靠接班人的历史重任，是造福千家万户的民心工程，必须以人的全面发展作为其基本理念。

一、全面发展的科学内涵

人的全面发展理论是马克思主义学说的核心理论，马克思主义所有的学说和理论，归结到一点就是实现人的自由和解放，促进人的自由全面发展。马克思主义人的全面发展理论有着十分丰富的内涵。正确认识和梳理人的全面发展的科学内涵，是我们推动实现当代大学生全面发展的基本前提。

（一）人的全面发展是指劳动能力的全面发展

马克思在《1844年经济学哲学手稿》中指出：“劳动这种生命活动、这种生产生活本身对人来说不过是满足他的需要即维持肉体生存的需要的手段。而生产生活就是类生活。这是产生生命的生活。一个种的全部特性、种的类特性就在于生命活动的性质，而人的类特性恰恰就是自由的有意识的活动。生活本身仅仅成为生活的手段。”由此可以看出，人的类特性就在于自由自觉性。劳动，作为人的根本实践活动，创造了人，也造就了人的类本质。因此，劳动能力的强弱和劳动水平的高低，直接决定并且反映着人的自由自觉性的发展程度，劳动能力的全面发展，成为人的自由全面发展的根本。

（二）人的全面发展是指人的社会关系的全面发展

人的发展与人所处的社会关系有着密切的关系。马克思在《关于费尔巴哈的提纲》中指出：

“人的本质不是单个人所固有的抽象物，在其现实性上，它是一切社会关系的总和。”人总是社会的人，总是在一定的社会关系中生存和发展。任何一个人的能力的形成、发展和完善，都离不开特定的社会关系。正是在这个意义上，马克思指出：“社会关系实际上决定着一个人能够发展到什么程度。”人的社会关系的发展，是个人形成的社会关系日益普遍化、全面化的过程。一个人的发展往往取决于同他直接或间接交往的其他一切人的发展。一个人的社会交往程度越高，社会关系越丰富，他的视野就会越开阔，获取的信息、知识、技能、经验就越多，能力的发展就越快，进步就越全面、越迅速。

（三）人的全面发展是人的需要的全面发展和极大满足

在马克思看来，正是人的需要的发展和需要的不断满足推动着人类和人类社会的文明进步。人的需要是人的意识活动及其他各方面行为活动的内在动力。人的需要是多样的和多层次的，不仅有物质需要，还有精神需要，精神需要中又有发展需要、自我实现的需要等。人们总是在旧的需要得以满足的基础上产生新的需要，从而推动各项事业的发展。因此，马克思认为，需要的发展是“人的本质力量的新的证明和人的本质的新的充实”。人的需要层次的日益丰富，需要形式的日渐多样，以及需要的不断得以满足，推动着人的全面发展，进而推动人类社会的全面进步。

（四）人的全面发展是人的个性的自由发展

从马克思关于人的发展的三个阶段来看：第一个阶段，是人对人的依赖，人的个性被淹没在依赖性的畸形人际关系之中；在第二个阶段，在对物的依赖的基础上人的独立性有所发展，人的个性有所表现，但是人的个性被物的神秘性所掩盖，不可能获得张扬；只有到了第三个阶段，即自由个性的阶段，生产力高度发展，社会财富极大丰富，人们才注重追求个性的自由发展。这一阶段，也被称为“自由人的联合体”阶段。正如马克思所指出的，“代替那存在着阶级和阶级对立的资产阶级旧社会的，将是这样一个联合体，在那里，每个人的自由发展是一切人的自由发展的条件”。人的个性的自由发展程度，是人的全面发展的综合表现。人的全面发展，必须以人的个性的自由全面发展为出发点和落脚点。

二、全面发展的本质规定

重视大学生的全面发展，并且根据时代的变化及时拓展大学生全面发展的内涵，是我们党的一个优良传统。早在 1957 年，毛泽东就在《关于正确处理人民内部矛盾的问题》中指出：“我们的教育方针，应该使受教育者在德育、智育、体育几方面都得到发展，成为有社会主义觉悟的有文化的劳动者。”这一重要论述将马克思主义关于人的全面发展思想贯穿于社会主义教育培养目标之中，形成了新中国全面发展的社会主义教育方针。邓小平提出把培养“四有”新人作为社会主义精神文明建设和中国特色社会主义文化建设的核心。江泽民同志在庆祝北京大学建校一百周年庆祝大会上的讲话中指出了“四个统一”，即大学生要坚持学习科学文化与加强思想修养的统一、坚持学习书本知识与投身社会实践的统一、坚持实现自身价值与服务祖国人民的统一、坚持树立远大理想与进行艰苦奋斗的统一，就青年知识分子的发展目标、成才道路、价值取向及实现途径等提出了要求，为青少年的全面发展和健康成长指明了方向。江泽民同志还提出了“思想和精神生活的全面发展”的概念，进一步发展了马克思主义关于人的全面发展的理论。

2004 年，中共中央、国务院联合下发《关于进一步加强和改进大学生思想政治教育的意见》。《意见》从全面实施科教兴国和人才强国战略、应对激烈的国际竞争、全面建设小康社会加快推进社会主义现代化以及培养中国特色社会主义事业合格建设者和可靠接班人的战略高度，充分肯定了大学生思想政治教育的重要意义。在 2005 年 1 月 17 日召开的全国加强和改进大学生思想政治教育工作会议上，胡锦涛总书记指出：“培养什么人、如何培养人，是我国社会主义教育事业发展中必须解决好的根本问题。大学生是国家宝贵的人才资源，是民族的希望、祖国的未来。要使大学生成长为中国特色社会主义事业的合格建设者和可靠接班人，不仅要大力提高他们的科学文化素质，更要大力提高他们的思想政治素质。只有真正把这项工作做好了，才能确保党和人民的事业代代相传、长治久安。”2016 年 12 月，全国高校思想政治工作会议召开，习近平发表重要讲话。他强调，要坚持把立德树人作为中心环节，把思想政治工作贯穿教育教学全过程，实现全程育人、全方位育人，努力开创我国高等教育事业发展新局面。在这次会议上，习近平明确要求，必须围绕学生、关照学生、服务学生，不断提高学生思想水平、政治觉悟、道德品质、文化素养，让学生成为德才兼备、全面发展的人才。因而，促进当代大学生的全面发展和健康成长，已成为新世纪新阶段进一步加强和改进大学生思想政治教育的本质要求。

综合而言，当代大学生的全面发展，核心在于其综合素质的全面发展。思想道德素质、科学文化素质和身心健康素质，是当代大学生综合素质的三个有机组成部分。其中，思想道德素质是素质教育的灵魂；科学文化素质是关键，是大学生成才的基石；而身心健康素质是大学生培养思想道德素质和科学文化素质的基础和前提，是成就人才的根基。因而，大学生的全面发展，必然是大学生思想道德素质、科学文化素质和身心健康素质的全面、协调、可持续发展。大学生思想政治教育要坚持全面发展的基本理念，就必须以大学生全面发展为目标，深入进行素质教育，以全面的视角，促进大学生思想道德素质、科学文化素质和身心健康素质的全面发展，引导当代大学生努力成长为时代发展需要的高素质复合型人才。

三、推进大学生全面发展的现实路径

促进人的全面发展，是马克思主义关于建设社会主义新社会的本质要求；推动当代大学生的全面发展和健康成长，是大学生思想政治教育的题中应有之义。在新的历史条件下，大学生思想政治教育必须以大学生的全面发展为根本目标，深入进行素质教育，以提升大学生的思想道德素质为核心，全面培养他们的综合素质和能力，使大学生学会做人、学会学习、学会做事；积极推进通识教育，密切关注人的精神世界的建构，促进人的精神生活质量的逐步提升；大力培育大学生的人文精神和科学精神，积极营造他们求真、向善、达美的良好氛围，引导当代大学生努力成长为思想道德素质、科学文化素质和身心健康素质全面协调可持续发展的中国特色社会主义事业的合格建设者和可靠接班人。

（一）深入进行素质教育，推进大学生综合素质的全面发展

素质教育是以促进人的德智体美等全面发展为根本目标，培养和造就具有独立性、自主性、实践性、能动性和创造性等优良品格的个体的一种育人模式。原国家教委在 1997 年 10 月 29 日

印发的《关于当前积极推进中小学实施素质教育的若干意见》中给素质教育下的定义是："素质教育是以提高民族素质为宗旨的教育。它是依据《教育法》规定的国家教育方针，着眼于受教育者及社会长远发展的要求，以面向全体学生、全面提高学生的基本素质为根本宗旨，以注重培养受教育者的态度、能力，促进他们在德智体等方面生动、活泼、主动地发展为基本特征的教育。"这个定义正确地把握了素质教育的内涵。素质教育能够为人的全面发展提供主体基础、物质基础和强大的精神动力。大学生思想政治教育要秉承素质教育的理念，深入细致地开展素质教育，着重加强大学生做人的教育、做学问的教育和做事的教育，真正地增强大学生的学习能力和实践动手能力。当前条件下，科学技术高度综合，学科交叉日渐明朗，从客观上要求大学生综合素质和创新能力的增强。随着信息社会的到来，"教育既应提供一个复杂的、不断变动的世界的地图，又应提供有助于在这个世界上航行的指南针"。据此，国际21世纪教育委员会提出了未来教育的四个支柱，即学会认知、学会做事、学会共同生活和学会生存。青年大学生是未来社会的主人，必须按照社会发展对未来人才的要求来指导自己，前瞻性地提升自我的综合创新能力，培养未来社会所需要的多方面的素质。大学生思想政治教育要以深入进行素质教育为契机，以提升大学生的思想道德素质为核心，全面推动大学生综合素质与创新能力的逐步提升。

（二）积极推进通识教育，注重大学生精神世界的科学建构

在新的历史条件下，随着人们物质生活水平的提高，人们的精神生活需要日益凸显。构建精神家园、追问生命的价值与意义成了人们孜孜以求的事情。从国际背景来看，各种文化相互激荡，文化多样化、价值冲突、伦理道德标准的不一致、生活方式的多样化等充斥着大学生的头脑，网络信息大量涌入。从国内形势来看，改革开放以来，伴随着社会主义市场经济体制的逐步建立和不断完善，我国社会经济成分、组织形式、就业方式、利益关系和分配方式日益多样化，人们思想活动的独立性、选择性、多变性和差异性日益增强，一些大学生不同程度地存在政治信仰迷茫、理想信念模糊、价值取向扭曲、诚信意识淡薄、社会责任感缺乏、艰苦奋斗精神淡化、团结协作观念较差、心理素质欠佳等问题。归结到一点，就是部分大学生的精神世界出了问题，精神空虚、信仰危机、道德滑坡等等，都在向人们昭示着一个道理：精神世界和生命价值意义世界的建构对于一个人的成长具有更为重要的意义；关注人的精神世界与促进人的全面发展具有内在相关性。人的精神世界是人独特的生存方式，关注人的精神世界是世界历史发展的趋势，是现实社会的呼唤，只有消除人的精神世界的痛苦和困惑才能更好地推进人的全面发展。通识教育思潮与通识教育实践产生和发展的一个极其重要的原因就在于对学生个体内在精神世界和生命价值意义世界的关注。通识教育强调基本知识、基本价值和基本技能的掌握，强调通过打好人生持续发展的根基，借助于唤醒人的精神世界的追求来形成自觉学习、终身学习、自我管理、自主创新的自我发展意识与自我发展精神。大学生思想政治教育要贯彻通识教育的基本理念，特别是要关注新的历史条件下大学生精神生活的发展趋势和最大限度地满足他们的精神生活需要，帮助当代大学生积极构建充实的精神家园，明确人生的意义和价值，为实现其全面发展提供精神动力、智力支持和思想保障。

（三）坚持科学精神和人文精神教育的统一，营造大学生良好的成长氛围

人文精神和科学精神如车之两轮、鸟之双翼，须臾不可分。科学精神的本质是求真求实，人文精神的精髓是求善求美。从本体论上讲，科学精神和技术为人文各学科的发展奠定了物质基础和现实依据；从价值论上看，人文精神和理论又为科学技术的进步提供思想、理论的指导和航向。如果大学生仅仅具有科学精神，仅仅掌握科技知识，而欠缺人文精神和人文素质，也有可能走上违法犯罪的道路，那些所谓的高科技犯罪、网络黑客的扭曲行为就是例证。一代科学巨匠爱因斯坦于1931年初忠告加利福尼亚理工学院的学生："如果你们想使你们一生的工作有益于人类，那么，你们只懂得应用科学本身是不够的。关心人们本身，应当始终成为一切技术上奋斗的目标；关心怎样组织人们劳动和产品分配这样一些尚未解决的重大问题，用以保证我们科学思想的成果会造福于人类，而不致成为祸害。"他还强调："一个人的真正价值首先决定于他在什么程度上和在什么意义上从自我解放出来。"大学生思想政治教育，需要使人文精神教育和科学精神教育融合且协调统一：一方面，强调人文精神教育的首位效应，把大学生置于深厚的社会文化背景之中，借以帮助其焕发内在的精神动力，借以帮助其应对心理问题，因为"在任何一项事业背后，必然存在着一种无形的精神力量；尤为重要的是，这种精神力量一定与该项事业的社会文化背景有密切的渊源"。同时，要用目的理性和价值理性来导引工具理性和科学理性。"要通过教学使'教育的文化功能和对灵魂的铸造功能融合起来'。这是教育人性化的又一表现。""大学生思想政治教育应当与学生的学习生活融合。学习就是学生的精神生活，就是学生的生命活动，就是学生的精神和道德的成长过程。"而且，要融入美育和情感教育。另一方面，还要加强科学精神教育，使大学生学会学习、学会生活。总之，大学生思想政治教育要通过在大学生中加强人文精神和科学精神的培育，积极营造大学生求真、向善、达美的良好氛围。

第三节　高校思想政治教育整体育德的基本理念

根据当代中国社会发展对人才素质的新要求及当代大学生成长发展的新特点，当代大学生思想政治教育应该确立鲜明的整体性理念。整体性理念支配下的当代大学生思想政治教育，在目标指向上，着眼于学生思想道德素质的整体性提升；在实施途径上，着眼于学校主导作用与社会影响作用的整体性发挥；在实践模式上，着眼于学校各种育人资源的全面性开掘。与整体性理念的确立相一致，走向整体性，是新世纪新阶段大学生思想政治教育发展的必由之路。

一、整体育德的内在依据

实施素质教育是全面推进教育创新的关键和目标。作为一种具有根本意义的教育思想或者说教育哲学，素质教育应该贯穿于学校教育的各个层面，也自然应该贯穿于大学生思想政治教育之中。在大学生思想政治教育中全面贯彻素质教育观念，必须以提高学生的思想道德素质为根本宗旨。素质在任何时候都是和现实的主体紧密联系在一起的，强调大学生思想政治教育必须以提高学生的思想道德素质为根本宗旨，突出对学生主体性的尊重、对引导学生主体性发展的关注。在现实的大学生思想政治教育中，一个时期内，我们曾淡忘对学生思想道德素质的培

植，而热情地关注于在一般层面上的对相应知识的记诵和对相应规范的遵守。在这种情况下，我们的大学生思想政治教育过于关注结果而忽略过程，过于关注整齐划一而忽略个性开发，过于关注“教”的过程而忽略“学”的过程，过于关注“接受”的过程而忽略学生自主“发现”的过程，过于关注形式上的“遵守”而忽略真正意义上的践履。提升大学生思想政治教育的实效性，要求我们改变这些大学生思想政治教育的观念、方式和方法，全面贯彻素质教育思想，将大学生思想政治教育的目标，直指学生思想道德素质的提高这一根本宗旨。

以提高学生的思想道德素质为根本宗旨开展大学生思想政治教育，需要我们深入研究思想道德素质的内在构成及其成长发展的规律。对思想道德素质的研究，可以从多个方面展开。

将人的素质分为智力因素和非智力因素，揭示其间的内在关系并由此探讨个人素质提升的方法和思路，渊源甚远。我国古代儒家学者关于“仁”与“智”之间关系的论述，就已经明确地表达了这一分析角度和思路。明确运用“智力因素”与“非智力因素”的概念，并将对其间内在关系的揭示建立在科学实证的基础之上，则是20世纪以后的事情。1913年，美国心理学家韦伯等人研究认为，兴趣、情绪、气质、性格等对人的智力发展有着重要影响。1935年，美国心理学家亚历山大明确提出了“非智力因素”的概念。1940年，美国心理学家韦克斯勒提出“一般智力中的非智力因素”的概念。在这一背景下，人们对非智力因素的研究日益活跃。

应该承认，作为一种分析框架，将人的素质分为智力因素和非智力因素，对其各自构成、具体功用、相互关系进行分析从而探讨提升人的素质的思路和方法，是有其积极意义的。这种积极意义至少可以概括为两个方面。第一，这种分析框架使得我们能够比较清晰地把握人的素质的内在构成。列宁曾指出：“如果不把不间断的东西割断，不使活生生的东西简单化、粗陋化，不加以划分，不使之僵化，那么我们就不能想象、表达、测量、描述运动。思想对运动的描述，总是粗陋化、僵化。”对于运动着的事物，我们必须借助简化的方法才能具体地把握它；对于构成复杂的人的素质，我们同样也必须借助简化的方法才能具体地把握它。将人的素质分为智力因素与非智力因素，通过对人的素质的简化，为我们提供了一个明晰的分析人的素质的理论框架。第二，基于这种分析框架而进行的大量的研究，以科学实证的结论使得人们对非智力因素在人的全面发展中的重要作用有了深刻的体认，进而有助于人们深刻认识与人的非智力因素的形成与发展有着直接关系的大学生思想政治教育的极端重要性，有助于增强大学生思想政治教育者的工作积极性，增强大学生接受思想政治教育的自觉能动性。

但是这种分析框架也在客观上诱使不少人进入了一些认识误区：这种分析框架本来只是为了分析方便而在观念中对人的素质的简化、分割。然而，由于对这一分析框架的片面性理解，不少人在实践中形成了机械的工作思路。例如，在大学生思想政治教育中，不少人将大学生思想政治教育与学生的非智力因素简单“对接”，从而在客观上忽视了大学生思想政治教育本来也具有的引导学生智力因素发展的价值；将智育与学生的智力因素简单“对接”，从而在客观上忽视了智育工作本来也应担负的培育学生非智力因素发展的义务；单向地看到非智力因素对智力因素的积极作用，却忽视了智力因素对非智力因素发展的积极作用等等。这些片面认识在大学生思想政治教育实践中导致了以渠道孤立（将大学生思想政治教育与智育割裂）、目标单一（着眼于人的非智力因素的培养）等为重要特征的工作思路。

就实质而言，人的素质具有高度的整体性。人的全面发展，必须通过对人的素质的整体性提升才能真正实现。从理论的视角，我们可以将人的素质划分为智力因素与非智力因素。但就智力因素与非智力因素的实际存在状态而言，二者相辅相成，互不分离。没有离开智力因素的非智力因素，也没有离开非智力因素的智力因素，它们是紧密地联系在一起的，是共生的。智力因素中有非智力因素，非智力因素中有智力因素。智力因素与非智力因素的实际存在呈现出的这一特点，在学术界对人的情感因素的科学研究中也明确地表现出来。情感，按照一般的看法，是人的非智力因素的重要部分，但是，20世纪90年代学术界关于人的情绪的研究则提出了“情绪智力”，亦即我国学者称之为“情商”的概念。显然，情绪智力，便是集智力因素与非智力因素为一体的一种人的素质存在。这一概念，其重要价值除了它表达着人们对情绪本身研究的深化外，更重要之处则在于它给予我们的方法论的启示，即从人的素质的整体性、从智力因素与非智力因素的共生中研究、把握人的情感因素，从而研究、把握人的整体素质。

上述对智力因素与非智力因素关系的深刻揭示也启发我们，大学生思想政治教育所力图引导学生形成和提高的思想道德素质，就其实质而言，也是智力因素与非智力因素的共生、共存体。它不简单地是一种智力因素，也不简单地是一种非智力因素。思想道德素质的这种存在实质，对有效的大学生思想政治教育提出了基本的规定，即有效的大学生思想政治教育，必须既指向学生思想道德素质的智力方面，同时也必须指向学生思想道德素质的非智力方面，要在对作为智力因素与非智力因素共生体的思想道德素质的关注中，引导学生思想道德素质的发展。

大学生思想政治教育必须关注学生思想道德素质的非智力方面。学生思想道德素质的非智力方面，包括理想、信念、信仰、信心、信任，以及强大的爱国主义情感，民族自尊心、自信心、自豪感等等。对于学生思想道德素质的非智力方面因素的培养问题，大学生思想政治教育理论研究者与实践工作者都有比较清晰的认识，在此我们不做展开论述。

大学生思想政治教育必须关注学生思想道德素质的智力方面。学生思想道德素质的智力方面包含着多个方面的内容，简单而言，包括知识方面与能力方面两个部分。

大学生思想政治教育必须关注学生思想道德素质中的知识方面，即大学生思想政治教育必须关注对学生进行思想道德理论方面的教育，引导学生牢固地掌握相关思想道德理论方面的基本知识和基本原则。强调大学生思想政治教育必须关注对学生进行思想道德理论知识的教育，是由大学生思想认识发展的阶段特性和个体思想道德素质发展的客观规律所决定的。从大学生思想认识发展的阶段特性而言，大学阶段，青年学生的理性认识逐渐发达，在影响学生深层次思想认识问题的诸因素中，理性的力量增强。与此相应，在这一阶段，对大学生的思想政治教育如果仅停留在感性层面的教育引导上，便不能符合学生理性认识迅速发展的趋势，不能发挥影响学生深层次思想认识从而引导学生树立正确的人生观、世界观、价值观的作用。从个体思想道德素质发展的规律而言，对思想道德理论知识的掌握，是个体思想道德素质发展的基础所在。正如江泽民同志所指出的：“对干部、群众和学生必须认真进行中国历史、地理、文学知识和政治知识的教育，没有这些知识的武装，人们的爱国主义、集体主义、社会主义思想是难以确立起来的。”

大学生思想政治教育必须关注学生思想道德素质中的能力方面。大学生思想政治教育必须关注学生对思想道德理论的掌握，即关注学生思想道德素质智力方面“知”的发展。但是，大学生思想政治教育又不能将学生对相应思想道德理论的掌握本身作为单一的目的来追求。这是因为，一方面，只对学生进行相应的思想道德理论教育的大学生思想政治教育，最多只是智育的一种表现形式，而不是真正意义上的大学生思想政治教育；另一方面，对相应思想道德理论

知识的掌握虽然是个体思想道德素质的必需内容，是个体思想道德素质其他方面形成与发展的基础，但对相应思想道德理论知识的掌握本身还不能构成个体思想道德素质的全部或者说整体。对于个体思想道德素质的智力方面的发展而言，更重要的还在于理论思维力的发展。理论思维力的发展，以个体对相应思想道德理论知识的掌握为基础；理论思维力的形成，又是个体思想道德素质智力发展的标志，从某种意义上讲，它甚至是决定作为整体存在的个体思想道德素质发展状况的关键。因此，大学生思想政治教育在关注对学生进行相应思想道德理论知识教育的同时，还要着力培养学生相应的理论思维力。

大学生思想政治教育必须同时关注学生思想道德素质中智力方面的上述两部分的培养。这是因为，一方面，理论的坚定性是政治的坚定性得以确立的基础；理论上的清晰性是政治上的清醒性的前提。忽视了对相应思想道德理论知识的透彻而深刻的掌握，大学生思想政治教育就无法担负起培养社会主义建设者和接班人的神圣使命。另一方面，理论思维力的形成和发展又是个体能够以强大的主体性应对现实社会生活、产生正确行为的基本依据。忽视了对个体理论思维力的培养，个体的主体性就无法形成。在这种情况下，我们可以培养出严格遵守规范的听话的“好学生”，但同时也会滋育、强化学生循规蹈矩、外在依赖、消极适应型的思维模式，不利于创新拔尖人才的培养。再者，从知识掌握与理论思维力发展的关系来看，知识的掌握为个体理论思维力的发展提供基础，理论思维力的发展又为个体对知识的掌握提供更有效率的工具。我们不能脱离知识的培养而空想个体理论思维力的提升。进入 20 世纪以来，西方德育理论在其发展历程中，曾出现过一股形式主义的思潮。就其实质而言，这种思潮是以片面强调对个体道德判断能力、推理能力的培养而忽视、漠视或否定个体对特定大学生思想政治教育内容的掌握为基本理论取向的。这一思潮虽然兴盛一时，但却无法避免日渐衰微的命运，其中一个重要原因，就在于这一思潮在强调理论思维力即形式的同时，忽视、淡忘或否定了对知识即内容掌握的重要性，从而使得它们所强调的各种各样的能力成了无皮可附之毛，正如当代西方价值教育理论的代表性人物加里夫·贝克所指出的：对内容本身的忽视，会使“学生在解决具体问题时感到孤立无援。仅仅教给学生一种分析问题的框架和一套推理技巧就把他们像粗糙产品一样推向社会、让他们去自谋生路是远远不够的，他们需要教师和其合作者们帮助他们建构具体的价值体系，以便能够面对现实的问题”。在当前我国大学生思想政治教育理论研究中，有的学者主张要将能力培养作为大学生思想政治教育的目标指向。强调能力培养在大学生思想政治教育实践中的意义有其合理价值，但是简单地将能力培养作为大学生思想政治教育唯一的目标指向而全面否定对思想道德理论知识的掌握，则难以摆脱西方形式主义德育理论无法走出的困境。

大学生思想政治教育必须关注学生思想道德素质的智力方面，要求切实加大思想政治教育的知识含量、科学含量，注重以真理的力量打动人，以科学的力量征服人；要求大学生思想政治教育必须加强“思想政治理论课”主渠道的建设。在“思想政治理论课”主渠道的建设中，既要注意及时更新教学内容，注重增强理论的彻底性，引导学生牢固掌握马克思主义以及社会主义思想道德方面的基本理论知识，又要注意改进教学的方式方法，在教学过程中自觉坚持进行启发式教学，注重将研究性学习的方法引入“思想政治理论课”教学中并予以灵活运用，引导学生理论思维力的良好发展。

二、整体育德的合力构成

当代社会与学校关联的愈益紧密，反映在大学生成长的影响因素上，便是社会影响与学校教育因素的多样共存。在这一背景下，大学生思想政治教育要继续发挥主导学生思想道德素质健康发展的作用，其根本出路不在于力图加高加厚学校与社会之间的隔离之墙，继续在精心营造的象牙塔内精雕细刻社会的主体——这一企图在当代社会已经不再具有实现的可能，而在于在充分发挥社会影响因素育人功能的基础上，进一步增强学校教育在引导学生思想道德素质发展方面的主导作用。

大学生思想政治教育要正确把握社会影响与学校教育的互动，整体性地发挥学校和社会的育人功能，必须以开放的胸襟迎纳社会现实，而不是封闭自我企图再造象牙塔。美国教育学者约翰·S·布鲁贝克指出："就美德具有理智内容而言，大学要提供条件对它加以阐明。大学要教授伦理史，提供有关道德这一社会现象的资料，甚至提供有关道德的哲学理论。但要清楚地认识到，仅仅承认什么是正确的决不能保证行为一定正确。""无须说，学院不可能在理智之路上重复一个学生毕业后可能遭遇的各种经历。然而，学生如果没有一些实际经验，学院就很难教某些学科，尤其是像伦理学、政治学和经济学之类的道德学科。在学院里，这类课程只能对价值观作些介绍，而这些价值观只有在成人生活中见效，只有在直接经验不再是偶然的而是平凡的时候才变得具有重要意义。因此，这些学科通常放在年轻时学，而在以后的生活中很少为人接触，这是一种极大的不幸。"布鲁贝克的这一论述深刻阐明了个体的社会经验在个体品德发展中所具有的基础性条件意义。当代大学生思想政治教育要在学生思想道德素质的发展中继续发挥主导作用，必须注重引导学生积极地、深入地步入广阔的社会天地，必须将自身的一切教育活动都与生动的社会实践紧密结合，帮助学生形成有利于大学生思想政治教育产生效用的积极的社会经验，从而为大学生思想政治教育的创新与发展奠定科学而坚实的认知基础。

大学生思想政治教育要正确把握社会影响与学校教育的互动，整体性地发挥学校和社会的育人功能，必须以积极的姿态融入社会，而不是闭目塞听一味回避社会问题。当前影响当代大学生思想活动的各种主客观因素中，一个重要的方面便是当代中国现代化建设所提出的一系列重要的理论和现实问题。对于这些问题，如果不从理论的高度给予透彻的解答，便不能说服人们，不能凝聚起推动当代中国社会发展的强大精神力量。改革开放以来，邓小平之所以反复强调对许多重大社会问题要从理论的高度给予明确的回答，原因之一就在于他深刻地看到了这些重大的社会问题在影响人们思想活动方面所产生的重要作用。当代大学生已经具有相当的理性认知能力，他们的理性思维能力也正在逐步发展，在一些重大的理论和实际问题上，要真正地说服他们，也必须借助于透彻的理论说明。要做到这一点，必须注重及时根据社会发展提出的重大理论和现实问题，充实、调整大学生思想政治教育的内容，以对社会发展提出的重大理论和现实问题的深刻解答为中心构建大学生思想政治教育的内容体系；必须以实事求是的态度回答社会发展提出的重大理论和现实问题，努力提高大学生思想政治教育者的理论素养，在各种理论和现实问题层出不穷的当代社会，不具有深厚的理论素养，便不具备做好当代大学生思想政治教育的资格。

大学生思想政治教育要正确把握社会影响与学校教育的互动，整体性地发挥学校和社会的育人功能，必须以更加自觉的意识培养学生的相关社会能力。这里所谓的社会能力，包括学生

对各种客观存在的社会现象进行科学的价值判断的能力，在复杂多变的社会现实中正确地选择、实施自己行为的决断能力等等。注重对学生这些社会能力的培养，是学生形成应对复杂多变的社会现实的素质、在纷繁多样的社会现象中坚持正确的理想信念、保持正确的思想道德行为的重要前提。否则，我们即便可以使教育对象在学校范围内表现出我们所期望的思想道德素养，也无法保证教育对象在学校范围之外更广阔的社会生活中能够坚持正确的思想道德行为。杜威曾经指出："教育哲学必须解决的一个最重要的问题，就是要在非正规的和正规的、偶然的和有意识的教育形式之间保持恰当的平衡。如果所获得的知识和专门的智力技能不能影响社会倾向的形成，平常的充满活力的经验的意义不能增进，而学校教育只能制造学习上的'骗子'——自私自利的专家。"尽管在不少教育问题上杜威的主张还缺乏科学的根据，但是，强调非正规的、偶然的教育形式即社会影响与正规的有意识的教育形式即学校教育之间的平衡却是富有见地的。在杜威看来，达成这种平衡的重要途径也正在于学校教育要注重对学生的有意义的社会经验的发展，注重对学生的社会倾向的培育。强调对学生相关社会能力的培养，还是由社会影响性质的多样性所决定的。社会影响就其性质而言是多样的。在客观存在的林林总总的社会影响中，有些包含着积极的、有利于学生思想道德素质健康发展的因素，这些因素可以和大学生思想政治教育形成合力，共同推动学生思想道德素质的整体提升。但是在这些客观存在的林林总总的社会影响中，也有不少包含着消极的、有害于学生思想道德素质健康发展的因素，这些因素对大学生思想政治教育形成的悖力，会在一定程度上抵消大学生思想政治教育的作用。大学生思想政治教育本身不能消除这些消极社会因素的客观存在，也不能保证我们的教育对象不接触这些消极的社会因素，应对这一现实的重要之举就在于培养学生形成正确的相关社会能力。当教育对象有了正确的相关社会能力后，他们就能够自觉对积极的、消极的社会影响因素进行价值评判，并在复杂的社会环境中做出正确的行为举动。在这种情况下，积极的社会影响因素可以通过学生的自觉的选择和接受而发挥引导学生健康成长的作用，消极的社会影响因素可以通过学生的自觉的判别和批判而成为学生引以为戒的东西，从另一个方面增长学生的社会经验，推动学生良好思想道德素质的健康发展。

三、整体育德的模式建构

归根到底学校是育人的场所，即一切积极的育人资源的集中而系统的配置之所。大学生思想政治教育的加强和改进，必须注重全面挖掘学校的一切育人资源，努力建构整体性育德模式。

将学校中的各种教育资源与人的德行素质的发展紧密联系起来，是人类教育思想史上悠久而强大的传统。近代教育学理论体系的奠基者赫尔巴特声称："教育的唯一工作与全部工作可以总结在这一概念之中——道德。道德普遍地被认为是人类的最高目的，因此也是教育的最高目的。"20 世纪美国新教育运动的首席代言人杜威断言，道德的目的应当普遍存在于一切教学之中，并在一切教学中居于主导地位——不论是什么问题的教学，如果不能做到这一点，"一切教育的最终目的在于形成品德"这句尽人皆知的话就成了伪善的托词。虽然这些思想将教育的最终目的定位于个体道德的发展不尽准确，但是，这些思想所表达的一切教育资源都必须有利于并且有意识地自觉助益于个体的道德发展，则是至今一切教育实践活动都应自觉坚持的基本教育法则。

对于高校的育人资源，我们可以从不同的角度进行不同的分类、不同的概括。简单而言，学校的育人资源可以分为两个基本方面，即主体资源和活动资源。主体资源即人的资源，即可以作为大学生思想政治教育的主体发挥积极的育人作用的一切人的资源。活动资源即学校中所开展的一切有助于学生思想道德素质发展的显著课程和潜在课程资源。主体资源与活动资源的育人作用的共同发挥，是构建大学生思想政治教育整体性育德模式的基本条件。

大学生思想政治教育必须全面发挥学校中一切主体资源的育人作用。为此，必须充分明确高校教学、科研、管理人员及学生自身在做好大学生思想政治教育中的职责，充分发挥他们在开展大学生思想政治教育中的积极能动性，努力构建全员育德的大学生思想政治教育模式。全员育德的大学生思想政治教育模式并不是否定专职大学生思想政治教育人员的积极作用，而是予以充分肯定。学生思想道德素质的发展变化有其客观的规律，大学生思想政治教育是一门专门的学问。既然是一门专门的学问，就需要有专门的队伍专门性地从事这项工作。全员育德的大学生思想政治教育模式在充分发挥高校教育、管理力量（即我们所讲的专职大学生思想政治教育人员以及此外的所有教学、科研、管理人员）开展大学生思想政治教育的积极性之外，还注重调动学生自身在做好大学生思想政治教育中的积极性，引导学生作为自我管理、自我教育的力量出现。自我教育是一切教育活动真正产生成效的根本条件所在，一切不能转化为自我教育的教育活动都不可能产生良好的教育效果。曾担任美国纽约州立大学校长的欧内斯特·L·博耶曾有过这样一段记述："在第二次世界大战之后，美国高等教育经历了一次重大的转变。用社会学家马丁·特罗（Martin Trow）的话说，《兵士法案》几乎在一夜之间就促成了高等教育从'精英教育'向'大众教育'的转变。根据《兵士法案》，凡在军队里服役过的年轻人都可以免试上大学。那时，大多数学术界的领导人都对这一法案表示担忧。学生的录取不再是建立在他们的能力基础上。800 万军人将因为他们对国家的服务而来到大学。许多人担心这些学生将导致学术水准的下降。著名的中西州立大学有一位负责学生工作的领导说，由于大多数兵士都结了婚并将带着婴儿车来上学，他们将给那些天真的大学生带来消极的思想影响。实际情况怎么样呢？兵士们来了。他们带来了婴儿车。但他们也带来了丰富的经验、旺盛的精力、认真的态度和献身的精神。"在我国高等教育向大众化迅速推进、当代大学生群体构成日趋多样的当前，全面挖掘当代大学生中蕴藏的各种积极的自我教育的力量，对于大学生思想政治教育的加强和改进也无疑有着极其重要的意义。

大学生思想政治教育必须全面发挥学校中一切活动资源的育人作用。其中，尤应注意充分发挥高校中最基本的活动——课程教学活动在育人中的积极作用，努力构建全课程育德的大学生思想政治教育模式。课程，是一切学校教育活动的基础和核心。离开课程，学校教育就无法全面地标显出它的系统性和计划性；离开课程，学校教育也就丧失了人才培养所必须依托的基本形式。课程在整个学校教育中所处的这种特殊地位，决定了课程教学在学生思想道德素质培养中所具有的举足轻重的作用。从整体上来看，高校的显著课程可以分为人文社会科学类的课程和自然科学类的课程。人文社会科学类的课程本身便具有鲜明的意识形态性，必须把坚定的政治方向放在首要位置；自然科学类的课程，对于学生更加深刻地理解人类社会和自然界的发展规律，更加全面地掌握马克思主义辩证唯物主义和历史唯物主义的科学真理，具有重要的基础性意义。在从总体上强调学校的一切课程教学活动必须注重发挥育人作用的同时，大学生思想政治教育还必须加强专门性的大学生思想政治教育类课程的建设。这类课程的建设，要在高等教育整个课程体系中予以规划，而不能游离在高等教育的整个课程体系之外。此外，大学生

思想政治教育还必须注重发挥隐性课程即高校中除显性课程之外的一切校园文化活动等在学生思想道德素质发展中所具有的积极作用，注重隐性课程建设，自觉强化校园文化活动等课外活动的教育性，避免校园课外活动的形式主义，为学生思想道德素质的发展创建良好的外在环境。

第四节　高校思想政治教育开放育人的基本理念

大学，不再是自我封闭的象牙塔，而是充满朝气、充满活力，面向社会、面向人生、面向世界、面向未来的新型园地。大学之“大”，在于大学给予人们一种开阔的视野、开放的思维和充分、自由、全面、和谐发展的空间。大学阶段，是大学生走向社会、融入生活、开拓人生、创造价值的前提，它与人的生活、与人生发展具有更为紧密的联系。因而，大学教育，强调的是开放性、发散性、立体性、自由性和创造性，注重以开放的视野、发散的视角、立体的维度、自由的模式和创造性的气魄来培养人、造就人。这正是大学及大学教育的真谛。作为大学教育一个重要组成部分的大学生思想政治教育，也必须树立开放育人的理念，着眼于开放性的个人和开放性的社会，同人的开放式的思想活动合拍、同社会的开放性发展合拍，使大学生思想政治教育更好地贴近实际，贴近生活，面向世界、面向未来。

一、开放育人的科学内涵

开放育人理念是对整体育德理念的进一步深化和发展，它涵括了整体育德的基本精神，强调的是一种开放性、统一性、综合性的育人理路。学校教育，育人为本；德智体美，德育为先。在开放的环境中育人育德，是当代大学生思想政治教育的基本特征。我们要科学理解当代大学生思想政治教育开放育人的丰富时代内涵，通过卓有成效的工作推动当代大学生在日益开放的环境中健康成长，始终保持坚定正确的政治立场，努力成长为面向现代化、面向世界、面向未来的优秀人才。

开放不仅仅指的是空间上的广延性，而且也指时间上的连续性，同时也涵盖了事物与事物之间的内在关联性。开放首先突出的是学校内部要形成一个合力育人的自由开放环境，这主要体现在以下几个方面：一是所有的课程之间要互相开放，充分挖掘各门功课中的育人资源，并且能够保持育人的一致性和协调性；二是管理部门、教学部门和服务部门都要担当育人的职责，即做到管理育人、教书育人和服务育人的有机统一；三是教学和科研要统一起来，所有的教师要形成互动开放，共同交流和研究人的成长发展规律和如何育人的规律，把培养人作为一项事业来抓；四是学校的一切可利用的资源要能够向广大学生开放。其次，开放意味着学校之间、学校与社会之间要保持紧密的联系，要相互开放，充分利用不同学校的资源，扬长避短、互通有无、调剂余缺；同时，在学校和社会之间要形成互动，充分利用社会的实践舞台，最大限度地发挥学校的主导和协调作用，让学生在学校中接受教育，同时在社会实践中经受锻炼和考验。再次，高等教育要面向世界，瞄准世界教育发展的总体趋势，密切关注世界新的教育理念，加强同世界其他国家，尤其是发达国家高校的经常性学术和思想文化交流，积极推进双向合作和联合办学。不同的办学理念、不同的文化底蕴、不同的生活方式要相互开放。最后，开放，更意味着要面向未来，要在已有经验的基础上对未来的发展趋势做出科学合理的预测，前瞻性地做好我们当前的工作，为未来培养合格的人才。

开放育人强调的是一种大的视野和思路，突出多角度和多层次来培养人，把“培养什么人，如何培养人”放在一个宏大的背景下来观照。大学生思想政治教育以开放育人为科学理念，立足于开放的环境，着眼于开放性的人，采取多样化的手段、方式、途径，进行全方位育人、全过程育人、全员育人，同时强调育人的动态性、发展性、整体性、系统性和协调性。从微观方面来看，大学生思想政治教育是以大学生为主体和中心的，是否贴近社会生活的实际，是否贴近大学生的生活，都将在一定程度上关系到大学生思想政治教育的针对性和实效性。大学生思想政治教育要坚持开放育人的理念，就必须关注大学生微观层面的情况，向大学生内部开放，也就是要深入大学生发展的实际，深入他们的生活，深入了解他们的人生发展，努力解决大学生的实际问题，把解决思想问题和解决实际问题有机统一起来，积极推进大学生向自我教育、自主管理、自我发展转变。开放育人的理念，关涉宏观和微观、国内和国际以及现实与未来等多个层面的考量。

开放育人的主要特征是：相互关联性、共同发展性、全面系统性。所谓相互关联性，就是指站在育人为本的高度，充分挖掘一切育人资源之间的内在联系，从而打破以往在育人上“分而治之”的壁垒，强调发挥它们的育人合力；所谓共同发展性，是指教育的改革与发展要紧跟世界教育发展的走向，教育的改革与发展要同学生的学业与人生发展形成双向互动，以达到共同发展，让教育的发展成果及时地惠及广大学生，同时也让学生的发展诉求和特点成为新一轮教育改革的内在原动力；所谓全面系统性，就是强调把育人当成一项神圣的事业来抓，着眼于校内一切资源的整合性、校际之间的互补互动、学校与社会之间的相互沟通、面向世界和未来的学校教育和发展，体现了全面育人、系统育人的思路。

二、开放育人的现实基础

坚持开放育人，是大学生思想政治教育在新的形势下增强其吸引力和感染力、针对性和实效性的一个重要思路。大学生思想政治教育是做人的工作，是做人的思想的工作，从本质上讲是以社会实践活动为基础的思想、感情、精神活动的双向互动过程。思想的交流与沟通是其重要的表现形式。然而，当代大学生思想活动的开放性明显增强，思维的拓展性、发散性、深入性不断提升，与此相适应，大学生思想政治教育在方式方法和育人模式上也要体现开放性理念。同时，大学生所处的社会环境发生了重大变化。信息社会的到来，互联网成了人们获取信息的主要渠道，学校内部、学校与社会生活、不同学校之间、不同国家之间的联系更加紧密，互动开放性加强。这从一定程度上也要求大学生思想政治教育要转变思路，体现开放性和统一性要求。另外，高等教育出现了大众化和国际化的发展趋势，教育向公众开放，接受教育的群体呈现出不同的层次和结构，大学之间的国际交流与合作出现了迅猛发展的势头，高等学校向综合化、国际化办学迈进。国内外形势的新变化和高等教育的新发展，是当代大学生坚持开放育人理念的现实基础。

（一）大学生思想活动的开放性

大学生的生理发育基本成熟，心理发育趋于稳定。在大学阶段，随着专业课学习和社会实践经验的积累，大学生的自我意识不断增强，对自身的认识以及自身与周围环境之间的联系的认识不断深化；理性思维能力大大提高，进入了以逻辑思维为主的思维阶段，间接感知能力也

同步提高；情感意识也获得了较大增长，体味亲情、注重友情、追求爱情，情商获得较大提高。所有这些，都促成了他们变动不安的思维活动。大学生站在学校与社会的交接点上，对社会、对人生的未来发展抱有无限的遐想。他们思想活跃、斗志昂扬、朝气蓬勃、敢想敢干、勇于批判、勇于创新、不断超越，思考问题能够多角度切入、系统性把握，不拘泥于一人一事、一时一地。他们不屑于盲目附和别人，有主见，能够自主判断，崇尚个性，看待问题有自己的独到见解，不盲从、不唯上、不信邪。他们生活在改革开放、经济全球化的大背景下，能够不断地解放思想、开拓创新、与时俱进，不思想僵化、墨守成规、故步自封。他们的眼光总是指向未来，他们的思想总是联系现实生活。大学校园是他们放飞理想、成就梦想的精神园地，丰富多彩的校园文化是他们开放性思想活动的具体展现，也进一步激发了他们思想活动的拓展和深入。思想活跃、敢于创新，是当代大学生的显著特征，因此，承担着塑造人之灵魂责任的大学生思想政治教育者，应以一种开放的心态、包容的胸襟，采取多种途径和方式来启迪人、培养人和发展人。

（二）现代社会信息环境的复杂多样性

人们的思想活动源于人们所处的环境，环境塑造人。大学生思想活动的开放性从根本上取决于他们所处的社会环境的开放性以及接受信息的复杂多样性。现代社会，任何一个国家都不可能孤立存在，都是在与其他国家的交往中发展的。改革开放以来，中国的命运和世界的命运紧紧地联系在一起，世界上发生的重大事件都会对我国产生一定的影响。就国内来看，随着对外开放的不断扩大、社会主义市场经济的深入发展，我国的社会经济成分、组织形式、就业方式、利益关系和分配方式日益多样化，人们思想活动的独立性、选择性、多变性和差异性日益增强。我国处于经济转轨、社会转型的历史时期，也是矛盾突发时期，人们的思想观念发生了重大变化。整个社会风气的好与坏都会在大学生的头脑中得以反映，也促使他们的价值取向、理想信念、道德标准、心理倾向发生不同程度的改变。同时，信息时代的到来使互联网成了人们获取信息的主要渠道，大学生上网成了业余生活的主要休闲方式，信息由历时性传播向共时性传播转变，大学生获取信息的速度加快、数量增多、性质多样化。互联网上的信息充斥着大学生的头脑，五花八门的图片、视频让大学生眼花缭乱。其中有很多不健康的内容如色情、暴力和凶杀的图片和视频严重地毒害着他们的心灵，还有一些反党、反政府、反人民的宣传信息通过互联网兴风作浪、蛊惑人心。另外，西方发达资本主义国家利用其高科技和互联网的优势，通过网络来传递它们的价值观和生活方式以及一些腐朽没落的文化，蓄意腐蚀我国广大青少年，进而达到和平演变的目的。所有这些，促使我们要进一步更新大学生思想政治教育观念，主动适应信息社会的开放环境，积极利用互联网这个重要载体来增强思想政治教育的吸引力和感染力。

（三）高等教育的大众化和国际化发展趋势

随着高校扩招政策的推行，高等教育大众化趋势日益明朗化。高等教育由精英教育向大众教育转变，大学教育的社会化倾向不断发展，教育与社会、与生活的结合越来越突出。在大众化教育的影响下，接受教育的群体不断扩大，而且年龄结构、职业模式、层次水平等等都出现了多样化的特性，他们在价值观念、思维模式、人生追求、生活方式等方面都会出现差异甚至对立和冲突。不同的职业、不同的身份、不同的思想观念，都将在大学中激荡，必将对原有的大学教育模式带来巨大的冲击。因而，大学生思想政治教育必须分清层次、区别对待，同时要探索不同教育方式和途径之间开放融合、协调一致的方法。大学生思想政治教育要体现开放性、包容性、选择性和层次性，把握好不同的教育理念之间的互动效应，推进育人的综合性、发展性。

随着经济全球化的到来，高等教育开始走出国门，向世界和全球拓展，出现了高等教育的国际化发展趋势。世界各国之间的经济发展是紧密联系的，同样，不同思想文化之间的联系也更加密切，通过彼此的交流、对话、沟通、融合，来共同为整个人类文明宝库增添财富。民族教育的着眼点在于推进民族的现代化，这加剧了各民族之间、人与人之间、文化与文化之间以及人与社会、人与自然之间的矛盾和竞争。而人类教育的着眼点则在于推动全人类的文明和进步，合作与和谐。人类教育以尊重人性，开发人的潜能和价值，激发人的创造热情，促进文明和文化之间的交流与合作，增进人的身心和谐、社会和谐和人与自然和谐为基本理念。高校是对外开放的“桥头堡”，不同国家高校之间的交流与合作，是架起不同文明互促互动的桥梁。在这个过程中，文化的多样性和文明的冲突也日益凸显，不同文明和文化之间的相互激荡日益加剧。西方发达资本主义国家以文化交流为契机，兜售它们的价值取向和生活方式，来误导我们的青年大学生。大学生思想政治教育担负着“培养什么人、如何培养人”的神圣使命，要有兼收并蓄、海纳百川的气魄，尊重文化的多样性，同时又要坚持“以我为主、为我所用、辩证取舍、择善而从”的方针，达到古为今用、洋为中用的效果。

三、开放育人的实施途径

开放育人是人的发展、社会的发展以及高等教育的改革与发展向我们提出的新的理念。当代大学生思想政治教育要牢固树立开放育人的理念，要架起学校与社会联系和沟通的桥梁。通过深入细致的社会实践活动，让学生将学到的知识和本领及时地在社会中得以运用，达到学以致用、学用结合、以用促学的良性互动，体现学校向社会开放、学生向社会学习的理念；要充分利用现代高科技手段，主动占领网络平台，通过建立大学生思想政治教育的特色网站，使广大学生受到教育和启迪；要面向世界和未来，使学校向世界开放，使学校为未来培养人才，从而增强大学生的国际意识，培养他们的国际眼光和具备国际人的素质，同时促使他们思考人生和社会发展的长远走势，前瞻性地发展自我。

（一）开拓实践育人的新局面

社会实践是大学生思想政治教育的重要环节，对于促进大学生了解社会、了解国情，增长才干、奉献社会，锻炼意志、培养品格，增强社会责任感具有不可替代的作用。社会实践，是大学生了解社会的一面镜子，是大学生砥砺自我、成长成才的广阔发展平台。社会实践是连接学校和社会的桥梁，是学校向社会开放、学校与社会互动发展的中心环节。大学生思想政治教育既是一门学问，又是一种活动，还是一项事业。作为一种活动和一项事业，它要通过开展社会实践活动，把大学生思想政治教育同社会联系起来，同我国整个社会主义现代化建设的伟大事业联系起来；通过从事社会实践活动的大学生的实际表现来反观、反思大学生思想政治教育在整个社会主义现代化建设中的实际价值呈现，进而更好地推进大学生思想政治教育的改革与

创新。

社会实践活动使大学生在社会中受教育、长才干、做贡献、增强社会责任感，升华生命的价值与意义。这是一种实践育人的思路。我们要积极探索和建立社会实践与专业学习相结合、与服务社会相结合、与勤工助学相结合、与创新创业相结合的管理体制，增强社会实践活动的效果，培养大学生的劳动观念和职业道德。通过社会实践锻炼，让大学生了解自己周围的人和事物，学会关心别人，学会关心我们的现代化建设大业，进而更好地了解自我，更快地充实和完善自我，正确地定位自我，合理地发展自我。通过社会实践，大学生思想政治教育能够更好地同大学生的实际生活及其自我内在的发展贴合起来，从而提升大学生思想政治教育的吸引力和感染力，增强育人的针对性和实效性。

（二）推动网络思想政治教育的新发展

网络是高科技发展的产物，网络成了信息时代的一个基本标志。在当今社会，互联网成了人们获取和传递信息的主要载体。互联网渗透到社会的每一个角落，联系着学校与学校、学校与社会、学校与世界，联系着每一个人。互联网以其巨大的辐射性和延伸功能显示了无穷的魅力，成了大学生学习、娱乐和休闲的主要方式。网络上充斥着各种各样、多重性质的信息流，大学生思想政治教育不去占领，不健康的信息就会占领大学生的心灵，对大学生的身心健康构成巨大的威胁。同时，我们也可以看出，网络是一种很好的教育手段，因其辐射面广、影响力度大、公众效应强而备受教育者们的欢迎，如远程教育、网上授课、多媒体教学，都在一定程度上推动了教育的发展与创新。

我们要通过主动占领网络思想政治教育新阵地，弘扬主旋律，为大学生树立正确的价值导向、始终坚持为坚定正确的政治方向提供必要的指引；同时要积极建立一些有特色、讲个性、立新意的大学生思想政治教育网站和网页，增强吸引力和感染力，推进先进文化建设，宣传先进思想、树立先进典型、倡扬良好风尚，自觉抵制和防御有害信息在网上滋生蔓延，从根本上提升大学生的网络辨别力和免疫力。另外，要加强校园网建设，利用校园网为大学生学习、生活提供服务，对大学生进行教育和引导，不断拓展大学生思想政治教育的渠道和空间；同时要密切关注网上动态，及时了解大学生思想和心理状况，及时发现他们存在的心理问题和实际生活问题，加强同大学生的网上沟通和交流，及时解决出现的问题。总之，我们要采取灵活多样的手段，优化网络育人环境，努力培育洁净的网络文化空间，引导当代大学生科学利用网络，文明上网，健康发展。

（三）拓展大学生思想政治教育的国际视野

信息技术和经济全球化的迅猛发展，把世界的每一个角落都联系起来，使世界越来越变成一个地球村。高等教育作为传承文明、培养人才的重要基地，成为向世界开放的前沿阵地，高等教育的国际化趋势日益明朗。世界不同文明、不同文化、不同的思想观念在这里激荡融合。大学生思想政治教育必须面向世界，充分地接纳来自不同国家的多样文化，同时要帮助大学生牢固地掌握我国主流文化，按照主流文化的标尺来对域外文化进行辩证取舍。大学生思想政治教育要引导大学生充分了解他域文化背景，增强个人的国际意识，培养做一个国际公民所应具备的国际素质与能力，以便在未来的国际竞争中立于不败之地。

教育着眼于为未来培养作为发展生产力的主体的人，并不是对现世文明的简单复制，更不是歌功颂德、粉饰太平，一味地附和现实。教育的精髓正在于超越现实、指向未来，因此，批判的精神、超越的精神、创新的精神应该成为教育的本真精神。高等教育是培养高级专门人才的摇篮，是经济社会和人的全面发展的引擎，肩负着塑造人类社会发展未来的重大使命，必然要求以未来的眼光来审视当下和现实，以对未来的科学预测和合理把握来指导、安排自己当前的行为举措。大学生思想政治教育，是把关的教育，是成人的教育，更是导引未来航向的教育，必须在对现有状况的综合把握和认真分析的基础上，对人类社会包括教育发展的未来走势进行科学合理的预测，从而更有针对性地制定自己的发展思路；同时要适时地培养大学生的科学预测能力和宏观把握问题的能力，增强他们的前瞻意识和感知未来的能力，使他们能够及时准确地把自我的现实发展和未来发展紧密地联系起来，正确地定位自己，有效地把握自己，充分地发展自己。

第五章　和谐社会视域下高校思想政治教育目标定位

第一节　高校思想政治教育目标定位的基本理论

一、思想政治教育的根本目的

思想政治教育的根本目的，就是反映思想政治教育最基础、最本质的愿望和要求，体现一定社会发展的目标，它是思想政治教育的出发点和最终归属，概括地说就是要提高人们认识世界与改造世界的能力，在改造客观世界的同时改造主观世界。

（一）提高认识世界与改造世界的能力

思想政治教育最根本的目的是什么？毛泽东在《实践论》一文中进行了精辟的阐述，认为无产阶级革命和人民改造世界的任务，就是“改造客观世界，也改造自己的主观世界——改造自己的认识能力，改造主观世界与客观世界的关系”。他还预言：“世界到了全人类都自觉地改造自己和改造世界的时候，那就是世界的共产主义时代。”思想政治教育用科学的理论武装人、用正确的思想教育人，就是为了帮助和引导人们认识、改造客观世界与主观世界，提高改造客观世界与主观世界的能力。思想政治教育的根本目的是：提高人们对世界的认识和改造的能力。这一论述是在哲学层面对思想政治教育目的所作的最高层次的理论概括。

我们知道，无产阶级是彻底革命的阶级，共产党人是彻底的唯物主义者。它不像任何其他剥削阶级和政党，歪曲以至违背社会历史发展的客观规律，需要进行思想政治上的掩饰和欺骗，而是始终不渝地坚持从实际出发，引导无产阶级和广大人民遵循自然界和人类社会发展的客观规律，进行改造世界的伟大斗争，坚信自己的前途和根本利益同历史发展的客观规律是一致的。无产阶级的革命理论——马克思主义，是无产阶级和广大人民认识世界和改造世界的科学总结，是人类智慧和正确思想的结晶，是最科学的世界观和方法论，它正确地揭示了人类社会发展的客观规律。

正如列宁所指出的，马克思的学说十分完备而严整，它给予人们一个绝无任何迷信、任何反动势力，任何为资产阶级压迫所作的辩护相妥协的完整世界观。我们进行马克思主义的宣传教育，就是要帮助人们正确掌握马克思主义的立场、观点和方法，科学地认识世界，并激发人们改造客观世界的信心、热情、毅力和斗志，去夺取革命和建设的胜利。所以，马克思主义不是教条而是行动的指南。因此，进行思想政治教育，不是为教育而教育；学习革命理论，也不是为学习而学习，而是为了用正确理论指导行动。离开认识世界和改造世界，思想政治教育就成了装门面的工作，马克思主义理论也只会是教条。这种情况，在我们党的历史上是有过沉痛教训的。毛泽东在延安整风时期，邓小平在拨乱反正阶段，都曾对思想政治教育的教条主义倾向进行过深入的分析和批评。

同时，我们也应当看到，虽然思想政治教育的对象是人，它的任务是要解决人们的思想问题，提高人们的主观能动性，不能用思想政治教育代替人们改造客观世界的活动。但是人们的思想、观点一旦形成，就绝不会只停留在主观认识上，总要表现在人们的行动中。正如毛泽东所说的，思想是主观的东西，做或行动是主观见之于客观的东西，都是人类特殊的能动性。这种能动性，我们称之为“自觉的能动性”。人的自觉能动性，或叫主观能动性，表现在知与行、认识世界和改造世界的统一过程中。人愈是能在认识客观世界的基础上规定自己的目的，就愈能利用客观世界的规律来达到这个目的，而他的主观能动性也越大。

另外，我们还应当看到，思想政治教育只有立足于提高人们认识世界和改造世界的能力，才能有效实现由物质到精神、由精神到物质的飞跃，取得实际成果。思想政治教育既要提高人们认识世界的能力，更要提高改造世界的能力。因为无产阶级认识世界的目的，只是为了改造世界，此外再无别的目的。只有改造世界，才能取得实际成果。如果思想政治教育只讲认识世界，不讲改造世界，不动员群众去实现这个改造，那么，就是坐而论道，只讲空话，不会获得什么实际效果。

我们各条战线在各个时期所做的大量思想政治教育，尽管内容不同，方法各异，但其根本目的和任务是一致的，就是通过反复的教育、实践，使我们的认识不断深化，改造世界的能力不断提高，这就是我们以改造世界为己任的党的思想政治教育的根本目的和任务。

认识世界和改造世界，在不同的历史时期，内容和形式是不相同的。在民主革命时期，党的思想政治教育就是要以马克思列宁主义、毛泽东思想为指导，帮助无产阶级和广大人民群众认识中国革命的性质和任务，掌握革命的特点和规律，坚持革命的正确道路，鼓舞和动员广大人民群众英勇投入革命斗争，为夺取革命政权，解放全中国而奋斗。我们党，紧密围绕着民主革命时期的总任务，在长期的革命斗争实践中，坚持用社会主义思想体系教育广大党员和群众，培养了一批又一批叱咤风云，能够驾驭中国革命发展趋势的革命先驱；培养了一代又一代不怕牺牲，推动历史向前发展的革命战士。他们以拯救中华、改造中国为己任，不仅具有无私无畏、敢于压倒一切敌人和战胜一切困难的精神，而且具有能征善战、克敌制胜的本领。正是靠着他们艰苦卓绝地奋斗，才使中国发生了翻天覆地的变化，迎来了新中国的诞生。思想政治教育也正是在认识中国、改造中国的伟大实践中逐步发展起来，成为我们党的优良传统。

在社会主义时期，特别是在党的工作重点实现转移之后的新的历史时期，我们党的最主要任务是进行社会主义现代化建设，把我国建设成为高度文明、高度民主的社会主义国家。这是新时期全党的最大政治任务，是全国各条战线为之奋斗的目标。毫无疑问，思想政治教育必须服从于和服务于这个总任务。这就要求党的思想政治教育，必须坚持毛泽东思想、邓小平理论和“三个代表”重要思想，贯彻执行科学发展观和党的路线、方针、政策，联系我国的实际，帮助人们认清我国国情，走中国特色社会主义道路，掌握现代化建设的特点和规律，动员亿万群众满怀信心地投入社会主义现代化建设，为实现国民经济发展，为实现中国特色社会主义的宏伟目标而奋斗。

进入新世纪，我国进入了全面建设小康社会和加速推进社会主义现代化的新的发展阶段。

全面建设小康社会、建设中国特色社会主义和实现中华民族伟大复兴是一项伟大事业，是党领导下的全国各族人民的伟大实践。这场伟大的实践，以其前所未有的复杂性、丰富性、多样性、艰巨性展现在每个人面前，更需要富有时代特征的思想政治教育引导人们提高认识世界和改造世界的能力，以适应、推进社会的进步与发展。

（二）在改造客观世界的同时改造主观世界

在认识和改造客观世界的过程中不断地认识和改造主观世界，通过不断认识和改造主观世界不断地深化对客观世界的认识和改造，是思想政治教育的基本要求。

改造客观世界与改造主观世界是辩证统一的实践过程。改造客观世界，需要有正确的世界观和方法论认识纷繁复杂的客观事物，把握事物发展的规律，而改造主观世界的目的，在于不断认识、改造客观世界，在改造客观世界的过程中，也会不断促进关于事物发展规律的认识。在我们党领导建设中国特色社会主义这一前无古人的事业中，如果没有正确的世界观，不能以科学的态度认识客观事物，就不可能避免实践偏差，更不可能站在时代前列，团结带领广大群众推进我们的事业。

坚持改造客观世界和改造主观世界相结合，既是推动党的事业向前发展的规律，也是思想政治教育的规律。在中国共产党所走过的历程中，它所领导的事业，所从事的实践和取得的成就，大都是在几乎看似不可能的情形下最终成为现实的。而这些成就之所以能取得，就在于我们党善于在改造客观世界的过程中加强主观世界改造，并把这种改造的成果运用于改造客观世界的实践中。

无论是在革命战争年代，还是在改革开放的新时期，广大共产党人和进步人士，既能够经得起生与死的考验，也能够在对外开放和市场经济条件下抵御风险与诱惑，重要的原因在于坚持改造客观世界和改造主观世界相结合。坚持改造客观世界和改造主观世界相结合，要求我们深入认识我们所面临的一系列新情况、新问题。

改造主观世界，既是在改造客观世界的过程中进行的，也要受到客观世界的各种影响。在改革开放和市场经济条件下，思想的解放、理论的创新等，在促进人们思想意识、价值观念贴近实践发展、把握时代脉搏的同时，多重性、多样化的思想意识，包括各种消极的思想观念、价值取向也影响着人们。现实生活中利益的驱动，集体、群众与个人利益存在矛盾时可能产生的各种得失比较和心理失衡，往往会使一部分人出现信仰上的动摇、价值取向上的偏移，由此使主观世界的改造面临着更为艰巨的任务。在具体的工作实践中，改造客观世界的实际结果，具有较强的显示性。而改造主观世界的成效，不容易很快在实际的工作中显现出来。加之我们在相应制度规范上，以及制度规范在执行上缺乏相应的要求，就容易使一些党员干部忽视主观世界的改造，一些人甚至为了赢得某种评价而热心于政绩工程、面子工程等，结果给党和人民的事业造成不应有的损失。因此，在改造客观世界与改造主观世界的过程中，我们面临着许多新情况、新问题，需要探索实现改造主观世界与改造客观世界相结合的新思路与新方式。

改造主观世界就是要树立正确的世界观、人生观、价值观，解决好权力观、地位观、利益观问题。改造客观世界，是主观见之于客观的行动。要达到改造客观世界的目的，就必须使主观的思想符合客观的规律。要在改造客观世界中形成强大的力量，就必须下功夫改造主观世界。在改造客观世界的进程中，主观世界可以得到磨炼和提高。只有使主观世界不断得到改造，才能更好地推动客观世界的改造。改造客观世界与改造主观世界相统一的过程，是与时俱进的过程，它是改造整个世界必须要掌握的科学的辩证途径和方法。

客观世界及其发展是无限的，自然界和社会的任何一个具体的过程都不是凝固不变和静止不动的。因而，人们在改造客观世界的同时改造自己的主观世界，也是一个循环往复以至无穷的过程，不可能“一次完成”，也不可能“一劳永逸”，特别是对规律的认识和掌握，更需要反复经历由感性到理性的飞跃过程，也需要思想政治教育下真功夫、苦功夫、长功夫不断跟进，用改造主观世界的成效来推进客观世界的改造。

二、大学生思想政治教育目标及其定位

（一）大学生思想政治教育目标的概念

思想政治教育目标是指在党的教育方针指引下，遵循学校思想政治教育规律和青少年学生成长成才规律，教育者根据社会的要求与学生的发展要求，通过思想政治教育活动使学生的政治素质、思想素质、道德素质、法纪素质和心理素质等方面在一定时期内所要达到的预期结果和规格要求。思想政治教育目标是教育目标的重要组成部分，是教育目标在思想政治教育方面的具体体现。思想政治教育目标具有明确的方向性，是思想政治教育活动的方向和旗帜，也是评价思想政治教育活动效果的标准和依据。思想政治教育目标既体现完整性，又注重层次性，必须始终坚持贴近实际、贴近生活、贴近学生的原则。同时，思想政治教育目标不是一成不变、一劳永逸的，随着时代的发展变化和社会的不断进步也需要进行调整和完善，以适应深刻变化的社会发展要求，从而提高思想政治教育的针对性和实效性。

大学生思想政治教育目标的含义，可以从广义和狭义两个方面理解。

从广义上讲，大学生思想政治教育目标泛指大学生思想政治教育这一教育实践活动本身、大学生思想政治素质和大学生思想政治教育工作等方面所要实现或达到的要求和标准。换句话说，从大的范围来讲，大学生思想政治教育目标至少包括三个方面：一是大学生思想政治教育的教育目标；二是通过思想政治教育，大学生在思想政治素质方面所应当达到的规格和标准，包括理想信念、爱国情感、道德品质、法纪观念、心理素质、人格特征、行为方式、思维习惯等众多方面；三是如何提高大学生思想政治教育的针对性、实效性和吸引力、感染力的问题，在工作层面上大学生思想政治教育所应该达到的规格和标准，侧重于强调如何通过开展丰富多样的大学生思想政治教育实践活动，切实增强教育效果。

从狭义上讲，大学生思想政治教育目标，就是指大学生在政治、思想、道德、法制和心理五个方面的素质上的要求。也就是说，大学生思想政治教育目标是在遵循思想政治教育规律和大学生成长成才规律的前提下，通过思想政治教育的教育实践活动，大学生在政治信仰、思想意识、道德品质、法纪观念和心理素质五个方面所达到的规格和标准。具体来讲，大学生思想政治教育目标可以分解为政治教育目标、思想教育目标、道德教育目标、法纪教育目标和心理教育目标。

大学生思想政治教育目标的含义通常采用狭义上的阐释，即大学生思想政治教育目标，指的是大学生在政治、思想、道德、法制和心理等五个方面的素质要求和规格标准，这种阐释同时也符合思想政治教育自身的逻辑范畴。

（二）大学生思想政治教育目标定位

大学生是社会中一个非常特殊的群体，是整个思想政治教育活动中最为重点的教育对象，所以，对大学生进行思想政治教育是我国思想政治教育工作的一个重要内容。大学生思想政治教育目标，是在社会的特定发展时期内对大学生进行思想政治教育，这一教育活动所要达到和所能达到的结果的科学预测，体现了在一个较长的时间段内大学生各个方面的综合素质应该达到什么样的标准和结果。所以，科学的目标定位具有十分重要的意义，它是整个思想政治教育活动卓有成效开展的前提和基础。定位即确定方位、指明方向。大学生思想政治教育目标定位是指，根据社会要求以及大学生自身特点设计的、要求大学生达到的目标模式及其指向。由此可见，目标定位是使思想政治教育活动能够按章操作的前提和必要条件。

1. 大学生思想政治教育目标定位的特点

（1）方向性和客观性的统一。目标定位必须充分体现正确的方向性，这直接关系和影响着思想政治教育活动的性质和实际效果。在我国，目标定位坚持方向性，就是要充分体现社会主义的发展方向，始终服务于我国的现代化建设，适应于党和国家的发展战略，致力于大学生的全面发展。同时目标定位又必须以社会发展的现实状况和大学生的实际思想状况为依据和出发点，这是目标定位客观性的突出表现，目标定位太高或太低都不能实现预期结果。只有将方向性和客观性有机统一起来，才能使其目标定位真正具有科学性。

（2）一元性和多元性的统一。根据程度和地位的不同，大学生思想政治教育的目标可以划分为根本目标和具体目标，其中根本目标是唯一的，即通过学习和教育，使大学生各方面的综合素质都普遍提高，并最终发展为国家和社会发展所需要的人才，这一目标体现了我国社会主义的国家性质，突出了思想政治教育的整体价值。具体目标则是多元的，这首先是由大学生的差异性所决定的。在现实社会中，大学生的具体情况千差万别，由于家庭背景、教育背景以及社会地位等因素的不同，具体目标理所应当应有所不同。只有根据大学生在思想上不同的实际状况来确定思想政治教育的具体目标，才能使确立的目标更加贴近大学生的思想实际，而不会导致空洞无味。同时由于各个时期党的中心工作和具体任务不同，目标定位也会表现出一定的差异性。所以，对大学生思想政治教育目标的定位要随着社会环境的变化而变化，具有历史性和时代性。

（3）超越性和可行性的统一。目标定位具有超越性，一是要与整个社会现实保持一定的超越性，与大学生的现实思想道德水平保持一定的超越性，这是对思想政治教育规律的准确把握，思想政治教育活动的目的就是使教育对象各方面的素质都获得一定程度的提升，使大学生能够更好地适应社会的需要；二是目标定位产生于思想政治教育活动之前，具有时间上的超前性。目标定位不仅要体现超越性，同时还要体现可行性，即目标定位要充分考虑社会发展及大学生思想品德发展的实际，要使大学生经过努力能够实现。目标定位的超越性和可行性特点是辩证统一的关系，目标定位的超越性要以可行性为前提，可行性受到超越性的制约，对大学生思想政治教育目标的定位必须充分体现超越性和可行性的统一。

2. 大学生思想政治教育目标科学定位的意义和价值

目标就是前提，就是方向，就是旗帜。教育目标作为人才培养的规格和标准，决定着教育类型和教育等级，反映着教育的本质特征和内在要求。科学定位大学生思想政治教育的目标，在此基础上合理确定大学生思想政治教育的内容和方法，科学部署和安排大学生思想政治教育的各项工作。解决了目标的问题，就解决了后续工作的统领问题。通过对大学生思想政治教育目标科学定位的研究，有利于丰富和深化思想政治教育理论研究的内涵，有利于扩大和拓展大学生思想政治教育研究的领域，有利于指导、推动加强和改进大学生思想政治教育各项工作任务的贯彻和落实，对于思想政治教育学的学科建设和思想政治教育的理论研究具有重要的学科意义和理论意义，对于探索新时期大学生的思想活动特点和研究大学生思想政治教育的规律具有重要的现实意义，对于进一步贯彻落实中央精神、切实加强和改进大学生思想政治教育工作具有重要的实践意义。

第二节　高校思想政治教育目标定位的历史回顾

对大学生思想政治教育目标的定位并不是一成不变的，而是随着时代发展不断更新的，体现了党和国家在不同发展阶段的教育目标和奋斗目标。本节主要论述大学生思想政治教育目标定位的演进，总结了以往目标定位的经验，并反思了其不足，为后面揭示当代中国大学生思想政治教育目标的科学定位奠定基础。

一、大学生思想政治教育目标定位的演进

高等教育预示和体现着国家未来的发展方向，其输送的人才的素质在一定意义上决定着国家的前途和命运。我们国家各个时代的领导人都把思想政治教育的重点放在了高校大学生身上，根据不同的时代要求和大学生的时代特点，对大学生的成才目标提出了不同的要求。毛泽东提出了把大学生培养为共产主义革命事业接班人的目标，到邓小平又提出了社会主义“四有”新人的目标，再到江泽民具体提出了“五点要求”，以至胡锦涛具体提出“四个新一代”，这些大学生思想政治教育目标模式既一脉相承又与时俱进，使大学生能够沿着正确的方向不断成长，并最终成为社会需要的可用人才。习近平提出要把高校思想政治工作贯穿教育教学全过程，开创我国高等教育事业发展新局面。他指出，做好高校思想政治工作，必须围绕人这个中心，做到以人为本、立德树人。思想政治工作从根本上说是做人的工作，只有围绕学生、关照学生、服务学生，在解疑释惑、凝聚共识中不断给学生以思想启迪和文化滋养，才能培育德才兼备、全面发展的人才。教育引导学生正确认识世界和中国发展大势，牢固树立为远大理想和共同理想而奋斗的信念和信心，正确认识中国特色和国际比较，把握历史潮流，坚定“四个自信”；正确认识时代责任和历史使命，用中国梦激扬青春梦，点亮理想的灯、照亮前行的路，激励学生勇做奋进者、开拓者；正确认识远大抱负和脚踏实地，把远大抱负落实到实际行动中，让勤奋学习成为青春飞扬的动力，让增长本领成为青春搏击的能量。

（一）共产主义革命事业接班人

毛泽东是一位伟大的马克思主义者，他在继承马克思和恩格斯提出的社会主义和共产主义理论的基础之上，根据当前国家的中心工作和基本任务提出了要把大学生培养为共产主义革命事业接班人这一目标模式。

在我国，党的思想政治工作历史非常悠久，自 1921 年我们党成立以来，党的思想政治教育

活动就没有停止过。自1921年中国共产党成立到1949年新中国成立，中国共产党的主要任务是推翻帝国主义、封建主义和资本主义三座大山，建立一个民主自由的国家，为此中国共产党思想政治工作的目标就是适应于革命战争的需要，培养无产阶级革命者。1937年10月毛泽东明确提出了对青年学生进行思想政治教育的目标，即培养革命的先锋分子具体而言，这样的先锋分子，具有的素质是有政治远见，拥有牺牲精神，能够做到实事求是，并且胸怀宽广。

中华人民共和国成立之初，中国共产党的工作重心从农村转移到城市，工作内容也由组织群众进行革命战争转变为领导广大人民进行社会主义建设，随之党的思想政治教育目标也发生了变化，由培养革命的先锋者转变为培养共产主义革命事业接班人。1957年，国内在思想认识方面存在着各种矛盾和分歧，毛泽东针对这一现实背景，明确提出了大学生思想政治教育的目标，“我们的教育方针，应该使受教育者在德育、智育、体育几方面都得到发展，成为有社会主义觉悟的有文化的劳动者”。1958年毛泽东又立足于新的国内外形势，提出了一系列新的教育方针，归纳总结起来，就是要求教育必须服务于无产阶级政治，教育要与生产劳动相结合，努力培养又红又专的人才等。

要将大学生教育和培养为我国社会主义事业和共产主义事业接班人，这无疑对大学生提出了更高的素质要求，它不仅要求大学生认真学习并努力掌握马克思主义基本理论，逐步树立伟大的理想和坚定的信念，要心怀国家和社会，时时刻刻坚持为人民奉献自己；同时要求大学生要敢闯敢干，要具有创新意识和创新精神，努力将自己的创造力发挥到最大限度。所以，毛泽东提出的这一目标模式，为当时的人才培养指明了方向，它对于当时的革命战争和社会主义建设都起到了一定的保证作用，但这一目标模式过度强调了国家对人才在政治倾向上的统一性要求，政治色彩较浓厚，而且定位的目标太过高大、过于理想化，脱离了大学生的思想实际，一定程度上忽视了大学生个体成长需要，具有一定的片面性。

（二）社会主义“四有”新人

我国十一届三中全会在1978年全面召开，从此我国进入了一个崭新的发展时代。全会明确指出，党在当下时期的主要任务是进行社会主义现代化建设，努力提高综合国力，自此我国的改革开放全面展开。邓小平首先提出了改革开放这一思想，并紧密结合我国改革开放和现代化建设的实际，提出了思想政治教育的目标，即把大学生培养为社会主义“四有”新人。

1980年底邓小平提出，“要努力使我们的青少年成为有理想、有道德、有知识、有体力的人。”1982年，在一些报纸上刊登了一些与青年教育相关的文章，其中《当代青年的历史使命》一文就明确提出，“要把青年培养成为有理想、有道德、有文化、有纪律和体魄强健的新人”。1985年，全国召开了科学工作会议，在这次会议上，邓小平就非常清晰地对思想政治教育的目标进行了说明，即把大学生培养为“有理想、有道德、有文化、有纪律”的“四有”新人。同年，中共中央在教育体制改革会议上，也对“四有”新人目标进行了阐释，指出我国的教育是要普遍提升大学生的综合素质，不断培养大学生的爱国情操，号召大学生积极投身到社会主义建设事业中来，并为国家的繁荣和民族的振兴而不断的拼搏进取，为人民奉献自己的所有力量。

所谓有理想，就是要求大学生树立崇高理想和坚定信念，勇敢地战胜社会主义改革和发展过程中的各种困难和挑战，为我国的现代化建设事业奉献自己的全部力量；有道德，就是要求大学生既具有对一般人提出的道德底线，也要具备一般人所无法达到的思想道德修养和思想道德认识，使大学生努力成为全国人民的道德模范；有文化，就是要求大学生不断地学习科学文化知识，并能够对其熟练地掌握和准确运用；有纪律，就是要求大学生掌握基本的法律知识并能够自觉运用，遵守国家和学校制定的各项规章制度，坚决拥护党的领导，为实现党的最终奋斗目标而努力。邓小平提出的“四有”新人目标模式体现了对大学生各方面素质的整体要求，体现了国家的教育方针和教育目标。这一目标定位是对毛泽东提出的培养共产主义革命事业接班人目标模式的继承和发展。但这一目标模式同样没有体现大学生的个性发展要求，同样是对上一目标模式的循环，只是对上一目标模式进行了具体全面的扩展，并没有真正克服其片面性。

（三）“五点希望”的目标

江泽民作为党和国家的第三代领导人，同样十分关注和重视对大学生进行思想政治教育，他根据所处时代的特点，立足于我国改革开放和现代化建设的现实，在毛泽东和邓小平提出的目标定位的基础上又进行了创新，并具体提出了“五点希望”的思想政治教育目标。

1994 年 6 月全国召开了教育工作会议，对全国的教育工作进行了讨论和研究，在会上江泽民同志明确提出，要加强对青少年学生的思想政治教育，努力使青少年发展为社会主义“四有”新人。1998 年，在北京大学建校一百周年的庆祝大会上，江泽民对全国大学生的发展提出了坚持“四个统一”的期望，具体来说，就是希望全国大学生们能够同时兼顾知识学习与思想道德修养，能够将理论学习与实践体验有机结合起来，能够心怀国家和社会，把个人理性融入社会理想，能够做到艰苦奋斗，为实现自己的理性不懈奋斗。2001 年 4 月，江泽民同志根据社会发展的现实要求，对青年大学生又具体提出了五点希望，即希望大学生热爱祖国、拥有远大理想，坚定建设有中国特色社会主义的崇高信念；希望大学生勇于追求真理、富于创新精神，最大限度地发挥自己的创造才能；希望大学生能够德才兼备、全面发展，既有较高的思想道德素质，又有过硬的科学文化本领，既有强健的体魄，又有健全的心智；希望大学生努力做到视野开阔、胸怀宽广，能以宽广的眼光来观察中国和世界，既能够继承中华文明的优秀传统，又能吸收世界文明的先进成果，从而不断促进自身发展；希望大学生能够知行统一、脚踏实地，诚心诚意地为国家和人民做好每一件有意义的事情。

江泽民提出的“五点希望”体现了国家对大学生成长成才的殷切期望，它实质是在邓小平社会主义“四有”新人目标模式继承基础上的进一步细化，在综合素质的各个方面都对大学生提出了明确的要求，其最终目的是使大学生获得全面发展，使大学生真正成为符合时代发展要求、为社会发展努力拼搏和奋斗的合格人才。

（四）“四个新一代”的目标

进入新世纪，国家也随之进入新的发展阶段，胡锦涛同志以长远眼光看待世界和中国的新变化，正确分析了我们国家思想政治教育面临的新形势，在思想政治教育总目标的指导下，针对当下大学生的思想状况又提出了“四个新一代”的具体教育目标。

2005 年 1 月，针对高校思想政治教育工作如何更好地开展这一问题，全国又召开了工作会议，会上对新时期思想政治教育的目标做了进一步的说明，指出高校教育要“以思想道德建设为基础，以大学生全面发展为目标，解放思想、实事求是、与时俱进，坚持以人为本，贴近实

际、贴近生活、贴近学生，努力提高思想政治教育的针对性、实效性和吸引力、感染力，培养德智体美全面发展的社会主义合格建设者和可靠接班人”。

2007年，胡锦涛同志根据时代发展特色，立足于我国社会发展的现实要求，借共青团成立85周年的时机，对我国青年学生又提出了“四个新一代”的具体要求，即希望广大青少年成为有远大理想和坚定信念的新一代，成为有高尚品德和顽强意志的新一代，成为有开阔视野和丰富知识的新一代，成为有开拓精神和创业精神的新一代。

“四个新一代”目标是胡锦涛同志立足于当今国内外纷繁复杂的社会背景对大学生成长成才提出的具体要求。它包含了以往社会对大学生的普遍要求，即理想远大、道德高尚、人格健全、较高的文化水平，同时又体现了当今社会发展对大学生成才的新要求，即适应经济全球化和国际竞争日益激烈的社会现实，大学生要有开阔的视野和包容的心态，要有开拓精神和创新意识，最大限度地发挥自己的创造才能。2008年5月，胡锦涛同志在北京大学师生代表座谈会上对全国广大青年学生又提出了殷切期望：希望大学生们要用马克思主义中国化最新理论成果武装头脑；树立正确的世界观、人生观、价值观；提升综合素质，加强品德修养；锻炼强健的体魄，培养健康的心理素质；积极参与社会实践，磨炼意志，提高创造能力和创业能力。

（五）“四个教育引导”的目标

2012年，党的十八大提出必须要牢牢把握思想政治教育工作的领导权和主导权，用“三个倡导”的社会主义核心价值体系引领社会思潮、凝聚社会共识，“实现社会主义现代化和中华民族伟大复兴”的总任务。要求全党和全国人民坚持道路自信、理论自信、制度自信，坚持正确导向，提高引导能力，壮大主流思想。2013年8月，习近平总书记在全国宣传思想工作会议上指出：“意识形态工作是党的一项极端重要的工作。”在全面深化改革的关键时期，思想政治教育工作应当勇挑重担，不断巩固马克思主义在意识形态领域的指导地位，坚持中国道路、弘扬中国精神、凝聚中国力量，充分发挥思想政治教育的作用，引导广大干部群众实现“中国梦”。2014年5月，习近平同志在北京大学师生座谈会中指出，对广大青年树立和培育社会主义核心价值观、深化高等教育改革提出了“四个教育引导”的明确要求。2014年12月29日在第二十三次全国高等学校党的建设工作会议中习近平指出，办好中国特色社会主义大学，要坚持立德树人，把握高校意识形态工作领导权，改革和完善高校体制机制，把培育和践行社会主义核心价值观融入教书育人的全过程。

综上所述，以往党和国家对大学生思想政治教育的目标定位是一脉相承的，都体现了思想政治教育的根本目标，但由于时代背景和国家发展阶段的不同，其侧重点和具体内容有所不同。

二、大学生思想政治教育目标定位的评价与反思

深入研究大学生思想政治教育目标定位的演进，我们不难发现我国大学生思想政治教育目标定位有一定的规律性，同时也存在一些问题，深刻总结规律并反思存在的问题对现实有一定的指导和借鉴意义。

（一）大学生思想政治教育目标定位的评价

在改革开放迈入全面深化改革新的历史时期，新时期大学生承担着实现“中国梦”这一伟

大理想的历史重任。当代大学生是规模庞大的社会群体，他们是国家发展的人才资源，是社会主义事业的接班人；他们是未来社会进步的新鲜血液，是社会向前发展的生力军。他们具有什么样的道德意识、理想信念，直接影响着自身的价值实现，同时也关系着国家和民族的前途和命运。大学生思想政治教育目标，提出政治、思想、道德、法律的规格要求，规定了大学生道德意识、理想信念等价值观念的培育方向，为大学生思想政治教育提供了方向，设定了路线。大学生思想政治教育目标的确立和发展，必须符合大学生思想品德的形成、发展规律及思想行为特点，在继承中华民族优秀文化及道德传统的基础上，以马克思主义科学理论为指导，将当今社会发展的需要与大学生个人发展需要有机地协调统一起来。我们认为大学生思想政治教育目标的定位应该处理好以下几对关系：

首先，处理好预期目标与实际结果的关系。正确处理预期目标与实际结果的关系，要求我们在注重发挥预期目标导向功能与激励作用的同时，也要看到整个思想政治教育工作在具体实践过程中容易受到客观因素的限制。这种限制一方面来自实现思想政治教育的客观社会条件，如社会经济发展水平、社会整体的精神文明状况，校园及其周边环境等，另一方面取决于教育者的传授能力与受教育者的接受能力。同时，我们也看到这些限制也导致大学生思想政治教育目标在定位上希望能够尽量规避这些客观因素的影响，有了过于理想化的倾向，造成了一些负面的影响。这些影响主要表现在两个方面：一方面是教育者在实践教学工作中遇到一些思想政治教育目标存在理想化的倾向，这些目标在具体的实践过程中往往缺乏可操作性，导致教育者自身对于这样目标不认可、不接受。在思想政治教育工作当中遇到问题和挫折时，容易出现消极、怠慢的不良状态，也就不能很好的指导大学生。二是一些思想政治教育目标脱离了学生自身发展的实际需求。例如，一些学校把培养“毫不利己、专门利人”的理想型人才作为思想政治教育的目标，试图把学生培养成只讲奉献不求回报的人。这样的目标固然是好的，具有积极意义的，然而这样的目标对于大多数受教育者而言在践行过程中会产生很多矛盾，遇到很多问题。而当学生觉得目标不切实际，所受教育不能在现实中得到实践的时候，可能会产生抵触心理，严重的可能会质疑思想政治教育内容的合理性。因此，大学生思想政治教育目标定位应适当超前于现实，使预期目标既能形成适当引导，又不至于过于“高、大、空”，失去了应有的作用。

其次，处理好抽象目标与具体现实的关系。思想政治教育目标应该是“看得见，摸得着，做得到”的，应该是抽象目标与具体现实紧密相连的。但是目前有一些高校把思想政治教育目标简单概括成一些高度抽象的词句，却缺少对于这些词句的具体解释与明确示范。导致了这些目标只是为思想政治教育实践提供了一个简单的方向定位，无法形成明确的指导。比如，有的学校将培养“四有”新人，培养“社会主义事业的建设者和接班人”设定为思想政治教育的目标。但究竟应该如何做，做到什么程度就是“四有”新人，就能够成为社会主义合格的建设者与接班人，却没有明确的指导与示范。这样就是使得思想政治教育目标失去了应有的作用，变成了一句缺少实际意义的口号。此外，由于学生认识的角度不同，立场不同，对于抽象的目标也会产生不同的理解。在没有适当、有效的评价标准的情况下，思想政治教育目标的实现程度就成了困扰教育工作者的一个现实问题。由于过于抽象的思想政治教育目标很难体现其导向功能、激励功能，使得整个思想政治教育工作的效果受到影响，大打折扣。因此，科学地设定大学生思想政治教育目标，要求教育工作者具备较高的素质，有能力将国家提出的较“宏观”的

教育目标进行分解细化，结合大学生的实际情况，进一步形成具有针对性、分阶段的有效明确的目标，摆脱过去总目标、大目标的简单灌输。从而让学生从自身角度出发，认同目标的方向，协调好自身的发展方向，让个人发展目标与思想政治教育目标有效结合，最终将思想政治教育落到实处，不让思想政治教育目标成为“镜中花”“水中月”。

最后，协调好思想政治理论教育目标与专业教育目标之间的关系。思想政治理论教育作为塑造学生的主要手段，影响着大学生思想道德、意志品质的形成。进行思想政治理论教育有利于提高学生参与社会实践的积极性，从而能够提升整个专业教育的效果；专业教育是主要传授有关专业理论与技能的方式，引导学生形成专业素质，也能影响思想政治理论教育的成果，如果形式适当还会巩固和强化思想政治理论教育的成果。因此，把思想政治理论教育和专业教育置于同等重要的位置并有机统一起来是能够促进学生形成正确的思想道德、意志品质，培养学生的良好的专业知识和专业技能的重要方式，能够最终强化思想政治理论教育和专业教育效果。近些年来在一些高校中还存在这样一些错误偏向，主要有以下几点：第一种是将国家制定的教育方针、政策等同于大学生思想政治教育目标，并且将思想政治理论教育与专业教育明确区分开来，单独专门地强调思想政治理论教育，使得整个思想政治教育内容脱离了专业课教育；第二种是将大学生培养目标等同于大学生思想政治教育目标，高校对于思想政治教育理论课不重视，形成了轻思想政治理论教育、重专业教育的环境，在理工科院校尤其明显；第三种是没有清楚地认识到大学生的教育目标与大学生思想政治教育目标之间的关系。表面上思想政治理论教育与专业教育内容皆备，把思想政治理论教育与专业教育看作是不相干的两种教育形式。最直接的表现就是学生在考试中或心理测试中能取得不错的成绩，但是在实际学习、工作、生活中却凸显了只重眼前利益，缺少社会责任感，不能坚守起码的道德底线，失去了对理想和信念的追求，出现了精神真空，失去了人生方向前进的动力等众多问题。

以上这些问题都在很大程度上影响了思想政治教育的功能与作用，制约了思想政治教育的有效性。目标定位合理与否不仅直接关系到思想政治教育的教学效果，也直接关系到教育者与受教育者参与的积极性，甚至还直接关系到思想政治教育对整个社会的和谐构建。因此，当前对当代大学生思想政治教育的目标定位是一项十分重要的任务。我们应该依据大学生思想行为特点以及思想道德、意志品质形成发展的规律，将大学生个人发展需要与当今社会发展的需要协调统一起来，在发扬继承中华民族优秀文化及道德传统的基础上进行适当适时的调整，纠正具体问题。

（二）大学生思想政治教育目标定位应反思的问题

1. 定位缺乏人性化

目标定位是对大学生思想政治教育活动效果的预期，具有一定的理想成分。大学生思想政治教育目标要想最终得以实现，客观上要求定位的目标真正为大学生所接受和认可，教育目标真正地转化为大学生的努力目标，否则，我们定位的教育目标只能成为理想和空想，根本无法实现。而目标定位要真正被大学生接受，就要使目标的定位符合大学生个性发展和全面发展的现实需求。一味的要求大学生在思想道德素质方面达到什么样的水平，而不考虑大学生的利益诉求的教育目标是不可能实现的。通过对我国大学生思想政治教育目标定位进行历史性梳理，我们不难发现，以往对目标的定位更多关注的是国家和社会发展对人才的要求，而对大学生自身发展的需求的关注则比较欠缺，致使目标定位过于政治化和理想化，脱离了大学生的主体需要，所以它无法从根本上调动学生的能动性，使大学生变为被动的受教育者，使整个思想政治教育活动缺乏应有的生机和活力，不利于大学生思想政治教育应有功能的发挥，同时也不利于大学生的健康发展。

2. 定位缺乏开放性

十一届三中全会以前，我们国家的经济体制是计划经济，这必然导致我国思想文化领域的保守性和封闭性。十一届三中全会以后，国家努力探索并实行市场经济。市场经济的竞争性和开放性，要求人们的观念更加开放，要求人们具备开放精神和包容精神。大学生思想政治教育目标的定位决定着大学生未来的发展方向，因此，其目标定位也应该体现开放性，但回顾党和国家以往对目标的定位，我们不难发现，无论是邓小平提出的把大学生培养为社会主义“四有”新人的目标还是江泽民对大学生提出的“五点要求”或者胡锦涛提出的“四个新一代”的目标，尽管说法不一，但都是过度强调国家和社会发展对人才的客观要求，强调为国家培养具有统一模式的人才，却很少体现对大学生开放人格和个性化的培养。因此，我国对大学生思想政治教育的目标的定位是一种模式化定位而非个性化定位，它具有一定的保守性倾向，目标定位不够灵活，缺乏开放性，致使国家培养的人才缺乏应有的生机和活力。

3. 定位缺乏层次性

以往国家对大学生思想政治教育目标的定位多的是从国家需要什么样的人才这一角度出发的，所以对目标的定位也就出现了大一统的局面，它要求我们培养出来的人才在政治意识、道德水平和思想状况方面具有相对的统一性，但这一要求在现实生活中却是不可能实现的。大学生虽然在知识文化和科学技术方面有着一定的优势，但由于他们的个性特点、生长环境、家庭背景以及宗教信仰等方面的不同，导致了他们在思想政治素质发展方面的潜力也不同。所以，国家对思想政治教育目标的定位不能是统一的模式，而要体现出层次性，对不同发展潜力的大学生的目标定位要表现出差异性，要求所有大学生都成为共产主义社会模范公民是不可能实现的。

综上所述，党和国家领导人以往对大学生思想政治教育目标的定位有一定的科学性，坚持了正确的政治方向的引导，遵循党和国家中心工作的发展需要，坚持在继承基础上的创新，这是大学生思想政治教育目标定位的基本规律。但以往国家对目标的定位也存在一些问题，目标定位过于政治化、理想化和泛化，缺乏人性化、开放性和层次性，这在一定程度上制约了大学生思想政治教育的实际效果，这些都需要我们进一步反思。

（三）大学生思想政治教育目标发展的基本经验

1. 理想与现实的协调统一

自建党以来至改革开放深入发展阶段，我们党和国家的思想政治教育工作在取得人民战争的胜利，建成中国特色社会主义社会等方面发挥了至关重要的作用。但是我们也看到思想政治教育目标的定位在特定的历史时期上往往存在一定程度的偏差，也存在过高或者过大的倾向。其中有些目标不分层次过高过急，往往脱离社会发展的现实基础，给人一种道德理想主义色彩，忽略受教育者身心发展的实际。这样的目标经过长时间实践而无法实现，无疑会对受教育者产生负面影响。我们从中国共产党在革命战争时期取得的巨大成功中看到，思想政治教育目标必

须要具有一定的超越性。但这种超越性必须不能脱离受教育的现实价值取向，要与他们自身的发展需求紧密结合起来。思想政治教育目标应该具有一定的超越性，但过分地强调理想性的思想政治教育目标，很可能会使受教育者的思想道德发展在现实社会实践过程中走向分裂的道路，成为了解正确思想道德规范却抵触不愿去实践，甚至做与之相悖的人。因此，随着我国思想政治教育学科不断地发展，总结分析历史经验，我们认识到思想政治教育目标过高、过大脱离社会和个人现实需要的缺陷，开始转变思路，探索适合学生发展的新型思想政治教育目标。首先，思想政治教育目标必须适应时代要求，遵循社会发展规律。改革开放以前的思想政治教育目标存在着许多关于“共产主义”道德品质的目标要求，比如提出要培养“具有共产主义道德品质”的革命者。这些目标在设立之初确实起到一定的激励作用，但是随着时间的推移，这些目标的长期性愈发凸显出来，使得思想政治教育目标变得过高、过远，从而逐渐僵化，对一部分学生失去了应有的导向作用。改革开放以后，党和国家逐渐转变思路，将原先“共产主义道德”调整为“社会主义道德”，并在十八大提出了“三个倡导”，进一步细化和明确了“社会主义道德”，新的理论形成的社会主义核心价值观更加简明，更加贴近了学生的实际需求。其次，思想政治教育目标更加注重多维性。改革开放以来，党和国家将思想政治教育目标的先进性和广泛性、理想性和现实性相结合，旨在更加全面多维地展开思想政治教育目标。邓小平同志就曾经深刻指出：应该注意到每个人的才能和品德的差异，根据差距给以区别的对待，向着社会主义和共产主义目标前进。因此，新时期的思想政治教育目标确立必须要以当时经济、政治和文化的实际情况以及发展脉络为基础，同时注重协调人们在思想道德、价值观念、意志品质等多方面的差异，注重层次性，并且以现实合理的形式，将科学性要求和多维性要求相结合并针对人们的思想道德现状，科学地确定多维度的思想政治教育目标。

2. 个人与社会协调统一

思想政治教育本质是正确把握人的思想特点和规律，协调社会与个人发展的需要，坚持以人为本，促进人的全面发展，最终促进整个社会的发展。新民主主义革命时期，中国共产党从解放全中国和人民起来当家做主的角度出发，把广大人民群众的根本利益同国家民族的命运结合起来，把解决思想问题与解决实际问题创造性地结合起来，满足人的物质需要的同时发挥人的能动作用，这十分有效地协调了社会与个人的需求，极大地激发了人民群众投身革命的主观热情。社会主义建设时期，党和国家突出强调了实现共产主义的意志，而忽视群众的物质利益，损伤人民群众生产积极性，这为我国的整体建设带来了不小的影响，但同时也为我们党思想政治教育目标的科学建设提供了宝贵的经验。改革开放以后进入了新的历史时期，在 1978 年中央工作会议上邓小平对物质利益做了深刻的剖析：“革命是在物质利益的基础上产生的，如果只讲牺牲精神，不讲物质利益，那就是唯心论。”改革开放以来，我党开始注重把思想政治工作和经济手段结合起来，将社会主义思想体系的教育同实行改革开放以来的日益膨胀的物质利益原则结合起来，提出了“四个统一”的要求。进而又从学生的角度出发，提出了“四个教育引导”，从提法上来看，党和国家已经从原先的单向教育灌输的方式，向教育与引导相结合的方式转变。我们从这些目标的变化中可以看到，思想政治教育的根本目标是促进人的全面发展，这是党在思想政治教育理论上持之以恒探索的重大突破。党的思想政治教育目标从培养“有理想、有道德、有文化、有纪律”的社会主义新人到促进人的全面发展，再到确认思想政治教育的本质是依据社会和个人发展的需要教育和引导人的工作，标志着思想政治教育职能的发展、完善和转变。十八大以来，人文关怀特点和作用越来越明显，人全面发展的目标越来越受到党和国家的重视。培养出既满足社会发展需要，又能体现人的主体价值的具有综合素质的新型人才成为了新时期思想政治教育目标最重要的内涵。

3. 历史性与时代性协调统一

思想政治教育目标具有鲜明的历史性和时代性，随着当代社会越来越快地发展，思想政治教育目标的调整周期越来越短。每一个思想政治教育目标的设立与产生都有着它们各自的时代意义和历史意义。自中国共产党成立发展至今，思想政治教育目标经历了三个发展阶段：革命战争年代培养具有坚定革命精神和远大革命理想的“革命先锋分子”；新中国建设时期培养“又红又专”、有社会主义觉悟的、有文化的、身体健康的劳动者；改革开放以后培养有理想、有道德、有文化、有纪律的全面发展的社会主义事业建设者和接班人。我们可以看到，大学生思想政治教育目标起初是包含于党、国家、社会、民族大的方针政策之中的，之后随着历史的发展，基于社会发展的需要，逐渐从党和国家的总体目标中分离出来。但我们也看到虽然大学生思想政治教育目标始终都是以马克思主义理论为指导，以人民的利益为准绳，兼具大学生群体的特点，为党和国家的总路线和总任务服务，在不断地发展探索中逐渐发展形成的。社会正在不断向前发展，我国政治经济正在发生着深刻的变化，当代大学生思想政治教育目标必须紧跟社会发展的步伐，汲取新的时代内涵，寻找新时期大学生思想政治教育目标的时代定位。在国内外形势日益复杂的今天，思想政治教育目标要继承中国优秀传统文化以及经验，借鉴和批判地吸收国内外文化中的科学成分，秉承“中国梦”“中国精神”中的伟大力量，彰显出当代中国日益强大的自信与实力。

第三节　和谐社会视域下思想政治教育目标的科学定位

一、当代大学生思想政治教育目标的具体内涵

目前我国正处在实现“中国梦”，民族复兴的伟大时期，在这样一个历史意义重大的时期需要我们认识到大学生在关注国家和民族的前途命运的同时，也关注着其自身的发展，国家社会的发展与大学生个人的发展正越来越紧密地联系在一起。因此，我们应该继承和发展改革开放以来的国家对于培养人才的具体要求，同时遵循马克思主义基本理论，结合当代社会主义核心价值体系，尝试对当代大学生思想政治教育的内涵进行解读，为大学生在新时期能够更好地发展提供正确的指引：如何凝聚精神、树立理想，使大学生成为“有灵魂”的人；如何升华思想、塑造人格，使大学生成为“有理性”的人；如何让自身具有道德修养、文化素质，使大学生成为“有本事”的人；如何让大学生提高自身的竞争意识、责任意识，使他们成为“有觉悟”的人。

（一）有灵魂

“有灵魂”，是对当代大学生在精神、思想、感情、良知等方面提出的一个高维度、高层次的要求，是一个人对于自身认识的最高规格指向。一个人必须要有灵魂，如果缺少了灵魂，就会失去生活的意义和前进的动力。“有灵魂”应该包含凝聚精神和树立理想的需要，他们是对大

学生提出的感性要求，具有“中国精神”的深刻内涵。正确地引导大学生凝聚精神，树立理想，可以为他们在今后的发展过程中提供强大的内驱动力。

凝聚精神。习近平指出，“实现中国梦必须弘扬中国精神。这就是以爱国主义为核心的民族精神，以改革创新为核心的时代精神”。在当代日益斗争激烈的国际环境中，国家的发展、社会的繁荣、民族的振兴，无一不需要凝聚中华民族的精神力量。凝聚精神力量，这既是对大学生提出了要求，他们需要具备更强大的精神力量作为支撑，同时另一个层面也是要求大学生具备民族的团结精神，凝聚力量。在大学生思想政治教育目标中“有灵魂”的第一内涵就是要有坚定的精神力量。凝聚精神是要把民族精神教育与时代精神教育结合起来，引导当代大学生具备爱国主义精神、中华民族复兴使命感的民族精神，勇于突破创新的精神，在中国特色社会主义事业的伟大实践中始终保持积极进取、奋发向上的精神。“凝聚精神”可以从以下三方面理解：一是民族精神。培养大学生具备以爱国主义为核心的民族精神，倡导理性爱国，正确处理国家、社会与个人的关系。二是创新精神。培养大学生继承和发扬以改革创新为核心的时代精神，倡导求实创新，锐意进取，努力成为社会主义现代化建设所需要的人才。三是将民族精神与时代精神凝聚起来。一方面时代精神只有与民族精神相结合，民族才能时刻认清形势，形成危机意识，也才能转化为民族向上发展的不竭动力；另一方面民族精神只有反映时代精神，才能让一个民族保有危机意识，才能不断地发展，突破创新，才能实现民族的振兴。把弘扬民族精神与弘扬时代精神凝聚起来，就是要引导大学生增强民族自信心、自豪感，形成坚定的民族立场，自觉捍卫民族尊严；培养学生开阔胸怀、树立全球战略视野，积极汲取人类一切优秀文明成果，为民族的发展提供恒动力。

树立理想。大学生就其个人而言是人生最关键的时期，理想是其人生的航向，也是其前进的动力。邓小平同志说过：“为什么我们过去能在非常困难的情况下奋斗出来，战胜千难万险使革命胜利呢？就是因为我们有理想，有马克思主义信念，有共产主义信念。”大学生如果有了正确的理想作为思想行动上的引领，就会挖掘自身的潜力、提升自己的精神，更好地实现自身的价值。“树立理想”主要包括三个方面：一是树立“中国梦”的崇高理想。引导大学生了解历史，解读历史，加强对中国特色社会主义理想的认识，以发展的眼光正确认识国家的前途和命运；二是树立正确的历史观。为大学生提供更好的交流与实践平台，选择适当的切入点，让他们产生对于历史进程的兴趣，更好地了解马克思主义理论产生发展的背景，形成并掌握辩证唯物主义和历史唯物主义理论，正确认识人类社会发展的规律，在处理具体问题中有着正确坚定的立场、观点和方法；三是要明确好社会理想与个人理想之间的关系。大学生普遍对于实现自身价值理想抱有美好的憧憬，所以我们必须要帮助大学生清楚地认识到个人理想的实现离不开社会理想，只有个人理想与社会理想方向一致，才能最大限度地实现个人价值。因此，思想政治教育目标必须要正确地处理好社会理想和个人理想的关系，只一味地强调突出社会理想，就会使思想政治教育流于形式主义；而偏重个人理想或是少数人的理想，就会让思想政治教育偏离正确方向，社会的发展就会停滞，矛盾就会凸显。因此在大学生理想信念教育中，思想政治教育目标必须要担负起协调好社会理想与个人理想之间的关系，把个人的成长进步同祖国的繁荣富强密切联系起来，才能使他们在实现个人理想的过程中推动整个社会理想的实现。

（二）有理性

理性是指人类能够运用理智的能力。理性，是人面对问题，处理问题时，相对于感性，不冲动，能够依照科学的原则，遵循事物发展的规律来考虑问题、处理事情。理性是基于意识，是具有参照性的意识。当新时期我国正处于深化改革的关键时期，信息网络技术的快速发展使得生产力得到了提高，整个社会的生产关系也发生了转变，与此同时，整个社会的既得利益分配也随之改变。这一改变所带来的价值冲突、价值选择、价值迷失等现象层出不穷。在这样的一个特定的历史时期，这样一个特定的历史环境中，大学生如何理性地看待问题，协调自我与社会之间的发展关系带来的矛盾，不仅是其个人健康成长的必然选择，也是维护社会稳定的关键。

升华思想。今天中国的快速发展使得中国的国际地位提升，社会意识形态也在发生着深刻变化。社会新生矛盾和现象让大学生产生了复杂繁多的思想困惑、心理矛盾、情感冲突。要帮助大学生正确解决这些问题，正确认识自己，净化和提升自己的思想，大学生思想政治教育目标必须发挥重要的指导作用。作为科学的世界观和方法论，马克思主义的基本原理和理论能够为大学生提供科学的思维方式，认识社会，了解社会发展趋势，把握自己的人生。“中国梦”是中华民族为了实现伟大复兴的崇高理想，他牵动着莘莘学子对于自身与祖国发展的热情，它照亮指引着每个大学生人生的道路。中国特色社会主义所倡导的核心价值观本身具有升华思想的功能。社会主义核心价值观则能够帮助大学生在处理与他人、与家庭、与社会、与自然的关系时，以鲜明的社会主义核心价值观，高尚的身心参与文明社会的建设。思想政治教育目标将这些理论升华形成科学的思想传递给大学生，帮助他们升华思想，即使遇到挫折，也能够辩证看得问题，减轻心理上的焦虑，将挫折转化成成长的宝贵经验。还必须要注意发现影响大学生心理发展的各种因素，把社会主义核心价值观“升华思想”的功能充分发挥出来，随时调整目标，以正面事件、用正面人物激励大学生，面对负面事件、负面现象则选择引导大学生对这样社会中存在的个别现象有着清楚的认识。

塑造人格。随着社会环境的不断变化，社会关系愈发复杂，新时期大学生面对着学习、生活与就业压力，同时又面对着社会新生的各种挑战。人际交往中的不协调，情感困惑带来的感情波动，遭受挫折后的心理障碍，这些都会对大学生价值观念形成冲击，严重的甚至导致他们人格的异化。大学生如何更好地认识社会、认识自己，形成优秀的性格和完善的人格是新时期大学生思想政治教育最重要的目标。培养大学生的健康人格，必须遵循他们自身的特点，思想品德的形成规律。大学生已经掌握了一定程度的科学文化知识和理论储备，但相对应的是人生阅历并不丰富，还没有广泛地接触社会和切身地参与到社会的各种实践活动中。在过去很长一段时间，学校判断学生的好坏只是单从学生的学习成绩进行判断，相对忽视了学生健康人格的培养，当他们进入高校后常常会出现空有丰富的知识，但精神世界脆弱，禁不起风浪起伏，存在着人格缺陷。新时期大学生思想政治教育目标从大学生要“有理性”的角度出发，提升大学生的自我人格塑造能力。这种能力包括两个方面：一是价值评价与道德辨知能力；二是价值观念的内化与外化能力。只有正确判断是非，才能在人生道路上不偏离航向；只有不断内化优秀的思想道德，意志品质，才能不断提升自己的人格。也只有这样大学生才能在自己今后的生活中理性地处理自己人生中出现的各种问题。

（三）有本事

大学生思想政治教育目标是党的执政理论和政治制度依据大学生特性特征的具体体现，是当代社会秩序所要求的基础思想道德规范，也是大学生群体自身的生存和发展需要。新时期“有本事”就是既要“有道德修养”也要“有文化素质”，道德修养和文化素质的培养则是支撑大学生自身生存和发展的内在条件。“有本事”是对当代大学德才兼备的基本要求，是为了形成当代中国大学生的“中国力量”。

有道德修养。道德修养是当代大学生思想道德与意志品质目标的重要内容，是实现“中国梦”伟大理想信念的基础。“修身，齐家，治国，平天下”是古人崇尚的人生理想，“修身”作为这一系列逻辑关系的起始点，说明个人自身道德修养对于自身发展的重要性。当代大学生并不需要他们人人具有“治国”与“平天下”的能力，但对于他们的个人修养却有着深刻的需要。一个人没有爱国之心或是报国之志，容易受一些眼前利益所诱惑，没有相对稳定的态度和立场，很难成为社会的有用之才，而爱国也只能是空洞的口号。在当代中国，道德修养更多的表现不是为国家、社会抛头颅，洒热血，而只要求大学生从点滴做起，养成良好的道德习惯，形成良好的道德情操，自觉遵守道德规范，最终汇聚形成社会良好的道德风气。大学生处于人生发展的关键时期，在这一时期形成什么样的道德素养对他们将来步入社会有着重要的影响，甚至会影响他们的一生。提升大学生的道德修养，在不同的历史时期，始终是思想政治教育目标的一个重要命题，在当代大学生的思想政治教育目标中，应该引导学生自觉遵守“八荣八耻”，继承和弘扬中国传统美德，同时进一步确立以社会主义核心价值观为引领的社会主义基本道德规范。

有文化素质。文化素质与道德素质是密不可分的，它们共同统一于大学生全面发展的素质之中，它们共同构成了当代大学生思想政治教育的基础性目标。文化素质是当代社会对于社会成员的普遍要求，也是个人成才的基础，没有文化知识就无法在今天的社会中成为一名合格的建设者，更谈不上为国家、社会发展尽一份力了。强调文化素质与道德修养的结合，也是重视文化素质的基础性作用。就社会中的个体而言，离开文化素质，在社会中寸步难行，其道德修养就失去了根基；同理，离开了道德修养，文化素质也就容易失去方向，误入歧途甚至为社会带来严重危害。可以说，文化素质目标的确立，是为提高大学生思想道德修养奠定坚实的知识储备基础；道德修养目标的确立，为文化素质的发展提供了坚定的政治立场和稳定的价值取向。实现二者的有机结合体现了社会主义核心价值体系“人的自由全面发展”的理念，形成促进大学生综合素质全面协调发展的核心推动力。因此，“有本事”中文化素质目标确立，是对于当代大学生成为社会主义合格建设者的必然要求，道德素养与文化素质的辩证统一的大学生才是社会主义建设过程中真正需要的人才，才能够成为符合治党治国需要的人才。道德与文化的共同追求就是为了能更好地实施大学生思想政治教育，帮助整个思想政治教育目标奠定坚实的基础。

（四）有觉悟

觉悟是人对客观事物或是思想理论基于一定的认识、在特定情况下产生的突破性认识。一个人的觉悟决定了其参与社会精神或体力活动的意愿，从而最终决定其社会活动的效率和成果。可以说，当代“有觉悟”的大学生最重要的表现就是要具备竞争意识和责任意识。他们应该清楚地认识到自身是否具备竞争意识和责任意识关乎其能否坚定立志成才、报效祖国的理想信念，是对当代大学生实现“中国梦”的价值要求。

有竞争意识。追求卓越的竞争意识，以科学的方法开展思想政治教育。优胜劣汰是当代社会市场经济条件下竞争的铁律，国家的富强和强盛不仅要靠正确的方针政策，更需要全社会的共同努力。我国历史经验表明，中国特色社会主义事业的顺利推进，在要求大学生完善自身的过程中，还要具备竞争意识。一个国家，一个民族如果安于现状，缺少竞争意识，那么他就会落后挨打；一个人如果缺少危机意识，不能紧跟时代的步伐，那么他就会最终被社会所淘汰。当代中国建设社会主义，构筑“中国梦”在某种意义上讲就是要在全社会树立追求卓越，奋发向前的竞争意识。是否有竞争意识也成为一个大学生是否对自己负责，对社会负责，对国家负责的标准。因此，大学生思想政治教育目标应当强调培养当代大学生具备良好的竞争意识。具体来讲，就是要教育和引导大学生牢固树立实现“中国梦”的重要理想，要继承中国传统文化，学习吸纳人类其他一切优秀文明成果，结合当代社会主义先进文化，形成能够结合各种文化优势为自己所用的能力，做到能力提升与知识增长的协调共进，使自己在社会竞争中始终保有竞争原动力。

有责任意识。马克思曾经深刻地指出，“人的本质是社会关系的综合”。人天生就具备多重社会角色，而且随着年龄的增长，社会关系的不断发展，社会角色也不断增多，承担的责任也愈来愈多。在社会生活中，个体主张权利的前提就是要有责任。大学生只有承担起责任，才能在社会中获得相应的权利，才能自由而全面地发展。近年来，随着市场经济的深入发展，利益原则被一些人曲解，被他们奉为在资本社会中生存和发展的“黄金准则”，日常生活中他们追求物质，崇拜金钱万能，格外关注和强调自身的利益，但对于相对应的责任却有意无意地选择忽视。正是在这样的大背景下，当代大学生是他们即将由学生——“半社会人”——向社会人转变，即将步入社会的关键时期，他们的责任意识如何，不仅影响着自身今后的发展，同时也影响着整个社会的发展。因此，引导大学生树立责任意识，是新时期大学生思想政治教育的应然目标。在实践中，一是要培养大学生自我责任意识与家庭责任意识。缺乏自我责任意识必然导致个体对自身发展缺乏规划，以及对待生活中的问题容易产生挫折感；而缺少家庭责任意识则会对内直接影响家庭的和睦、对外则会对社会的稳定产生影响。因此，大学生责任意识培养目标的重心应该是加强自我责任与家庭责任教育。二是责任目标的视野应该由高校向社会、家庭拓展。大学生责任意识直接受自身家庭结构的影响，并且与学校教育体制息息相关，即将接受社会大环境的考验。因此，一定要注意家庭、社会、学校等各个要素对思想政治教育目标的影响。三是提升责任教育。责任教育不能只停留在过去的知识理论输导，而应该结合实践环境给大学生更多的切实体验。责任意识教育应该打破传统书本与课堂的束缚，与学生一起创设责任活动与场景，让学生在切身实践活动过程体验中，通过相互之间的责任需要与传递，自然而然地形成正确的责任意识。

二、和谐社会视域下思想政治教育目标定位的具体内容

经过 30 多年的改革开放，中国发生了翻天覆地的变化，社会主义现代化建设取得了举世公认的成就。但是我们也应看到：随着社会经济结构已经和即将发生的深刻变化，社会利益关系更为复杂，新情况新问题层出不穷，中国社会正在经历一个重要而关键的转型时期，应该说，“构建和谐社会”这一理念的提出，顺应了民意，也符合社会经济健康发展的基本要求。在社会

主义现代化建设的进程中，我国各类高校培养的大量高素质人才为此做出了巨大的贡献。在改革开放的过程中，人们越来越感觉到知识的力量和作用，社会主义高校培养出来多少跨世纪的高素质的人才，培养了多少社会主义合格的建设者和可靠接班人，直接关系到我国生产力能否快速发展，社会主义三大文明能否健康而协调地发展，社会主义和谐社会能否真正构建。显而易见，随着知识经济时代的到来，高校不仅要培养高科技精英，也要培养大量掌握科学技术的普通劳动者，更多的青年有机会接触高等教育，但是要将这些青年培养成建设和谐社会的中坚，在构建社会主义和谐社会这一重大时代前提下，对高校思想政治教育的目标定位进行与时俱进的调整就势在必行。

（一）立足于培养合格人才，体现“以人为本”和大学生主体地位的确立

党的十六届五中全会对“十一五”时期加强和谐社会建设又提出了一系列方针和部署，这是我们党从全面建设小康社会、开创中国特色社会主义事业新局面的全局出发提出的一项重大任务。社会主义和谐社会，是民主法治、公平正义、诚信友爱、充满活力、安定有序、人与自然和谐相处的社会，是人类的美好追求。和谐也应该是现代教育的基本特征和价值趋向。和谐教育是和谐社会的重要组成部分，社会的和谐发展离不开教育的和谐发展。教育外部的和谐、教育内部的和谐以及教育内部与外部各教育要素和主体之间的和谐，是和谐教育的全部内容，任何一个部分都不可缺失。如何理解和建设和谐教育，是教育理论和实践工作者需要深入研究和探索的重要课题。实现和谐教育的价值取向是“以人为本”，这是科学发展观的核心，也是社会主义和谐社会的核心。实现和谐教育，从根本上应该着眼于人。人是最宝贵的资源，教育的基本功能和最终目标都是为了满足人的需求，提升人的品质，开掘人的潜能，发展人的个性，使人享受良好的教育，最终促进人的全面发展。“以人为本”，就是把教育和人的幸福联系起来，建设和谐教育要坚持全面、协调和可持续的教育发展，其主要途径应为促进义务教育的普及，体现教育公平。改革开放总而言之，促进教育的和谐是现代社会发展的必然趋势，也是教育自身发展的必然选择。和谐教育的实现又是一个长期的历史进程，它需要一代又一代人的不懈努力。在教育教学过程中，我们要不断以先进的教育思想引领实践，把和谐教育的思想渗透到教育教学的全过程，努力促进教育的和谐，为建设社会主义和谐社会做出新贡献。

当今的高校思想政治教育就是要贯彻“以人为本”，全面发展的育人观念，就是要造就人，把人培养造就成合格的、优秀的社会建设者和历史创造者，以适合社会的需要，为社会输送更多的各种各样的人才。高校思想政治教育是我党思想政治工作的重要组成部分，其实效性如何直接关系到“培养什么样人”与“如何培养人”的问题。“以人为本”是大学生思想政治教育的基础和落脚点，也是创新思想政治教育的理论根源。面对新的形势和任务，只有坚持“以人为本”的科学发展观，从结构模式、方法、原则等方面实现创新，才能提高思想政治教育的针对性和实效性。

高校思想政治教育要强调教育者与受教育者都是思想政治教育过程的主体，受教育者不仅是教育实体，更是自我教育的主体，强调教育过程与受教育过程以及受教育者修身过程的统一。在这种模式中，教育者起主导作用，受教育者起主动作用，二者互相影响、互相作用、互相促进。我们强调以学生为本，就是要强调大学生不仅是受教育者，也是自我教育的主体，是体现教育价值，教育质量的主体。当今大学生主体意识，自主意识日益强烈，渴望自我价值的实现，渴望成为学习的主动者，渴望受到尊重，思想政治教育工作者一定要充分认识这一点，尊重他们的认识方式和表达方式，激发引导大学生的主动参与意识和自我教育意识，在平等互动、真诚交流中，推动思想政治教育向广度、深度发展。高校思想政治教育工作要适应现代教育的需要，围绕“以人为本”这一重大课题，着眼于大学生的全面发展，变简单的灌输为启发诱导，变消极的约束为积极的自我激励，变被动接受为主动参与，坚持主体地位，注重自我实践体验。要重视在大学生中进行培养先进思想、优秀文化、优秀品质形成的实践体验，多采取一些学生喜闻乐见的方式和手段，充分调动他们参与实践活动的积极性和主动性，鼓励他们走出校门，到基层去、到群众中去、到生活中去，引导他们在经历中体验生活、磨炼品质、感悟人生，实现知、情、意、信、行的和谐发展。高校思想政治教育应坚持解决思想问题与解决实际问题相结合的原则。大学生思想政治教育既要教育人、引导人，又要关心人、帮助人，这样才能增强思想政治教育工作的实效性。要加强对贫困生的资助，同时密切关注大学生的心理健康问题，密切关注大学生的择业就业问题。面对激烈的市场竞争，就业是大学生切实关心的大事，高校要加强对大学生择业就业的教育和引导，帮助大学生树立正确的就业观念，要进一步健全大学生就业指导机构和就业信息服务。

“以人为本”是建设和谐校园的主题。在构建和谐校园的过程中，必须坚持“以人为本”，以人为主体、以人为前提、以人为目的。学校要以服务学生全面发展为重点，做到一切为了学生、为了学生的一切、为了一切学生，让每一位学生都受到民主、平等的对待，让每一位学生的个性得到应有的尊重，让每一位学生都能健康成长，使他们学会做人、学会认知、学会做事、学会合作、学会生存和发展。坚持以人为本，树立全面、协调、持续的发展观，促进经济社会和人的全面发展。由于人作为万物之灵，具有其他物种所不可能具备的内在德行和人格魅力，所以“以人为本”，就是一切从人的需要出发，促进人的全面发展，实现人的根本利益。这种一切围绕人、以人为中心的管理，本是西方企业管理的理念，这种理念认为只有重视运用人性，发挥人的工作价值，才能提高人的经济力和创造力。把这一思想运用到学校管理中有其不可估量的价值和意义。学校是知识分子聚集的地方，可谓“人才济济”，又是培养未来人才的地方，所以研究学校中的人，特别是作为办学主导力量的教职工的职业心理特征及其影响因素，对学校的有效管理和发展有着极大的帮助。“以人为本”就是要把人民的利益作为一切工作的出发点和落脚点，不断满足人们多方面的需要和促进人的全面发展。“以人为本”也是科学发展观的核心和主旨。“以人为本”主要包括两方面：一是为了人，即将人们的健康生存和全面发展，人的物质、文化、政治需求及其满足，人的权益和幸福作为发展的目标和宗旨、中心和主线、出发点和落脚点。二是依靠人，即以广大人民群众作为发展的主体力量、根本动力、发展创造力和前进推动力，能够推动经济社会又快又好地发展，总之，以人为本就是要造就人、善用人、造福人。造就人就是指把人培养造就成合格的优秀的人才。善用人就是在发展中努力使每一个人都能各得其位、各尽所能、各展所长。造福人就是提高人的生存水平、生命质量和幸福程度。

（二）立足增强大学生的国家与民族意识，更应增强学生的国际意识和民本意识

和谐稳定的社会主义小康社会的建设，主要是依靠本国人民自力更生，艰苦奋斗。弘扬中华民族传统美德和文化，增强大学生的使命感和责任心，增强大学生的民族自豪感；树立大学生的民族意识，树立实现中华民族伟大复兴的信心。加强对大学生的基本国情教育，引导大学

生树立艰苦奋斗的思想，培育大学生的社会主义、爱国主义和集体主义思想，在涉及本国本民族利益时，能坚决地捍卫本国本民族的利益。但同时也要认识到：在经济全球化的背景下，在加强基本国情教育的同时，也要加强国际经济形势与对策方面的教育，培养大学生的国际意识与全球视野；在抵制西方腐朽思想文化侵蚀的同时，对西方文化思想中的精华要汲取；在抵制西方政治霸权的同时，对西方民主政治法制建设，和谐社会与社区建设的经验也可以借鉴。增强国际意识，当代大学生才会以开放的姿态迎接未来，兼收并蓄，促进民族经济文化的发展，实现中华民族的伟大复兴。

社会主义和谐社会应该是民主法治、公平正义、诚信友爱、充满活力、安定有序、人与自然和谐相处的社会。社会主义和谐社会理论的提出，体现了党对人民群众利益的关注和对人生命价值的关怀，因此，和谐社会背景下的高校思想政治教育目标定位一定要把树立和培养大学生的民本意识作为重要内容。要重视培养大学生的“亲民、爱民、为民”意识，努力为实现最广大人民的根本利益而奋斗，要利用传统观念的积极因素强调大学生的自我修养，体现对人类生命的终极关怀。

（三）立足把主流意识形态和政治素质作为首要目标，更应关注大学生的全面成长

用科学的思想理论武装大学生的头脑，使当代大学生形成正确的世界观、人生观、价值观，增强构建社会主义和谐社会的信心和责任感。在多种文化思潮激烈碰撞的时代，社会主义高校要把当代大学生培养成合格的社会主义事业接班人，就需要对大学生进行主流意识形态的引导，需要用科学的思想理论进行指导，社会主义与共产主义思想无疑应作为主流意识加以宣传，科学的马克思主义思想应成为大学生思想政治教育的重点，这一点在任何时候都是毋庸置疑且必须坚持的。但不应把政治素质的提高与完善作为高校思想政治教育目标定位的唯一内容，而应把大学生的全面成长纳入高校思想政治教育目标定位的视野，将思想政治工作与推进学生素质教育结合起来，把完善大学生的智能结构、创新精神、实践能力作为高校思想政治教育的重要目标，在高校推进大学生素质拓展计划、社会实践、学术创新、校园文化活动，使大学生的政治素质与其他素质协调发展，并最终为高校思想政治教育目标定位的达成提供有力帮助。

高校思想政治教育目标定位应符合人的思想品德发展规律，体现科学发展观和社会主义和谐社会理论中“以人为本”的要求，沿着由文明行为习惯、道德品质、政治素质到价值观、人生观、世界观的顺序，由低级到高级，由表层到深层连贯发展而又在不同时期各有侧重，只有这样的目标定位，才是能经得起社会实践检验的目标定位，才是有生命的目标定位，才有利于高校和谐校园的建设，使高校思想政治教育向纵深发展并且能收到良好的效果。

第六章　和谐社会视域下高校思想政治教育内容深化

思想政治工作是经济工作和其他一切工作的生命线，高校思想政治教育承载着教书育人的伟大使命，它需要随着时代的变迁不断更新观念，与时代精神高度融合，体现时代的特色需要及时将反映时代特征的新思想、新道德、新风尚传达给教育对象，通过内化、外化的相互作用，最终转变为实际行动。思想政治教育是一个包含多种要素的整体，系统内部各要素的相互耦合，能够促进思想政治教育发挥最大的功效。在和谐社会视角下，高校思想政治教育不仅需要创新理念，还应该有科学全面的教育内容作为基础，坚持一切从实际出发不断革新思想政治教育的内容，而构建社会主义和谐社会为高校思想政治教育的内容的深化提供了广阔的空间。本章基于和谐社会视野下对当下大学生的理想信念教育、爱国主义教育及其心理健康教育内容进行深入分析。

第一节　和谐社会视域下大学生理想信念教育

2014 年 9 月 30 日，国务院举行了国庆招待会，隆重庆祝中华人民共和国成立 65 周年，习近平在讲话中指出，要“用共同理想信念凝聚民族意志，用中国精神激发中国力量，动员全体中华儿女共同创造中华民族新的伟业”。理想与信念的问题是思想政治教育的核心内容。通过理想信念的教育，把人民群众团结起来，为共同的目标而奋斗，是思想政治教育的光荣使命和历史传统。在我国改革开放的历史进程中，面对社会生活的急剧变化，如何用中国特色社会主义共同理想凝聚力量，并以坚定的信念明确新时期的奋斗目标，是时代的课题。必须认真总结传统思想政治教育中关于理想信念教育的经验教训，认真研究当代中国理想信念教育面临的新课题并采取切实的措施，实现理想信念教育的改革和创新。

一、大学生理想信念教育概述

2013 年 5 月 4 日，习近平同各界优秀青年代表座谈时勉励广大青年，一定要坚定理想信念。“中国梦”是全国各族人民的共同理想，也是广大青年应该牢固树立的人生信念。

（一）大学生理想信念教育的内涵

理想信念作为一种社会意识，一种精神现象，必然带有鲜明的阶级性和时代性。理想信念教育必然渗透着一定阶级的利益。我国对大学生进行的理想信念教育，是以马克思主义为指导的社会主义和共产主义的理想信念教育。毛泽东指出：我们共产党人从来不隐瞒自己的政治主张。我们的将来纲领或最高纲领，是要将中国推进到社会主义社会和共产主义社会去的，这是

确定的和毫无疑义的。我们的党的名称和我们的马克思主义的宇宙观，明确地指出了这个将来的、无限光明的、无限美好的最高理想。“每个共产党人在入党的时候，心目中就悬着为现在的新民主主义革命而奋斗和为将来的社会主义和共产主义而奋斗这样两个明确的目标。”邓小平指出：“一定要让我们的人民，包括我们的孩子们知道，我们是坚持社会主义和共产主义的，我们采取的各方面政策，都是为了发展社会主义，为了将来实现社会主义。我们的信念理想就是搞共产主义。”

我国正处于社会主义初级阶段，在迈向共产主义的征途上，既有实现共产主义的最高纲领，也有每个阶段的最低纲领。我们党根据最低纲领和最高纲领制定了社会主义初级阶段的基本路线和党的最终奋斗目标，因此进行理想信念教育就是进行建设中国特色社会主义共同理想信念的教育；进行共产主义远大理想信念的教育。《中共中央国务院关于进一步加强和改进大学生思想政治教育的意见》中对大学生的理想信念教育进行了这两个层次的划分。这两个方面的教育是紧密联系、相互渗透的。中国特色社会主义的共同理想信念是共产主义远大理想信念在当代中国的阶段性表现，是引导大学生追求更高目标并树立远大理想信念的起点。

所谓大学生理想信念教育，主要是指教育工作者用科学的理论对大学生施加有目的、有计划、有组织的影响，使他们树立起建设中国特色社会主义的共同理想和共产主义的崇高理想信念的实践活动，是以政治教育为核心的教育体系，是大学生思想政治教育的核心部分。对这一内涵的把握：

（1）准确理解教育的内涵。大学生理想信念教育主要指的是一种狭义的教育实践活动，专指在高校这样的机构内，按照一定的社会要求，有目的、有计划、有组织地培养大学生树立起坚定理想信念的社会实践活动。

（2）理想信念教育是一种社会实践活动。坚定信念的过程是一个与现实相结合、与实践相结合的过程。理想信念与社会生活之间有着紧密的联系并始终处于互动之中，社会主义和共产主义理想信念是现实的社会主义运动的反映，它必然与生动的现实发生实际的相互作用，并在这个过程中不断调整和完善自己。对大多数当代大学生来说，他们对中国特色社会主义的理想信念也是在社会生活中逐步确立起来的，也需要随着实践的发展而不断地巩固和升华。

因此，把大学生的目光全部吸引到未来某个目标上的同时，应加强关于社会人生基本信念的教育，给大学生的实际生活以价值导向上的信念引导，让大学生在社会实践活动中坚定理想信念。

（3）理想信念教育必须旗帜鲜明，锲而不舍。大学生思维活跃，他们既有很快接受新思想的敏感性，又有较强的独立思考判断的能力。面对大量的形形色色的思想、理论，每天都在进行自觉或不自觉的鉴别和选择。理想信念一旦形成，改变一个人错误的理想信念，远比帮助其从无到有形成正确的理想信念要艰巨得多。因此，在高校理想信念教育中，对科学的正确的理想信念一定要旗帜鲜明地加以弘扬，对于不科学的错误的观点一定要坚定地予以批驳和反对。一个人理想信念的形成又是知、情、意、行各方面相互作用的长期的过程，这种长期性决定了理想信念教育绝不是一朝一夕的事，而是一个复杂长期的过程。在理想信念教育中，既不能急功近利，寄希望于通过短期的教育工作就能让学生树立坚定正确的理想信念，又不可放松削弱，畏难于理想信念教育的艰巨性而失去信心。

理想信念教育蕴含着客观的目标，这一目标是理想信念教育的出发点和落脚点。大学生理想信念教育的目标就在于“通过理想信念教育，在大学生这个重要的青年人群体之中，弘扬以爱国主义为主要内容的民族精神和以改革创新为重点的时代精神，发扬集体主义精神，坚定共产主义的崇高理想和社会主义坚定信念，使全体大学生始终保持积极进取的人生态度、昂扬向上的精神状态和不屈不挠的坚强意志”。大学生理想信念教育目标的定位应该是多层次多规格的，既具有社会主义初级阶段的现实性，又体现共产主义的方向性，是现实性和方向性的统一。既注重教育目标的终极关怀，又注重与现实的结合，是现实性基础上的“一种超越”。具体体现为，在培养大学生具有社会主义和共产主义理想信念的同时，应结合大学生本身的实际情况，注重生活理想信念、道德理想信念和职业理想信念的培养，从而使他们更好地把社会理想信念和个人理想信念结合起来，将对社会主义和共产主义的理想信念转化为一种为祖国奋斗的强烈使命感和社会责任感，积极努力学习，不断自我完善，为服务社会做好充分准备。

（二）大学生理想信念教育的内容

大学生理想信念教育的内容是大学生理想信念教育过程中不可或缺的要素，是大学生理想信念教育目的和任务的具体化，关系着大学生理想信念教育的性质。科学构建大学生理想信念教育的内容体系，对于加强大学生理想信念教育的理论研究和实践工作，具有十分重要的意义。大学生理想信念教育的主要内容有：“三观”教育、“三个自信”教育、“中国梦”教育、社会主义法纪教育、艰苦创业精神教育等。

1. “三观”教育

所谓“三观”主要是指世界观、人生观、价值观。世界观、人生观、价值观是一个有机整体，世界观具有决定作用，有什么样的世界观就有什么样的人生观、价值观。世界观、人生观和价值观是人对世界、人生和社会生活的总体看法和基本评价，是人的精神世界的主体内容，也是其他方面观点和态度的基础和背景。从一定意义上讲，一个人的“三观”决定着这个人的精神面貌，决定着他是一个怎样的人。崇高的理想信念，归根结底来自科学的世界观和正确的人生观、价值观。“全心全意为人民服务”，这是“三观”的核心和最高标准。大学生只有树立正确的世界观、人生观和价值观，才能把自我成才、自我实现的个人理想与为人民、为民族、为振兴中华的奋斗目标融为一体，才能不为权利、金钱、美色所诱惑；才能保持清醒的头脑，对各种错误思潮有较高的鉴别力、批判力和政治敏锐性，不致使自己误入歧途。因此，加强大学生理想信念教育的关键所在是切实抓好对大学生进行正确的世界观、人生观和价值观的教育。

当前，受西方思潮以及拜金主义、享乐主义和极端个人主义的影响，一些大学生在“三观”方面存在着种种令人忧虑的问题，如一些大学生存在着“马克思主义过时论”“社会主义失败论”等悲观情绪和“远离政治”“放弃崇高”等消极思想；在价值观方面表现为崇尚自我，集体主义意识下降，把狭隘的个人利益作为行动的宗旨，只讲索取，不讲奉献；在人生观方面，少数学生不思进取，缺乏为人民服务的思想观念和艰苦奋斗的精神等等。可见，在新形势下需加大“三观”教育的力度。世界观教育的根本内容是马克思主义世界观教育。通过马克思主义辩证唯物主义、历史唯物主义和马克思主义认识论的教育，引导大学生掌握马克思主义的基本原理，尊重事实、尊重实践、尊重科学，用全面的、发展的、联系的观点分析问题、解决问题，克服孤立、静止、片面的形而上学倾向，正确分析和面对现实，积极投入建设有中国特色社会主义的实践。人生观教育主要包括人生理想教育、人生目的教育、人生价值教育、人生态度教

育等。通过人生观教育使大学生们树立正确的人生理想，把人生向往和追求的目标建立在对现实发展可能性认识的基础上，把个人的理想与社会的理想统一起来，树立正确的人生目的，用正确的人生观思考和对待人生中面临的荣辱、顺逆、得失、苦乐和贫富等问题。价值观教育的根本内容是集体主义价值观教育。在价值观的教育上必须着力于价值目标、价值评价和价值取向的教育，引导大学生正确处理个人价值和社会价值的关系。只有抓好大学生的“三观”教育，才能校正他们的人生坐标，坚定他们的理想信念。

2.“三个自信”教育

党的十八大报告提出“中国特色社会主义道路、中国特色社会主义理论体系、中国特色社会主义制度，是党和人民在长期实践中取得的根本成就”，号召全党要坚定道路自信、理论自信、制度自信，强调“广泛开展理想信念教育，把广大人民团结凝聚在中国特色社会主义伟大旗帜之下”。“三个自信”是马克思主义理论中国化的最新成果，是实现“中国梦”的力量源泉，是理想信念教育的核心。“三个自信”引领大学生理想信念教育是当前理想信念教育的时代要求，是大学生思想政治教育的题中应有之义。大学时期是理想信念形成的关键时期，因为“大学阶段是青年人从青涩走向成熟、从校园到逐渐接触社会的过渡时期，这一时期也是学生树立人生观、价值观以及世界观的关键时期”，“三个自信”能否被当代大学生接受，不仅关系到中国特色社会主义的目前境遇，而且关系到国家和民族的未来。

当前，中国社会正处于深刻的转型变化时期。在社会转型时期人们的思想观念多样、多元、多变，一些领域道德失范，一些社会成员人生观、价值观扭曲。当代大学生是在社会转型中长大的，他们开放程度高，思想变化快，个体意识强，但缺乏对政治、经济与人民生活的深入了解。随着信息网络化以及大众传媒的快速发展，我们迎来了文化多元的时代。多元文化渗透到社会生活的各个领域，极大地改变了人们的生活状态和生活方式以及思维模式、社会心理和价值观念。这些都不可避免地对大学生理想信念产生影响。

持续 21 年的大学生思想政治状况滚动调查结果表明，当前高校学生的思想政治状况是积极、健康、向上的，但各种文化思潮和价值观念相互激荡，一些西方国家通过经济、政治、文化等手段，在意识形态领域混淆视听，抢占地盘。经济上，中国作为后发展国家与西方发达国家的比较劣势加大了说明社会主义制度优越性的难度。面对世界社会主义运动转入低潮，面对当代资本主义发展中纷繁复杂的现象，在他们中间出现了不同程度的信念迷茫、理想模糊、观点偏激、责任缺乏、意志脆弱等方面的问题。

对于大学生理想信念方面出现的这些问题，我们应该高度重视。因为大学生群体的理想信念状况是非常关键的，它承载着中华民族伟大复兴的“中国梦”，承载着国家的前途和命运。用“道路自信、理论自信、制度自信”对大学生进行理想信念教育，让大学生看到了一个愈加成熟、愈加自信的马克思主义执政党的最强底气，也让他们看到了不断谱写壮丽篇章的中国共产党在新的机遇与挑战并存的历史交汇点上，在风云变幻的世界舞台上，如何把握中国的前途和命运，在新的历史起点上将会举什么旗、走什么路、以什么样的精神状态走向未来。让大学生认识到中国特色社会主义是由道路、理论体系、制度三位一体构成的有机整体，具有鲜明的中国特色，合乎人民群众利益。对大学生进行“三个自信”教育，让他们理解作为建设中国特色社会主义途径的道路、作为指导道路的理论和作为根本保障的制度是中国社会历史发展的必然，是近百年来无数仁人志士不断探索的结果，也是中国人民认识不断升华的结果，从而将心理上的自信、思想上的坚定转化为行动上的自觉，始终不渝地坚持和发展中国特色社会主义。

3. “中国梦”教育

中华民族是一个富有梦想又勇于实现梦想的民族。建设“富强、民主、文明、和谐”的现代化国家，实现中华民族的伟大复兴，是近当代中华儿女的共同梦想，这是整个民族与国家的价值追求。“中国梦”是国家强盛之梦、民族复兴之梦、人民幸福之梦，这是中华儿女的共同理想和社会愿景，需要全体中华儿女的共同努力，尤其是青年一代，要把人生追求与社会理想结合起来，树立责任意识，形成自觉行动的伟大“合力”。党的十八大以后，习近平同志与中央政治局其他常委一起参观《复兴之路》展览时，发表了有关“中国梦”的著名讲话。习近平总书记在 2013 年 3 月 17 日第十二届全国人大第一次会议闭幕会上的讲话中进一步阐述“中国梦”的内涵，强调实现全面建成小康社会，建设富强民主文明和谐的社会主义现代化国家的奋斗目标，实现中华民族的伟大复兴，是中华儿女最大的梦想，这就是“中国梦”。习近平同志指出：“‘中国梦’是我们的，更是你们青年一代的。中华民族伟大复兴终将在广大青年的接力奋斗中变为现实。”习近平同志这一激励的话语充分说明了青年一代的成长成才与祖国需要的一致性。“中国梦”的教育在第十章有详细内容，这里不再赘述。

4. 社会主义法纪教育

法纪是一种带有约束性、强制性的行为规范，是人与人之间进行社会联系的重要形式。它既约束人们该做什么，又提倡人们应该做什么。邓小平极为重视法纪，他反复强调：我们要培养有理想、有道德、有文化、有纪律的社会主义“四有”公民。“四有”是一个相互联系的统一整体，在“四有”“这四条里面，理想和纪律特别重要。有了理想，还要有纪律才能实现。”有纪律对于其他“三有”起着重要保证作用。法纪是理想和道德在实际工作和社会生活中的表现，也是实现理想、维护道德的重要保证。理想丧失、道德堕落和违法乱纪常常是联系在一起的。对于青年学生来说，有纪律，做到懂法、守法、护法是学习科学文化，提高知识水平，不断朝人生理想迈进的重要保证。因此，大学生理想信念教育需要进行经常的社会主义法纪教育，建立健全必要的制度，采取一系列有力的措施。

开展对大学生的社会主义法纪教育，要教育和引导大学生真正懂得坚决执行法纪是加强和改进党的领导的需要；要教育和引导大学生正确认识和处理法纪与民主、自由的关系；要教育和引导大学生自觉遵守法律，做到懂法、守法、护法，自觉地维护国家安定团结的政治局面。“思想信仰问题的解决是一个长期过程，而且也有其内在的规律，并非主观上愿意相信，其内心就能相信。因而在当前不放松理想信念教育的同时，更多地把精力放在法纪方面的建设上，大力培养人民的法制意识，加强法制建设，就能较快的收到效果。”因此，对大学生进行社会主义法纪教育是对大学生进行理想信念教育的最起码要求，其最终目的是使大学生养成一种“理性的自觉”，把坚定社会主义理想信念变成一种自觉的行动。

5. 艰苦创业精神教育

党的十四届六中全会通过的《中共中央关于加强社会主义精神文明建设若干问题的决议》明确指出：在全民族树立艰苦创业精神，是实现社会主义现代化的重要思想保证。艰苦奋斗是中国共产党的优良传统，艰苦创业是现代化建设所必需的伟大精神。大学生作为社会主义现代化事业未来的建设者、骨干和接班人，他们的精神面貌直接影响着社会主义事业的成败。因此，在新形势下，要在大学生理想信念教育中深入持久地进行艰苦创业精神教育，大学生只有保持

和发挥艰苦创业精神，才能担当社会主义现代化事业的重任，才能成长为合格的社会主义建设者和接班人。

进行艰苦创业精神教育，应有针对性地开展关于建设中国特色社会主义的长期性、艰巨性的教育，要使学生深刻理解，在我们这样一个经济文化比较落后的国家，实现社会主义现代化，是前所未有的伟大事业，其本身就是一个长期的艰苦创业的过程；深入进行国情教育，必须让大学生充分了解中国的国情决定了必须发扬艰苦创业精神；进行艰苦奋斗的优良传统教育，大力发扬艰苦奋斗、励精图治、知难而进、自强不息的精神，把人们的积极性激发起来，把各方面的力量凝聚起来，同心同德，为实现跨世纪宏伟目标而努力奋斗；进行勤俭节约，反对浪费的教育；进行端正学风教育，使学生养成严谨、求实、顽强、进取的良好学风。

培养大学生艰苦创业精神，首先，要引导他们树立崇高的理想信念。理想信念是艰苦奋斗的精神支柱和动力源泉，艰苦奋斗是实现崇高理想信念的必由之路，大学生首先要树立热爱社会主义的深厚感情和实现四化、振兴中华的坚定信念；其次，要确立解放思想、实事求是的思想，这是创业精神的精髓，大学生要研究社会，了解国情，与实践结合，投入到改革开放的洪流中，使自己不只停留在抽象的口号和价值判断上，而成为一个关心拥护改革的热情参与者；再次，要坚定“艰苦奋斗，知难而进”的意志，这是创业者的品质。要实现崇高的理想就必须付出必要的代价，靠辛勤耕耘和劳动。要树立锐意进取，勇于进取的精神，这是创业者的精神风貌。这种精神意味着英勇不屈、百折不挠、不畏艰辛；意味着敢作敢为、不断开拓、锐意创新。

二、和谐社会视域下大学生理想信念教育内容的充实

（一）社会主义核心价值观教育

首先，和谐社会理念要求重视大学生的核心价值观教育。马克思主义认为，价值信仰是物质利益在意识形态领域里的反映，共同的价值信仰是共同的物质利益的反映。另一方面，价值信仰一旦形成之后，就会成为强大的精神力量，对社会团结、和谐产生巨大的能动作用。历史经验表明，无论任何时候，共同的价值信仰都是全社会共同的精神支柱，为社会的发展指示前进的正确方向，提供源源不断的精神激励和智力支撑。社会主义和谐社会是一个有着共同价值信仰和道德行为规范的社会，它将成为社会主义和谐社会得以不断发展的基础。

马克思主义指导思想、中国特色社会主义共同理想、以爱国主义为核心的民族精神和以改革创新为核心的时代精神、以“八荣八耻”为主要内容的社会主义荣辱观，这四个方面的基本内容相互联系、相互贯通，共同构成辩证统一的社会主义和谐社会建设的核心价值体系。社会主义核心价值体系是社会主义制度的内在精神和生命之魂，它决定着社会主义的发展模式、制度体制和目标任务，在所有社会主义价值目标中处于统摄和支配地位。没有社会主义核心价值体系的引领，构建和谐社会就会迷失方向、失去重心、丧失依托。

自从党的十六届六中全会以来，教育部采取多种措施，教育引导大学生努力成为社会主义核心价值体系的深入学习者、坚定信仰者、积极传播者、模范践行者，取得了明显的成效。其中一个突出的进步，就是当代大学生对邓小平理论、“三个代表”重要思想和科学发展观高度认同，对党的路线、方针、政策高度拥护，对走中国特色社会主义道路有高度信心，对中国共产

党高度热爱。加倍重视学生的核心价值观教育，营造有利的环境，以具有凝聚力的社会主义文化中的核心价值来引导大学生的发展，帮助他们塑造蕴含着社会共同价值观念的品质，对促进大学生的全面发展意义重大。

（二）社会主义新型劳动观教育

社会主义新型劳动观的基本内涵是指不论是体力劳动还是脑力劳动，不论是简单劳动还是复杂劳动，一切为社会主义现代化建设做出贡献的劳动都是光荣的，都应该得到承认和尊重。一切合法的劳动收入和合法的非劳动收入，都应该得到保护。具体来说，基础性劳动、创造性劳动、管理性劳动都是创造价值的生产劳动，应当受到社会的承认与尊重。

和谐社会理念要求促使全社会形成平等互利、协作和谐的劳动关系。在和谐社会背景下，可以考虑从以下三个维度来进行大学生新型劳动观教育：

（1）劳动的平等观。劳动是人有目的地改造自然的活动，是人的脑力和体力的支出以满足社会和个人需要的活动。在社会主义社会的和谐发展中，一切有益于人民和社会的劳动都是平等的，是应当受到尊重的。脑力劳动不比体力劳动更高等，体力劳动也不比脑力劳动更光荣。劳动的平等观的形成有助于大学生以长期的、理性的眼光看待自己的就业以及将来的职业发展问题。

（2）劳动的合作观。劳动主体之间的合作是现代社会化大生产的首要特征和必然要求。在马克思的《资本论》中我们已看到，劳动合作产生的规模效益和促进社会分工的作用是促进机器化大生产发展的前提和动力。没有劳动的合作，就没有生产的发展。因此，在合作中的劳动，不管它是基础性劳动、创造性劳动或是管理性劳动，都不会因其具有某种特殊的性质而可以离开劳动合作存在。劳动的合作观的形成有助于大学生正确认识自身的价值，认清自己与集体、社会之间的关系，树立起合作的观念，使集体主义的精神真正成为其自身品质的内涵之一。

（3）劳动的素质观。社会主义市场经济的发展要求劳动者素质的不断提高。素质的提高不仅仅包括劳动者在某一专门领域内知识或技术水平的不断提高，还包括劳动者跨专业、跨行业综合知识和技能的提高。素质的提高也不仅仅是一个阶段或一个时期的事情，而是长期的、动态的过程。对于一名劳动者来说，就是一个终身学习的过程。这是现代知识经济发展的必然要求。对于大学生来说，尤其要注意培养和形成自己的劳动素质观，不把学习当成只能在学校完成的事，而是将学习的过程贯穿于自己整个职业生涯中，以终身学习的态度来应对知识和技术的变化。

（三）社会主义公平观教育

和谐社会理念要求社会成员之间各尽所能、各得其所、和谐相处。一个各尽其能的社会需要制度的保证以使全体社会成员都能够充分发挥其个人的才能；一个各得其所的社会需要有公平的制度来保证个体的权利不被别人侵犯；而一个和谐相处的社会则必须建立在人人能够相互信任的制度基础之上。因此，和谐社会理念的贯彻需要制度保证，构建和谐社会的过程也就是不断的制度创新和变迁的过程。由此可见，制度公平是和谐社会公平观的重要内容。

社会主义和谐社会理念需要树立科学的制度公平观。在这一公平观下，每一个人都有平等的权利和机会，在平等的制度规则下参与竞争。由于制度规则是平等的，这一类型的公平可以

在很大程度上减轻由于竞争结果差异而产生的心理失衡。同时，在制度公平基础上形成的社会公正状态，将使社会能够在一个安全、健康的环境中得以发展。

社会主义公平观的培养和树立对于和谐社会理念的贯彻有重要意义。首先，社会主义公平观的培养有助于缓解由于经济发展和转型产生的道德冲突，解决种种急待解决的社会矛盾，提高社会的和谐程度；其次，强调制度公平的社会主义公平观的培养将构建社会主义法制的坚实基础，推进社会主义法治建设，为社会主义和谐社会的稳定创造制度条件；最后，社会主义公平观的培养将有效地消除过去僵化的、绝对平均的公平观，形成一个有序竞争的社会主义市场经济环境，为社会主义和谐社会的不断发展创造外在的环境条件。有关调查研究表明，当代大学生社会平等的观念较强，对平等分配资源的结果公平较为关注。而对社会公平，即强调按需要进行分配、注重效率的制度公平，认同者不多。也正因为如此，大学生理想信念教育要强调社会主义公平观的教育和培养。通过公平观教育，促进大学生对社会现实的理解，提高大学生对是非问题的判断能力，树立尊重规则、有序竞争的行为准则。只有这样，受过高等教育的年轻一代才能具有与社会主义市场经济相适应的价值观念，才能在适应市场竞争的条件下，逐步树立权利与义务相对应的观念，促进其身心的健康发展。

（四）创新精神培养

建设社会主义和谐社会，要注重激发社会活力，调动一切积极因素，充分发挥市场经济能够利用一切分散的知识资源的优势，不断推动经济社会的发展。社会主义和谐社会应该是一个充满创造活力的社会，在这一社会中，一切有利于经济发展、社会进步的创造欲望都应该得到尊重，一切社会个体的创造活动都应该得到支持，一切创造的成果都应该得到肯定和保护。总之，一个鼓励创造、通过不断的创造来提高社会运转效率的社会才有可能在持续发展的过程中达到和谐。从本质上讲，创新意识是一种思想上求变、求新的意识和冲动。一个人是否具有创新精神不是看他已经占有了多少知识或资料，而是要看他是不是想去探知未知的事物和尝试新的东西。创新精神是可习得的。在大学教育中，大学专业教育和理想信念教育应该共同作用，培育大学生的创新精神。在教育中，应当鼓励大学生在不断学习新知识、尝试新方法的过程中逐渐养成求变求新的精神。只有这样，作为未来社会主义和谐社会建设主力军的大学生才能以积极和创新的姿态来迎接知识经济的挑战。

（五）诚信友爱教育

诚信友爱是和谐社会的道德基础。它要求全社会互帮互助、平等友爱、诚实守信。随着市场经济的不断发展，社会成员之间相互选择的机会增加了，有些人为了追逐自身利益最大化，采取了一些不正当的手段，这种失信现象影响了市场经济和自身的发展。大学生是未来社会的建设者，参与经济活动的主体，培养他们诚实友爱、公平竞争的道德素质，对构建社会主义和谐社会将起到关键性作用。在校大学生大多数单纯、正直，所以大学时期是打造大学生诚信理念的最好时机。在实施诚信教育方面许多学校已作了许多有益尝试，建立诚信档案就是一个很好的途径。学校可以通过建立大学生个人诚信档案，把每位学生在学习、经济、生活、择业中的诚信度进行量化打分，对其出现的不诚信行为要相应减分。比如考试作弊现象，借贷、借物到期不还者，学生干部不尽职，学生不参加集体活动、不履行义务，浏览非法或不健康网站，择业中有不正当竞争行为等。每学年结束时进行总评，最后分成等级，以奖励先进，激励后者。

当前的大学生大多是独生子女，舒适的个人生活让他们养成孤僻、自私的习性。在大学生活中应注重培养大学生的友爱观念和集体主义思想，教育学生正确处理个人利益和集体利益之间的关系，把自己视为所在集体的主人。在这一过程中，学生可以学会齐心合力来解决外部和自然的挑战，学会尊重、宽容、谅解他人，学会设身处地为他人着想，学会妥善控制自己的情绪，从而学会建立平等友爱、融洽和谐的人际关系。

（六）环境道德教育

人与自然和谐相处是和谐社会的基本特征。人与自然和谐相处就是生产发展、生活富裕、生态良好。而保持良好的生态环境，是实现生产发展和生活富裕的前提和保证。21 世纪，资源问题、环境问题等生态危机严重威胁着人类的健康，制约着经济社会的发展。大学生是我国社会倡导生态保护的生力军。近年来虽然开展了不少丰富多彩的环保活动，但就整体而言，大学生对生态保护的理解和认识并不深刻，对生态保护知识的了解和掌握还很肤浅，学校可以将环境道德纳入学校德育，利用一切渠道，例如植树节、环境日、防治荒漠化日等纪念日，开展生动活泼的宣传教育活动，以培养学生的环保意识，形成正确的生态责任感和义务感，让大学生关心社会与经济发展的生态后果，选择对生态有益的价值取向，正确选择、调节自己的行为。让大学生深刻认识到，在创造财富时，必须考虑到自然的承受力，并尽最大努力修复千疮百孔的自然，使自然与人类和谐统一，才能保护我们赖以生存的空间，才能做到可持续发展。构建社会主义和谐社会是我国经济社会发展和进步的必然要求，是我国实现富强、民主、文明的社会主义强国的目标。发展社会主义教育事业，必须坚持理想信念教育为先，育人为本，促进人的全面发展，推动和谐社会建设。

第二节　和谐社会视域下大学生爱国主义教育

爱国主义是人类千百年来各自祖国彼此隔离而形成的对自己祖国的一种极其热爱和忠诚的深厚情感。世世代代的炎黄子孙在爱国主义的熏陶下，形成了坚固的华夏意识，共同演绎了无数爱国传奇。中华儿女的爱国精神在现代体现为构建和谐社会的具体实践，这是中国传统美德与时代精神的完美结合。构建和谐社会是当今我国广大人民的现实利益和共同奋斗目标，也是大学生不可推卸的责任。大学生是构建和谐社会的重要力量，没有强烈的爱国情怀，难以担负起构建和谐社会的重任。加强大学生爱国主义教育，把他们培养成坚定的爱国者，是构建和谐社会的必然要求。

一、大学生爱国主义教育的含义与特点

（一）大学生爱国主义教育的含义

所谓爱国主义是长期生活在一定疆域里的人民在历史上逐渐形成的对自己祖国的一种深厚感情，这种感情集中表现为对自己祖国的炽烈热爱和无限忠诚，表现为民族自尊心和民族自信心，表现为人民为争取自己祖国的独立富强而英勇献身的奋斗精神。思想政治教育的主要内容

包括以马克思主义、中国特色社会主义理想、社会主义荣辱观、以爱国主义为核心的民族精神和以改革开放为核心的时代精神在内的社会主义核心价值体系为基础，从这不难看出，爱国主义就在其中，因此作为主旋律的爱国主义首当其冲受到了影响。爱国主义教育是以爱国主义为主要内容向社会成员进行有计划，有目的的教育活动，最后以达到符合一定阶级和社会所要求的目标的活动。而大学生的爱国主义教育主要是针对当前大学生这一群体而开展的教育，以帮助这一群体树立正确的价值观和人生观，成为社会主义事业建设的接班人。

爱国主义教育是我党一直在思想政治工作方面所注意的问题，在不同的历史阶段我党所采取的政策和策略的方式、方法是不同的。也正因为如此，必须明白，爱国主义是一个历史的范畴，其内涵是随着历史的发展而不断变化的。自从改革开放以来，我党就对民族精神的教育非常重视，而爱国主义就是民族精神的核心。爱国主义作为民族精神的核心，它的弘扬与继承特别是对于我们这个具有56个民族的大家庭来说，它所起的作用是举足轻重的。对于增强我国人民特别是作为将来社会主体的大学生的民族自尊心和民族自豪感来说是意义重大的，有利于我国各项建设目标的实现，最终实现和谐社会宏伟目标。

爱国主义在不同的历史时期所具有的内涵是不同的，我们先从以下两方面来分析：

（1）明确其中“国”是一个怎样的国，含义又是什么。国家是阶级矛盾不可调和的产物，经济基础决定上层建筑，每一个国家都是建立在经济基础之上的，国家是阶级统治的工具。那么这个国与我们平时经常所提起的祖国是不是一个含义呢？大多数人会认为这是一致的。但事实上，祖国是一个包含着一定自然条件的、地域的、历史的、民族的、血缘的、语言的、文化的、物质的和精神的综合体，是专属于某国人民独有的最高价值体系。从笔者个人理解来看，爱国主义指的应该是人们热爱自己的祖国。

当然，作为两个不同的概念，其在不同的历史时期所采取的态度也应是有所区别的。就拿国家来说，其作为阶级统治的工具，当然维护的就是统治阶级的利益，与大多数被统治阶级的利益是相互违背的。在第二次世界大战期间，纳粹德国、意大利、日本等法西斯国家，违背了大多数人民的意愿，发动了战争，置人民的生命与生活不顾，将人民放在水深火热当中。那么作为这一国家的子民应该抱有怎么样的态度，该采取怎样的措施，他们应该热爱自己的祖国，但是却不应该热爱被法西斯统治者控制的法西斯政权，因此，对待国家是不能持一种态度不变的。他们只有推翻了法西斯国家的统治，才能为自己祖国的进一步发展提供更好的环境与条件。正如马克思、恩格斯所说：“统治阶级的思想在每一个时代都是占统治地位的思想。这就是说，一个阶级是社会上占统治地位的物质力量，同时也是社会上占统治地位的精神力量。支配着物质生产资料的阶级，同时也支配着精神生产资料，因此，那些没有精神生产资料的人的思想，一般也是隶属于这个阶级的。”但是，国家与祖国不同。国家作为阶级统治的工具，就不能一概以热爱待之。正如上边所举的例子，我们就应该区别对待。作为最大的社会主义国家，我们热爱祖国和国家是统一的、不可分割的，我们注重自己的发展，关注民生，在我国，广大人民是作为统治阶级出现的，因此国家利益和人民的利益是一致的，同时我们在世界上也尊重别的国家，主张和平发展，反对强权政治和霸权主义。

（2）我们应该知道什么是爱国主义。列宁曾经下了一个简明而经典的定义：“爱国主义是由于千百年来各自的祖国彼此隔离而形成的一种极其深厚的感情。”主要内容包括热爱祖国、热爱人民，以及人们为争取自己祖国的独立富强而英勇奋斗的奋斗精神。富有民族自尊心，自信心和民族自豪感，对祖国怀有强烈的感情，并在祖国母亲处于外族入侵和国家分裂时能够奉献自己的一切，包括生命，为此奋斗，永不退缩。

爱国主义作为一种社会意识形态，一直以来就是中华民族的优良传统，更是我们宝贵的精神财富，在他的激励下一代又一代的人民不畏艰险一直向前，远到历史上抗击外族入侵，近到打击日本侵略者的侵略，再到今天的社会主义建设，都有爱国主义精神的作用。在构建社会主义和谐社会的今天，它同样起着重要的作用，实现“十二五”规划，“十三五”规划的制定，全面建设小康社会，构建社会主义和谐社会，都离不开它。而中国和平的崛起，走向世界同样也需要爱国主义的支持。作为新一代的我们，更应牢记爱国主义传统，处理好个人与个人，个人与集体、社会的关系，以高度的责任感和民族自豪感、自信心，积极投入到具有中国特色的社会主义的建设中去。为实现中华民族的复兴做出自己的贡献。

（二）大学生爱国主义教育的特点

大学生作为处在时代最前沿的一个群体，其重要性不言而喻。在经济全球化的今天，大学生的爱国主义教育已经成为当代高校思想政治教育工作的重中之重，其表现出了许多特点，主要包括以下几个方面：

1. 大学生爱国主义教育中出现的特点

（1）面对群体的特殊性。爱国主义教育是每一个国民都应该接受的，本部分主要讨论的是大学生的爱国主义教育，这就决定了所面对的群体具有一定的特殊性。本群体的特殊性主要体现在以下几个方面：首先，所处人生阶段的特殊性。大学生作为一个特殊群体正处在走向社会的边缘阶段，人生观、价值观、世界观等都处在形成和定型时期，从一个相对安定的环境进入到社会中去，思想必定会经历各种斗争，从而产生各种变化，因此需要加强对这一群体的关注。其次，大学生作为一个年轻活泼的群体，他们思维活跃，热情感性，学习能力强，但是他们在对事物的认识和分析上，也容易片面、肤浅。这就说明大学生在意识形态方面还处于不稳定的阶段，在对其进行爱国主义教育时就会面临比其他群体更大的困难，所以在选择载体和教育方法的时候就应该结合他们的思想变化、具体实际情况去确定。

（2）爱国主义教育内容的鲜明时代性。爱国主义作为一个历史范畴，其内容是随着历史的发展而不断变化的。从古代到现在，爱国主义教育的内容都在不断地发生变化。在古代以爱国和保卫国家的统一，忧国忧民的意识为主线，到了近代，无数的仁人志士也为了国家的独立和民族的富强而进行了英勇的抗争，新中国成立以来，爱国主义教育的内容统一于社会主义现代化建设的实践中。当前，我党结合实际情况提出了各种发展战略。十二五规划的制定，全面建设小康社会的实现，构建和谐社会，科学发展观等等，都是当代爱国主义教育的主要内容，与爱国主义是相统一的，大学生的爱国主义教育就是帮助他们将这些内容内化，然后进一步付诸到建设有中国特色的社会主义实践中去，全力促进一个又一个宏伟目标的实现。

（3）爱国主义教育载体多样性与方式方法的灵活性。爱国主义作为社会的一种意识形态，必须要借助一定的载体才能够传播，并被人们所接受。通过载体使爱国主义所要求的目标和内容为受教育者所内化，最终实现促进社会发展的目的。爱国主义教育的载体必须承载着其目的、内容、任务、原则等信息，并能为教育者所操作，还必须是联系教育主体和教育客体的一种形式，主客体可借助这种形式发生互动。当前爱国主义教育的载体呈现出多样性的特征，主要包

括以下几种载体：管理载体、文化载体、活动载体、大众传播载体、网络载体。这几种载体，在大学生的爱国主义教育中，都是比较重要的，通过班级管理，课堂教学，社会或是班级组织的各种活动，接触各种媒体所传播的信息等都可以接收到爱国主义的内容，并能够获得相关有用的信息。网络载体是一种新型的载体形式，其对于大学生的爱国主义教育的重要性要求我们必须充分利用这一载体，大力传播与我国社会发展相一致的思想观念、价值观念、道德规范和社会所宣扬的先进文化，来更好的促进大学生爱国主义教育建设。

与此相对应，爱国主义教育的方式方法也是多样的灵活的，当前主要包括：理论灌输法，实践锻炼法、自我教育法、榜样示范法、比较鉴别法等，这些方法彼此之间是相互依存的，在运用这些方法的时候应该具体情况具体分析，结合所处的环境选择合适的方法，力求使爱国主义教育的效果达到最好。

(4) 大学生爱国主义教育呈现出重理性，主动性突出，课堂化的特点。在对爱国主义有所认识的基础上，爱国主义教育可被定义为：一定社会的教育者，根据国家、民族或政党的要求，通过一定的教育内容、方法和手段，对受教育者施加有目的、有计划、有组织的爱国主义思想影响，培养人们的爱国主义情感，增强人们的爱国意识，引导人们开展爱国行动的一种教育实践活动。所以就要根据爱国主义教育的规律去开展，由于大学生所处的阶段的特殊性，各方面都快速发展，生活领域和交往范围不断扩大，特别是在大学教育中接触到更广阔的科学领域和丰富的知识，在社会意识形态方面也具有自己的鉴别力，抽象逻辑思维受到全面锻炼，能够从事物的发展规律去预测事物的发展方向，他们的身心发展已经趋于成熟。正是因为如此，大学生的爱国主义教育呈现出理性的特征，已经摆脱了中小学感性认识阶段。另外，在大学生的爱国主义教育中，教育者和受教育者都能根据自己的需要灵活地去选择。教育者不能把爱国主义教育当作是任务，草草了事，心不在焉。要根据时代需要选择爱国主义教育的内容，并认真地施教。大学生随着自己各方面的成熟，使得自己在接受爱国主义教育时也表现出自己的主动性，表现出强烈的时代责任感。课堂化的特点是把爱国主义教育的内容寓于课本当中，通过课堂的教学促使受教育者把内容内化，从而达到爱国主义教育的目的，这种方式也是较为普遍的应用的一种。

2. 当前大学生爱国主义教育内容呈现出的新特点

(1) 祖国整体利益是新时期爱国主义教育的共同主题，反对分裂、维护祖国统一是新时期爱国主义教育的重要内容。祖国利益高于一切。面对任何危害国家利益的行为，我们必须勇于斗争，时刻维护国家利益。面对日本在钓鱼岛问题上的挑衅必须据理力争，面对美国的人权攻击必须用事实去反击他们等等。所以，我们应该将这一内容融入大学生爱国主义教育的过程中，时刻提醒他们，祖国利益高于一切。另外，我国自古以来就是统一的多民族国家，统一一直是发展的主题。自从中华人民共和国成立以后，我国摆脱了以往任人欺负的地位，各方面都发生了翻天覆地的变化。面对新中国成立后所面临的历史遗留问题，必须千方百计地去解决它。随着我国综合国力的提升，在这一步上已经迈出了非常重要的一步。香港、澳门的回归就是最好的证明。在新时期，祖国的统一仍是重要的目标，而完成这一目标的主体就是我们的大学生，未来事业的接班人。因此对大学生的爱国主义教育我们必须高度重视。

(2) 爱国主义与社会主义的一致性是新时期爱国主义教育的本质特征。当前，我国正处在全面建设小康社会时期，必须大力发展经济。社会主义的本质是不断解放和发展生产力，消灭剥削，消除两极分化，最终实现共同富裕。而爱国主义是长期生活在一定疆域里的人民在历史上逐渐形成的对自己祖国的一种深厚感情，这种感情集中表现为对自己祖国的炽烈热爱和无限忠诚，表现为民族自尊心和民族自信心，表现为人民为争取自己祖国的独立富强而英勇献身的奋斗精神。由此可以看出爱国主义教育的目的就是为了帮助当代大学生树立正确的人生观、价值观，培育他们对祖国的热爱，在现阶段就是让他们更好的发展自己，将来投身于社会主义现代化建设的实践中，以最终实现社会主义为目标，为社会主义的实现提供精神动力和智力支持。

(3) 建设社会主义现代化强国是新时期爱国主义教育的主题。国家的强盛是进行一切的前提。我国的政治、经济、文化等各方面建设都必须以国家作为后盾。当前，应继续坚持以经济建设为中心，不断解放和发展生产力，为开展各项事业提供坚实的经济基础。随着综合国力的不断增强，我国在世界舞台上扮演着越来越重要的角色，建设社会主义强国更应该成为我们鲜明的奋斗目标。面对大学生这一群体，他们作为未来社会主义事业的接班人，我们必须将这一思想融入爱国主义教育的过程中，让他们为把我国建设成富强、民主、文明的社会主义现代化国家而努力学习、奋斗。

大学生爱国主义教育的特征是不断变化的，特别是随着大学生这一群体的变化，随着社会的不断向前发展，都会显现出新的特征，值得我们去关注，去研究。

二、和谐社会视域下大学生爱国主义教育的强化

（一）以优秀传统文化为源泉引导大学生继承爱国主义传统

中国传统文化源远流长、博大精深，其追求真、善、美的厚重文化底蕴是爱国主义教育的宝贵资源。儒、释、道的人生哲理处处渗透着人生哲理与智慧，充盈着爱国主义思想，给国人以无穷启迪；还有奇绝瑰丽的诗词歌谣、深邃精妙的历代散文、脍炙人口的中华戏曲、独树一帜的传统书画、风情万种的传统园林建筑……极易激起中华儿女由衷地热爱祖国的大好河山、历史文化和骨肉同胞。传统文化所推崇的“以诚为本、以和为贵、以信为先”的交往原则，构建了和睦友善的人际关系。“童叟无欺、千金一诺、货真价实”的经商理念，营造了公平正义的社会氛围。“精忠报国、国家兴亡、匹夫有责”的爱国信条在炎黄子孙的心中产生至深至远的历史心理积淀，激励了千千万万的中华儿女以国家富强为己任，以民族振兴为大义，公而忘私，舍家报国，为反抗民族压迫、抵抗外国侵略、维护国家统一进行了不屈不挠的斗争，他们的爱国事迹可歌可泣、千古流传，成为中华民族绵延不绝、永不泯灭的精神支柱。传统文化不仅哺育了炎黄子孙自强不息、厚德载物的精神风貌和深深爱国情，其“和而不同”的和谐思维作为治国安邦的基本理念也为我们构建和谐社会提供了新的思维方式、新的哲学理念、新的实践逻辑和新的思想动力。和谐思维的核心理念，即“万物并育而不相害，道并行而不相悖”的天人合一思想，更是人与自然和谐共处，建设资源节约型、环境友好型社会的理论依据。充分挖掘传统文化中的瑰宝是大学生爱国主义教育不可或缺的基石，也是构建和谐社会的精神源泉。

（二）以中西近代史和中国革命史为主线弘扬爱国主义精神

中国近代史是一部闭关锁国、落后挨打，帝国列强将中国逐渐演变为半殖民地和殖民地的屈辱历史。在大学生爱国主义教育中，有意识地让大学生深层次地把握帝国主义侵华的历史事

实和国内当权者腐败无能、投降卖国的丑恶行径，让学生意识到落后必然挨打，从而唤起他们的危机意识，警醒他们历史不能重演的关键在于青年一代的奋发图强，在于他们的民族气节和爱国情怀。历史告诫我们：没有共产党，就没有新中国；社会主义是中国的必由之路。在近代中国，旧民主主义革命运动无一不是以失败而告终，只有在中国共产党的领导下，走社会主义道路才最终拯救了中国，才能拥有我们中华民族今天的繁荣昌盛、国泰民安，才能屹立于世界民族之林。通过历史比较激发大学生对党和国家的由衷敬意和热爱。同时，以全球视野、中西对比来探究不同国家近代崛起及衰落的奥秘、缘起，引导大学生认真思考人生理想、民族命运、国家前途和世界未来的关系，以强化他们的爱国情感和报国之志，为祖国美好的明天而发奋图强。

（三）以科技发展史为切入点加强大学生爱国主义教育

弗兰西斯·培根说：读史使人明智。借助科技史对大学生进行理性爱国观教育具有特殊优势，使青年大学生的爱国之情油然而生。首先，通过了解古今中外科学家爱国的生动事例，凝聚为国争光的豪情壮志。“一部科学技术史，不仅凝结了科学家的杰出智慧，而且也闪烁着科学家爱国主义的光芒。历史上的许多优秀科学家不仅在科学技术上做出了卓越贡献，而且在爱国主义思想方面也达到了很高的境界，他们把爱国主义思想和献身科学的精神融于一身，为后人树立了光辉的榜样。”众多科学巨匠身上所独有的强烈爱国品质、崇高人格魅力，往往会让大学生心潮澎湃，鞭策他们以榜样为力量，把朴素的爱国情怀与献身科学的理想转化为构建和谐社会的具体行动。其次，了解我国古代传统科学技术的杰出成就，可激发大学生的民族自信心和自豪感，深化爱国主义情感。了解我国近代科技史，尤其是领悟近代落后的科学技术与国家落后反复挨打的必然联系，使学生们以史为鉴，居安思危，知耻而后勇。再次，学生们了解现代科技史，特别是我国科技工作者目前所取得的瞩目成就，可让学生意识到科技发达的国家才能强盛。最后，让学生知晓我国与发达国家的科技发展差距，认识到爱国就要建设创新型国家，建设和谐社会，这是我国从振兴到强盛的必由之路。作为大学生，应成为杰出的科技创新人才，以科技知识造福祖国，造福和谐社会。

（四）以“八荣八耻”为实践突破口培养大学生的爱国主义情操

胡锦涛总书记提出的“八荣八耻”是以爱国主义为核心的民族精神和以改革创新为核心的时代精神的鲜明表达，具有很强的民族性、时代性、针对性和实践性，涵盖爱国主义、集体主义和社会主义思想的丰富内容，为大学生爱国主义教育注入崭新的时代内涵。大学生理应成为履行社会主义荣辱观的先锋。“八荣八耻”中“坚持以热爱祖国为荣、以危害祖国为耻；以服务人民为荣、以背离人民为耻”，体现了个人荣辱与国家、民族和集体荣辱的统一。告诫大学生要明辨是非荣辱，以祖国和人民利益为重，从自我做起，牢固树立报效祖国、造福人民的远大抱负，使实践社会主义荣辱观与增强爱国主义情感在知行中得到统一，为和谐社会的建构谱写青春华章。

（五）以多媒体技术为支撑激活大学生的爱国情感

在大学生爱国主义教育中，若能充分发挥网络技术和多媒体技术、图像界面技术、三维动画技术、数字智能技术的作用，可拓展大学生爱国主义教育的时空，提高趣味性和实效性。若能进一步建立与卫星、因特网连接的开放式智能多媒体演示教室，使电子教案、直播课堂、网上资源等集声音、文字、图像、视频于一体，将使爱国主义教育内容形象生动，学生喜闻乐见。许多高校目前已基本普及多媒体教学设施，但还应重视多媒体教学设备的配置与完善，教师也应提高多媒体教学水平，制作内容丰富、学生喜爱的精美课件；从而调动学生的爱国热情，增强爱国情感。其次，各类爱国主义教育基地也应逐渐配备多媒体设施及网络。借助高科技手段以互动形式来展示爱国主义的各类成果，大学生游览一遍，仿佛身临其境，心灵因强烈震撼而产生爱国共鸣。事实证明，多媒体技术的利用使爱国主义教育通过生动活泼的互动形式潜移默化地渗透到学生内心。

第三节　和谐社会视域下大学生心理健康教育

一、大学生心理健康教育的内涵与特性

概念明确是正确思维和研究的基本要素。任何一个概念都有内涵和外延两个方面，也有核心概念和相关概念两个集群，这两个方面和两个集群总是存在相互关联又相互制约的关系。

（一）大学生心理健康教育的内涵

对大学生进行心理健康教育，首先必须弄清楚心理健康与心理健康教育的内涵，尤其是适合中国大学生心理发展实际，有助于中国特色的大学生心理健康教育发展的内涵。它们是心理健康的评判标准，是心理健康量表制定、心理健康诊断、心理健康教育目标和内容体系建构，以及心理健康教育实施途径探索的基础。

1. 心理健康内涵的界定

心理健康内涵的制定要代表社会进步的方向，要代表民族文化的认同，要代表自我发展的追求，因而我们依据国情和民情从中国本民族的社会进步、文化传承、自身发展三个维度上来探讨中国人的心理健康内涵。心理健康，是指个人具有历史使命感，具备继承中华民族的优秀传统，追求自由而全面的发展，把自己的聪明才智用于推动社会进步的健全心理。

首先，具有社会主义责任感和历史使命感是心理健康的核心要素。心理健康是要建立在辨别社会的性质和方向的基础上，以代表社会进步的方向为重要内涵。在社会进步的过程中，政治的进步使人从超自然力量和观念中摆脱出来，其主体自我意识得到加强，人显示出越发良好的自我意识调控能力和状态；经济的进步使人逐步摆脱对他人和工具的依赖，人对社会关系的需求不再是基于对金钱和利润的追求，而是更多地显示出人和人之间相互体谅、相互抚慰、相互鼓励、相互理解的心理支持状态；文化的进步让人远离被动的奴役、盲目的服从，更多的认识到自我存在的价值，并在征服自然、利用自然的过程中更加充分肯定自我价值的意义，达到自我实现的目的。社会进步满足“人的目的”不仅包括使人科学地认识自然、他人和自我之间的共生关系，也包括形成良好的人际关系、生态关系和伦理关系，实现心理健康的高层次目标。诚然，社会革命摆脱资本主义扭曲的社会关系，向着生产力高度发展和人的素质高度发展的共产主义社会前进的道路是社会进步的方向。我们国家正是朝着马克思指明的顺应人类历史发展的道路前进，我们的社会主义社会就是前进步伐中的一部分，它同样代表了社会进步的方向。邓小平指出“社会主义的优越性，归根到底是要大幅度发展社会生产力，逐步改善、提高人民

的物质生活和精神生活”，我们改革开放以来取得的政治、经济、文化、教育、人民生活等各领域的巨大变化和成绩，也从实践上说明了社会主义社会所代表的社会进步性。所以，作为中国人的心理健康核心标准，首先应是代表社会主义前进的方向，具有社会主义责任感和历史使命感。

其次，具备继承中华民族的优秀传统。推动中华文化进步的能力是心理健康的重要层面。生活在不同文化规范下的人所具有的心理与行为特征深深地根植于民族的文化传统之中，中华民族的历史传统和文化模式也决定着我们的国民特性。中华文化在痛苦的表达、经历和应对方式上与西方文化存在着差异，中华文化赋予同一表现形式的疾病以不同的含义，如感冒就分风热、风寒两种不同含义，此外对于理解疾病和痛苦也存在不同主观经验的方式。有研究发现亚裔群体心理健康问题的类型与文化适应程度有关，西化程度低的人比程度高的人似乎更多地表现出与文化有关的症状，而西化程度高的人表现出更多的西方心理问题类型。因而中华民族文化群体对于健康和疾病概念的理解有特定的文化渊源，我们特有的民族文化经验也会影响心理健康问题的表现形式。所以，在中华民族文化环境之中，心理健康的内涵以中华民族传统文化的认同和传承作为重要层面。

最后，追求自由而全面的发展。把自己的聪明才智用于改造世界，并在推动社会进步中发展自己是心理健康的主要内容。“从人的天性中可以看出，人类总是不断地寻求一个更加充实的自我，追求更加完美的自我实现。从自然科学意义上说，这与一粒橡树种子迫切地希望长成橡树是相同的。”可见，自我发展的追求符合人的实践价值和心理健康价值。人在世界上劳动实践的意义和他的天性都说明人自身的发展是非常重要的，它是个体的整体素质在时间上所发生的积极向上的变化，因而它也指向更成熟、更丰富、更健全的心理品质和心理生活。

2. 心理健康教育的内涵

理解心理健康教育的内涵要符合两方面的要求，一是符合心理健康的要求，即以心理健康的标准来培养人才，使之成为没有心理问题、符合健康标准的人才；二是符合教育发展的要求，以提高人才某一方面的素质作为落脚点。由此，我们认为：心理健康教育，是指以提高心理素质为核心，培养对社会进步的责任感和历史使命感，促进人的全面发展的教育活动。

（1）倡导以“提高心理素质”作为心理健康教育的核心内涵，是从正面来培养人才，不过多地强调学生心理如何不健康。提高心理素质就是要提高心理要素或因素的质量，不是医学或医疗模式的只关注有心理问题的对象，它必须是既要面向全体，又要顾及个体差异。其个别教育和面向全体教育的目的是一致的，都是为了促进学生心理素质的发展。

（2）倡导以“提高心理素质”作为心理健康教育的核心内涵，是以符合中国国情的心理健康和具有中国特色社会主义的教育为指引，强调本土化和时代性。心理健康教育既要培养人才的社会主义责任感和历史使命感，又要在人才培养中传承民族文化的进步，既要开掘个人最大身心潜力，又要注重培养自尊、自爱、自律、自强的良好心理品质，增强克服困难、经受考验、承受挫折的心理素质。

（3）倡导以“提高心理素质”作为心理健康教育的核心内涵，不仅要回应全面素质教育的目标，也要廓清其教育内容的边界。心理健康教育强调把自己的聪明才智用于改造世界，在推动社会进步中发展自己，这与全面素质教育要求培养适应21世纪现代化建设需要的社会主义新人的目标之间具有共通性，都是对人和社会发展进步的诠释。心理素质与思想道德素质、文化素质、专业素质和身体素质之间是平等地位，其教育内容与培养其他素质的内容之间是并列关系，它可以促进其他素质的培养，高品质的其他素质也有利于心理素质的提升，各素质之间平等协调发展，但心理健康教育主要指向提高心理素质而非其他素质。

3. 大学生心理健康教育的内涵

大学生心理健康教育，是指以大学生为教育客体开展的培养其良好的心理品质，塑造健全的人格的教育活动。首先，要注重培养良好的心理品质。其次，要着力塑造健全人格。

大学生心理健康教育注重培养良好的心理品质。传统的大学生心理健康教育“主要是针对心理疾病与基本适应问题”，仅实现了对大学生心理的非病状态和良好的适应状态的教育目标，忽视了对健康心理的更高层次，即培养负责任的、勤奋的、独立的、积极的良好心理品质的实现。因而大学生心理健康教育既要消除疾病和基本适应问题，更要注重培养良好的心理品质。既要尊重和利用大学生自我意识运行的心理机制，展开大学生的自我教育、自我管理、自我完善，又要高度关注个别学生自我意识的偏差和矛盾，对少数学生加以重点的关注和关怀；既要坚持对大学生理想自我的提升，给他们提出和推荐具有亲切性和感知度的榜样，引领他们理想自我的发展，又要坚持增强大学生自我意识调控的能力，让他们具备调节情绪、抵抗挫折的素质。通过注重培养自尊、自爱、自律、自强的良好心理品质，引导大学生积极向上的人生态度和执着坚定的信念，造就有社会主义责任感和历史使命感的人才，使大学生自身的聪明才智用于改造世界，并在推动社会进步中发展自己，并促进大学生思想道德素质、文化素质、专业素质和身体素质协调发展。

大学生心理健康教育要着力塑造健全人格。素质教育的核心就是促进人的全面发展，这里的全面发展既是知识能力的发展，更是人格的不断完善，因而健全人格的塑造成为大学生心理健康教育不可忽视的部分。大学生群体以“90后”为主体，他们大多为独生子女，不曾经历苦难，独立生活能力相对较弱，情感体验多以自我为中心。而进入大学之后，如何整理自己的物品，如何规划自己的时间，如何面对学校的纪律和规定，如何面对没有选择的集体宿舍，如何面对不同城市的宿舍同学，如何更多地宽容与理解他人，这些问题的对待和处理都成为90后大学生要去克服的难题。而这些问题的解决都是以人格的不断完善为基础的。如果大学生不具备较为完善的人格，则在上述问题中极易表现出偏执、病态，甚至扭曲的行为，因而在大学生心理健康教育中，必须以情感教育法、品质教育法、生活教育法、榜样示范法、启发式教育方法和自我教育法等方式实现健全人格的培养。

（二）大学生心理健康教育的特性

大学生心理健康教育能够提高学生心理素质，促进思想政治教育有效性，实现大学生全面发展目标与其所具有的显著特性密不可分。大学生心理健康教育具有基础性、全员性、互助性、针对性、内化性和发展性的特征。

1. 基础性

大学生心理健康教育的基础性，是指大学生心理健康教育具有是进行其他教育的起点。大学生心理健康教育的基础性主要表现在以下几个方面：

（1）大学生心理健康教育构建教育的生命基础。生命是教育的前提和基础，生命的发展是教育的根本使命。一方面，人的生命的存在是教育出现的生物前提，让教育得以去帮助人与自

然之间获取信息和能量的交换。另一方面，人的生命也是对精神和社会属性发展的追求，人要以社会的形态生存，就必须要在生命的基础上获得文化、智慧、道德、人格等精神方面的发展。以上这些都在心理健康教育中得以体现和关照，它不仅涵盖大学生的生活、生命、人性、价值等层面，尤以心理健康危机系统的构建彰显珍视生命、发展生命的意义和价值，阻碍心理疾病、人格缺失对人生命的践踏。这不仅是塑造具有健全人格和主动发展精神的人的基础，也是构建和维护教育得以存在和延续的生命基础。可见，大学生心理健康教育是维护人的生命的基石，生命是教育学思考的原点，在一定意义上，心理健康教育直面了人的生命，是为人的生命质量的提高而进行的社会活动。

（2）大学生心理健康教育承担人才培养的非智力基础。人是有思想、有感情、有个性、有精神的世界，作为人才培养基地的大学而言，其主要任务就是“育人”，育有思想、有感情、有个性、有精神世界的人，而不是“制器”，不是制造高智商、高能力，却呆板、没有情感、没有灵魂的人。许多实证研究也表明，成功的人才只有20％的有效动力来源于智力因素，有80％的主要原因是取决于非智力因素，也就是说人才培养的基础不是智商，而是涵盖气质、性格、人文精神等的非智力因素。因此，作为以培养非智力因素为主的大学生心理健康教育，也就承担起了人才培养中的非智力基础的意义和价值。

（3）大学生心理健康教育维护社会主义和谐社会的基础。胡锦涛认为“我们所要建设的社会主义和谐社会应该是民主法治、公平正义、诚信友爱、充满活力、安定有序、人与自然和谐相处的社会”，这映射出社会主义和谐社会至少包括四个方面的和谐：人自身身心关系的和谐、人与人之间关系的和谐、人与社会之间关系的和谐、人与自然之间关系的和谐。无论哪种关系的和谐，其核心都在于人，也都是以人为着力点的和谐。因为只有心理健康的人才能够乐观的面对人生，正确认识社会发展变化的规律，关心他人，遵纪守法，自觉地承担社会义务，拥有协调的人际关系，为社会的发展贡献自己的力量，以此为基础的人群才可能构建现实中的和谐社会。以培养社会主义合格建设者和可靠接班人为己任的大学教育而言，向社会输送构建和谐社会基础的心理健康的学生，也就是在实现社会主义和谐社会的基础，所以大学生心理健康教育也就富有维护社会主义和谐社会的基础性特征。

2. 全员性

大学生心理健康教育的全员性，是指该教育具有教育主客体全体成员参与活动的属性。大学生心理健康教育的全员性主要表现在以下几个方面：

（1）心理健康教育客体全体参与活动的属性。一方面，心理健康教育的目标是让每个受教育的学生了解心理健康的基础知识、了解和发展自我、提高自我心理调适能力，对全体学生心理素质的提高具有积极的价值和意义，是全部客体、全体学生接受人才塑造的实践教育的一部分，每个客体学生都被纳入到了心理健康教育目标中。另一方面，心理健康教育的过程是每个客体学生参与其中的实践过程。首先，心理健康教育不仅是知识传授，更主要的是实践体验和内化领悟，每个客体在教育过程中感知人与物、人与人、人与自然的相处，用自己的内心审视与周围世界交流过程中的心灵变化，哪怕是先天有缺陷的聋哑、自闭的学生，也都能够在教育过程中审视自己的内心世界，因此心理健康教育的过程可以深入到每个客体学生的心灵审视和心理成长中。其次，大学生作为心理健康教育的客体显现出更加自主的能力，在教育过程中表现出更加积极主动地参与教育活动的特性。他们会像成人一样去思考和生活，更加注重挖掘潜能、寻求发展和实现自我价值。每个大学生对心理健康教育都有强烈的需求，因而心理健康教育显现出更广的覆盖性和需求的全员性。

（2）心理健康教育主体全体参与活动的属性。心理健康教育是心理健康教育教师、思想政治教育教师、其他专业课教师、管理和服务人员都积极参与，共同担负的一项教育活动。首先，心理健康教育教师是大学生心理健康教育主体的核心。他们运用专业的知识和技能帮助大学生提高对心理健康的认识，传授增强心理素质的方法。“配备一定数量专职从事大学生心理健康教育的教师”成为加强大学生心理健康教育队伍建设的首要渠道。其次，思想政治教育教师是大学生心理健康教育的重要力量。“特别是思想政治理论课中相关课程教学对提高大学生心理素质”具有重要作用，作为思想政治理论课主体的思想政治教育课教师也担负着通过案例教学、体验活动、行为训练等形式提高学生心理素质的重任。最后，高校管理人员也承担着组织和参与大学生心理健康教育的重任。在《关于进一步加强和改进大学生思想政治教育的意见》中还提出了大学生思想政治教育要坚持“教育与管理相结合”，把管理者的职责提升到融思想政治教育于管理长效机制的高度，作为思想政治教育创新方法之一的大学生心理健康教育，同理也有一部分职责分担在管理和服务人员肩上。

（3）环境要素全体参与活动的属性。是指学校、家庭、社会的“三位一体”全员性参与的心理健康教育。学校已然是心理健康教育的主要环境，既要“充分发挥课堂教学在大学生心理健康教育中的重要作用”，也要“积极开展心理健康宣传教育活动”。但大学教育不仅局限于教书育人，还在于连接家庭、社会、学生的综合力量，实现提高学生心理素质的路径和环节上的多样化。《关于进一步加强和改进大学生思想政治教育的意见》指出：“全社会都要关心大学生健康成长”“营造良好的社会舆论氛围”“为大学生提供丰富的精神食粮”。作为大学生最终生活主战场的社会，既是检验学生学习成果的标靶，同时也潜移默化地感染和引导大学生的成长，它的价值取向、心理状态也影响着大学生的价值诉求和心理发展。此外，家庭环境中，父母长辈的言行更是直接影响大学生的心理健康发展，了解家庭及教育方式和存在的问题也已经成为学校心理健康教育工作的途径之一。

3. 互动性

大学生心理健康教育的互动性，是指在教育过程中，教育主客体的活动具有相互作用、相互影响的属性。大学生心理健康教育的互动性主要表现在以下几个方面：

（1）主客体间或客体之间的相同或相近价值观和生活方式的互动关系满足不同层次的心理需要。在大学生心理健康教育过程中，精神问题只占极小部分，绝大部分是涉及学业、情感、人际关系等日常心理问题。人作为“一切社会关系的总和”，其日常心理和情绪也在社会关系的交往中得以排解和消融。心理健康教育过程，就是在贴近学生心理需求，解决学生心理问题过程中，建立主体和客体之间的互动关系，形成具有相同或相近的价值观、生活方式、人生经历的互动关系，既在情感上容易形成共鸣，也会降低心理防御，容易找到情绪纾解和思想交流的切入点和互动点。以此满足不同层次客体的心理需求，尤其是日常心理问题学生的需求。

（2）助人自助的互动价值的实现。心理健康教育过程既是教育过程，也是主体和客体之间互助的过程。在心理健康教育中，讲授、活动、倾诉等过程可以建立互信、稳定的互动关系，实现主体、客体共同主动探索和解决人生中各种难题的稳定关系。这样的探讨氛围下的稳定关系提高了学生的主体意识，形成主体之间、客体之间的互助价值。一方面，施助的教师或学生

帮助受助学生学会独立地解决自己面临的问题，另一方面，施助的教师或学生也在帮助他人的同时强化自己的心理素质，同时也帮助了自己。诚然，互动性不仅仅停留在同情、理解和接纳上，还有在探讨问题的过程中引导其面向积极正面的价值观念，学会独立思考学校、社会赋予的责任，学会独立解决压力问题，增强心理素质。

4. 针对性

大学生心理健康教育的针对性，是指该教育具有根据大学生群体所处成长阶段和面临心理问题有的放矢开展教育活动的属性。大学生心理健康教育的针对性主要表现在以下几个方面：

（1）针对大学生活的不同阶段开展教育活动。大学生心理健康教育针对大学期间大致会经历的新生、老生和毕业生三个阶段，有的放矢地开展教育活动。新生的心理素质由其大学前的生活和学习经历所决定，他们的学习基础、家庭条件、兴趣志向、环境影响都有所不同，这一阶段的心理健康教育活动是帮助新生调整好心态，找准自身在大学群体和大学学习中的定位，以朝气蓬勃、精力充沛的面貌迎接新的生活。老生阶段对新的环境已经逐渐适应，开始有独立的见解和思想，形成特有的个性化生活模式，但模式化的生活容易在遇到挫折和困境的时候产生心理失衡和偏执，因此这一阶段主要针对具体心理问题展开专业化的心理咨询或心理辅导。毕业阶段的大学生面对竞争激烈的就业环境，容易产生理想工作与现实之间差异的心理落差，伴随焦虑和缺乏安全感的心理问题，相对应的心理健康教育也就以开展增加就业知识、更新就业观念、调整就业定位、摆正心态面对市场竞争的活动为主。

（2）针对大学生中不同群体的特殊性开展教育活动。大学生心理健康教育针对贫困生、女生、网络生等不同大学生群体的不同心理问题，有的放矢地开展心理健康教育。贫困生面对家境贫寒的现实困境，在心理上与家庭富足的学生产生落差，为无力改变家庭的现状而焦虑和压抑，自卑而又无奈，落入心理贫困的囹圄。心理健康教育在贫困生辅导中，就会针对家庭背景、经济状况做好心理预警和干预。女生则心思细密，情感丰富，容易遇到情感脆弱等心理问题，再加上自身性格的特点，不容易像男生通过宣泄等途径获得情绪释放，容易压抑情绪而形成抑郁。面对女生的心理健康教育会给予更多的环境营造，让她们体会到关心和温暖，让她们学会释放情绪，学会调节压抑的情绪。网络生是互联网产生后形成的一个特殊群体的特殊问题，他们会沉迷于与网络有关的游戏、购物、聊天等场所不能自拔，导致生活水平下滑，正常人际关系出现障碍。大学生心理健康教育在面对网络生问题时，主要解决虚拟世界和现实世界的认知和价值观偏差问题，纠正网络使用时间过长的行为，把人生视野拓展到现实世界中。

二、社会主义和谐社会思想对大学生心理健康教育的启示

（一）和谐人是社会主义和谐社会的主体

1. 和谐人的构建

和谐人的构建是理论和实践相结合的重要命题。如何科学地构建“和谐人”，需要进行深入的探究。人类的发展模式是人类对人与自然（生态环境）利用的基本方式及其基本认识的总和，它反映了特定时代人与自然环境的相互关系和相对地位，决定了人对自然的基本态度和价值取向，并制约着人类的行为方式，进而影响并改变人类生存环境与人类文明的进程。

当前，和谐人的构建主要涵盖以下三个方面内容：一是自然观，即人对自然的基本态度及

价值取向；二是社会观，即人对社会的基本态度及价值取向；三是人本观，即对自身的发展状况的基本态度及价值取向。诚然，和谐人的构建应当是自然观、社会观和人本观的有机统一。具体说来，和谐人的构建应当贯彻以下几个主要理念：在价值观上，主张兼容并包，坚持把个体道德、社会道义、生态伦理有机地统一起来，贯彻人与社会、生态协调发展的价值取向；在利益观上，主张互利互惠，在处理个人利益、他人利益、社会利益和自然利益的关系时，做到一视同仁、不偏不倚、平等互利；在发展观上，主张自由全面发展，坚持个人能力的发展、个人素质的提升、人格的和谐与社会适应性的有机统一。

2. 和谐人与和谐社会的辩证关系

前面论述了和谐人应该是自然观、社会观和人本观的有机统一。和谐人能够全面的思考问题，不采取各种极端的办法，做事中允，和为贵，以双赢为目的；能够正确处理好公与私的关系，既能够正确对待个人利益，也能够正确对待集体利益；能够形成正确的社会认知和体验，能够处理好物质追求与精神追求之间的关系，并能够寻找到合理的体验点。和谐人作为社会主义和谐社会中人的存在方式，是有其特殊性的。第一，它不是唯一的，在社会主义和谐社会中可能仍然存在“经济人”“道德人”“生态人”，等等，但是和谐人是人的各个方式的结合体，是始终占据发展的主导地位的。第二，它是发展的，它与之前的人的存在方式并非毫无关联，和谐主体是对诸多人的存在方式的扬弃，是一种更为合理、更能够适应社会主义和谐社会环境的人的存在方式。第三，它具有一定的理想性，其实现需要一个过程。和谐人与和谐社会一样，是在对现有的种种不和谐的人的存在方式批判后形成的一种富有一定理想色彩的假设，但因为具备实现的可能性，所以最终实现只是时间问题。对社会主义和谐社会的种种研究，目的在于指导社会主义和谐社会的构建实践，所以对和谐人的研究也是为了人的和谐的真正实现。和谐社会是以人的发展为目标的，和谐人的实现，也就意味着个体和谐，意味着社会成员之间的群体关系和谐，这才意味着真正走向社会的和谐。

3. 心理和谐是和谐社会的基础

和谐社会追求的是人与社会的和谐、人与自然的和谐、人自身的和谐。构建和谐社会，关键在人。这种和谐是指每个社会成员对自己，包括精神追求、思维方式、个性特点和行为方式等，能够保持一种理性、静笃、和顺的状态。从终极意义上来讲，和谐社会就是人与人之间的和谐，而人与人之间的和谐基础是个体的心理和谐。和谐社会的构建，必须重视人的全面自由的发展。而人的全面自由的发展，也离不开和谐的心理。个体的心理和谐是保证构成社会和谐的基本细胞“健康”的根本保证。只有心理和谐才可以使思想和谐、行为和谐、人际关系和谐，最终实现社会的和谐，这是由心理和谐自身内在价值所决定的。没有人的心理及精神的和谐，社会各个层面的和谐也就没有意义和价值。人的心理和精神的和谐具有强大的社会凝聚力，是促进人类发展的前提和保证。和谐的心理向社会释放的是向心力，将促进社会和谐发展；失衡的心理带给社会的是离心力，将破坏社会和谐。只有保证社会成员的个体心理和谐，才有可能实现人与人、人与社会、人与自然的全面和谐，进而促进人类社会走向真正意义上的和谐社会。

4. 心理和谐呼唤心理健康教育

当前，心理和谐问题已经上升到了一个崭新的高度，对个体而言，心理和谐已经关系到其是否能够正常工作、学习和生活等方方面面，影响到人的社会职能发挥和个体发展；从群体而言，心理和谐是社会安定有序、充满活力的基石，将直接影响到社会的活力和发展进步。从人

和社会的发展看，构建社会主义和谐社会是需要心理和谐这个大前提的。对于心理和谐而言，应该存在这样几个特征：第一，它是一个动态的和谐过程；第二，它是不断发展的；第三，它是可以促进的。心理和谐的促进应该包括外因和内因两个层面，内因是指人自身心理状态的调整，外因是指外在的影响因素作用下对心理状态的促进和养成。无论是外因还是内因，它都需一个外在的整合力——心理健康教育。因此，心理和谐是需要一个体系来维系和促进的，所以说，心理和谐呼唤心理健康教育。

大学生是高等教育的对象，是我国未来社会主义现代化的建设者和接班人，他们的个体发展水平关系着国家的命运，关系着中华民族的兴衰。如果他们的心理不和谐，对社会生活没有形成正确的心理体验和认知，势必会导致人际关系紧张、学习动力丧失、生活压力上升等一系列问题，进而影响到他们的个体发展。因此，只有在心理和谐这个前提下，大学生才能够正确地对待挫折、困难和荣誉，才能够让大学生充满活力，发挥创造精神，使全社会的创造能量充分释放，实现人各尽其能、各得其所而又和谐相处。我国已进入改革发展的关键时期，经济体制深刻变革、社会结构深刻变动、思想观念深刻变化。这种空前的社会变革，给我国社会主义建设带来巨大活力的同时，也必然带来这样那样的矛盾和问题，这些矛盾和问题对大学生的人生观、价值观也带来了巨大的冲击。因此，从大学生的发展特点和心理健康影响因素来看，心理和谐需要一个健全的心理健康教育和辅导体系。

（二）大学生的全面发展是社会主义和谐社会的内在诉求

马克思认为，人的全面发展是人的最根本、最深刻的东西的全面发展。人以一种全面的方式发展，也就是说，作为一个完整的人，占有自己的全面的本质。人与社会的发展是同一个过程。社会主义和谐社会的构建必然与和谐人的构建同步，和谐人的构建也必然要求大学生的和谐发展。

1. 大学生的全面发展是社会主义和谐社会的基本特征

建设社会主义和谐社会与促进人的全面发展是一个互动共进的历史进程。马克思恩格斯认为人的全面发展与社会和谐发展的互动是社会化大生产发展的必然要求。“因为现存的交往形式和生产力是全面的，所以只有全面发展的个人才可能占有它们。”马克思恩格斯认为，只有全面发展的人，才能驾驭生产力、科学技术，进而促进社会的快速、全面的发展。因此，推进人的全面发展与实现社会和谐发展是互为前提和基础的，两者相互促进、逐步提高，统一于人类社会发展进程之中。从发展的角度来看，人的全面发展已经涵盖在社会发展的各个领域内，成为社会发展的不竭动力。大学生是社会主义事业的建设者，他们的全面发展是涵盖在人的全面发展之下的。他们是一个特殊的群体，是国民中接受高等教育的群体，是将来要从事社会主义建设的中坚力量。他们的发展水平直接体现高等教育的发展水平，体现我国社会主义生产力的发展水平。社会发展最根本的是生产力的发展。生产力中最重要的因素是作为生产主体的个人。因此，大学生的和谐发展是能够体现我国未来国民素质的重要特征，是我国生产力发展的关键，更是社会主义和谐社会的基本特征。

2. 促进心理和谐是构建社会主义和谐社会的重要内容

和谐社会是一个具有多重含义的新概念，体现目标与过程之间的有机统一，包含主体、规则、结构的多重和谐。主体和谐是和谐社会的重要内涵，社会的和谐归根到底要以主体间的和谐为前提和目标，主体和谐是包括人与社会之间的和谐、人与自然之间的和谐、人与人之间的和谐以及人自身的和谐这四种和谐的内在统一。人自身的和谐是主体和谐的基础，是社会和谐的前提和条件。我们时刻都在与自己相处，如果一个人能够认识自己并能够接纳自己，对自己有合理的期望，并且知道自己为什么活着，善于利用每个成长机会，改进自己、完善自己，他的一生就会快乐、充实和有意义。这时，个体也就能够实现自身内心世界与外部世界之间的融合。如果社会中的每一个人都能实现自身和谐，社会和谐也就自然而然地得以实现。从某种意义上讲，最高的和谐即在于人自身的和谐。这就意味着社会成员之间具有共同的愿望，社会成员之间的分工与合作更为顺利，社会团结和社会稳定系数就高，社会凝聚力也随之增强，这种由社会成员共同的心理氛围产生的凝聚力和向心力更具长久性、稳固性。因而，社会和谐与社会每个成员的心理和谐有着密切关系，促进心理和谐是构建和谐社会的重要内容。

三、和谐社会视域下大学生心理健康教育体系的构建

党中央提出了构建社会主义和谐社会的具体要求，为我国的社会主义建设明确了方向。当代大学生面临着新世纪的挑战。未来的世界综合国力的竞争实际上是科学技术的竞争，归根到底是人才的竞争。心理素质是人才素质系统中的基础，同时又能渗透到思想道德素质、科学文化素质、职业技能素质之中，美国学者康马杰说道："没有什么机构能担当起大学的职能，没有什么机构能够占据这个大学已长久地注入了如此多的才智和道德影响的位置。"这句话道出了高等教育的重要地位，明确了大学的职能。心理和谐是心理健康的显著特征，从促进大学生的心理和谐来讲，将学生作为教育的主体，以学生的发展为核心，开展心理健康教育教学活动，促进大学生心理健康，这既是科学发展观的内在要求，又是和谐社会的必然体现。

（一）大学生心理和谐对构建社会主义和谐社会的重要意义

目前，我国高等教育规模较大。从发展的视角看，第一要义是保证其成为社会主义和谐社会的合格建设者和可靠接班人，第二要义就是要保证这个特殊群体的和谐发展。无论是大学生的"质量"还是"数量"，他们都是社会主义和谐社会建设所关注的重要对象，对社会主义和谐社会的构建具有特殊的意义。

1. 大学生心理和谐是其全面发展的内动力

大学生正处在人生发展的关键时期。大学期间，大学生要面临着艰巨的心理发展课题。近几年来，媒体披露了几起令人惋惜而又痛恨不已的事件。如：浙江的"学生弑母事件"、云南的"马加爵事件"、北京的"崔英杰事件"等，这些事件反映了当前社会心理健康问题的普遍性和严重性。当面对一些负性干扰问题和事件时，人的心理和谐的状态非常容易被打破，进而使自身的情绪和行为难以控制，导致出现人们无法正视的事件。可以说当代大学生处在一个空前复杂的外部环境和巨大的压力下，无论从推进素质教育，培养全面发展的高素质人才，还是从大学生自身的身心发展来看，都要正面影响个人发展所存在的各种干扰因素和阻力，这些都表现出了人对心理和谐的迫切追求。大学阶段，大学生要在自我认识、社会适应、人际关系、异性交往、社会责任等方面真正摆脱对外界的依赖而全面成熟起来，并最终建立独立完整的人格体系。完整的人格体系是大学生能够正确面对社会压力，自行探索解决问题的方法和途径，并最终使问题得以解决的根本保证。在这一过程中，他们能够摒弃掉由于外在事物干扰所产生的不

良因素，催生出促进个体发展的内在动力。

2. 大学生心理和谐是其创造性发挥的关键因素

人类的创造性是人与动物的本质区别。“全部社会生活在本质上是实践的。”人在实践中不仅锻炼了自己适应世界的能力，也发展了自己的改造世界的实践能力。人类实践能力的每一次提高都是和人的认知能力相协调、相匹配的。实践证明人的心理和谐程度和发展水平对提升人的认知能力有着重要作用。心理和谐程度越高，人的认知能力越强，对世界的认识和体验就越深刻和完整。美国心理学家马斯洛的需要层次理论表明：有高峰体验的人的行为都是以有利于社会和他人的方式发生的。而所有高峰体验的前提是心理的和谐。如果没有一个和谐的心理状态，就很难有对外部世界的正确认识和把握，更谈不到行为的合理性和创造性。同时，人的心理发展水平越高，人的主观能动性和创造性就越能得到有效发挥。人的创造性是人的个性心理特征中最核心的能力。心理学的实验表明：人的创造性在正情绪中呈上升趋势。所谓正情绪，就是指人的积极情绪和良好心境，如热情和干劲、拼搏和进取、人格的魅力、感染力和亲和力等。而构建社会主义和谐社会就是要努力形成全体人民各尽其能、各得其所的局面，就是要能够使一切有利于社会进步的创造思想得到尊重、创造活动得到支持、创造才能得到发挥、创造成果得到肯定。心理和谐既是增强积极性的心理前提，也是人的创造性不断得以成长的关键因素和条件。

（二）构建大学生心理健康教育体系的策略

大学生的心理和谐问题是心理健康的重要特征，既关系到自身发展，也越来越多地受到高校的重视、社会的关注。高等学校开展好心理健康教育是帮助大学生保持心理和谐，维系良好精神状态，及时科学地解决好各方面问题的关键。从高校心理健康教育的发展角度出发，构建一个科学的、系统的心理健康教育体系，对于推动心理健康教育工作、服务大学生的成长成才是十分重要的。

1. 推进心理健康辅导中心建设

高校要认真落实教育部、卫生部、团中央联合下发的《关于进一步加强和改进大学生心理健康教育的意见》，推进心理健康教育的广泛、合理、有序地开展。要建设一支以专职教师为骨干，专兼结合、专业互补、相对稳定、素质较高的学生心理健康教育和心理咨询队伍。要加强心理健康教育队伍的培养，将其纳入到学校师资培训计划，鼓励专兼职教师参加国家心理咨询师培训，建立培训机制和制度。学生辅导员要积极学习心理健康教育的相关知识，加强工作渗透与交叉，增强服务学生成长成才的能力。高校要确保开展心理健康教育工作的经费投入，并纳入专项经费。要加强心理健康辅导中心的工作设施、工作环境建设，重点建设团体咨询室、测量室、监控室、咨询室及资料室等必备的硬件设施建设。

加强对专兼职学生干部尤其是学生辅导员的心理健康知识及辅导技能的培训，使其理论水平、专业知识和工作技能，达到国家心理咨询师的标准，逐步做到持证上岗。为适应学生规模不断扩大的现实，要逐步增加心理健康教育工作的人员编制。专职老师的评聘纳入德育工作人员专业技术职务或心理健康教育专业技术职务序列。兼职心理咨询教师，主要由校内相关学科的教师担任。

2. 健全心理健康教育工作的管理体制

学校要保证有心理健康教育工作开展的专项经费和心理咨询的固定场所。学校心理咨询中心建设，要配备必要的仪器设备、测量工具、图书资料、计算机等。从院系讲，要保证大学生心理健康教育工作的活动资金。另外，要将心理健康教育纳入学校总体德育工作规划，定期对心理健康教育工作进行检查、督导和评估。

3. 构建心理健康教育体系的具体措施

一是要建立“三级工作网络”，做到心理问题早发现。心理健康辅导中心是开展全方位心理健康教育的“一级网络”。心理健康辅导中心是学生心理健康教育三级网络的最高机构，也是维护学生心理健康的最重要的一道防线；院（系）心理辅导员是开展大学生心理健康教育的“二级网络”。院（系）心理辅导员处于学生工作的第一线，是与学生接触最频繁、最能够及时发现学生心理问题的人，在日常工作中一旦发现某位学生有比较特殊的异常行为，就及时与学生谈心交流，了解情况，帮助学生保持良好的心理状态，因而，他们开展工作更具有直接性和针对性；大学生心理健康服务部、班干部级心理委员及学生公寓的服务员构成了心理健康教育的“三级网络”。

二是不断完善学生心理问题高危人群预警机制。认真开展学生心理健康状况摸排工作，积极做好心理问题高危人群的预防和干预工作，特别注意防止因严重心理障碍引发自杀和伤害他人事件发生，做到心理问题早发现、早预防、早干预。完善重点学生工作流程和危机干预工作流程，建立从学生骨干、辅导员、班主任，到院系、学校职能部门、学校主管领导的危机处理快速反应机制，建立从心理健康教育机构到校医院、专业精神卫生机构的危机快速干预通道。

三是科学地开展大学生心理健康普查。要对全校学生进行心理普查，要利用 UPI、16PF、SCL－90 等常用量表对学生进行心理健康普查工作，建立学生的心理档案，使学生心理健康工作更加具有针对性。

四是加强心理健康教育的教学课程体系建设，充分发挥课堂教学在心理健康教育中的重要作用。开展心理健康教育必修、选修课程等系列化、正规化的课堂教学活动，不断丰富教学内容，改进教学方法，通过案例教学、体验活动、行为训练等形式提高课堂教学效果。经常性举办心理健康教育讲座、报告会，推介和普及心理健康知识。

五是加强学生心理咨询或辅导工作。通过开展个别咨询、团体辅导、心理与行为训练、书信咨询、电话咨询、网络咨询等多种形式，帮助学生树立心理健康意识，优化心理品质，增强心理调适能力和社会生活的适应能力，预防和缓解心理问题，同时有针对性地向需要帮助的学生，如环境适应不良、自我管理困惑、人际交往障碍、交友恋爱挫折、考试紧张焦虑、求职择业矛盾、人格发展缺陷、情绪调节失衡、经济困难压力等提供及时、有效、高质量的心理健康指导与服务。要十分明确心理咨询中心与专业精神卫生机构之间的工作性质、任务等方面的区别和联系。对学生来访者的问题既不能“小题大做”，又不误诊误治。在心理辅导或咨询中发现严重心理障碍和心理疾病的学生，要将他们及时转介到专业卫生机构治疗。

六是加强心理健康知识宣传与普及工作。充分利用校园广播站、计算机网络、校刊、校报、橱窗等宣传媒体，广泛宣传、普及心理健康知识。组织并引导学生参加丰富多彩、形式多样的校园文化和社会实践活动，营造积极、健康、高雅的氛围，陶冶学生高尚的情操，增强学生相互关怀与支持的意识，推进大学生同辈心理咨询工作，引导学生保持健康向上的心理状态。

第七章　和谐社会视域下高校思想政治教育方法创新

第一节　大学生思想政治教育方法相关理论综述

一、思想政治教育方法基本理论

（一）一般方法的概念与特性

相对于思想政治教育方法的概念，最直接相关的是一般方法的概念，两者具有特殊和一般的关系。一般方法的概念也就是在研究中被称为“方法”的概念，是经过对人类所用方法的共性概括后形成的。方法所具有的内涵和性质是界定思想政治教育方法概念的理论依据。

汉语中“方法”一词最早出自于墨子在《天志》中的“方法”与“圆法”说，“方法”后来逐渐演变成了做各类事情的办法或手段。在中国古代，“方法”一词是分开使用的。方道也；法，术也，意指引导人如何去做的道路、计谋和操作技巧等。在英文中，“方法”的拼写为method，是从希腊文借用来的，其中road是“路”和“道”的意思，泛指一种道路，由它可以达到某一目的。检索当代的现代汉语词典和哲学词典等工具书，对其界定大同小异。哲学的概念是更高的抽象，揭示的是方法的本质，而汉语词典则是描述性的概念。

本书认为，方法是人们按照主体活动的目的和客观对象的规律建立起来的，在实践活动的过程中，为完成某一任务，实现某种目的，所采取的方式、步骤、工具和操作程序的总和。对于此概念，详细分析如下：第一，方法与活动相联系。人们在长期的实践和认识活动中逐渐形成了方法。就本质而言，方法是人对客观规律的正确把握与自觉运用。方法是人活动的中介，人的活动必须通过一定的方法去完成。第二，方法与对象相联系。对象不存在，也就无所谓方法。采取什么样的方法，必须与认识对象或工作对象相适应。人们的认识对象或工作对象是复杂多样的。这种复杂多样性决定了方法的复杂多样性。人们的认识对象或工作对象又是千差万别的，因各有其矛盾的特殊性，所以选用的方法也是不尽相同的。人们的认识对象或工作对象是不断发展变化的，因而方法也会是不断发展变化的。第三，方法与人的目的和任务相联系。目的和任务不同，方法也就不同。方法为实现人的目的和任务而服务。同时，目的和任务的多种多样性，也决定了方法的多种多样性。如任务是过河，方法就是“船”或“桥”等。目的和任务实现了，方法也就完成了使命。第四，方法与理论相联系。无论是从实践经验上升到理论，还是运用理论指导实践解决具体问题，都有一个方法的问题。就理论指导实践而言，人们在某一具体实践活动中所采用的方法，不仅会与这一具体实践活动直接相关的理论有关，还要直接或间接地受到人们的思想观念及其相关的理论知识的影响。第五，方法不是彼此孤立的，而是相互联系的。方法的联系性是由客观对象的联系性所决定的。各种不同的客观对象，不仅因各自的个性而相互区别，而且会因相互之间具有某种共性而相互联系。因此，在认识和改造客观对象时，既要采用与对象相适应的特殊方法或具体方法，也要采用与具体方法相联系的一般方法，应求得一般方法与具体方法的统一。第六，方法是主观与客观的统一。从方法的运用上看，人们在完成某一任务、达到某种目的时运用什么样的方法是主观的。虽然方法具有主观性，但任何方法的选择和运用都必须以认识对象或工作对象的内容、当时的具体情况以及对象自身的运动规律为根据，都要受到客观情况的制约，因而采取什么样的方法又具有客观性，因此，方法是主观与客观的统一。

综合以上分析，方法所具有的特性主要表现在以下四方面：第一，目的性。方法和目的的关系，表现为手段和结果的辩证关系，它处于方法系统的最高层次。关于方法的目的性问题也是方法的首要问题；第二，中介性。任何方法都是实践主体和认识主体作用于客体的中介环节，把自己同被作用的对象联系在一起的中介桥梁；第三，辩证性。一方面，各种方法之间不是彼此孤立的，而是相互联系的，这种联系表现为各种方法之间的相互渗透、相互关联、相互交错。另一方面，方法是不断发展变化的，呈现出由简单到复杂的发展趋势；第四，客观性。主体所处的客观历史条件和客观对象自身的特点与规律决定了方法的客观性。

总之，方法形式上是主观的，内容上是客观的。就其实质而言，方法是人们在实践过程中对客观规律的自觉运用。

（二）思想政治教育方法的内涵与特性

1. 思想政治教育方法的内涵

以一般方法的概念与特性为根据，充分结合思想政治教育的特殊性，学术界对其教育方法的概念进行了不间断地探索和研究，形成了许多有价值的观点。经过认真地比较和研究后发现，在思想政治教育方法概念的界定上，目前学术界还存在不少分歧和差异，主要表现在对思想政治教育方法的外延界定存在较大的分歧，或者说还存在一些有待探讨而使其更为严密和精准的地方。本文对思想政治教育方法的概念的确定，主要是参照一般方法的本质内涵，在吸收以往有价值的研究成果的基础上，将其确定为：为实现思想政治教育目的、传递教育内容所采用的各种方式、运用的各种手段和程序的总和。它是在教育实践活动中形成，并随之而不断发展的，主要从以下几个方面来把握：

第一，它是实现目标的一定思路、手段、程序等的集合体。思想政治教育只有依赖不同的手段才能得以实施。从广义方面理解，思想政治教育本身就是一种手段，它是推动个体的全面发展，特别是提高个体综合素质的非常重要的手段。所以，从这个意义上说，思想政治教育本身就是一种手段。这里的手段就是一种提高教育对象思想政治觉悟的方式和途径。而从狭义上说，如果没有具体的思路、手段、程序，思想政治教育的内容和任务就无处承载，也就无法开展各种活动，目标也就无法达成。所以，思想政治教育方法是一定的思路、手段和程序的集合体。

第二，它是联结思想政治教育主客体之间的中介性要素。方法是主客体达成教育目的和任务的中介。所谓中介是指事物相互联系、相互转化的中间环节。唯物辩证法认为，世界上任何事物、现象都处在普遍联系和相互转化之中。但是，必须具备一定条件，借助和通过一定形式、

方式和手段，才能实现联系和转化。没有必备的条件和手段，既联系不上，又转化不成。这里的条件、形式、方法、手段和环节在哲学上就叫中介。所以，每个事物都充当着一事物同其他事物直接联系或间接联系的桥梁、环节和纽带，在普遍联系中都发挥着中介的职能，促进联系和转化的进行。思想政治教育方法就是教育者通过一定的条件、手段、形式来实现其教育目的和教育任务。所以，思想政治教育方法就具有过河用的船、桥的作用，具有工具的性质，它就成为其最基本的、最重要的中介，并构成思想政治教育主体性活动的中介系统，即把教育者和教育对象联系起来。教育者借助一定的方法作用于教育对象，通过思想政治教育活动或形式施加一定的教育影响，促进教育对象思想和行为的转化，它就像一根红线一样，将教育者和教育对象两者连接起来，并确立了两者的主体和客体关系。所以，它充分揭示了思想政治教育为了实现教育目的和任务，主客体之间需要依赖一定的方法加以转化的关系。

第三，它受目标、任务和条件等制约。由教育主体的需要直接决定了思想政治教育的目标和任务。教育的目标不是凭空产生的，即思想政治教育目标贯穿于教育实践活动的始终。同时，教育方法要受制于教育任务，因为相对于具体的教育活动来说，每一次都有具体且不相同的教育任务，在方法的选择和使用上，理所当然地将发生相应的变化。此外，思想政治教育方法也要受制于一定的历史条件，因为在人类社会发展的不同阶段，人们所处的历史条件不一样，其思想和行为就不同。所以，人们所处的时代不同，人们所遇到的思想问题、道德问题和行为问题就不同，其教育方法也就必然不同。可见，思想政治教育方法不仅受其目标和任务的制约，也是由一定的社会历史条件决定的。这就需要在深刻认识思想政治教育所处的历史条件，包括一定物质手段和精神环境条件等的基础上选择方法，社会历史条件发展了，其方法也要发展。

2. 思想政治教育方法的特性

方法与思想政治教育方法在方法的结构体系中，是普遍与特殊、一般与个别的关系。思想政治教育方法具有方法体系的共同特征，符合方法发展的一般规律。而其作为专门进行思想政治教育的特殊方法又具有自身的独特性，这些独特性集中表现在以下几个方面：

第一，受思想政治教育性质所规定的特性。思想政治教育的共同特性是其教育方法与其他类型的教育方法存在天然差别的决定性因素，同时也决定了不同时代、不同国家的思想政治教育方法在某些内容上总是存在一定的相似性，可以相互继承和借鉴。思想政治教育性质的个性是指不同时代和不同国家各自确定的主流思想体系和教育指导思想不同所表现出来的特殊性。这些个性、特殊性不仅决定了思想政治教育方法具有时代性和阶级性的差异，而且决定具体层面的方法也存在着较大的差异。可见，思想政治教育方法的具体方式和手段不是随意决定的，而是由其性质所包含的教育客观规律的共性以及不同国家和时代特定的个性因素共同决定的，具有受思想政治教育性质规定的特性。

第二，层次性与整体性的统一。思想政治教育方法表现为各个不同的层次，但又因其功能不一而又相互结合为整体，具有层次性与整体性的统一。它的层次性主要表现在两个方面：一方面，它在方法体系大家庭中处于最低层次。正如前面已经论及，在哲学上，按方法的适用角度来说，一般将方法划分为三个层次，最低层次是各个专门学科中的具体方法，它是各自学科所特有的；中间层次是在某些学科中所通用的方法，这些方法不为某门学科所独有，而是在一定范围内普遍适用的；哲学方法是最高层次。不同的层次的方法之间的关系是相互联系的，是个别、特殊和一般的关系。在这三个层次中，思想政治教育方法属于最低层次的，即专门学科所特有的方法，属于个别方法。这就要求在研究过程中，要注意吸取其他两个层次的方法来指导思想政治教育方法，特别是要以马克思主义哲学方法为指导，同时吸收自然科学和其他社会科学的方法论指导；另一方面，它本身具有层次性。根据不同的标准，可以将思想政治教育方法划分出不同的层次。按照其范围，可以分为思想方法和实践方法。同时，各个层次的方法因其功能和特点不同而又共同构成一个整体。因而思想政治教育方法是层次性与整体性的统一，它们既不能孤立地存在，也不能人为地割裂，而往往在实践中需要运用多种方法，相互补充，发挥方法的整体优势。

第三，变化性与稳定性相统一的特性。由于人类的实践活动总是在不断变化的客观对象、客观环境和条件中进行的，人类对客观对象及其相关因素的关系及运动规律的认识也处于不断深化之中，因而，变化性是人类所有方法都具有的共同特性。思想政治教育方法的这一特性也非常明显，教育者经常感到以前运用习惯了的很有成效的方法，在当下教育环境的快速变化下已变得难以奏效。思想政治教育方法的变化性，从根源上说，是由思想政治教育系统诸要素及其相互关系总是处于变化之中的状态决定的，所谓思想工作无定法，就是对这种变化性特征的形象写照。

思想政治教育方法虽然具有显著变化的特性，但经过长期的实践和积累，思想政治教育形成的、行之有效的主要方法的基本操作规则和方式，仍是有一定普遍性和稳定性的规则可循的。如榜样示范法，从我国古代实施道德教化以来，有关榜样发现、榜样选择、榜样宣传的过程和程序并没有出现根本的变化。运用这一方法的关键规则仍是对实施主体权威地位和多方面广泛性宣传的要求，也没有发生根本性的变化。正是思想政治教育方法普遍性、稳定性与变化性辩证统一的特点，教育者才可以根据变化的现实和变化的对象，在继承与学习传统的或已有方法的基础上，去调整其中不合适的内容，进而推动思想政治教育方法的持续完善。

第四，多样性与差异性相统一的特性。思想政治教育方法的多样性是由其对象的多样性和环境的复杂性所决定的。因为思想政治教育方法总是要与一定对象相适应，而对象又因所处的环境不一样而面临着各自的复杂性。根据唯物辩证法的观点，世界上的事物是千差万别的，各有其复杂的矛盾和其特殊性。通常来说，教育对象由于所处的时代不同，其思想和特点也不同。就是在同一时代，因其各自成长的家庭环境、民族地域的不同也会有所差异，教育者就需要针对不同对象的实际情况采取不同的方法，这就决定了教育方法的多样性。同时，思想政治教育方法可以分为多种层次，每一层次的方法在具体操作时都具有显著的差异，不能将其功能和作用混淆；即使是同一方法，在面临不同的教育对象和复杂环境而加以运用时，也有不同。所以，思想政治教育方法既有多样性，也有差异性，是多样性和差异性的统一。

思想政治教育方法在多样性基础上存在相互联系和相互补充的联系性，比如理论教育法和实践教育法彼此相辅相成、相互补充，批评教育法和榜样示范法互补共生等。思想政治教育必须根据教育诸要素多方面联系的特性，采用一法为主、多法配合、齐头并进的方法运用模式，才能取得良好而持久的教育效果。

第五，继承性与创新性相统一的特性。任何理论都是在继承人类历史的优秀文明成果的基础上的推陈出新。思想政治教育方法也不例外，它是在人类思想政治教育实践活动经验与认识活动成果积累的基础上形成的认识方法和工作方法，需要继承。没有继承就没有根基，继承是基础、前提，思想政治教育方法是在继承的基础上焕发出新的生命力，并为当下的教育目标和

任务所服务。但是，这种继承并不是固守传统、教条主义地搬用，而是根据新的历史条件和社会环境的变化，针对新的教育目标和对象，在继承中进行发展和创新。思想政治教育方法是继承和创新的统一，继承是发展的途径和手段，创新才是发展的目的。

（三）思想政治教育方法与思想政治教育方法论

方法论是以方法为研究对象，是关于方法的学说或理论。思想政治教育方法论就是关于思想政治教育方法的学说和理论。作为一门学科，其研究对象并不是包括思想政治教育的全部问题，而是着重探讨人们如何掌握和应用思想政治教育方法，其中主要包括方法确立的依据，方法的形成、变化和发展的规律等。思想政治教育方法与思想政治教育方法论是既有区别又有联系的。

从区别上看，首先，二者是两个不同的概念，其内涵不同。思想政治教育方法是教育者在教育实践过程中，认识和影响教育对象的活动形式和操作规则，而思想政治教育方法论则是关于其方法的学说和理论。从形式上看，前者的表现形式是具体的活动形式和操作规则，而后者则以抽象的理论形态为表现形式。其次，二者的作用不同。前者是连接教育者与受教育者的中介，在认识对象和教育对象的过程中，发挥着直接的作用。而后者则作为理论形态的作用是间接的。从联系上看，二者都是思想政治教育实践活动的产物。从本质上来说，思想政治教育实践就是教育者使用一系列方式、策略、手段等活动形式去认识并影响教育对象的过程。方法与实践过程相生相伴，在教育实践中，一方面，教育者必须凭借方法这一中介要素，与教育对象形成相互联系和相互作用的关系，去完成教育任务；另一方面，教育者也只有在不断地总结方法运用的经验和教训的基础上，方法论才能发展和完善，才有生机和活力。因而，方法和方法论都是建立在教育实践活动基础之上的，二者有着一样的来源。从联系的另一个角度看，二者互为依存。一方面，思想政治教育方法是方法论的研究对象和形成基础；另一方面，方法论是对方法所做的抽象和概括，思想政治教育方法论是关于思想政治教育方法的学说和理论，它反过来又对人们科学有效地选择和运用思想政治教育方法，发挥着规范和指导的功能。

二、大学生思想政治教育方法概述

大学生思想政治教育是高校的教育者与学生以马克思主义理论为指导，根据社会与自身发展的需要，促进学生成长成才、全面发展，并使教育者的思想政治素质得到相应提高的互动过程，它是社会思想政治教育的一个方面，是以大学生为特定教育对象的。要加强大学生思想政治教育，必须掌握和运用科学的方法。

（一）大学生思想政治教育方法的内涵

在高校，教育者与大学生之间要实现双向互动交流，必须依托教育方法这一中介或渠道。而所谓大学生思想政治教育方法是指教育主体在对大学生进行思想教育、政治教育和品德教育的过程中，为实现教育目标和传授教育内容所采用的一切方式、办法或手段的总和。对其含义可从以下几方面深入理解。第一，它是在实践活动中逐步形成和发展起来的，是由大学生思想政治品德形成发展的规律所决定的，必须在实践活动中才能体现其价值；第二，它与一定的教育对象、教育内容和教育环境相适应。从形式上看它是主观的，从内容上看它又是客观的。在大学生思想政治教育过程中，方法除了要与内容相一致，还要与大学生的具体情况和实际特点相适应，不同的方法适用不同特点的教育对象，而不能完全一致；第三，它是发展变化的。大学生思想政治教育的环境、目标和内容等都会随着社会的发展进步而发生变化，包括大学生自身都会相应地发生变化，为此方法要与之相适应，要与时俱进地变化和发展；第四，大学生思想政治教育的过程是一个复杂的动态过程，其间的每一个教育环节，都要选择和运用不同的教育方法；第五，它与一定的规律相联系。从是否符合我国社会发展的客观需要的方面来看，因为方法自身的发展要遵循一定的规律，如果不符合且不具备一定的客观条件，就不可能产生正确的方法。因此，其方法的形成、变化和发展必须符合我国社会发展的客观规律，符合思想政治教育过程的规律和大学生思想政治品德形成、发展的规律。另外，没有正确的方法是掌握不了规律的，因为规律的发现和运用是通过方法来实现的。为了更好地掌握和运用大学生思想政治品德形成和发展的规律，就一定要运用好教育方法，科学地开展思想政治教育工作。

大学生思想政治教育方法是思想政治教育方法的重要组成部分，是特定领域的具体方法，它丰富和发展了思想政治教育方法。从对方法的运用方面来看，教育者在教育过程中起主导作用，他们要在思想政治教育的具体目标和内容的基础上，充分结合大学生的实际情况，确立教育的具体方法，通过具体方法的具体运用，将思想政治教育的具体内容作用于大学生，促成他们思想政治品质的形成。

（二）大学生思想政治教育方法的特性

一是科学性。马克思主义思想是大学生思想政治教育方法的指导思想。尤其是马克思主义哲学，从世界观和方法论等各方面都给教育者以正确的指导。作为一个开放的系统，随着社会的发展进步，大学生思想政治教育方法必将与时俱进，充分吸收现代自然科学、社会科学和思维科学等相关学科的成果，在继承和创新的基础上更加丰富和完善。

二是应用性。大学生思想政治教育方法在教育实践的过程中是必需的中介手段，直接为解决教育过程中的各种问题服务，具有很强的实际应用性。

三是针对性。教育者在选择和运用教育方法时，必须充分结合不同的教育对象和具体实际问题，因时、因地、因人而异地做好大学生思想政治教育工作，这也是由于大学生思想政治教育过程的复杂性所决定的。

四是系统性。大学生思想政治教育方法是一个大系统，其系统性的表现是多方面的，有整体性和有序性，大学生思想政治教育方法是一个有机整体，并且是依据固定的规则和方式，按照固定的秩序和方式组成的有机整体。

还有一点是层次性，大学生思想政治教育方法在其方法结构中表现出多层次性。另外，大学生思想政治教育方法系统性的特点还表现为动态性和相关性。

第二节　和谐社会视域下大学生思想政治教育方法现状

一、当前大学生思想政治教育方法取得的成绩

长期以来，我们党和国家非常重视大学生思想政治教育方法的发展与创新，先后出台了一

系列的文件和措施。在党和国家的高度重视和政策支持下，为适应教育环境的发展变化，顺应时代的进步与科技的发展，大学生思想政治教育方法也在其科学性和现代化发展趋势方面都有明显的增强，并在继承传统方法的基础上积极借鉴多学科的教育方法，取得了一定的成绩。

（一）科学性增强

在当代大学生思想政治教育方法发展的过程中，具备一个科学的指导思想，也就是改革开放以来形成的中国特色社会主义理论。在我国社会主义制度自我改革与自主开放的实践中，逐步形成了以邓小平理论、“三个代表”重要思想和科学发展观为内容的中国特色社会主义理论，这一理论科学回答了中国现阶段社会主义性质、发展目标和发展路径，对我国社会发展的现实和未来具有根本性的指导作用。这一理论在明确我国改革开放的社会主义性质的同时，也明确了思想政治教育在当代改革开放中坚持社会主义的正确方向、保证党的领导的根本任务。特别是其中关于思想政治教育加强与创新的一系列思想，更是把思想政治教育及其方法的发展带入了科学发展的快车道。十一届三中全会确立的解放思想、实事求是、敢于实践、勇于创新的思想；江泽民提出的“三个代表”重要思想中关于先进文化建设的思想，关于全球化背景下思想政治教育要增强时代感、针对性、影响力的思想；科学发展观确立了以人为本为核心，全面协调可持续发展的科学思想，提出思想政治教育要加强人文关怀等思想，这些思想都给予了当代思想政治教育方法的科学发展以强有力的思想指导，不仅明确了思想政治教育方法发展的科学目标和路径，而且指明了在新的形势下，思想政治教育方法要坚持以人为本的教育理念，勇于探索、勇于创新，不断地与时俱进。

思想政治教育学科的确立，及其大量相关理论研究成果的不断出现，为当代大学生思想政治教育方法的发展提供了合规律性的学科知识。建立思想政治教育的专门学科，开展相关理论的研究和教育规律的理性揭示，培养专门的研究人才和专业工作人员，这不仅是改革开放时代的新创举，同时也带来了思想政治教育发展的新面貌。从20世纪80年代初开始进行学科建设到现在，思想政治教育学科建设取得了丰硕的成果。从思想政治教育原理到方法、到历史、再到与其他国家思想政治教育的比较等学科探索，范围在不断地扩大，从学科理论和知识支撑方面，为思想政治教育方法的创新和发展创造了条件，并提供着各种新的理念、知识和经验，推动着当代大学生思想政治教育方法由被动的适应性发展转向合规律性的理性与科学的发展。

（二）现代化发展趋势增强

传统思想政治教育主要是通过实践锻炼、理论教育等方式提高教育对象的思想道德水平，教育者和教育对象之间是一种面对面的交流，并需要一定的时间、空间和人力物力作保证。20世纪80年代以来，信息技术革命以前所未有的速度向前发展，包括虚拟网络技术等为主要标志的新技术革命，使人类迈入一个全新的、复杂而综合的信息系统世界。网络的快速发展，为思想政治教育手段更新准备了先进的技术条件。这就是教育对象接受的信息不再来自教育者口耳相传的单向的、唯一渠道，而是要受各种混杂信息的综合影响，促使教育对象必须在选择中学习，在学习中选择。现代信息技术发展的实质是对信息认识、信息处理和信息传播方式的变革，它带来的不仅仅是一种科学技术上的进步，而且是社会的全面信息化的进化，这种进化导致了生产方式、生活方式、认识方式上极为深刻的变革。这也使思想政治教育方法都进行了前所未有的信息化转变，不仅促进了思想政治教育方法的完善与创新，也必然推动其方法理论的现代化发展。

随着现代信息网络技术的出现，其发展速度不断地加快，它在为思想政治教育方法的发展创造了有利条件的同时，也使网络教育法日益成为当前思想政治教育方法的重要组成部分。通过使用独特的信息网络技术和工具，能够利用其不受时间和空间所限制的技术手段，可以让各种形式的教育资源和信息为教育者所用，并兼具真实性和及时性等多种优点，开展丰富多样的思想政治教育活动，这就较之传统的思想政治教育方式效率更高、效果更好，其教育效果也使思想政治教育得到了大学生的普遍认可。相比于以往的各种传统教育方式，当前的各种现代化教育方式更能体现现实性和及时性的教育特点。新时期的教育者还可以利用多种现代信息传播手段，通过网络视频、热线服务、心理咨询、邮箱、BBS、QQ和正在广泛兴起的微博和微信等各种现代化技术平台，对学生进行各种不同于传统教育方式的、充分体现现代性特点的思想政治教育，可以充分利用微信等教育平台，针对学生们感兴趣的一些时事热点等，及时地给他们发送一些教育信息，以此适时并能及时地影响和引导学生的思想观念。教育者也可以利用微信较为及时且具隐蔽性的特点，有针对性地加强对个别学生的思想教育工作，效果也非常明显。为此，教育者需要努力掌握和运用现代信息技术，积极促进教育方式的现代化，并及时地收集反馈信息。由于传统思想政治教育手段和载体主要有赖于有形的纸质文件或书籍，通过口授言传的教育活动进行教育，其反馈需要教育者反复观察和搜集信息，才能获取反馈信息。而随着现代信息技术的发展，思想政治教育采用了数字化、虚拟化和快速化的现代网络和电视传媒等集思想性、娱乐性、便捷性于一体的现代化手段，教育反馈也更加直接化和快速化。如网络思想政治教育就可以通过微信、微博、QQ、短信等方式及时地获取教育反馈信息，这就需要教育者及时地做出反馈和调整，尽可能地做到快速反馈。大学生思想政治教育方法也正是通过这些现代化的教育载体凸显着其现代化的发展趋势。

（三）对相关学科方法的借鉴增多

当代社会一个突出的特点就是向世界的开放。开放不仅打破了新中国成立以来与世界长期隔绝和封闭的防线，更重要的是在人们的心中建立起了与世界各国积极进行文化交流和经济交往的主动意识。在这样的社会条件下，一方面思想政治教育面临前所未有的挑战，使我国社会主义主导意识形态面临西方资本主义国家意识形态的冲击，使思想政治教育面临诸多的困难。但另一方面，这样的社会条件也给思想政治教育方法的发展提供了有利条件。这就是可以用海纳百川的胸怀，学习、研究和借鉴世界各国的思想政治教育理论和经验，研究其具体而有效的做法，为我国当代思想政治教育方法的发展注入新的元素，增添新的活力。

随着现代科学和技术的发展，各种学科之间联系日益紧密，不断产生出新的理论和方法。一切自然科学和人文科学涉及人的理论不但丰富多样，而且发展十分迅速，这就决定了思想政治教育方法的发展必然随着自然科学和社会科学的理论和方法的发展而不断地发展，必然是在马克思主义主导下的多元学科方法的融合发展。

思想政治教育方法发展的未来走向，必然是以马克思主义为主导，吸收和借鉴相关科学理论和方法，形成多元学科方法融合发展的趋势。首先，由于现代科技的发展，为当代各种不同学科发展和形成一个有机整体提供了可能。回溯人类科学的发展和认识论的发展，科学发展存

在不断地分化和不断地融合这两种趋势。20世纪70年代以来，以微电子技术学为核心，新兴的技术群和学科领域出现了巨大变革和融合发展趋势，包括信息科学和技术、新能源技术、新材料科学、生物学和海洋学的突飞猛进。这些学科既日益分化又日益融合，形成了复杂性科学的方法论体系，这些不仅为当今的信息技术科学、计算机科学等科学的发展提供方法论支撑，也为思想政治教育方法论的发展提供了新的借鉴。所以，现代科学技术的日益综合化也为思想政治教育方法融合发展提供了新的借鉴。其次，作为一个相对比较年轻的学科，综观思想政治教育的知识体系，它是一个多学科的概念、功能、方法在思想政治教育学中的融合借鉴。改革开放以来，思想政治教育界紧紧抓住各种有利的机会，对国外各种优秀的道德教育理论进行深入研究，并借鉴其影响较好的、真正具有实效性的教育方法。从美国的政治社会化理论与方法，到杜威的生活化教育理论和方法；从科尔伯格的道德认知发展理论和方法、班杜拉的社会学习理论和方法，再到新加坡的社会管理方法和公民教育方法；还有发达国家心理学科中的心理咨询理论与技术；立足于救助弱势群体、协调社会发展与个体发展的社会工作的理念与方法等等，不胜枚举。这些都充分显示了各门学科对思想政治教育领域的渗透与联系是越来越紧密，对其教育方法的发展也是越来越重要。从思想政治教育方法自身发展来说，也需要吸纳其他学科的方法，才能获得不断地创新和发展的不竭动力，否则就会成为无水之源。这些相关学科的理论和方法都进入了思想政治教育理论研究和学习借鉴的视野，在形成了基于规律性理论来进行教育方法的创新和创新探索的理性观念的同时，极大地开拓了思想政治教育工作者和研究者的眼界。对如何在相对自由和开放的市场经济环境中转变观念，创设何种思想政治教育方法才能与之相适应，产生了不可替代的思想启发和方法借鉴的作用。特别是由社会的开放性所营造的、开放包容的社会环境和氛围，更是为思想政治教育者大胆学习和借鉴国外的有益经验，并真正应用于教育实践之中，创造了良好的社会支持条件，这也正推动着我国当代思想政治教育方法以世界的眼光，博采众长、吸取精华，以超越自身局限的开放式姿态，迈入跨越式的发展阶段。

当前思想政治教育方法的创新研究中，更加注重了对马克思主义方法论的研究和应用，进一步提升了其指导地位。特别是加强了对包括毛泽东思想和中国特色社会主义理论体系在内的马克思主义中国化理论成果的研究。毛泽东思想中蕴涵着的哲学方法思想和思想政治教育方法思想，是当代思想政治教育方法发展的思想源泉和根基。邓小平理论、“三个代表”重要思想和科学发展观是我国改革开放和市场经济发展的最新理论成果，其中所蕴含的科学方法论是直接指导思想政治教育活动的行动准则和思想方法。在分析我国现阶段社会发展和思想政治教育需要的基础上，加强对思想政治教育方法的指导。

此外，在坚持马克思主义方法论主导地位的前提下，其他学科方法论的综合研究方面也进一步加强。由于思想政治教育本身是一门多学科交叉形成的新兴学科，可以借鉴教育学、伦理学、心理学、社会学、系统科学、信息论、生态论等学科的理论和方法，不断地促进当代思想政治教育方法的发展。所以，在当代思想政治教育方法发展中，加强了对其他社会科学和自然科学方法理论的融合研究，通过借鉴、移植，不断地促进其转化，使其能为思想政治教育服务，从而加强了思想政治教育的思想教育、政治教育、道德教育、心理教育等理论和方法的科学发展，丰富了思想政治教育方法的理论，推动了思想政治教育方法理论朝着更加人性化、科学化和潜隐性方向发展，并不断推动着思想政治教育方法的整体跃迁。

二、当前大学生思想政治教育方法在运用过程中存在的主要问题

从当前大学生思想政治教育方法的具体实施情况来看，虽然取得了上述一些成绩，对当代思想政治教育方法论的发展也起了促进作用。但随着时代的变化和发展，其理论缺陷和应用上的不足也日益显现出来。因为无论是从大学生思想政治教育方法的实施层面和研究层面看，还是从教育者和受教育者的主观方面看，都不同程度地存在着各种问题和不足，突出地表现为“人本主义”的缺失，需要进一步加以研究和完善。

（一）教育者缺乏“以人为本”的教育理念

教育者在大学生思想政治教育方法运用过程中，对出现的种种新矛盾和新问题没有足够地重视，特别表现在没能深层次地关心大学生思想上和心理上的困惑，这也就使大学生思想政治教育难以满足大学生的实际需要。许多教育者由于缺乏“以人为本”的教育理念，没能更好地调动大学生的主观能动性。大学生思想政治教育方法更多地是从约束性出发的说教管理或无条件服从出发，而不是从人性的角度去关心受教育者的发展，主要表现在以下几个方面：

首先，重理论灌输，忽视学生的主体地位。理论宣教中的灌输作用不容置疑，在高校进行思想政治教育中仍然起着重要的作用。但是，太注重灌输教育也会存在许多不足，甚至产生一些弊端。一是理论宣教的内容存在理论与社会现实、与学生生活实际相脱节的问题，使一些学生对现有的政治理论不感兴趣，甚至存在厌恶情绪；二是理论宣教形式相对单调，忽视了其他教育方法在思想政治教育中的应有地位和作用。把思想政治素质的提高过程等同于对科技知识的接受与理解，而不是在教学和科研中逐步渗透思想政治教育的内容，也没使其渗透到大学生丰富多彩的校园文化生活中去，没能真正实现寓教于乐、寓教于知和寓教于管理；三是把学生作为思想政治教育的被动对象，忽视了学生也是主体的一面。教育者一定要将学生看成能动的主体，因为思想观念的接收是一个主动理解的过程，更是一个自我改造的过程。教育者要从大学生的身心特征出发，理解他们、尊重他们、为他们服务，并能够适应他们的需要和特点，结合教育的实际，对他们进行思想政治教育和品德教育，也只有这样才能真正把思想政治教育落到实处；四是大学生在学校的主体地位体现得不明显。大学生也是学校的主体之一，也应在参与学校建设和决策中培养自身的各种素质和能力。

其次，重整齐划一，轻分类指导。随着高等教育规模的迅速扩大，在校大学生数量急剧增长，而很多高校从事思想政治教育的教师数量却远远不能满足工作的需要，很难做到对个别学生进行单独的辅导教育。在大学生思想政治教育的过程中，教育者对学生施加的教育，往往都是从自身需要和能力出发，而忽视学生存在着不同层次、不同兴趣、不同强度的需要，难以做到因材施教。事实上，由于每个学生都来自各自不同的家庭，所处的生活条件和所受教育环境都不尽相同，从而表现在各自的思想觉悟和道德修养等方面也都会存在一定的差异性和层次性。这就要求教育者必须从学生的思想实际出发，选择和运用不同的教育方法。但在现实的大学生思想政治教育过程中，教育者往往只注重群体而忽视个体，注重整齐划一，而没有体现分类指导和个别辅导，未能做到因材施教。

最后，教育者重言传、轻身教。“身教示范”是我国自古以来的优良传统，在大学生思想政治教育中教育者应是既重言传又重身教的榜样示范。但是，在实际的思想政治教育工作中，教

育者却只重“言传”，而忽视了“身教”，课上课下、工作里外出现言行不一者比比皆是。另外，随着我国在社会转型过程中社会生活领域存在的一些不良风气延伸到高校，对大学生思想政治教育者或多或少地会造成一定的影响，也对大学生思想政治教育产生了一定的消极影响，从而影响着思想政治教育作用的发挥。

（二）传统教育方法与现代教育方法未能实现有机结合

首先，教育者重传统轻现代和重现代轻传统现象并存。所谓传统的思想政治教育方法通常被列为基本方法或一般方法，主要是指包括理论灌输法和实践教育法等方法在内的、被实践证明为科学的方法的总称。所谓现代思想政治教育方法一般被称为特殊方法或增效方法，主要是指网络教育法、心理咨询法等多种新的教育方法。无论是传统教育方法还是现代教育方法，其自身都具有各自的长处和短处，它们之间应该相互补充，都在教育过程中共同发挥作用。但在当前大学生思想政治教育过程中，却普遍存在着两种极端的倾向：一是惯用传统方法，对现代方法运用得不够充分。教育者从主观上只认可灌输教育法、理论教育法和批评教育法等一些传统方法，很少甚至排斥现代思想政治教育方法的运用，使大学生思想政治教育形成了单一化、空对空、说教式的模式，严重影响着思想政治教育工作的成效；二是过度应用现代方法，使传统方法的主导地位日益受到排挤。在当前的大学生思想政治教育过程中确实存在着现代思想政治教育方法具有一定优势的现象，比如网络教育法在虚拟的网络环境进行思想政治教育的优势比较明显，心理疏导法在解决大学生个人心理和人际交往等问题上优势比较明显等等。但需要特别指出的是，向大学生传授和灌输一定的思想理论和道德规范才是大学生思想政治教育的本质意义，其目的是培养和提高大学生的各方面素质，成为社会需要的有用人才。而在大学生思想政治教育过程中，如果不注重其教育目的和教育实质所在，没有发挥传统教育方法的导向作用，而只是过度使用所谓的现代教育方法，思想政治教育的本质功能就得不到充分实现。

其次，大学生盲目排斥传统教育方法。当代大学生以90后为主体，因受当前社会环境等多方面的影响，当代大学生表现出特有的思想和行为特点，他们的自主意识和独立意识增强、思维活跃，易于并乐于接受新鲜事物。但他们正确的“三观”却并未形成，在对待大学生思想政治教育方法的接受选择上，往往会表现出盲目地排斥传统，崇尚现代，认为只要是传统的就该摒弃，现代的就该提倡，只要形式花样、不要内容突出，只看过程、不重结果等现象。以至于一些教育者只从学生的片面需求出发，在教育方法的选择和运用过程中过度使用现代教育方法，片面强调新颖化和形式化，而盲目地排斥了传统教育方法，从而淡化甚至削弱了思想政治教育方法的科学性。

（三）方法的实施缺乏可操作的规范和指导

大学生思想政治教育方法的真正价值和意义在于落实到实施过程中，并能发挥较好的实际效果，能够做到拿之即用、用之有效。因而，大学生思想政治教育方法的客观实施效果应该是我们关注的焦点。但从各高校的实际层面来看，一些新方法、新举措、新主张在实施层面上还存在很多缺陷和不足。主要表现在大学生思想政治教育方法的实施过程中缺乏可操作的规范和指导。在大学生思想政治教育方法体系中包含着不同层次且差异显著的诸多具体方法，运用和实施这些方法的基本前提是能够透彻理解和把握这些方法体系，并能熟练掌握每一种具体方法在实施过程中的应用范围、必要条件和注意事项。但长期以来，在实际教育过程中，很多教育者虽然能熟知各种方法的内涵、外延及其方法论层次，但却对如何实施这一方法和最大限度地发挥这一方法的实效，缺乏必要的和具有操作性的规范及指导，以至于出现教育者“满脑方法，却无从下手”的尴尬现象。由于方法在实施层面的这些限制，使得许多大学生思想政治教育方法成为只是停留在理论层面的概念或假设，而不是现实可行的实施举措。

为全面剖析大学生思想政治教育的各种具体实施方法的实际使用情况，根据一项调查结果发现，由于传统教育方法比较呆板，缺乏生机，不够体现以人为本，大学生都不太愿意接受。大学生作为受教育者，作为思想政治教育的主体，对实践教育法、情感教育法以及网络教育法和综合教育法等现代教育方法相当认可，但对其实施效果却不太满意。现代的教育方法充分体现了“以学生为本”的教育宗旨，为进一步提高大学生思想政治教育的实效性，教育者一定要尽力克服不利因素的影响，坚持以人为本思想为指导，切实加强对现代教育方法的运用和人本化创新。

（四）尚未形成完善的大学生思想政治教育方法体系

大学生思想政治教育方法作为思想政治教育方法的一个组成部分，是思想政治教育方法对大学生这一特殊群体应用时而使用的特定方法。在理论基础和方法体系上都完全依托于思想政治教育方法论的相关内容。从目前学术界的研究情况来看，思想政治教育方法论已形成了自身完备的理论基础和体系框架，但在关于大学生思想政治教育方法的研究方面却存在着两种不同的路径。一种是重视方法论的研究，只从宏观上关注理论基础和方法的体系化、全面化建设，对具体方法研究不够，对各类方法在方法体系中的地位及其相互关系缺乏必要的厘清，特别是对马克思主义思想政治教育方法的地位及实施要求亟待确认；另一种是重视具体方法的研究，却缺乏理论概括，而且很多研究或是经验的总结不具备普遍适用性或是涉猎面过窄不够全面等等。目前的大学生思想政治教育方法自身在结构和内容上还存在很多问题，突出表现在理论性过强，不实用，脱离学生实际过远；呆板、生硬，缺乏生机，没体现“人情味”；一些借鉴其他学科而来的方法专业性过强，缺少衔接性的理论和实际指导等等。总之，目前并没有形成一个可以适用于大学生这一特定群体的、完善而有效的思想政治教育方法体系。

三、和谐社会视域下大学生思想政治教育方法创新的经验总结

在构建社会主义和谐社会的进程中，我国大学生思想政治教育方法的创新获得了丰富的理论与实践成果，这些成果不仅取得了一定的成效，也形成了一些经验。这些经验主要体现为在进行大学生思想政治教育方法创新时，要始终坚持党和国家关于思想政治教育的指导思想、密切结合当代大学生的时代特点、特别注意新媒体的开发及积极借鉴国内外优秀成果。

（一）始终坚持党和国家关于思想政治教育的指导思想

思想政治教育作为人类社会实践活动的一个关键因素，从阶级产生后就一直客观存在着，它反映着一定社会、一定阶级的利益和要求。中国共产党作为无产阶级的领导者，作为我国社会主义现代化建设的领导力量，正是凭借思想政治教育这一法宝取得了无产阶级革命的伟大胜利，建立了新中国，因此更是对思想政治教育常抓不懈。这就要求我们在进行大学生思想政治

教育时，要始终坚持党和国家相关的指导思想。

自中华人民共和国成立以来，党和国家就十分重视高校的思想政治教育，在1950年第一次全国高校教育会议上，就将加强思想政治教育列为高等学校具体任务的第一条。其后每隔几年都会发布文件，引导和支持大学生思想政治教育工作。特别是新形势下，党中央和国务院不仅颁布中央16号文件总体规划、全面部署，更是首次召开全国性大学生思想政治教育会议来整体推进。此后的十余年，政策颁布愈发频繁，指导方向愈发明确，助推作用愈发突出。这得益于党和国家对大学生思想政治教育的紧抓不懈。

其一，中共中央和国务院以科学发展观为指引，首次联名发布《关于进一步加强和改进大学生思想政治教育的意见》(以下简称《意见》)，实现了顶层设计的突破和创新。该《意见》在对大学生思想政治教育指导思想、主要内容与基本原则进行全面部署的前提下，提出了拓展新形势下大学生思想政治教育方法的有效途径。即大力发挥课堂教学的主导作用；深入开展社会实践；大力建设校园文化；大力加强心理健康教育；主动占领网络思想政治教育新阵地等，为其后大学生思想政治教育方法的创新指明了方向。

其二，自《意见》下发以后，共青团中央、教育部思政司等部门不断下发《意见》相关配套文件来详细指导大学生思想政治教育方法的创新，如为了优化理论教育法，大力发挥课堂教学在大学生思想政治教育中的重要影响，教育部于2005年颁发了《关于进一步加强和改进高校思想政治理论课的意见》，改革与优化了思想政治教育理论课的课程和教材建设，实行了“05方案”，让课程更加贴近现实、富有时代性。针对完善实践教育法，把握好社会实践这一大学生思想政治教育的重要环节，让实践教学和课堂教学相结合，增强大学生思想政治教育的实效性，教育部、共青团中央下发了《关于进一步加强和改进大学生社会实践活动的意见》，在继续把社会实践活动纳入学校教育教学总体规划和教学大纲的基础上，提出要建立相对稳定的大学生社会实践基地，探索社会实践长效育人机制。对于创新操作方式、大力表现校园文化活动的育人功能方面，教育部、共青团中央下发了《关于进一步加强和改进高等学校校园文化建设的意见》，提出在继续开展传统校园文化活动的基础上，要善于结合传统节庆日、重大事件和开学典礼、毕业典礼等，开展富有特色、感染力强的主题教育活动。发挥重大事件独特的教育内涵，深化大学生的民族精神、爱国主义精神等。针对推行心理疏导法，深入细致地对大学生进行思想政治教育，教育部、卫生部、共青团中央下发了《关于进一步加强和改进大学生心理健康教育的意见》，不仅提出大力加强大学心理咨询队伍建设，也提出了进行心理疏导的具体途径，即通过心理剧场、心理沙龙、网上心理栏目等，来宣传普及心理健康知识。为了探索网络教育法，主动占领网络新阵地，教育部又下发《关于进一步加强高等学校校园网络管理工作的意见》，提出要通过建设思想政治教育专题网站，构建校园网主流网络平台来引导网上舆论，积极利用新媒体来加强与大学生群体的密切联系，通过网络完成大学生思想政治教育等等。在这些文件的引领下，“高校思想政治理论课改革和建设成果显著，理论教育法向现代化转变，社会实践机制日臻完善，实践教育法作用举足轻重，心理咨询与教育大力发展，心理疏导法成效日显，牢牢把握网络主动权，网络教育法迈开了新步伐”，这些成果都得益于党与国家对大学生思想政治教育的重视及指导思想和具体文件的大力引导。

（二）密切结合大学生的时代特点

方法作为人们完成任务、实现目的的工具与手段，是为目的和任务服务的。同样的，大学生思想政治教育方法作为进行大学生思想政治教育的工具和手段，是为完成大学生的思想政治教育这个目的与任务而服务的。这就要求我们在进行大学生思想政治教育时，要遵循他们的思想品德发展规律，根据大学生的具体特点来进行方法的创新，有的放矢，最终实现思想政治教育。新形势下，党与国家及广大的思想政治教育者正是坚持以学生为本，密切关注他们的时代特点，才使得大学生思想政治教育方法的创新收获了丰硕的果实。

自以人为本的理念提出以来，贯彻以学生为本的教育理念，就成为开拓大学生思想政治教育新局面、进行大学生思想政治教育方法创新的指路灯。广大思想政治教育者坚持以学生为本，贴近现实、贴近生活、贴近大学生实际，密切结合他们的时代特点来进行大学生思想政治教育方法创新，获得了可喜的成果。具体表现为，第一，基于大学生个性意识强但承受能力低下的特点，深入大学生内心，结合心理咨询与教育，大力推行心理疏导法，通过大学生社团、心理沙龙与讲座、心理网站等途径传播心理健康知识、切实解决大学生在学习生活、课余生活和私人生活方面的问题，帮助他们摆脱现实困境，增强与困难挫折抗争的能力，形成正确的人生观与价值观。第二，针对他们参与意识强而辨别能力低下的特点，积极主动占领网络新阵地，牢牢把握网络主动权，建立思想政治教育网站，积极开发微博、博客、QQ与微信等，不断播撒思想政治教育基本理论与知识，及时了解大学生思想状况和情感动态，引导他们理性、客观地对待社会事件与政治事件，抵制非马克思主义思想的渗透和有心人士的煽动，增强自己辨别善恶是非的能力，树立正确的世界观。第三，关注他们主体意识强但集体意识薄弱的特点，不断创新大学生思想政治教育新的操作方式，开展红色之旅，让他们在重温抗日历史的同时学习伟大先烈为国为民的奉献精神；实施大学生志愿服务西部计划，让他们在服务西部贫困地区的同时增强他们的社会责任感；以重大事件为契机开展不同主题的活动，在当下发生的难事中众志成城、敢于为集体为国家奉献和承担，喜事中以国为荣、树立壮大祖国的民族理想。总之，在进行大学生思想政治教育方法创新时，一定要密切结合当代大学生的时代特点，尊重他们的实际需要和利益，贴近他们的具体情况，坚持育人为本、德育为先，在尊重学生、关心学生、爱护学生的过程中完成对他们的思想政治教育。

（三）特别注重网络和新媒体的开发

进入新世纪，电脑、手机等新媒体在大学生群体中得到迅速普及，正不断影响着他们的生活与思维方式。这既对传统的大学生思想政治教育方法提出了挑战，也为营造大学生思想政治教育新平台、探索大学生思想政治教育新方法提供了机遇。党和国家及广大思想政治教育者主动占领网络新阵地、及时抓住网络和新媒体探索大学生思想政治教育新方法，成为新形势下方法创新的一大特色。

第一，党和国家高度重视占领网络新阵地的重要性，牢牢把握着网络的主动权。2004年，中央16号文件明确提出要主动占领网络思想政治教育新阵地，并指出要加强校园网建设，建设主题多样的网站。其后，教育部积极引导，各高校主动出击，不断开拓网络新平台。到目前为止，各高校都建立了自己的思想政治教育理论网站，教育部还组织建立了诸如国家精品课程资

源网、高等思想政治教育在线网站等教学资源数据库，汇集了多种类型的教学资源，做到了教育资源的公开和共享。

第二，开拓了博客、微博、QQ、微信等新媒体形式，加强了与大学生的交流，探索了网络教育法。比如，学校或者老师充分利用QQ、微博、微信等这些方便及时的平台发布思想政治教育内容和信息，扩大了思想政治教育的覆盖面；还有，通过博客、微博组织形式多样的主题活动，以大学生乐于接受的形式潜移默化地提升他们的道德素养，完成思想政治教育。同时，QQ、微信这些便捷的通信工具让思想政治教育者密切了与大学生的交流，帮助了他们时刻掌握大学生的思想状况，及时解决他们的生活和思想问题，不断关心、爱护他们。

第三，为大学生思想政治教育具体方法的实施提供了平台。比如，借助网络架起了大学生心理咨询与教育的便捷通道，开设网上心理聊天室，设立专家信箱、心理聊吧等栏目，既方便快捷、打破了时空限制，又避免面对面尴尬、消除了他们隐私泄露的顾虑，大大增强了心理疏导法实施的效果。

总之，充分利用网络和新媒体来创新大学生思想政治教育方法，既是推动新时代信息网络化社会进程的需要，也是大学生思想政治教育方法现代化的需要。

（四）积极借鉴国外优秀成果

大学生思想政治教育方法的创新不是凭空进行的，它既包括对传统方法的继承，也有对思想政治工作实践情况的充分考虑。除此之外，对国外优秀成果的借鉴也是方法创新的重要源泉之一。新形势下，大学生思想政治教育方法创新的一大特色就是通过积极借鉴国外优秀成果来探索大学生思想政治教育新方法。主要表现在以下两个方面。

一方面是对国外优秀方法的借鉴，主要体现在对案例教学法的借鉴上。案例教学法源于美国，首先被大连理工大学的思想政治老师引入，收到了良好的教学效果。随后引起了教育部的高度重视，思政司专门组织了以案例教学为专题的教学研讨会，其后关于案例教育法的理论和实践研究不断深入，推动案例教学法在全国的应用，大大增强了思想政治教育的实效。另一方面是对国外相关学科方法有益成分的借鉴，主要体现在对心理学、管理学学科有益成分的借鉴。在心理学领域中，心理疏导、心理咨询等方法能很好地疏通与引导人们的心理、思想问题，这与思想政治教育通过解决大学生生活、思想问题来帮助他们树立正确的人生观、价值观的工作有异曲同工之妙。党和国家注意到这一点，在十七大报告中明确指出在进行大学生思想政治教育时，要注重人文关怀与心理疏导。接着，心理咨询工作在全国高校推行开来。到目前为止，各高校不仅有了自己专门的心理咨询机构及专兼结合的心理咨询教师队伍，还分别与课堂教学、大学生社团及计算机网络相结合，形成了心理讲座、心理竞赛、心理沙龙、网上心理聊吧等多样化的操作形式，有效地推动了心理疏导法的实施，贯彻了以学生为本的理念；在管理学领域，“管理也是生产力”已成为共识，广大思想政治者充分借鉴这一理论，发挥管理者的作用，将管理与服务渗透在思想政治教育中。针对大学生思想政治教育而言，主要是加强辅导员的管理、服务与教化作用，在加强辅导员队伍建设的同时，不断提升他们的各项素质与能力，让他们更好地关心学生、服务学生。经过近十年的发展，我们可以看到，辅导员从原来管理者的角色正逐渐走向知心朋友、心理咨询师、老师与榜样的角色，更好地发挥了育人作用。总之，新形势下大学生思想政治教育方法的创新离不开对国外优秀成果的借鉴。

第三节　和谐社会视域下高校思想政治教育方法创新的举措

一、大学生思想政治教育方法创新的基本原则

（一）政治教育与成才教育相结合的原则

在大学生思想政治教育过程中，政治教育是成才教育的核心，是大学生健康成才的有力保证；成才教育又是政治教育的出发点和立足点。

大学生要成就事业，必须首先确立崇高的理想志向，树立正确的世界观、人生观和价值观，必须确立成才须先成人的思想。因此，把思想政治教育建立在大学生成才教育的基础之上，这是思想政治教育的方法论基础。同时，政治教育与成才教育的结合，能够促使大学生把崇高的理想与勇于探索求实精神结合起来，在注重自身修养、道德理想与人格素质不断提升并日趋完善的同时，激发自己为迎接未来挑战而发奋学习的自觉性、主动性和积极性。

（二）理性教育与感性教育相结合的原则

“两课”是高校对大学生进行思想政治教育的主渠道和主阵地，是每一个大学生的必修课，它对于提高大学生的政治觉悟和理论水平，提高大学生的政治鉴别力和政治敏锐感，推进大学生素质教育，培养大学生的创新精神和实践能力有着不可替代的作用。在对大学生的全面教育过程中，仅有理性教育往往是不够的，还必须充分认识到情感因素在大学生思想教育过程中的重要作用。假若我们在教育过程中一味强调“高标准、严要求”教育方法，而不跟大学生进行感情上的联络与沟通，大学生就很难积极配合参与，甚至会产生抵触情绪，这样就会使思想政治教育陷入困境，难以达到预期的效果。因此，我们对大学生进行思想教育时，应该充分发扬民主作风，尊重大学生的独立人格，理解大学生的思想感情，关心大学生的生活需求，注重理论疏导，在教育者与被教育者之间建立起信任、理解和真诚的感情，使情与理有机结合。情、理结合能使大学生从教育者的关怀与温暖中自觉地接受教育。

（三）主导教育与自我教育相结合的原则

大学生是高校思想政治教育的主要对象，也是高校精神文明建设的主体力量。过去我们常常注重思想政治教育者在思想教育过程中的主导地位，一味强调教育者的主导作用而忽视了大学生在思想教育中的主体作用和主观能动性的发挥。实践证明，这种教育方法已不能适应时代发展的要求。市场经济要求活动的主体具有独立平等的人格，只有主体的人格保持独立平等，整个社会才能真正做到自由公正。在市场经济大潮的冲击下，大学生自尊、自立、自强的意识不断提高，他们渴望能在民主平等的气氛下自由发表自己的意见。因此，我们对大学生的思想教育过程中，必须充分发挥大学生的自我教育作用，在充分尊重、信任大学生的前提下，平等对待学生，充分相信、依靠学生，采取民主协商、平等对话、双向交流的方式，启发学生进行自我教育，帮助和引导大学生学会自我约束、自我监督、自我管理，充分发挥大学生的观能动性，使主导教育内化为大学生的自觉行动，实现由“他律”走向“自律”。

（四）解决实际问题与解决思想问题相结合的原则

“思想政治教育本质上是群众工作，是宣传群众、教育群众、引导群众、提高群众的工作。”大学生思想政治教育必须代表大学生的利益，维护大学生的利益，在方法上既要解决好大学生的思想问题，更要解决好大学生的实际问题，做到既务虚又务实，才会收到真实的、持久的效果。如果只注重解决大学生的思想问题，不注重解决大学生的实际问题，思想政治教育就会变成空洞的说教或许愿，就不会受到大学生的欢迎。随着教育体制改革的不断深化，缴费上学、自主择业使得部分大学生思想压力加大，思想疑虑增多。如果思想政治教育者能从大学生的根本利益出发，积极创造条件，努力解决大学生的各种实际问题，坚持解决思想问题与实际问题相结合，就能用事实教育大学生，让大学生在明理时受益，在受益中明理。

二、和谐社会构建对大学生思想政治教育方法提出的新要求

（一）必须将价值观教育与创新精神培养相统一

和谐社会是全体人民各尽所能、各得其所又和谐相处的社会。一方面，和谐社会要求我们通过不断的制度完善，来激发社会各阶层的创造性，在社会财富的流动中充分利用分散的知识资源。另一方面，和谐社会要求我们注重社会秩序的和谐与稳定。这就要求我们在大学生思想政治教育中，既要重视学生价值观建设和道德规范的树立，又要强调学生创新精神的培养，做到两者的统一。一方面，大学生应当是合格的社会主义的建设者，他们应当有足够的专业知识技能，有正确的社会劳动观，有创新求变的精神；另一方面，他们应当又是合格的社会公民，有正确的社会价值观，有强烈的社会责任和意识，来为国家建设服务、为人民服务。只有这样，他们才能在自己的发展中正确处理国家、集体和个人利益的关系，真正成为国家的栋梁。也只有这样，和谐社会的构建才能有源源不断的人才支持。

（二）必须坚持面对面的教育与网络教育相结合

学生是最大的网上群体，而且是最活跃的群体。互联网作为一个全球性网络，其影响日益广泛，它不仅已经成为新兴产业，而且正在逐渐成为人们日常生活的组成部分；不仅强有力地影响着公共舆论，而且在不知不觉中改变着人们的思想方式和生活方式。面对在校大学生几乎全部“触网”的现实，针对大学生正处在价值观形成的重要阶段，极易受到网上不和谐舆论的影响，必须坚持日常教育与网络教育相结合，充分发挥学校教师、党团组织的教育引导作用，按照“积极发展、加强管理、趋利避害、为我所用”的方针，利用互联网有目的地进行社会主义意识形态的教育和引导。网络技术和网络特点完全可以使我们的思想政治工作更好地利用资源、整合各种社会力量，营造出真正健康文明的思想文化环境，向着构建和谐社会的最终目标迈进。

（三）必须把思想教育与心理健康教育相结合

个体心理的健康发展，是个体形成良好思想品质的基础。从某种意义上讲，人们只有处在健康的心理状态下，才乐于接受教育。近年来，大学生面临的压力特别是就业压力、学习压力、

经济压力等普遍加大，由此引发的心理问题增多，影响了思想道德素质、科学文化素质和健康素质诸方面的和谐发展。心理素质是可以不断培养和提高的，心理问题需进行耐心的心理辅导来加以解决。加强大学生心理健康教育，提高大学生的社会适应能力、挫折承受能力和情绪调节能力，培养大学生良好的个性品质，促进其整体素质的全面协调发展。

但是，在实际工作中，学生的心理状况却往往容易被忽视，导致思想政治教育脱离受教育者当时的心理状况，其教育效果自然不可能好。提高学生心理素质的关键是在于，让学生学会自己用一种什么样的心态去看待问题、解决问题、分析问题。因此，高校思想政治教育工作者在面对有心理健康问题的大学生时，必须要加大感情的投入，以真挚的感情、平等的姿态去关心、爱护、尊重、理解教育对象，努力在双方之间架起理解、信任的桥梁，在感情交流中沟通思想、增进理解。高校思想政治教育要把心理健康教育作为一个重要内容专门化、系统化。“将大学生思想政治教育与心理健康教育紧密结合，根据大学生的身心发展特点和教育规律，制定大学生心理健康计划，确定相应的教育内容、教育方法，重点帮助大学生培养良好的心理品质和优良的品格，增强大学生克服困难、经受考验、承受挫折的能力。”

三、大学生思想政治教育方法的创新措施

（一）讲求思想政治教育方法的艺术

1. 善用语言艺术

“所谓思想政治教育的语言艺术，是指思想政治教育者在采用讲课、报告、谈心、表扬、动员、访问等多种方式进行思想政治教育过程中，使用准确、流畅、生动美妙的语言，阐明道理，打动人的心弦，激起感情的波澜，使人产生强大力量的艺术。”讲求方法的艺术性，能够使思想政治教育过程变得生动有趣、富有感染力，在这个过程中教育主体和客体会产生一种情感共鸣，使大学生主动接受思想政治教育内容，最终达到预期的目的。要想将语言艺术巧妙地运用在思想政治教育过程中，首先要了解受教育者的性别、性格、思想水平和心理状况，根据不同的受教育者选择不同的语言形式。例如，批评外向型的学生就可以直截了当，批评内向型的学生就应该含蓄委婉，批评男生就可以直截了当，批评女生就应该迂回婉转。其次，在对大学生进行批评或教育时，要因地制宜，注意场合，如果大学生所犯问题比较严重，就应该选择在办公室交谈，避免在大庭广众下伤及学生的自尊心，对个别学生的问题，可以在环境优雅的户外进行。第三，教育者在对大学生进行教育时，要抓住时机，即情况一出现，立即就行动，免得错过最佳时机，比如对犯错误的大学生进行思想政治教育时，应该选择受教育者头脑冷静、情绪缓和的时候进行。此外，在运用语言艺术对大学生进行思想政治教育时，还需要教育者做到情真意切、简明易懂、实事求是、富有哲理性和逻辑性。

2. 多用激励艺术

激励艺术就是在对大学生进行激励或者惩罚时，为了最大化地实现激励目标，运用科学的原理和方法，迅速地展现所需的技巧和能力，顺利地调动大学生的主观积极性。在思想政治教育中运用激励艺术，教育者首先要准确识别大学生的真实需要。满足大学生的真实需要是激发大学生积极性的源泉，使大学生从被动的让我做，变成主动的我想做。根据马斯洛的需要层次理论可知，人的需求是由低级向高级一步步提高的，教育者可以对大学生的每一级需要进行激

励，当一种需要被实现时，对大学生进行适当的奖励，一旦个体获得外部奖赏而得到自我满足时，就可以充满信心地追求下一个需要目标。其次，教育者要抓住时机将思想转化为行动。激励艺术的目标就是使大学生拥有积极进取、奋发向上的精神，并促使大学生将这种精神最终转化为实际行动。因此，教育者要创造良好的外部条件，促进良好动机行为的转化。比如，在学校的开学典礼上，校长的号召性和鼓励性讲话，可以使大学生满怀信心地开始新一阶段的学习。此外，在运用激励艺术时要做到适度，如果大学生被激励时受到过度的奖励，或者被批评时受到过度的惩罚，都会使思想政治教育事倍功半，达不到预期的教育效果。

3. 巧用批评艺术

批评艺术是指在教育者对大学生进行批评、大学生进行自我批评的过程中，教育者运用较为科学、幽默的方式，达到良药不苦且利于病，使大学生愿意接受批评的技巧和方法。教师在思想政治教育过程中对大学生运用批评艺术，首先要做到尊重大学生，犯了错误的学生仍然需要得到尊重，做到尊重学生，这样才能得到学生的尊重和信任，不可以将自己放在“救世主”的位置上，使大学生产生抵触心理；同时，在对大学生批评教育时，要告诉大学生批评不是最终的目的，批评是对他们的不良行为做出警醒，避免类似的事情再次发生。其次，要寓批评于表扬之中，众所周知，人们在情感上是不愿意接受批评的，教育者在对大学生进行批评时，要首先找出犯错大学生的优点，进行一定程度的表扬，当学生的荣誉感和成就感得到满足后，就会处于一种良好的心理状态，这时再指出学生错误时，学生就会坦然接受，感受到教育者的善意和良苦用心，并主动承认自己所犯的过错。第三，在批评学生时拥有宽容之心，犯错误的人心理都是后悔、恐惧的，他们需要得到别人的谅解，因此，教育者在对大学生进行批评教育时，要用一颗包容的心对待他们，保护大学生的自尊心，消除学生的心理顾虑，激发受教育者发自内心希望改正错误的愿望和决心。

（二）实现思想政治教育方法创新

1. 倡导以人为本的教育方式，突出大学生的主体地位

在社会飞速发展的今天，大学生越来越喜欢张扬个性、保持独特，拥有自己的特点，在这种情况下，就需要教育工作者在对大学生进行思想政治教育时因人而异、改变思路、创新方法，树立现代思想政治教育的理念，坚持以人为本的教育方式。实施以人为本的教育方式，首先要了解大学生真正需要的是什么，在尊重他们的合理需求的基础上满足他们的要求。教育者要善于观察大学生的自身发展情况和身心变化，对所用的方法做出及时调整，并鼓励大学生自主地参与到教学实践中。我国大学生的思想政治教育主要以课堂授课为主，方式单一的理论教学活动容易抽象枯燥，往往呈现出教师讲、学生听的教学状态，学生被动地接受思想政治内容，不但会对思想政治教育理论课产生厌烦心理，更无法调动他们的主动学习的意识，无法获得思想政治教育预期的效果。这种情况下，就要求教育者拥有敏锐的观察能力，善于发现大学生突出存在的问题，了解他们的需求，洞悉他们真正关心的问题，在传授思想政治教育知识时，让学生变为课堂的主体，调动他们的积极性，使他们从被动的接受者变为主动的学习者，将所要传授的思想政治教育的内容通过案例分析、情景再现、问题谈论等互动的方式讲授给大学生，帮助大学生在参与和讨论中提升自身素质。其次，发挥大学生在实践过程中的主体地位。虽然近年来实践教育得到了社会和学校的广泛重视，但是仍存在实践理论弱化、方法陈旧落后、实践活力流于形式等问题。因此，倡导以人为本的教育，就要将大学生的参与性地位突显出来，开展形式丰富新颖的实践活动，组织大学生参加生产劳动，培养他们拥有热爱劳动的意识，树立良好的劳动观，在切身体验劳动生产的过程中体会劳动价值；参加社会服务活动，鼓励大学生关注社会、关注民生，让大学根据自己所学，为社会提供力所能及的服务，在服务社会的过程中体验自身肩负的责任，从而树立他们的责任心和社会公德意识。

2. 运用网络手段，实现思想政治教育方法的现代化

在信息和通讯日益发达的21世纪，网络为我们带来了翻天覆地的变化，在改变政治、经济、文化的同时也改变着我们的思想。如今的大学校园，网络不仅可以互相交流、互通情感，也可以帮助大学生查找资料、自主学习，可以说网络在大学生学习生活中扮演了重要角色，高校利用网络对大学生进行思想政治教育，不仅拓宽了教育的实施方法，避免了教育过程中单一乏味的方式，还吸引了大学生的注意力，进一步迎合了思想政治教育的发展趋势。利用网络手段进行思想政治，首先，可以建立网上的教育基地。建立一批有质量、有特点、有内涵、被大学生喜闻乐见的网站，网站可以由“马克思主义网站”“红色经典著作网站”“爱国网”等板块构成，例如，清华大学设立的“红色网站”、中南大学设立的“马列网”等都得到了大学生的一致好评。构建网上的思想政治教育基地，一方面可以宣传理论性强的经典著作、对大学生有教育意义的英雄事迹、中国共产党历史文献等，提高大学生的思想政治专业知识，另一方面在网站上传播国内外的新鲜资讯、第一时间掌握党的方针政策，鼓励大学生对国内外新闻进行讨论，互相交流想法，提高自己的政治素养和思想觉悟。其次，高校还可以开设“校内BBS论坛”、校园官方微博、微信等，管理者及时发布学校的改革政策、突发新闻，与学生零距离无时差地进行交流，例如，渤海大学的官方微博经常在网上发布学校的信息和决定、帮助学生寻找丢失物品、帮助患病同学组织募捐、发布激励人心的文章等，鼓励学生之间相互转发、评论、点赞，在无形中传播了正能量，培养了大学生积极向上、乐于助人的道德品质。最后，开设网络第二课堂，鼓励大学生在网上收看学术讲座、成功人士演讲会、英雄楷模报告会等，激励大学生找出他们的闪光点，培养自己的道德情操；针对现阶段的社会热议的问题进行网络辩论，培养大学生关心社会、关注民生的意识；开展网络思想政治知识竞赛，在竞赛中增添马克思主义理论知识，坚定共产主义信仰。在运用网络对大学生进行思想政治教育时，也要加强防范和管理工作，不能将腐朽、恶意的信息传递给大学生，要防止西方资本主义势力通过网络毒害大学生的思想。

3. 发挥优秀传统文化在思想政治教育中的作用

中华民族的传统文化就是在我国长期发展中形成的、根植于我国肥沃的文化土壤中、世代传承并印象社会的历史。利用传统文化对大学生进行思想政治教育，培养大学生拥有克己、慎独、仁爱等道德修养，使他们成为具有高素质、高品格的人才。发挥优秀传统文化的作用可以从如下方面进行：首先，开设优秀文化课。例如，开设中国古诗词鉴赏课、古典文学赏析课等，组织学生学习中华民族优秀的诗词文化，文天祥的诗句“人生自古谁无死，留取丹心照汗青”、陆游的诗词“千年史册耻无名，一片丹心报天子”等都表达了作者希望为国尽忠的爱国情怀，大学生在欣赏这些古诗词时，不仅提高了文化素养，同时激发大学生的爱国热情和报效祖国的决心。还可以开设《伦理概学概论》《中国传统文化概论》《中国书法艺术》等课程，组织学生学习中国传统的伦理道德，培养学生克己奉公的社会责任感和使命感，义以为上、先以后利的

道德原则，天下为公的爱国主义精神。其次，将优秀的传统文化融入校园活动中，开展优秀文化知识竞赛、书法大赛、绘画大赛、中华礼仪大赛等，这些活动不仅能深化大学生对传统文化的认知，丰富大学生的传统文化的知识，还能起到净化大学生心灵、提升个人的道德修养的作用；还可以开展有关中国传统文化的社团活动，例如，北京大学的中国传统文化研究协会、中山大学铜雀汉服协会、北京师范大学的南山诗社等，定期举办有关传统文化的宣传活动，在传统节日举办文艺演出，在活动中自觉弘扬传统文化、激发大学生对传统文化的热爱，陶冶他们的爱国主义情操，唤起他们对中华民族的热爱之情。第三，发挥网络和大众传媒的作用，建设传统文化网站，通过校园广播、校园电视台播放与传统文化相关的节目，使大学生对传统文化产生一定的兴趣，用其中积极向上的道德准则鞭策自己。第四，组织号召大学生参加多种活动感受传统文化，例如，参观孔子纪念馆、老子故居、民俗博物馆或者具有一定传统文化底蕴的景点景区、爱国主义教育实践基地等，使大学生能够在实地观赏或参观中领略优秀的传统文化，加深对民族文化的认识和了解，激发内心的爱国情怀。

4. 加强心理疏导方法在思想政治教育中的应用

随着我国现代化进程脚步的不断加快，社会矛盾加剧，思想动荡，大学生的心理问题日渐突出。中共中央、国务院发布《关于进一步加强和创新大学生思想政治教育的意见》指出："要重视心理健康教育，根据大学生的身心发展特点和教育规律，注重培养大学生良好的心理品质和自尊、自爱、自律、自强的优良品格，增强大学生克服困难、经受考验、承受挫折的能力，要建立健全心理健康教育和咨询的专门机构，配备足够数量的专兼职心理健康教育教师，积极开展大学生心理健康教育和心理咨询辅导，引导大学生健康成长。"文件的出台为在我国大学中运用心理咨询方法提供了良好的时机，在大学生思想政治教育中运用心理咨询方法解决他们的心理问题，可以采取以下几种方式：首先，建立专门的心理咨询平台，要求教育者用专业的心理知识和技能为大学生开展心理疏导服务，及时发现大学生有关学习、生活上的问题，帮助学生克服心理障碍，走出困境和逆境，将心理问题及时地宣泄解决，避免长期抑郁于心，产生不良的后果，鼓励大学生用乐观的心态看待问题，充满信心地迎接生活中的各种挑战；在此过程中，教育者还应该培养大学生的抗压能力和抗挫能力，帮助他们在人际交往、就业择业方面用积极的心态对面各种突发情况，心理咨询机构还可以聘请专业心理咨询师，为学生提供专业化的咨询服务。其次，开设网络化咨询通道，高校可以充分利用网络便捷化、高速度的特点，有针对性地对大学生进行咨询服务。现代社会生活节奏快、竞争大，这使得大学生产生了复杂且起伏的心理，长此以往，容易造成心理疾病，如果不及早治疗，容易产生严重后果。但是，大多学生羞于公开进行心理咨询，常常错过了最佳的心理咨询时期，通过开设网络咨询通道，学生可以通过视频、语音、文字等方式与心理咨询教师一对一的交流，这种方法避开实名制咨询尴尬，让大学生匿名地与心理疏导教师进行交谈，敞开自己的心扉，在平等的氛围中与心理疏导老师讨论人生观和价值观，化解生活中遇到的心理问题，克服在学习中出现的困难，最终形成健康的心理和完善的人格。此外，学校也可以开设网络心理咨询课等，讲授有关心理健康方面的知识，鼓励大学生自主学习、自我治疗，从而做到自我调节。

第八章　和谐社会视域下高校思想政治教育渠道拓展

在思想政治教育中，一般把渠道和途径联系起来。大学生思想政治教育的渠道泛指为了达到思想政治教育的目标所采取的所有管道和路径。在以往大学生思想政治教育过程中，我们往往对一些教育渠道较为忽视，因而存在着种种局限性。在构建社会主义和谐社会的进程中，要加强和改进大学生思想政治教育工作，应不断地拓展大学生思想政治教育渠道，不断增强思想政治教育的有效性。

第一节　高校思想政治理论教育渠道的拓展

理论教育渠道是指系统传授或让学生学习掌握马克思主义理论及思想政治理论的教育形式。传统的理论教育渠道主要指思想政治理论课程教育渠道，在《中共中央国务院关于进一步加强和改进大学生思想政治教育的意见》等文件中，将哲学社会科学课程和其他课程作为理论教育的重要渠道，进一步拓展了思想政治教育渠道。在新的历史条件下，应积极探索和拓展思想政治教育的理论教育渠道。

一、理论教育渠道的基本理论

理论教育渠道是以理论或知识逻辑的构建为主的教育渠道，其作用和功能主要是构筑学生的精神世界。思想政治教育活动从本质上说是一种坚持和维护统治阶级意识形态的教育活动，是用统治阶级意识形态来占领思想政治理论阵地和武装教育对象精神世界的活动。“统治阶级的思想在每一时代都是占统治地位的思想。这就是说，一个阶级是社会上占统治地位的物质力量，同时也是社会上占统治地位的精神力量。支配着物质生产资料的阶级，同时也支配着精神生产资料，因此，那些没有精神生产资料的人的思想，一般的是隶属于这个阶级的。占统治地位的思想不过是占统治地位的物质关系在观念上的表现，不过是以思想的形式表现出来的占统治地位的物质关系。”与其他理论教育特点不一样的是，马克思主义理论教育不可能通过强制压迫的方式或个体自发的方式形成，而必须或者只能通过教育的方式从外部传输到教育对象之中，马克思主义理论并不是简单、零散观点的组合，而是具有系统性和整体性的知识体系，需要通过系统的理论教育方式把马克思主义理论和要求传播到广大人民群众中去，使之成为无产阶级和广大劳动人民自身的思想武器。

（一）理论教育渠道的特点

与其他教育渠道或教育形式相比，理论教育渠道具有一些鲜明的特点：

1. 系统性

在我国高校，理论教育大多是采取课程教育形式进行的教育活动，开设一定的理论课程是理论教育的主要形式。从高校课程开设的基本状况来看，一般都采取学科课程的方式进行，因为在我国，很长一段时间课程都是与学科联系在一起的，“课程有广义、狭义两种。广义指所有学科（教学科目）的总和，或指学生在教师指导下各种活动的总和。狭义指一门学科”。按照学科方式组建的课程教育其内容的主要特点是系统性，因为学科就是一系列具有一定知识内在联系的一个结构体系，结构体系的总体特征是系统性。通过理论教育的方式，可以把所有教育内容按照学生能够接受的知识逻辑进行合理的安排，使之反映出知识内在结构体系的特点。每一次理论教育活动虽然就单项活动来看，是一种专题的知识内容，但是如果把这种知识放在学科的内在结构系统中，就是一个具有系统结构的整体。通过学科课程的方式进行的理论教育就不只是一种单纯的理论知识的教育与接受，而是一种内在知识结构体系的构建。理论教育的系统性的最直接的功效是它提供给学生一种系统的知识结构，这种结构可以转化为学生思考问题和处理问题的一种思维结构，成为分析问题和解决问题的武器。

2. 全面性

与活动教育渠道和其他渠道相比，理论教育渠道具有全面性的特点，理论教育把所有的教育内容按照一定的教育单元进行系统排列，强调教育内容的全面性。理论教育并不是一种单项的专门活动，而是一种系统长期的教育活动，它便于把马克思主义理论内容完整地呈现在学生面前，形成知识结构的整体。

3. 集中性

与其他教育渠道相比，理论教育渠道是最集中反映思想政治教育内容的教育渠道，因为理论本身是最具有抽象和概括性的内容，它浓缩了所有的感性认识或初步理性认识的精华，是所有教育内容中概括性程度最高、内容最精炼、观点最明确集中的内容。特别是以学科形式开展的理论教育活动，更是系统梳理了人类文化遗产的精华，集中反映了人类文明的思维成果。而直接以马克思主义理论教育和思想品德教育为主要内容开设的思想政治理论课程，更是集中地开展马克思主义理论教育的教育渠道，是所有理论教育渠道中最集中的教育渠道。

4. 稳定性

与活动教育渠道和其他教育渠道相比，理论教育渠道具有稳定性。理论教育的稳定性首先是由理性知识内容的稳定性决定的，理性知识内容是对感性知识内容的抽象和深化。“无数客观外界的现象通过人的眼、耳、鼻、舌、身这五个官能反映到自己的头脑中来，开始是感性认识。这种感性认识的材料积累多了，就会产生一个飞跃，变成了理性认识，这就是思想。”理性认识是比感性认识更具有稳定性的内容，特别是理性认识中相对系统和较为完善的思想体系，则更具有稳定性。其次是由理论教育过程决定的，从理论教育的过程来看，理论教育活动一般采取相对稳定的课堂教育的方式来进行，与感性认识和经常性的日常思想政治教育活动相比，课堂教育活动具有更强的稳定性。其三是由理论教育对学生的影响程度决定的，与感性知识内容相比，理性知识内容深入到学生内部认知结构和知识系统，形成学生世界观、人生观和价值观的知识基础，对大学生一生的发展都起着一种长期稳定的影响作用。因此，理论教育更具有稳定性的特点。

5. 理论教育的深刻性

与其他教育渠道相比，理论教育是最能反映事物本质的教育形式。马克思指出："批判的武器当然不能代替武器的批判，物质力量只能用物质力量来摧毁；但是理论一经掌握群众，也会变成物质力量。理论只要说服人，就能掌握群众；而理论只要彻底，就能说服人。所谓彻底，就是抓住了事物的根本。""哲学把无产阶级当作自己的物质武器，同样，无产阶级也把哲学当作自己的精神武器；思想的闪电一旦彻底击中这块素朴的人民园地，德国人就会解放成为人。""德国人的解放就是人的解放。这个解放的头脑是哲学，它的心脏是无产阶级。哲学不消灭无产阶级，就不能成为现实；无产阶级不把哲学变成现实，就不可能消灭自身。"马克思主义不仅深刻揭示了人类社会发展的客观规律，具有真理性，而且也是无产阶级改造客观世界和改造主观世界的思想武器，能够有效满足无产阶级自身发展的需要，具有价值性。一旦人们真正认可或接受了马克思主义理论，思想上得到了理论的武装，就可以直接转化成一种物质的力量。

（二）理论教育的功能

理论教育是一种集中、系统地体现一个社会占主导地位的意识形态的教育渠道。它不仅能使其他教育渠道的思想政治教育功能得到整合，而且发挥着重要的导向功能和发展功能，这些都是重要的思想政治教育功能。

1. 整合功能

在我国高校，对学生进行思想政治教育的渠道十分丰富，既有直接进行思想政治教育的教育渠道，也有间接对学生产生思想政治影响的教育渠道；既有以理论形式进行的思想政治教育活动，也有以非理论形式进行的思想政治教育活动；既有显性的思想政治教育活动，也有隐性的思想政治教育活动等。理论教育活动，特别是直接以马克思主义理论和思想品德教育为主要内容的思想政治理论课程教育活动具有把其他类型、性质的教育渠道中的思想政治教育因素进行整合的功能，使在其他教育渠道和形式中所形成的感性认识或零星的观点和思维在理论上得到提升，形成整体的印象。

2. 导向功能

理论是具有先导作用的教育内容，理论是在感性认识基础上的升华与提炼，因此与感性认识相比，更具有前瞻性，它可以引导人们的实践活动。特别是思想政治理论教育由于集中地体现了无产阶级的利益和意志，党和政府对人才目标、内容、模式等方面的具体要求，为整个学校教育提供了一个具体的价值指向和标准，具有明显的导向性。理论教育，特别是思想政治理论教育的导向功能主要体现在两个方面：一方面它可以引导或带动各种类型和形态的教育活动，为其他形式的教育活动提供一个客观的标尺。另一方面，它对学生个体有良好的导向功能。理论教育的实施过程，实质上是把社会主导的价值观念转化为学生个体思想政治观念的过程。这样，理论教育有助于强化学生的思想政治观念，帮助学生按照社会所期望的方向发展。

3. 发展功能

发展是一个从简单到复杂、从低级到高级的过程。理论教育具有使个体思想政治观念得到发展的功能。从个体思想政治观念形成和发展的过程来看，个体思想政治观念具有一定的层次性，比如美国道德教育家柯尔伯格就把个体思想道德观念发展分为三个水平和六个发展阶段，另一个道德教育家马丁·霍夫曼也认为道德移情能力存在着层次性，那些具有较低层次移情能

力的个体比较容易出现情绪问题。在我国，一般也把人们的思想道德观念分为先进层次和一般层次。这些都表明个体思想道德观念存在着层次性，而想使个体思想道德观念从较低的层次向较高的层次发展，就必须通过各种方式让个体思想道德观念得到发展。个体思想道德观念发展的实质是使个体理性思维得到提升，理论教育是使个体思想道德观念得到提升的最本质的力量。从理论教育的社会性功能来看，理论可以指导和推动社会发展。任何一种社会实践活动，没有理论的指导都是一种盲目的实践活动，只有在科学的理论指导下，才能使社会实践乃至整个社会得到更好发展。马克思主义理论是无产阶级和广大劳动人民认识世界和改造世界的武器，马克思主义理论不仅具有意识形态的功能，而且具有促进社会发展的功能，它引导社会按照人类社会历史发展规律发展。

因此，理论教育在各种教育渠道中占据着十分重要的位置，它不仅为其他渠道的思想政治教育活动提供了基础、提出了方向、提供了教育内容，而且具有把其他渠道的教育影响进行深化和整合的功能，应积极探讨有效的理论教育形式。

（三）理论教育的主要形式

理论教育形式十分丰富，主要分为以下四类，即思想政治理论课程教育、形势与政策课程教育、哲学社会科学课程教育和其他课程教育。由于形势与政策课程在以往的课程设置中是属于思想政治理论课程中的一种特殊课程，尽管有着教育方式的特殊性，但课程性质与思想政治理论课程的其他课程是一致的，这里依然作为思想政治理论课程的一种，不再单独论述。

1. 思想政治理论课程教育

思想政治理论课程是大学生思想政治教育的主渠道，是集中系统进行马克思主义理论与品德教育的课程。在我国高校，开设思想政治理论课程不仅反映了大学生成长成才的内在要求，而且体现了我国社会主义大学的本质特征。

（1）思想政治理论课程的地位和作用。思想政治理论课程是大学生思想政治教育的主渠道，是体现社会主义大学本质特征之一的课程，是每一个大学生的必修课程，这是对思想政治理论课程地位和性质的最集中概括，在这个问题上，并不存在分歧。但在思想政治理论课的实施过程中，由于对“主渠道”的认识不同，曾经存在着两种思想认识偏差：一是把思想政治理论课程看成是主要渠道、主要课程，而把哲学社会科学课程以及其他课程和教育教学活动仅当成“次要渠道或不重要的环节”。这样就过分抬高了思想政治理论课程的地位和作用，把思想政治理论课程摆在了不恰当的重要地位，贬低了其他课程和教育教学活动所应发挥的作用。二是认为高等学校的各门课程都有育人的功能，特别是在我国高校，建立在马克思主义理论基础上的哲学社会科学课程都具有重要的思想政治教育功能，思想政治教育内容可以通过各门课程渗透的方式进行，没有必要专门设立思想政治理论课，把“主渠道”的思想泛化到各门课程。这样又或多或少地贬低了思想政治理论课程的专门育德的功能。这两种倾向虽然表现形式不一样，但最后的结果都导致思想政治理论课程建设长期游离于高等学校教育教学体制之外，更多地采取强制的、行政的手段来进行课程建设，影响了思想政治理论课程建设的效果。因此，应充分认识思想政治理论课程的地位和作用。我们认为，思想政治理论课程的主渠道地位和作用主要体现在思想政治理论课程内容的主导性上，思想政治理论课程与其他渠道之间体现了主导性与多样性的辩证关系。

首先，正确认识思想政治理论课程与哲学社会科学课程及其他各门课程之间的辩证关系。在高等学校各种教育活动中，课堂教学活动是最基本、最核心、最稳定的教育活动，它集中反映了人类文明的思维成果，具有强大的理性的感召力，在所有类型的思想政治教育活动中，占据着主导性地位，因此，要充分发挥课堂教学在大学生思想政治教育中的主导作用。可以把课堂教学分成三个组成部分，即思想政治理论课程、哲学社会科学课程和其他课程。其中思想政治理论课程是大学生思想政治教育的主渠道，哲学社会科学课程负有思想政治教育的重要职责，各门课程都具有育人的功能，这就科学地界定了课堂教学主导作用中各种不同类型课程之间的辩证关系。

其次，科学认识思想政治理论课程教学内容的主导性和各种思想政治教育资源的多样性之间的关系。思想政治理论课程是直接为培养学生的思想道德素质而设计的课程，它概括和浓缩了特定社会所积累的思想政治观念、道德规范、价值观念及行为模式等，是一个社会占主导地位的意识形态的集中体现。哲学社会科学课程和其他课程中也具有丰富的思想政治教育资源，在这些思想政治教育资源没有得到系统整合的时候，其思想政治教育的功能是自发的、偶然的，甚至是与主导性思想政治观念相抵触的，因此需要有一种类型的课程对这些分散的思想政治教育资源进行系统整合。思想政治理论课程作为一种直接反映社会占主导地位的意识形态的课程，除了其课程本身具有直接提升学生思想道德素质的功能以外，还具有把其他类型、性质的课程内容进行整合的功能。通过思想政治理论课程的整合，学校范围内各种教育因素、教育影响、教育途径和教育力量中所蕴含的思想政治教育因素得到了整合，保证了学校课程的思想政治方向，体现了主导性和多样性的统一。

再次，充分认识思想政治教育课程作为大学生思想政治教育主渠道的必然性。思想政治理论课程承担着对大学生进行系统的马克思主义理论教育的任务。马克思主义意识形态区别于一切剥削阶级意识形态的重要特征在于，一切剥削阶级的意识形态都可以在旧的剥削阶级的土壤里自发地产生，而马克思主义意识形态则需要同一切旧的剥削阶级意识形态及其他观念，进行彻底决裂。社会主义意识形态不可能在工人运动中自发地产生，而必须从外部进行“灌输”。马克思主义意识形态、思想观念是一种系统化、理论化的思想体系，必须通过一定的相互联系的课程对大学生进行系统教育。

因此，我们要发挥思想政治理论课程在大学生思想政治教育中的主渠道作用，不能仅把思想政治理论课程看成是主要课程，而把其他课程看成是次要或不重要的课程，更不能因为其他课程具有思想政治教育功能就忽视和否定思想政治理论课程的作用，而应充分认识思想政治理论课程在整个学校教育体系中的主导作用，对其他思想政治教育资源的整合作用，在专门提升学生思想政治教育素质中的集中系统化作用，使之真正成为大学生思想政治教育的主渠道。

（2）思想政治理论课程的设置及特点。高校思想政治理论课程的开设有一个历史的发展过程。我国本科生课程 1949—1952 年，主要开设“新民主主义论”“政治经济学”“辩证唯物论与历史唯物论”；1953 年改为“马列主义基础”“中国革命史”“政治经济学”；1954～1956 年变为“马列主义基础”“中国革命史”“政治经济学”“辩证唯物主义与历史唯物主义”；1957 年又统一改为“社会主义教育课”；1958 年以后又改为“马列主义基础”“政治经济学”“辩证唯物主义与历史唯物主义”；在“文化大革命”期间，学校德育课程被取消，代之以读毛泽东著作或语录的政治课；1978～1986 年恢复为“中共党史”“政治经济学”“哲学”，文科学生另设“国际共产主

义运动”；1987年以后开始明确设置马克思主义理论和思想教育课程，包括“中国革命史”“中国社会主义建设”“马克思主义原理”“世界政治经济与国际关系”“法律基础”“大学生思想修养”“职业道德”“人生哲理”“形势与政策”等；1995年以后改为“马克思主义基本原理”“中国特色社会主义”“中国革命史”“世界政治经济与国际关系”和“思想道德修养”“法律基础”“形势与政策”等7门；1998年方案又调整为“马克思主义哲学原理”“马克思主义政治经济学原理”“毛泽东思想概论”“邓小平理论概论”“当代世界经济与政治”“思想道德修养”“法律基础”“形势与政策”等8门。

根据《中共中央宣传部教育部关于进一步加强和改进高等学校思想政治理论课的意见》，高等学校四年制本科思想政治理论课程必修课程为“马克思主义基本原理”“毛泽东思想、邓小平理论和‘三个代表’重要思想概论”（后改为“毛泽东思想和中国特色社会主义理论体系概论”）“中国近现代史纲要”“思想道德修养与法律基础”，选修课程为“当代世界经济与政治”等。新的思想政治理论课程既保留了原“98方案”的优点，同时也体现了马克思主义的整体性和综合性的特点和与时俱进、不断发展的理论品质，突出了以马克思主义中国化理论成果为中心内容的教育主题，并且将中国近现代史作为思想政治理论课程开设，为思想政治理论课程设置注入了新的课程内容和视角。新方案所设置的思想政治理论课程是一种具有很强内在联系的知识体系，它包含四个基本层次：一是以马克思主义基本原理为主题的课程设置；二是以马克思主义中国化的三大理论成果为主题的课程设置；三是以大学生个体运用马克思主义理论改造客观世界和主观世界为主题的课程设置；四是以中国近现代社会发展为主题的课程设置。这四个层次的课程设置集中体现了马克思主义意识形态的系统性、整体性。

（3）充分发挥思想政治理论课程的主渠道作用。如前所述，思想政治理论课程是起主导性作用的理论教育渠道，要充分发挥思想政治理论课程的主导性作用，关键在于提升思想政治理论课程教学的主导性。

第一，要正确处理数量与质量的关系。要提高思想政治理论课程的主导性，首先应处理好数量与质量的关系。加强思想政治理论课程主导性建设，需要保障一定的思想政治理论课程数量，没有一定量的思想政治理论课程，其主导性是无法实现的。从新中国成立以来思想政治理论课程设置历史演变来看，改革开放以前思想政治理论课的学时比例大约占10%～15%；改革开放以后逐渐调整到10%～12%。但是思想政治理论课程的主导性并不直接体现在其数量上，正如邓小平所说：把坚定正确的政治方向放在首位，“这并不是说要把大量的课时用于思想政治教育”。发挥思想政治理论课程主渠道作用，关键在于提升思想政治理论课程质量，在于提升课程内容和思想的先进性、科学性，在于提升思想政治理论课程对哲学社会科学课程和其他课程及各种教育因素、途径、力量、影响的控制力。

第二，要正确处理直接与间接的关系。思想政治理论课程是一种直接为提升学生思想道德素质而设立的课程，具有直接的德育作用。哲学社会科学课程和其他课程尽管不是直接为提升学生思想道德素质而设立的课程，但是它们为提升学生思想道德素质奠定了良好的知识基础，并且能够间接地提升学生的思想道德素质。一方面，在课堂教学主导作用中，思想政治理论课程的直接作用十分重要，如果缺乏它的主导和整合作用，哲学社会科学课程和其他课程所提供的思想政治教育信息就只是一种零星的、杂乱无章的教育因素，是一种自发发挥作用的因素，不能很好地发挥其作用和效果。但另一方面，从客观上说，毕竟在整个高等学校课程体系中，思想政治理论课程在数量上只是少数部分，其他各种课程不仅数量十分庞大，而且贯穿整个教育的全过程，并且由于学校教育是促进学生在德、智、体等方面全面发展的教育，这就决定了学生会把大量的精力和时间用于全面的、各科课程的学习，他们的思想品德和许多政治观点，往往在专业学习过程中体现出来。因此，只有把思想政治理论课程教育同其他各种类型的课程教育结合起来，正确处理直接德育与间接德育的关系，才能更好地实现思想政治教育效果。

第三，正确处理理论教学与实践活动的关系。如前所述，思想政治理论课程具有内在的科学性、逻辑性和系统性，具有很强的理论性，是一种理论课程。但是，思想政治理论课程的特殊性恰恰也在于其教学活动不能仅仅停留在理论教学本身上，而必须把理论转化为学生的思想道德素质，以学生思想道德素质的提升为核心目标。而要想使一个人超越个人自身体验的局限性，形成更为宏观的思想政治观念，最好的方法是参加社会实践，在实践中增长知识才干，进而验证理论和形成新的理论观点。因此，要增强思想政治理论课程的主导性，就应该加强理论与实践的结合。在实践中不断丰富和发展理论，在理论学习过程中打上社会实践活动的烙印，进而形成与社会和个人生活特点相结合的知识体系。正确处理理论教学与实践活动的关系，是提升思想政治理论课程教学的针对性、实效性，使科学理论转化为学生思想道德素质的必由之路。

第四，正确处理显性教育与隐性教育的关系。在思想政治理论课程教学过程中，显性教育是主体方式。它是通过有意识的、直接的、外显的教育活动使受教育者自觉受到影响的有形的教育方式。它具有目标明确、条件可靠、效率显著等特点和优势。但随着时代的发展和条件的变化，显性教育面临许多的问题，单纯的显性教育已难以完成思想政治教育的任务。隐性教育是通过无意识的、间接的、内隐的教育活动使受教育者不知不觉地受到影响的教育方式。它具有教育作用的无意识性、教育影响的间接性、教育方式的内隐性、教育范围和内容上的广泛性等特点。其作用表现在认识导向、情感陶冶、行为规范等方面（当然包括积极作用与消极作用）。显性教育与隐性教育，二者相辅相成，互为补充。在实践中，不能割裂二者关系，更不能片面化和绝对化，思想政治教育积极效果的取得，有赖于二者的结合与互补。

2. 哲学社会科学课程教育

哲学社会科学课程虽然不是以思想政治教育为主要目的而设置的课程，但是在哲学社会科学课程内具有十分丰富的思想政治教育资源。特别是我国的哲学社会科学课程，都是建立在马克思主义基础上的课程，其课程内容除了包含本学科的专业知识以外，还包含了宣传马克思主义理论，传播先进文化，帮助大学生形成科学的世界观、人生观和价值观的功能。

（1）哲学社会科学的意识形态特点。哲学社会科学的意识形态特点非常明确和突出。自从有阶级社会以来，人类社会已经分化成不同的阶级和代表不同阶级的意识形态，因此对社会和人的研究不可能不打上阶级的烙印。以哲学社会科学为主要学科内容的课程，不可避免地会带上各个阶级的意识形态偏见。我国是以工人阶级领导的、以工农联盟为基础的人民民主专政的社会主义国家，中国共产党是领导中国特色社会主义事业的核心力量，马克思主义是立党立国的根本指导思想，这就决定了我国哲学社会科学研究必须坚持马克思主义，在马克思主义指导下开展哲学社会科学研究。

（2）哲学社会科学课程的类型。由于哲学社会科学研究范围十分广泛、领域十分丰富，因此哲学社会科学课程的种类也十分繁多。但从课程设计对学生思想政治教育观念的影响来看，

我们可以把哲学社会科学课程分为两大类。一种类型为专业课程，也就是作为形成哲学社会科学领域学科研究基础，为培养哲学社会科学专门人才而设立的课程。此类课程的主要目的是为学生从事哲学社会科学研究或培养专门人才打下坚实的学科基础。在这类课程的学习过程中，学生也获得了一定的马克思主义基本立场、观点和方法，但这种马克思主义立场、观点和方法是通过该专业学科课程的方式培养或形成的，正如列宁所说："要记住，工程师为了接受共产主义而经历的途径将不同于过去的地下宣传员和著作家，他们将通过自己那门科学所达到的成果来接受共产主义，农艺师将循着自己的途径来接受共产主义，林学家也将循着自己的途径来接受共产主义，如此等等。"也就是"通过自己那门科学"本身的学习来成长为马克思主义者。

另一种类型的课程为通识课，也就是它们并不是为了培养某一学科的专门人才而设置的课程，而是为培养学生基本的人文、社会科学素质而设立的课程。在高等学校，由于高等教育是在普通教育基础上的专业教育，高等教育课程设置以专业、学科为核心进行设计，把专业课程的学习放在重要的位置。但是，如果仅仅开设和学习专业课程，也会带来一些问题。由于专业课程都是围绕某一专业、学科或者职业领域的需要而设立的课程，经过纯粹的专业课程的学习，培养出来的学生尽管对某一专业领域的知识和技能有较系统深刻的认识，但对其他领域的知识知之甚少。这样有可能会导致学生适应能力差，不能适应未来社会科学技术迅猛发展以及工作岗位更动和职业变换的需要；创新能力不足，缺乏发展的后劲和自主创新的能力；缺乏综合的视野，特别是缺乏与其他专业人才合作共同解决跨学科复杂问题的能力，等等。另外，由于专业课过分局限于自己所属专业领域，因而培养出来的学生在思考和处理问题时往往习惯于从自己的思维角度出发，把自己的思维绝对化，形成以自己学科为中心的思考方式，缺乏对其他专业和学科的理解，难以同他人沟通和交流，造成人际关系方面的固执和"认死理"等现象，缺乏灵活性；还有可能认识不到个人利益与国家利益或整体利益之间的关系，在思想道德素质方面表现出自私性，影响思想道德素质的发展。因此，哲学社会科学课程作为通识教育课程出现，能够培养学生做人的基本素质，为思想政治教育打下坚实的基础。

(3) 哲学社会科学课程思想政治教育功能的发挥。如前所述，我国哲学社会科学课程本身就是建立在马克思主义基础上的课程，具有内在的思想政治教育功能，应充分发挥哲学社会科学课程的思想政治教育功能。

第一，构建马克思主义的哲学社会科学理论体系。要充分发挥哲学社会科学课程在大学生思想政治教育过程中的理论教育作用，首先应构建以马克思主义为指导的哲学社会科学理论体系。新中国成立以来，我国哲学社会科学工作者在充分吸收和借鉴苏联经验的基础上，立足我国实际，形成了一整套适合中国特点的哲学社会科学理论体系，并发挥了重要作用。但随着我国改革开放和社会主义现代化建设的推进，我国社会结构和人们的生活方式发生了巨大变化，人们的思想观念也发生了重大变化，如何在开放和多元环境下形成我国哲学社会科学理论体系，是一个十分紧迫的现实课题。

第二，形成哲学社会科学课程教学体系。构建哲学社会科学理论体系，只是其发挥教育功能的第一步，要使其更好地发挥思想政治教育作用和功能，还必须把哲学社会科学研究内容转化成学生可以接受的知识逻辑，形成课程体系和教材体系，在学生课程学习中发挥作用。

第三，充分发挥哲学社会科学课程构建学生精神世界的作用。社会和人的精神领域是哲学社会科学研究的重要对象，哲学社会科学所要着力解决的问题之一正是人的精神世界的构建问题。哲学社会科学为学生观察问题、解决问题提供了一种方法论的指导。

3. 其他课程教育

除思想政治理论课程和哲学社会科学课程以外，其他课程也是以理论形态开展对学生理论教育的主要渠道。现代课程论研究表明，学校的任何一门课程都具有思想政治教育的功能，就连与思想政治教育并没有直接联系的自然科学课程，都具有丰富的思想政治教育资源。正如美国学者布鲁贝克所说："传统的课程在具有精神训练因素的同时还具有道德训练的因素。古代语言中的句法是十分难学的，或许已经失去了使用价值，但学习这种句法仍被认为是有益的。学习句法所形成的坚韧性及其自我克制精神被认为足以增强个性、提高个人的道德发展水平。数学具有的道德影响，不亚于拉丁语和希腊语，因为它证实许多原理是先验的、正确的。因此在面临课程价值由于文化时滞而几乎被粉碎的情况下，数学仍受到鼓励以保证其在课程中的稳固地位。"

二、理论教育渠道的拓展

高校思想政治理论课、哲学社会科学课程和其他课程是学校正规设立和开展的理论教育形式，在学生思想政治教育过程中发挥主导性作用。这些理论教育渠道在一个相对封闭的环境条件下，在学校环境与社会环境的价值导向一致性较高的社会条件下，其有效性十分显著。但在一个多元开放的社会环境下，在学校教育与社会教育价值目标存在着较大差异的社会环境下，其发挥作用的空间会受到一定的影响。在新的历史条件下，理论教育的渠道应得到拓展。

（一）向宏观领域拓展

所谓向宏观领域拓展即把理论教育的领域不局限在学校教育内部，而是向宏观的社会教育拓展，开拓社会教育资源，把社会教育纳入思想政治教育领域。在社会教育领域，存在着诸多可以作为学校理论教育领域的资源，比如中宣部、团中央开展的各种各样的宣传思想教育活动；比如广播、电视、报刊等大众传播媒体开展的理论教育活动；比如社会各团体、各阶层开展的丰富多彩的主题教育活动等。这些理论教育活动虽然不是针对大学生群体，但其中蕴涵着对大学生进行思想政治教育的资源。将社会教育资源与学校教育资源合理配置，有助于拓展学校理论教育的渠道，使学生在一个开阔的背景下形成良好的思想政治观念。

（二）向微观领域拓展

所谓向微观领域拓展即充分调动学生个体自我教育的积极性，激发个体进行理论学习的积极性、主动性，有目的、有计划系统地进行自我教育活动。著名教育家苏霍姆林斯基认为，真正的教育应是自我教育，也就是说只有充分调动个体自我教育的积极性和主动性，个体主动地接受教育才算是真正的教育。现代社会是一个学习型的社会，终身教育是学习型社会的内在要求，大学生在校期间不仅要学习学校教育或教师教授的一切知识，还应自主开展学习活动，自主地寻求理论武装，这样才能适应未来社会的变化。

（三）向网络虚拟空间拓展

所谓向网络虚拟空间拓展即指充分运用网络理论教育资源，对学生进行理论教育。网络是

一种对人类社会知识和信息传播方式产生革命性变革的媒体。网络资源具有丰富性、潜隐性、双向互动性、虚拟性等特点，影响着人们现实生活的各个方面。把网络资源纳入理论教育渠道，可以充分利用网络资源的丰富性特点，从各种各样的网络资源中寻找理论教育根据；可以充分利用网络资源潜隐性的特点，潜移默化地对学生施加各种各样的影响，用马克思主义意识形态占领网络阵地；可以利用网络的双向互动的特点，充分调动学生积极参加网络理论教育活动，调动其参与理论教育的积极性和主动性；可以利用网络资源的虚拟性特点，尊重学生个体隐私，给学生个体自我发展的空间。网络资源的开发和运用，将大大拓展理论教育的渠道，使理论教育渠道呈现多样、丰富的局面。

第二节　高校思想政治实践教育渠道的拓展

实践教育渠道是指通过社会实践和各种活动方式所开展的思想政治教育渠道。由于每一个个体都是一个积极活动的主体，时时刻刻都处于改造客观世界和主观世界的实践活动之中，因此思想政治教育的实践教育渠道也丰富多样，应进行合理的开发和运用。

一、实践教育渠道的基本理论

（一）实践教育渠道的特点

实践教育渠道是理论教育渠道的一种补充，同时也是一种新的思想政治教育形态。实践教育与理论教育相比有很大的差别，它不同于传统意义上的“第二课堂活动”或“课外活动”，也不同于为了达到某种目的而进行的思想道德技能的“训练”。实践教育活动具有一些明显的特点：

1. 实践教育与理论教育相比的特点

第一，以学生直接经验为内容。理论教育渠道比较重视间接经验的学习，主要是对人类社会实践结果的学习、运用、掌握，而实践教育比较强调从学生的直接经验出发来学习，强调学生从实践中亲自感受和体会，强调学生的参与性。

第二，以实践活动为主要载体。实践教育的主要载体是学生的各种外部活动，如专业实习、社会实践活动、军政训练、文体活动、公益性活动等。这些活动既可以在课堂内进行，也可以在课堂外进行，但它是一种有目的、有计划、有组织的实践活动，而不是人们的一种随意的行为。

第三，综合经验的课程观。相对于理论教育把各门知识分化成各个学科，采取分学科理论的方式进行教育，实践教育更强调教育的综合经验，学生在实践中接受的教育是多方面的。学生在实践教育中学习的经验既有智育方面的内容，也有德育、体育和美育方面的内容。实践教育过程既丰富和发展了学生各方面的专业基础知识和技能，同对也丰富了学生的人生体验，是一种知、情、意、行的综合过程。

2. 实践教育与课外活动相比的特点

第一，实践教育与课外活动都是由学生活动构成，但实践教育是一种教育形式，所涉及的实践活动是教育意义上的活动，纳入学校教育计划，是学校正规教育的重要组成部分，而课外活动则是教学计划以及大纲以外的活动，是学校教育的一种补充，至多被看作是“第二课堂”或者是“第二渠道”，因而在时间、场地、内容和指导教师等方面得不到充分的保证。

第二，作为教育形式，实践教育是有组织、有计划、有系统的长期教育活动，要有一定的课程结构和相应的实施规范，而课外活动则比较自由，课程组织安排是临时的、短期的。

第三，实践教育的范围比课外活动更为广泛，课外活动的范围局限于课堂之外的活动，而实践教育的设置没有课堂与课外之分，它既可以存在于课堂之内，也可以存在于课堂之外。

第四，实践教育既是一种活动，也是一种教育的理念。它把学生的直接生活经验纳入学校课程的视野，强调人作为主体的实践活动。这种积极的促进人的全面发展的教育活动与存在于学校课外的课外活动有着本质的不同。正因为如此，《中共中央关于进一步加强和改进学校德育工作的若干意见》明确提出，各级各类学校都要把组织学生适当参加一定的物质生产劳动作为一门必修课，列入教学计划，统筹安排，各级教育行政部门要进行具体督促检查。实验、实习课程也要进一步加强，在时间、内容、组织条件上予以落实和保证。将实践教育、劳动教育、社会实践活动纳入正规教学计划课程，作为加强德育的重要渠道，反映了实践教育发展的内在要求。

（二）实践教育渠道的功能

1. 马克思主义注重实践的教育功能

马克思恩格斯十分重视作为活动主体的人的主动性，强调实践特别是革命的实践活动对人思想政治观念的影响。马克思认为：“现代工业吸引男女儿童和少年来参加伟大的社会生产事业，是一种进步的、健康的和合乎规律的趋势。”因此，他们把教育与生产劳动相结合作为未来社会教育的一个基本原则，认为智育、体育与劳动技术教育相结合是培养全面发展的人的唯一正确的途径。列宁把书本与实践脱节，把死读书、死记硬背和强迫纪律作为旧社会教育令人厌恶的特征，在教育方式上强调理论与实际相结合的原则。毛泽东认为：“一切真知都是从直接经验发源的”，并把“愿意不愿意、并且实行不实行和广大的工农群众结合在一块”作为评价一个学生是否革命的唯一标准。从马克思主义经典作家的论述来看，马克思主义经典作家十分重视实践活动对于个体思想政治观念形成发展的重要性，把实践活动作为个体发展的本质力量。加强实践教育渠道建设，体现了马克思主义教育与其他旧式教育的本质区别。

2. 实践过程的德育功能

思想政治教育活动作为一种教育活动，与其他教育活动的根本区别在于，它不仅仅停留在学生的认知领域，还要转化为一定的实践活动，达到知和行的统一，只有这样，才能实现学生思想道德素质的提高。有学者从德与智的关系角度分析了思想政治教育的活动特点，提出“知道为智，体道为德”，认为人文知识来自《老子》的“为学”，人文精神来自《老子》的“为道”。“知道者与道为二，体道者与道为一。”如果一个人光了解、懂得、知道，这属于智的范围。只有体道，用自己的生命、生活，用自己的言行，把自己所选择的道体现出来，成为你的行为习惯，成为你生活方式的一部分，这才是德。思想政治教育过程与其他教育过程的根本区别在于学生是否主动参与实践过程，亲自去认知、体验、践行，去实现教育内容“内化”，进而转化为良好的行为习惯，即实现“外化”，从而在更高程度上进行“内化”。因此，思想政治教育过程本身具有实践的特点，强调实践过程的育德功能，或者说“德育本质上是一种理性的实

践活动”。实践教育对思想政治教育的德育功能具有很好的促进作用。

3. 实践的参与和体验功能

美国华盛顿天主教大学教授詹姆斯·尤尼斯用了8年的时间专门探讨中学生在道德活动中培养社会所期望的良好品德的机制问题。他引证了20年来对青少年参与政治——道德实践活动——与他们进入成人期之后的政治——道德行为——之间关系的10项追踪研究，发现在中学时代，也就是在青少年时期积极参加道德实践活动的人，当他们进入成年期之后，比那些当初没有参与这些活动的人更关心社会、社区，更多地参加为社会做贡献的志愿者协会，并积极从事帮助别人、促进社区发展等公益活动。随着教育渠道的多样化，正面系统的理论教育、灌输教育的作用正逐渐减弱，而实践教育、渗透式教育等新型教育形式，越来越受到学生的欢迎，发挥着重要作用。这表明实践教育渠道具有理论教育无法替代的教育效果，它是理论教育的重要补充。

二、实践教育渠道的开发与拓展

如前所述，实践教育渠道丰富多样。它既可以在课堂内展开，也可以在课堂外展开，既可以在学校内进行，也可以在校外进行，淡化了课堂内外的概念。从实践教育渠道的类型来看，既包括专业实习、学术性活动，又包括班团活动、组织生活、文娱活动、社会实践活动等，既可以是群体性活动，也可以是小组活动、个别活动等。从实践教育中学生所处的状态来看，既可以是学生主动组织参与的活动，也可以是学校、院系、班级开展的有组织有计划的活动，等等。应充分认识实践渠道的特殊性和复杂性，积极开发和拓展实践教育渠道。

（一）吸收高校实践活动的经验

在现有的教育体制下，在高等教育培养的若干环节中，存在着很多具有思想政治教育作用和效果的教育方式，既包括以思想政治教育为主要特征的实践活动，如学校开展的军训活动、社会实践活动、“希望工程”献爱心活动、社会公益活动等，也包括以学术学习为主导的活动，如专业实习、学术沙龙活动等，还包括以娱乐、健身、个人兴趣爱好为特征的活动等。这些正式的和非正式的实践活动，虽然有一些并不是作为实践教育渠道而存在的，但是，对学生思想道德素质的发展也起着十分重要的作用。从实践教育渠道拓展的角度来看，这些实践活动都可以纳入学校实践教育体系。把自发开展、没有经过整合的活动纳入实践教育范围，进行有计划、有组织、有目的的系统开发设计，将会有效提升思想政治教育的效果和功能。因此，我们要进行实践教育渠道拓展，使学校一些具有思想政治教育功能的活动成为正规教育体系的一个重要环节。

（二）按照实践教育形式进行总体开发

把具有思想政治教育功能的活动作为实践教育渠道进行系统设计，使实践教育更好地实现其思想政治教育的功能，更充分地发挥作用，还必须坚持马克思主义实践活动本质的基本理念，主动地进行实践教育渠道开发。第一，把学生在学校期间获得的思想政治方面的经验作为德育课程内容，注重学生在学校各种教育活动中的体验，注重从知行统一的角度，提供给学生积极健康的、显性和隐性一致的教育经验。第二，充分调动学生的积极性、主动性，使学生逐渐意识到自己是学校思想政治教育的主体，应发挥主体积极性参与学校的各种教育活动。第三，从多方面成立学生自我教育、自我管理和自我服务的机构，充分发挥学生在学校事务中的主人翁作用，积极在学生中培养良好的教育氛围。第四，注重个别化教育，注重学生个体性的特点。第五，加强学校同社会的联系，使学校生活与社会生活的价值导向具有一致性。

（三）加强实践教育教师队伍建设

要进行实践教育渠道建设，教师队伍建设是根本和保障。高水平和高素质的实践教育教师队伍，是提高实践教育实效性的关键。但是，由于受传统教育观念的影响，实践教育教师队伍建设没有受到应有的重视，甚至没有把这种类型的教师当成教师的组成部分进行队伍建设。他们更多是以干部身份进行教育和管理，这种形式存在着不可避免的缺点：一是使他们把各种实践教育当成一种事务性工作，而忽视其中所蕴含的思想政治教育功能。二是使他们与学生产生疏远感和距离感。与干部身份相适应，他们自然成了管理者，而学生就变成了被管理者，容易产生对立情绪。三是由于干部队伍流动频繁，造成他们不可能对思想政治教育活动进行长期稳定建设，更不可能把自己所从事的工作当成教育渠道建设的一部分。四是不利于形成学校教书育人、管理育人、服务育人的整体育人局面。

第三节　高校思想政治隐性教育渠道的拓展

隐性教育渠道是在隐性课程概念的基础上形成的概念。它比隐性课程的概念更为宽泛，是学校为了实现教育目标，以不明确的、内隐的方式，使受教育者获得的思想政治方面教育内容和因素的总和。所谓不明确方式即指在教育过程中学生没有明显地感受到教师在“教”，也没有明显感受到自己在“学”；而内隐的方式即指学校提供给学生的思想政治教育方面的经验，并不是通过直接的思想政治教育经验的方式出现，而是隐含在各科教学活动、校园物质环境、校园精神文化环境之中，通过学生自己感受、体会和参与获得。隐性教育作为一种教育形式，不在学校正式教育计划之列，但是它并不是一种自然影响，而是经过教育者有意识、有目的地进行设计开发的教育形式，是受教育者在学校教育环境中获得的以知、情、意、行等为特征的思想政治教育的总和。隐性教育不仅范围广泛，而且在时间结构上也呈现出新的特点。从隐性教育范围来看，它不仅包含显性教育所涉及的领域，而且还拓展到学校校园环境、学生在学校生活的各个领域。从时间结构上看，隐性教育呈现出一种“全天候”“随时随地”获得思想政治教育的状态。

一、隐性教育的基本理论

（一）隐性教育的内涵

教育学界论及隐性教育并不多，更多的是研究隐性课程。从现有研究隐性教育的文献看，研究还很不充分，这里择其代表性观点做引述和分析：有学者立足认为教育是对受教育者传播积极思想，是有目的的活动。提出“隐性教育是引导学生在学校教育环境中，直接体验和潜移默化地获取有益于个体身心健康和个性全面发展的教育经验的活动方式及过程”。隐性教育是通过隐藏教育目的、教育理念，间接地向受教育者渗透教育思想，并使受教育者不知不觉接受教

育思想。隐性教育将教育目的渗透到学习工作中、日常生活中、休闲娱乐中，通过润物细无声的形式，使受教育者潜移默化地接受教育思想，并对受教育者的思想及身心产生深远影响。隐性教育与显性教育是教学中常用的两种教育方式，它们既有区别又有联系。王瑞荪认为，“隐性教育是指运用多种喜闻乐见的手段，寓教于建设成就、寓教于乐、寓教于文、寓教于游等，把思想政治教育贯穿于其中，使人们在潜移默化中接受教育”。马勤学认为，“隐性教育是相对于显性教育而言，指教育者通过比较隐蔽的形式，在受教育者没有意识到自己在受教育的情况下，自觉自愿或在不知不觉中获取思想、观念的一种教育手段”。

对比显性教育来看，隐性教育是指将教育目的与教育内容隐藏在教育载体中，让受教育者从中潜移默化地汲取教育思想。不像是显性教育以直接、注入的形式将教育思想传递给教育者，而是通过间接、渗透的形式将教育思想表达出来，隐性教育无处不在，它潜藏在教育载体中，渗透在人们的生活中，让人自觉或不自觉，有意识或无意识接受，使受教育者受到熏陶、感染，达到“润物细无声”的作用。

（二）隐性教育的特点

1. 潜隐性

顾名思义，指潜藏、隐蔽，在词典中，潜指“隐藏的，秘密地”，隐指“藏匿，不显露”，潜隐性是隐性教育的重要特性之一，通过把教育目的与教育思想潜隐在教学过程中在课堂上或课堂外对受教育者进行影响，激发、调动受教育者的思想积极性，让受教育者在不知不觉中自愿接受教育者的思想，并无意识地完善提升自己的思想与素质。隐性教育通过其潜隐性的特点不仅仅把教育目的隐藏在课堂教学中，更潜隐在校园活动、社会活动与日常生活当中，让学生无时无刻不在受隐性教育的熏陶。

2. 渗透性

如果把显性教育比作是疾风骤雨，那么隐性教育则是和风细雨。显性教育是直接、注入式的，其把教育内容直白地展现给受教育者，而隐性教育是间接、渗透式的，把教育内容渗透在教育者的言行举止、校园环境、实践活动等各种隐性教育载体中，让受教育者在日常学习与生活中无时无处不受到隐性教育的影响，将正确的思想潜移默化地渗透到学生的内心深处，在不知不觉中有效地对教育者发挥着积极影响。

3. 熏陶性

隐性教育不像是显性教育采取直接、注入的教育形式，而是间接、迂回地对受教育者进行教育。隐性教育将教育内容与教育目的渗透到教育载体中，让受教育者身处教育载体中并得到思想与理念的熏陶，隐性教育将教育娱乐、教育监管结合在一起的，通过环境、氛围对受教育者进行思想熏陶，并使其自然而然地接受教育思想。

4. 持久性

显性教育的教学效果是快速的、即现的，相比之下隐性教育的教学效果则是持久的、慢热的，显性教育能够快速提升受教育者的思想素质，解决受教育者的问题但教育效果持久性不佳，远远没有隐性教育的影响深刻。隐性教育是受教育者在不知不觉中接受教育者的教学思想与理念，将外来思想与理论内化为自身的思想与理论需求，个体的思想一旦形成，就很难改变会长久的作用于受教育者的思想观念中，所以隐性教育具有持久性。

（三）隐性教育渠道的功能

作为与显性教育并存的一种教育渠道，隐性教育长期存在于学校教育之中，但是把它作为一种特殊的教育形态来进行研究，是伴随着现代课程思想的不断丰富和拓展而纳入教育研究范围的。由于隐性教育作用的范围十分广泛，它弥漫于整个学校生活环境，是一种“全天候”的教育因素，因此，其思想政治教育功能非常突出。美国著名教育家柯尔伯格在某种程度上几乎将隐性教育等同于德育，认为“日常道德活动”可以被看作是“‘潜在’或‘自发’的课程”，而“唯一综合地考虑隐性课程的方法就是把它看作是道德教育”，“讨论隐性课程的教育影响，就是讨论它是否可以以一种在道德上可以接受的方式传递某种有价值的东西，或是否能使某种有价值的东西以一种在道德上可以接受的方式得以传递”。隐性教育具有明显的思想政治教育功能。

1. 陶冶功能

陶冶功能即指隐性教育对学生思想道德素质发生作用时，是通过创设和利用学校中具有教育意义的情境、氛围，对学生进行潜移默化的影响。这种影响对于学生来说是一种在日常生活、学校环境中逐渐累积起来的一种成长经验，因而对学生影响深远。美国心理学者盖林指出，在学校学习过程中，学习者可以有七种不同类别的愉悦：第一，感官刺激。指从嗅觉、味觉、听觉、视觉及触觉所得的喜悦。第二，发现。指发现、明白及寻找新事物时的喜悦。第三，扩展和掌握。指学会为人处世，肯定自己的进步和成长。第四，创造力。指制造和已有想法不同的主意和做事方法。第五，投入感。在一段时间内，全心投入一个活动或计划，而且对该活动甚感兴趣。第六，与别人合作。通过和一组人合作，集合个人力量令整个小组成功，从中获得小组的认同。第七，超凡经验。留意到自己身为宇宙一分子的喜悦。因此，学校生活蕴涵着丰富的精神文化生活资源，在隐性教育建设中，只要充分挖掘这些教育资源，就可以很好地使学习过程伴随着良好的心理愉悦，发挥情感陶冶的思想政治教育功能。

除此以外，隐性教育的陶冶功能还包括许多方面。如美的陶冶。学校的校园环境、建筑物、校园内的雕像、教室走廊里的美术作品以及精心布置、收拾整洁的教室等等，都给人一种美的享受。学生在学校中学习，无形之中就得到了美的熏陶，产生美的感觉，从而激发起创造美好生活的欲望和动机。情感的陶冶。人的思想政治观念的形成，是一个知、情、意、行的互动过程。如果说在显性教育，特别是理论教育的学习过程中，学生主要获得认知方面的发展，把自己的思想政治方面的认知提升到学校和社会所需要的高度，那么，在隐性教育活动中，学生得到的更多是情感方面的陶冶。一个班级的班风、一个学校的校风，乃至在学校里与老师和同学们建立的人际关系等，都无时无刻不在影响着学生的情绪、情感，对学生的认知发展及其对人或对事物的看法等起着正面或负面的作用。又如人格陶冶，教育过程中离不开爱的情感，教师对学生的人格发挥着重要影响，特别是那些在学校有一定知名度的老师或某一个学科方面的专家，对学生人格的形成和发展更是起着至关重要的影响。无数事实证明，优秀教师往往是学生模仿的榜样，是学生心目中理想人格的象征，学生在学校不仅跟教师学习科学文化知识，而且还跟教师学如何为人处世。教师的一个细微的举动、一次无关紧要的谈话，甚至一种偶然的行为表现，都有可能给学生一生带来重要的影响。因此，在这个意义上说，教师不愧为“人类灵魂的工程师”。教师以自己的人格培养人，而学生正是在与教师的交往中获得人格的发展的。

2. 规范功能

规范功能，是指学校的校园物质环境、精神文化环境，以及学校的规章制度、作息时间等等，对学生有一种规范和约束的作用，使学生在不知不觉中调整自己的思想和行为，以适应学校的各种环境。久而久之，这种“无意识”地被内化的规范，就会成为学生的一种自觉的行为。许多研究表明，自然环境、社会环境，特别是由群体所形成的一种舆论环境和氛围，对学生行为具有很好的规范作用。比如走进一个干净、整洁、优美、宁静的校园，学生的行为也会相对变得比较文明、优雅，比较收敛。所以说，隐性教育具有规范学生思想政治行为的功能。

3. 养成功能

所谓养成功能，即学生在学校隐性教育过程中逐渐形成自己良好的思想道德行为习惯的功能。如前所述，显性教育对学生的影响主要体现在认知方面，而隐性教育则主要作用于人的情感和行为方面。学生在学校生活中所接受的一切，不仅使自己在思想政治观念方面得到了提升，而且在行为方面，也逐渐按照社会要求的模式在培养和塑造着自己。学校作为一个“小社会”，无形之中按照社会的运行方式在培养学生，这样，有助于学生很好地实现政治社会化，成为符合社会需要的人才。如学校隐性教育中有形或无形地包含了现代社会政府政治的基本原则和运行机制、现代社会意识形态的特点和表现形式，为学生进入社会、熟悉现实社会生活奠定了良好的知识和观念基础。学生在隐性教育中接受的政治观念、思想方法、道德观念及基本的政治文化素养，可以很好地提高学生在政治行动中的参与意识以及政治活动的能力。学校系统显然是最系统化的强有力的影响因素之一。在美国、英国、联邦德国、意大利和墨西哥都可以看到受过教育的人能更好地认识到政府对他们生活的影响，他们对政治更为关心，对政治领导人的情况有更多的了解，并表现出更强的政治能力。学生在参加学校学生会、团委会、学生社团等活动中，在直接参与学校的民主生活、党团组织生活的过程中，自然而然地形成了一种行为习惯，使得他在参与社会生活以后，能够很快地以学校生活为原型，实现政治的社会化。

总之，隐性教育的功能十分明显，有一首诗较好地体现了隐性教育功能发挥的特点：“好雨知时节，当春乃发生。随风潜入夜，润物细无声。”言不言之教，寓教于无形之中，正是教育家所追求的最高境界，这也是隐性教育功能的最好体现。

二、隐性教育渠道的设计与开发

由于隐性教育所覆盖的范围十分广泛，且对学生思想道德素质影响的作用时间具有“全天候”的特点，因此，隐性教育设计和开发的领域也十分广阔。国内有学者曾将隐性课程教育范围具体化为四个领域：一是正式课程中隐含的价值观、态度、阶级观点、理想、信念、道德观念等意识形态内容以及正式课程实施过程中所产生的偶然的、无意识的文化影响。二是学校的物质环境和精神环境。物质环境包括校舍布置，教室、实验室的布置，图书馆的布置和管理，运动场的设置，道路的布局，校园绿化，宿舍、办公室的布置与管理等等。精神环境包括政治舆论、学术气氛、校风学风、心理气氛、人际关系、文化生活、组织气氛等等。三是学校管理制度、生活制度、各种仪式等学校教育结构的特性及其对学生产生的教育影响。四是教师人格与教学行为，学校组织方式和领导方式对学生的影响。

另有学者把它分为两大领域：从其存在的范围上看，一是课堂中的隐性课程，二是课堂外的隐性课程。从其形态上看，一是看得见的物质环境，二是看不见的精神氛围。具体表现为：

①课堂中的隐性课程，包括课堂物质环境、课堂精神氛围；②校园中的隐性课程，包括校园物质环境、校园精神氛围。这两种隐性课程范围和领域基本上涉及了学校所有生活领域，揭示了隐性课程的静态结构关系，但是，并没有充分说明隐性教育课程设计与开发过程的动态关系。

对于存在于学生真实生活世界的课堂环境，把它们作为隐性教育因素进行系统设计开发与没有进行系统开发是完全不一样的，而作为教育因素的思想政治经验应有设计和开发的成分。具体来说，我们认为应着力对以下几个领域进行重点设计开发：

（一）充分利用各学科教学进行渗透教育

在高校的课程设置中，思想政治理论课只占很小的比重，而其他课程则占有很大的比重，并且贯穿整个教育的全过程。因此需要充分利用各学科教学的优势地位，进行悄无声息的渗透教育。充分利用各科课程教学这一隐性教育的形式，是实施隐性教育方法的重要途径之一。

利用各学科教学（思想政治理论课除外）对大学生进行渗透教育，需要进行一系列的组织和安排工作。首先，各学科教师应该转变原有教育观念，树立起隐性教育的观念，具有在知识教育的过程中进行渗透德育的意识。其次，要求教师注意挖掘本学科知识中的道德教育内容，根据学科特点进行渗透教育。切记生搬硬套，游离于教学内容之外，切记脱离教学内容进行空洞的思想政治教育说教。教师在授课的过程中，应坚持“文道统一”的原则，强调以情感人，把教材本身蕴含的思想内容挖掘出来就是极好的渗透。最后，在学生学习活动的全过程进行思想政治教育的渗透。

（二）发挥教育者人格魅力的隐性教育作用

人格是个体独特的身心系统及其行为风格，它是一个个体性的概念，每个人都有自己的人格。教育者的人格对教育对象有着重要的教育影响作用。人格所产生的影响毫无强制之处，能够给大学生以潜移默化的影响。由于思想政治教育的过程，不仅仅是教育者与教育对象思想观念的交流过程，而且是双方人格外在化过程。教育对象不仅在听其言，而且在观其行。在实际生活中，教育对象首先是通过认识教育者人格和外显行为来判断其所言的。这就决定了可以充分发挥教育者人格魅力的隐性教育作用。发挥教育者的人格魅力的隐性教育作用，主要从两方面入手：第一，教育者要注意自身言行，发挥榜样示范作用。这种潜隐教育作用，大多发生在教育者个人的生活领域，表现在教育者一系列日常行为之中，包括教育者对待利益、竞争、社会交往、日常生活等的态度和行为上。在教育过程中，教育对象往往通过教育者的实际行动，判断其所传达的教育思想内容的真假，并以此来决定自己的态度以及是否接受。第二，注重教育者人格魅力的感染。人格魅力就是一个人在思想、道德、知识等人格特征方面的吸引力，是高尚的精神和行为的自然外渗。教育对象在和教育者的交往过程中，能够在不知不觉中自然而然地受到其人格魅力的感化。这就要求教育者必须提高自己各方面的素质和修养，不断增强自己的马克思主义理论水平，努力学习现代科学知识，从而增强其人格魅力的感染力。

（三）挖掘校园隐性教育资源，丰富隐性教育载体

1. 大力营造校园文化

所谓校园文化，是指以学生为主体，以教师为主导，以促进学生成长和提高全员素质为目

标，由全校师生员工在生产、教学、科研各领域创造的一切物质和精神的成果。校园文化作为一种潜性课程，具有潜在性的特点，其中蕴含有大量的教育性因素。充分利用和开发这些隐性教育资源，是实施隐性教育方法的重要途径之一。

校园文化的营造需要从校园物质环境、制度环境和精神文化环境的营造着手。校园物质环境是校园文化的基础和载体，它的营造要注意把校园建筑的实用性功能和审美功能结合起来，要根据财力、物力的条件完善各类教学与生活设施。作为校园文化的保障，校园制度环境将物质环境和精神文化环境有效地联结起来。校园制度环境的营造要通过制定一整套科学的、行之有效的规章制度，并在实践中严格执行，从而发挥校园文化规范和行为导向的功能。一定的制度是一定价值观念和行为模式的凝结，制度环境的营造要体现学校的精神氛围和文化品位。作为校园文化的最深层次的内容，校园精神文化环境往往体现着一个学校的价值观念和取向，对学生思想道德的影响是十分深远的。在校园文化的营造过程中要注重校园文化活动的思想性和教育性，把思想性、知识性和趣味性结合起来，把教育性与娱乐性结合起来，把各种活动都引导到有利于提升大学生思想道德素质的方向上来。同时要加强管理，要健全校园文化活动的规章制度，规范学生社团的活动，对学生自发组织的各种文化活动实行有效控制和管理。

2. 广泛开展各种活动

隐性教育方法的实施必须要借助一定的思想政治教育活动载体，因为活动过程的本身就蕴含了大量的隐性教育资源。通过组织各种各样的活动，让大学生在参与活动的过程中获得某种教育性经验，从而促进其思想道德素质的提升。活动载体主要包括社团活动和社会实践活动等。

第一，社团活动。学生社团是高校共青团和学生会直接面向学生进行服务、教育和管理的重要承担者，是学生工作的重要组成部分，同时也是高校思想政治工作和教育体制改革的一个重要方面。社团活动具有知识性、自愿性、群众性等特点，对于大学生具有很高的吸引力。目前，大学生社团主要有学术性社团、文体性社团、服务性社团、科技性社团等。社团活动是培养大学生开拓精神和创造能力的阵地，是吸引广大学生探求知识新领域的窗口，也是大学生自我教育的一种好形式。它为大学生开辟了自我教育、自我管理的渠道，有助于培养自己的劳动观点、自立精神和自理能力；它为大学生拓宽了业余文化生活领域，可以使其在丰富多彩的校园文化生活中陶冶性情、锻炼体魄。

第二，社会实践活动。社会实践不仅具有教学和社会服务功能，而且具有德育和社会化功能。大学生社会实践活动是加强学生思想政治教育，培养锻炼综合能力，全面提高素质的有效途径，也是加强学校与社会联系、促进共同发展的桥梁和纽带。大学生社会实践活动，作为一种行之有效的思想政治教育形式，能够有效引导大学生将所学习的理论知识付诸实践，同时也能够对大学生的思想观念产生影响，提升其思想道德素质。

为了更充分地发挥社会实践活动的隐性教育作用，增强其吸引力和实效性，社会实践活动要满足大学生的个性发展要求，不断拓宽实践活动的领域。同时要采取更加灵活多样的形式，丰富其活动内容。社会实践活动要尽可能覆盖在校的所有学生，使他们都得到一定的锻炼。只有这样，社会实践活动这一隐性教育的形式才能够得到很好的利用，取得理想的效果。

3. 管理育人服务育人

一般来说，思想政治教育的管理载体可以分为软性管理和硬性管理两种类型。前者是指依靠风俗习惯、舆论导向、宗教信仰和表扬批评等手段进行管理，后者则是依靠行政手段、法律程序和规章制度等进行管理。大学生思想政治教育的管理载体主要有行政管理载体、教学管理载体、日常生活管理载体、自主管理和服务载体等。隐性教育方法的实施，必须充分发挥各种管理载体的育人功能，将思想政治教育的内容和要求渗透到学校的各种管理活动之中，使大学生在接受管理的过程中不知不觉受到教育。

一旦把思想政治教育的内容和要求转换到规章制度和组织纪律之中，就能够充分发挥管理载体和活动的隐性教育作用。组织管理是对组织成员进行计划、组织、指挥、协调、激励、沟通的过程。这个过程中有许多矛盾需要化解、意见需要沟通、行为需要调控。让管理对象认识思想政治教育所倡导的原则和理念对解决管理过程问题的重要性，促进人们在管理的过程中接受思想政治教育所倡导的理念和要求，从而巩固原先的教育成果。同时，要在学校的日常管理活动之中，提高管理人员的思想政治教育意识，自觉地使管理的载体承担一部分思想政治教育的功能。要通过规范管理及管理人员的以身作则和良好的服务态度来促进管理水平的提高，为思想政治教育创造良好的环境。要开辟多种渠道，吸引广大大学生参与学校事务的监督和管理活动，在实践中锻炼其管理意识和管理水平，在参与管理活动的过程中接受教育。

除此之外，要提高学校各项服务活动的质量，充分发挥服务育人的功能。由于服务育人往往表现为间接的和非说教的形式，因而能够对大学生产生隐性教育的效果。良好的服务活动在潜移默化中对学生的思想观念产生有益的影响，使之养成正确的价值观念、良好的社会心态和精神风貌。后勤干部职工，不仅要高效优质地完成日常服务工作任务，还要在工作过程中通过热情的服务态度和良好的服务行为展现良好的服务形象和育人责任感。总之，隐性教育方法的实施，需要充分发挥各种管理载体和服务活动的育人功能。要在学校的思想政治教育活动中自觉运用管理手段和完善管理机制，把思想教育和行为养成教育有机结合起来，真正做到管理育人、服务育人，充分发挥其隐性教育的作用。

4. 构建大学生和谐的人际关系

从大学生社会活动领域和社会交往对象来看，其人际关系可以分为以下几种类型：一是师生之间的人际关系。师生之间能否建立良好的人际关系，对思想政治教育的效果有重要的影响。二是同学之间的人际关系。三是朋友之间的人际关系。

建立良好的人际关系能够使大学生保持健康向上的心态和积极进取的精神面貌，而且通过人际互动可以传递更多直接的思想政治信息。充分利用人际关系的隐性教育作用，需要从以下几个方面入手：

第一，教师应该加强自身修养，增强人格魅力的影响。因为建立良好的师生关系是思想政治工作得以开展的前提，师生关系的好坏直接影响思想政治教育的效果。

第二，把提高人际交往能力纳入大学生思想政治教育过程中。良好的人际关系对大学生的心理健康有着重要的维护作用，但在如何处理人际关系方面，大学生还面临着许多矛盾和问题。所以对大学生进行系统的人际关系方面的指导显得尤为必要。高校可以通过开设相关课程来帮助大学生增强人际交往方面的知识，也可以通过专题讲座的形式帮助大学生掌握一定的心理调适能力和人际交往技巧。

第三，注重开发大学生中非正式群体交往的教育资源，拓宽横向教育和隐性教育的渠道。教师和学生之间的人际关系是建立在正式组织和正规渠道基础上的主要教育关系，但他们之间的关系是一种纵向、点对面的关系。而大学生的同学关系、朋友关系以及其他根据兴趣、爱好、

志向结成的关系都是一种非正式群体的交往关系，他们之间的关系是一种横向的、点对点的互动关系。非正式群体是大学生思想政治教育的重要载体，通过对其引导可以达到示范和感染效应，还可以强化和补充正式群体教育已取得的教育效果。实施隐性教育方法，必须要充分挖掘各种横向和非正式的教育资源，要充分发挥心理咨询中心、学生社团和思想政治教研室等载体的育人功能。要通过开展文明寝室创建活动、富有教育意义的班集体活动以及健康向上的社团活动等让大学生在其中受到感染、激励、熏陶，在体会人际交往带来的愉悦的同时潜移默化地受到教育。

第九章　和谐社会视域下高校思想政治教育载体搭建

构建社会主义和谐社会，为新形势下加强和改进大学生思想政治教育提供了新的思路。我们必须从和谐社会这个大的时代背景出发，对大学生思想政治教育工作进行重新审视，对思想政治教育的载体进行大胆创新，让学生在和谐的环境中通过和谐的途径和方式接受思想政治教育，使之成为和谐发展的人。

第一节　高校思想政治教育的文化载体

一、文化载体的基本理论

（一）文化载体的内涵

1. 文化的含义

所谓文化，是指在经济社会全面发展中形成的全体社会成员共有的价值观念和行为准则。文化是由具有一定地域特色的思想观念、社会宗旨、精神价值等构成的思想形式和行为模式，是经济社会发展的灵魂。对文化的含义，可以从以下方面来理解：在一般情况下，文化主要用作名词使用，主要是指观念形态的文化，即精神文化，这是文化的狭义概念。从广义上来说，文化则指物质和精神等一切财富的总和，体现在物质、制度、行为、观念等各个方面。文化用作动词时，主要是指文治教化，多用于中国传统社会的教育之中。

文化的性质表现：其一，文化是通过人们的学习得到的；其二，文化具有一定的形态并负载着某些意义，体现在不同的载体上会产生不同的形态，比如器物、制度、管理等；其三，文化的核心是价值观，价值观主导着文化的发展方向和作用力大小。文化具有政治性、传承性和民族性、时代性和创新性、主导性和多样性、渗透性和持久性等方面的特征。依据不同的标准，文化可以分为不同的类型，例如可以分为物质文化、制度文化、行为文化、精神文化；也可以分为主文化、亚文化、反文化等。

2. 思想政治教育文化载体的含义

所谓思想政治教育的文化载体，即“以文化为思想政治教育载体之意，是指思想政治教育者充分利用各种文化产品将思想政治教育的内容寓于文化建设之中，借此对人们进行教育、以达到提高人们的思想道德素质的目的”。这里所指的文化载体主要是校园文化载体。校园文化是一种特殊的社会文化，是指在特定的校园环境中，由全体师生员工参与的行为方式，由物质文明和精神文明所构成的氛围。校园文化载体，是思想政治教育者利用各种文化产品将思想政治

教育的内容融于校园文化建设之中，借此对学生进行教育，以达到提高学生思想道德素质的目的。

（二）高校思想政治教育文化载体的特征

高校思想政治教育文化载体具有与其他文化载体不同的特定的背景和环境。高校思想政治教育文化载体的独特性就在于其思想政治教育要立足高校的教育、教学和管理活动过程，要着眼高校培养人和塑造人的功能。高校思想政治教育文化载体的基本特征主要包括广泛性和灵活性相统一，学术性和实用性相统一，主动性和渗透性相统一，传统性和时代性相统一等。概括总结高校思想政治教育文化载体的基本特征，可以与农村、军队、企业等其他领域的思想政治教育文化载体相区别，以进一步了解高校思想政治教育文化载体的特殊性，为正确的选择和运用高校思想政治教育文化载体打下良好的基础。

1. 广泛性和灵活性相统一

高校的文化产品和文化建设，能吸引广大师生的参加，具有广泛的群众基础，同时，它不仅包含了价值、思想、道德等各个方面的重要内容，而且包括了知识、素养、技能等各种层面的信息，也包括对人的思维方式、审美能力等方面的培养，具有极大的广泛性的特征。物质文化载体、精神文化载体、制度文化载体的基本划分，以及每一种形式下的多种多样的表现形式，又使高校文化载体呈现出灵活性的特征。由此可见，高校思想政治教育文化载体达到了广泛性和灵活性的和谐统一。也正是由于这一基本特征，使高校思想政治教育文化载体较于高校其他思想政治教育载体，具有了不可替代的优势和功能。

2. 学术性和实用性相统一

高校是专门传授知识、追求知识创新、重视学术研究的社会组织。高校的老师是经过高深的学术知识培训的，高校的学生也是以学习专门化的科学知识为主要目标。高校活动是围绕传递专业知识的教学和学术上的研究为中心展开的，因此，高校思想政治教育文化载体呈现出明显的学术性。但高校思想政治教育文化载体不仅仅停留在追求学术性的层次上，而是与实用性有机结合在一起，具体表现为文化载体的形式依托方面。针对不同层次的教育对象，使用不同的文化载体形式，这使得文化载体在具体的运用实践中体现出有效性和实用性。学术性和实用性的统一，共同有效促进了高校思想政治教育目的的实现，是高校思想政治教育文化载体的重要特征。

3. 主动性和渗透性相统一

高校思想政治教育文化载体是主动性和渗透性的统一，这是从文化载体的影响方式角度而言的。文化载体，通常在课堂教学以外的业余时间进行，需要的是教育对象的自愿主动参与，因此它能够充分调动高校师生接受思想政治教育的参与性、主动性和积极性。所谓渗透性是指寓于高校文化建设之中的思想政治教育的内容往往不是直接作用于教育对象的，而是在不知不觉、潜移默化中影响着教育对象的思想和行为。高校思想政治教育文化载体对教育对象影响方式主动性和渗透性的结合，直接方式和间接方式的相融，是高校思想政治教育文化载体区别于其他领域的思想政治教育文化载体的主要特征。

4. 传统性和时代性相统一

任何一种文化都积淀着历史悠久的传统，又反映着特定时代的精神。高校文化当然也不例外，不可避免地受特定时代的政治、经济、教育等因素的影响和制约。由此得出，高校思想政治教育文化载体兼具传统性和时代性相统一的重要特征。优秀的高校传统文化如何跨越历史间距，被现代高校所接受，具有能够满足现代高校发展和高校师生思想品德需要的价值，就必须在充分把握现代高校文化的特点和规律的基础上，挖掘和凝练高校传统文化在现代新的生长点，体现当代高校文化的特征和要求。而现代高校文化，要趋于日渐完善，也必须要善于借鉴和吸收传统文化的精华因素，为高校思想政治教育提供动力和支持。

（三）文化载体的种类

文化载体主要有校园文化、企业文化、军营文化、区域文化、社区文化、村镇文化等。而校园文化作为高校思想政治教育文化载体的主要表现形式，以其丰富的内涵对高校学生的思想观念、道德品质、精神状态都产生着重要的影响。其载体主要包括物质文化载体、行为文化载体、精神文化载体和制度文化载体。

1. 物质文化载体

“校园物质文化是一种以物质为形态的表层校园文化，是校园行为文化、制度文化和精神文化的显现和外化结晶。它包括校园的地理位置、地形风貌等自然环境和校园的各种建筑、教学科研、文化设施和生活设施以及校园里湖水、草地、花坛、道路等硬件工程的合理布局。”

校园文化设施作为文化信息载体的重要组成部分，直接决定了校园所接受信息的数量和质量。物质环境是一所大学得以发展的基础和保证，是良好校园文化建设的依托。校园环境建设通过学校合理布局、装饰、绿化等文化景观的建设，可以改善校园学习环境和生活环境，使教学环境优化、生活环境净化、生态环境绿化，让整个校园成为令人赏心悦目的生态环境。优美的校园环境可以更好地体现一所学校的文化氛围，而广大师生在优美的校园环境中亦可以受到感染和熏陶，从而激发师生热爱学校、热爱祖国的高尚品德。苏霍姆林斯基说：“要使学校的墙壁也说话。”我们应该体现这种观点，用文化墙、名人雕塑、绿化景点设置等形式打造环境文化，给人以奋进向上的力量。让师生在潜移默化中提高对美的感知能力，领悟到学校的光荣传统与现代气息共存、文化积淀与时代召唤交融所带来的深厚底蕴和勃勃生机。通过校园的物质文化实体，起到“环境育人”的作用。

2. 行为文化载体

校园行为文化是指师生员工在教学、科研、学习、娱乐中产生的活动文化。它一方面受精神文化、制度文化等影响和支配，另一方面又受社会大文化的影响。行为文化活动以其具体目标可以分为培养思想素质、科学素质、技能素质和心理素质四大类。

丰富多彩的校园文化活动一方面扩大了大学生的交往圈，另一方面也能使学生因注意力转移而冲淡和忘却不愉快的心理阴影，从而促进学生健康心理的形成。校区应广泛开展丰富多彩、高品质、高品位的科技、学术活动，丰富校园文化内容；加强学校内外交流，加大舆论宣传力度，使学生树立信心、明辨方向，培养学生健康成长。建设校园活动文化时，首要培养大学生的爱国主义精神，表现民族风格，弘扬民族文化，通过举办不同类型的活动，促进人际交往，创建思想交流的平台。其次，把“培养中国特色社会主义合格建设者和可靠接班人”作为最终目标，活动紧紧围绕提高学生的综合素质展开，让学生从中得到锻炼，增长才干。最后，加强和改进管理学生社团活动，将思想性、知识性和艺术性相结合，开展积极健康的校园活动，创

造融洽和谐的校园文化氛围。

3. 制度文化载体

制度文化主要指校纪校规、道德规范与行为准则，包括教学管理制度、学生管理制度、社团活动制度等。具有强烈规范性、组织性，属于校园范围内强制执行和严格遵守的文化类型。

校园制度文化不仅能促进良好的品行和价值观念的形成，更能凝结为一种无须强制就能在学生中传承的精神文化。此外，制度文化还能给大学生带来一种独特的管理思想和教育理念。一个高校的校园文化是否和谐，制度文化首当其冲。高校校园制度文化主要包括三个方面。首先是维系正常秩序的规章制度，如教学制度；其次是社会程序化的制度，如总结金额表彰制度。最后是沿袭俗成的典礼等。它们集中体现了校园物质文化和精神文化，体现了对学校师生员工的行为要求。因此，健全高校制度文化建设，是校园文化建设的重要内容。在探索校园制度文化建设时要坚持倡导“以人为本”的理念，符合教育发展规律，保障制度文化建设充满生机和活力。要坚持制度的科学化，将外在的规章要求内化为师生自身的需求，根据学校的基本规律和实际需求，切实可行。

4. 精神文化载体

校园精神文化是校园的核心文化和灵魂，也是校园文化建设所要营造的最高目标，主要表现为校风、教风和学风。优良的教风是促进学风建设的前提和保证，不仅能使每位学生都具有明确的目标，养成良好的学习习惯和行为操守，而且能引导大学生树立正确的世界观、价值观。它集中反映了一所学校的特殊本质、个性特色及精神面貌，体现这个学校的价值观念、培养目标及其独特的风格，是文化的最深层次的东西。我国高校都有自己的大学精神，支撑着思想政治教育沿着正确的方向发展，使全校师生在大学精神的激励和感召下，努力促进学校的发展和个人的进步。如北京大学的“思想自由，兼容并包”、厦门大学的“自强不息，止于至善”、湖南工业大学的“厚德博学、和而不同”、湖南人文科技学院的“谋近以致远，养根而俟实”等都是校园文化的精粹。

校园文化是新形势下高校德育环境建设的重要内容，是德育工作的重要途径，也是高校社会主义精神文明建设的重要载体。应该表现出更大的开放性、多样性，保持先进文化的地位，向社会开放、向世界开放，吸收中外先进的校园文化建设经验，保证校园文化真正充满生机与活力。同时还要注意把校园文化的开放性、多样性与主旋律文化结合起来，使校园文化既有正确的政治方向，又能符合学生综合能力培养的需要，从而推进教育的创新发展。首先要从宏观的德育大环境入手。学校是离不开社会文化这一大环境的，因此我们要立足和着眼于社会文化，注重两者的相互联系和相互协调，以理想信念教育为核心，始终坚持指导思想的一元化，即坚持马克思列宁主义、毛泽东思想、邓小平理论和“三个代表”重要思想，践行中国梦伟大构想。应将中国化的马克思主义理论作为我们的行动指南和思想基础，时刻保持先进文化的前进方向。其次，加强硬件设施建设，绿化美化校园。校园是学生学习、生活的场所，虽然说环境不能决定人，但是却可以改变人。道德的养成与提升，都离不开客观环境的影响，这种影响主要是间接的、无意识的。再次，加强校风、教风和学风建设，着力培育民族精神和大学精神。只有建立起科学的、完整的规章制度、规范师生的行为，才有可能建立良好的校风，保证校园各方面工作的顺利开展与落实。最后，重视发挥地域文化载体。“地域文化是一定地域的大学生们在长期的实践中积累起来的一笔巨大的财富，是地方人民的思想、精神的重要载体。它形式多样、内容丰富，而且都利用自然优势，具有自己的鲜明特色。”高度重视并充分利用地域文化，利用其独特的地方性、典型性、直观性和生动性等优势，对提高大学生思想政治教育的实效性有着重要的作用。

二、高校思想政治教育文化载体存在的问题

（一）高校思想政治教育文化载体传递的部分内容已陈旧且影响力降低

当前，各高校思想政治教育文化载体内容存在很多问题。诸如“高”“大”“空”等现象比较严重。不符合学生实际情况、与社会脱节。因此，国外的一些错误的思想就乘虚而入，这对大学生思想政治教育造成了严重的威胁，也影响了高校思想政治教育效果的实现。主要表现在：

（1）传递的部分内容已陈旧。高校思想政治教育具有很强的时代性和现实性，这就要求高校思想政治教育文化载体应该顺应时代要求、积极创新、及时更新，不断增强时代感和现实感。但是，随着时代的发展，高校思想政治教育传递的部分内容已陈旧。高校理论课是一种典型的思想政治教育文化载体形式，然而目前高校思想政治教育文化载体传递的部分内容已经不适用学生自身的发展情况，无法满足学生的需求，这足以说明其传递的部分内容确实已陈旧。

（2）传递内容的说服力降低。传统的高校思想政治教育文化载体在传递内容上容易犯简单传递其内容、信息的错误，即强调“是什么”、对“为什么”“如何做”论述的少之又少。从一定程度上来说，这是在一元文化主导下的必然产物。但是，随着世界经济的不断发展，各国之间的联系日益加强，在当今多元文化共同繁荣的局面下，这种简单的“说”已经不适用时代发展的需要。

特别是近年来网络文化载体的影响，西方发达国家利用其所掌握的信息，依靠其雄厚的资金和先进的技术，对外大肆宣传其文化理念和政治信仰，这些都严重降低了我国高校思想政治教育文化载体传递内容的说服力。如“《红色警戒》是美国 WESTWOOD 公司推出的一种战略游戏，其中设置的很多内容都在诋毁和歪曲社会主义国家”。可现实中却是以美国为首的西方国家任意干涉别国内政，发起战争，使大量无辜的民众流离失所。除此之外，一些发达国家通过网络文化载体竭力标榜其政治制度的合理与完善。而青年大学生有着强烈的好奇心，鉴于其特殊的心理特征，容易受到西方国家多元价值文化论的影响，从而导致其在大量的信息面前缺乏是非判断、价值选择的能力。各种各样的西方势力会采取一切途径和办法渗透于网络文化载体，致使一些大学生盲目崇拜西方资本主义政治体制和价值观念，甚至对共产主义理想产生了动摇。特别是改革开放以来，各种外来思想大量涌入，良莠不齐、错综复杂，使马克思主义在学生的心目中地位有所下降、共产主义信仰也不坚定了。对此，只有不断加强其思想政治教育内容的说服力和感染力，才能有效应对，趋利避害，打好主战场。

（二）高校思想政治教育各类文化载体发展不平衡

高校思想政治教育文化载体担任着思想政治教育内容传递的重任，在传递的过程中，各种类型的文化载体都起着重要的作用。但在实际运行过程中，各类型发展不平衡，主要表现在以下几个方面：

（1）重物质文化载体而轻精神文化载体。物质文化载体运行的目的应该是为全校广大师生

创造良好的学习、生活环境，为高校思想政治教育活动的顺利开展提供可靠的物质保障。物质文化载体不是目的，而是方法和手段。但是，由于市场经济的迅速发展，高校思想政治教育文化载体在运行的过程中背离了这一宗旨，有的高校甚至把高校思想政治教育文化载体的运用和意义等同于多举办一些课外活动，多建设一些娱乐设施。评价高校文化载体运行的成就时，也只重视物质文化载体本身而忽视了隐藏在物质文化载体中的精神性因素。精神文化载体作为高校思想政治教育文化载体的最重要组成部分，一般内隐于物质文化载体中，它是高校文化载体运用的根本目的，轻视精神文化载体，高校思想政治教育文化载体的运行就只能流于形式。这种现象在许多高校普遍存在，是高校思想政治教育文化载体运行中突出的问题之一。

(2) 重视校园类文化载体而轻视制度文化载体理论研究。目前，一些高校非常重视一些具体的校园类文化活动的开展，但并没有从这些具体的文化活动中总结、归纳和提炼出相关的理论。对文化活动运行过程中反映出来的制度上的漏洞和缺失也未能引起足够的重视。由此可见，我们对高校思想政治教育制度文化载体理论的研究还比较欠缺，存在很多不足，这与思想政治教育学科发展的要求极不相符。因此，加强高校思想政治教育制度文化载体理论的研究与总结，对于改变高校思想政治教育文化载体研究状况、提高高校思想政治教育时效性都具有重大的理论价值和实践价值。

(3) 强调传统文化载体地位而忽略新兴文化载体功能。改革开放以来，高校思想政治教育文化载体在运用过程中取得了一定的成绩，但是大都集中于物质文化载体、制度文化载体等传统的载体中，而对于网络、手机等后来者，则喊得很响，但作用不大。《瞭望》新周刊曾对手机等新兴文化载体在高校思想政治教育中所起的作用进行了问卷调查，得出的结论是："重视程度不高，使用率低，内容枯燥且不符合大学生心理需求。"手机等新兴文化载体作为高校思想政治教育文化载体的现代途径之一，其存在的主要问题集中表现在对其重视程度不够、理论研究较少、开发率低。

(三) 高校思想政治教育文化载体运行中的形式主义严重

在实际运行过程中，高校文化载体在思想政治教育方面取得巨大的成就，但与此同时，我们应该保持冷静意识到，成绩背后还潜伏着各种各样的形式主义。从长远来看，高校思想政治教育文化载体建设是一项耗时、耗力的艰巨工程，短时期内是不可能建成的。因此，任何花花哨哨的形式主义、浮夸作风不仅无能为力，还有可能使全校师生形成不良情绪，影响高校文化载体的合理利用，进而影响高校思想政治教育的效果。从目前的运行状况来看，形式主义在高校思想政治教育文化载体的运行过程中主要表现在以下两个方面：

(1) 领导工作的形式主义。在实践当中，各种浮夸风、官僚风盛行，部分领导平时懒得对高校思想政治教育文化载体工作进行管理，每逢有关部门检查便大搞形式主义，拆东补西，需上交的材料也是连夜赶做。尽管也有些领导"热情高涨""全力以赴"，客观上推动了高校思想政治文化载体的建设，但是囿于各种浮夸风、形式主义的影响，从一定程度上来说还是难以把握和考评。同时，部分领导也认识到了高校思想政治教育文化载体的重要性，但在实际的运用过程中，由于人力、物力、财力方面的不足大都流于形式。我们最常见的就是"高校校园大道两旁的花园、草坪挖了又栽，栽了又挖，而高校校园偏僻处特别是一些亭子的环境卫生问题却长期得不到解决"。高校领导在高校文化载体实践过程中表现出来的形式主义作风，极大地阻碍了高校思想政治教育的良好运行。

(2) 学生组织的形式主义。近年来，随着教育部的不断扩招，学生数量急剧增多。高校中关于学生的各种组织也不断涌现，比如各种各样的协会组织，像什么音乐协会、创业者协会等等，这些协会的出现无疑给学生们提供了锻炼自我的机会。但是，在实践的操作过程中，仍然有很大一部分的学生组织流于形式、效果甚微。由于高校学生组织的特殊性，各种学生组织运行所需要的资金、技术等方面的支持基本上都是学生自己内部解决，实行缴纳会费制。因此，绝大多数的学生组织都因为缺乏长效运行的保障机制而夭折。一般来说，各高校社团活动在开始的时候还很不错，但到了后期便不了了之，这样不仅严重影响了社团在成员心目中的形象，也削弱了社团在高校思想政治教育中的作用。此外，部分学生为了自己的“私利”，建立一些没有实际意义或不符合学生实际情况的社团和协会，这些都严重挫伤了学生加入社团的积极性和主动性。

(4) 高校思想政治教育文化载体运行效果不理想。从目前高校的实际情况来看，高校思想政治教育文化载体运行的主要形式是高校校园文化。校园文化作为先进文化，是随着学校的产生而产生的。换言之，“在学校出现时，校园文化便作为一种独特的文化形态产生并且存在于‘文化世界’中了”。学校从其发展过程来看，本质上属于一种社区，但是又区别于我们通常所说的社区。因此，学校在发展过程中长期积淀起来的文化在我们中国被命名为“校园文化”，而在国外则被称为“学校文化”。客观地讲，这些年来高校校园文化载体建设取得了长足发展。但是，从总体上看，高校校园文化载体的建设与面临的思想政治教育任务不相称，思想政治教育文化载体运用的效果不理想。具体表现：一是部分高校校园文化载体人气不旺。通过校园文化活动的关注度、参加率就可以看出其是否受到学生们的欢迎。一个校园文化活动如果无人参加，那么不久之后就会关门大吉。因此，校园文化活动人气是否旺盛，在很大程度上决定了其是否能够继续走下去。但是，由于我国经济发展的不平衡性，部分处于东南沿海且实力雄厚的综合性大学校园文化活动蓬勃发展、运行良好，而绝大部分内地高校校园文化活动则普遍存在参与率低、无人问津的问题。我们高校校园文化载体在运行中虽然取得了一定的成绩，但高校校园文化活动宣传力度不够，针对性和时效性还不强。二是部分高校校园文化载体的影响力小。高校理论教育是一种典型的思想政治教育文化载体形式，但是大多数学生对高校理论课的评价并不乐观。因此，高校校园文化载体的影响力还有待加强。

三、高校思想政治教育文化载体运行中存在问题的原因

高校思想政治教育文化载体在其运行过程中存在着很多问题，是有其深层次原因的。深入分析其运行过程中出现问题的原因，对于促进高校思想政治教育文化载体建设提出有针对性的解决措施。

（一）高校思想政治教育文化载体在运行中未引起足够的重视

(1) 高校思想政治教育文化载体在运行中的被重视程度不够。文化大发展时期，通过高校思想政治教育文化载体来支持和引导高校思想政治教育是当前一项急需解决的课题。有些高校对思想政治教育文化载体的运行仅仅集中在举办一些课外活动上，甚至有些高校为了应对教学评估，把文化载体当作一项形象工程来运用，对文化载体的思想政治教育导向功能十分漠视，从

而导致了高校思想政治教育文化载体在运用过程中流于形式，达不到教育的效果。

(2) 对高校思想政治教育文化载体在运行中的挖掘力度不够。优秀文化本身就蕴含着大量的思想政治教育内容，作为一种潜在的教育资源，其具有深刻持久的推动作用，不仅影响着人们的思想、情感、个性心理，而且对人们道德观念、价值取向、政治倾向、人格精神的形成具有重要的作用。在一定程度上来讲，中国传统文化必然能为高校思想政治教育文化载体的运行贡献力量、提供养分。但是从目前挖掘的现状来看，各大高校对传统文化的挖掘与对其有效运用的力度不够。中华民族传统文化博大精深，包含着丰富而广泛的内容。如自强不息、厚德载物的民族大义，鞠躬尽瘁、死而后已的服务意识等。目前各高校对中华民族优秀传统文化的开发利用相当有限，如高校对传统文化内容在深度上的运用存在着简单照搬等缺点，未能用现代语言、现代社会的理解将其深层次的内涵完整的开发出来。高校思想政治教育工作者目前对中国传统文化的挖掘浅显且浮于表面，特别是中国各大高校校训基本上都千篇一律，大同小异，直接从古典诗词中照搬过来，并没有结合各高校的办学特点和实际情况。

（二）高校思想政治教育文化载体运行的保障制度不健全

在学校整体性工作中，高校思想政治教育文化载体的运行居于重要地位，需要全员的共同努力，才能充分发挥其效果。高校思想政治教育文化载体在运行过程中不仅存在重复、单调、影响面小等缺点，而且缺乏相应的制度保障。

高校思想政治教育文化载体在运行过程中需要足够的人力、物力和财力作为保障。据了解，当前高校思想政治教育文化载体在运行中存在人力、物力、财力不够的现象，如部分高校缺乏这方面的专门人才，相关的设备陈旧，学生活动中心简陋，相关的资金不到位，保障不足。

健全的高校思想政治教育文化载体的运行制度是保障其功能充分发挥的前提条件。然而，当前高校思想政治教育文化载体在运行中出现的各种问题集体说明了规范化的制度还有待完善。高校思想政治教育文化载体运行缺乏相应的工作制度，各级领导和思想政治教育者没有各司其职，对自己的职责认识不到位，对学生及思想政治教育队伍的管理不到位，缺乏相应的考评、监督、反馈机制。

（三）高校思想政治教育文化载体的运行重形式轻内容

目前，部分高校思想政治教育文化载体在运行中存在重形式轻内容的现象，其主要体现在各类高校对文化载体活动的开展方面。部分高校在有目的地向大学生宣传、讲解社会主义荣辱观知识时，一般只是简单、机械地说教和灌输，对荣辱观内涵的挖掘不够，导致“宣传轰轰烈烈，践行悄然无声”的现象。这表明了，高校思想政治教育文化载体在运行过程中存在重形式轻内容的现象，是简单、机械的说教和罗列，大多都是“宣传轰轰烈烈，践行悄然无声”。总的说来，主要表现在两个方面：一是形式主义。在高校文化载体的实际运行过程中，建立了各种各样的团体、举办了很多活动，但是尽管其形式多样、趣味性十足，对学生思想的触动却极小，学生在玩过、耍过之后就一笑了之。这些活动形式看似丰富多彩、灵活生动，实则毫无意义，因为这些文化载体承载的思想政治教育内容和信息未能及时、有效地传达给学生，因而更别提深入影响学生的思想政治觉悟、陶冶其爱国情操了。二是本末倒置。这主要体现在各大高校的思想政治理论课的讲授中。学生对于高校理论课满意度普遍较低，缺乏兴趣，其原因除了高校理论课本身较抽象之外，很大程度上还是教师在教学过程中过于注重理论的说教，在讲授过程中往往从概念来到概念去，不重视联系学生的实际生活，不能从学生熟悉的生活中提炼出生动且具有说服力的实例来。同时，在对待上级部门的教育指示时，总是采取“一刀切”“胡子眉毛一把抓”的作风，并没有将其与学生的实际情况结合起来、具体问题具体分析。除此之外，高校在文化载体的运行过程中，没有将思想政治教育内容和信息这些较为抽象的东西渗透到学生日常的学习、生活中去，结果使高校思想政治教育内容和形式“两张皮”，完全分开。

由此可见，高校思想政治教育文化载体在运行过程中的重形式轻内容的现象普遍存在，这严重影响了高校思想政治教育的效果。

（四）高校思想政治教育文化载体的研究滞后于当前文化的发展

目前，已经有不少学者从文化与思想政治教育相结合的角度来进行研究。如有些学者从理论层面论述，撰写了不少的理论性的文章，还有一些相关研究著作相继出版。这些理论成果为高校思想政治教育文化载体的建设提供了指导。然而，当前高校思想政治教育文化载体在运行过程中存在的诸多问题，在一定程度上反映了目前理论界对于高校思想政治教育文化载体的研究还不够深入和系统。理论研究的匮乏，致使高校思想政治教育文化载体承载内容说服力降低、各类型发展不平衡。特别是各种形式主义的出现成了高校思想政治教育文化载体运行过程中面临的重大问题。主要表现在：一是系统研究高校思想政治教育文化载体的人不多，目前大多数高校思想政治教育工作者研究高校思想政治教育文化载体的不多。二是从当前对高校思想政治教育文化载体的研究成果来看，研究存在系统性、全面性不够的问题，研究程度满足不了当前实践的需要。因此，我们目前对高校思想政治教育文化载体的研究范围还比较狭窄，理论深度还不够，致使高校思想政治教育文化载体在实际的运行过程中缺乏相应的理论指导，运行效果不佳。

（五）高校思想政治教育文化载体运行过程中人才缺乏

高校思想政治教育文化载体的有效运行需要一些具有坚定政治立场、扎实理论功底、较强业务水平的人才队伍。目前，高校思想政治教育文化载体运行中存在的诸多问题，集中反映了当前部分高校思想政治教育文化载体的运行严重缺乏相关人才的情况。人才队伍组成结构不合理且相对滞后，这些都严重地制约了高校思想政治教育文化载体的运行。主要表现为：懂理论研究的不能实际操作，会实际操作的没有足够的理论储备，两者都会的人更少，这极大地影响了高校思想政治教育文化载体在开发与运行过程中的实效性。

四、促进高校思想政治教育文化载体有效运行的对策

（一）提高对高校思想政治教育文化载体运行的认识

关于高校思想政治教育文化载体运行的一系列问题是极其艰难而复杂的，这就需要国家教育部、省市相关部门以及学校党政机关及全校师生的共同努力。

1. 高度重视高校思想政治教育文化载体的运行

各教育主管部门要适时、适量增加经费的投入比例，制定行之有效的规章制度，切实加强学校评估工作建设，以此来确保高校思想政治教育文化载体的有效运行，并且将文化载体建设

的一系列指标纳入高校评估考核体系中。各领导要高度重视高校思想政治教育文化载体的运行，并在其运行过程中将社会主义的办学方向放在首位。高校各分管部门应把握文化载体建设的规律和原则，为高校文化载体的良好运行做好充分的准备工作。学校各部委要将文化载体建设的一系列工作落到实处，各部门各司其职、团结合作。如：重庆师范大学就建立了校级“唱读讲传”和社会工作基地，每次举行各类活动时，学院各个部门分工合作、互相配合，一起举办各种大型的宣传教育活动。除此之外，各高校还应该加强文化载体建设专门人才的培养，从制度和队伍方面保证全校各级各类的文化载体运行的顺利开展。

2. 树立高校思想政治教育文化载体建设的集体动员意识

保证高校文化载体良好运行不只是学校某个部门的事，也不是仅凭对学生的管理和对学生的教育就能够实现的。高校必须树立文化载体全体师生参与的意识，充分调动广大师生的积极性和参与热情。各分管部门也应该明确自己在高校文化建设中的职责，做到权责明确、相互配合，这样才能保证高校思想政治教育文化载体的良好运行。

3. 合理兼顾教学管理与文化载体的运用

高校思想政治教育文化载体建设要整体布局、统筹规划、合理安排，使其与教学管理等相关工作相得益彰。同时，在内容的编排上要符合学校的要求，满足学生的需求，服务于教学管理；在时间的安排上灵活机动，不能和教学活动相冲突；在形式的设计上要丰富多样。总之，高校思想政治教育文化载体运行要在确保教学工作顺利完成的基础之上展开，努力使文化载体运行与教学工作相协调。

（二）建立高校思想政治教育文化载体运行的保障机制

高校思想政治教育文化载体的运行不管以多么先进的理念为指导，有多么行之有效的措施，一旦缺乏完善的保障机制，文化载体的思想政治教育功能就无从谈起。因此，要探讨高校思想政治教育文化载体良好运行的途径，就必须在人力、物力、财力投入以及队伍结构优化和环境建立等方面下功夫。

1. 组织保障

可靠的组织保障能够为高校文化载体的有效运行竖起坚强的壁垒。中国共产党是最坚强可靠的组织保障。“中国共产党以最先进的理论作为自己的指导思想，以全心全意为人民群众服务作为自己的理念，以实现中华民族的伟大复兴作为自己的历史使命。”要保证高校思想政治教育文化载体运行的顺利实施，就必须坚持中国共产党的执政地位、坚持党在文化载体运行中的领导作用，并且确保党的政策、方针、路线在高校思想政治教育文化载体运行中的贯彻实施。坚持党的领导，加强党在高校思想政治教育文化载体中的组织保障作用，主要体现在以下三点：第一，要保证高校思想政治教育文化载体运行的正确方向；第二，要加强高校思想政治教育文化载体服务意识的建设，构建以和谐校园为主题的服务意识；第三，要发挥政府的宏观调控作用，统筹兼顾、协调共进，充分发挥高校思想政治教育文化载体的作用。总之，各级领导部门和机关组织要在坚持党的领导下，有计划、有组织地开展思想政治教育文化载体的相关工作。

2. 物质保障

物质保障为高校思想政治教育文化载体的有效运行提供了重要的物质基础。物质保障主要是要加大资金的投入力度。加大资金投入，不仅是保证高校自身发展的需要，也是促进高校思想政治教育文化载体有效运行的需要。从高校思想政治教育文化载体的现实运行情况来看，首先是建立思想政治教育文化载体专项资金划拨机制，配齐一切设备，从资金、物资、技术等方面加大支持力度。加大对高校文化载体运行项目经费的投入比例，并随着实践的不断变化而适时调整。其次是在社会主义市场经济健康发展的前提下，建立统一、开放的资金筹集模式，鼓励民间资本的介入和帮助。最后是建立健全资金管理体系，加强对每笔资金流动的监督。

3. 环境保障

高校思想政治教育文化载体在实践过程中运行是否顺畅，既与高校思想政治教育文化载体各类型良好的运行相关，还与高校思想政治教育文化载体能否在环境的不断变化发展中自我扬弃有关。这里的环境主要表现在以下两个方面。

高校舆论环境是社会舆论在校园中的具体体现。社会舆论复杂而多变。净化高校舆论环境是促进高校思想政治教育文化载体有效运行的重要举措。我们应该重视对高校舆论的引导，积极构建正面舆论环境。同时也要坚决遏制负面舆论。

高校道德环境是一定时期高校师生共同生活及其行为的准则与规范。道德一般都代表着社会正面的价值取向，有着判断行为正当与否的功能。和谐健康的高校道德环境有利于全校师生形成高尚的道德，提升其道德品质。优化道德环境，首先要确立合理的价值评判体系，充分发挥道德的教导作用和净化功能。其次要加大表扬力度，对学校中的道德楷模予以表彰。

4. 队伍保障

在高校思想政治教育文化载体的运行过程中，必须建立一支高素质、高效能的队伍。因此，高校思想政治教育队伍建设情况如何将直接影响着高校思想政治教育文化载体能否有顺利运行。

首先，培养和选拔专业的高校思想政治教育人才。培养其服务意识、保证其具有坚定的政治立场及较强的业务能力。同时，加大对相关人才的选拔。在选拔的过程中，延长考察期。

其次，培养高校思想政治教育者良好的知识素质。在实践过程中，要求高校思想政治教育者不断学习理论知识，提升自身的理论素养，用正确的理论武装自身。同时，高校思想政治教育者也要不断博览群书，夯实其理论基础。

最后，要建立德才兼备的高素质高校思想政治教育者队伍。高校思想政治教育者作为施教者，其素质如何直接影响着高校思想政治教育文化载体进行的效果。

5. 制度保障

俗话说，“不以规矩，不成方圆”，要保证高校思想政治教育文化载体的顺利实施，就必须建立健全一系列规章制度。

首先，应该建立系统的制度体系，不断推进高校思想政治教育文化载体相关制度的改革。一是国家相关部门应该根据实际情况制定并不断完善有关高校文化载体方面的法规，将其上升到法律的高度以确保高校思想政治教育文化载体顺利运行。二是各省、直辖市等主管部门应认真贯彻落实各项具体规定，确保国家关于高校教育文化政策的顺利实施。三是学校应在坚持国家和教育部基本宗旨的前提下，具体问题具体分析，一切从本校的具体情况出发，确保国家的相关规定落到实处。

其次，促进各项规则制度的顺利运行。学校各主管部门应加大定期检查的力度，对违反制度的人员和相关部门予以惩处。

（三）促进高校思想政治教育文化载体各类型的协调发展

高校思想政治教育文化载体的基本类型有：物质文化载体、精神文化载体、制度文化载体、虚拟文化载体、校园活动类文化载体五种。高校思想政治教育文化载体能否顺利运行很大程度上取决上述五种载体功能能否充分发挥。

1. 优化物质文化载体建设，打造高校思想政治教育文化载体的硬件

物质文化载体建设情况如何直接影响着高校思想政治教育文化载体运行的效果。马克思说："人创造环境，同样，环境也创造人。"高校整洁有序的校园环境可以更好地实现高校思想政治教育效果。所以，高校物质文化载体建设主要包括：

（1）建立一套行之有效的基础文化设施保障体系。完善的基础文化设施是促进高校思想政治教育文化载体健康发展的重要保证。各大高校应结合学校自身的发展历史、所处地理位置的优势以及学校实际的发展情况，建立一套行之有效的保障体系。具体表现在：提高食堂、寝室、图书馆等文化载体的服务质量和水平；建立高校中各平面媒体如校报、各种宣传栏等媒体服务设施体系的考评机制。

（2）创造古朴高雅的校园文化环境。环境宜人的校园风景是人的主观能动性发挥的必然结果，凝聚了全体师生的智慧和心血。人总是生活在一定的环境之中，并且通过自己的实践活动自觉不自觉地改变着与自己周围世界的联系。当然，我们在改变环境的同时，也被环境改变着，不管你是否意识到。"环境的改变和人的活动或自我改变的一致性，只能被看作并合理地理解为革命的实践。"优美的校园环境，可以更好地体现一所学校的文化精神，这种美给高校师生带来了心灵上的愉悦之感和思想上的充实丰富。如"高校里古朴别致的建筑物、美丽的湖水，湖水中再点上几块石头，简直有一番山林野趣之感"。清华大学校园中绿树成荫，有"水木清华"之美誉；武汉大学校园内四季飘香，各种鲜花相继盛开，加之古朴典雅的建筑风格，是读书做学问的好地方。因此，高校在进行校园建造的时候，应该充分考虑学校的选址，尽量保持原来地方的美好环境，并在学校整体布局和规划设计中，将其充分利用，将校园打造为美丽的艺术殿堂。

2. 注重精神文化载体建设，挖掘高校思想政治教育文化载体的隐性功能

高校精神文化载体是相对于物质文化载体而言的，常常是以一种不可见的形式存在。主要包括高校浓厚的学术气息、良好的育人氛围和健康的舆论环境等。它是在学校的长期发展过程中逐步形成的，进一步影响着全体师生价值观念、态度情感、行为准则等方面的形成，集中体现为高校特色的校风、教风、学风。

（1）加强师德师风建设。教师是学生阅读的道德书籍，对学生自身发展起着至关重要的作用。教师的一言一行都会直接影响着学生的成长。教师只有发自内心地热爱教育事业、热爱学生，才能获得学生的尊敬和爱戴。教师应该以身作则，以教书育人为己任，尽职尽责，乐于奉献。新时代的青年教师，具有活跃的思想、新颖的观念，经常与学生打成一片，深受学生的喜爱。教师自身综合素质和道德水平的高低直接影响着学生的成长。所以，作为精神文化载体重要方面的师德师风建设必须引起高度重视，切实抓好相关考评机制，以此来促进校风学风建设。加强师德师风建设，首先要提高教师的道德素质和相关的理论水平，定期对教师特别是新进教师开展职业道德和政治理论方面的培训，结合当下各种现实问题不定期施以世界观、人生观、价值观的教育；二要建立健全师德考评机制，大力开展富有思想性和学术性的交流活动。通过各种各样的师德评价机制，如名师评选、教师风采演讲、先进个人评选、师德宣传等“喜闻乐见”的形式，激励和鼓舞广大教师，形成“以文化人”的良好氛围。同时，也要引导广大教师形成“博学敬业、为人师表”的教风。

（2）重点抓好学风建设。学风是高校在长期的办学过程中，经过一定历史沉淀而形成的学生行为规范和学习态度，是学生在学习过程中表现出来的较稳定的精神面貌和行为风尚。各高校要积极建设“勤学善思、求是致用”的优良学风，建立学校、教师、学生三位一体的教育管理模式，坚持不懈，持之以恒。

第一，教师应该以身作则，树立良好的教风，不断提高自身理论素养和科研水平，博学敬业，为人师表。除此之外，学校还应该定期优化教师队伍，积极引进优秀教师并加强对各教学管理人员、行政人员的专业素质和业务能力的及时培训。同时，学校还应该建立教师档案室，加强对教师教学成果、教学态度、道德品质以及学生评价等方面的考核。

第二，应该充分培养和调动学生学习的主动性和积极性。搞好学生入学教育，将相关奖励和惩处制度告知学生，帮助学生更快更好地融入大学生活，认真学习本专业知识，仔细钻研、刻苦努力。我们可以借鉴重庆师范大学政治学院的做法，新生即将入学之际，做好新生的迎接工作并将任务分派给具体的人，明确责任；新生入学以后，学院举行领导与新生见面会，就学院的历史和各专业的发展方向及就业前景向学生做出系统明了的讲解，并请相关老师对学生所关心的问题和疑惑之处进行详细解答；待新生平安、顺利地融入新环境之后，学校还会定期对学生的生活、学习情况进行检查。系统完善的奖励制度，能够激发学生学习的热情和主动性。因此，在奖励制度的制定方面，重点抓好奖学金的评定和先进班集体建设两项工作，积极开展以班级为单位的学风建设大赛，努力营造你追我赶的学习氛围。

第三，积极开展“党员带头、学生干部紧随其后”的模范带头机制，对学生的寝室环境、课堂纪律进行定期的检查。对违规学生坚持“教育为主，惩罚为辅”的方针，采取恰当合理的处理方式，让学生真正从心里接受，促进其良好行为的形成。当然，对于那些屡教不改的学生，应该加大惩处力度，必要时予以开除学籍的严重惩罚。如重庆师范大学研究生处组建了一支由后勤处、保卫科及部分行政部门领导的队伍组成的“校园突击检查队”，对保证校园安全、净化校园环境、形成优良学风做出了很大的贡献。

（3）校园核心理念建设不容忽视。校园核心价值理念包括校园精神、办学理念、校训校风、教风学风等。加强校园核心价值理念建设，主要包括以下几个层次：首先，我们应该以认真严肃的态度对待学校发展的历史，实事求是地记录学校在历史发展过程中的大事。校史是学校在历史变化发展过程中的缩影，是详细了解学校实际情况的宝贵资料，它可以凝聚人心、增强师生的校园认同感和自信心。其次，建立校友会堂或校史馆，它是加强学校对外交流、筹集资金、繁荣校园的重要平台。再次，重视校训，从一定程度上来说，校训完整地反映了一所高校的核心价值理念。如清华大学的“思想自由，兼容并包”、南开大学的“允公允能，日新月异”、重庆大学“耐劳苦，尚简朴，勤学业，爱国家”、重庆师范大学“厚德笃学，励志创新”。这些内涵丰富的校训就是校园核心价值理念的真实写照。最后，编写好校歌、设计好校徽等，如重庆师范大学校歌，歌词优美、朗朗上口，充分展现了重庆师范大学朝气蓬勃、昂扬奋斗的精神风貌，流露出广大学子渴望投入社会实践、贡献自己力量的高尚情怀。除此之外，重庆师范大学校徽的设计更是集中体现

了学校的办学特色和核心理念。校徽是书本托起山茶花的形状，花蕾代表着含苞待放、求知、求学、期待为社会服务的宗旨，书本意味着知识、学校。这些都集中体现了学校的办学理念和核心价值。

(4) 有效挖掘课程文化中的德育功能。课程资源以其特殊的存在方式论证着人类文化被选择的结果。课程文化本身就蕴含着价值观念、审美意识、思维方式和行为规范等思想政治教育因素。有效挖掘课程文化中的教育价值就必须选择正确而有意义的课程资源，去除糟粕，吸取精华，确保课程文化中的优秀部分被顺利地挖掘出来。在利用课程文化中的思想政治教育资源时，充分调动学生的主动性和创造性，以学生为本。高校思想政治理论课是一种非常重要的思想政治教育资源，其对于提升大学生的马克思主义理论素养、促使大学生的思想行为不断发生变化都具有重大的意义，是大学生思想政治教育的重要途径。比如，《马克思主义基本原理》这门理论课，其教学目的就是让学生理解、掌握马克思主义基本原理，能够运用马克思主义世界观、方法论去观察、分析和解决问题，在实际解决问题的过程中，坚持马克思主义信仰、坚定共产主义的人生理想，增强对社会主义的信心和对中国共产党的信心，坚定走中国特色社会主义道路，为自觉坚持党的路线打下坚实的马克思主义理论基础。因此，我们应该充分落实《中共中央宣传部教育部关于进一步加强和改进高等学校思想政治理论课的意见》(教社政〔2005〕5号) 的精神，在教学实践过程中，不断完善高等学校思想政治理论课的学科体系建设。在新形势下，加大高校思想政治理论课的改革力度。除此之外，将思想政治教育内容渗透到各学科体系建设及实践教学过程之中。将思想政治教育与本课程内容对接起来，有效利用高校自身优势及高校所在地的历史、文化等一切资源，将培养学生道德观、社会责任感、民族自豪感等内容与高校的课程文化建设有机地融合起来，从而增强思想政治教育的感染力。如：重庆师范大学可利用地域和资源优势研究巴渝文化，充分发挥其思想政治教育功能。

3. 加强制度文化载体建设，保证高校思想政治教育文化载体的价值取向

高校制度文化主要指受社会、国家政府的支配和学校内部运转的需要而在长期的自身发展过程中形成和发展起来的校园人的行为准则、道德规范、群体意识、生活习惯等。制度文化载体是物质文化载体和精神文化载体的进一步延伸，它不仅能够约束、规范师生的行为，有效保证师生员工的利益，维护学校正常的学习、生活、工作秩序，还能形成一种特定的文化氛围，起到长效的约束作用。制度文化载体在建设过程中应当理论联系实际，一切从学校的实际情况出发，既要体现学校的办学宗旨，又要充分考虑到教学的实际水平和条件，而且要在实践中利于师生的实际操作。高校的各项制度，贯穿学校生活的所有领域，它使得高校各级组织的工作、生活、活动有了可靠的依据，保证了教学及其他各种实践活动的顺利开展。因此，完善制度文化载体建设主要需要：

(1) 建立和完善学校各项规章制度并保证其充分实施。一要建立一整套思想政治教育工作奖励机制；二要健全高校思想政治教育工作一系列具体的运行制度，如党组织生活制度；三要完善高校学生日常行为管理规范制度。随着教育改革的不断深化，在制度文化载体建设中，应当改革旧制度，建立和完善新制度体系。

(2) 完善教学管理制度并加强监督。学校各相关部门应当制定和完善教师备课、上课制度以及对教师的考评体系，坚持一切为学生服务的精神，本着一切利于学生发展的原则。学校应该加强对教学工作的监督管理，确保正常教学活动的顺利开展。除此之外，各高校应该制定并完善教师的培训制度，特别是对新进教师的管理培训。例如，重庆师范大学从教学工作的各个环节入手，狠抓教学质量，制定了《重庆师范大学教师教学规范》《重庆师范大学思想政治理论课实施条例》《重庆师范大学新一轮课程实施办法》《重庆师范大学教师教学质量评估办法》《重庆师范大学考试工作规定》等制度，充分保证了教学工作的顺利开展。

（四）加强高校思想政治教育特色文化载体的科学研究

理论的提出总是建立在人类实践活动的基础之上，经过实践活动不断的检验而形成。理论一旦产生，便对人类的实践活动具有重要的指导意义。我们应该加大力度研究高校思想政治教育文化载体理论，尤其是关于特色文化载体的研究，从而为高校思想政治教育文化载体的实践运行提供强有力的理论支撑。高校思想政治教育文化载体的一系列相关理论对高校思想政治教育文化载体的实践运行具有重要的理论指导作用。因此，我们应该高度重视高校思想政治教育文化载体的理论研究，才能全面、科学地指导高校思想政治教育文化载体建设的相关工作，确保高校思想政治教育效果的逐步实现。

古人云："事物之独特处曰特色。"所谓"特色"即事物突出的特性、独特的表现方式，它是一事物区别于另一事物的重要标志。所以，我们应该对加强高校思想政治教育特色文化载体理论的研究。

1. 正确处理高校思想政治教育文化载体与其他领域思想政治教育文化载体的关系

从目前研究的现状来看，"学者对思想政治教育的文化载体的普遍性论述较多，而对思想政治教育载体在不同领域内的表现形式研究较少"。高校思想政治教育与其他领域的思想政治教育既有区别，又有联系。如高校思想政治教育文化载体与企业思想政治教育文化载体之间的关系、高校思想政治教育文化载体与社区思想政治教育文化载体之间的关系、高校思想政治教育文化载体与军队思想政治教育文化载体之间的关系。由于各领域的特殊性，其在思想政治教育实践活动过程中的表现方式也不同。因此，我们在加强高校思想政治教育文化载体建设的过程中，充分吸收并利用其他领域文化载体建设的优势，为高校思想政治教育文化载体服务，利用一切可以利用的资源和优势并对其进行正确合理的消化，为高校思想政治教育文化载体的运行提供强有力的促进作用。

2. 加强对不同层次高校思想政治教育文化载体的研究

纵观目前的研究成果，关于高校思想政治教育文化载体的研究零零落落地散见于部分期刊中，论述较为分散且不系统，忽视了各个高校的特色，并没有结合各个高校的实际情况进行专门的研究。如以理工类为主的高校可发挥其学科优势及其学子的特长，突出教育特色，让大学生有计划、有目的地去企业兼职、实习，甚至参与一些项目的制定；还可以鼓励大学生根据自己所学专业积极创业，开展创业培训等方面的主题系列活动，使青年学生在奉献中陶冶情操，增长才干。我国高校层次多样，因此，各个高校应根据自己的实际情况和学校特色加强对高校思想政治教育文化载体的研究，突出其优势，发挥其专长。

3. 加强对高校思想政治教育文化载体创新的研究

创新从本质上来说也是人类的一种实践活动，主要表现为新思维、新发明和新描述的不断涌现。每一种载体都会随着思想政治教育实践的不断深入而处于变化发展中。时代的变迁、环境的变化都会对其产生重要的影响。高校思想政治教育文化载体的创新并不是想当然的、仅凭

一时的冲动和热情就能实现的，而是必须立足于已有研究基础之上，对不断出现的新形势、新情况自我扬弃，才能确保其创新的生命力，才能更好地指导高校思想政治教育文化载体的实践活动。关于高校思想政治教育文化载体创新研究的理论越丰富，对高校思想政治教育文化载体运行的实践贡献就越大。高校思想政治教育文化载体在创新的过程中应坚持实事求是、理论联系实际的科学态度。毛泽东曾经说过："先进的思想，一旦为广大人民群众所掌握，就会变成改造世界和认识世界的物质力量。"因此，对高校思想政治教育文化载体创新的研究是非常必要的。

（五）促进高校思想政治教育文化载体理论在实践中的运用

高校思想政治教育文化载体的一系列理论对高校思想政治教育的实践活动有着重要的指导意义，它是一种强大的理论支撑，指导着高校思想政治教育的一系列实践活动。各领导部门要高度重视高校思想政治教育文化载体理论在实践中的运用，采取一切措施促使理论成果转化。由于理论本身就有抽象性和系统性，在一段时间内很难被全校师生所掌握。因此，各相关部门应该加大对理论的宣传力度，将抽象的理论生动化、形象化、生活化。由于认识的滞后性，理论成果的转化也需要一个过程，需要不断经过实践的检验、证实。通过实践的最终验证，一方面能促使理论更加完善，另一方面也提高了高校思想政治教育工作者自身的理论素养和理论水平。同时，又通过新一轮的高校思想政治教育的实践活动将理论应用到实际工作中去。

在实践的转化过程中，我们应该坚持理论联系实际的马克思主义学风，坚持从实践中来，到实践中去的工作原则，切实做到一切从实际出发，实事求是。高校思想政治教育相关工作人员要不断树立理论成果转化意识，提高其理论成果转化的能力，重视理论成果转化后的反馈作用。除此之外，高校思想政治教育工作人员应将文化载体理论成果的转化视为自己分内的事，走在理论成果转化的前沿，自觉成为成果转化的引导者和实施者。具体要做好注重对成果的甄别、对成果的保护和稳步推进这三项工作。

总之，随着高校思想政治教育在新时期的不断发展，高校思想政治教育文化载体的运行应处在一个自我扬弃的过程之中。因此，高校思想政治教育者应该在坚持文化载体运行的社会主义方向的基础上，加大对高校文化载体的研究，特别是对在运行过程中出现的新问题要给予高度的重视。充分发挥文化载体的作用，为社会主义事业的伟大发展做出应有的贡献。

第二节　高校思想政治教育的活动载体

以活动为载体是思想政治教育坚持马克思主义实践观的基本要求。活动一般是指人们为了某种目的而采取的行动。思想政治教育以活动为载体，是指思想政治教育主体为了达到一定的教育目的，有计划、有目的地开展各种活动，将思想政治教育的内容寓于活动之中，使人们在活动的过程中受到教育、提高觉悟，从而达到一定的教育目的。

这里所说的活动，主要是指除大学生课堂学习活动以外的一般社会活动，即第二课堂活动。这种活动实质是思想政治教育工作者通过丰富多彩的活动形式，把教育内容渗透其中，使学生在参加活动的过程中，潜移默化地受到感染、熏陶和教育。这种形式，能把思想政治教育工作落实到班级、渗透到每一个寝室，具有较强的吸引力、感染力。其主要形式包括节庆活动、纪念活动、评选竞赛活动、文体活动、演讲比赛、郊游活动、寝室文化等。

一、活动载体的基本理论

（一）活动载体的特征

活动载体形式丰富多样，教育者对载体形式的运用灵活性强，受教育者参与面广、参与积极性高，活动过程生动活泼、趣味性强。活动载体是大学生思想政治教育载体系统的一种重要形态，具有明显的教育优势。

活动载体随着社会的发展、教育环境的变化而变化。例如，20 世纪 60 年代的学雷锋活动，不仅教育了一代人，而且鼓舞了一代人，对提高人们的思想道德水平产生了深远的影响。20 世纪 80 年代开展的“五讲四美三热爱”活动，对教育青少年在改革开放的条件下，抵御资产阶级的腐朽思想起到了引导、感染作用。20 世纪 90 年代开展的“志愿者服务”“社会公德”“家庭美德”和“职业道德”的教育活动，同样产生了较好的效果。现在的“诚实守信”、“感恩”教育活动，也取得了良好的效果。

具体而言，活动载体具有以下三个明显的特征：

第一，活动载体具有明确的目的性，使思想政治教育内容为人们潜移默化地接受。与一般的活动不同，教育载体的活动主要是在教育者的指导下、围绕思想政治教育的目的而开展的，以全面提高人的素质为根本目的，因而具有很强的目的性。而实践也表明，只有明确活动载体的目的性，思想政治教育的功能才能更好地发挥。

第二，活动载体具有广泛的学生参与性。思想政治教育载体的主体是广大学生。只有广大学生积极参与，教育活动才能顺利地开展。如果缺乏学生参与，或者参与的学生过少，或者被动参与，都会影响到思想政治教育活动的开展。而丰富多彩、形式多样的活动，尤其是精神文明活动能顺利展开，不仅能满足学生多方面的精神需求，还能更好地教育学生，提高整个社会文明程度，净化社会风气。

第三，活动载体具有明显的实践性，能较好地实现教育与自我教育的统一。思想政治教育活动载体与其他载体相比较而言，最为突出的是活动载体的实践性。活动是思想政治教育传导思想道德规范的过程，是实践思想政治教育理论的过程，是被教育者“接受”和“实践”的一个过程。

（二）活动载体的种类

高校学生思想政治教育的活动形式多种多样，主要有教育类活动、文体类活动和实践类活动三大类。这些活动都是适应高校形势的新变化的探索与创新。

教育类载体主要是指直接为实施思想政治教育的内容而有意识地开展的活动。通过参加主题教育活动，可以使学生进一步坚定理想信念。比如，学校通过开展周末乐坛、原创话剧、毕业晚会等文化品牌活动，提高学生对学校的发展历史和办学精神的认同，拉近学生与民族艺术的距离，增强学生对高雅艺术的鉴赏力。这些活动的开展也能使爱国主义、崇高理想信念、民族精神通过这种寓教于乐、寓情于理的方式得以弘扬。

文体类载体主要是指为实施思想政治教育而开展的类如演讲比赛、体育竞赛、书评影评活动等。通过这些活动，促进大学生了解社会，了解国情，增长才干，奉献社会，锻炼毅力，培

养品格，增强社会责任感，加强对理论知识的理解，深化对自身潜能的认识，在自我教育中锤炼，成为对社会、对人民有用的人才。

社会实践载体是根据高校培养目标的要求，对在校大学生进行的有组织、有计划的深入思想教育、培养全面素质过程中的教育活动，它具有思想政治教育载体承载、催化、渗透、导向等功能。社会实践载体包括青年志愿者活动、“三下乡”活动、社会调查、暑假顶岗实习、参观访问等实践活动。从思想政治教育科学的角度来说，这种结合教学教育实施所进行的各种社会实践，可以使学生了解社会，了解工厂、企业、国家机关工作的不同性质，磨炼意志，增强感性认识，既是对学生进行思想政治教育的有效途径，又是思想政治教育实践环境不可替代的重要内容。通过实践活动，让学生感受到社会各阶层工作者的工作性质、工作环境、生活状况，从而增强社会责任感。

二、高校思想政治教育活动载体的建设

中共中央、国务院在《关于进一步加强和改进大学生思想政治教育的意见》中强调指出：“要积极探索和建立社会实践与专业学习相结合、与服务社会相结合、与勤工助学相结合、与择业就业相结合、与创新创业相结合的管理体制。”当前，大学生思想政治教育面临新形势、新任务、新变化，大学生社会实践方式方法、形式途径也还不完善，我们必须在巩固已有工作成果基础上，采取更加有力的措施，“大力加强大学生文化素质教育，开展丰富多彩、积极向上的学术、科技、体育、艺术和娱乐活动，把德育与智育、体育、美育有机结合起来，寓教育于文化活动之中”，“要进一步推进高雅文化进校园活动，丰富校园文化生活，提高学生艺术修养”。进一步加强和改进大学生社会实践，使之在大学生思想政治教育中发挥更加积极的作用。

首先，转变单纯依靠课堂进行思想政治教育的观念，充分发挥社会实践活动的作用，不断参与社会实践，让学生在实践中感悟，使其成为与学生密切相关的综合性、导向性健康成长教育载体。社会实践是大学生思想政治教育的重要环节，对于促进大学生了解社会、了解国情、增长才干、奉献社会、锻炼综合能力具有不可替代的作用。创新活动载体应加强社会实践基地建设，吸纳社会资源，争取社会支持，保障社会实践活动顺利开展。例如，积极倡导“走出去，请进来”，定期组织学生到教育基地、大型现代国企、“三资企业”参观考察，让学生在各种类型的活动中接受经验教训，迅速实现社会化。利用大学生的知识优势和专业优势积极开展宣传、支教等服务活动，通过深入基层、了解基层、服务基层来增长见识、加深体验、提高能力，进一步增强社会责任感和历史使命感。

其次，增加思想政治理论课教学的实践课时，围绕专业知识的深化和巩固，探索思想政治理论课教学与社会实践相结合的道路，创建形式多样的社会实践活动。在高校里，社会实践要与专业教育相结合，突出专业特色。只有与专业相结合，才能使广大学生通过系统的实践活动提高专业技能、拓宽知识面、完善知识结构，有利于发挥高校科研和服务的优势，解决地方实际问题，有利于高校获得来自社会的最新信息，促进教育、教学的改革，真正实现校企结合，推动地方经济和建设的快速发展。

再次，充分利用高校的环境及文化资源的特殊优势，组织校园文化活动，坚持活动的持续性和创新性。文明校园活动是思想政治教育富有时代特色的新载体，具有强大的育人作用，它对学生的思想政治、道德品质、行为规范都有着深刻影响，能够陶冶大学生的道德情操，促进

美感的升华和良好个性的发展。加强校园文明建设，应倡导校园文化活动品牌化、系列化，设计和组织一系列内容丰富的学术科技、文娱体育等活动，在举办活动的同时应结合时代特色，不断地注入新鲜的元素和时代气息，灵活地运用多种形式，在继承中求创新，在创新中求发展，使思想政治教育的活动载体形式多样，与时俱进。

最后，加强对学生社团的管理，重视大学生生活社区、学生公寓等新型大学生组织的社团活动。通过组织内容充实、形式多样、格调高雅的社团活动，在友好、理解、双向交流的氛围中，达到思想教育的目的。高等学校学生社团是在高校管理部门的许可下，由大学生依据兴趣爱好自愿组成，为实现成员意愿按照章程自主开展活动的学生组织。它具有自主性、自发性、开放性等特点，是新形势下有效凝聚学生、开展思想政治教育的重要组织动员方式，在提高学生综合素质、引导学生适应社会、促进学生成长成才等方面发挥着重要作用。因为学生社团成员是在相互认识的基础上自愿参加社团活动，其成员具有较高的素质和多方面的才能，往往能集思广益，做到立意新颖、角度独特。就活动内容而言，学生社团可以分为政治理论学习研讨类、社会科学类、科学技术类、艺术类、志愿服务类和体育类等多种不同的类别。可以通过行之有效的形式，如演讲、辩论、知识竞赛、文体活动等形式，将党和国家的路线、方针、政策贯穿于活动之中。在文体活动中，可以开展一些能够锻炼意志、培训技能、加强团队合作与竞争、锻炼耐力的活动。在文艺性社团中，还可以进行文学、艺术方面知识和技能的教育和培养，使大学生在活动中培养艺术细胞，陶冶情操，增强美的感受能力。此外，还要加强对社团工作的领导，重视对学生社团负责人的选拔培养，确保素质全面、工作能力强的学生担任社团负责人。加强对社团的管理，把握好学生社团建设和发展的方向。

第三节　高校思想政治教育的传媒载体

一、传媒载体的基本理论

（一）传媒载体的意义

传媒载体是思想政治教育载体的一种现代形态。所谓传媒，是大众传播媒介的简称，指承载、传递信息的物理形式，主要包括报纸、杂志、广播、电影、电视等。其中，报纸、广播、电视对人们的现实生活影响最为深刻，是我们所要重点考察的思想政治教育载体。

在世界信息化浪潮的推动下，我国的各种信息传播媒介有了飞速的发展，社会的信息传播结构也发生了极大的变化。其特点表现为：传播媒介的种类越来越多，传播新闻信息的速度越来越快，传播的内容越来越广，传播覆盖面越来越大。奈斯比特在描绘从工业社会向信息社会发展的“大趋势”时，对新的社会秩序做出预言，“在那里我们不久就会以大量生产汽车的方式大量生产信息。”阿尔温·托夫勒指出，在以知识为基础的经济中，最重要的国内政治问题已不再是财富的分配（或再分配），而是信息和产生财富的传播手段的分配和再分配。以报纸、广播、电视为主的现代大众传媒已经成为现代社会中人们获取信息、接受教育的重要社会化工具。哈罗德·拉斯威尔提出的媒介三大功能就包含了“使社会的精神遗产代代相传”。社会学者沙莲香认为，大众传媒具有文化传递的功能指的是“通过大众传播把文化传递给下一代，并不断教

育离开了学校的成年人、社会成员共享同一种价值观、社会规范和社会文化遗产。也可以说，这是一种教育功能，即让一代代人在社会化过程中学习和认同社会传统、社会经验和社会知识”。在现代社会，不管是社会主义国家，还是资本主义国家，通过控制和利用大众传媒以达到社会控制和政治教育的目的，是十分普遍而且流行的做法。政治体系为了支持有利于自身利益的政治文化的传播，“尽可能地控制各种社会化的媒介，特别是诸如学校、大众传播媒介等在社会化中具有广泛影响的媒介，支持现行政治体系的政治文化，培育和塑造适应其统治秩序需要的政治人格，同时还要对各种媒介传播的政治信息进行认真的选择，如政治教育内容的确定、学校教科书的审定、新闻出版审查等”。

在当代中国的社会文化结构中，由大众传媒生产和传播的大众文化逐渐构成一股强大的文化力量，影响着受众的思想观念和行为方式。在信息开放的现代环境中。青年大学生在对信息的接受心理方面具有渴求度高，对新颖、快捷信息异常敏感等特点，而大众传媒在传播信息方面的大容量、高速度、多维度等特点，使青年大学生不仅最愿意接受大众传媒的影响，而且也最依赖大众传媒的作用。现代大众传媒通过对大学生学习、生活和成长的全方位渗透，已经成为大学生成长和成才的最重要的影响因素之一。有研究表明，目前青少年对社会的基本认识，对社会规则的把握，甚至是人生观、价值观的形成，50%以上的影响来自传播媒介。由于受现代大众传媒市场品格和大众传媒本身的不可控性的制约，大众传媒所传递的文化信息有时会与我们党和国家所倡导的主流价值观产生偏离，从而抵消家庭和学校教育所产生的正向功能。在中国的教育改革和开放过程中，现代大众传媒及时介入学校，在为学校的教学提供现代化设备和手段的同时，也传递着更多市场文化的价值观念和生活方式，学校德育的影响在降低，而大众媒介对大学生思想政治品德形成和发展的影响却在提升。所以，充分发挥我国大众传媒传播社会主义主流政治文化的职能以及对大学生进行思想政治教育的正向功能，是当前大学生思想政治教育传媒载体创新所面临的迫切课题。

（二）传媒载体的类型及特点

大众传播媒介是人类社会发展到一定历史阶段的产物，它随着人类科学技术的进步而逐步演变而来，并在漫长的发展历程中形成了特有的形式。大众传播媒介指的是传统的印刷媒介，如报纸、杂志和书籍，以及广播、电影、电视等电子媒介。

报纸、杂志和书籍等都是以文字及空间因素来组织信息的，它们在传递信息上具有信息量大的特点。报纸作为印刷媒介，在传播信息上具有简洁明了、时效性强等特点。调查表明，报纸仍然是大学生重要的信息来源。大学生经常阅读的报纸有：地方性日报、早报或晚报、全国发行的日报以及环球信息报，这几类报纸恰好正是提供有关本地及国内外大事信息的报纸。校报也属于印刷媒体，但经常阅读的人数并不多。在杂志阅读方面，《青年文摘》等青年杂志是大学生们最喜欢的杂志，有1/3的学生经常阅读。学术期刊在大学生中比较受冷落。在书籍阅读方面，大学生经常阅读的是世界古典名著、流行文学和中国古典名著。但是，经常阅读学术专著的人很少。总体说来，报纸、杂志、书籍等印刷媒介有如下一些特点：一是大学生可以根据自己的阅读兴趣自由阅读。二是能满足大学生读者的特殊兴趣和需要。大学生对信息的渴求度相对而言是比较高的，而印刷媒介恰好具有信息量大的特点。三是能够为大学生提供具有权威性的信息。但当代大学生在利用印刷媒介时也存在着一些问题，一部分大学生好读书，但不钻研；

求上进，但怕吃苦。他们的学习兴奋点常随外界的影响而变化。他们的学习内容基本上是在应付学校规定的学业与寻找社会需要的“热点”之间游移不定。

电子媒介的特点与印刷媒介不同，在电子媒介中，广播是以电波传递音讯的一种大众传播工具，它具有传播速度快、传播广、声情并茂、听众多的特点。由于收音机等广播通信工具价格便宜、携带方便、节目丰富，从而受到许多大学生的青睐。有些大学生还经常通过收听一些英语广播节目来提高自己的英语水平。电视与广播媒介一样，也是凭借电波来传送节目的，传播的速度和广播一样快。不同之处是，广播只传送声音，电视既传送声音又传送图像，具有视听兼备、有一定的真实性和现场感、观众参与感强的特点。收看电视节目，已经成为当代大学生获取社会信息的重要方式和闲暇生活的重要内容之一。但值得警惕的是，西方一些发达国家凭借经济、技术和知识等方面的优势，大力发展全球卫星视听系统，通过无法阻挡的电波，向其他国家特别是第三世界进行文化倾销，以期占领对方的文化阵地。美国 CBS（哥伦比亚广播公司）、CNN（美国有线电视传播网）、ABC（美国广播公司）等媒体所发布的信息量是世界其他国家发布的信息总量的 100 倍，是不结盟国家集团发布的信息总量的 1000 倍。美国控制了世界 75％的电视节目和 60％以上的广播节目的生产与制作，每年向别国发行的电视节目总量达 30 万小时。许多第三世界国家播出的电视节目中美国节目达 60％～80％，其电视台成了美国电视的转播站，而美国自己的电视节目中，外国节目仅占 1％～2％。从国内来看，在电视文化、娱乐产业的包围中长大的当代大学生，对电视中的娱乐节目的诉求和关注远远超过对社会新闻、社会问题的关注，体育类节目也成为大学生最喜爱的电视节目，接下来依次为影视剧、新闻类、综艺类、社会类电视节目。当代大学生正从思想先锋转化为时尚先锋。这些新现象都值得思想政治教育工作者认真对待。

二、利用大众传媒构建高校思想政治教育载体新体系

（一）发挥大众传媒的思想政治教育功能，坚持正面灌输

“灌输”是思想政治教育工作的有效方式之一，思想政治教育工作的一个基本原则和方法就是宣传、推广正面典型，用先进人物的先进思想、先进事迹、优秀品质、英雄行为来影响和教育人民群众。大学生是一群求知求新的高层次受众，是一个活跃的社会群体。我们对大学生坚持以马克思主义、毛泽东思想和中国特色社会主义理论体系为指导，坚持正确的政治方向，坚持把对党的基本路线、方针、政策的不断发展和深化的新认识和新观点作为向广大学生进行宣传和教育的主流方向，同时要积极抓住大学生受众的特点和需求，不但要善于利用大众传播的积极舆论导向和榜样示范作用，将大众传媒宣传的价值观念、理论观点、热点问题、道德榜样人物的事迹和精神等引入到思想政治教育之中，也要敢于和善于将大众传媒附带的不良倾向和散布的不良信息用于思想政治教育，作为反面素材，充实思想政治教育内容，改善思想政治教育形式。在宣传渠道上，通过校报、校电台、校园网络等营造积极向上的传媒环境和舆论氛围，真正做到“以科学的理论武装人，以正确的舆论引导人，以高尚的精神塑造人，以优秀的作品鼓舞人”，从而促进青年大学生的素质教育，唱响社会主义的主旋律。

（二）开展媒介教育，培养大学生媒介素养

所谓媒介教育是指“给学生传授有关广播、电视、报刊、国际互联网等大众传媒的特性、制作技术及其产品的美学欣赏和社会学评析等知识，其目的是增强学生对大众传媒信息的辨别能力、过滤能力、承受能力和抗干扰能力，学会合理有效地驾驭和使用媒介”。媒介素养包括对各种特定媒介知识的掌握，对媒介内容中各种问题的了解，对影响媒介内容因素的知晓，对媒介产品的正确评析，对媒介真实和社会真实不同的分辨。当代大学生所面对的是一个大众传媒良莠混杂的现实环境。开展媒介教育，使当代大学生具有健康的媒介评价能力，这是抵制大众传媒对大学生不良影响的关键。要从根本上实现这一目标，一方面是努力加强马克思主义基础理论教育，用正确的思想、科学的知识武装大学生的头脑，使大学生在人生观、价值观健康发展过程中逐步培养起正确鉴别、吸收大众传媒信息的能力。另一方面，高校思想政治教育者要重视对学生进行传播学等传媒基本知识的教育，通过开设课程、专题讲座、实践活动等灵活多样的形式让大学生了解基础的媒体知识；引导他们建立对信息批判的反应模式，辨别媒体真实与社会真实；使他们掌握运用和传播信息的知识和技巧；要让他们了解媒体信息对自己的意义，学会选择媒体，利用媒体发展自己。

（三）运用高校校园媒体，创建健康向上的校园文化

作为高校思想文化建设的重要阵地，高校校园媒体在营造校园思想舆论和文化环境方面发挥着独特的优势，以校园媒体为主的高校大众传媒载体是高校开展思想政治教育工作的有效载体形式之一，在培养高素质人才方面具有不可替代的作用。一方面，加强对校园传媒传播效果的研究。在高校校园中，校报、校园广播电台、校内有线电视台、校园网络、团刊、院（系）刊等已成为运用最普遍的传播媒介，宣传工作者善于利用和充分运用这些传播工具能够使传播效果事半功倍。因此，校园媒体从业人员在使用这些工具时，应当进一步了解和学习其运用规律及一些技术知识，例如传播者与传播效果的关系研究、学生受众与传播效果的关系研究、校园新闻传播宣传技巧等，具体包括报纸、杂志如何排版能够更加突出被宣传主体，广播语调节奏如何掌握能够更具鼓动力，电视节目如何运用剪辑手段更突出节目意图、人物形象等等。

其次，利用大众传媒载体开展文化活动，调动学生参与的积极性。学校可以开展读书、读报活动，组织读书竞赛、演讲比赛，培养学生阅读和鉴赏能力；组织学生观看重要事件的报道、重大体育赛事、优秀影视作品，开展时事讨论、影评活动，培养他们的政治意识和审美能力；开展版报活动、网页设计大赛、摄影比赛、主持人大赛、校园歌曲创作大赛等，发挥学生的特长，激发学生的兴趣。

第四节　高校思想政治教育的网络载体

一、网络载体的基本理论

网络，又称互联网，它是20世纪晚期以来资讯传播技术发展的结晶，也是继报纸、广播、电视之外，最近兴起的“第四媒体”。网络作为大众媒介，与传统的报纸、广播、电视相比，显

示出了自己的许多特点。

一是传播方式的双向交互性。在网络上，传播者和受众可以通过电子邮件和论坛、聊天室等方式及时沟通，使信息的反馈得以及时实现，从而在全新的意义上实现了受众对信息传播过程的参与。

二是传播手段的多媒体化。网络作为一种新的传播方式，同时具备文字、图像、视频、音频等人类现有的一切传播手段，也就是说，传统媒介的功能在网络上实现了整合。网络可以发挥多媒体技术手段的优势，使传播效果最优化。

三是传播空间的全球化。目前，信息从任何角落进入网络，在瞬间就可以传遍整个世界。网络消除了国家界限，使信息传播达到了全球的规模。

四是传播的高效性。信息能随时更新，甚至实时传播。网络不存在出版、发行环节，也不受栏目安排的制约，在网页上发布信息，不受时间限制，可以随时发布，随时更新，大大提高了信息传播的时效性。

五是传播者与受众身份的隐匿性。网上传播权和选择权的开放或自由化，隐含着一个重要的前提，即网上传播者和接受者可以隐匿真实身份，以一个或多个化名在网上出现。这一方面可以为网民的传播活动提供安全保障，另一方面则易于引发网民的不道德行为和有害信息的流传。

网络媒体的这些特点，使其受到青年人特别是大学生的青睐。很多研究报告表明，在大学生中网民的数量在不断增长。显然，大学生已经成为互联网固定的、忠实的、越来越大的受众市场。“网络化生存”成为众多大学生的一种生存样态，“网络文化”也成为大学生寻求精神家园和表达思想、交流情感的一种流行文化。网络作为一种大众传媒载体，对高校大学生的行为模式、价值取向、政治态度、心理发展、道德观念等都发生着越来越大的影响。近年来，中央领导同志多次强调：要重视和充分运用信息网络技术，使思想政治工作提高实效性，扩大覆盖面，增强影响力。习近平同志在“四个原则”“五点主张”中指出：应该坚持促进开放合作，创造更多利益契合点、合作增长点、共赢新亮点，推动彼此在网络空间优势互补、共同发展，让更多国家和人民搭乘信息时代的快车、共享互联网发展成果；应该坚持构建良好秩序，依法治网、依法办网、依法上网，同时要加强网络伦理、网络文明建设，发挥道德教化引导作用；构建互联网治理体系，促进公平正义，应该坚持多边参与、多方参与，更加平衡地反映大多数国家的意愿和利益。

要使广大师生在享受互联网带来的便利的同时，增强政治敏锐性和政治鉴别力，提高抵御错误思潮和腐朽生活方式影响的能力。中共中央、国务院发出的《关于进一步加强和改进大学生思想政治教育的意见》指出：要全面加强校园网的建设，使网络成为弘扬主旋律、开展思想政治教育的重要手段。切实推进大学生思想政治教育进网络工作，成为当前加强和改进大学生思想政治教育的热点和难点问题之一。网络载体对大学生思想政治教育的影响，无论是工具、技术还是媒体，其本身的性质是物化中性的，但作为其使用者的人所具有的复杂人性、不同民族地域的文化心理结构，使得网络呈现出斑驳的色彩。网络，正如20世纪以来所有伟大的科学技术发明一样，无法改变技术的“双刃剑”效应。当代大学生既是网络时代的“数字英雄”，是“赛博空间”的弄潮儿，也是网络所引发的一系列生理、心理、道德、社会问题的直接承受者。

二、网络载体对大学生思想政治教育的影响

（一）网络对大学生思想道德素质的积极影响

首先，网络对大学生的观念系统有着积极影响。网络有利于催生大学生的效率观念、平等意识、全球眼光。网络的显著特点就是信息传输速度的高效率和时效性，而这一点与现代社会经济和社会发展的快节奏是相契合的，对于提高大学生的效率观念和进取意识有着积极作用。网络空间是一个信源多元化、信息分配民主化的新型“社区”，大学生可以从中体验人与人之间在消费信息方面的平等意识，进而增强民主和参与观念。经济全球化的浪潮得力于信息全球化和互联网技术的跨国发展，网络信息流动的无国界性可以拓展大学生的国际视野。

其次，网络改变了大学生的生活方式和社会互动形式。通过互联网，大学生可以从浩如烟海的信息中查询到自己需要的部分，可以和远隔重洋的亲朋好友互通音讯，可以实现网上学习、网上购物、网上就医等。通过互联网，大学生可以根据兴趣、爱好、能力等形成不同的身份个体。电子邮件、网上聊天等在线交流方式极大地扩展了大学生社会互动的规模，成为一个大学生交流知识与互助的新平台。

最后，网络为大学生的素质教育提供了发展机遇。网络时代向人才提出了两项要求：必须具有创新精神；必须具有识别、选择、吸收和运用新知识的能力。“信息化校园”的发展，将为大学生强化自主学习的能力、提高学习效率和创新精神创造条件。网络也能为大学生积极拓展自己的素质搭建平台。

（二）网络对大学生思想道德素质的消极影响

首先，网络容易造成大学生的“网德失范”。网络信息并不都是先进的，未经过滤选择的思想和观点难免良莠不齐、泥沙俱下。互联网自身的虚拟性和用户身份的隐匿性，使大学生摆脱了诸多道德约束，从而引发许多道德失范的现象。主要表现在：网络言行自由的滥用；网络道德观的混乱，人格冲突剧烈。具体来说，大学生“黑客”逐渐增多，存在非法使用他人账号密码并利用其偷看他人信件、抄袭他人论文、随便下载他人文件、访问黄色网站、利用网络传播虚假信息甚至进行欺骗活动等不道德行为，网上行为的诚信度较低。网恋中大学生的不道德行为较多。

其次，网络使西方人生观、价值观和道德观大行其道，容易对大学生产生误导。由于历史和技术的原因，在如今的互联网上，英文内容约占95%，法文占3%，世界上众多其他不同语系只占2%，中文估计只占千分之几。这一巨大的“数字鸿沟”使得西方的文化霸权主义以一种潜在的、更深远的方式对大学生进行意识形态的渗透。

最后，过度沉迷于网络上的虚拟世界容易使大学生产生许多心理问题。网络环境可以加剧年轻人的自我封闭，造成人际关系的淡漠，久而久之，易使学生产生心理和行为障碍，对其学习、生活乃至整个社会产生极其不良的影响。

（三）网络给高校思想政治教育工作带来的机遇

网络不仅给大学生的思想道德素质带来了双重效应，也给高校思想政治教育工作带来了机遇和挑战。互联网的发展和普及，拓展了高校思想政治教育工作的空间和渠道。

第一，网络上丰富的共享信息和多姿多彩的信息形式，为教育者开展思想政治教育工作提供了充足的可用资源，提供了新的充足的可用教育资源。

第二，网络的开放性、交互性、及时性及平等性等特点，有助于迅速、准确地了解师生的思想情绪和他们关心的热点问题，增进相互沟通，开展形式多样、生动活泼而且有针对性的思想政治教育活动。

第三，互联网参与主体的平等性缩短了人们的心理距离，有助于增强思想政治教育的亲和力和说服力。互联网已经成为新世纪高校思想政治教育工作的重要阵地，以及思想政治教育工作改进和创新的重要途径和方式。

(四) 网络给高校思想政治教育工作带来的挑战

信息网络技术的发展和普及，也给高校思想政治教育工作提出了一系列的挑战。

一是从高校思想政治教育工作的适应性和针对性看，互联网带给校园文化的海量、丰富、庞杂甚至混乱的信息和资源，是以往所无法比拟的，这些信息良莠不齐、正反交错、泥沙俱下。对于如何趋利避害，高校在思想、行动和技术上的应对准备还相对滞后。

二是从大学生思想政治教育的覆盖面和影响力看，互联网的范围之广、扩展之快、影响之大，都是前所未有的，这大大增加了思想政治教育工作扩大覆盖面和提高时效性、影响力的困难。

三是从大学生思想政治教育的工作方式看，网络交往所具有的匿名性和虚拟性的特点，使得网络世界的互动关系变得异常复杂，对思想政治教育工作的方式、体制和机制提出了新的更高的要求。

四是从思想政治教育工作人员的自身素质看，信息网络技术的迅速发展，给学习、掌握和运用网络技术带来了较大的难度，以致出现技术上的“反哺”现象，从而对思想政治教育工作者的自身素质和相关专业技能也提出了更高的要求。需要特别强调的是，西方敌对势力凭借其经济、科技优势，以互联网为主要阵地和重要载体，进行西方政治、宗教和腐朽思想的渗透，影响当代大学生的健康成长和全面发展。高校思想政治教育工作者必须主动出击，用马克思主义和社会主义先进文化来占领网络这个新的意识形态阵地，这一态势越来越显示出其紧迫性和必要性。

三、和谐社会视域下网络载体的创新与运用

(一) 把握运用网络载体开展思想政治教育的新趋势

1. 把“中国梦”主题融入网络载体运用中

“中国梦是我们的，更是你们青年一代的。中华民族伟大复兴终将在广大青年的接力奋斗中变为现实。”在“五四”青年节上习近平总书记曾这样强调。“中国梦”概念的提出充分显示了中国人民对早日实现国家富强、民族复兴、人民幸福而不断求索和不懈努力的决心。而思想政治教育工作将为顺利实现伟大中国梦提供精神支持和思想保障。因此，新时期要想不断推进中国梦的实践进程，必须提高思想政治教育的水平，将中国梦的深刻内涵与思想政治教育的目标

相结合，充分发挥出思想政治教育的内在社会驱动力，为中国梦提供源源不断的动力支持。大学生是未来的社会主义建设的中流砥柱，也是伟大中国梦的践行者，必须在对他们的思想政治教育当中融入中国梦的概念，使他们了解中国梦的深刻内涵和实践路径，牢记自己肩负的使命，而网络载体的合理运用将会使这个教育过程更加便捷和有效。利用网络载体开展体现中国梦内涵的思想政治教育，有多种多样的形式，例如，高校教育者以中国梦为主题创新现有教学模式，在课堂教学中引入与中国梦相关的内容，比如党政方针、社会焦点、国际国内时事等等，鼓励学生说出自己心中的五彩斑斓的中国梦，引导他们为中国梦的实现而积极实践，努力进取，以此提高教育的成效。另外，可以利用网络载体建立各种形式的中国梦主题教育网站，通过宣传老一辈国家建设者为实现中国梦做出的巨大牺牲，报道当前全国各地践行中国梦的典型事迹，展示各种相关图片来对大学生们进行思想政治教育，激发他们强烈的爱国情感，从而使其积极投身于中国梦的伟大实践中。高校教育者还可以利用网络载体开展以中国梦为主题的各种活动：文学创作征集、微电影作品展示、摄影作品比赛、在线有奖问答等等，各种各样主题鲜明、形式新颖的活动必将吸引无数充满活力、富于激情的大学生参与其中，为铸造中国梦不断注入强大的青春力量，提高中国梦的凝聚力和号召力。

2. 把“十八大”的精神内化到网络载体运用中

随着时代的发展，网络载体运用越来越深入，网络载体承载起了更多的时代特征，这就要求我们用新的眼光看待网络载体，赋予它新的时代内涵，让它担负起新时代的责任。当前，全社会都在认真宣传学习十八大精神，各行各业加快步伐，促进十八大精神贯彻落实到实处。我们的高校思想政治教育者要看到这一点，及时将十八大精神内化到思想政治教育网络载体体系当中。利用网络载体这一先进利器落实十八大精神，充分体现出与时俱进的时代精神。要做到这点，就需要我们的高校教育者充分发挥主观能动性，探寻出网络载体与十八大教育结合的有效途径，例如，可以综合运用各种网络平台，如校园门户网站、BBS论坛、微博、微信等等宣传十八大知识，使大学生领会国家的号召，在阐释十八大精神的同时也丰富网络载体的内容。把十八大精神内化到网络载体运用中，对高校网络载体而言，既丰富了其内容形式，又使其准确把握了时代趋势；对高校大学生而言，既能够对网络载体有全新的认识，又能够对党的路线方针政策有深刻的理解。这个“内化”不能只是简单地发布在网络载体上，然后不管不问，而应该是积极主动地引导学生用心体会、用心接收、用心实践，对一些比较难以理解的理论知识，高校教育者要进行重点讲解，只有使学生真正消化，才能达到内化到网络载体的效果。不难看出，网络已经成为当今世界主要的宣传工具，高校是优秀人才聚集地，把党的方针政策内化到网络载体中，再利用高效的网络载体对当代大学生进行思想教育，符合历史的潮流，更具时代气息。通过内化网络载体的深度，切实将大学生思想政治教育工作提升一个新台阶。

3. 把“群众路线”的思想渗透到网络载体运用中

“党的群众路线教育实践活动，事关十八大的奋斗目标，事关党的执政地位，事关民生问题的改善。”习近平总书记曾强调。把群众路线思想贯穿到高校思想政治教育中，不仅体现出思想政治教育服务群众的本质，更有利于促进思想政治教育在大学生中的开展。在利用网络载体开展大学生思想政治教育工作中，要时刻体现“群众路线”的观念，第一，要把学生当作教育过程的主要创造者，学生是教育活动的主体，充分承认学生的中心地位；第二，要相信学生，依靠学生，积极培养学生对网络载体的运用能力，拓展各种网络渠道倾听学生的心声，采纳学生的合理建议，充分发挥学生的主观能动性，促进网络载体教育过程的顺利展开；第三，要做到从学生中来，到学生中去，从学生的角度看待问题，将网络载体的开放性、互动性、快捷性与学生的心理特点、年龄特点相结合，运用一切手段开拓网络载体思想政治教育的新形式，使学生及时接受网络载体教育理念，并及时反馈给教育工作者，方便其改进工作方法。总之，就是调用一切网络载体手段激发受教育者的潜能，使他们主动接受思想政治教育内容，还要充分依靠受教育者，尊重他们，相信他们，激发他们不断前进。

（二）丰富运用网络载体开展思想政治教育的新形态

1. 以“人人网”为契机，寓教于乐

社会型网络社区是当下高校大学生网络交流最流行的应用模式之一，“人人网”（原名校内网）是当前大学生中最流行的SNS大型社交网络平台。如今人人网在大学校园已经成为十分普遍的网络社交工具，应用人人网交朋友、找熟人，关注同学最新动态，观看大学生流行资讯，招聘信息等等十分常见。人人网功能在给大学生带来方便和娱乐的同时，也在悄然改变着大学生的生活方式、学习方式甚至思想观念。

因此，人人网成了极具潜力的思想政治教育工作新载体。在高校教育工作者努力拓展大学生思想政治教育途径的过程中，不应该忽视人人网的强大功能，要结合当前实际，积极搭建大学生思想政治教育人人网平台，真正做到寓教于乐。高校思想政治教育工作者可以通过以下具体措施运用人人网加强思想政治教育：

其一，建立人人网思想政治教育主题公共主页，向全校师生开放，采用各种措施吸引学生关注此主页，此主页要有专人负责打理，经常更新并丰富状态，定期传达各项党政方针政策，发布学校规章制度，讨论社会热点问题，设置有奖问答，吸引学生在线讨论，踊跃参与；围绕高校思想政治教育实践中遇到的各种问题发表主题日志；贴一些含有教育意义的图片、视频链接，转载一些具有思想性、知识性的网络段子，总之要通过各种形式向学生传递积极健康的“正能量”。

其二，各年级辅导员、班主任要学会运用人人网关注学生生活和思想动态，可以注册账号，吸引学生加为好友，多多关注学生更新的主页状态、发表的日志、转载的图片和网络段子等内容，以了解自己的学生在关注什么、想什么、需求什么，或者有什么思想和行为上的误区，以便有的放矢、对症下药地对其进行思想政治教育，使其回归到正确轨道；另外高校辅导员还可以充分利用校园网站内信的形式积极听取学生心声，了解学生需求，帮助学生解决当前面对的生活和学习困难，或者思想上遇到的困惑。

总之，人人网作为广受大学生欢迎、普及率较高的网络社区平台，一定要引起高校思想政治教育部门和教育者的重视，高校教师要积极探索人人网的功能，充分利用好这一便利的网络工具，促进高校思想政治教育工作的发展，最大限度地达到思想政治教育的目标。

2. 以“微信”为依托，解疑释惑

腾讯公司在2011年推出了微信，它是一款手机社交软件。微信凭借其方便快捷的“语音聊天”“朋友圈分享”“摇一摇”“扫描二维码”“LBS（Location Based Services，基于位置的服务）”等新颖有趣的功能，在短时间内迅速发展扩张，成为目前最受欢迎的在线通信工具之一。可见利用微信沟通交流必将成为大学生重要的新型生活方式。

我们的高校思想政治教育工作者也应该与时俱进，及时看到这一现实，加深对微信的认识，努力创新，使微信成为新的开展思想政治教育的有效载体。微信有很多独特的优势适合开展学生思想教育，例如：

（1）利用微信“语音聊天”功能实时交流和引导。微信“语音聊天”的交流像打电话一样，可以长时间交流又不需支付昂贵费用，不用面对面，不会产生尴尬情绪，可以放下心理顾忌更畅快地倾诉和交流。实践表明，由于网络的隐蔽性，大学生更愿意在网上敞开心扉，表达内心真实诉求。“语音聊天”为拉近教育主客体的心灵距离提供了便利条件，即便二者相隔千山万水，也能通过微信的语音功能、各种丰富的微信表情，实现虚拟的“面对面”交流。微信的语音功能还可以使教育主体第一时间掌握学生的信息，及时回答教育课题的疑问，动态解决存在的问题。通过双方坦诚的沟通交流，增进了教育主客体了解，教育成效会更加显著。

（2）利用微信建立宣传教育信息的公众账号。进入微信时代，我们的高校思想政治教育工作者也要主动占领微信宣传新阵地，建立一个公众账号，充分利用微信的群体传播功能，在学生经常出没的地方，观察分析出学生的思想动态，对症下药，贴出教育信息，加强对高校大学生群体的思想政治教育。

（3）充分利用微信的热点推荐功能，向学生推荐社会热点问题，并通过分析讨论，使学生们与时俱进，保持对社会的关注度。

（4）利用微信“朋友圈分享”功能，辅导员、教师及时分享专业知识小贴士、最新的时事热点、富含哲理的文章等，让学生在休闲娱乐的同时可以接受教育。

（5）利用微信“漂流瓶”功能，将思想政治教育的内容植入其中，形成公益性软文，使学生们在阅读时潜移默化地受到教育。

3. 以“校园 BBS”为突破，舆论引导

BBS 是英文 Bulletin Board System 的缩写，翻译成中文为“电子布告栏系统”或“电子公告牌系统”，我们通常称之为“论坛”。随着高校信息化的逐步推进，近年来各大高校 BBS 迅猛发展，北大未名 BBS、水木清华 BBS、我爱南开站 BBS、天大求实 BBS 等等一些知名高校的 BBS 日访问量极高，已经成为高校大学生进行思想交流、信息沟通的非常重要的场所，在大学生的日常学习和生活中占据十分重要的位置。睡前刷 BBS 已经成为在校生的习惯。BBS 拥有如此广阔的发展空间，因此，高校思想政治教育工作者也不应该忽视这一重要的网络平台，一定要结合高校实际，因地制宜地运用校园 BBS 进行舆论引导和思想教育。

运用 BBS 进行思想教育可以采用“虚体实用”的办法。具体操作如下：

（1）最终解释权管控法。校园网络充斥着大量匿名用户，注册的简单低门槛使一些校外人员也混杂其中。有时，在面对突发事件或者其他暂时无确切定论的舆论热点时，因为人员的复杂性和匿名性，各种言论充斥网络，让人分不清真假，还有一些别有用心的人趁机散布攻击党和政府的言论，在大学生中造成很坏的影响。这时就需要学校网络监管部门出面，对事件的最终解释权加以管控，可以采用领导层实名制的方式发言解释，正确引导舆论方向，及时消解不良信息。

（2）“卧底”引导法。高校工作者像“卧底”一样，采用匿名的普通网民身份参加某一热点话题的讨论，在具体讨论的过程中，将自身教育者的职责发挥出来，注重对舆论的引导，使青年学生不知不觉受到感染，思想受到教育。

（3）幽默消解法。校园BBS上的交流主体是青年学生，思维非常活跃，交流的方式轻松、自由，非常接地气，即便在讨论严肃的话题时也不愿“郑重其事”显得“苦大仇深”，而经常会以幽默、调侃的语气来叙述，但真正要表达的意思正在其中。因此，工作者一定要紧跟时代潮流，运用网络时尚语言，以幽默诙谐的表达方式传递思想政治教育内容，让大学生在欢声笑语中接受教育。

4. 以“微博”为纽带，心灵沟通

微博也叫微型博客，也可以名其为一句话博客。用户可以利用网络客户端不断更新不超过140字的文字，以实现各用户之间的互动交流，同时还可以即时分享图片、声音、视频等多媒体信息。

越来越多的大学生开始使用微博，微博为高校思想政治工作教育者提供了一个新型的沟通平台，高校教育者可以通过以下微博功能开展教育：

（1）利用微博“关注”功能，促进高校思想政治教育主客体之间的沟通。思想政治教育工作者要加大对大学生微博的关注度，与更多的大学生“互粉”，以便及时看到学生更新的状态、发布的信息，掌握大学生的思想动态，以便有的放矢，有针对性地运用网络载体开展思想政治教育；与之相适应，大学生也可以通过关注老师的动态，及时获取最新的信息资料。

（2）利用微博“评论”功能，构筑高校思想政治教育主客体之间的互动平台。微博是大学生展现心情、抒发感慨、充分发展个性的平台，针对一些热点问题，大学生充分发表个人的见解，这时思想政治教育工作者就应及时利用好微博“评论”功能，积极参与到学生的讨论中，对学生所发的微博内容给予正面的引导，使学生思想回归正确轨道。

（3）利用微博的“转发”功能，构建思想政治教育信息传播的新渠道。微博的“转发”功能为高校思想政治教育工作者传播最新的教育信息提供了方便快捷的手段。通过转发功能，大学生可以及时掌握最新的学习信息，而且微博的转发功能使信息资料在多个客体之间相互共享，扩大了信息传播交流的范围，更加具有教育实效。

5. 以“游戏”为载体，提高兴趣

网络游戏给青少年生活、思想带来了前所未有的影响。青少年沉迷于网络游戏造成的大量社会问题常屡见不鲜，鉴于此，社会上要求对网络游戏进行封杀、围堵的种种声音不绝于耳。而一些学校也曾试图采取办法让大学生远离网络游戏，效果并不理想。

既然让网络游戏远离青少年的做法并不实际，我们就应该积极创新，探索游戏有益的一面，充分利用网络游戏蕴含的丰富的教育潜能，为思想政治教育开拓新的空间，寻找新的机遇。高校思想政治教育工作者要积极发掘网络游戏的优势，使其为政治教育服务，从而达到提高大学生理论学习的兴趣的目的。在具体运用网络游戏开展思想政治教育时做好两个“兼顾”，即既要兼顾游戏的教育性，又要兼顾游戏的娱乐性。如果缺乏教育性，则违背了利用网络游戏开展思想政治教育的初衷；如果缺乏娱乐性，则失去了游戏的吸引力，无法激起学生的兴趣。在思想政治教育网络游戏载体的构建过程中，可以把中国传统文化元素融入游戏中，在游戏的设计环节融入传统的正确的世界观、人生观、价值观，促使学生的文化心理与中国传统价值取向、道德观相一致。另外，还可以开发思想政治教育游戏软件，将各学科知识以游戏的形式表现出来，有利于提高学生的学习兴趣，鼓励学生的自信心，激发学习动机及探索精神，充分体现学生的主体性。我们可以将枯燥的理论知识应用于游戏之中，使大学生在娱乐之余学到知识，提高他

们的学习积极性。总之，网络游戏不可避免地走进了高校大学生的生活。高校教育者要联合网络技术人员，致力于开发出较好的教育游戏软件，既要满足学生的玩兴，又要达到教育的成效。

6. 以“微电影”为新意，激发活力

微电影（Micro Film），即微型电影，“是短片的其中一个类型。小型电影，指的是在电影和电视剧艺术的基础上衍生出来的小型影片，具有完整的故事情节和可观赏性。微电影之‘微’在于微时长、微制作、微投资，微电影以其短小、精练、灵活的形式风靡于中国互联网。”近年来，微电影如雨后春笋般快速发展，其中有很多传播正能量的优秀作品。微电影在新媒体网络时代这个大背景下，正以惊人的速度和不同的传播形式丰富着大学生的生活，为高校思想政治教育提供了契机和新的方式。

首先，利用微电影提高思想政治教育课的实效性。高校应当充分利用优秀的微电影资源，将优秀的微电影纳入高校思想政治教育课的课堂中来，创设特殊的课堂情境，用视觉符号刺激学生的学习动机。同时，可以组织大学生参加微电影拍摄活动，通过拍摄感恩、诚信、安全教育等具有思想政治教育特色主题的微电影，使大学生在拍电影、看电影、评电影的过程中潜移默化地受到教育。

其次，利用微电影帮助高校大学生培养和完善人格。与其他主流电影相比，微电影最大的优势就是能够在最短的时间激发学生的道德情感和理想信念。总之，优秀的微电影作品必须要符合道德行为规范，高校应该正确引导和利用好微电影这个新载体在思想政治教育中的运用。

第十章 和谐社会视域下高校思想政治教育机制完善

思想政治教育是占统治地位的阶级或社会团体用一定的思想观念、政治理念、道德规范，通过内化和外化，对社会成员进行有目的、有计划的影响，促进人与人、人与社会的和谐，使其形成符合社会需要的思想品德和政治要求的社会实践活动。思想政治教育机制的构建和完善是思想政治教育取得实效性的关键。近年来，经济全球化、我国社会主义改革的深化以及信息技术的迅猛发展，给大学生思想政治教育机制带来了新的问题和挑战，致使思想政治教育机制在某些方面不能很好地实施，不能解决新的问题和情况。大学生思想政治教育要想取得良好的效果，不能依靠一成不变的机制，而是要根据社会的发展和学生身心的发展要求，不断探索和丰富，构建和完善一个符合社会和学生实际情况需要的思想政治教育机制。

第一节 大学生思想政治教育机制基本理论综述

一、大学生思想政治教育机制的基本概念

“机制”原指机器的构造和工作原理，或泛指一个复杂的工作系统和某些自然现象的物理、化学规律，也称机理。在不同学科、不同领域中，人们往往从不同的角度来理解“机制”，如有时在制度、体制、机构、规范、法规乃至工作方法、操作方法的意义上使用“机制”这个概念。

思想政治教育机制，简单地说，就是指思想政治教育各要素的构成方式、作用方式以及由此产生的思想政治教育活动的整体的运行方式和人们对思想政治教育活动运行的有效调节方式的总称。

大学生思想政治教育机制，是指基于大学生思想政治教育系统内部各方面因素之间相互作用、相互制约、相互联系的联结方式而构建起来的工作体制。它既是对思想政治教育过程中主体、客体、环体、介体等各种要素的相互关系和影响的总体概括，也包括思想政治教育运行过程中各构成要素之间相互联系和相互作用的制约关系及其功能。思想政治教育机制概念主要包含三层含义：其一，思想政治教育机制是那些对思想政治教育运行过程起到协调和控制作用的各种要素的总称；其二，思想政治教育机制功能的发挥，依赖于思想政治教育内部各构成要素之间的配位关系及相互作用；其三，从思想政治教育运行过程看，思想政治教育机制是按一定的规律和方式运作并发挥总体功能。因此，对思想政治教育机制的研究绝非对各种要素的孤立考察，而应从总体上把握其基本状态，从不同侧面去探索其运动的规律。

二、大学生思想政治教育机制的具体分类

（一）思想政治教育机制分类

在社会科学领域，机制的分类根据学科的不同，其具体分类及侧重点也有所不同。单就思想政治教育机制的分类来说，到目前为止还并没有形成一个能被多方所接受的标准化的规范。不同学者根据其研究角度的不同，对思想政治教育机制的分类也有所不同。陈秉公从思想政治教育过程出发，把思想政治教育机制具体分为“融合机制、说服机制、激励机制、调节机制、沟通机制、管理机制等。”他认为，思想政治教育机制都应渗透到思想政治教育工作过程之中，并从教育者、管理者不同的具体行为所带来的作用出发来予以分类。万美容根据思想政治教育工作过程中实现目标的不同作用方式来划分思想政治教育机制，具体有“启动机制、调控机制、评估机制、保障机制。”张耀灿从思想政治素质的形成发展逻辑出发，把机制划分为内化机制与外化机制。石瑛根据思想政治教育过程机制功能的不同对机制功能进行分类，具体划分为引导功能、调节功能、控制功能、维系功能。罗新阳从不同机制之间层次关系的角度，把“机制划分为主机制和子机制。如预警机制又可分为信息机制、对话机制、危机干预机制等。”廖志诚根据思想政治教育机制的宏观功能来划分机制，具体有调节政治关系、保证经济发展方向、控制精神生产三大功能和机制。这些机制及其客观功能对思想政治教育的有序、高效运行起到了至关重要的作用，同时也体现了主观能动性在思想政治教育机制运行中的重要作用。

从机制运行的现实效果出发，又可以把思想政治教育机制划分为正面机制和负面机制。思想政治教育正面机制具体表现为：能够克服困难、障碍达到预期目标，思想政治教育工作平稳有序、运行良好，组织协调能力、领导控制能力等得以不断提高。而思想政治教育负面机制是指思想政治教育活动难以适应环境变化，各要素功能不协调、目标方向不一致，工作运行秩序无序化，以至于思想政治教育活动难以达到或偏离预期目标。按照思想政治教育工作内容所涉及的领域又可把思想政治教育机制分为教育机制、管理机制、服务机制等。从思想政治教育部门横向结构来看，可以把与思想政治教育相关的部门划分为教育、管理和服务这三类，每一部门内又有相应的运行机制。那么，教育机制能否等同于教育领域部门的机制？教育机制是否蕴含着服务机制和管理机制？应该说这三种机制之间又有许多相互渗透、交融的地方，所以这种划分标准还有待进一步考证。如果从思想政治教育部门纵向结构来看，又可以把思想政治教育机制划分为宏观机制和微观机制。宏观机制主要是指党和政府以及高校领导层在思想政治教育整体的目标设定、指导思想、制度规范等。微观机制主要是指基层思想政治教育部门及工作者的一系列工作运行方式。

可见，思想政治教育机制划分标准具有很大的差异性，目前还没有统一的划分标准。但多数研究者倾向于根据思想政治教育运行过程中的功能来划分机制，这种划分能够全面体现系统要素在运行中所起到的作用，有利于在具体的思想政治教育工作中控制机体的良性发展。思想政治教育机制划分当然与高校思想政治教育职能部门有很大的相关性，但是很多机制的发挥却不是一个职能部门所能完成的，而是许多相关部门共同协作的结果。某一职能部门也不可能只参与一种机制，很多情况下都要参与多种机制的发挥，因此机制划分和职能划分又不能严格地对应起来。机制划分标准应该充分考虑思想政治教育机体的具体运行情况，一方面考虑调动某些元素的功能所起到的效果，另一方面也要考虑对发挥某种功能的相关要素进行整合。

（二）大学生思想政治教育机制的具体类型

由于大学生思想政治教育机制涉及的种类繁多，这里只对大学生思想政治教育的部分主要机制进行简单描述。

1. 领导机制

大学生思想政治教育机制的运行目标方向确定、任务决策、监督落实等整个过程都离不开领导的带头规划作用。在高校中，为了保证思想政治教育的社会主义性质，办好社会主义大学，高校党委要为大学生思想政治教育工作提供思想保障、政治保障和组织保障。其一，思想政治教育领导具有决策权，各级党委和行政部门要提高目标决策能力、行为导向能力和整体规划能力。思想政治教育领导者应该从大局出发、从长远利益考虑，使思想政治教育目标的设立符合现代化发展的需要、人的全面发展需要以及符合思想政治教育系统中各相关人的利益需要。此外，思想政治教育目标要有可行性、科学性，并为实现预期效果提供相应的保障机制和政策支撑。坚持目标一致性原则与具体灵活原则的统一，在终极目标的基础上设立短期、中期、长期目标；在整体目标基础上设立个人、部门、学校目标。其二，思想政治教育领导具有统一思想的作用，应从系统论观点出发，统一协调部门、领导、教师、学生之间的利益，增强思想认识的内在一致性。高校在重视专业基础课教学的同时亦要加强对思想政治理论课教学、学生思想品德教育、心理辅导、就业辅导等领域的重视，并把这些内容统一整合到高校思想政治教育中去。当然，每一部门、每一个人在利益诉求上会具有很大的差异性甚至是矛盾性，但是在根本利益上应该是一致的。强化大学生思想政治教育领导机制就是要增强领导部门的凝聚力和向心力，努力做到使思想政治教育系统各要素在组织关系、思想动力、运行方式上具有内在的统一性。其三，思想政治教育领导要实行责任制，要不断健全、完善思想工作责任制。学校主要领导和部门领导要对思想政治教育工作负有责任，主要责任人带头抓，落实情况和问题隐患要由主要领导人和相关主管人直接负责，对规划、领导、协调、考核各环节都要进行全程负责，责任落实到个人，以突显各级党委和学校领导对思想政治教育工作的重视。学校各级党委、政工干部及党员要本着为大学生服务的宗旨和对大学生负责的态度，坚持走群众路线，使完善好、落实好大学生利益需求成为大学生思想政治工作的出发点和落脚点。

2. 导向机制

导向机制的发挥重在引导，一方面要体现目标方向，保证正确性，引导整个大学生思想政治教育活动在过程中实现趋利避害；另一方面要追求大学生思想政治教育效率，保证高效性，实现产出与投入呈正相关。“思想政治教育管理导向机制的构成依赖于对思想政治教育原理、管理规律等相关规律的遵循和运用，借助于对思想政治教育管理对象的利益和需求的准确把握，构建以思想政治教育目标为取向的思想政治教育管理导向系统，形成利益（需要）、动机、行动、结果（目标）间的有机联系。”因此，思想政治教育导向机制需要兼顾教育者、受教育者的利益、需要，为思想政治教育系统各组成部分按照既定目标方向运行提供各种保障。导向机制不仅要引导整个大学生思想政治教育活动乃至整个系统组织机构的高效性发展，更要注重引导思想政治教育基层管理者、思想政治理论课教师、学生的全面自由发展。不仅要引导他们实现知识、行为习惯、技能的更新，更要引导他们注重理念、思维方式的更新。此外，思想政治教

育顶层设计者要高瞻远瞩，集思广益、未雨绸缪，做好科学论证和长远规划。在手段上，尽可能多地使用活动性导向、对话性导向和政策性导向，尽可能少用行政性导向，以免造成强制性干预的负面影响。除此之外，“思想政治教育的这个过程，还要通过价值的方式，对思想政治教育对象发展方向加以引导”。总之，导向机制的高效发挥必须坚持实事求是的原则，从客观需要出发，从现实条件以及思想政治教育活动规律出发。

3. 整合机制

所谓整合机制，即运用多种手段对机制要素发挥作用的方式和整体运行状况进行结构性、功能性、制度性的调整，从而实现机体的再平衡和良性运行，也可以称之为调控机制。整合调控机制并不否定机制本身的自组织能力和恢复均衡能力，而是通过人为因素的干预改变机体的失衡状态，并进一步激化机体内部的活力。整合是从整体功能出发调整各要素间的联系方式、作用方式，进而实现目标方向的统一性和整体运行的和谐有序性。整合不仅意味着各组成部分结构和功能的调整，还包括各要素间的相互配合，为完成某一任务目标共同协作。按照思想政治教育整合机制的理解，其具体又包括：目标整合、信息整合、功能整合、环境整合、主客体关系的整合。目标整合即目标任务的一致性。目标一致，各要素发生作用和功能的方向才能一致。要素功能及整个大学生思想政治教育的方向不能偏离预期目标和整个机体的宗旨。否则，目标不一致就会使各要素之间的功能发生冲突和矛盾，就可能使整体系统发生内耗而表现为“无用功”。因此，各要素、组成部分应该自觉以任务目标为出发点和落脚点，大学生思想政治教育主体也应该主动发挥制度在机制运行中的目标调节作用。调控机制应时时监控各要素、结构间的目标任务是否一致，出现差异性必须立刻给予协调和调整。信息整合即思想政治教育机制运行中应该实现信息资源共享，建立稳定的信息沟通机制。信息整合是大学生思想政治教育中资源整合的一个重要组成部分，当今社会信息整合在思想政治教育的运行中发挥着越来越重要的作用。要实现信息沟通的通畅性和高效性，一是要提高信息沟通中介的科技化水平和信息传播速度，二是要实现沟通渠道多元化，三是要建立信息沟通长效机制和制度规范体系。实现信息整合的高效性还应在提高沟通畅通的前提下，设法降低信息的失真度并提高信息的透明度，如实行信息公开化、保证信息来源的可靠性及信息传播的权威性和安全性。及时抵制通过非正常渠道传播的负面消息，切断失真信息的传播渠道并及时予以澄清，以降低谣言在传播过程给社会稳定带来的危害性。所谓功能整合即规范大学生思想政治教育要素功能的方向一致性，实现整体功能最大化。由于各要素在结构、地位上具有非均衡性，它们的具体功能存在着很大的差异性甚至是对立性、排斥性。如果放任各要素、组成部分功能自然发挥，则有可能出现功能相互抵消乃至整体功能紊乱的现象，因此功能整合机制的存在具有重要的意义。但“整体功能不是各个组成部分的简单相加，而是整体功能大于各部分的功能之和”，整体功能的优化整合既有利于整体目标任务的实现，又在功能整合过程中强化了各要素间的整体协作意识，也使各组成部分之间的联系性、依赖性进一步增强。环境整合即大学生思想政治教育主体必须发挥主观能动性，自觉认识思想政治教育环境及其发展规律，力图改变甚至创造有利环境来为思想政治教育机制的有序运行提供环境支撑和客观条件保障。主客体关系整合又可具体分为教育者与被教育者之间的关系整合，又包括教育者内部的人员调控整合。因此，思想政治教育机制的协调整合机制应该从人员配置、流动、交流培训等方面进行协调，以实现管理、教育资源内部的合理调配。调控和整合机制应贯穿于大学生思想政治教育过程之中。机制的过程调整既要注意调整的方式、方法，又要注重整体性的关系和谐和利益整合。整合协调机制体现了大学生思想政治教育系统及组成部分的适应性、可塑性与发展性，要使大学生思想政治教育适应新的发展变化就必须对大学生思想政治教育做出整合、调整，优化结构、调配资源，从而实现大学生思想政治教育工作稳定发展。协调大学生思想政治教育整合机制的成效具体表现为校园内各类关系和谐、思想活跃而又统一、教学管理机制运行良好等方面。在具体实施方式上，“必须构建教育与管理两种约束互补的思想政治教育控制机制。依靠伦理道德和价值观念等进行的教育，我们称之为软约束，而依据社会和学校的规章制度所进行的管理，则可以看作是一种硬约束”。协调整合机制作为一种全程性、全面性干预机制又有其自身限度，因为各要素、子系统、组成部分的功能和联系方式都具有特殊性和一定的自我约束力。如果思想政治教育系统过多运用协调整合机制，反而对系统功能的正常发挥起到负面作用。因此，要以系统的客观现实需要为依据，既要做到及时有效干预、积极干预和高效干预，又要做到适度干预。适度性、实效性、整体性是调控机制的基本原则，只有坚持这些原则，才能使调控中的人为因素做到恰到好处。

4. 激励机制

即满足个体欲望和需求以激发要素在系统运行中的能动性的机制。一是要通过激励措施来提高要素的积极性，使激励机制变成推进大学生思想政治教育目标实现和活动实施的动力。二是在系统运行过程中给予激励，以协调高校大学生思想政治教育系统中各要素之间的平衡关系、利益关系，起到控制系统运行目标方向的作用。三是在评估过程中实施激励措施。思想政治教育差异性的活动结果又将激励分为正激励和负激励两种方式，此外还包括物质激励和精神激励，最好这两种激励方式相配合，并根据奖惩程序化的差异性在量上有所区分。根据大学生思想政治教育主体活动的不同领域又可以施行工作激励、学习激励、生活激励等。不仅要在工作和学习中激励大学生思想政治教育者和被教育者，以提高他们的工作效率和学习效率，亦要在生活上对他们进行关照，以间接实现激励的目的。生活激励还可以拉近教育者和被教育者的距离，增进相互的信任和理解，有利于化解思想政治教育中存在的各类对立性矛盾。还可划分为目标激励和榜样激励。目标既是有形的任务，又是系统运行的最终方向，因此目标从设定起就以现实需要为依托，符合主客体的真实需要。激励机制要提高主客体的积极性，就必须坚持“赋意”的形式，一方面为思想政治活动附加高尚的意义感，另一方面通过形式多样化和趣味性来提高参与者的积极性。目标激励既要增添大学生思想政治教育活动的精神动力和成就感，又要使活动结果使参与者获得现实的利益。榜样激励主要是指在思想政治教育工作中树立典型，选取优秀代表人物和先进事迹进行大力宣传，以激发个体的精神动力和价值追求。榜样就是旗帜，既能为具有相似性的个体提供学习的标准，又能使整个系统的运行更加充满活力。榜样激励一方面要大力宣传，另一方面要在凸显榜样崇高性的同时，凸显其普适化和大众性的一面，否则就会使榜样激励变成假大空的虚假宣传。

在大学生思想政治教育过程中，我们常把激励机制的发起者看成大学生思想政治教育激励的主体，具体指教育者和管理者，而同时把被激励的对象看作是客体。因此，大学生思想政治教育要激发教育主客体的能动性，不仅要满足学生的需求，还要兼顾辅导员、班主任、思想政治理论课教师、党团委干部的需要。激励不仅要满足人的需要，亦要满足思想政治教育机制高效运行的需要，从而为实现思想政治教育目标提供重要保障。激励的最高境界是自我激励，而不是外部激励。激励标准应该通过制度规范的形式予以具体展开，其中包含量化的规范和奖惩

措施。因此，激励机制效应的发挥必须要具体化和具备可操作性，并与目标统一起来。应采取多种形式、多种手段尽可能地激励人的各类潜能、需要，使他们发挥最大的积极性和主动性，从而激励思想政治教育参与者为实现目标最大化而不断努力。

5. 预警机制

近年来，校园突发事件越来越频繁，严重影响了大学和谐校园的建设。这一方面与师生的价值观念不成熟、思想情绪不稳定有关，另一方面也与社会环境对大学校园的影响有很大关系，社会环境致使高校校园中不稳定因素和潜在隐患逐渐增多。设立预警机制是为了提高思想政治教育的预测能力以及应对突发事件的快速反应能力，“其目的就是未雨绸缪、防患于未然，把问题发现于危害产生之前，把矛盾化解在萌芽状态之中”。由于大学生思想政治教育的主体是大学生，是有关大学生的价值观、人生观、世界观的教育，因此它是一项复杂的、动态的、多变的教育活动。实现大学生思想政治教育机制的正常运行，就必须设立一套预警机制，来提高思想政治教育工作的科学性和可预见性。也只有这样，才能使教育者“临阵不慌”并始终处于主动地位，进而保证思想政治教育工作的合理有序进行。预警机制需要对广泛收集的与大学生思想政治教育相关的各类信息进行整理、分析，并根据以往经验判断“非常事项”可能造成的深远影响和不利后果，预测今后事态进展趋向等问题，并提出预防对策等建议。应把社会动态、社会环境与师生情绪、行为结合起来监测分析，因为突发事件都与一定的社会环境或个体的思想情绪有一定的关系。建立完善的预警机制有利于提高思想政治教育工作者的应变能力，有利于消除不良思想、观念等对个体行为产生的影响。因此，在加强处理日常突发事件演练的同时，关键要建构一套相对完善的处理突发事件的规范程序和规章制度，形成具体规范守则和应急方案。应急措施和方案力求具体化，并进行动态性修正和补充，做到兼顾各类情况，并使每一种情况都有相应的处理方案。由于大学生思想政治教育工作的复杂性，工作者要做到临危不乱，就必须提高认识，对突发事件多做经验总结并力求进行集体探讨、研究。要关注思想政治教育发展动态并提前做出相应的判断和预测，发现问题及时排查，力争不留“死角”。加强理论联系实际的能力，学会科学分析学生的思想状况和发展趋势，并能有条不紊地做出预测和决策。

要提高预警机制的运行效率，首先必须提高信息沟通的畅通性。应急事件都具有突发性、偶然性、破坏性等特征，信息沟通的畅通化能够为及时处理突发事件提供时间保障，有利于提高高校个人、部门和领导之间信息反馈与指令下达的高效率化，从而实现从系统性角度整体处理突发事件。信息沟通的渠道随着科技的发展也越来越多元化、高效化，比如利用可视电话、网络视频等通信工具以实现预警机制的自动化和信息化。预警机制既对高校各部门协调和上下级沟通提出了要求，又对个体教学、管理能力提出了更高的要求。因为，在大学生思想政治教育第一线的都是思想政治理论课教师、辅导员、班主任等，他们的处理突发事件的能力也影响了预警机制效率的高低。预警机制对突发事件或偶发事件解决策略是“宜疏不宜堵”，倡导及时干预，通过疏导的方式迅速化解矛盾。特别是在资讯发达的当下，预防事态扩大化并消解掉演化为社会冲突的煽动对立情绪越来越重要。

6. 评估考核机制

是指结合思想政治教育工作预期目标对思想政治教育整体运行过程及结果进行评估，并对部门、个人业绩进行考察的运行机制。评估机制十分复杂，因为它是对人的道德观念、业务素质、领导管理水平等全方位的评价，具有很大的不确定性和多元性特点。再者，“从本质上讲，它是一种价值判断过程，必须对思想政治教育的社会效果做出价值判断”。但是，社会效果又与价值观提升和思想品德改善等主观因素有很大的相关度，因此如何把主观因素转化为可操作的客观指标成为一个难题。另外，“思想政治教育工作应坚持‘以评促建、以评促改、评建结合、以建为主’的评价方针”。长期以来，高校思想政治教育者常把考评作为最终目的，有的是想尽办法通过年终考评，有的是为了通过年终考评获得奖金。可见，教育者对评估考评机制的认识还存在着形式主义、功利主义等误区，这也不利于思想政治教育工作的长远发展和教育者职业道德素质的根本性提升，无法真正实现思想政治教育目标，也无法使评估考评机制成为真正高效化的手段。

建构完善的评估考核机制既有赖于考核方式、评价体系的设计科学化，又有赖于考核管理队伍自律意识的增强和业务水平的提升，以更加公正、公平、透明的结果来增强考核评估的说服力。总之，考核评估机制的顺利实施，重点在于完善评估制度建设，关键在于认真落实，进而使考核评估机制真正对大学生思想政治教育主体行为发生效力。

7. 反馈机制

反馈在控制论中具有重要地位，主要是指有机体有效信息输出和导入的整个过程。反馈是对机体进行有效控制的重要步骤和前提，人们正是利用反馈系统来检验自己思想和行为的有效性和可行性。我们要理解反馈，就必须对机体的反馈机能和反馈方式进行有效把握，并进一步总结出机体反馈的基本规律和基本程序。事物运行之所以存在一个反馈机制，就是因为事物的运行有一定程度的能动性和多变性，这一方面与机体所处的环境变化有关，另一方面也与机体内部结构功能的具体运行状态有密切联系。因此，事物反馈现象既是其本身存在的一种常态，又是事物对自我功能的不断调整和优化的重要步骤和反馈信号。及时并准确地反馈机体运行状况能降低偏差和失误，促使事物向正常轨道发展。

反馈机制是指在思想政治教育机制运行过程中，对机制运行过程中反映出的运行状态、具体问题、发展趋向进行有效的收集、分析、评估并做出反应的过程。在反馈机制中，注重时间性是关键，因此，必须反馈及时才能使机制运行信息保证有效。其次，要注重反馈的准确性，错误反馈容易导致对机制运行状况产生误读、误导。因此，掌握思想政治教育机制的运行信息收集、传播过程非常关键。在此过程中，把握反馈的各个环节、结构和程序特点，有利于对反馈信息的准确性进行甄别和分析。正面反馈有利于确证先前手段和运行方式的正确性、稳定性，负面反馈则意味着要对运行中的问题进行诊断，并及时提出相应对策和方案来修正机体的运行状态。可以说，这种反馈机制不但确保了机体的良性运作，也增强了机体的适应性和稳定性，并使之不断向复杂性和综合性方向“进化”。在反馈机制中，教育主体的作用非常重要，整个反馈过程都需要教育主体的积极参与、相互配合。总之，反馈机制作为思想政治教育运行中的一个环节，离不开教育目标和宗旨，为了控制机体运行的整体方向和具体状态，我们应确保机体的运行状况同目标结合一致。

三、大学生思想政治教育机制的构成要素

“要素”这个概念主要是从系统论角度提出的，把对事物的整体认识分解为对其内部所属的主要关键点和基本单元的认识，从而为进一步分析系统的本质属性及整体规律提供充分的依据。机制既是一个同事物发展运行过程相联系的概念，又同事物的内外部要素之间有着密切的联系。

“一定的要素可以因为其特定的结构而形成一种特定的机制，而同样的要素也可以因为其不同的结构而形成另一种特定的机制。”要素是研究事物机制运行的重要对象，事物机制运行的过程也是事物内外部要素间相互作用（不断生成和化解矛盾）并最终体现系统整体功能和实现机体目标的过程。

根据马奇柯对思想政治教育机制要素的总结研究，当前学界对思想政治教育机制要素研究还存在不完善、不统一、不细化的缺点，对思想政治教育机制各要素的界定和具体内涵的研究还不科学。从结构上划分，有人提出“八要素”之说，即主体要素，控制要素、目标要素、动力要素、环境要素、程序要素、保障要素、方式要素。还有“五要素”说，即目标要素、环境要素、信息要素、时间要素、人的要素。由于对思想政治教育机制概念界定的差异性，思想政治教育机制要素的界定和划分也就没有完全达成一致。另外，还有很多人直接把思想政治教育机制要素与思想政治教育要素等同起来，这种简单化界定要素的问题也值得我们去深入研究。比如，陈建新把思想政治教育过程“四要素”即教育者（主体）、受教育者（客体）、教育介体（内容和方法）、教育环体（环境及支撑条件）看成是思想政治教育机制的基本组成要素。这种观点同陈秉公教授“三体一要素说”具有一定的相似性。“三体一要素”中所谓的“三体”是指“教育者”“受教育者”“教育环境”这三个独立的思想政治教育实体，“一要素”是指“媒介要素”（主要是指教育目的、教育内容、教育手段、教育活动）。“三体一要素”重点强调了教育者、受教育者和教育环境这三个结构性实体，体现了思想政治教育主、客体间的相互关系维度。

“五要素”和“八要素”是“四要素”的进一步细化，但却显得更加复杂，有些要素还不容易把握。可以说“四要素”目前仍然是思想政治教育要素研究的基础，但把四要素从动态的机制运行角度给予修正有待进一步研究。因此，本书主要从“四要素说”出发来具体分析一下大学生思想政治教育机制的各要素：

（一）大学生思想政治教育机制的主客体要素

大学生思想政治教育机制的主体要素与客体要素是相对而存在的，它们之间的界限既确定又不确定。一般来说我们所指的主客体要素是高校思想政治教育相关职能部门与师生员工。只有在一定的思想政治教育关系的模式中，才有可能和有必要划分主体和客体。因此，作为一种政治实体，它究竟是主体还是客体，取决于他们处于何种思想政治教育关系之中，即取决于由这种关系所决定的思想政治教育的性质和方向。思想政治教育主体在大学生思想政治教育机制诸要素中起主导作用，对它的研究，是整个大学生思想政治教育机制研究的基础。

（二）大学生思想政治教育机制的环境要素

大学生思想政治教育机制的环境是指大学生思想政治教育机制运行中的一系列内外部条件或状况，既包括最直接的小环境，也包括其所处的社会时代大环境。大学生思想政治教育机制小环境又叫微观环境，包括校园历史文化环境、课堂环境、学生状况环境、校园生活学术环境、学校硬件设施建设、学校师资状况、学校制度财力、家庭环境等。外部环境主要有国家政治经济发展状况、社会文化价值取向、国家大政方针政策、教育发展状况等。机制是在一定内外环境条件下运行的，环境对大学生思想政治教育机制具有重要影响力，能起到促进或抑制的效果。

（三）大学生思想政治教育机制的媒介要素

在大学生思想政治教育机制中，教育主客体之间是通过介体发生相互作用的。正是通过介体，教育主客体间才能进行有效的控制与反馈连接。媒介主要包括四个部分：①目的是实现大学生思想政治教育机制的良性运行和教育水平的提高，使大学生素质和能力得到全面发展。②内容有道德价值观教育、能力培养、政治方向和理想信念教育、行政事务和日常生活管理等。③手段形式多种多样，主要有理论灌输和讲授、榜样宣传、环境熏染、讨论座谈、社会实践等等。还可以充分利用网络、宿舍、操场、社会、家庭等各种媒介平台。④大学生思想政治教育活动，这指的是围绕大学生思想政治教育这个中心任务而开展的一系列实践活动，是实现教育目标最直接有力的途径和手段。目标、内容、手段的实现需要付诸具体的活动之中，这样才能使机制真正发挥作用。

四、大学生思想政治教育机制的功能目标

（一）大学生思想政治教育机制的功能

“所谓功能，是将系统的要素和多少个作为要素集合体的子系统，或者说整个系统所担负的活动、作用、职能（当担负者是个体行动者时，活动、作用、职能等在事实上与行动概念一致）解释为与系统实现目标和系统适应环境所必须满足的必要性条件相关时，对这些活动、作用等所赋予的意义。”大学生思想政治教育机制的功能，是指大学生思想政治教育机制作为一个整体在大学生思想政治教育工作中发挥的功效、作用和能力。大学生思想政治教育机制与传统的大学生思想政治教育方式相比，涉及范围更广，作用更深远，是一种多层次、多维度、综合性的教育系统结构，符合大学生的思想道德和心理素质形成和发展的规律。根据大学生思想政治教育机制的特性，我们认为大学生思想政治教育机制具备的功能主要包括以下三种：

第一，优化整合功能。不同的机制基于所要达到的不同目标，将机制各个要素按照一定的组织结构和规则制度整合为一个协调的有机整体。为了使机制各要素的运动相互作用、相互制约、相互促进，就要对大学生思想政治教育机制各要素进行优化配置和整合协调。这种优化整合一方面使机制产生了部分大于整体的综合效应，从而使大学生思想政治教育各相关机制的作用得到最大化的发挥，并时刻处于最佳运转状态；另一方面增强了思想政治教育机制运行的针对性、整体效果和综合实力，从而提高了思想政治教育工作的实效性。大学生思想政治教育机制运行过程是优化基础上的整合过程，也是整合中的进一步优化过程，其优化整合的依据就是一定的思想政治教育规律和理论原则。

第二，能动发展功能。大学生思想政治教育机制的能动发展的功能表现在两个方面：首先，大学生思想政治教育机制能动地作用于教育对象大学生身上；其次，大学生思想政治教育机制系统自身还能够随着教育环境和客观条件的变化、大学生意识形态的变化随时进行动态地自我调整、自我约束、自我完善。大学生思想政治教育机制中的主体（人）应在新情况出现后通过及时调整机制内部产生变化的各方面具体情况，使各层级继续有条不紊地工作，确保工作的连续性。因此处于一定时代和社会中的思想政治教育机制必然表现出“实践—认识—再实践—再认识……”这样一种发展过程。由此可见，这种能动发展功能，主要是主体发挥着独特的作用，

表现在教育、管理、协调、研究四个方面，简言之，这种能动发展归根结底源于主体的能动发展性。

第三，动态育人功能。大学生思想政治教育机制作为一种具有长效性的作用体系，目的是关注人、培养人、发展人，其具有的动态育人的功能是在开放、发展、运动的进程中实现的。为了实现大学生思想政治教育机制运行的最优化控制目标，我们应对多因素、多变量的大学生思想政治教育活动做一种整体的、动态的规划。还要注意的是，这种教育活动不是终结性的，而是持续性的运行过程；不是一次性的说教，而是发展性地调动学生的主动性、积极性，促进学生的智力与能力的发展。从育人的角度来看，它是一个经常性、动态性的过程。

（二）大学生思想政治教育机制目标的设定

大学生思想政治教育机制目标的设定是与大学生思想政治教育的目标高度重合的。最终目标都是为了大学生全面发展。但由于功能的不同，大学生思想政治教育各机制所要达到的目标也有所不同。比如教学机制的目标是为了利用机制更好地让大学生接受教学成果、预警机制的目标是为了不断提高思想政治教育工作的可预见性等。根据中央下发的16号文件《关于进一步加强和改进大学生思想政治教育的意见》的要求，我们要学会运用思想政治教育机制的有效运行，培养大学生成为全面发展的人，成为具有科学研究能力、服务社会的人。而要实现培养大学生成为全面发展的人的目标，就要把握好大学生思想政治教育各机制目标设定的原则。随着高等教育向大众化迈进，我们要防止教育的功利性发展，避免只把学生培养定位在实用层面。这种过于强调学生的专业知识、专业技能培养，忽视学生个性和思想品德的发展的做法不符合大学生思想政治教育机制目标的设定，这种做法只是把学生看作是“有用的工具”，进而沦为“单向度的人”。对此，爱因斯坦早就提醒过我们：“专业教育可以使人成为有用的机器，但是不能成为一个和谐发展的人。”这就使大学生思想政治教育机制目标的设定显得尤为可贵。应当说，对人的本性的重视体现了大学教育的精髓，同时也是大学生思想政治教育机制目标设定的依据。正如斯图亚特·密尔（John Stuart Mill）所言，人首先是人，然后才是高人、企业家或专家。“力求把学生培养成一个具有与他们所受教育层次相称的文化积淀与文化教养的人，一个具有与他们所在大学、所在系科相应的知识和视野并获得必要的技能和能力训练的人，一个在生理与心理、智力与非智力、情感与意向诸方向协调发展、具有较高综合素质的人。”我们只有紧紧抓住培养大学生成为全面发展的人的这个大学生思想政治教育机制的目标设定进行研究，才能更好地对大学生思想政治教育机制的各种功能做到全方位的理解。

五、大学生思想政治教育机制的主要特征

把握大学生思想政治教育机制的重要特征，分析大学生思想政治教育机制区别于其他思想政治教育机制的特点，有利于我们对大学生思想政治教育机制本质的研究。大学生思想政治教育机制的特征部分与其他思想政治教育机制特征重合，但是其只针对大学生群体的特殊性，使其又具有不同于其他思想政治教育机制的主要特征。本节通过对大学生思想政治教育机制的系统性、有机性、日常性、潜隐性、理性化、方向性等重要特征的描述，把握大学生思想政治教育机制的特殊性，科学地揭示大学生思想政治教育机制发生、发展的运行特点。

（一）时代性

思想政治教育系统本身能够主动地不断自我约束，自我调整，自我完善。因此，创新思想政治教育机制是客观情况变化的需要，是人们深化思想认识过程变化的需要，必须经历一个曲折发展过程，才能适应新时代需要。为了创新思想政治教育机制，首先，我们必须掌握包含科技含量的思想政治教育的方法；其次，借鉴管理学领域的现代管理理论和科学的经营管理方法，并且大力引进先进的科学技术和教学设备，以适应社会主义市场经济体制的发展，充分发挥教育主体的主观能动性和创造性。

（二）目标性

大学生思想政治教育机制的目标，不仅确定了大学生思想政治教育的发展方向，还充分确定了大学生思想政治教育机制的操作模式，有助于实现思想政治教育的机制最优化。我们的目标是不仅要确定思想政治教育工作方向，而且要为思想政治教育提供预期的效果。因此，要建立思想政治教育机制，必须进行根本目标具有一致性的思想政治教育，有了明确的目标，确立的思想政治教育机制才能达到预期的效果，才是行之有效的。

（三）整合性

大学生思想政治教育机制是一个非常复杂的系统，无论是其在系统内部还是在系统外部的工作，都必须是协调一致的，这样的思想政治教育过程才是一个良好的运行状态，才能实现预期目标。大学生思想政治教育机制的整合功能，能够协调各个部分相互关联、相辅相成，形成一个巨大的凝聚力，实现整体功能大于部分功能之和的综合效应。同时，整合性也体现在构成思想政治教育各元素之间的相互制约作用和所扮演的角色之间的平衡作用。在创新机制的过程中，我们一定要运用各种方式、手段和相互制约的各种因素，综合运用各种方法，形成整体力量，以取得更好的教育效果。

（四）全员性

思想政治教育包括了多个子系统，如思想政治教育教师的教育，高校领导干部对教师的思想政治教育工作，政工队伍对学生的教育等等。因此，大学生思想政治教育机制是一个全员性的、多维式的庞大的系统。建立机制的过程中必须把教师、领导干部、辅导员、辅助人员等众多因素全部纳入进来，形成一个全员参与的整体。然而，在思想政治教育过程中，我们必须协调好双主体之间的关系，真正做到个人和家庭之间的互动、个人与学校之间的互动、个人与社会之间的互动，从而实现提高学生成绩，管理好学生，为学生提供优质服务的目标。

（五）渗透性

大学生思想政治教育机制的渗透性主要体现在它的各个方面和整个运行过程中，可以使思想政治教育内容渗透给接受主体，起到春风化雨润无声的教育作用。马克思曾指出："就个别人来说，他的行动的一切活力，都一定要通过他的头脑，一定要转变为他的愿望和动机，才能使他行动起来。"因此，学生的内在需要和现实状况是思想政治教育机制的现实基础，可以防止过

分夸大个人意识的作用的现实，使思想政治教育的过程和环节渗透机制的内容，避免简单生硬、虚伪现象的出现。

（六）实践性

思想政治教育机制的实践性，主要指思想政治教育机制的目标、要求和措施都应具有现实针对性和可操作性。大学生思想政治教育应随高校大学生的实际情况变化而变化，把注意力集中到学生关注的热点和难点上，力争把解决学生的思想问题与解决学生的实际问题相结合，既讲道理又办实事，这样可以做到以理服人、以情感人，从而提高大学生思想政治教育的实际效果。

六、大学生思想政治教育机制的相互作用

大学生思想政治教育是一项复杂的系统工程，需要各组成要素之间相互联系、相互作用、相互渗透才能形成教育合力。此外，各种机制的基本功能是相互联系、相互渗透的。只有各种要素、机制间建立起和谐的相互关系，才能将教育合力发挥到最大化，取得实效，达到优化控制的目的。

首先，大学生思想政治教育各种机制都必须同时存在，缺一不可。尽管大学生思想政治教育机制在不同时期、不同地区、不同高校等特殊情况下发挥的功能作用和引起重视的程度有所不同，但它们本身对于整个高校大学生思想政治教育机制系统来说都有其特殊存在价值。

其次，这些机制之间的结构关系、具体功能是相互交叉的。比如：领导组织机制需要保障机制、协调机制、评估考核机制等一系列机制的配合才能完成。缺少其他机制的有效配合，任何一种机制都难以使整个大学生思想政治教育机制顺利高效运转。在机制功能发挥的效力上，有时不同机制间的功能是重合的，有时是相互冲突的。虽然各种机制功能的发挥在不同组织机构、个体身上都有轻重缓急之分，但是这些机制功能间客观上存在着一种相互制约和相互联系的密切关系。而有时这种关系又是隐性化的，需要教育管理主体发挥自觉能动性，从整体机制系统运行效率出发，协调各种机制间的和谐有序关系。我们不能过度强化或弱化某种机制功能，而是要根据具体情况而定，既要强调全局性，又要重视具体性和特殊性，真正在机制协调关系上做到有张有弛、有主有次。

因此，在处理大学生思想政治教育机制关系方面，我们要坚持“系统论”观点并注重其平衡性。具体说来，机制间存在如下三种基本关系。

（一）互动关系

所谓机制间的双向互动关系，是指大学生思想政治教育诸多机制之间的相互联系和相互作用。机制之间“是互相联系的，这就是说，它们是相互作用着的，且正是这种相互作用构成了运动”，这种相互联系是大学生思想政治教育机制运行中机制及所属要素的最基本存在方式和运动方式，因此在一定程度上，这种相互关系是普遍性的，这种现实存在状态也有利于提高其适应性。大学生思想政治教育的所有机制既是诸多因素之间的双向互动，又是机制之间的双向互动，从而从整体上形成一种有机联结。有时各种机制相互冲突也能起到制衡作用，如激励机制的多次强化，沟通机制的反复运演，控制机制的纠正偏差等等，有的时候甚至表现为激烈的斗

争，如机制之间的冲撞、权衡、排斥、取舍等等。大学生思想政治教育机制间的互动要通过具体要素体现出来，比如每一机制要具体通过主客体之间，主体、环境、介体之间所形成的互动来发挥机制的具体功能，也正是这种互动使不同机制之间产生了新的整体功能。

（二）分工、合作和相互制衡关系

不同的机制在大学生思想政治教育机制系统中具有不同的结构、地位、功能，因此这些机制之间既存在着一种分工、合作的关系，又存在相互制约或制衡关系。沈荣华在《政府机制》中认为，分工、合作、制衡的关系模式是政府机制运行中的一种常见模式。同样，分工、合作、制衡也是大学生思想政治教育机制间的具体存在关系。分工指构成大学生思想政治教育机制的每一机制能够各司其职，获得不同职能分工。合作指大学生思想政治教育每一机制都为了达到同一目标而相互配合、相互促进，从而做到有机结合。单一的模式并不能圆满地完成道德教育的任务。制衡是指大学生思想政治教育每一机制之间相互制约，从而达到整体相对平衡的理想状态。这三者既具有对立性，又存在统一性。其中，分工是前提和基础，没有分工或分工不清，就谈不上合作和制衡；合作是相互联系、相互制衡的关键；分工与制衡的最终目的都是为了形成相互配合的合力，使机制的机能由隐性状态转化成显性的状态，实现机制的整体功能和现实功能。

（三）主从关系之分

大学生思想政治教育机制之间的主从之分，主要是大学生思想政治教育机制之间分工和结构职能地位不同造成的一种常见关系模式。在大学生思想政治教育机制系统内部，各要素和每一个机制也都在发挥不同职能、完成不同具体任务，因此他们之间的不平等只是功能上的。有些要素或机制之间的关系是并列的，有些不是并列的，而是以一种或几种机制、要素为主导，从上而下地单方向发挥整合功能。如传统大学生思想政治教育机制中的灌输机制，就是把教育者作为主体，居高临下，按照教育者的意愿来组织整合教育资源和教育活动，而受教育者只能被动地接受教育者的意志，没有其他选择机会。虽然大学生思想政治教育机制之间具有这种主从划分关系，但是并不是说处于从属地位的机制或要素不重要，这只是每一机制或要素的具体功能差异性所构成的分工不同而已。每一种机制和要素都各自有不同的适用范围和具体应用价值，也都有自己不同的功能和优劣性，因此我们提出机制具有主从关系之分并不意味着应该强化对主要机制和要素的重视和强调，忽视或排斥从属机制也不利于主要机制或要素功能的正常发挥。因此应该根据具体情况，把每一种机制的功能优势发挥好，并使机制整体运行效果达到最优状态。

双向互动的关系和分工、合作、制衡的关系主要体现在横向关系之中，主从关系主要出现在直接上下级之间或间接上下级之间的纵向关系之中。除了上述常见的几种关系，还存在一些更为复杂的机制关系，上述三类只是典型的、理想状态下的基本关系存在形式。其实，机制、要素间的关系在教育实践中是纵横交错的网状形态，并且是不断变化甚至出现人为的利益博弈的。而这些复杂关系又容易以隐性的状态存在于机制运行之中，不经深入观察和研究就很少直白地显现出来。“一种思想接受并非都表现为即时外显状态，而往往是内在状态、慢性状态机制。”因此，针对机制关系的复杂性问题，我们必须坚持从整体关系出发，把机制的关系放到思

想政治教育系统中和整个发展过程中去理解。

第二节　和谐社会视域下高校思想政治教育机制的现状

把和谐理念引入思想政治教育机制，并不是否定原有的思想政治教育机制，而是在总结思想政治教育机制取得成绩的经验上，立足具体国情和社会现实状况，找出不足并分析原因。

一、大学生思想政治教育机制建设取得的成绩

通过对党中央和教育部近年以来的有关加强学生思想政治教育机制建设和学生管理、服务的系列性指导文件的梳理得出，对大学生思想政治教育机制建设的相关要求主要体现在：加强各高校在重视和落实国家和教育部有关会议和文件精神导向机制建设，加强对学生思想政治教育工作的领导机制建设，推进思想政治教育课堂主渠道的教学机制建设，拓展新形势下大学生思想政治教育的有效途径运行机制建设，努力构建大学生思想政治教育长效机制，努力加强学生思想政治教育工作队伍的建设和大学生思想政治教育相关学术研究的保障机制建设等。通过上述机制建设，不断在大学生思想政治教育机制建设方面取得相应工作成绩，并在实践探索中积累丰富的经验。突出表现在：一是在领导机制方面确立了思想政治教育工作在高等教育中的重要地位，引起并受到学校各级领导的关注和重视。二是在目标机制方面达成了全员育人、全程育人和全面育人方面初步的共识。三是在组织机制方面设立和完善了一系列思想政治教育组织机构，形成了以党委、团委为领导，以学生管理部门和思想政治教育教学部门为主体，以后勤、教辅、学生服务部门为补充的系列组织结构。在人员配备、功能运行、制度规范方面都不断得以完善。四是在保障机制方面，各项规章制度不断完善。既包括学生奖惩、行为规范、素质评价等学生管理制度，也包括学生服务制度。五是在运行机制方面，一系列思想道德教育和社会实践活动的开展不断丰富了思想政治教育的内容、形式，既营造了良好的育人环境，又能促进学生知识和能力的提高。六是在服务机制方面，大学生思想政治教育的服务职能不断增强，建立了贫困生资助体系、心理咨询体系、就业指导和就业市场拓展体系。七是在育人机制方面，充分发挥网络的作用，初步实现了教育、管理和信息服务功能的全方位网络化育人建设。具体的成绩和经验体现在以下几个方面。

（一）高校思想政治教育机制逐步向教育、管理、服务一体化发展

随着社会主义市场经济的发展和素质教育理念的提出，高校的思想政治教育机制也逐步深化，工作理念逐步实现了由管理学生向促进学生全面发展的转变。多数高校能做到在加强学生思想政治教育和学生管理的同时，对学生服务机构和服务设施进行补充和完善，服务内容越来越全面，解决了学生学习、生活、工作中的各种难题。最有成效的服务机制主要有助学机制、心理辅导和咨询机制、网络信息服务机制、就业指导和帮扶机制，为学生的全面成长和成才解除了后顾之忧。

（二）高校学生思想政治教育机制的方式、方法和载体更加丰富和有效

除采用传统的思想政治理论课这一教育主渠道外，高校也充分发挥学生理论社团在理论教

育中的有效作用。很多高校成立了大学生讲坛，大学生理论研究会等，并配备专业教师为学生开展、组织活动提供指导。在政策、财力、人力方面学校不断加大学生理论社团投入，这就为大学生学习、研究马克思主义理论提供了良好的阵地，也在一定程度上丰富了理论学习活动的形式，提高了大学生学习马克思主义理论的积极性。这些学习方式有利于理论的贯彻运用，有利于通过讨论、辩论、参观、培训等形式提高广大学生的道德水平和培养他们坚定的、正确的政治方向。着力解决了思想政治理论课教学的针对性、实效性和时代感问题，通过改进教学手段、方法，改革考试制度，增强了思想政治理论课的授课效果。在教师队伍建设方面，很多高校更加注重思想政治理论课教师队伍的引进、进修培训和社会实践，通过鼓励教师进修、培训和考取在职研究生等使思想政治理论课教师的整体学历得到很大提升。这些措施在一定程度上提高了教师理论联系实际的能力和水平，教师的授课水平有了很大的提高。很多高校还设置了学生理论社团指导教师和思想政治教育导师，使学生在理论水平和道德素养上都有所提升。通过这些年的思想政治教育机制探索和创新，大学生的政治理论素质普遍提高，涌现出一批有代表性的学生理论社团和一批坚定的青年马克思主义者。

（三）学生社会实践活动长效机制取得了丰硕的成果

本着服务社会、实践育人的原则，各高校确立了包括周末社会调查、寒假返乡调研和暑期社会实践的常年不间断的学生社会实践制度，普遍完善了社会实践的招投标制度、社会实践团队的管理制度和社会实践先进集体和个人的评优机制，初步形成了社会实践的长效机制和实效机制。各高校普遍开展了扶贫助困、扫盲支教、社区志愿服务等丰富多彩的社会实践活动，新建了一批社会实践基地，企校共建、区校共建的社会实践模式充分发挥了社会大课堂的思想政治教育作用，产生了良好的效果。学生参与社会实践的热情高涨，各高校都涌现出一批优秀的社会实践团队和社会实践先进个人，学生的社会实践成果丰硕，理论联系实际的学风已经形成。

（四）校园文化建设保障机制逐步完善有利于大学生思想道德提升

各高校在加紧建设校园物质环境的同时，努力营造良好的校园文化软环境。各高校通过开展多种形式的第二课堂活动，提高了学生积极参与社会实践活动的热情，也使大学生的能力和道德素质有了很大程度的提升。近年来，校园文化活动的层次不断提高，活动内容也越来越丰富，各项管理制度和教育机制也日趋健全。校园文化建设保障机制就是把道德规范寓于有趣而又充实的校园活动之中，尽可能凸显活动的内在思想性、知识性和趣味性。正是这些活动不断培养着学生的爱国热情和集体主义信念，也使他们的精神生活更加充实、知识视野更加宽阔。校园文化建设保障机制有利于促进大学生的全面发展，增强了他们进行社会实践和坚定社会主义理想的信心。校园文化建设保障机制建设是校园环境建设的重要组成部分，其知识性、实践性、趣味性能够潜移默化地感染学生的价值行为取向。很多高校形成了不同风格的、有一定品牌影响力的固定文化活动项目，为大学生道德文化素质教育和能力培养提供了舞台。

（五）以思想政治教育为主阵地的宣传导向机制建设逐步加强

各高校在加强和巩固广播、校报、黑板报、条幅等传统宣传阵地的同时，加强了校院电视台和校园网的建设，以正确的舆论引导学生，准确、及时地宣传国家大政方针政策，报道校内

外大事，为大学生思想政治教育建设和发展提供了强有力的舆论支持和思想保障，创造了良好的舆论氛围和文化氛围。部分高校的红色网站建立了一支由学生党员和网络辅导员共同组成的工作队伍，将网络教育、网络管理和网络辅导结合起来，为高校学生思想政治网络教育的深入开展提供了可操作的模式。

（六）学生服务机制理念得到加强，服务内容不断扩展

随着社会的发展进步，各高校充分认识到学生服务的重要性，大学生思想政治教育工作逐渐开始从以教学和管理为中心向教学、管理和服务并举机制转变。这些变化在大学生思想政治教育制度、组织、人员、设施等方面都不断有所体现。不断丰富学生服务的内容，将助学服务、就业指导、心理咨询、权益救济等纳入学生工作的内容体系。在机构设置上，很多高校为了加强学生个性化的指导服务，单独设置了助学服务中心、就业指导中心、心理咨询中心，加大了学生服务的力度和广度，并推出了“一站式”的服务模式。

二、高校思想政治教育机制的不足

从高校思想政治教育机制的现状来看，这种机制在总体上符合教育的需要，但是在长远的教育发展和构建和谐社会的要求方面，高校思想政治教育机制还存在一些不足。

（一）大学生思想政治教育机制的理论研究不足

机制的确立要在完整、准确把握思想政治教育机制的科学含义和真正实质的基础上，综合机制的特征来进行。目前关于思想政治教育机制的深入论述不多，而现有的理论研究成果对思想政治教育机制的确立，如前面几种观点所描述，或是思路本质把握失准而有所偏颇，或是特征考虑不全而使内容不甚完整，这都影响了机制的科学确立和建构。归纳起来，主要存在以下问题：

1. 本质把握不准确

任何研究都要建立在对于研究对象含义和本质的准确把握之上，否则，可能出现类似于南辕北辙或者刻舟求剑的错误。如“过程机制论”将机制与“方法个别”作以区别而抽象为“方法一般”，这样的一种界定或概括只能将机制理解为“功能性类方法”。将思想政治教育方法通过方法的“类属性”上升为思想政治教育机制，这样的理解显然太过狭隘，因而这种机制的内容与机制的实质也相去甚远。再比如，“制度论”是通过建立规章制度去构建思想政治教育机制，但是并非任何机能都能依存于相应的制度，以“制度”代替机制的思想是以偏概全的体现。

2. 系统划分不合理

将思想政治教育作为一个系统，用系统的理论和方法去分析系统运行机制，这不失为一种科学的借鉴，但是，如果对于系统的逻辑划分不合理或者不严密，则以此为基础的思想政治教育机制研究必然值得商榷。如“内外机制论”将思想政治教育机制划分为内、外两部分，对于系统内与外的界定是以学校为“临界点”，这样的内外界定就难免从逻辑上机械地割裂了系统内部（学校内）和系统外部（学校外）的有效联系。学校和社会的思想政治教育是一个密切联系、相互影响、相互制约的有机体系，内外机制论这种不合理的系统划分忽视了学校和社会之间的联系、互动对于思想政治教育的重要意义和作用。

3. 特征体现不明显

思想政治教育机制具有目的性、系统性、动态性、规律性、自驱性等特征，把握其特征是建构思想政治教育机制的前提，否则就难免陷入经验描述或者静态罗列的误区。如“构成要素论”在机制确立时将静态要素与动态过程截然分开，就体现不出机制的动态性特征，以要素罗列代替要素间的相互作用性，就体现不出机制的规律性特征。再比如，“过程机制论”没有将思想政治教育要素中的教育环体列入建构范围，不能完整地体现机制的系统性。

（二）人才建设缺乏和谐规划机制

我国各个学校之间和各个人才培养单位之间缺乏密切配合，同质化竞争趋势日益严重，各个高校缺乏核心竞争力，没有一个和谐的互补性的人才培养计划，导致人才之间的恶性竞争有日益加剧的趋势。人才培养基本是自然生产的状态，无法应对日益更新的知识思想体系。没有长远的建设计划和具体措施，没有建立和谐的培训、提高、管理制度。高校思想政治教育队伍建设仍处于学校建设和发展工作事实上的边缘化状态，这些问题都严重影响着高校思想政治教育队伍的健康与可持续发展，这样的局面对我国未来的思想政治教育发展极为不利。

（三）队伍建设不注重长远发展

高校思想政治教育队伍的人数虽然已基本达到要求，但是整个相关的思想政治教育制度建设却不是很规范。很多制度多制定于较早的年代，已经很难适应现代教学的发展趋势和社会发展的具体要求。队伍准入制度不是很严格，在理论课教师或者其他思想政治人员的选拔任用上，用人单位的随意性很大，没有固定的制度来约束用人单位对录用人员所学专业的限制，造成很多不符合条件的人也被纳入到这个队伍当中。我国的思想政治教育工作队伍普遍在职称、年龄、专业和学历上存在巨大的差异问题，因此，需要对整个的队伍建设进行整体优化升级。各方面的压力造成思想政治教育工作者频繁更换，轮岗次数频繁，导致思想政治教育工作者好不容易积累的工作经验没有发挥的余地，极大削弱了思想政治教育工作的效果。

（四）缺乏和谐的激励机制

思想政治教育的日常工作中，教育工作者的积极性需要我们适当地通过物质或者经济手段进行激发，我国现阶段大部分教育单位都是公立的，多数教育工作者的劳动量相差无几，但对具体工作职责及其范围就不是那么清楚。因此在对他们的考核评估上难以做到客观和统一标准，一般是按领导印象来进行，管理部门制定的规章制度难以起到应有的作用，使得目前的考核流于形式。因此，工资收入和业绩挂钩不合理，工资结构、岗位设置未能体现出人的真正价值，导致老师对他们的收入缺乏良好的预期，工作积极性不高，最终造成人员流动性加剧，工资水平的经济杠杆没有发挥出对教育工作者应有的激励效果。

（五）缺少学校和家庭、社会教育的和谐互动机制

学校是思想政治教育的主阵地，它作为思想政治教育工作的专门机构，拥有大批高素质的思想政治教育工作者，这些条件都能确保学生获得正确的思想政治理论知识，形成完善的世界观、人生观和价值观。家庭是思想政治教育的基本场所，是启蒙基地。家庭教育对学生的影响

是长远的，家长的思想品德状况直接影响学生的品行好坏，社会的需要决定了高校的发展方向，它给思想政治教育的发展提供了良好的实践环境。在以往的思想政治教育活动中，虽然我们已经认识到学校、社会和家庭对思想政治教育的重要意义，但是往往把三者分裂开来，导致三者联系不紧密，降低了思想政治教育的实效。

（六）高校思想政治教育机制的实践运行不畅

思想政治教育机制是向思想政治教育目标不断趋近的功能结构和动态过程。因此，其运行也直接决定着思想政治教育有效性的实现。研究思想政治教育机制，是要力图通过对思想政治教育系统动态运行过程的考察，对多因素、多变量的思想政治教育运动做一种整体性的、动态的刻画，从而达到实现思想政治教育机制运行的最优化控制的目的。当前思想政治教育实践中，思想政治教育存在着这样或那样的一些问题，反映在机制上表现为机制运行过程中的种种不协调之处，主要表现为：

1. 缺乏协调性

思想政治教育机制要顺畅运行，各环节之间、各要素之间必须协调进行，这样才能保证教育影响的顺利施加和教育结果的有效产生。当下的思想政治教育不协调的地方较多，主要表现为思想政治教育内容与方式不协调，应然与实然不协调，功能和规律不协调等等。

2. 缺乏整体性

要使思想政治教育机制顺利运行，就必须将各不同时间、不同空间的教育子过程纳入思想政治教育的整体进行考虑和操作，如此才能使教育产生比较大的合力。目前的思想政治教育实践中，教育内容重复且相对无重点，教育力量或资源“内耗”现象严重，教育环境无整体性优化措施等等，都是缺乏整体性的表现。

3. 缺乏层次性

思想政治教育机制的运行需要有层次性的考虑，这是增强教育针对性的表现。不同层次的受教育群体有不同的特点，同一受教育群体也有不同的思想政治品质的层次性差异，因此，针对这种差异性就需要因人而异、因地制宜地施加不同的个性化教育。而这一点在实践中做得也相对较差，主要表现为教育目标无差异性，教育内容缺乏现实性，教育方法没有应变性等等。

三、高校思想政治教育机制不足的原因分析

（一）忽视教育主体的可持续发展

目前高校思想政治教育主体由四部分组成：专职的思想政治教育人员，他们的任务是对学生进行日常的管理和教育工作；思想政治教育理论课老师，他们负责对学生进行思想政治教育理论的传输和教育；高校其他专业课老师，老师的职责就是教书育人，其他专业课老师在向学生教授专业知识的同时也有责任培养学生的思想品德；高校管理和服务人员，这些人员分布在学生日常生活的各个领域，他们的态度也直接影响了学生的思想水平。高校的教育主体组成人员在思想上都是积极向上的，他们都是经过选拔才可以进入高校的教育和管理系统。在满足学生需要的基础上，教育主体自身的发展需要却往往被忽视，教育主体尤其是高校思想政治教育理论课教师的思想水平和专业素质直接影响着思想政治教育活动的实效。

此外，在我国高校思想政治教育的现实工作中，对思想政治教育工作者的重视程度较低。目前的社会现实是，大部分教师和家长都比较看重学生的学习成绩，而忽视了学生思想上的发展动态，甚至有的教师和家长认为学习成绩好的学生在各方面都优秀的，这种重成绩轻思想的态度间接地打击了思想政治教育工作者的工作积极性。同时，由于我国经济水平与发达国家还有一定的差距，这就导致教育资源分布不均。思想政治教育主体同时也是与社会生活紧密相连的个体，他们的需要得不到完全满足，付出与回报不成比例，就会导致思想政治教育工作者对收入缺乏信心，造成人员流动频繁。

（二）高校思想政治教育与家庭、社会教育脱节

在思想政治教育的实际工作中，学校教育和家庭、社会的联系并不密切，家长基本没有主动通过老师了解学生在学校的学习生活状况，老师也很少联系家长。而由于大学生思想还不成熟，很容易受到不良思想的诱导，所以学校和家庭都尽量避免学生与社会接触过多。

思想政治教育不光是学校和老师的责任，家庭和社会作为学生思想品德形成的不可或缺的场所也要肩负起学生教育的重任。只有形成学校教育和家庭、社会教育的和谐互动机制，才能全方位地培养学生的思想品德。这三者的有机结合，为学生思想行为提供了理论与实践相结合的机会，培养了德才兼备的社会主义建设者和接班人。

（三）高校思想政治教育机制中缺少和谐理念

思想政治教育需要从零到整，从局部到全体，建设社会主义和谐社会也需要各行各业、方方面面齐头并进，缺了一方面，就会出现“木桶效应”。思想政治教育机制是指思想政治教育各组成要素在结构、功能和它们之间的相互联系上产生比较重大的影响，以使各个要素都能很好地发挥出自己的作用。和传统的思想政治教育模式、方法比起来，思想政治教育机制更为宽广和复杂，范围和空间都无限地大了起来。思想政治教育机制是对过去研究方式进行综合研究，同时还为新时期的思想政治教育工作提供新的角度和新的思路。

和谐理念引入高校思想政治教育机制对我国的教育事业和未来发展具有极其重大的意义。首先，可以为社会主义事业继续前进提供正确的方向。学生是祖国的未来，他们的思绪决定着未来中国的发展方向。学生思想政治教育队伍的重要任务是向学生宣传我们党的路线、方针、理论、政策，他们要教育学生最新的马克思主义知识，用最新的成果和路线、方针、政策来教育大学生，引导学生树立社会主义核心价值观。教师队伍的任务就是加强学生思想政治的教育，还要提高他们自身理论、政策水平，通过思想政治的教育工作，抵御“和平演变”，抵御非马克思主义以及反马克思主义错误思想。资本主义的人生观和价值观已经引起了严重后果，西方文化的渗透，侵蚀学生的思想，对学生未来的思想道德观念和价值取向以及思维方式造成不利影响，用马克思主义的意识形态牢牢地占领学校的思想文化阵地，以此来保证社会主义事业的未来不偏离正确的方向。其次，为社会主义培养合格的建设者和思想守护者。学生是祖国的未来，他们的思想决定着未来中国的发展方向。只有他们牢固树立了和谐的理念，未来的中国才是和谐社会的实现地方。中国的未来靠这些学生，因此，当他们在接受教育的时候，教师务必要把好的思想教给他们，这将是他们一生都难以忘记的。只有让他们树立了和谐的政治思想，我们和谐的思想政治教育工作才算取得成功。当一批又一批学生走出校门之后，思想影响人的效果

不会中断，未来的社会公民具备了这一思想，必然会形成推动社会和谐发展的强大动力，和谐理念在未来必然形成社会前进的不竭动力。

把和谐理念引入高校思想政治教育机制之中是构建和谐社会的需求，是学科与时俱进的必然要求。和谐理念下的高校思想政治教育机制是指为了增强思想政治教育的实效性，完成和谐理念下的思想政治教育任务，在思想政治教育实施过程中各要素之间相互作用、相互耦合、相互联系的制约关系和功能体系。只有对和谐理念下的高校思想政治教育机制进行深入的分析和研究，才能保证和谐理念下的思想政治教育顺利进行，丰富和发展思想政治教育的理论，促进学科发展，平衡思想政治教育和社会其他子系统之间的和谐发展，促进人的全面发展，推动建设社会主义和谐社会的进程。

第三节　和谐社会视域下高校思想政治教育机制的完善

和谐社会的基础是和谐人的造就，和谐的人要靠和谐的教育来培养，和谐的教育是指教育的各个构成要素相互协调、有机统一。用和谐的方法培养人、培养和谐的人，是当前大学生思想政治教育的观念创新。构建高校思想政治教育的和谐机制，是培养和谐人的必然要求。

一、构建高校思想政治教育和谐机制的必要性

第一，构建高校思想政治教育和谐机制是社会主义和谐社会建设的必然要求。当前，我国正处于“发展黄金期”和“矛盾凸显期”，不断增多的热点难点问题难免会给大学生的健康成长带来一定的负面影响。在建设和谐社会的新形势下，加强和改进大学生思想政治教育，以理想信念教育为核心，深入进行树立正确的世界观、人生观和价值观教育；以爱国主义教育为重点，深入进行弘扬和培育民族精神教育；以基本道德规范为基础，深入进行公民道德教育；以大学生全面发展为目标，深入进行素质教育，这些都是十分必要的。事实上，从零到整、从局部到全体建设社会主义和谐社会，需要各行各业、方方面面齐头并进，缺了一方面，就会出现“木桶效应”。

构建和谐社会是党的十六大提出的建设小康社会的重要目标，高校思想政治教育必须责无旁贷地为构建社会主义和谐社会而努力。遵循原则，创新方法，构建和谐机制，是做好高校思想政治教育工作、促进和谐社会建设的重要基础。

第二，构建高校思想政治教育和谐机制是高等教育人才培养目标的要求，是落实“育人为本、德育为先”思想政治教育工作地位的迫切需要。目前高校思想政治教育工作的确存在一些不得不改进、不得不直面的问题，如：在各门政治理论课的设置上，内容有一定的重合，有待进一步整合；教学效果也不甚理想，政治课有时变成学生的“自习课”或“作业课”，存在着“走过场”的现象；有的学校个别领导或多或少存在对政治理论课的轻视，任意削减课时，任课教师不专业；另外，高校并轨打破了原来的招生分配模式，学生的经济、就业等压力不断增加，很多高校的工作重点由“育”走向“教”和“研”，各方面都有意无意地把思想政治教育工作放到了次要位置等等。因此，要贯彻落实《中共中央国务院关于进一步加强和改进大学生思想政治教育的意见》（中央16号文件），确立育人为本、德育为先的思想政治教育地位，高校思想政治教育工作还有许多工作要做。

第三，构建高校思想政治教育和谐机制是大学生自身适应和谐社会发展的迫切需要。和谐社会总体上包括三方面的和谐：一是人与自然的和谐，二是人与人的和谐，三是人与自身的和谐。其中人与自身的和谐又是前两种和谐的基础和前提。因为人与自然的和谐主动性在人，所以人与自身的和谐是人与自然实现和谐的关键；同样，有了人与自身的和谐，人与人的和谐也就成了必然。正因为如此，所以人与自身的和谐——和谐人的造就即成为建设和谐社会的中心环节。爱因斯坦认为："学校应该永远以此为目标：学生离开学校时是一个和谐的人，而不是一个专家。"

二、构建高校思想政治教育和谐机制的基础和前提——构建高校思想政治教育工作的和谐体系

和谐的工作体系是大学生思想政治教育的前提，是建立思想政治教育长效机制的保证。建立和谐的工作体系需要实现基础性和谐和匹配性和谐。基础性和谐重点要解决德育首位的问题。把思想政治教育作为一项系统工程来抓，以人为本，立足实际，高起点、全方位地构建起政府、高校、家庭、社会高度统一、相互协调的思想政治教育网络，建立健全全社会大力支持、各负其责的领导体制和工作机制，切实提高思想政治教育的实效性。匹配性和谐通过学校、家庭和社会三大主体之间的合力匹配以及教育方法、教育形式的匹配，实现教育目标和谐全面发展。

概括来说，和谐的高校思想政治教育工作体系要从四个方面着手构建：

一是内容体系。应该包括理想信念教育、爱国主义教育、马克思主义理论和科学的世界观人生观教育、法纪和道德文明教育。

二是工作体系。主要有四条渠道：教学渠道——指政治理论课、德育课、形势政策课和各课程教师的教书育人工作，组织渠道——通过党团组织及班集体组织教育引导服务广大青年学生，行政渠道——高校教职员工的管理育人、服务育人工作，自我教育渠道——包括学生会、社团、第二课堂、社会实践等自我教育渠道。

三是管理体系。科学的管理体系，应该是党委领导下的各种教育力量扭成一股绳，并形成全校教职工共同参与、齐抓共管的体系。这种管理体系应该有一个核心、两条主线、三支队伍、五个机构和一个组织。一个核心就是指学校党委是这个体系的领导核心。加强党委对学生思想政治教育工作的领导，这是搞好学生思想政治教育工作的关键。党委的重要职责之一就是抓思想政治教育工作，而学生思想政治教育工作又是学校思想政治工作的重点。因此，党委在学生思想政治教育管理体系中居领导核心的地位。两条主线就是党委一条线（校院党委—学工部—党支部、团委、学生会、班主任—团支部、班委会—学生）和行政一条线（校院长—教务处—院系—任课教师—学生）。三支队伍指专兼职的政工干部队伍、教师队伍和后勤保障队伍。这三支队伍是管理体系中的执行系统，学生的教育和管理由他们来具体实施。五个机构即学工部（处）、团委、教务处、保卫处、后勤部门。这五个机构是教育管理学生的重要部门，是齐抓共管体系的重要支柱。一个组织即学生党支部。学生党支部承担着学生党组织的建设工作，对要求入党的学生进行党的基本知识和理想、信念教育，并在教育的基础上，积极慎重地发展新党员，这对培养具有政治觉悟和崇高理想的优秀大学生，推动全校的学生工作都起着非常积极的作用。

四是理论体系。建立了内容体系、工作体系和管理体系以后，还必须逐步建立学生思想政治工作的理论体系，这样才能在实践工作中得到正确理论的指导，实现学生思想政治工作的科

学化。高校学生思想政治教育的理论研究课题很多，但作为一个体系，应重点研究三个方面的问题：①高校学生思想政治品德培养目标的定位。因为思想政治工作是育人的工作，育人就必须首先明确培养目标和质量规格，在宏观的大目标下，根据高校学生实际情况具体化。②当前高校学生的思想、心理、生理特点及其变化、发展的规律。由于学生所处的年龄阶段、社会地位、学习条件和生活环境不同，他们的思想、心理和生理就具有不同的特点和规律。研究这些特点和规律，是搞好学生思想政治教育工作的先决条件。③高校学生思想政治品德的考核。根据高校学生思想政治品德的培养目标，对学生思想政治品德进行考核和定量评价，是检查学生思想政治教育工作效果和评估学校教育质量的重要依据之一。

三、高校思想政治教育和谐机制的构建

构建高校思想政治教育工作和谐机制的目的就是要使思想政治工作部门及其人员，在一定决策机构指导下，在一定目标指引下，在一定动力驱动下，在一定体制、条件保障下，齐心协力，实现高校思想政治教育工作整体目标和功能，提高高校思想政治教育水平。因此，构建高校思想政治工作和谐机制应主要围绕领导机制、目标机制、运行机制、考核激励机制、队伍建设机制、网络服务机制和实践机制等方面来进行。

（一）构建和谐的高校思想政治教育工作领导机制

《中共中央国务院关于进一步加强和改进大学生思想政治教育的意见》，是新时期高校做好思想政治工作的纲领性文件。学习、贯彻文件精神，需要高校领导站在科学发展观的高度，与时俱进地对当代教育的作用和使命有更加崭新的视角、更加辩证的思考和更加理性的审视，尤其要转变教育思想，树立德育为先的教育观、以人为本的德育观和注重个性的人才观。领导理念往往对思想政治教育工作的开展起到关键作用，在党委领导下，有了认识作为先导，校长及行政系统为主实施的思想政治教育管理体制才能真正发挥作用。在当前情况下，高校应从实际出发，实行“一岗双责、双向兼职”的领导模式，形成党委统一领导，学校各方面齐抓共管、职责明确的工作机制和覆盖全校思想政治教育工作的工作格局。各级党政领导干部要在抓业务工作的同时，在岗位职责中明确规定做好师生思想政治教育工作的责任。在工作的摆布上，做到“重心下移”，发挥各教学单位的主动性，实行党政一把手责任制；制定思想政治教育工作的检查、考核制度，把思想政治教育工作的成效作为考核领导班子、领导干部的重要依据，杜绝思想政治工作的随意性。

（二）构建和谐的思想政治教育工作目标机制

思想政治工作的目标具有多样性、层次性等特点，现代管理科学称为“分层目标结构”，即目标是由总目标到具体目标所构成的一个层次复杂的体系，下一级目标往往是实现上一级目标的手段。高校思想政治教育工作的目标，需要因地制宜、因人制宜、因时制宜。由于学生的专业和年级不同，其思想活动的特点和要求也会有所不同，必须区别对待，提出不同的目标要求。要结合不同专业的人才培养目标，使思想政治教育工作有机地渗透到专业思想教育中，同时根据学生成长成才的需求和规律，分层次、有重点地开展思想政治教育工作，教育和引导学生实现由低目标到高目标的飞跃。如农科院校首先应解决的是专业思想问题，专业思想不巩固，其

他的教育就不会产生好的效果。因此，目标机制的建立应以科学理论为指导，以新时期思想政治工作的总目标为出发点，以严格的岗位目标责任制为基础，并与配套的考核评价制度相联系。

（三）构建和谐的思想政治教育工作运作机制

完善运作机制应在思想政治教育工作的启动机制、教育机制和渗透机制上下功夫。完善启动机制要求在领导方式上形成党建、思政和行政三位一体的运作理念，构建全员、全程和全方位育人的新格局。

完善教育机制要求在内容上将政治导向、理想信念、道德示范、法纪约束及文化陶冶有机结合起来，推进师生自我教育、相互教育，构建“大教育”工作网络。完善渗透机制要求把思想政治教育工作渗透到教学、管理、服务等具体工作中去。首先要在思想认识上树立思想政治教育工作围绕中心、服务中心、保证中心的理念和意识，要从高校改革发展的实际和党建工作的内在要求出发，确立党建工作、思政工作和管理工作一体化的运作模式。其次要在工作网络和运作机制上构建以学校党委为核心，以党的基层组织和行政管理系统为主线，以党员和教师为主体力量，以党委政工干部、行政管理干部、“两课”教师为骨干队伍，社会力量有效参与的齐抓共管的工作格局。再次要在工作内容上始终坚持以理想信念教育为核心，教育和引导师生牢固树立建设中国特色社会主义的共同理想。在方法上要坚持把教育引导工作贯穿在日常的工作和活动之中，把思想政治教育工作与解决师生的实际问题结合起来。在实际工作中，要注意做到课堂教育和深入实际相结合，以深入实际为主；激励机制与约束机制相结合，以激励为主；管理机制与服务机制相结合，以服务为主；教育与引导相结合，以引导为主。

（四）构建和谐的思想政治教育工作考核激励机制

构建公正、科学、合理的考核体系，是增强思想政治教育工作客观性和有效性的前提。要像考核学校的教学工作、管理工作和其他业务工作那样，以明确的目标责任和具体可操作的评估标准来衡量思想政治教育工作，要与学校的教学、管理、党建、精神文明建设等工作同规划、同部署、同考核、同奖惩。要根据学校的任务和学生成长的规律明确考核指标，既使工作能落到实处，又能保证考核真实有效。在考核指标的确定中，必须强调工作的效率与效益，要注意长远效果，不能急功近利。要强化思想政治教育工作的激励机制，把考核与激励结合起来。通过考核实事求是地肯定成绩，指出不足，并认真落实整改计划，促进思想政治教育工作向更高的水平迈进。要充分调动广大教师教书育人的积极性和创造性，使思想政治教育工作真正贯穿到每一个教师的教学、科研和管理工作中去。要完善以育人成才为主要目标的学生激励机制，包括要按照教育改革的需要，修改和完善综合测评办法，建立有助于学生的个性发展的激励机制。考核为思想政治教育工作提出了他律要求，激励为思想政治教育工作提供了自律的可能，通过建立和完善考核激励机制，能为思想政治教育工作注入源源不断的动力。

（五）构建和谐的思想政治教育工作队伍建设机制

结合高校人事制度改革，按照合理流动、动态稳定的原则，逐步建立能进能出、择优上岗、可持续发展的队伍建设机制，建设好一支新老交替、专兼结合、功能互补、信念坚定、业务精湛和待遇落实的思想政治教育工作队伍，是改进和加强高校思想政治教育工作的关键，也是保

持高校思想政治教育工作后劲的必然要求。首先要提高认识，搞好规划。要像规划建设骨干专业教师队伍那样，下力气规划建设好思想政治教育工作队伍。其次，要确立制度，强化机制。培养和造就一支适应新形势的高校思想政治教育工作队伍，必须逐步形成思想政治教育工作人员择优输入、相对稳定、按需培养、奖惩分明和合理分流的良性运行机制。再次，要创造条件，提高待遇。从制度和机制上切实解决好专职思想政治教育工作人员的职称和待遇问题，使他们具有温暖的归属感、安全的保障感和奋斗的成就感。要利用政策的杠杆作用增强吸引力，使思想政治教育工作成为人人尊敬的工作岗位。

（六）构建和谐的思想政治工作网络教育机制

要认真研究现代信息理论，充分利用现代网络技术，逐步建立思想政治工作调研网络和信息网络，使思想政治教育工作既能做到“面对面”，又能做到“背靠背”。

要大力推进思想政治教育进网络。思想政治教育进网络可以发挥互联网开放、交互、共享、兼容等优势，便于思想政治教育工作者与大学生互相尊重、平等交流和教学相长，有利于继承优良传统并使之得以光大。同时，进网络是思想政治教育创新的重要支点和途径。作为现代信息技术的集大成者，互联网也是新观念和先进文化的传媒和载体，借助网络手段加强和改进思想政治教育，丰富了思想政治教育的内容；互联网的数字化、多媒体化、交互性、实时性、大众传播与人际传播兼容等技术特点，提高了技术含量，实现了思想政治教育的机制、形式和方法手段的创新。需要注意的是，思想政治教育工作进网络，只是思想政治工作在网络领域的有效延伸和有益补充，与春风化雨的日常思想政治教育并不矛盾，更不可能取而代之。要注意探索网络思想政治教育与日常思想政治教育相互补充、相互促进、相得益彰、产生共振和谐振的规律和机制，使网络思想政治工作的效率显著提高。

（七）构建和谐的思想政治工作实践教育机制

实践育人是指学生有组织或自发地运用课堂上获得的理论知识和间接经验，开展与其健康成长成才密切相关的各种应用性、综合性、导向性的实践活动，并在活动中接受教育、增长才干的育人途径。事实证明，在高校大学生思想政治教育中，实践教育是重要环节。我们需要用科学的态度，构建和谐的实践教育机制。通过参加主题教育活动，可以进一步坚定理想信念；通过开展“三下乡”“四进社区”活动，以改革开放的成果和全面建设小康社会的进程，来激起大学生的社会责任；通过科技创新和发明创造活动，可以提高学生知识运用和创新能力；通过举办艺术节、学术研讨、知识讲座、读书活动、演讲、影视评论、业余党校等，辅之以公益劳动、社会调查、社会服务、勤工助学、挂职锻炼等各种社会实践，可以使他们加强对理论知识的理解，深化对自身潜能的认识，在自我教育中锤炼成为对社会、对人民有用的人才。从现实情况看，实践育人需要重视教师和管理人员的主体保障作用，加强对学生组织、团体的指导，健全以大学生素质拓展证书为核心的评价体系，建立起由校党委统一领导，学校相关职能部门积极参与、齐抓共管的组织保障体系。需要指出的是，由于社会实践本身的复杂性，不同的社会实践对于大学生的思想政治教育也可能具有不同取向的作用。因此，我们需要强调全员育人、环境育人、实践育人相辅相成，而实践育人亦需作综合的、整体的考虑和部署。

（八）构建高校思想政治教育预警机制

1. 构建全方位危机干预与预警机制

危机干预和预警机制体现了大学生思想政治教育的“以人为本”原则，从而使思想政治教育工作真正以学生和工作全面发展本身为重心。所谓预警是指针对大学生的思想状况和行为方式可能出现的问题，教育者应及时发现、剖析、判断，并做出反应，经常总结每一问题的发生规律，预测每一问题的发展变化趋势。还要及时识别潜在的和现实的危机因素，提前或适时通过交流沟通机制发出预警信号。监管机构要充分发挥学校、家长、学生和社会之间的多方沟通与协作机制，采取有效防范措施，减少危机的发生。教育者应该充分发挥主动性和实效性，从而提升预警机制在思想政治教育工作中的预见性，真正发挥其事半功倍的效果。

大学生思想政治教育预警机制的健全应该从宏观（上级教育主管部门）、中观（学校）、微观（院系）三个层次入手。上级主管部门的预警机制主要是从国家层面上对整个大学生思想政治教育工作系统的发展态势进行分析，并根据其在数量、质量、结构等方面与高校教育发展目标的偏离程度而发出预警，从而为教育决策者提供警示，以做出修改决策。学校可以利用学生思想政治教育与管理工作委员会，紧密围绕学校整体的发展规划，对大学生思想政治教育工作系统的运行情况进行预警，它在整个预警体系中起到承上启下的作用；院系预警机制主要是院系内部对大学生思想政治教育工作的具体运行状况进行预警，主要通过辅导员、班主任等思想教育基层工作者对学生思想状况和行为趋向等存在的潜在隐患等信息进行预警，因此，这也是学校和主管部门预警信息采集的最主要和最直接源头。

高校要发挥教学师资和思想政治教育工作队伍的优势，并充分利用好其固有的丰富的思想政治教育资源。我们应以高校学生工作部门、思想政治理论课教学部门为信息收集中心，构建一个多渠道、多层次的立体化的大学生思想政治教育信息网络。并通过学校、院（系）、班级宿舍等三个层次及时了解学生的思想动态和行为趋向，从而把分析、处理后的信息及时转化为决策部门的正确行动。具体通过以下几种方式开展：

（1）以学校相关职能部门为中心进行信息收集与反馈。高校领导职能部门是“中央处理器”，因为其可以通过调控指挥和执行运作执行预警功能。在搜索到预警信息或接到预警信号后，高校相关职能部门会在校党政机关领导下立即组织专家组对预警信息进行评估、判断和决策。尝试运用现代科学技术和先进方法建立完善的信息收集与分析平台，特别是在信息收集方式上要体现多元、立体，不断拓宽信息收集渠道。各院系、各工作职能部门、党团委和工作人员都有负责收集思想政治教育信息的职责和义务，还要充分发挥学生、教师、后勤人员、社会、网络媒体等渠道在收集信息中的作用。把学生团体和学生个人的思想动向、发展趋向作为信息收集和分析的重要指向，重点应放在信息收集、分析之后，如何做好制度、机制和工作计划的重新调整，并在此过程中不断提高对突发事件和可能发生的危机事件的应急处理能力。提前预防是设立和完善危机预警机制的关键，日常工作中的隐性信息收集与情况调研尤为重要。隐性收集除要特别关注社会热点问题、与大学生利益相关的问题外，课堂教学和学生日常生活中潜在的矛盾和冲突等也应引起足够的重视。

（2）以院系为主体做好预警工作。院系党政领导、辅导员、班主任和教师应密切关注学生的异常行为。特别是学生行政管理人员、辅导员、班主任应深入大学生之中了解其思想、学习、

心理与生活状况，要想方设法帮助学生解决各种困难，通过有针对性的谈话来引导他们学会利用各种社会资源解决自身所面临的各种困难和冲突。若发现重要情况，应及时向学校领导小组报告，并在相关专家小组的指导下及时对学生进行快捷、有效的干预。在三级预警体系中，院系预警是重要枢纽。它一方面要按照学校对本院系的各种指示和要求高效、圆满地完成各项任务，另一方面还必须向学校及时汇报各种工作情况。

把宿舍和班级作为预警体系的重要基础。班干部、学生党员、学生团员骨干应充分发挥其模范带头作用，不断在思想和感情上加强与同学们的联系与沟通，进而通过多种方式了解他们的思想动态和心理想法。一旦发现异常情况，及时向辅导员、班主任报告。对于危机事件的预防还需要各年级学生和学生社团、干部的积极参与，通过在学校基层构建学生预警体系，不但能够提高全民参与、全民预防的自觉性和积极性，还能做到有问题提前发现、提前解决、共同解决、共同应对。预警机制工作不但要做好“全民总动员”，而且也应在各部门或社团中重点选拔和培养一批辅助思想政治教育工作的学生领袖，充分发挥他们在基层思想政治教育工作中的引导作用，他们的引导和动员有利于学生积极配合学校完成思想政治教育工作任务。因此，我们在充分利用这些“学生领袖”的感召力和影响力的同时，还应努力培养和提升他们在处理校园矛盾冲突等方面的各种能力。

2. 建构立体化防御与应急处理机制

针对当前高校突发性事件日益增多的趋势，学校应该建构立体化的大学生思想政治教育防御和应急处理机制。优良的大学生思想政治教育应急处理机制必须做到尽可能地把危害降到最低，在短时间内对事件形成可控性。因此应急事件的处理对大学生思想政治教育相关人员的判断和反应能力提出了更高的要求。

第一，良好的应急事件处理机制重在预防，把突发事件消灭在萌芽状态。①对高校管理人员、思想政治理论课教师、班主任、辅导员进行心理学和心理咨询培训，教会他们如何在突发事件中进行心理干预和调适。对管理人员和行政人员进行校园安全知识和技能培训，使其熟练掌握安全排除和事件处理方法。②建设校园、宿舍心理咨询室，创办网络咨询热线。开通并公开安全隐患联络电话，鼓励学生对可能遇到的突发事件进行及时反馈和上报。对日常有心理困惑或压力的同学展开心理咨询和矫正。展开学生心理状况普查活动，并为每一位学生建立心理健康档案。③在组织上设立校园事件应急处理小组，并制定规范和章程。队伍组织设计要体现层级性和横向配合性，责任、权限都必须给予细化和明确。制定各项预案处理措施，明确责任分工和操作步骤以及具体规范等。定期进行操作演练，针对不衔接、不完善等漏洞进行排查和修订。④加强校园安全文化建设。高校积极协调相关部门对学生进行安全知识教育或培训，使学生在安全理念、安全知识、安全技能上都有所提高。“制定学生安全规范和标准……大力开展形式多样、内容丰富的校园安全文化活动，通过诸如“安全活动月”、安全主题班会、安全知识竞赛、安全技能比赛、安全健康征文等活动的开展，在校园中营造浓厚的安全文化氛围。”

第二，良好的大学生思想政治教育应急处理机制应该注重时效性，真正做到及时、有序。①出现突发事件要及时上报，直接通知应急事件处理小组领导，领导统一协调部署各相关部门进行分工执行。在问题解决上坚持原则性与灵活性的统一。必须严格按照险情报告制度进行操作，不得自作主张，既反对不作为又反对擅自违规作为。②在联络工具上采用多渠道的方案，充分利用手机、网络、电话、微信等媒介及时传达和告知。必须确保信息渠道通畅，信息内容简明扼要，不能出现误导或内容混淆等现象。③要增强应急事件处理小组人员的责任意识和执行力度。相关人员都要身先士卒、献计献策，积极参与到事件处理中来。对贻误时机、处理不当、松弛懈怠等行为要事后追究其责任并进行严厉惩处；对在事件处理过程中有突出贡献的人员给予宣传和表彰奖励。

第三，针对大学生思想政治教育中的心理问题、安全问题、群体性事件等建立隐患排查制度。学校安全领导小组对校内可能出现的各类安全隐患进行定期检查或不定期抽查，对检查结果给予安全评价并出具整改和提高方案。对不落实或敷衍了事等行为给予通报批评直至追究相关责任人的责任，学校党委也要加强对检查小组的监督。建立校园安全风险检测信息内部网站，收集并发布校园安全隐患预警信息。建立畅通的信息沟通机制，不但要实现管理内部的便利沟通，也要实现层级之间、学生与领导之间的信息沟通顺畅。吸收部分学生干部和党员参与安全信息收集与管理，定期对基层安全信息进行收集上报。相关安全信息资源实现校内办公资源共享，并组织专家对信息进行整理、分析处理，为及时发现安全隐患提供预警。不仅要实现安全信息的上下级汇报，还要尽可能实现安全信息的横向交流与互补，以便于对学生思想、行为动态以及校园安全隐患有一个整体性的把握。建立快速的信息反馈机制，分门别类地以工作简报的形式将信息发布出去。可以有班级管理简报、学生服务简报、教学工作简报等等。通过做这些简报一方面可以使学生、教师、管理者都能够了解当前学校整体状况，另一方面也增强了学校的透明度和信息交流质量。完善大学生思想政治教育应急处理机制应在预防和反应机制上下功夫，体现协调性和时效性。在坚持原则性和灵活性的基础上处理好各类关系，以疏通矛盾、解决问题为目标，争取使突发事件和校园安全事件的发生率和危害性降到最低。

总之，思想政治教育和谐机制的构建是一个系统工程，需要社会和高校内外协调运作，共同促进和谐人的培养和造就。

第十一章　和谐社会视域下高校思想政治教育环境优化

第一节　高校思想政治教育环境基本理论综述

一、大学生思想政治教育环境的含义

《辞海》对环境的界定：一是指所辖区域的围绕，二是指人类外部世界的围绕。正确理解环境应该注意以下几个方面：第一，环境必须与存在的一定事项或者中心事物相对应而存在。任何环境都必须与一定事项或者中心事物相对应，同时一定事项或者中心事物也必须存在并且对应于一定的环境。第二，环境就是一个综合体，包括一定事项或者中心事物周围的各种各样的外部条件和影响因素。第三，环境不是静止不动的，而是不断变化的，虽然环境由各种各样的因素构成，但是经济因素却是最主要的，其不但对政治和文化因素起到制约作用，而且对环境因素的构成起到决定作用。

对于大学生思想政治教育环境的研究，目前做出了四种界定：第一种是以受教育对象和教育主体作为中心，大学生思想政治教育环境是指围绕在大学生思想政治教育对象、主要是学生的周围，开展有效的思想政治教育活动，能够综合所有有利的各种客观因素，进而对大学生思想政治教育对象形成正确的价值观和人生观能够产生重要的影响和推动作用。第二种是以受教育对象为中心，大学生思想政治教育环境是指由教育者有目的地组织实施和大学生思想政治教育自发形成的、大学生思想政治教育对象生活其中的、能够形成和发展大学生思想政治教育对象思想品德的、与社会环境构建的所有外部条件的综合。第三种是以受教育对象和教育活动为中心，认为大学生思想政治教育的环境是指能够影响形成与发展高校学生的思想政治素质、品德和大学生思想政治教育的所有外部因素的总和。第四种是以教育活动为中心，刘基认为大学生思想政治教育环境是指对大学生思想政治教育活动产生影响的所有因素的总和。

大学生思想政治教育环境的界定主要解决的是确定以谁为中心的问题，本书采用第三种观点，即大学生思想政治教育的环境是指能够影响形成与发展高校学生的思想政治素质、品德和大学生思想政治教育的所有外部因素的总和。研究者采用不同的分类标准对大学生思想政治教育环境进行了分类，观点如下：第一种是根据对不同主体的影响和组织性，将大学生思想政治教育环境分为离散型、自发型和组织型三种；第二种是大学生思想政治教育环境被划分为外部环境和内部环境；第三种是以高校学生和高校为中心对大学生思想政治教育环境分别进行了划分；第四种观点是大学生思想政治教育环境被划分为隐性环境和显性环境。

本书主要采用第二种观点，即认为大学生思想政治教育环境是指外部环境和内部环境。内部环境是指学校内部的各种制度、物质和精神因素，这些因素对形成与发展高校学生的思想政治素质和品德以及思想政治教育具有直接和潜在的影响，内部环境可以分为三个方面：一是物质技术设备、教学场所等学校内部的物质和自然形态的因素，能够为学校的思想政治教育活动的进行提供物质条件；二是学校的规章制度，这些规章制度对规范学生道德行为和培养思想政治素质起到了重要的导向作用；三是表现为思想观念层面的学校的学术氛围、学习风气、优良传统、文化活动等学校的精神因素。

外部环境则是指对形成与发展大学生的思想政治素质和品德以及思想政治教育具有直接和潜在的影响的学校外部的经济、政治、文化和社会因素等，如国内外经济发展、文化环境、政治制度和学生生活和成长的家庭环境等。

对思想政治教育环境进行充分把握，应该对以下几个方面予以注意：一是必须处理好思想政治教育和思想政治教育环境之间的关系，明确思想政治教育环境是思想政治教育内容的必不可少的一项，只有能够对思想政治教育产生影响的因素和条件才能称其为思想政治教育环境；二是要明确思想政治教育环境是能够对思想政治教育产生影响的所有因素和条件的总称，并且要明确思想政治教育环境因素之间存在着的相互联系、相互影响的关系；三是思想政治教育环境不是一成不变的，而是不断变化发展的。

思想政治教育环境是形成和发展人的思想品德的客观基础，是思想政治教育环境影响系统的所有外部条件。思想政治教育依托一定的环境，两者产生联系，形成互动。

思想政治教育环境是指围绕思想政治教育对象，开展有效的思想政治教育活动，能够综合所有有利的各种客观因素，进而对思想政治教育对象形成正确的价值观和人生观能够产生重要的影响和推动作用的所有因素和条件的总合。思想政治教育环境从主体人的角度来看，是主体人所面对的外部客观存在，它能够从多个角度进行划分，例如可以按内容进行划分，按状态进行划分，按性质进行划分以及按影响范围进行划分。

大学生思想政治教育环境的对象主要是学生，开展大学生思想政治教育活动，对形成、发展大学生思想政治教育对象的思想品德具有重要的影响，按其影响和性质等因素，大学生思想政治教育环境被分为四个部分：社交环境、校园环境、家庭环境、社会环境等方面。

（一）社交环境

社交环境是思想政治教育环境中的一项非常重要的、必不可少的内容，指的是高校学生所处的社会交往环境。社会交往是指为了交流信息，两人或两个以上的人相互作用的过程，社会交往是以物质交往为基础的社会关系中人与人之间产生联系的一种中介，是人类特有的活动方式和存在方式，是全部人类文化活动和经济交往的总和，所以社交环境在大学生思想政治教育环境中的最主要的体现就是高校学生通过社交彼此形成的环境。

（二）校园环境

校园环境是指校园内能够影响学生学习与生活一切因素的总和，它包括校园文化环境、校园人际环境以及校园物质环境，校园环境不但承载精神环境中的各种因素，而且是学校开展各项活动的基本前提和学校生存发展的基本条件。具体地说，校园文化环境包括校风、文化活动、文化氛围、学风、教风和规章制度等，属于学校环境的软件部分，其中校风是综合，学风是中

心，教风是基础，而校风、学风和教风状况的反映载体在一定程度上就是指学生的活动和学校规章制度。由于校园文化的潜移默化的功能，内在的教育导向具有暗示性、潜在性和渗透性作用，能对学生和教职工思想行为产生影响，因此在新形势下，作为大学生思想政治教育环境的必不可少的组成部分，校园文化环境对学生的思想道德素质的提高具有不可替代的作用。校园人际环境是老师与老师之间，师生之间以及学生与学生之间的关系等校园人际关系构成的重要的人际交往氛围，其核心是师生之间的关系。良好的人际能够保证学生专心学习、合理安排生活，校园人际环境通过服务育人、管理育人、教书育人的人际氛围达到培养学生、教育学生的目的，并且对学生思想产生集中的影响。校园物质环境是指校园内的活动场所、教学场所、各类设施装备、校园绿化环境、生活休息场所等方面的对学生学习以及生活能够产生一定影响的一切物质条件的总称。

当然，和谐的校园环境并不是指以上三者独立存在、不产生相互关联的关系，而是三种环境不可分割、相互促进的和谐关系，主要体现为校园物质环境是基础，人际环境和校园文化环境是体现。三种环境的和谐发展对于校园环境建设不但起到了共同促进的作用，而且为开展大学生思想政治教育提供了良好的条件，潜移默化地影响了学生的思想道德培养，提高了大学生思想政治教育的效果。

（三）家庭环境

家庭环境包括有关家庭方面的一切因素，如家庭中的结构、家庭的经济状况、家庭在社会中具有的地位、家庭成员之间的关系、文化水平和教育理念等等，大学生思想政治教育受到家庭环境的影响也主要是由于这些因素，并且家庭环境与大学生思想政治教育相互依存和影响，对培养人才具有非常大的影响，家庭德育的好坏直接影响和制约着子女形成的个性心理品质和思想道德品质，而这种影响由学生本人在学校通过人际交往表现出来。

（四）社会环境

社会环境是指国内外政治环境、经济环境和文化环境等方面对形成和发展学生思想品德产生影响的外部因素的总和。高校并不是游离于社会之外的，大学生思想政治教育所处的社会环境流行的各种思潮和观念的每一次发生变化，高校均会受到波及，从而使学生的思想观念体系受到渗透和影响，并通过日常的交往和行为方式中体现出来，最终成为大学生思想政治教育的观念环境。在这里所谈到的思潮和观念既包括对大学生思想政治教育产生纵向影响的我国的传统文化，也包括对大学生思想政治教育产生横向影响的国际社会潮流和秩序，但在社会环境中，本书主要关注的是中介传媒和高校所处的社区环境。

中介传媒亦称大众传媒，主要是指通过不同的方式传播信息给大众的媒体。大众传媒的形式具有很多种，比如书籍、报刊、广播、电视，以及游戏机、卡拉 OK 和互联网等其他接收方式。中介传媒支撑着信息的传播，已经成为不可缺少的现代社会生活一部分，尤其是书刊、广播、报纸、影视和互联网等中介传媒。现代社会里，传媒渗透进人们的生活，越来越影响人的思想品德的形成，对人们的精神世界产生影响。高校学生精力旺盛，求知欲望强烈，内容丰富的中介传媒作为一个非常重要的窗口，能够帮助他们学习知识、了解世界和认识世界。中介传媒随着社会的发展会传播越来越多的信息，内容十分丰富，在这些庞杂的信息中，这些信息行为准则和社会规范并不相同，既有先进的价值标准和思想观念，也有落后的价值标准和思想观念，先进的价值标准和思想观念是具有引导作用的，对培养高校学生的精神观念具有非常积极的促进作用，落后的价值标准和思想观念对培养高校学生的人生观和世界观产生不利的消极影响，这就对大学生思想政治教育提出了新挑战和新问题。

社区环境一般是指社区居民所生存和生活的所有条件的总和。本文所研究的社区环境主要包括学校所处的社区，以及社会经济条件状况和自然人文等学校周边环境，社区环境对大学生思想政治教育的开展和推动具有非常大的作用，即社区环境能够直接影响大学生思想政治教育的效果。

二、大学生思想政治教育环境的特点

（一）多维性

由于多种要素构成了思想政治教育环境，所以多种要素同样构成了大学生思想政治教育环境，从多个不同的角度对其进行划分，具体来说，思想政治教育环境从主体人的角度来看，是主体人所面对的外部客观存在，它能够从多个角度进行划分，例如可以按内容进行划分，按状态进行划分，按性质进行划分以及按影响范围进行划分。

（二）复杂性

复杂性在大学生思想政治教育环境中的体现有两方面：一方面是多样性的影响因素，在日常的生活和学习中，不论高校学生出于何种环境、处于何种境地，都会不可避免地受到来自各方面的影响，这些影响来自于家庭、来自于学校、来自于虚拟环境、甚至来自于陌生对象；另一方面是影响的多样性，在生活和学习中，高校学生受到的影响是多种多样的，例如父母的影响，兄弟姐妹的影响、老师和同学的影响、甚至是中介传媒以及他人交往的影响，这些影响相互交叉，从而使大学生思想政治教育环境具有复杂性。

（三）开放性

高校的思想政治教育同样也具有开放性：一方面，大学生思想政治教育环境的时间和空间范围不像其他环境一样，具有界限，随着改革开放的进一步深化，我国会更加紧密的与国际社会产生联系，时间和空间对人与人之间交往的限制将被弱化；另一方面，随着信息技术的飞速发展，现代社会已经进入一个信息时代，电脑的普及，互联网的应用使人们不再在单一的环境中生活，当然也提供了便捷的手段帮助学生了解国家和社会。同时，为开拓学生视野，高校也在不断举办知识讲座，组织各种赛事、联谊，互派学生，创造着相互交流的平台，这种愈来愈开放的环境有助于学生优良思想品德的提升。

（四）动态性

大学生思想政治教育环境不是一成不变的，而是不断发展变化的，学生思想政治品德必然受到这种不断变化的影响，所以大学生思想政治教育就会不断面临着变化发展的挑战，新的研究任务层出不穷。此外，不断涌现的新的观念和信息、不断提高的物质生活水平、不断变化的

各种环境影响因素、飞速发展的社会，这些动态变化对于大学生思想政治教育工作来说，是机遇，也是挑战。

（五）特定局限性

作为一个特定概念，大学生思想政治教育环境从某种程度上也体现出一定的局限性。在成长的过程中，学生不论对自己的成长环境还是对自己的成长道路都不能随心所欲地选择，必须依托一定的现实环境，在这个现实环境中进行自我素质和思想政治水平的提升。当然，这个环境对于高校学生来说还主要是校园，接触的对象主要是老师和同学，所以从范围上，大学生思想政治教育环境具有一定程度的缺陷。

（六）主观可创性

思想政治教育作为一种教学实践活动，也是主观对客观施加影响的过程。对于塑造高校学生的思想品德而言，虽然高校学生受到环境的影响，但这种影响不是机械的、被动的，而是能动地对环境产生反作用。也就是说，在从事思想政治教育的过程中，高校可以合乎规律地改变环境，创造新的育人环境，同时，学校教育理念和国家教育政策对形成高校学生的思想道德观也具有重要的影响，但是学校教育理念和国家教育政策必须相一致，产生一定的主动倾向性，所以高校思想道德环境具有一定程度上的可创性。

三、大学生思想政治教育环境的功能

“所谓功能，是指一定系统与外部环境相互联系和作用过程的程序和能力。”高校思想政治教育环境的功能主要是指高校思想政治教育环境的构成要素及其结构对大学生的思想品德的形成以及发展所具有的动力作用。高校思想政治教育环境的主要功能有以下几项：

（一）导向功能

导向功能就是高校思想政治教育环境引导大学生朝着什么方向发展，这是关系到社会需要什么人才和学校培养什么人才的问题。思想政治教育的根本目的是“不断提高人们的思想道德素质，促进人的全面发展”。高校思想政治教育环境所具有的导向功能主要表现为：首先，从校园内部环境看，从物质条件设施到精神活动，从集体规范到人际关系，从教师的举止仪表到教室的布置装饰，都给生活在其中的大学生以具体可感的参考，在一点一滴的感觉中传递大量的信息，给予大学生心理一定的暗示，使得他们自觉或不自觉地接受有价值的信息。例如，优美的校园、被特意装点过的建筑物不仅给人以美感，而且蕴含着学校的教育价值取向，可以暗示学生、影响学生。在这种长期的文化熏陶中，学校会形成自己独特的风格，拥有自己独有的基本精神与价值取向，这些潜在影响对学生的道德认识和思想品质具有重要的导向作用。在学校的各种文化活动中这些价值逐渐被渗透，久而久之就会成为学生生活环境中的一部分，对大学生端正人生态度和形成正确的道德认识发挥着导向作用。其次，从校外环境来看，无论是自然环境，还是社会环境，都对学生发挥导向作用。祖国的大好河山蕴含着一定的教育内容，可以培养大学生爱祖国、爱家乡的感情。即使是思想政治教育的自然环境，人们也可以发掘其中的文化资源，汲取其中所折射出的文化思想、文化精神等。与自然环境相比，社会环境对学校影响较大。社会环境中的经济因素、政治因素、文化因素等不断与高校环境中的因素发生物质、信息的交换，各种社会信息传到学校后就会影响大学生的思想认识和价值观念的形成。健康的社会信息把大学生的道德认识和人生价值观引向正确的方向。但是，不良的社会信息就会误导大学生，削弱思想政治教育的效果。马克思强调："不是意识决定生活，而是生活决定意识。"伴随着社会的转型，社会意识、社会价值和社会道德规范发生相应的变化，学校就要加强对学生正确价值观有重要引导作用的社会信息的筛选和处理，有意识地创建良好氛围。

（二）渗透功能

渗透功能是指环境中诸因素对学生的影响不是强制的，而是潜移默化的，使大学生在不知不觉中受到感染、陶冶、启迪，使教育的意图逐渐渗透到他们的思想中，逐渐实现从量变的积累到质变的飞跃，将原有的思想提高到新的层次。古语"近朱者赤，近墨者黑"，"孟母三迁，择邻而居"的故事等都说明了环境对人的渗透功能。唐代诗人杜甫在《春夜喜雨》中写道："好雨知时节，当春乃发生。随风潜入夜，润物细无声。"环境的渗透功能正是通过点点滴滴的耳濡目染对情感的熏陶实现的。情感的培养不仅需要正面灌输，而且还要靠在环境中进行感染陶冶。这一点，高校所处的环境显然具有得天独厚的优势。学校中的一草一木、雕塑等都是陶冶情感的因素，使大学生产生对集体、对学校的归属感、认同感，能够深切地感受到自己是学校的主人，从而激发他们对学校、对生活的情感。学校中内容生动多样、形式新颖别致、充满浓郁情感色彩的活动也可以陶冶大学生情感，培养大学生情操，满足大学生的兴趣和需要，使大学生受到高尚的道德情操的熏陶，养成健康良好的品德，促进身心发展。例如志愿者活动、参观纪念场馆、参加义务劳动、参加文体活动等可以使大学生接受爱国主义、社会主义、集体主义的教育；参加学术活动、文艺活动等可以使大学生得到美的享受和情感熏陶。这些潜在的因素都可以陶冶大学生的情感、净化大学生的心灵、培养大学生的情操。此外师生交往、同学交往中的情感交流，是学校特有的人际情感环境，这种特殊的人际交往可以引起彼此的情感共鸣，感受生活中的真善美，领悟人生的真诚、友爱，蕴藏在这种特有的校园人际环境中的因素对大学生具有强烈的感染力。

（三）规范功能

高校思想政治教育环境对大学生的言行举止具有规范的作用。环境对于大学生的规范作用是渗透在学生经常接触的各种因素及活动之中的，这些作用是潜在的，不容易被我们察觉，但是它们往往会通过其他形式，比如暗示、舆论、从众等，形成对大学生潜在的心理压力和动力，从而约束、规范大学生的言行，达到正面教育所不能取代的效果。学校制定的规章制度是有效管理的重要手段，是学校的意志以及社会道德观念和是非标准的体现，具有约束的作用。规章制度使得管理工作朝着科学化、有序化的方向发展，是思想政治工作的坚强保障。校风是一种无形而有效的精神力量，是全校师生包括科学文化素养、治学精神和行为风尚等多方面的综合反映，使处于其中的师生无形中受到制约，进而形成一种良好的共同的心理约束力。在学校不同的场合下、不同的群体内，这种心理约束力就会形成一种共同的"气氛"，产生一种集体的"心理环境"，使大学生非强制地移植到自己的心理系统中，经过同化成为自己的心理特征，制约个体的言行。良好校风的另一个表现是健康的舆论环境。舆论就是通过对别人的言行进行褒

贬，对其做出肯定或否定的评价。19世纪英国著名哲学家赫胥黎说：“人们所真正害怕的，往往不是法律，而是别人的议论。”大学生会因为别人对自己的舆论产生认识上的变化和情绪上的体验，促使自己调整言论和行为。

（四）示范功能

高校思想政治教育的环境作为一种隐形因素，蕴含着丰富且有价值的示范教育因素，时时刻刻影响着大学生思想品德和价值观的形成，具有潜移默化的特点。当代的大学生，情感强烈丰富、自尊心极强，成功的欲望更为强烈，但是情绪波动较大，意志力弱，世界观、人生观、价值观还很不成熟。高校思想政治教育环境的示范功能就可以引导他们培养集体荣誉感、责任感，引导他们树立正确的三观。高校思想政治教育的示范功能表现为：

首先，教师的示范作用。教师既是知识的传播者，也是德育工作者，他们的品德作风和生活方式直接影响着学生的政治观、人生价值观、道德观，所以教师的示范是最重要的。教师以身作则，不仅可以提高自身的威信，还可以增强说服教育的可信性和感染性，激发学生积极的情感。我国近代马克思主义教育家徐特立同志曾说过：“我们的教学要采取人师和经师二者合一”，经师“除了教学以外，学生的品质、学生的作风、学生的生活，他是不管的”，“人师则是这些东西他都管”，“如果只传授点文化科学知识，而忽视培养方向，这样的教育是失败的”。可见教师的示范作用对大学生有很深刻的影响。

其次，学生中的先进人物和事迹的示范作用。大学生在年龄结构、社会阅历、知识水平、兴趣爱好等方面有相近性或者相同性，因而在大学生中间出现的受奖励或舆论褒扬的先进人物或者光荣事迹就容易影响他们，成为学习的榜样，而对于那些受到惩罚和舆论谴责的人或事大学生就会疏远、排斥。学生周围先进的人物和事迹，对大学生道德、情感和价值观的形成有着重要的影响。

最后，社会先进人物和典型事迹的示范作用。高校思想政治教育环境是一个开放的系统，伴随着科学技术的快速发展，社会上的一些信息可以很快地到达大学生的身边，尤其是近年频频出现的社会最美人物，如“最美妈妈”“最美司机”“最美乡村女教师”等。社会上先进人物和事迹的出现对于接触信息迅速的大学生来说，能立马引起他们的关注。还有数年来，我们一直倡导的雷锋精神鼓舞和激励着一代又一代新人，早已成为一种民族精神，对我们的社会产生了广泛而深远的影响，冲击着大学生的认识和行为。

高校思想政治教育环境是由许多彼此关联的因素组成的复杂系统，因此其功能的发挥就会受到各种条件的制约。尤其是处于社会主义市场经济背景下的大学生的价值观从一元转向多元，价值取向日趋功利化。大学校园中那种远离社会的“象牙塔”“两耳不闻窗外事，一心只读圣贤书”的情况早已荡然无存。新的发展形势向高校思想政治教育提出更高的新要求，仅仅靠正面灌输、单纯说服教育等方式，很难取得成效。我们应该充分利用环境中的积极因素并与其他教育手段结合起来，从多个角度对大学生施加影响，促进大学生形成正确的价值取向和高尚的思想品德，创造大学生全面健康发展的条件。

四、高校思想政治教育环境与思想政治教育的内在统一关系

“人创造环境，同样，环境也创造人。”一方面，环境给人以影响，制约人的活动。人是社

会的人，人的发展和进步离不开环境，人的思想政治品德的形成得益于环境。另一方面，人在社会环境面前，绝不是消极被动的，而是能够通过社会实践活动改造和变革环境，并在改变环境的过程中改造自身，使之适应自身发展的需要。马克思在《关于费尔巴哈的提纲中》，批判了旧唯物主义的环境和教育决定论，对人与环境的关系做出了全面的科学的说明，他指出："动物仅仅利用外部自然界，简单地通过自身的存在在自然界中引起变化；而人则通过他所做出的改变来使自然界为自己的目的服务，来支配自然界。这便是人同动物的最终的本质的差别。"环境在思想政治教育中具有"教育的条件"和"条件的教育"的双重作用。"每一种事件都是以某种类型的系统环境为其先决条件的。"在正确处理高校思想政治教育环境与高校思想政治教育的关系时，必须防止和批判两种错误倾向——"环境决定论"和"环境无用论"，对高校思想政治教育环境与高校思想政治教育的辩证关系进行科学地理解，对于顺利开展高校思想政治教育活动具有十分重要的意义。

（一）高校思想政治教育环境对思想政治教育的影响

首先，高校思想政治教育环境影响高校思想政治教育的开展。采取什么方法和手段进行思想政治教育，依赖于一定的社会环境，离不开社会提供的场所与设施，离不开舆论宣传和配合。邓小平同志曾经指出："时间不同了，条件不同了，对象不同了，因此解决问题的方法也不同。"在不同的政治、经济和文化环境中，思想政治教育的方法和手段要切合实际，应有所不同。比如有的国家是以宗教的方式进行思想政治教育，有的国家是将思想政治教育内容的实质渗透在道德教育或者公民教育中，掩盖其统治的实质，具有隐蔽性。在我国少数民族地区，要进行思想政治教育就应该与他们当地的风俗习惯和宗教信仰相结合，选择适合他们民族文化和传统习惯的方式进行。在当代社会主义市场经济环境下，伴随着科学技术的飞速发展，产生了各式各样的高科技产品——网络、电视、广播等，这些新兴产品都为思想政治教育的开展提供了更为丰富、有效的工具，拓宽了思想政治教育的时间和空间，在一定程度上增强了思想政治教育的时效性。

其次，高校思想政治教育环境影响高校思想政治教育的内容。思想政治教育内容是思想政治教育根本目的的具体体现。思想政治教育的根本目的是"不断提高人们的思想道德素质，促进人的全面发展"，一般是指人们依据一定的主客观条件对受教育者思想品德方面的质量的一种期望和规定，形成一定社会所要求的思想品德。属于社会上层建筑意识形态的思想政治教育，具有鲜明的阶级性和政治性，所以在不同的社会制度条件下，思想政治教育内容是截然不同的。资本主义制度下进行的思想政治教育，其目的是维护资产阶级的根本利益和意志，培养能服务于资产阶级的合格者；而在我国，社会主义的根本政治制度就决定了我国思想政治教育的内容必须要与社会主义的发展方向保持一致，要体现人民的根本利益和意愿，符合党和国家的路线、方针、政策。当下我们进行的思想政治教育，是以马克思主义、毛泽东思想、邓小平理论、"三个代表"重要思想和科学发展观为指导思想的，包括爱国主义、集体主义、社会主义教育，进行理想、道德、纪律、法制、国防和民族团结的教育，这些都是思想政治教育的主要内容。针对经济全球化和我国社会主义市场经济发展的现状，理所当然地应该将全球意识、经济伦理和生态伦理等内容纳入到思想政治教育的内容之中，使之顺应时代的发展。

最后，高校思想政治教育环境影响高校思想政治教育的效果。思想政治教育的效果主要是

“思想政治教育对象在接受思想政治教育者传达的思想政治教育信息后，所引起的情感、心理、思想、道德、态度以及言行方面的变化”，它是衡量思想政治教育活动最终效率和质量的重要依据。高校思想政治教育环境通过影响思想政治教育对象的思想和行为的变化，间接地制约思想政治教育的效果。“教育是环境的一个组成部分，它是青少年学生生活于其中的一种特殊的环境；同时，它又是把环境的影响有效地转化人的心理的一种特殊的活动。”思想政治教育环境是影响人的思想形成、发展的重要因素，不同的环境，对人的思想产生的影响不同，良好的思想政治教育环境催人奋发向上，反之则使人消沉。此外，任何理论的存在都需要良好环境的支撑，思想政治教育理论的存在也同样需要良好的环境。如果缺乏良好的思想政治教育环境，就算我们的理论教育工作做得再好，也容易被环境中的一些不良因素瓦解。因此，必须努力塑造一个良好的思想政治教育环境，增强思想政治教育的效果。

（二）思想政治教育对高校思想政治教育环境的能动作用

首先，高校思想政治教育具有认识和把握社会环境的功能，这是它能动作用的基础。思想政治教育处于大量的、庞杂的环境信息的包围中，面对这些环境信息，只有实现对环境的事实认识，再对其进行认真地选择、加工、整合等，才能把它们纳入到人们的思想结构中去，并作为客观的外在影响源，参与环境的改造。高校思想政治教育环境是复杂的，也是不断变化和发展的。大学生对环境的认识是通过实践活动和思想政治教育相结合而不断提高的。通过高校思想政治教育，能指导大学生结合自己接收到的环境信息，对各种纷繁复杂的环境进行综合分析，取其精华，去其糟粕，进而提高大学生的判断能力，促使大学生对社会环境中的消极因素进行有效抵制，实现对环境的选择和整合。

其次，高校思想政治教育具有调节和控制社会环境的功能，这是它能动作用的核心，是认识和把握环境的继续和深入。“思想政治教育是通过人的思想意识、政治觉悟、道德品质的确立进而对环境的创建产生能动作用。思想政治教育对环境的能动作用具有觉察力、激发力、吸收力，对环境生物破坏作用具有应对力、消解力。”对环境调控的方式主要有扬优和劣汰两种：扬优就是将环境中有利于人的思想认识提高和进步、人的行为改善的因素积极地加以凸现，使之发扬光大，成为促进人的思想发展的积极因素和重要参照系；劣汰就是将环境中不利于人的思想提高和进步、人的行为改善的消极因素加以抵制，使之逐步缩小或消除影响，从而净化环境。思想政治教育的目的是解决人们思想上和行为上的矛盾，一旦矛盾得到解决，环境也会发生改变。大学生通过社会实践认识客观环境，并通过高校思想政治教育使自身的认识得到提高，在先进理论指导下的社会实践，就可以激励大学生去调节环境，用自己的行动去影响社会环境，进而优化社会环境，转化为强大的物质力量，这样就激励大学生积极行动去改造和建设环境。

最后，高校思想政治教育具有促进和保障社会环境的功能，这是它能动作用的重要表现。“环境的发展离不开思想政治教育的促进和保障”。思想政治教育作为“思想的工具”，以人的思想为对象，以提高人的思想为目的，它并不直接地作用于环境并实现对环境的改变，而是通过思想政治教育的客体实现。思想政治教育致力于提高人的思想，人的思想一旦得到提高，人的行为也会随之改善，人们认识和改造世界的能力也会增强，进一步的就会促进环境的改善和发展。思想政治教育是为一定的政治目标服务，社会的领导者通过思想政治教育施加影响，影响人们所从事的社会实践活动，进而达到巩固统治的目的，这就决定了思想政治教育的目标和内容要符合统治者在政治、经济、文化等领域的建设目标。大学生是现在社会的一个庞大群体，他们的一言一行都具有一定的代表性、影响力，通过对大学生进行思想政治教育，促使其思想水平的提高，转化为积极的行动，进而影响社会其他群体，带动大家共同建设优良的社会环境，推动整个社会良好环境的形成。这是思想政治教育根本目的的集中体现，也是其存在和发展的价值所在。

从马克思主义哲学的视角研究，"环境和思想政治教育是一种唯物辩证的关系"，环境是高校思想政治教育的前提和基础，而高校思想政治教育是环境的功能价值的体现，二者相互依存，相互影响，这就要求我们在优化高校思想政治教育环境和开展思想政治教育活动时，既要考虑到环境对高校思想政治教育的制约作用，注意客观条件，遵循客观规律，又要考虑到高校思想政治教育对环境的能动作用，通过思想政治教育对环境进行改造，最终服务于思想政治教育，使二者紧密结合发挥良好的教育作用。

第二节　和谐社会视域下高校思想政治教育环境基本现状

我国正处在现代化进程中，思想政治教育环境异常复杂。当今世界，国际经济格局、政治格局变动，科技突破，新的文化思潮涌动；国内处于改革的攻坚期、发展的关键期、矛盾的凸显期，思想观念发生深刻变化，经济体制经历深刻变革，利益格局正在深刻调整，社会结构逐步深刻变动。在这样的环境影响下，党和国家高度重视思想政治教育，高校坚持不懈地开展思想政治教育工作，理论研究逐步深入，实际建设日趋规范化和科学化，在许多方面取得了令人欣慰的成绩。但是，随着大学生思想政治教育所处的环境变得异常复杂，大学生思想政治教育环境的建设过程中也出现了一些问题，理性地面对这些问题、科学地分析这些问题是解决好这些问题的前提。

一、大学生思想政治教育的校园环境不健全

（一）教育设施缺乏人文氛围

高校的物质环境是开展思想政治教育所必需的物质条件，是对大学生的学习和生活产生影响的物质条件的总和。高校物质环境体现的是"物如其人""以物育人"的大学物质环境的格局。但是，目前有部分大学在校园物质环境建设方面存在着不少问题：第一，在学校物质设施建设上，一些高校缺乏总体的把握，只注重校园设施、环境的建设，轻视了校园文化内涵和思想政治教育内涵的建设式发展，浪费了大量的人力、物力和财力却没有达到欣赏和育人的目的，重视显性的物质设施建设的同时，基本忽视了隐形的更为重要的环境育人的功能；第二，校园里的雕塑、标语、画像以及课堂教学中的知识、思想、信条、语言等，无一例外地打上了政治烙印，致使学校物质环境的政治化倾向即直接为国家政治形势、社会意识形态服务的职能被过分强化，学校道德教育环境中的养成性价值，即对人的精神生命的滋养、陶冶和提升，以及促进个体道德主体性发展，个体道德选择与享受等职能被最大限度地限制。校园文化建设经过多年的积累和探索，物质、制度层次的建设已经渐趋饱和并已开始显示出重复建设的苗头，再不努力发掘现有的物质文化设施和制度文化的精神文化意义，必将导致校园文化处于低水平状态，

发挥不出校园文化在高等教育中的积极而重要的作用。

（二）校园活动缺少教育色彩

校园文化环境是指高校文化系统主要素的总和，当前高校的文化活动主要存在着的问题有：学校文化活动少，大多学生会组织、各种社团以及活动中心组织的有意义的活动太少，没有发挥校园活动宣传和教育的功能；一些高校忽视了活动的教育功能，过于注重其娱乐功能，将它视为简单的文化娱乐活动，停留在一些带有商业性、娱乐性的浅层次文化消费活动层面，因此一些社会流行文化在部分大学校园大行其道，而富有思想含量和文化品位的高雅文化却被退避三舍；一些活动的品位不高，格调不雅，比如电子游戏热、卡拉 OK 热等，缺少学术性、高水平的学术报告和讲座，校园活动的思想政治教育功能未得到有效的发挥，因而校园活动在总体上处于较低水平。这些活动造成了校园文化建设的内容偏低、层次较低，基本上是有了娱乐性丢了教育性，更不要说学术性和思想性，这就使得大学校园文化在应有的教育功能面前显得效率低下，基本"游离"于思想政治教育功能的大门之外。

（三）教育管理缺乏人性化

高校管理环境部是高校有序正常运作的重要保证，是实现环境资源、教学资源协调运转，实现办学目标和理念的重要手段，是大学生思想政治教育正常运行的支持和保证系统。目前，一些高校的管理工作出现的问题值得我们关注：第一，高校管理行政化问题严重。这势必导致官僚主义，一些领导干部在其位不谋其政，不负责责任，敷衍推诿，为学生服务往往流于形式或者不尽如人意。第二，制度管理中"以人为本"理念的缺失。以提高自己的工作效率为出发点的学校，只是单方面制定制度、规则和处罚条例，单纯地告诉学生应该做什么、不应该做什么，将工作的重点更多的是放在"纠错"上，即纠正学生在日常生活中所形成的却不受学校教育制度欢迎的行为，而不是放在学生良好品行的养成上，忽视维护学生合法权益，在一定程度上降低了学生对制度的认同感。第三，管理与教育相脱节。一些高校尽管认识到了管理的育人作用，但是在实践中把学生管理与其他教育方式割裂开来，就管理谈管理，要求学生无条件地接受学校的管理，这样，管理、服务、教育不能彼此结合，更没有把服务与思想政治教育工作结合起来，在管理和服务之间、在思想政治教育和服务之间，存在着人为的鸿沟。这样的管理模式单纯强调外部的强制力，要求学生总是被动地接受管理，学生必然会产生抵触情绪，学生管理的育人功能就得不到真正的发挥。

（四）校园网络环境欠缺吸引力

生活在一个信息化迅速发展时代的大学生，基本上都熟悉电脑，能够在网上获取信息而且喜欢通过各种网络方式发表自己的观点和看法，比如博客、QQ 聊天、BBS、论坛等。但是处于青春期的大学生，对新生事物有很强的好奇心，面对纷繁复杂的网络信息缺乏辨别是非的能力，自控力差。第一，开放的网络环境动摇着一直以来在学生成长中占据主导地位的学校教育。凭借网络，这些数量巨大、来源广泛、错综复杂的网络信息直接到达学生身边，大学生的注意力被分散，在大学生世界观、人生观、价值观的形成过程中，思想政治教育发挥主导作用的难度就空前加大。第二，不可控的网络环境使得大学生思想政治教育的媒介环境变得十分复杂，夹杂在网络中的大量垃圾信息泛滥，极易对道德辨识力不强的高校大学生的思想和行为产生误导。网络色情信息的扩展，会直接影响大学生的身心健康。还有，网络上充斥着大量哗众取宠的无用信息，分散了大学生的注意力，使部分大学生深陷其中不能自拔，工作和学习明显容易受到负面影响，严重时还会导致个别学生人格发生畸变。第三，互联网在很大程度上改变了人们的生活、交往方式。在网络中，主体的行为往往是在虚拟情形下进行的，是“人机交往”，人人都可以在网络中成为“隐形人”。这种交往激发了彼此之间的神秘感，使人容易获得交往的成就感和满足感。然而，网络的虚拟性使人与人面对面的机会减少，缺乏正常的社会沟通和人际交流，这必然会影响和改变大学生的生活方式，产生人际障碍，逐渐变得冷漠，孤僻，使大学生陷入空洞贫乏的人生状态和空虚苍白的心理状态，这些问题使得大学生思想政治教育面临严峻的挑战。

二、大学生思想政治教育的家庭环境不和谐

人们出生的地方——家庭，是我们所接触的第一个环境。作为思想政治教育的重要环境之一的家庭环境，时时刻刻发挥着潜移默化的作用，深刻而细致地影响着大学生的生活习惯、生活态度、个性形成、心理发展、思想品德、道德情操、行为规范等诸多方面。家庭环境的特点之一是父母与子女间人际接触的频率高、聚合性强，但这并不等于“凝聚力”强。随着市场经济的发展，多元化的经济利益、不断丰富的信息渠道、不断加大的群体消费差异以及变化着的社会风气，导致家庭的教育受到了较大的冲击。

（一）家庭结构不完整

随着社会变迁以及市场经济体制的逐步完善，我国的家庭结构由“正金字塔”转向“倒金字塔”，出现了许多新的家庭形式，比如单亲家庭、隔代家庭和留守家庭，随之而来的就是产生了许多家庭问题、教育问题、社会问题，尤其是生活在这些家庭环境中的孩子的思想、心理素质问题，严重影响着大学生的健康成长。比如现在不断出现的单亲家庭，因结构不完整，不能完整地发挥家庭教育的功能，带来了诸多社会问题，如单亲家庭的经济贫困、单亲家庭子女的心理问题以及再婚家庭的和谐等。单亲家庭成长中的孩子缺乏关爱，很多孩子生活没有着落，在成长中很容易做出不利于社会和他人的事情。大多数单亲孩子性格内向，思想偏激，情感孤独，性格上存在缺陷。在进入社会与他人的接触中，不擅长与他人进行正常的交流就是一个明显的特点，人际关系也比较差。近年来，高校大学生中频繁出现的抑郁症、焦虑症、甚至自杀等恶性事件，都和他们的家庭成长环境密切相关。

（二）教育理念和方式不当

在长期的家庭生活中，家长形成了一种固定的教育模式和教育理念，即家庭教育方式主要是取决于家长的选择。家长们大多是根据自己的传统经验教育子女，但是某种传统经验往往与现代的、科学的家教方式背道而驰，这就容易诱使家庭教育走进误区。比如：第一，家庭教育观念存在片面性。目前我国的教育仍然是以政府为主导，选拔标准仍是择优录取，即以分数作为衡量的依据，一定程度上使得家庭和学校教育不得不看重学生的成绩，此外，我国现阶段优质教育资源不足，这就形成了家庭对教育高投入和高期望的局面，而计划生育政策的全面推行

和高科技、信息化时代教育资本投资回报率的提升，进一步强化了父母对子女的过高期望和过度付出，造就读书有用的“高温”环境。同时，随着改革开放和社会主义市场经济的发展，相当一部分家长在对子女的教育过程中的功利化、实用化倾向日益严重，重智轻德、重利轻义，对子女的教育带有明显的功利性，更多地看重学业成绩，淡化了对子女的性格、意志、心理方面的教育，造就了一批“高分低能”的人，既不利于子女的个性发展，又使得子女的培养与社会需要存在一定程度的脱节，完全不符合社会对人才的客观要求。第二，家庭教育方式不当。一部分家长过分宠爱孩子，恃宠而骄，对子女的一切都包办代替，导致他们缺乏生活自理能力和独立思考能力，形成以自我为中心的不良人格，使孩子失去了正常的、积极的、自由发展的个性，难以适应社会的需要。另一部分家长的教育方式简单粗暴，在处事上很少顾虑到子女的感受，把自已的意志强加到子女身上，往往一意孤行，造成子女性格压抑，心理自卑，胆小怕事。这两种教育方式都对大学生人格的健康发展产生不利影响，而且影响他们树立科学的世界观、人生观和价值观。

（三）婚恋观不健康

婚恋观是人们对恋爱、婚姻和性爱取向的基本看法，受价值观的影响和支配。伴随着社会的发展，人们思想也得到了解放，受外来思想的影响，大学生在婚恋问题上就出现了一些不健康的倾向，比如婚外恋、试婚、早恋、同居等不良现象越来越严重。在这样的环境和风气的影响下，很多高校学生的传统的婚恋观被颠覆。随着改革开放的不断深入，西方以“自由”为标榜的“性自由”“性解放”等思想和生活方式受到青少年的盲目崇拜和模仿，在婚恋态度、婚恋动机以及两性观念等方面都表现出很多变化。比如恋爱态度上，降低了恋爱的纯洁性，盲目性增强，只注重恋爱过程而轻视结果，单纯地强调“爱的权利”而抛弃“爱的义务”，使得恋爱和婚姻相分离，缺乏社会责任；婚恋动机上，较多地表现出物质性，青少年一味追求虚荣心和欲望的满足，在爱情的天平上把物质条件作为筹码，选择伴侣时首先考虑对方的家庭背景、社会地位，择偶成为其改变身份的手段、实现理想的捷径，精神需求明显被忽略；两性观念上，受到西方性泛滥等不良思想的影响，对于试婚、未婚同居、“一夜情”、婚外恋等一些被视为“丑陋”的行为，青少年不再排斥，更多地是给予理解和包容。

三、大学生思想政治教育的社区环境复杂化

社区属于小社会，在社区这个小社会中，既存在着积极性因素引导和推动人们健康向上、积极进取，也存在着消极性因素干扰人们正确思想的形成。大学生心理发育尚未成熟、定型，同时存在模仿、从众、认同、感染、服从等心理机制，他们选择环境和改变环境的能力还不强，因而极其容易受到环境的冲击和制约。与此同时，伴随着社区与教育日趋融合的趋势，社会影响源转化为思想政治教育的成分亦日益突出，社区环境因素日益成为研究大学生思想政治教育不可缺少的一大方面。但是，随着社会利益的不断分化和社会群体的重新组合，社区越来越成为社会矛盾比较敏感和集中的一个地带，社区居民出现了一些思想认识障碍和心理困惑，减弱甚至抵消了身处其中的大学生思想政治教育的效果。

（一）高校与社区之间的联系较少

高校与社区的联系较少，使大学生思想政治教育“孤岛效应”突出。所谓“孤岛效应”(Isolated Island Effect)是一个可以被普遍应用的比喻性术语，当一个事物或系统与其相关的条件或环境脱节，从而被孤立起来以后，就如同大海里的一个孤岛一样。因此，只要把自己孤立起来，不管是经济领域、政治领域还是文化领域都存在着由于封闭而出现的孤岛效应。学校外的事情，比学校内的事情更为重要，而且它支配和说明着学校内的事情。高校与其毗邻的社区隔离开来，彼此交流较少，不能充分利用彼此的教育资源，对于受教育者体验社会生活形成了障碍，从而不利于教育与社会的互动，就出现了一些问题，比如，如何让社区居民融入高校的文化氛围中，以真正享受大学精神带来的人文魅力；如何实现高校与社区无缝对接。高校为社区培养各种层次、各种方面的人才，这种“围墙”效应，使得高校教育不能渗透到周围的社区环境中，也使得社区环境总存在的一些消极因素与教育相抵抗，导致二者相脱节，无法有效地利用社会资源延伸教育实践，间接地使思想政治教育系统被分割，无法满足社区和大学生的需要。

（二）社区居民的公共意识淡薄

社区教育首先应该被理解为与该社区发展相结合的教育。社区教育可以对学校教育进行补充，在时间和空间上与学校的教育进行衔接。随着大量的“单位人”变为“社会人”以至“社区人”，人们对社区的要求和依赖前所未有地增强。但随着社会的流动性增强，社区容纳着各种各样的人群，社区居民的异质性增强，地域观念变得冷漠，社区居民在价值观取向的多元化方面体现得最为明显。居住在社区的居民把主要精力放在工作和事业上，相当多的居民对社区的公共事务和社区利益不了解也不关心，对社区的认同感和参与意识也比较淡薄。在喧嚣、快节奏的城市生活中，居民虽然同住在一个社区，但彼此缺少来往。社区是连接学校教育、家庭教育和社会教育的重要纽带，如果社区环境的熏染与学校思想政治教育的要求相互冲突，这些冷淡的人际关系和漠不关心他人的意识侵蚀和影响着大学生的思想，就会致使大学生从学校接受的正面教育大大削弱。“课堂教育三刻钟，不敌课下三分钟”的戏语在一定程度上反映了社区状况对大学生思想政治教育的负面影响。

（三）社区治安环境、人员复杂化

高校周边环境复杂，是大学生思想政治教育环境面临的一大挑战。高校在扩招大潮下，不断扩大学校的规模，有些学校就和繁华的闹市区一样，这样复杂的环境，不但影响到高校的教学活动，还使学生无法拥有平静的心态，往往会比较浮躁，这样间接削弱了学校思想政治教育的效果。很多人看到大学生这一庞大的消费群体的存在，欣赏到高校周边的商机，从而开设各种商铺以满足自己的需求，但是这些商铺的品质良莠不齐，安全、卫生都存在隐患。高校附近居民利用出租房屋谋利，忽视住户状况，城市外来打工人员、无业游民、下岗职工，以及居住在外的闲散人员等均可租住，这些数量众多的暂住人口，来源广、结构复杂、流动性强、管理困难，从而给大学生思想政治教育造成潜在的负面影响和危险。

第三节　和谐社会视域下高校思想政治教育环境优化策略

环境中各构成部分与高校思想政治教育联系的紧密联系程度是不一样的，所以高校思想政治教育对环境的调控程度也是各不相同的。其中的一些环境对高校思想政治教育是可以感觉到的影响，但也许高校思想政治教育对它们的影响作用甚小，这些环境就不是高校思想政治教育调节的主要层面。还有一些环境是高校思想政治教育赖以存在和发展的条件，比如国际与国内的大环境，高校思想政治教育对它们的调节主要是如何适应和协调这些环境的问题。但是还有些环境与高校思想政治教育有着直接的联系，比如校园环境、家庭环境、社区环境等，它们和高校思想政治教育之间有着相互依存、相互促进的关系，高校思想政治教育能对这些环境起控制和改造作用。

一、和谐社会视域下大学生思想政治教育环境优化创新的原则

所谓大学生思想政治教育环境创新的基本原则，就是人们在大学生思想政治教育环境建设的过程中必须遵循的基本准则，是人们运用创造思想教育环境的方法，选择创造大学生思想政治教育环境的途径，进行大学生思想政治教育环境的创造活动时必须遵循的基本原则。它对于约束创造主体遵守大学生思想政治教育环境的作用规律，正确进行大学生思想政治教育环境的创造活动，避免主观性和片面性，具有至关重要的作用。

作为高校教育工作者，在思想政治教育环境创新的过程中要遵循如下三个方面的原则。

（一）坚持创新与继承相结合的原则

创新是历史进步和人类自身发展的永恒动力，创新精神是时代精神的集中体现。江泽民指出："创新是一个民族进步的灵魂，是国家兴旺发达的不竭动力。"高校在全民族创新体系建设中承担着重要历史使命，环境创新是大学生思想政治教育的重要内容，创新性是新时期大学生思想政治教育环境建设的应有之义。此外，从上面分析的高校思想教育环境现状不难看出，加强高校思想教育工作的环境创新是非常迫切的。在全球化背景下，国际资本迅速扩张，政治环境日趋复杂，文化环境多元化，国内虽然在经济、政治和文化方面取得了空前的发展，但是不稳定的因素依然存在。面对复杂的国内外环境，大学生思想政治教育者在环境建设方面，尤其在弘扬社会主义主流价值观，优化校园物质环境，帮助学生形成正确的世界观、价值观、人生观等方面的建设进行着有益的尝试和探索，但是力度和效果还不显著。与社会发展的速度相比，大学生思想政治教育环境创新相对滞后。创新应该成为大学生思想政治教育环境建设的主旋律，这是毋庸置疑的。推进环境创新工程，首先，在思想政治教育工作者自身的思想方面，思想政治教育工作者的思想素质不能一成不变，而应是动态的，随着时代环境的发展而提升，并逐渐走向成熟，这就要求其从观念上主动适应时代环境的变迁，要有从全局、长远和根本的角度来观察社会中出现的新事物、处理新问题的战略性思维。其次，在大学生思想政治教育环境领域创新上要拓宽，特别是针对一些富有时代特色的新兴阵地的出现，思想政治教育要迅速扩张，并迅速有效地占领阵地，要不断查找思想政治教育的新盲点，消灭死角。此外，在大学生思想政治教育环境内容创新上要拓展，在改革日益深入、利益关系发生重大调整、社会心态失衡、

各种不安全因素增多的情况下，把加强社会稳定教育作为思想政治教育的重要内容，把普及科技知识、不断提高人们的素质作为思想政治教育的重要内容，另外还要抓好机制创新，增强思想政治教育环境的系统性。在具体实践中，一部分高校在思想政治教育环境建设的机制上的创新还不够，未能实现各类资源的有效整合，形成强有力的合力。其内部教学、管理、服务等职能部门之间因条块分割、功能单一、职责模糊，常常各自为政，与大学生思想政治教育工作相脱离，使教育资源得不到充分利用，未能形成教书育人、管理育人以及服务育人的“齐抓共管”局面。还有一部分教师对思想政治教育的重要性认识不足，只管教书传授专业知识，忽视了大学生对人格的塑造，也削弱了大学生思想政治教育中的有效因素，并造成了大学生思想政治教育资源的浪费。作为一个有机体的思想政治教育环境系统，只有建立起协调、平衡、高效的运行机制，才能获得系统效益，取得思想政治教育的最佳效果。

在大学生思想政治教育环境创新过程中，部分思想政治教育者在创新上存在种种认识偏差与误解。认为创新就是否定过去的一切，丢弃过去的一切，将创新与继承完全割裂。例如，某高校在完善人文景观时，为了整齐划一，追求形式上的美感，将分散在校园各处的名人雕塑集中起来摆放在学校广场，以增强学校的所谓“气势”，还说为了跟上所谓的“国际潮流”，将校园所有的中国名人雕塑换上外国的名人。这种环境改造浪费人力、物力和财力，对大学生思想政治教育是无益的，甚至是有害的。事实上，新中国成立以来。我国在高校政治思想教育环境建设方面积累了很多好的经验，仍然值得借鉴。因此，在大学生思想政治教育创新过程中，我们要坚持扬弃的原则，要注意借鉴中国传统道德教育的精华，继承和发扬党的思想政治教育的优良传统，同时要辩证地吸取国外大学生思想道德教育的有益成分。只有这样，我们的思想政治教育才会出效果、见成效。

（二）坚持环境创新的政治性原则

政治性指思想政治教育公开声明为无产阶级服务的宗旨，旗帜鲜明地坚持马克思主义基本原理，坚持用共产主义思想教育全体社会成员，致力于培养一代社会主义新人。思想政治教育作为一项社会实践活动，普遍存在于阶级社会中，是与一定社会阶级的意识形态活动相联系的实践活动。在一定意义上说，它是一定阶级精神生产和主导意识形态建设的重要方式。思想政治教育实践活动的实施者代表一定的阶级意识，其所表达的思想内容与社会主导的意识形态相一致，这是由社会意识的阶级性本质所决定的。在我国的社会主义社会中，社会主义的经济政治制度决定了我们创新大学生思想政治教育环境必须坚持共产主义的政治方向，使大学生思想政治教育环境为把受教育者培养成为有理想、有道德、有文化、有纪律的社会主义新人服务。在我国社会主义初级阶段，大学生思想政治教育环境十分复杂，它既有社会主义、共产主义思想体系的传播与实践，又存在封建主义的、小资产阶级的残余思想影响以及来自资本主义世界的思想渗透等等。为了把受教育者培养成为有理想、有道德、有文化、有纪律的社会主义新人，就必须保持清醒的政治头脑，始终坚持共产主义的政治方向，批判和抑制各种非无产阶级思想。

坚持政治性原则，最根本的是要坚持四项基本原则，反对资产阶级自由化。四项基本原则是马克思列宁主义的普遍真理同中国革命和建设的具体实践相结合的产物，它规定了我国的社会性质和发展方向，规定了我国的经济、政治、文化制度以及党和国家的根本指导思想，是我们的立国之本。所以，只有坚持四项基本原则，才能保证我国社会的社会主义性质和共产主义方向。同时，还

要自觉地贯彻执行党的路线、方针、政策，必须从我国一定历史时期的现实出发，增强针对性和现实性。党的路线、方针、政策是党和国家为最终实现共产主义远大目标而在一定历史时期所制定和采取的行动准则和根本措施，这些行动准则和根本措施都是为最终实现共产主义的远大目标服务的，代表着共产主义的发展方向。因此，坚持方向性原则，还必须自觉地贯彻执行党的路线、方针、政策，在深刻领会的基础上，把党的路线、方针、政策不折不扣地贯彻到各项实际工作中去。也只有这样，才能把创造大学生思想政治教育环境的政治性原则落到实处。

在当今社会，思想政治教育的政治性在实际运行中不仅要服从于政治需要，还应该服从和服务于整个社会发展和社会成员。在当前这个改革开放和社会主义市场经济充分发展的新时代，社会成员在权利和义务关系方面发生了重大调整，人们的主体性意识越来越充分地显示出来，因此，思想政治教育还应该转向考虑个人的需要和个人的平等。应该积极探索尊重人、理解人、关心人、爱护人的教育方法，并在思想政治教育的实践中不断实现个人的自我价值。要以人为本，考虑个性、个体的东西，更加注重人的自由全面发展。实现个人的生存与全面发展是思想政治教育的价值追求。这就是我们下面要阐述的第二个要求，即环境创新主体性要求。

（三）坚持环境创新主体性原则

主体和客体是哲学中的一对范畴。主体在一般情况下是指有意识、有能动性的人。普遍抽象地说人是主体没有任何意义，人只有在自我意识支配下有目的地认识和实践才有意义。而客体永远作为满足主体需要的对象而存在，它是包括人自身在内的人所生活的世界总体。主体和客体是相互规定、相互转化的，在一定条件下的主体，在另一条件下是客体。作为主体的人，他往往“一兼两任”，既是主体，又是客体。主体性就是人发出需要的主动性、能动性和创造性。是不同于物的根本特性。因此，相对于大学生思想政治教育的环境而言，教育者和被教育者都是主体。环境创新的主体性包含两层含义：一是指环境创新要围绕被教育者展开，无论内容、手段和方法，都必须看其是否符合被教育者主体的需要，看是否有利于被教育者的全面发展。二是指在环境创新的过程中，教育者和被教育者所起的作用是不同的。教育者在对环境的调适和建设方面起着主导的作用。

人的全面发展最根本的是指人的劳动能力的全面发展，即人的智力和体力的充分、统一的发展。同时，也包括人的才能、志趣和道德品质的多方面发展，即指人的体力和智力的充分、自由、和谐的发展。“人的全面发展”是马克思主义的基本原理之一，也是我国教育方针的理论基石。进入新世纪以后，党和国家领导人重新审视人类自身发展的环境和条件，对“人的全面发展”原理中国化问题进行了深入的探索。江泽民《在庆祝中国共产党成立八十周年大会上的讲话》中辩证地提出了人的全面发展与社会的全面发展统一于人民根本利益的重要思想，不仅从理论上复归于“人的全面发展”学说的本来面貌，而且根据建设中国特色社会主义的实践，丰富和发展了马克思主义，为我们正确把握和全面落实教育方针，推进社会成员的全面发展奠定了思想和理论基础。

大学生思想政治教育环境建设要坚持马克思主义的“人的全面发展”基本理论，坚持以人为本，促进大学生的全面发展，进而实现大学生思想政治教育的目标。为了完成这一任务，大学生思想政治教育的环境建设就要全面落实“人的全面发展”的理论，坚持人性化教育，把学生的需要和发展置于首位，把塑造人与为了人、激励人、服务人结合起来，在每一个环境构成要素中都体现人性化的特色。要既在硬件建设上处处方便学生的生活，又在软件建设上充分尊重大学生的主体意识和在环境建设中的主体地位，形成有利于激发学生的主动性、积极性和创造性的良好氛围，提高大学生的自主意识和自主选择能力，进而促进大学生的全面发展。

环境创新的主体性原则的另一层含义是在环境创新的过程中，教育者在对环境的调适和建设方面起着主导的作用。大学生思想政治教育环境建设创新主要是针对教育者而言的。虽然马克思认为人与环境是相互影响的，“人创造环境，同时环境也创造人”，但是环境作为一种客观的外在条件，首先对我们的政治思想起着决定和制约作用，大学生思想政治教育也不例外。环境的外在客观性就决定了受教育者在环境创新建设的过程中所起的作用是次要的，在某种环境条件下他们甚至只能被动接受环境、适应环境。因此，毫无疑问，把控环境、调适环境、创新环境就成了教育者义不容辞的责任。

二、和谐社会视域下大学生思想政治教育环境优化创新的途径

（一）以政府为主导，营造良好的高校思想政治教育社会环境

1. 继续积极推进改革，创设一个安定团结的社会环境

恩格斯曾指出：“我们断定，一切以往的道德归根到底都是当时的社会经济状况的产物。”唯物史观认为：生产关系决定包括社会意识形态在内的社会上层建筑，而生产关系由生产力决定，因此，思想道德观念作为社会意识形态的重要组成部分，归根到底由社会生产力的发展水平决定。所以，第一，我国要大力发展社会生产力，要始终坚持以经济建设为中心不动摇，加快我国经济建设的步伐，为新阶段的思想政治教育奠定稳固的经济基础。第二，建立社会主义市场经济秩序，要始终坚持以人为本，正确处理社会、集体、个人之间的利益关系，大力协调利益关系，为人的全面发展和思想政治教育的进行创造和谐的社会环境。第三，要将思想政治教育纳入到经济与社会发展的总体规划中，不断增加中央财政和地方财政对思想政治教育的资金投入，为思想政治教育的进行提供较好的物质资源。特别是要解决高校贫困生的“后顾之忧”，缩小大学生的贫富差距。

2. 加强党风廉政建设，形成良好的社会氛围

第一，加强官德建设。孔子曰：“君子之德风，小人之德草，草上之风必偃。”所以要增强为官者的服务意识，增强其公仆意识，对为官者进行道德教育，让其认识到自己手中的权力是人民给的，必须全心全意为人民谋取利益。

第二，加强职业道德建设。树立正确的职业道德观，大力提倡以爱岗敬业、诚实守信、办事公道、服务群众、奉献社会为主要内容的职业道德。要健全行业违规行为的惩罚机制，运用多种手段，将各行各业纳入科学的管理体系，以此培养健康的行风。

第三，加强公民道德建设。强化公民的社会公德意识，大力普及“爱国守法、明礼诚信、团结友善、勤俭自强、敬业奉献”二十字公民基本道德规范，是每一个公民都应该遵守的最基本的行为准则。此外要引导人们坚持从身边的事情做起，从一言一行做起，从一点一滴改起，不断革除各种社会陋习，自觉追求文明健康科学的生活方式，养成良好的行为习惯。

3. 加强民主法制建设，营造有序的思想政治教育社会制度环境

社会主义法制建设是高校思想政治教育发展的基本制度环境。法制建设是形成良好社会环

境的基础，也是现代社会的重要标志之一。思想政治教育在面向未来培养合格的社会主义接班人和建设者时，需要一个法制健全的社会环境予以支持。要做的工作主要有：第一，严格依法执政，增强制度的信用。加强民主法治，建设法治政府，做到依法治“官”，依法治“权”。第二，加强法制宣传，提高法制意识。要大力加强法制宣传教育，增强大学生的法治意识和守法的自觉性，这是加强民主法制建设的基础。社会主义民主法制建设是一个逐步积累的渐进发展过程，努力推进民主制度建设既是当务之急，也是历史使命。

4. 发展社会文化事业，把社会主义核心价值观渗透到文化载体中

党的十六届六中全会指出：“马克思主义指导思想、中国特色社会主义共同理想、以爱国主义为核心的民族精神和以改革创新为核心的时代精神、社会主义荣辱观、构成社会主义核心价值体系的基本内容。”在价值取向多元化的背景下，青年大学生作为社会优秀群体中的一部分，是否能牢固地树立社会主义核心价值观，准确地把握社会主流意识形态，已是当前对大学生进行思想政治教育的重要工作，这与中国特色社会主义事业的兴衰成败紧密相关。创建文化大环境，就是要引导人们去寻找与建立其适应当前经济体制改革、政治体制改革的新的思想观念和文化观念，在多样的文化活动载体中渗透价值观教育。要“以科学的理论武装人，以正确的舆论引导人，以高尚的精神塑造人，以优秀的作品鼓舞人”，努力繁荣文学艺术事业，大力发展哲学社会科学事业和其他文化事业，积极建设各种教育场馆、社会教育基地和爱国主义教育基地，要创造条件对全社会开放，各级政府和企事业单位要鼓励和支持开展公益性文化活动，通过这些措施促使大学生思想觉悟的提高。

5. 优化大众传媒环境，发挥网络思想政治教育的积极作用

“大众传播是通过自己对世界的理解来影响受众对世界的感知和认识的，新闻媒介对事实的选择和解释就是这种理解的体现。媒介传播的世界不是世界本身，而是已经被选择和解释过的世界。这个‘世界’很可能是扭曲的、变形的，但它总是被当作真实存在的世界传播给受众。在大众传播无孔不入的今天，人们自觉、不自觉地接受着媒介对世界的选择和解释。”优化媒介环境要从以下几方面做起：第一，加大立法监督力度。立法监督是控制大众传播最有效的手段。立法监督就是要对大众传播信息的生产、接收、传播等环节进行法律上的建设和完善。政府部门要运用高科技保障手段，对信息进行过滤。加强立法来监督和控制不良信息，用法律手段来制止和处罚犯罪。第二，加强对媒介从业者的职业道德教育。媒介从业者的政治素质、专业技能、职业道德等方面决定了媒介内容的道德水平。因此，媒介从业者需要具有一定的行为规范和道德准则，内化于心，外化为行。

（二）以高校为主体，完善积极向上的思想政治教育校园环境

高校是进行思想政治教育的主阵地，历来被称为社会的“晴雨表”，学校环境是大学生思想政治教育的主要平台。

1. 加强人文物质设施投入，提供基本的学习生活保障

苏联著名教育家苏霍姆林斯基曾经说过：“校园的物质基础是对学生的精神世界施加影响的手段。”物质环境是一种直观文化，直接表现的是高校成员所处的文化氛围，带有强烈的视觉效果。因此，要改善高校内部的思想政治教育环境首先要从物质环境建设入手。第一，加大校园基础设施投入，搞好基础设施建设。校园整体布局要风格一致，校内建筑、设施要实用美观，

校容、校貌要充满生机，校园建筑要讲究整体和谐和审美情趣，使得校园人文景点具有审美功能和教育功能。第二，要在自然化境建设中突出人文精神。要根据学校发展历史、人才培养目标、校园传统和办学特点，设置文化景点，比如具有丰富文化内涵的塑像、纪念馆、纪念碑等，“努力使学校的墙壁也在说话”。总之，要让学校的物质环境朝着自然、科技、人文诸方面相互渗透、融合的方向转变，不仅要注重物理空间、自然风景，更要强调其间接的育人功能。校园环境对大学生的影响是每时每刻、无处不在的，又是大学生可以亲身体验的，因而借助校园环境进行思想政治教育比简单的说理和单纯的活动产生的影响要持久和深刻。

2. 增加管理中的人性化因素，形成育人为主的管理模式

“管理制度建设与创新的价值核心是着眼于提高人的综合素质，调动最大多数人的积极性、主动性、创造性，全面提升大学生的政治素质、道德素质、文化素质，努力促进人的全面发展。”以人为本是时代进步与社会发展的迫切要求，也是人的全面发展的必然要求。思想政治教育主要是做人的工作，教育人、培养人、感化人，因而人始终是思想政治教育的核心。在管理中，管理者可以遵循在政策中遵循教育发展规律，在原则中融入人本管理理念，在规范中推进思想道德建设的思路进行管理。具体说来就是，第一，要尊重学生的主体地位。既要顺应学生身心发展的规律，又要听取他们的合理意见，这样既能保证对学生的培养，促进他们的健康成长，又能满足学生多方面的发展需要，充分发挥制度所具有的思想政治教育功能。第二，加强学生管理中的教育。学校应该从学生一进校起就把学校的规章制度发给学生，让学生了解学校的规定。学校必须严抓各项制度的落实情况，在执行过程中尽量减少随意性行为，真正做到严格照章办事，发挥规章制度的惩恶扬善、奖勤罚懒的作用，从而保证制度的顺利进行，进一步规范学生的行为。这样既改善了行政环境的“亲民性”，也提升了学生接受教育、管理的自觉性和认可度，完善了学生工作的全面性和思想政治教育的渗透性。

3. 提升校园文化活动层次，满足大学生的精神文化需求

校园行为文化建设更多地体现在开展校园文化活动上。丰富多彩的校园文化活动一方面扩大了大学生的交往圈，另一方面也能使大学生因注意力转移而冲淡和忘却不愉快的心理阴影，从而促进大学生健康心理的形成。高校要“大力加强大学生文化素质教育，开展丰富多彩、积极向上的学术、科技、体育、艺术和娱乐活动，把德育与智育、体育、美育有机结合起来，寓教育于文化活动中”。校园文化活动具有生动灵活的形式。可以开展许多行之有效的形式，比如通过开展周末乐坛、原创话剧、毕业晚会等文化品牌活动，增强学生对学校的发展历史和办学精神的认同，拉近学生与民族艺术的距离，增强学生对高雅艺术的鉴赏力；通过开展演讲比赛、体育竞赛、书评影评等活动，促进大学生了解社会，增强社会责任感，加强对理论知识的理解，深化对自身潜能的认识；通过开展青年志愿者活动、社会调查、暑假顶岗实习、参观活动等，使大学生感受到社会各阶层工作者的工作性质、工作环境、生活状况，从而增强社会责任感。

4. 构建校园健康、有序的网络环境，形成正确的舆论导向

高校“要重视和充分运用网络技术，提高思想政治教育的实效性，扩大覆盖面，增强影响力”。第一，高校要加大对校园网络的监督、管理力度。有条件的学校可以在网络服务器和计算机上安装绿色上网过滤软件，通过采用技术手段及时屏蔽或删除低俗、淫秽、暴力、反动的信息和攻击性的语言，使网络处在可监控的状态下，保证校园网络安全、健康的运行。第二，高校要积极建设思想政治教育主题网站，提高思想政治教育类网站的知名度。高校各级基层党组织要

致力于创建网络教育阵地，使之成为紧密联系大学生的窗口，同时要建立网上思想政治教育的工作平台，充分发挥其渗透式教育的功能，使大学生及时了解网站、关注网站。第三，高校要丰富网络思想政治教育的内容，加强网站对大学生的吸引力。《中共中央国务院关于加强大学生思想政治教育的意见》指出：要建设好融思想性、知识性、趣味性、服务性于一体的主题教育网站，积极开展生动活泼的网络思想政治活动，形成网上网下思想政治教育的合力。学校要根据学生的特点和需求，全面推进和实施“电子邮箱”“电子集体”和“网上教育”等网上渠道，实现学生网络生活和网上思想政治教育有效契合。

（三）以家庭为支撑，构建和谐民主的思想政治教育家庭环境

家庭教育是高校思想政治教育的一部分，针对当前家庭环境存在的问题，作为家长应该做到：

1. 树立以人为本的家庭教育观和教育方式

罗斯福说：“只教孩子知识，而不培养其心灵，只能给社会培养一堆麻烦。”在知识经济高度发达的今天，社会竞争越来越激烈，人才是关系国家综合国力的重要因素，而人才的核心正在于“人”。所以，第一，在教育理念上，家长既要满足子女身心发展的需要，又要适应时代变迁和社会进步的需要，在关心子女的身体健康和智力发展的同时，也要关注子女的心理健康和品德教育，坚持德智并举的家庭教育理念。第二，在教育方式上，家长要做到：首先爱而不溺。任何事情都是过犹不及，不仅要给自己丰富的物质生活条件，更应该要求他们学会独立。其次严而有格。古人云：“不以规矩，不能成方圆”，但是严格要求也是有限度的，家长教育态度生硬，语言粗鲁，缺乏感情，会损伤子女的自尊心，所以要做到严而有爱，严而有度。

2. 提升家长自身品德修养，做到言传身教

家长的言行举止对子女有着潜移默化的作用，会直接影响子女的道德品质和理想信念的形成。有良好文化修养以及文明健康的生活习惯的家长通过言传身教培养出来的孩子有着良好的性格和品德，这样的孩子也能够严格要求自己的一言一行。所以，第一，家长要努力提高自身的思想道德素质和文化层次，在大是大非面前讲道德，在小事情上认真谨慎并用正确的道德观去影响、教育子女。第二，家长要注意平时的言行，要以身作则，以自身良好的品行修养给子女做出表率，积极引导教育他们树立正确的世界观、价值观、人生观、道德观、是非观。古人云：“其身正，不令而行；其身不正，虽令不从。”家庭教育中，家长应充分认识到“身教重于言教”，家长以身作则、率先垂范，才能收到良好的思想政治教育效果。每个家长都应认识到自己行为对子女的渗透作用，自觉提高修养，严于律己，以自己的模范行为和高尚品质、情操给子女施以良好的品德影响。

3. 加强父母与子女的沟通，形成良好的家庭氛围

苏联教育家马卡连柯说：“你们自身的行为在教育上具有决定意义，你们怎样穿衣服，怎样跟别人谈话，怎样谈论其他人，你们怎样表示欢欣与不快，怎样对待朋友和仇敌，怎样笑，怎样读报，——所有这些对儿童都有很大的意义。父母对自己的要求，父母对自己家庭的尊敬，父母对自己一举一动的检点，这是首要的和基本的教育方法。”家庭氛围的好坏对孩子的成长和个性的形成有着非常重要的影响，积极营造和睦的家庭氛围、给孩子以好的熏陶非常必要。在家庭教育中，家长要及时与子女进行沟通，适时谈心，掌握子女的思想动向和心理状况，积极疏导子女成长过程中的思想和心理障碍，真正理解子女的需要，尊重他们的选择。只有深刻地理解子女的一些变化，加

强彼此的沟通，了解子女的内心世界，在家庭思想政治教育中有意识地创造适合子女年龄特点的教育方法，才能防止子女在接受教育中的抵触情绪，从而达到教育的目的。

4. 倡导健康的婚恋观，重视对子女和单亲孩子的教育

在家庭教育中倡导建立积极健康的婚恋观、降低离婚率，形成良好的社会婚恋风气对青年学生的成长十分必要。家长要把文明健康的婚恋观、先进性别文化和婚姻家庭文化作为教育的一项重要内容，在和子女的彼此交流中，向子女“灌输”这些健康的观点，家长可以从反面向子女说明“没有爱情的婚姻是不道德的婚姻”的道理，如果是基于不良的婚恋动机，缺乏认真负责的态度，就会引起更多的继发性的社会问题，通过正反两方面的说服教育帮助子女树立正确的恋爱观、婚姻观和家庭观。此外，随着社会变迁以及市场经济体制的逐步完善，我国的家庭结构由“正金字塔”转向“倒金字塔”，出现了单亲家庭、隔代家庭和留守家庭等，生活在这些家庭环境中的孩子的思想、心理素质问题，严重影响其健康成长，所以家长要正确对待和评价这些孩子，加强对他们的心理教育和引导，让他们在成长的过程中得到尊重，使他们能在健康的环境中成长。

（四）以社区为纽带，创设安全文明的思想政治教育社区环境

面对着大学周边的社区环境日趋复杂化，高校和周边社区应该引起足够的重视，一起为高校思想政治教育构建和谐的共享环境。

1. 充分利用地缘优势，实现高校与社区之间的资源共享

高校与社区要充分利用地缘优势，取人资源之长，补己资源之短，实现思想政治教育资源共享互动。高校与社区要根据发展的需要，从高校思想政治教育和社区建设的实际出发，运用一定的政治、经济、文化、科技、服务等手段，使各种资源真正参与到教育中来，解决双方面临的共同问题，推动双方的共同发展。一方面，社区的党工委、街道组织部门要以街道、居委会为依托，加强文化设施建设，建设市民广场、露天文化广场，设置阅报栏、宣传栏、黑板报，建立文化中心或图书馆等；充分发挥当地文化传统的优势，发动社会各方面力量开展各种丰富多彩的文化活动；要依托社区管理，加强社区管理，把正确的思想观念、道德情操渗透到管理制度中，使内在约束与外在约束更好地结合起来，在社区内形成弘扬正气、祛除邪恶的良好社区环境。另一方面，要发挥学校对周边区域的文明辐射功能，包括传递现代文明和信息，宣传思想伦理道德和价值观的教育，充分利用校园文化气氛对社区居民的直接或间接熏陶，使教育资源达到社会共享、学校之间共享、社区居民共享的目的，促进物尽其用、财尽其能、人尽其才，在资源共享方面实现高校思想政治教育和社区建设的良性互动。

2. 强化大学生社区实践活动，增强思想政治教育效果

“大学生社会实践，通过对思想政治教育理论的直接运用以及对社会生活的直接接触和对所见、所闻等的直接体验，对社会发展过程的系列问题展开自觉的思考和研究，使学生的思想政治观念得到改变和提高，使学生的综合素质得到有效培养，提高思想政治教育在创新人才培养过程中的分量，是思想政治教育服务大学生人才培养目标的重要体现，是拓展思想政治教育功能的重要举措。”“社区教育首先应该被理解为与该社区发展相结合的教育。”因此可以根据周边的地域条件及文化阵地、设施的不同情况，开展相应的文化活动，动员学校、企事业、社区以社区为舞台，以广大青年和学生为服务对象，开展社区文化活动；可以安排大学生到先进社区

参观访问，就某种社会现象、社会问题对小区居民进行专题调查，了解社区居民的思想动态；还可以安排大学生到社区基层组织中，在社会生活中学习、了解社会；可以利用寒暑假重点时间段把大学生的课程实践、毕业实习实践与社区教育基地的实践联系起来。大学生参与社区实践活动，一方面有助于加强大学生对国情、民情的了解，增强大学生的社会责任感，有助于加强能力锻炼，克服脱离实际、眼高手低的弱点。另一方面，也可以带动社区居民共同建设社区、美化社区。

3. 积极开展社区文化活动，丰富社区思想政治教育活动内容

丰富多彩、形式多样的社区文化活动是社区成员之间发展人际互动和情感交流的重要纽带和凝聚方式，也是居民投身社区、参与社区活动的重要途径和载体。实现高校和社区的教育功能融合，“融合有赖于‘发挥公众的创造力’”，可以采取多种文化活动形式，主要有：第一，旨趣娱乐型活动。比如体操锻炼，琴棋书画，举办社区文化节、纳凉晚会等，这些活动轻松活泼，有益于身心健康，可以吸引不同年龄、不同职业的社区成员的广泛参与。第二，知识技能型活动。比如科学知识普及、文化知识培训、各类知识咨询与技术服务等，有助于提高社区文化水准，养成科学的生活方式。第三，宣传教化型活动。比如制定“五好”家庭守则和楼组文明公约、开展争创“五好”家庭和文明楼组、举行先进事迹图片展览等，开展此类活动的目标在于通过指导灌输等方式促进社区的文化整合，提高居民的思想品德素质和城市文明程度。这些活动的开展有助于实现高校思想政治教育与社区的整合，“当融合真正实现的时候，它将会产生成倍的能量”。

4. 综合治理社区环境，为大学生提供安全的育人环境

确保高校有一个良好的教学、科研和生活环境，维护高校周边的治安环境，不仅是高校的职责，也是整个社会治安综合治理工作的重要部分，需要相关政府部门的重视和支持。为保证学校周边地区的治安，公安机关要加强巡逻力量，及时处理各种突发事件，打击违法犯罪活动，此外要依托学校做好校内暂住人口的登记工作和日常管理工作，切实减少外来人员作案的任何机会，尤其是要加强对校园周边辖区“三无”人员的管理。此外，高校要积极主动地配合协助当地政府的文化部门、教育部门、公安部门、工商部门等，定期和不定期地对学校周围开设的营业性文化、娱乐、服务进行整治，对那些未按有关规定在校园周边开设的项目要责令关闭，对那些危害大学生的文化、娱乐、服务项目要坚决取缔。坚持校内与校外的结合，为大学生思想政治教育工作筑起一道围墙。

（五）构建高校“四位一体”的思想政治教育环境的联动机制

大学生思想政治教育环境是一个复杂的系统，包括高校、社会和家庭，我们需要将高校内部和外部的环境资源相互结合，形成高校、社会、家庭、社区四者在内的四位一体的思想政治教育环境的联动机制。正如联合国教科文组织在《学会生存——教育世界的今天和明天》一书中所指明的那样：“不要把教育的权力交给一个单独的、垂直的、有等级的机构，使这种机构组成社会中的一个独特团体。相反，所有的集体、协会、工联、地方团体和中间组织都必须共同承担教育的责任。”

1. 积极发挥政府的主导作用，把各种环境要素凝聚起来

影响思想政治教育环境的每个因素的力量是有限的，这就需要政府发挥调控功能，妥善协调各方力量，实现彼此之间的优势互补和配合，促进社会、高校、家庭、社区四者有序运行。高校所在党政机关、社会团体、企事业单位以及街道、社区、村镇等，要彼此之间进行协调，促进思想政治教育环境中各因素的功能发挥，使他们做到的目标一致、行动协调、信息共享，为优化大学生思想政治教育环境而共同努力奋斗。

2. 实现高校教育、社会教育、家庭教育的紧密结合

第一，高校教育和社会教育相结合。高校环境与社会环境之间存在着互动关系，高校与社会要充分发挥彼此的主动性，利用彼此环境中所蕴含的教育因素。比如，开展课堂教育、学校文化活动、参观各种教育基地等社会实践活动，高校就可以通过这些活动，将正确的世界观、人生观、价值观深入持久地融入其中，引导大学生建立适应社会经济体制改革、政治体制改革的思想观念和文化观念。同时，高校还可以加强与政府部门、社会企事业单位、所在社区、社会团体的联系，为大学生开展社会调查、志愿服务、公益活动等社会实践提供条件，营造大学生思想政治教育的良好社会环境。

第二，高校教育和家庭教育的结合。由于地域的限制带来的不便，高校与大学生家庭之间的联系并不多，但是联系较少并不代表高校与家庭的互动就没有必要。高校可以密切与学生家长的联系，建立畅通的家校合作平台，就大学生在高校的表现以及在家庭内的情况进行沟通、互换意见、互通有无。教师可以向家庭提供大学生在校的一些情况，如课业情况、思想状况、人际交往信息等，为家长及时掌握子女的在校表现提供便利，使学生家长可以有针对性地对子女进行思想政治教育。同时，家长可以将子女在家中的表现以及一些在学校中不轻易表现出来的思想动态，向教师进行反映，这样有助于教师全面地了解大学生性格特点，及时调整教育方法，提高学校教育的效果。家校之间共同营造一种人性化的、充满亲情的人文关怀氛围，促进大学生健康发展。

第三，社会教育和家庭教育的结合。伴随现代交通、通信手段、传播媒介、网络信息的快速发展，家庭与社会的交流变得日趋方便和密切，家庭教育和社会教育在深度和广度上不断交融，这就要求社会和家庭双方要采取措施，积极发挥彼此环境中教育资源的影响，努力控制消极环境带来的负面影响。家庭作为社会的基本组成部分，家长作为子女的第一任老师，需要主动地承担起对子女的教育责任，本着一种对子女负责、对社会负责的态度，为社会贡献自己应尽的一份教育力量。家庭教育推动社会教育，当越来越多的家庭教育取得良好的效果时，社会的教育整体水平也会得到相应的提高。相应的，家庭的思想政治教育也需要社会的配合，这就需要社会充分考虑家庭教育所具有的特殊性，要采取适合家庭教育进行的工作方式，使家庭教育起到促进思想政治教育发展的作用。

加强和改进教育工作，不仅仅是学校和教育部门的责任，家庭、社会各方面都扮演着重要的角色。要创建高校思想政治教育环境，只有加强综合治理，多管齐下，不断给大学生提高正确的、积极的信息资源，整合各种教育力量，进行合理配置和整合，形成一种有利于大学生身心健康发展的社会环境，年轻一代才能茁壮成长起来。保持社会环境、学校环境、家庭环境、社区环境的统一，增强积极影响，控制消极作用，促使其他教育力量与学校教育力量“同性同向”，形成良性互动的、全方位的思想政治格局，这是我们的共同职责，也是提高大学生思想政治教育成效的必由之路。

第十二章　和谐社会视域下高校思想政治教育模式构建

第一节　大学生思想政治教育模式基本理论综述

一、大学生思想政治教育模式的基本概念

（一）模式的概念

模式一词源自于拉丁文“mopus”，在现代英文中是“model”，本意是指与手相关的一种定型化、标准化的操作样式，后来专指定型化的活动方式或活动结构。

“模式”一词作为学理性概念最早出现在建筑学领域，是指在同一时间内发生的一切事物以及创建该事物所应遵循的准则。此外，随着人们认识的逐渐深入，学术界形成了关于模式概念的多维度讨论，代表性的观点如下：①模式的系统论观点。持这一观点的学者通常认为，模式首先是一个结构体，由特定的部分所组成。正如美国学者多伊奇（K. Deutsch）所言，“模式是一种结构”，而且“由符号与使用规则所组成，是一种经选择和抽绎的形式”。其次，模式这一结构体各部分之间具有某种关联性。英国学者麦奎尔（D. Mcquail）和瑞典学者温德尔（S. Windahl）曾指出：“一个模式试图表明任何结构或过程的主要组成部分以及这些部分之间的相互关系。”②模式的计划论观点：美国教育学家乔以斯（B. Joyce）和韦尔（M. Weil）在《教学模式》一书中认为教学模式便是一种能够构成课程和课业、选择教材、提示教师活动的模型和计划。③模式的标准论观点。这一观点通常认为模式具有一种学术公认性，是一种具有指导性的标准化存在。如，美国科学哲学家库恩（T. Kuhn）就认为模式应该与范式是同义词，在《科学革命的结构》一书中，提出“范式”的概念，意指“普遍公认的科学成就，这种成就能够在短期内为实践者提供模型问题和解答”。再如，我国学者李秉德在其主编的《教学论》中也曾指出，教学模式是“在一定的教学思想指导下，围绕着教学活动中的某一主题，形成的稳定的、系统化和理论化的教学范型。”此外，我国《现代汉语词典》对模式的解释也是“某种事物的标准形式或使人可以照着做的标准样式”。④模式的来源论观点，如，美国比较政治学家比尔（J. Bill）和哈德格雷夫（R. Hardgrave）认为“模式是再现现实的一种理论性的、简化的形式”。既表明了模式具有“再现性”特征，更重要的是指出了模式的现实来源。⑤模式的方法论观点。我国学者查有梁教授认为：“模式是一种重要的科学操作与科学思维的方法”，起着沟通实践与理论之间关系的桥梁和纽带作用。⑥模式的程序论观点。有学者指出，模式存在于物质生产和精神生产这两种生产环节中，是“依据生产实践和科学活动的需要而形成的一种可以操作、推演的运行程式或程序”，由物质、概念、数字、符号等组成。

综合看来，学者们从不同维度对模式有所认识，同时揭示了模式的要素的内在关联性、计划性、标准性、衔接性和程序性等特征。本书认为模式主要是依托现实需要形成的，并为人们所认同，在特定时期内能够有效指导实践活动的完整的结构范式，是理论与现实相结合的桥梁，通常包括特定活动的目标、内容、方式、过程与机制等。

（二）大学生思想政治教育模式

关于思想政治教育模式，我国学者班华教授的观点最具代表性。他认为，思想政治教育模式是一种教育模式，就是要用“模式”的分析和研究方法对思想政治教育现象进行梳理，并逐渐形成具有“相对稳定的、较为系统而具有典型意义的”特征形态的思想政治教育体系，包含思想政治教育组织方式、操作手段与评价机制等内容。思想政治教育模式作为一种教育模式，是一种独特的研究范式，它力图从知识形态上解决理论与实践的衔接问题。换言之，思想政治教育模式就是一种教育理论实践化和教育实践理论化的中介，具有中介性的特点。通过构建思想政治教育模式，才能够更好地将思想政治教育理论与实践相互结合；反之，如若缺乏思想政治教育模式的构建，理论的应用性便会失去其基本的知识依据。

本书基本认同班华教授的观点，认为大学生思想政治教育模式是指教育者在一定的思想政治教育理论指导下，以完成特定的思想政治教育工作目标和任务为导向，根据大学生思想政治教育的现实需要所设计和建构起来的，由教育目标、教育内容、教育方式、教育过程与评价机制诸方面构成综合性理论模型和实践范式。其理论框架是稳定的，其实践范式是可操作的。从某种意义上讲，大学生思想政治教育模式是高校思想政治教育理论和实践相互转化的重要中介，是更好地实现高校思想政治教育有效性的“钥匙”。

二、大学生思想政治教育模式的转变轨迹

新中国成立后，教育领域与其他社会领域一样百废待兴，为适应从新民主主义向社会主义的转变，随即取消了国民党统治时期推行的“党化”教育。大学生思想政治教育工作以马列主义教育为主要内容，在组织领导、课程体系、管理制度、干部队伍等方面采取了一系列行之有效的措施。使得大学生思想政治教育逐步步入规范化、科学化的轨道

（一）以管理为主要手段的“教育—管理”模式

1950年6月召开的全国高等教育会议上通过了《高等学校暂行规定》，首次明确思想政治教育工作是高校培养目标的组成部分；各高校开设“中国革命史与中国共产党”“新民主主义”“社会发展简史”“马列主义基础”等政治理论课程；确定了大学生思想政治教育工作的目标是，在“学生中进行政治与思想教育，其主要目的乃是逐步地建立革命的人生观”。同年，教育部要求各高等学校成立政治课教育委员会。

为保证大学生思想政治教育工作目标的实现，1952年10月，教育部发布《关于在高等学校有重点地试行政治工作制度的指示》，规定在高等学校设立政治辅导处，配备专门的思想政治工作人员，通称为政治辅导员，清华大学率先成立政治辅导处。但当时政治辅导员的职责仅限于了解学生的思想表现情况、负责学生的日常管理、保管学生的档案材料、鉴定学生的表现、从

事毕业生分配等具体的事务性工作。

为强化政治辅导处的工作职能，扩大政治辅导员队伍力量，1955年12月，中共中央做出《关于配备高等学校政治工作干部的指示》，对高校政工干部的编制比例、补充来源及条件都做了详细的规定。从此，我国高校思想政治教育工作除政治理论课程外，有了专门从事思想政治教育工作的专门机构和专职人员。两个文件的颁布，基本决定了我国大学生思想政治教育工作“教育—管理”模式的基本范式，且延续了较长一段时期。

1977年，邓小平主持修订的《高教十六条》强调要加强“对学生管理制度的建设，加强马列主义政治理论课的教学工作”。1978年颁布的《高等学校学生学籍管理的暂行规定》对大学生的学习纪律、奖惩处分、思想品德等做出了明确具体的规定。1980年4月，教育部发出《关于加强高等学校学生思想政治工作的意见》，指出“要旗帜鲜明地对学生进行系统的马克思列宁主义、毛泽东思想基本原理的教育，革命理想教育，共产主义道德品质教育”，还提出了要建立政治辅导员制度。1981年的全国学校思想政治教育工作会议上，“思想政治教育”正式作为一门独立的学科。1982年2月，教育部颁布《高等学校学生守则（试行草案）》，对在校大学生的政治思想和道德品质有了制度性的要求，也使当时的大学生用《守则》中的要求来规范约束其日常言行举止。

“教育—管理”模式中，在工作内容上，大学生思想政治教育工作中独立于政治理论课程外的，就是思想政治教育工作的专门机构和专职人员，根据教育部颁发的《高等学校学生守则》，对学生的日常生活学习加以管理，检查学生的课堂出勤情况，掌握学生的思想政治表现情况，对不良的言行举止加以纠正，查看学生的政治材料，主持学生的毕业分配等。各高校根据学校的实际情况和人才培养的需要，制定了各类教育和管理的规章制度。大学生思想政治教育工作的专门机构依据规章制度对大学生进行管理。简而言之，大学生思想政治教育工作就是对学生进行日常管理。

在组织体系上，逐步形成了学校、院系、班级的三级教育工作体系。各高校都有一名副书记或副校长负责实施大学生思想政治教育工作，政治辅导处（后来改为学生工作部<处>）为大学生思想政治教育工作的职能部门；院系设立一名副院长或副书记负责本院系的大学生思想政治教育工作；按年级、专业、班级配备政治辅导员。

在工作方法上，继承了党的思想政治教育的优良传统，主要采用讨论的方法、批评的方法、说教的方法、自我教育的方法等。

以管理为主要手段的“教育—管理”模式适应了当时形势的需要，客观上保证了大学生思想政治教育工作目标的实现，保证了高校的稳定，对学生的直接显性的教育管理，使大学生系统全面地接受思想政治教育的基本知识，自觉遵循有关规章制度。

但是，在这一模式中，大学生这一受教育者始终处于从属被动的地位、往往处于被支配的地位，他们必须接受统一的思想教育，自觉接受学校统一的管理，而教育工作者则是按照有关要求和已经制定的机械的规章制度对学生统一管理、统一塑造，偏重对学生共性的要求，忽视甚至限制学生的个性和自由。有时甚至学生正常的意愿和诉求也得不到回应和满足。管理教育的统一，有时还导致学生对立情绪的产生，严重影响了大学生思想政治教育工作的效果。

（二）以服务为中心内容的“教育—管理—服务”模式

党的十一届三中全会以来，随着“解放思想、实事求是”的思想路线的确立，我国的高等教育进入了一个新的发展阶段，服务于改革开放和社会主义现代化建设需要的大学生思想政治教育工作，在改革中发展，在发展中创新，形成了具有中国特色的大学生思想政治教育工作体系。

1982年10月，国家教委下发《关于在高等学校逐步开设共产主义思想品德课程的通知》，“共产主义思想品德”作为一门独立的课程开设。1984年11月，国家教委发布《关于加强高等学校思想政治工作队伍建设的意见》，对大学生思想政治工作者的来源、编制、职责、待遇等作了明确的规定。同年12月，可以谓之大学生思想政治教育工作的标志性事件的，就是全国高等学校思想政治教育研究会的成立。

1987年5月，党中央颁发《中共中央关于改进和加强高等学校思想政治工作的决定》，要求高校要“旗帜鲜明地坚持四项基本原则，深入、健康、持久地反对资产阶级自由化”，大学生思想政治教育的任务就是使学生“有坚定正确的政治方向，爱祖国、爱社会主义，拥护共产党的领导，努力学习马克思主义；应当热心于改革开放……为实现具有中国特色的社会主义现代化而献身；应当自觉地遵纪守法，有良好的道德品质”。

1989年，国家教委颁布了《高等学校学生行为准则（试行）》，对大学生在校期间的学习生活有了更为严格的要求。1993年，中组部、中宣部、国家教委联合下发了《关于新形势下加强和改进高等学校党的建设和思想政治工作的若干意见》，该意见指出：“两课”教学要理论联系实际，要增强教育说服力和有感染力，不断改进教学内容和方法，进行教学改革。

根据党中央的要求和社会形势的需要以及高等教育自身的改革发展，各高校加强了大学生思想政治教育工作。但是，随着改革开放的深入，我国的社会结构及伦理观念发生转变，尤其是市场经济体制和政治民主化的内在主体诉求，使包括大学生在内的社会民众的主体性意识被唤醒和倡导。尤其是1999年扩招后，学生人数的急剧增加，以及自费上学和自主择业制度的实施，使大学生与高校的关系发生了变化。“教育—管理”模式中，基于显性直接的思想政治教育和统一刚性的管理，难以满足时代的发展和学生的价值诉求。“教育—管理—服务”的模式便应运而生。

在思想政治教育工作的理念上，“教育—管理”模式中往往将教育工作者视为主体，而大学生属于客体，但是在“教育—管理—服务”模式中，则把大学生作为主体，改变了传统模式中以教育者和管理制度为中心的局面。学校开展的一切教育、管理活动都要以为学生服务为出发点。从满足学生的根本利益和合理需求出发，不断满足学生成才、成功的需要，尊重学生的主体地位，因材施教，因势利导，积极研究和分析学生的思想政治发展状况和身心发展特点。

在思想政治教育工作的内容上，既按照党和国家对大学生思想政治的要求，继承了“教育—管理”模式中的优势和传统，坚持政治理论课程教学的主渠道作用，且与时俱进地对思想政治理论课程进行了调整和修订，以突出课堂教学的时代特征，全面加强思想政治理论课的学科建设、课程建设、教材建设和教师队伍建设。同时也按照大学生的学习生活要求，服务于大学生的需要。把“教育”“管理”统一于“服务”之中。“将学生的思想教育、日常管理和提供服务有机地结合起来，把为学生服务当作教育、管理的题中之意，寓教育、管理于服务，在服务

中进行教育，在服务中进行管理，同时亦在教育和管理中开展服务。”把满足学生的服务需要作为大学生思想政治教育的核心价值。

在思想政治教育工作的形式上，注重发挥教师的育人职责，要求教师要有高度的负责感，言传身教，以人格魅力给大学生以潜移默化的影响。同时，把“思想政治教育融入大学生专业学习的各个环节，渗透到教学、科研和社会服务各个方面”。高等学校管理部门和专职思想政治教育者，除按照有关规章制度对学生进行管理外，应拓宽服务渠道，提高服务质量，为学生的学习和生活服务。如随着高校的扩招和缴费上大学制度的实施和高校贫困生的出现，思想政治教育者应当帮助大学生进行勤工助学，竭诚为改善大学生的经济生活状况服务；伴随毕业生自主择业制度的实施，大学生思想政治教育就有了对大学生加强就业指导的内容；随着大学生心理问题的增加，为大学生提供心理疏导和咨询服务，也是这一模式中思想政治教育工作的具体内容。同时，随着大学生需求的多样化，各种辅助性服务也不断纳入大学生思想政治教育工作的范畴，为拓展教育空间，教育者要指导第二课堂活动，服务于学生对课外活动的需要；随着大学生社团的兴起，指导、管理和监督学生社团活动也成为思想政治教育的有效途径和有益补充。

教育工作对象和教育工作内容的深刻变化，必然引起教育主体功能的变化，通过教育工作实践，人们发现这一教育工作模式虽然尊重了学生的主体地位，以满足学生的服务为中心内容，但是，许许多多具体事物不断纳入大学生思想政治教育工作的范畴，思想政治教育工作内涵不断扩展，许多原来没有分呈或分量很轻以及边缘性的事务工作不断融入学生工作体系，并日益成为大学生思想政治教育工作的主要任务，如贫困生、助学贷款、就业与择业指导等问题。这就使得大学生思想政治教育工作涉及的领域、具体的事务不断增多，导致大学生思想政治教育工作队伍要面面俱到、事事都管，真正意义上的思想政治工作的时间和精力投入不够，阻碍了大学生思想政治教育工作有效性的提升。有时，为了应付具体的事务性工作，不能顾及教育工作的效果。

（三）以发展为终极目标的“教育－管理－服务－发展”模式

进入新世纪以来，国内国际形势发生了深刻的变化，我国进入了发展的黄金期和矛盾的凸显期，给大学生思想政治教育工作提出了新的要求。面对新的形势和挑战，以胡锦涛为总书记的党中央领导集体审时度势，高瞻远瞩，大力推进和加强大学生思想政治教育工作。

2003 年 10 月召开的中国共产党十六届三中全会提出了科学发展观，并把它的基本内涵概括为“坚持以人为本，树立全面、协调、可持续的发展观，促进经济社会和人的全面发展”。中共中央、国务院于 2004 年 8 月发出《关于进一步加强和改进大学生思想政治教育的意见》，将大学生思想政治教育提高到“具有重大而深远的战略意义”的高度，指出了加强和改进大学生思想政治教育的指导思想和基本原则和主要任务，指出要以大学生全面发展为目标。2005 年 1 月，胡锦涛同志在全国加强和改进大学生思想政治教育工作会议上强调，要解决好培养什么人、如何培养人这个根本问题。要促进大学生全面发展，积极探索新形势下大学生思想政治教育工作的新途径新办法。

为此，人们认识到，大学生思想政治教育工作的本质要求就是要促进人的全面发展。因而，以发展为终极目的的“教育－管理－服务－发展”模式得到了人们的肯定，并引发了以发展为核心价值的关于创新大学生思想政治教育工作模式的大探讨。

这种模式与前两种模式相比，加入了“发展”的内容，但这不仅仅是简单的内容的添加，是“以人为本”的思想在大学生思想政治教育工作中的具体的体现，“以人为本”不仅仅是一种先进的理念，也是一种教育工作的先进指导思想，在大学生思想政治教育工作领域中，就是要促进大学生的全面发展。这是基于进入新世纪新阶段以后，大学生思想政治教育面临新的任务、大学生需求日益多样化的情况下，迫切需要保证可持续发展的需要。

在思想政治教育工作的指导思想上，牢牢把握“以人为本”的原则，一切教育、管理和服务都要以学生的发展为目的，教育、管理是一个过程，服务是一种手段，学生的全面和谐发展是最终的目标和终极价值。

在思想政治教育工作的实施过程中，充分尊重大学生的主体地位，注重培养和挖掘大学生的个性特征，对大学生的特长爱好、兴趣追求、气质特征都要加以引导和发展，同时注重大学生之间的个性差异。这一模式就要求“在大学生思想政治教育的全过程中树立发展意识，将学生视为具有无限发展可能性的个体，教育、管理、服务要真正地、长远地对学生的发展产生积极、持续的影响”。

以往的教育模式中，人才培养统一了规格，制约了学生的个性发展，教育者和管理者的教育方式等随意性较大，而这一教育模式中，要求教育、管理、服务都要围绕学生的发展而展开，将传统的刚性模式转化为大学生乐于接受且有利于发展的柔性活动。使大学生在明确成长目标后，自觉自愿地接受教育管理，进而为目标而努力。

如近年来兴起的大学生职业生涯规划，就是一个服务于大学生发展的新兴教育工作内容。在大学生职业生涯规划中，教育者结合大学生各自的性格特点、兴趣爱好、人格特征，引导大学生积极计划未来的生活，并采取积极的行动，在自己所处的社会环境中实施。

但是，在具体的教育实践中，人们发现，“教育一管理一服务一发展”模式似乎还是难以达到大学生思想政治教育工作应有的效果，与党和政府的要求和大学生的实际需要还存在一定的差距。

究其原因，人们发现，在高校现有的“条块管理”模式中，思想政治教育工作与教学管理工作、科研管理管理工作、后勤管理工作等相并而行。思想政治教育工作片面强调大学生的思想政治教育，其他管理系统的教育工作，或强调学生的教学和知识的传授，或强调对大学生的后勤服务，过于重视对系统职责的重视，都忽视了在全面培养大学生整体目标上的责任。造成了高校内部在育人功能上出现了职能的割裂。因此人们呼吁，要将大学生思想政治教育工作置于人才培养的整体目标下，集教育、管理、服务、发展、培养的“五位一体”大学生思想政治教育工作模式便被渐次倡导。

（四）以人才培养为整体目标的“教育一管理一服务一发展一培养”模式

“五位一体”大学生思想政治教育工作模式，就是指大学生思想政治教育工作者在教育实践中，为实现人才的培养目标，保证大学生的全面发展，按照教育、管理、服务、发展、培养的内在联系和不同功能，形成的固定的工作程式和规范性体系。

在“五位一体”大学生思想政治教育工作模式中，教育、管理、服务、发展、培养相互关联、相互渗透、横向相连、纵向相接，是一个有机整体，五者相融于大学生思想政治教育的全

过程，统一于人才培养工作的总目标。其中，教育是先导，管理是手段，服务是核心，发展是目的，培养是关键。

需要指出的是，“任何一种大学生思想政治教育工作、模式都有其自身的特质，相互之间在功能、目标、适用条件和范围等方面都存在较大的差异……大学生思想政治教育模式的演变是各种模式之间个性与共性、反复双向的互补、相互融合的过程，只要目标取向正确，又符合实际要求，即使实现路径不同，也能殊途同归”。因此“五位一体”的大学生思想政治教育工作模式，并非是对传统教育工作模式的完全解构和摒弃，而是在传统模式的重整和完善中得以提升而实现的。

第二节　国外高校的“思想政治教育”模式及其对我国的启示

思想政治教育是人类社会实践的一项重要内容。在人类社会的历史长河中，尽管随着时间的流逝，各个国家朝代更迭不断，但各社会中的统治阶级都十分重视作为“一种在艺术、法律、经济行为和所有个体和集体生活中含蓄显露出来的世界观”的意识形态的建设，都在以各种形式进行着本阶级的思想政治教育。尽管国外很多国家并没有“思想政治教育”这一专有名词，但其开展的公民教育、宗教教育、道德教育、行为教育等不同种类的教育与我国所提的思想政治教育有着近乎相同的渊源、内容、目标和功能。可以说，各国尽管无“思想政治教育”之名，但长期以来在高校开展的各种德育范畴的教育也符合“思想政治教育”之实。当前，很多国家也已经把加强和改进大学生思想政治教育作为教育改革的一件大事，重视和加强大学生思想政治教育已经成为当今世界各国教育改革的共同特征。

与经济领域相同，发达国家对大学生思想政治教育也进行了多年的积淀与探索，经过不断的变革与充实，在教育理念、教育内容体系、教育形式、教育管理与机制等方面都日趋完善，形成了相对完整、各具特色的教育模式，在高校的高素质人才培养中发挥着越来越重要的作用。当前，我国正处于思想政治教育专业化发展的初级阶段，研究发达国家相关教育模式构建的历程，借鉴他们在构建和创新教育模式方面的有益经验，对于我国大学生思想政治教育模式创新具有十分重要的意义。

一、部分国家高校“思想政治教育”的一般模式

本节对苏联与俄罗斯、美国、英国、日本和新加坡具有代表性的相关教育模式构建的历史脉络进行梳理，并在此基础上归纳相关教育模式的基本特点，以期对我国大学生思想政治教育模式的创新与构建提供有益的借鉴。

（一）苏联与俄罗斯的“思想政治教育”模式

苏联曾经是雄踞世界的超级大国之一，作为世界上第一个社会主义国家，苏联的思想政治教育理论与实践对我国具有深远的影响。在苏联解体之后，取而代之的俄罗斯也在世界事务中发挥重要的作用，其独特完整的思想政治教育体系在培养致力于国家建设和促进社会发展的高素质人才过程中具有举足轻重的地位。因此，梳理苏联和俄罗斯大学生思想政治教育模式对于我国大学生思想政治教育模式创新具有更为直接的借鉴意义。苏联与俄罗斯大学生思想政治教

育模式建构的历史沿革过程基本经历了六个阶段。具体如下：

（1）创建阶段（20 世纪 20—30 年代）。十月革命胜利后，苏联高校开始进行以马克思列宁主义为主导地位的共产主义思想政治教育，确立了为无产阶级服务的思想政治教育宗旨，高校思想政治教育以共产主义综合教育法贯穿于知识教育、社会教育、劳动教育等方方面面，组织严密的党、共青团、辅导员、班主任和学生班级的思想政治教育体系也在这一时期逐步建立。

（2）蓬勃发展阶段（20 世纪 40—60 年代）。随着苏联社会经济的蓬勃发展，高校的思想政治教育理论与实践也随之不断成熟与完善。这一时期，思想政治教育受到空前重视。苏联政府认为社会主义的不断完善在很大程度上取决于人民的文化水平和精神面貌，在《国民教育纲要》中明确提出，“通过思想政治教育使学生形成马克思列宁主义世界观、树立共产主义信念”是苏联学校必须承担的重要任务之一。这种将高校思想政治教育的任务以立法形式纳入到国家政府所制定的法案中的行为，在世界上属于首创。

（3）教条化、空泛化阶段（20 世纪 60—80 年代）。这一时期，作为执政党的苏共对于国家社会发展阶段的认识脱离了现实发展的基本状态，表现出了主观、盲目和片面的认识倾向，甚至多次提出“基本实现了社会主义”“全面开展共产主义建设时期”“20 年基本建成共产主义”和“进入发达社会主义”等违背科学和规律的提法。然而，大学生思想政治教育的内容必须是随着社会经济发展而调整变化的，但是由于当时苏共对社会发展阶段的认识脱离国情，使大学生思想政治教育也受到很大影响，导致这种脱离了大学生成长规律和社会发展实际情况的空洞说教引起了全社会的抵触，失去了感召力和实效性，青少年知行不一的现象十分突出。

（4）动摇与剧变阶段（20 世纪 80—90 年代）。随着苏联高校思想政治教育陷入教条化，意识形态领域出现了“民主化”“人道化”的思潮。正当大学生的思想出现波动和迷惘，社会民众对畸形经济和社会特权不满、对空洞化和教条主义的教育非常反感之时，当时的苏共最高领导人戈尔巴乔夫开始倡导“政治新思维”，号召冲破“保守的”意识形态。在这种情况下，高校中很快出现了否定马克思主义思想体系的“合作教育学”思潮，1989 年制定的《普通高等教育构想》中完全回避了“共产主义教育”。自此，苏联高校思想政治教育逐渐脱离了正确的社会主义方向，并随着苏联国家政权的解体而发生质的变化。

（5）混乱与迷茫阶段（20 世纪 90 年代）。苏联解体后，国内和国际矛盾使俄罗斯社会陷入混乱，政治经济制度、意识形态、道德准则等都发生了剧变。《俄罗斯联邦教育法》规定：“在国立和地方教育机构及教育管理机关中不得建立政党、社会政治运动和团体以及宗教运动和团体的组织机构。”这标志着苏联时期的思想政治教育体系被完全抛弃，大学生思想政治教育的地位急剧下降，民众的精神层面失去方向、缺乏调控，负面影响不断扩大。在自由化改革遭到严重挫折后，在整个国家在思想状况方面出现的“哲学贫困”和“精神危机”现象成了学术界关注的焦点，整个社会陷入迷茫状态。

（6）重塑阶段（20 世纪末至今）。随着政治、精神道德矛盾的日益尖锐化，俄罗斯政权领导人开始重新审视高校思想政治教育，意识到市场这只“无形的手”并不是万能的，而“思想政治教育”在凝心聚力方面同样具有不可替代的作用，于是试图从意识形态的混乱中重塑民族精神和高校思想道德教育体系。2001 年，俄联邦政府通过《关于 2010 年实现教育现代化的构想》，普京也提出了将“俄罗斯新思想”作为教育和文化战略的理论基石，这标志着俄罗斯开始实施教育振兴战略。不可否认，将爱国主义、强国意识、国家作用和社会团结作为全民族的意识形

态愿景，是俄罗斯高校思想政治教育对社会一度出现的道德危机的回应，也确实在复兴俄罗斯精神方面起到了突出作用。

由此可见，俄罗斯的思想政治教育模式的形成虽然奠基于对苏联模式的反思，但是鉴于社会性质的不同，苏联和俄罗斯的大学生思想政治教育完全是两套完全不同的模式，具体说来二者表现出如下不同的特点：其一，从教育目标上来看，苏联的大学生思想政治教育以将青年学生培养成为为共产主义事业而奋斗的优秀新人为首要目标，但是在意识形态的差异下，俄罗斯的大学生思想政治教育目标更倾向于培养能够适应现代社会的合格公民。其二，从教育内容上来看，苏联的大学生思想政治教育以马克思列宁主义理论和道德观念为核心内容，政治教育在思想政治教育中具有举足轻重的作用；而俄罗斯则重视对大学生开展综合性的民主知识教育、爱国主义教育、民族精神、宗教教义以及道德品质教育等，政治教育在思想政治教育体系中的核心地位并不突出。其三，从教育形式和载体来看，苏联的大学生思想政治教育倡导以权威性的马克思列宁主义理论武装学生的头脑，政治动员和思想灌输是主要的教育形式；而俄罗斯通常采用多种形式开展大学生思想政治教育，如学校、教育部门与宗教机构协同作用，开展宗教信仰教育。俄罗斯是一个允许多教派并存的国家，约有70%的公民具有宗教信仰。近年来，俄罗斯的各种宗教活动十分活跃，教育部门和学校甚至主动联同宗教机构建立定期的联系制度，共同研究开展青年学生思想政治教育的有效方法，而宗教机构将青年教育当作是自己应尽的职责和义务。此外，发挥民族传统行为习惯的育人作用。大俄罗斯思想极力鼓吹俄罗斯民族救世主义，俄罗斯民族主义者深信俄罗斯民族独有的谦卑和愿意忍受苦难的性格特征是俄罗斯人民宝贵的财富，这一点对青少年的影响也十分深远。除此之外，俄罗斯人注重礼貌、时间观念强、讲究卫生等良好的传统民族习惯也深深地影响着青少年的行为。

（二）美国的“思想政治教育”模式

美国通常把思想政治教育称为公民教育。伴随着400余年的发展和建设，美国逐渐构建起了一套以资产阶级政治思想为核心的公民教育模式，这一模式的构建经历了如下几个发展阶段：

（1）公民意识的启蒙阶段（独立之前的殖民化期间）。17世纪初期，英国国内宗教斗争激烈，清教徒受到英国教会和王室的疯狂迫害，纷纷逃离国外。1620年，41名清教徒在一艘名为“五月花号”的帆船上签订了历史上著名的“五月花号公约”，宣布在美洲大陆上自愿结成平等的公民政府，即美国独立之前的殖民政府。在殖民化前期，美国的高校模式基本由欧洲模式移植而来，主要教授教义、拉丁文和希腊文。到了殖民化后期，本杰明·富兰克林（Benjamin Franklin）、托马斯·潘恩（Thomas Paine）、托马斯·杰斐逊（Thomas Jefferson）等革命家和思想家的主张对公民意识的启蒙做出了突出贡献，其中以《独立宣言》的影响最为深远。事实上，美国独立革命本身就是一场伟大的公民教育运动，“不自由，毋宁死”“只能为他的国家牺牲一次生命”等口号极大地鼓舞了人民的民族主义精神，谱写出了一首美国人民粉碎殖民枷锁、发扬爱国主义精神的壮丽史诗，这也对美国日后以民族精神和爱国主义为核心的公民教育烙下了很深的印记。

（2）公民意识的促进阶段（独立之后到南北内战结束期间）。美国资产阶级内部历来存在着民主主义与保守主义两个派别的争论，而这种争论恰恰成了公民教育的一种重要的传播形式，民主、自由、平等、人权等公民意识也在这种争论中深深扎根于美国民众的头脑。可以说，第一代美国人在确立美国革命的意义和自由政府的本质之时便为日后的公民意识教育明确了方向并奠定了良好的基础。

（3）公民意识的提升阶段（南北内战结束到一战结束期间）。随着工业化、城市化和移民的大量增加，一向提倡自由平等的美国开始加速向更自由的多元社会发展，公民教育在国家团结、民主传播方面的作用更加突出，一股“品格教育”之风迅速兴起。“诚实、自律、仁慈、容忍”等为阶级统治所需的“美德”被广为传播，“好公民”教育活动普遍开展，“新自由”口号盛行……“美利坚精神”得到了充分发扬和巩固，一大批移民被同化了，与此同时，公民意识教育也得到了大幅提升。

（4）公民意识的强化阶段（“一战”结束至今）。在第一次世界大战之后，美国逐渐走上了世界化的发展道路。罗斯福（Franklin D. Roosevelt）的反危机政策、杜鲁门（Harry S. Truman）的“公平施政”、肯尼迪（John F. Kennedy）的“新边疆”和约翰逊（Lyndon Baines Johnson）的“伟大的社会”等政策的出台，均表明了美国政府强化公民教育的决心和行动。二战后，苏联及俄罗斯综合国力的迅猛发展、科技的快速进步和新旧价值观念之间的激烈碰撞深深地困扰着美国政府，强烈的危机感促使一系列的教育改革应运而生，公民教育被提上了前所未有的重要地位。这一时期的美国教育改革呈现出了明显的国家化趋势，公民教育强调“爱国与忠诚”、要求“服从社会的法律”，注重公民在政治生活中的责任，公民意识教育模式已然形成。

具体说来，当前美国以公民教育为核心的思想政治教育模式主要体现出如下特点：第一，将青年学生培养成为善于自我控制、开展团队合作、有责任感，即有美国国民精神的合格公民是美国大学生思想政治教育的根本目标。第二，就教育内容而言，公民教育不仅包括以家庭教育、学校教育、大众传媒为主要途径的政治价值观教育，而且包括以民族精神、社会信仰、神学宗教为内容的公民宗教教育，还涉及以权利义务、道德品质、法制纪律为基本元素的行为规范教育。此外，美国虽然没有名义上的“思想政治教育”，但其“政治性”色彩十分浓厚，美国通过公民教育大力进行资产阶级政治观、价值观、道德观的一元化教育，主导性十分明显。第三，教育形式的多样性。在美国，学校、家庭、社会、大众传媒、政党、宗教团体等都能够充分利用一切可以利用的条件开展大学生思想政治教育，着力宣传美国的生活方式和核心价值观念，通过各方的相互协调、自觉配合形成公民教育的合力，充分体现出教育广泛性、系统性和整体性的特点。同时，美国公民教育又是以隐蔽、间接、渗透的方式开展的，没有直接讲授和强行灌输，学生往往是在不知不觉中接受了教育，取得了很好的效果。第四，从教育过程来看，美国政府对其中的道德教育干预不多，学校德育按照科学研究的要求进行，在教育中以引导激发为主，给受教育者充分的自主权，整个教育的过程是由学校引导到受教育者自我教育、并最终实现道德内化的过程，受教育者的主体性地位得到尊重。第五，重视教育效果的反馈与教育模式的创新。美国的公民教育始终以能否满足国家政治、经济、文化和社会的发展需要为教育有效性的评价标准，并以此作为不断调整教育内容与教育方式、从而实现教育模式创新的重要指标。不仅体现了美国公民教育模式的完整性，而且体现出极强的社会适应性和创新动力。

（三）英国的“思想政治教育”模式

英国作为传统的世界强国，孕育了悠久的历史，并形成了深厚的人文底蕴。而作为传统的教育强国，它拥有世界上诞生最早、也最优秀的大学和被称为英才教育摇篮的公学，从宗教色彩浓郁的公民教育到现代与时俱进的各种改革形成了一套独具特色的以道德教育为核心的思想政治教育模式。可以说，英国的大学生思想政治教育不仅决定着学校的办学方向，还提供了整个民族的精神动力。

（1）宗教教育和绅士教育时期（18 世纪中叶之前）。从公元 597 年开始的近 1000 年时间里，英国教会绝对控制着除学徒制和贵族教育之外的一切有组织的教育，宗教和教育成为当时教会的两项基本职责。在这一时期，学校教育完全宗教化，教育的目标就是培养学生崇敬上帝的观念，使之成为上帝的忠顺臣民。从 16 世纪中叶开始，激烈的宗教斗争和社会变革极大地削弱了宗教的权力，教育开始走向世俗化，贵族从僧侣手中接过了教育权。以约翰·洛克（John Locke）为代表的哲学家、政治家、教育家否定了宗教教育时期的天赋论和遗传决定论，高度评价教育在人的形成中的巨大作用，提出教育的目的是培养具有道德、智慧、礼仪和学问四种品质的人，即培养绅士。这种以贵族制为基础的培养理念影响强大而持久，直到今天，以勇敢尚武的骑士精神、正直的人生态度、优越的主人意识和强烈的社会责任感为内容的绅士文化依然是英国贵族文化的核心，而公正、优雅、智慧、尊严的绅士形象也成了英吉利民族的象征。

（2）功利色彩浓重和反思时期（18 世纪中叶至 20 世纪 60 年代）。随着工业革命的崛起，英国成为世界上第一个工业化国家，凭借着持续的海外扩张和殖民贸易，一个横跨全球的“日不落帝国”诞生了，并在 18 世纪中期到 19 世纪中期引领着整个世界的发展。这一时期的英国高等教育不再重视公民教育，取而代之的是与谋求职业有关的职业教育和训练，对富人的尊敬和服从是主要的教育目标，道德教育逐渐被忽视。工业化步伐的加快给人们的道德价值观念带来巨大冲击，他们在社会迅速变迁的过程中接收到的文化观念、生活方式和价值体系与已有的宗教教条和道德规范产生了巨大的矛盾。第二次世界大战后，英国的殖民体系全面崩溃，海上霸权地位丧失，英国民众积蓄已久的对现实的忧虑和不满逐渐显现并爆发出来，面对社会道德水平下降、青少年犯罪率趋高、社会矛盾加剧等现实问题，英国政府开始意识到道德教育的重要性与迫切性，鼓励一些大学成立道德教育研究和实验机构，在很大程度上推动了学校道德教育的深入开展。至此，英国传统的道德教育开始回归。

（3）与时俱进的改革时期（20 世纪 60 年代至今）。1963 年之后，英国高等教育快速发展，跨入了大众高等教育阶段，道德教育受到空前重视。从 20 世纪 70 年代起，英国为深入开展道德教育的调查和研究工作，建立了一系列专门的道德教育研究机构，研制并推出了各种卓有成效的道德教育方案：1977 年教育和科学部在《学校中的教育：咨询文件》（Education in Schools）提出教育的目的是“逐步培养对道德价值、对他人和自己的尊重以及对其他种族、宗教和生活方式的宽容”；1988 年，《教育改革法》要求学校要促进学生在精神、道德、文化、心理和身体方面的发展，并要为学生成人后的机会、责任感和经验方面做准备；1995 年，英国教育部明确将学校面向学生开展道德价值观教育的责任和使命纳入到了道德教育大纲当中；而 1998 年，英国政府又提出新的教育改革计划，包括如何将学校道德教育落实到每一阶段的方法等内容。可见，与时俱进的一系列改革表现出英国政府越来越关心青年学生的道德教育。

以道德教育为核心的英国大学生思想政治教育模式的基本特点，主要包括如下几个方面：一是从教育目标来看，英国的思想政治教育旨在将大学生培养成为勇于承担社会和道德责任，积极参与社区，具有较高的政治素质、较强的国家认同感和社会包容性的人才。二是在教育内容上强调宗教性和世俗性的统一。英国十分重视其优秀的民族文化传统育人功能的发挥，尤其重视在思想政治教育与宗教教育之间建立起密切的联系，培养大学生切实遵行以宗教信仰为基础的宗教价值观。此外，个人社会和健康教育、公民教育以及家庭和社区教育等世俗教育在促进学生的个人品质和社会性发展方面的作用也越来越明显。宗教性和世俗性并存的特征愈发突出。三是在教育形式上注重灌输和渗透方式的有机结合。英国的学校既开设德育课程，通过教师对德育知识的讲解和分析，直接向学生灌输社会主流的道德观念和价值体系；又将德育内容融入其他各门课程和学科教育之中，并通过学生的各种社会活动对学生进行教育，有效地实现了灌输与渗透相结合的实际效果。四是具有严格的教育管理和评价反馈机制。一方面，英国高校将强化道德教育纳入校规当中，除了要求学生遵守基本的法律和校规校纪外，还对大学生的道德行为提出了较为具体的规定和明确的要求。另一方面，针对教育实效性的评价，英国高校通常实行督导制度，通过过程督导、效果反馈和形成报告的形式直接指导学校道德教育实施，督导评价内容包括学生的个人社会和健康教育、公民教育等课程等。

（四）日本的“思想政治教育”模式

日本是一个善于博采众长的国家。在古代，它注重学习中国儒家文化的精神；在近代，它注重学习欧美文化的优势；在现代，它注重融合东西方文化，适时调整思想政治教育的方向与策略，并形成了兼容东西方文化的思想政治教育模式。该模式的形成经历了如下四个阶段，具体如下：

（1）文明开化阶段（明治维新前后）。在江户时代，由德川幕府兴办的直辖学校作为日本近代高等教育机构的雏形，主要向各藩选拔出的优秀人才教授中国的四书五经和朱子学，同时重视并积极倡导武士道精神。19 世纪中期，日本在西方列强的炮火中被迫打开国门。明治维新期间，日本从封建社会过渡到资本主义社会，在西方资产阶级的哲学、伦理、政治、法律、经济思想影响下，日本政府提出了“富国强兵”“殖兴产业”“文明开化”三大政策，大批启蒙思想家宣传文明开化，大大加速了近代思想政治教育的发展步伐。

（2）极端国家主义与军国主义阶段（19 世纪末至第二次世界大战结束）。这一期间，“富国强兵”作为日本的重要国家政策之一，对当时的思想政治教育起到了绝对的导向作用。残存的明治政府军国主义武士道加上“二战”期间德国国家主义的向导作用，使日本大力推行军国主义教育和国家主义教育，主张人的所有要求都应从属于国家的利益及权力，宣扬对天皇的绝对服从。自此，日本走向极端军国主义时期。

（3）全面实施西方式民主教育阶段（第二次世界大战结束至 20 世纪末）。第二次世界大战结束后，日本作为战败国，在全世界反法西斯的声讨中，开始积极反思，摒弃极端国家主义及军国主义的封建思想统治，不仅在科技、经济、政治等方面积极向西方学习，在思想政治教育领域也走上了全面学习西方的轨道。这一时期，日本的思想政治教育在主权在民、维护世界和平及尊重基本人权方面实现了巨大进步。

（4）融合东西方文化的本土教育阶段（21 世纪以来）。随着经济的发展和政局的稳定，日本

发挥其善于学习他人的优点，全面吸收东西方文化精髓，与本国国情结合起来，加以同化、创造，形成了日本民族的个性文化，并制定了涵盖爱国主义教育、人生观教育、劳动教育、个性教育和国际化教育等主要内容的思想政治教育模式，成功地将忧患意识、合作心理、自强精神融合到本国各个领域的建设和发展之中。

具体说来，日本所形成的这套思想政治教育模式主要呈现出如下特点：其一，将培养既有头脑、能够理性思考，又重感情、具有较高情商的国民作为思想政治教育目标。其二，从教育内容上来看，强调民族精神教育和传统道德观念培养。众所周知，日本将勇于进取、百折不挠、忠诚团结、舍身奉献作为民族精神的精髓，在国土狭小和资源稀缺的国情条件下，强调青年学生必须具有与国家同舟共济、共渡难关的国民意识和忧患意识。因此，从教育内容上首先强调民族情感的教育和爱国情怀的培养。同时，日本的思想政治教育内容体系也将忠、孝、家族意识与皇道等传统道德价值观置于十分重要的位置。其三，从教育形式上来看，强调思想政治教育在宏观上的学校、家庭和社会三位一体。即日本不仅重视高校在思想政治教育中的所具有的重要作用，而且十分重视家庭和社会的教育功能。通过家庭、学校和社区各自承担切实可行的教育任务，形成全民教育式的教育。同时，强调学校思想政治教育在微观环境中的全面协调。日本高校不仅强调道德课等专门化思想政治教育内容的教学，而且强调充分利用一切教育平台和载体开展教育实践活动，即将思想政治教育的目标融入全校各门学科，以及其他教育、管理与服务过程中，使思想政治教育成为全体教师工作的总目标，从而在一定程度上避免了理论课程的单一化缺陷，增强了教育的辐射性与有效性。

（五）新加坡的“思想政治教育”模式

新加坡是一个以国民思想道德素质高而闻名于世界的亚洲国家，它在大学生思想政治教育尤其是世界观和价值观教育方面具有鲜明的特色。作为一个多元文化、多元种族、多元宗教的国家，新加坡人具有兼具东西方元素的世界观和价值观，而东方文化中以孔子为代表的儒家思想影响最为深远，在整个国家的思想政治教育体系中起着主导作用。大致看来，新加坡的思想政治教育经历了20世纪60年代的忽视、20世纪70年代的醒悟、20世纪80年代的纠偏等曲折发展阶段，并于20世纪90年代趋于定型。1965年，新加坡独立后，政府开始大力发展经济，致力于改变落后的局面，但是经济的快速发展和西方科学技术的大量引进使原有的社会道德观念遭到挑战，个人主义盛行。在全盘西化的危险面前，进入20世纪70年代的新加坡逐步意识到思想政治教育的重要性，以李光耀为首的领导人开始倡导诚实、节俭、孝道、国家利益至上等教育思想。20世纪80年代初，又针对教育领域“重实用、轻人文”的倾向，新加坡开始着力提高大学生的人文素质，并提出了在技术上依赖西方而在精神文化上固守东方的方针，这种以儒家思想的东方文化价值观为核心的思想政治教育模式在20世纪90年代得到彻底的巩固和定型。具体看来，新加坡的大学生思想政治教育模式基本呈现出如下特点：第一，思想政治教育目标明确。强调通过思想政治教育将青年一代培养成为具有良好的行为品质、较强的社会责任感和重视国家利益的优秀公民。第二，教育内容体系完善。以德、忠、孝、礼、仁、廉、耻为核心的“东方价值观”和以国家至上、社会为先、家庭为根、社会为本、关怀扶持、同舟共济、求同存异、协商共识、种族和谐、宗教宽容为核心的“共同价值观”以及以亲爱关怀、互敬互重、孝顺尊重、忠诚承诺、和谐沟通为核心的“家庭价值观”构成了新加坡思想政治教育的主要内容。第三，从教育形式上来看，强调专门性课程教育与全方位渗透性教育相结合。一则，学校通过开设思想道德课程，系统讲解道德伦理知识；再则，将思想政治教育的根本目标贯穿到学校教育教学与各项具体工作环节当中，同时渗透到社会的各个行业和领域当中，为青年学生的健康成长不断净化社会环境，搭建多种形式协同作用的思想政治教育平台。第四，社会评价是促进大学生思想政治教育不断优化的动力机制。通过制定并推行一套与思想政治教育内容相一致的社会奖惩标准，不仅有利于构建良好的社会大环境，更重要的是形成了对思想政治教育的有效评价，构建了思想政治教育模式的闭环系统。

二、国外经验对我国大学生思想政治教育模式创新的启示

事实证明，任何一种社会制度的建设都离不开思想政治教育，任何一个国家都需要通过对青年一代进行思想政治教育来塑造国家的凝聚力，尤其在科学技术飞速发展、社会政治经济全球化的形势下，大学生思想政治教育更需要强化。通过对部分国家的大学生思想政治教育模式的通观分析，可以看出不同国家的大学生思想政治教育在目标、内容、形式方法、基本过程和评价机制等方面既存在着相通之处，又各具特色。总的说来，国外大学生思想政治教育模式普遍存在着整体性、互动性、实践性、开放性、个性化、法制化、多样性、实用性等特点。笔者认为，国外相关教育模式的构建经验与主要特点对我国大学生思想政治教育模式的创新有以下四点启示：

（一）模式创新应彰显民族特色

大学生思想政治教育模式必须适时调整，自我更新，积极创新，以适应社会发展的需要和大学生发展的内在诉求。很多国家十分重视思想政治教育的与时俱进与思想政治教育模式创新，如新加坡在20世纪70年代末就针对社会道德滑坡的现象倡导东方价值观，美国在20世纪70年代针对多元多变的社会现实，着力培养学生的自主意识，日本从1966年以来，文部省每年都要针对社会影响较大的有关品德教育方面的问题进行一次全国性的调查，并以此为依据及时调整思想政治教育的规划和措施。我国大学生思想政治教育同样不能脱离现实，应针对新情况新问题及时转换职能、调整内容、更新方法，进行大学生思想政治教育模式创新。然而，大学生思想政治教育模式的构建与创新又必须要有本国特色，因为只有民族性的文化才会有强大的生命力，同样只有具有民族特色的教育模式才最具实效性。许多国家都十分重视从本国、本民族的历史中挖掘思想政治教育资源，如美国的“不自由、毋宁死”的人权至上精神、英国的宗教教育和绅士文化等。近年来，我国出现了一些由信仰缺失而引起的社会问题，这在很大程度上是由于传统文化在某种意义上出现断裂所造成的。正如习近平总书记曾指出，中国优秀传统文化的丰富哲学思想、人文精神、教化思想、道德理念等，可以为人们认识和改造世界提供有益启迪，可以为治国理政提供有益启示，也可以为道德建设提供有益启发。因此，我们首先应当在进行模式创新的过程中，把大学生思想政治教育植根于源远流长的民族文化中，坚持从建设中国特色的社会主义实践需求出发，重视对传统文化的挖掘与重构，充分唤醒中国传统文化的精华对大学生思想政治教育所应具有的深刻影响。

（二）模式创新应注重隐性教育形式

世界各国在大学生思想政治教育的实施过程中都十分重视隐性教育形式所具有的育人功能。隐性教育是指学生在愉悦的氛围中通过情景交流，无意识地获得的非灌输式的、不带有任何强制性的感受和经验。就美国高校而言，在公民教育、道德教育、法制教育、宗教教育、历史教育等隐性教育名义下进行了大量的实质性的大学生思想政治教育工作。美国学校常常将公民教育融入大学生的日常生活当中，通过组织学生到各种纪念场馆、法院、市长办公室等地方参观，利用重大活动，宣扬美国精神；通过庆典活动，强化爱国主义思想；通过竞选活动，培养民主意识。总之，“无名有实”的隐性教育是思想政治教育最具代表性的教育形式，虽然没有统一的“思想政治教育”的名称，但“凡是学校用以影响学生‘对’和‘错’的看法、感觉和行动的做法，都属于道德教育”。因为，只有这样的教育才更有助于学生在道德上快速地成熟起来。相比之下，我国目前的思想政治教育形式相对单一，很少有对离开课堂后的学生进行思想、道德、政治、情感等方面的强化和跟踪的配套教育方法。因此，我国着手进行新形势下大学生思想政治教育的模式创新，必须从教育形式、方式方法上寻找突破口。

（三）模式创新应拓展教育内容的广度和深度

从广度来讲，我国目前的大学生思想政治教育主要集中在政治理论教育、思想道德教育、法治纪律教育等方面，在职业规划、情感需求、艺术素养、人格健全、生活技能等与大学生成长成才密切相关的方面涉及不多。然而，很多国家已经开始从全面素质入手，大大拓宽了大学生思想政治教育内容的广度，比如日本，不仅在爱国主义教育方面独树一帜，在生命教育、合作教育、创新教育等方面也取得了很好的效果。从深度来讲，思想政治教育的真正价值在于既要解决现实问题，又要发挥先导作用。如美国的教育培养和文化启迪使美国人崇尚个人自由、敢于冒险和探索，哈佛大学“培养未来具有领袖素质人才”的理念也表现了美国教育的前瞻性；英国的思想政治教育素材主要以现实为题材，通过提问式向学生抛出道德难题，鼓励学生探索人生价值，引导学生的人格完善；而苏联思想政治教育严重脱离实际情况导致实效性的极大缺乏，则给我们提供了反面启示。思想政治教育往往流于空洞和形式。因此，我国的大学生思想政治教育模式创新必须要紧跟社会需要，及时调整教育内容的广度和深度。

（四）模式创新应注重教育合力的协同作用

日本、新加坡等国家都格外重视学校、家庭和社会力量的教育合力。大学生思想政治教育是一项系统工程，不可能由一种力量完成。要想使学生形成正确的价值观和道德规范，只有将学校、家庭和社会力量联系起来才有可能实现。长期以来，我国的思想政治教育任务往往由学校来承担，家庭和社会的教育责任和效果远远没有得到应有的重视，这也客观上导致了学生校内校外不一样、家里家外不一样、学生时代和走出社会不一样等前后行为不一现象的出现。因此，在我国的大学生思想政治教育模式创新过程中必须充分重视学校、家庭和社会力量的有机结合，发挥三方面协同作用的育人效力。

第三节　和谐社会视域下“五位一体”综合育人模式的构建

一、大学生思想政治教育模式创新与构建的原则

大学生思想政治教育的基本原则是指在大学生思想政治教育过程当中形成的客观规律，是实践总结的精华，是必须遵循的基本准则。它是在长期的思想政治教育实践中形成和发展起来的，具有实践和理论的双重属性。大学生思想政治教育模式的创新要围绕以下五个基本原则来设计和运行。

（一）“疏”与“导”相互结合的原则

“疏”就是广泛征求意见，疏通各种利害关系。“导”就是在疏通的基础上，对正确的元素加以肯定，对错误的元素进行否定，并引导相关主体向正确的方向前行。疏通和引导是两个相辅相成的个体，只有深入调查分析个体需求、厘清各种错综复杂的关系，才能够充分了解人们的想法，为“导”提供路径和方向；引导则为疏通提供基本的动力。二者相互结合是进行大学生思想政治教育的前提。

进行大学生思想政治教育必须以大学生的行为特点为直接依据，而决定大学生行为特点的思想特点则是开展大学生思想政治教育模式创新的根本依据。从模式创新的角度来看，教育者仅仅把握大学生的行为特点还远远不够，还需要进一步掌握大学生形成这种特点的原因。一般而言，大学生行为是外显的，其特点可以通过观察方法进行归纳，而要掌握具有内隐性的大学生的思想特点，关键就在于“疏”，就是让大学生“说话，说真话”，通过创造宽松的氛围、疏浚沟通渠道、搭建对话平台等一系列举措，让大学生原原本本地道出自己的真情实感，完完整整地表达自己的思想观念，从而了解学生的所思所想。在把握大学生思想特点的基础上，能够从更深层次分析和研究大学生的行为方式，从里到外、从源到流全面掌握大学生的行为特点，并预测其未来发展趋势和发展方向，为开展大学生思想政治教育模式创新奠定基础。“疏”只是手段，“导”才是目的。思想政治教育工作者要特别注重在“导”上下工夫，导思想、导行为，通过选择运用各种教育方法，引导大学生不断强化正确的思想观念和行为习惯，不断纠正错误的思想观念和行为习惯，以达到大学生思想政治教育模式创新的根本目的。

（二）理论与实际相互结合的原则

理论与实际相互结合是处理一切问题的基本方法。理论对实际具有重要的指导作用，列宁（Lenin）曾说：“没有革命的理论，就不可能有革命的运动。”实际反过来又对理论起到补充和修正的作用。理论与实际相互结合的原则，正确反映了理论和实际之间的辩证统一关系。现代思想政治教育，就是要求人们运用科学的方法认知世界，要求必须深化理论的指导力量，同时也要结合不同的国情、时代背景等实际情况开展思想政治教育，以达到知行合一的效果。

大学生思想政治教育模式创新是一项实践性很强的活动，必须有科学的理论加以指导。大学生思想政治教育模式创新是依据教育对象的实际情况、教育环境的不断变化来更新教育方式和方法的过程，是不断地将抽象的理论与具体的实际相结合的过程，是与思想政治理论教育相

互配合、形成合力的过程，是加深和强化教育对象对理论的理解与把握，实现教育对象对理论的自觉接受和科学运用的过程。理论在大学生思想政治教育过程中发挥基础和保障的作用，是教育过程的起点和归宿，如果没有理论的指导和运用，大学生思想政治教育模式创新将失去依据、失去方向、失去价值。在大学生思想政治教育模式创新中，必须牢牢坚持理论与实际相互结合这一原则。

（三）国际化与民族性发展相互统一的原则

随着全球化的发展，面向世界、放眼全球成为每一个国家、每一个民族甚至每一个社会个体必须具有的思维方式和视觉维度。然而，全球化亦造成了大量的“文明冲突”，作为应对全球化挑战的基本策略，世界各国尤其是发展中国家，为了维护国家的主权和独具特色的民族文化，继续坚持民族化发展的现代化取向。事实上，民族化和全球化是相辅相成的，民族化是全球化发展的基础，全球化是民族化发展的条件。在全球化与民族化的交织中谋求发展，成为每个国家、社会乃至个人都无法回避的现实。大学生思想政治教育也不能例外。

置身全球化的国际环境，面对激烈的国际竞争，要应对不良思潮对大学生的不利影响，对于大学生思想政治教育工作来讲，自我封闭或者一味回避都是没有出路的。同时，大学生思想政治教育应当立足中华民族传统文化的基石，立足中国特色社会主义现代化建设的实践，进一步加强对大学生的民族精神教育和时代精神教育。

不难看出，大学生思想政治教育模式创新必须正确处理“外”与“内”，“他”与“我”的关系，既立足本国又面向世界，在坚持面向世界与立足民族发展相统一的过程中，培养既懂得中国又了解世界、既有民族气质又有国际视野的新型人才。

（四）主导性与多样性相互统一的原则

主导性与多样性相互统一，要求大学生思想政治教育既要坚持“一元主导”，又要允许“多样发展”；在教育目标、教育内容、教育要求、教育渠道、教育方法等各个方面既要体现主导性，又要体现层次性、丰富性、广泛性、多样性。对于大学生思想政治教育模式创新而言，坚持主导性就是要求必须坚持用社会主义的意识形态、马克思主义的指导方针和中国社会主义特色理论武装大学生头脑。多样性则是根据不同教育对象的要求，丰富并发展主导性的要求，对主导性的发挥起到配合和补充的作用。多样性包括内容选择的多样性和针对不同教育对象、教育环境实施教育。

主导性是实现多样性的前提，离开主导性的多样性必然导致教育活动的混乱，使日常思想政治教育失去目标和存在的价值基础；多样性是实现主导性的条件，离开多样性必然导致教育活动的僵化，不利于大学生思想政治教育取得针对性和实效性。因此，创新大学生思想政治教育模式必须要注意主导性与多样性的紧密结合，二者缺一不可。

（五）自主性与社会化相互统一的原则

大学生思想政治教育模式创新要坚持自主性与社会化相统一的原则，这主要是基于开展大学生思想政治教育的组织而言的。随着社会的发展和进步，对大学生进行思想政治教育已经不仅仅是高校的责任，更是全社会共同的责任。因此，从这个意义上说，大学生思想政治教育模式创新必须走出学校、走向社会，既坚持自主发展的独立性，又能够融入社会，充分利用社会优秀的育人资源和广阔的育人平台。

众所周知，大学生思想政治教育是高等教育的重要内容。高校首先应充分发挥自身的自主性，充分调动一切教育力量，充分利用既有资源，切实增强大学生思想政治教育的实效性。同时，高校更应该敞开大门，将大学生思想政治教育置于社会系统、环境和平台之中，以社会生活的生动素材、经济建设的巨大成果、文化建设的优秀作品教育和引导大学生，努力推进大学生思想政治教育工作的社会化发展，充分利用社会力量和社会资源，开创大学生思想政治教育的社会化发展局面。坚持大学生思想政治教育的自主性与社会化相统一，既有利于高校、社会各方形成合力，又有利于直接推动大学生个人发展的社会化进程，是当前以大学生思想政治教育为载体进行大学生人格养成教育的必由之路，因此也是创新大学生思想政治教育模式必须坚守的原则之一。

二、“五位一体”思想政治教育模式的基本要素

要建立科学合理的思想政治教育工作新模式，必须对各个环节进行明确的角色定位。其中教育是先导，管理是手段，服务是关键，培训是补充，发展是目的，评价是完善。此工作模式，并非是对传统教育工作模式的摒弃，而是对传统模式的改进和完善。

（1）教学是先导。课堂教学是最基本、最重要、最稳定而且通过实践证明最有效的教育活动。此模式中的教育，主张打破以往教师主体的做法，要求教师改革课堂教学形式，突出学生主体思想，引导学生做课堂主人，通过学生自学课、交流课、讨论课、辩论课、演讲课、视频课等形式将做人做事的道理让学生在学、做、感受的过程中领悟到，知道什么是正确的、善的，哪些是应该做的，哪些是应该摒弃的，从而提升其思想、涵养和觉悟。

（2）管理是手段。高校学生管理的功能主要是组织协调和控制大学生的学习、生活，并使大学生的学习生活高效协调、和谐有序。在管理方式上，这种管理的重心不在“管”，而在于“理”，即理解，讲道理。不是刚性的集中控制和自上而下的施号发令，不是生硬的“管教”和强制执行，而是突出管理的人性化和民主化。

（3）服务是关键。全方位、多层次的良好服务能使学生获得归属感和认同感，受到教育、感化和激励。所以，在学生身心、生活、学习、技术、毕业、择业、就业等领域开展不同形式和内容的校园文化生活和特色的活动及服务，对于感化学生心灵、提升学生涵养作用巨大。

（4）培训是补充。随着社会对复合型人才的需求的增加及高等教育自身改革和发展的深入，大学生的需求也越来越多、越来越高。学校的人才培养是一个系统工程。仅仅通过学校后勤服务已很难满足大学生多样化的需求，“六位一体”工作模式要求学校根据学生多方面的需求建立起从入学到毕业整个成长过程的全方位的培训，以补充课堂、管理、服务中对学生身心发展的不足和缺憾，达到更为全面地影响、培育、发展学生的目的。

（5）发展是目的。大学生的全面发展是高校思想政治教育的本质诉求。马克思曾指出：“人的本质不是单个人所固有的抽象物，在其现实性上，他是一切社会关系的总和。”所以，人的全面发展必然是丰富的社会关系、各种能力得到最大发展。所以，“六位一体”高校思想政治教育模式的“发展”，除了要把大学生打造成全面发展的德才兼备、身心健康、智能协调、知行统一的社会主义新人外，还强调重视提升学生的生存能力、学习能力、处世能力、思考能力、判断

能力、创新能力、耐挫能力等可持续发展的能力，努力培养复合型人才。

（6）评价是完善。评价是检测高校思想政治教育实施路径和效果的主要环节和重要手段，是保证思想政治教育模式得以顺利实施的可靠保证。旧模式的弊端之一就是学校、教师与学生之间缺乏直接、高效的互动和监督平台，对学生的思想政治素质发展没有精准的跟踪测评指标和反馈机制。所以，需要建立专门的评价机构和一个全方位、全过程的科学合理的评价、监督体系，进行评价标准制定、量化测评、反馈、监督等，促进大学生思想政治教育工作的科学化、规范化和长效化。

三、“五位一体”构建大学生思想政治教育综合育人新模式

事实上，从大学生思想政治教育理论研究与实践过程来看，学者和教育者们分别从不同视角、不同侧面探讨并构建了大学生思想政治教育模式。但是，大学生思想政治教育是一个系统工程，不可能从某一个模式出发便能开展有效的大学生思想政治教育活动，更多地需要发挥不同思想政治教育模式的合力作用。具体说来，全面素质模式主要以培养大学生综合素质为核心内容，契约管理模式以共同履约为核心内容，社会支持模式以充分利用环境影响为核心内容，咨询发展模式以交流对话为核心内容，文化育人模式以取得精神共鸣为核心内容，可以以此为契机构建“五位一体”的大学生思想政治教育综合发展新模式，并使之成为加快大学生成长成才的强大助推力。

（一）全面素质模式

人的发展问题是一个历代教育家都在关注的话题。譬如中国古代教育家孔子以“六艺”教育三千弟子；古希腊亚里士多德要求通过和谐的体育、德育、智育来使人理性发展和体魄健全；18 世纪，法国的启蒙思想家卢梭（Jean-Jacques Rousseau）要求培养个性自由发展的“自由人”；英国空想社会主义者欧文（Robert Owen）等提出了通过智育、德育、体育和劳动教育培养“全面发展”的人的主张；20 世纪 70 年代，美国学者隆·米勒（Ron Miller）正式提出“全人教育”的概念。米勒认为，全人教育包含了进步主义、人本主义、开放教育、全脑开发教育、体制外教育、地球教育等教育思想。此外，卡尔·雅斯贝尔斯（Karl Jaspers）也倡导全人教育，认为教育所培养的人不应只是具有某一方面知识或技能的人，而应是具有基本的科学态度和创新精神、有独立性和个人责任感、具有广泛的知识和个性特征的人；马克思和恩格斯则提出了“人的全面发展观”，认为高校应当培养“个性全面和谐发展”的人，主张德育、智育、体育、美育、劳动教育各方面的协调发展。

随着市场经济体制的建立和科学技术的迅猛发展，民主政治的倡导和世界文化的融合要求人具有更强的竞争力、适应性、创新能力和自主精神，只有全面发展的人才能成为未来社会的主人。因此，大学生思想政治教育应当树立“全面素质”的理念，探讨卓有成效的大学生思想政治教育的全面素质模式，培养符合社会需求的高素质人才，使学生不仅具有适应时代需要的科学文化素质，而且在成长过程中“学会求知、学会做事、学会共处、学会做人”。

1. 全面素质与大学生全面素质的含义

从教育学意义上来说，素质是人在先天遗传的基础上，受到后天客观环境的影响，通过长期内化所形成的相对稳定的品质，包括从后天环境中学习得到的知识、文化、能力、技术、社

会认知等方面的智能内涵以及人的思想品质、社会责任感等方面的品德内涵。显然，素质是一个整体的结构，从广义上讲，它是人的生理、心理特征和社会性特征的有机统一，也是人关于物质和精神需求的总和。先天的素质只提供生存发展的生理基础，而后天的客观环境可以完善人的素质结构。而人们一般所说的“人的素质”，则是由先天条件和后天客观环境共同作用形成的人的基本品质结构。

全面素质的概念源于工业，后来逐步进入教育领域。马克思主义认为，“人以一种全面的方式，也就是说，作为一个完整的人，占有自己的全面的本质”。这种占有的结果，就是“发挥出他的种属能力”，就是“全面地发挥他们各方面的才能”。这里说的“全面的本质”“种属能力”“各方面的才能”，指的是作为社会认识和实践主体的人所拥有的认识和变革自然和社会的能力，以及在认识和变革自然和社会的过程中，可以不断发展和完善自我，从而实现人生价值的“本质力量”。从现代心理科学和教育科学的视角来考察，人的“本质力量”就是人以其种属遗传为基质，在与环境和教育积极的交互作用和影响的过程中，逐步发展起来的身心能动力量。这种能动力量的力度和效度，则取决于人的身心素质的组织结构及其发展水平。

由此可知，马克思主义所倡导的人的全面发展就是指身心素质的全面发展。全面素质教育的提出和实施，表明我国大学生思想政治教育者逐渐对马克思主义人的全面发展的学说有了更完整、更深刻的认识和理解，所开展的大学生思想政治教育则是在社会主义市场经济条件下，全面贯彻社会主义教育方针，为提高国民素质和培养跨世纪人才奠定基础而展开的教育实践活动。

大学生的全面素质包括思想政治素质、智能素质、生理素质、心理素质等。大学生思想政治素质在全面素质结构中处于核心地位，是大学生的思想观念、道德品质等思想政治品质的总称，是全面素质的灵魂；大学生智能素质是全面素质的重要部分，由知识系统和能力系统组成，二者相互关联、辩证统一，对大学生的成才起到关键作用；大学生生理素质是全面素质结构的基础内容，指大学生的身体机能和生命活动的有效性，是大学生成长、成才的重要保障；大学生心理素质是全面素质结构的关键内容，指大学生对待自我和周边环境的看法、认识，它源于个体内心，又受到社会价值观的引导，是智力和非智力因素有机结合的整体，决定着大学生全面、持续发展的内在动力。总的说来，全面素质结构中的各个要素是一个有机整体，对大学生的成长成才都具有十分重要的作用，彼此促进、相互影响，应当把这四种素质的培养和发展放在同等重要的位置，不能割裂地强化某种素质的培养，从而促进大学生的全面发展。

2. 大学生思想政治教育全面素质模式及其选择依据

大学生思想政治教育的全面素质模式是针对全体受教育者而言的，而不仅仅是针对部分学生而言；它旨在促进人的全面发展而不是单项技能的发展；它主张发挥人的主观能动性，而不是被动地接受教育；它注重培养人的创新和实践能力，而不是提倡因循守旧、死读书本；它强调人的终身学习能力，而不是满足于学校阶段的教育。可见，大学生思想政治教育全面素质模式最深远的意义在于解决教育的片面性问题，致力于培养全面发展的人才。

在我国现阶段，选择全面素质模式作为大学生思想政治教育形式有以下三个方面的原因：

首先，随着科技的发展，国与国之间的竞争根本上是科技实力的竞争，而科技实力又根源于教育实力。只有大力推进素质教育，采用全面素质教育模式，使受教育者得到全面的发展和提升，才能准确把握我国教育发展和人才培养的主动权，从而培养出真正符合时代发展、社会

需求的人才。

其次，结合我国的基本国情和产业结构升级的基本要求来看，我国人口众多，长期以来以劳动密集型产业为主，未来经济发展应当以技术密集型产业为主，这就要求不断提高劳动者的全面素质和综合能力，以成功实现我国由人口众多大国向人力资源强国的转换。

最后，大学生自我意识的苏醒和增强要求高校将培养人的全面素质放在育人的首位。事实证明，不从全面素质培养上下功夫，就不可能使学生得到全面发展，就将阻碍受教育者发挥创新和开拓的能力，僵化人的思维，使大学生变成“千篇一律”的模板式学生。长此以往，必然有碍于我国国民素质的全面提高和人才强国战略的实现。

（二）契约管理模式

1. 契约的起源及意义

契约起源于人类的生产和交易活动，几乎与人类的历史一样久远。西方的契约观点最早可以追溯到古希腊学者伊壁鸠鲁和古罗马学者卢克莱修。总的说来，西方契约有两个源头，一是宗教源头，如《圣经》；二是世俗源头，如罗马的《十二铜表法》。西方的契约文化在经济法律领域、宗教神学领域、社会政治学理论、道德哲学领域都有十分广泛的应用。中国古代尽管没有形成专门的契约法典，但契约理念也有十分悠久的历史，在历朝历代都有关于契约的规范或民间习惯。

随着社会的发展，契约被不断赋予新的含义，但古罗马时代对契约的界定，即“契约是由于双方意思一致而产生相互间法律关系的一种约定”仍然是当代各种契约观念共同的历史渊源。总之，契约就是一种当事人双方或多方就各自利益要求满足心理预期，即在合意基础上而形成的一种具有法律效力的协议，实质上是由不同当事人以追求合意为目的而相互支持又彼此制衡的一个利益共同体。

契约的发展历史大致经历了形式主义阶段、实质主义阶段和理念精神阶段。在形式主义阶段，缔约时的形式非常重要，其中要式契约是最主要的契约形式；在实质主义阶段，契约的内容被逐渐重视，一些略式契约也开始被人们所接受；在理念精神阶段，契约的形式和内容都不再是衡量契约行为的唯一要素，契约精神的地位越来越凸显。契约精神指已经内化为人们思想观念的契约原则或规范，包括缔约原则、履约规范、违约惩戒条款等，是人们对契约所持观点、看法的总和。契约精神十分丰富，江平教授认为自由平等是契约精神的实质，同时也有学者从宪政的角度认为契约精神主要包括八个方面，分别是：主体意识、权利意识、平等观念、自由观念、民主思想、法治思想、宽容理念和和谐理念。本章引入大学生思想政治教育领域的契约理论的核心主要是包括主体平等、自由权利和问责意识等要素的契约精神，以及它们在协调大学生思想政治教育中的各种关系、维护良好的教育秩序、从而实现最终教育目标的契约功能。

2. 将契约引入大学生思想政治教育的必要性和可行性

尽管契约理念的应用十分广泛，但在高等教育领域一般却只用于分析高校与教师之间的关系、政府与高校之间的关系以及大学生与高校之间的法律关系等，很少用于思想政治教育模式的创新和适用研究方面。但是，笔者认为将契约引入大学生思想政治教育有其必要性和可行性。

（1）将契约引入大学生思想政治教育的必要性。

首先，基于契约管理理念的大学生思想政治教育是实施高等教育强国战略，构建现代大学制度的需要。自2002年我国高等教育从精英阶段发展为大众化阶段后，高等教育毛入学率还在不断提高。与之相关的还有20世纪末21世纪初开始的改革开放以来规模最大的高等教育管理体制改革，很大程度上理顺了政府和高校条块之间的矛盾。然而，数量不等同于质量，在政府和高校关系上的体制理顺也仅仅是高等教育改革的第一步。要想建设高等教育强国，只有通过建立现代大学制度才能实现。2010年12月，国务院办公厅在其印发的《关于开展国家教育体制改革试点的通知》中明确指出，须要“改革高等教育管理方式，建设现代大学制度”。在这种形势下从契约这一崭新的角度进行大学生思想政治教育形式选择，不仅有利于创新大学生思想政治教育模式，而且对建立现代大学制度和实施高等教育强国战略具有一定的现实意义。

其次，基于契约管理理念的大学生思想政治教育是创新学生管理制度，实施依法治校的必然要求。众所周知，依法治国是我国的基本国策，也是治国的基本方略。而高校则是中国特色社会主义精神文明和政治文明建设的重要阵地，肩负着为实现中华民族伟大复兴的“中国梦”和推动社会主义现代化事业向前发展而培养合格的建设者和接班人的重任，必须在依法治校方面做出更多努力。2014年10月，十八届四中全会审议通过了《中共中央关于全面推进依法治国若干重大问题的决定》，决定大力促进国家治理体系和治理能力的现代化，这又为高校实施依法治校提供了政策依据。同时，随着招生规模扩大、办学层次多样、各类事务增多、学生权益意识增强等新情况的出现，高校已经无法像传统模式那样简单地以行政指令来实施教育活动，而必须在依法治校的前提下创新教育模式。在这一背景下，探讨大学生思想政治教育的契约管理模式为创新学生管理制度、实施依法治校、创新大学生思想政治教育模式提供了有效途径。

最后，基于契约管理理念的大学生思想政治教育是尊重学生主体性，突出思想政治教育“以学生为本”的基本理念和高等教育人文价值的需要。长期以来，高校学生的主体性在高等教育的各项教育活动中被忽视，高校往往凭借强势管理权力，在教育行为中漠视学生应有的对学校各项事务的知情权、质疑权、参与权和申诉权等权利，要求服从和发布指令多，听取建议和平等交流少，这些无疑都与契约精神相违背，也无法良好发挥高等教育的人文价值。随着主体意识的不断觉醒，越来越多的大学生开始关注自身的权益、渴望对学校事务的参与，体现在具体行为上，则是出现频繁的“大学生权益发布会”“学生代表大会”“学生申诉听证会”等组织行为，而“田永诉北京科技大学”“刘燕文诉北京大学”等案例也显现出大学生契约意识的不断成熟。如何科学界定学生和学校的权利、义务，并逐步构建与之相适应的大学生契约管理式的思想政治教育模式，充分利用其控权性，在对学校权力进行必要限制的同时，鼓励学生培养民主意识和契约精神，为高校提高人文价值提供了可能性。

（2）将契约引入大学生思想政治教育的可行性。

首先是理论可行：以商品生产和交换为主要内容的自由经济是市场经济的本质体现，其中契约自由是在经济生活中维系经济关系的首要原则。从这一层面来看，实现经济关系的契约化是市场经济最本质的法律特征。因此，市场经济社会普遍存在的契约关系也必然影响到社会的方方面面。借用经济学家科斯的理论，大学事实上也是一组契约集合，包含了大学与政府、大学与学生、大学与社会之间的契约关系。可以看出，契约作为一种古老的制度，其适用范围从宗教领域、经济领域、法学领域延展到包括高校的大学生思想政治教育领域的社会其他领域，在理论上存在可行性。

其次是实践可行：事实上，契约在教育领域的应用由来已久，自20世纪60年代以来，西方

发达国家就开始在教育领域中引入契约制度。20世纪80年代末至20世纪90年代初，随着市场经济的发展，我国也开始重视契约制度在后勤社会化改革、政府采购等非核心教育服务领域激发出的提高效率、提高竞争、推进改革等积极作用。这些契约在教育领域广泛应用的现实情况，主要原因在于教育属性的特殊性、教育过程的复杂性和教育种类的多样性。从本质上来说，从契约角度研究思想政治教育模式具有实践方面的可行性。

3. 大学生思想政治教育契约管理模式的内涵和特点

（1）契约管理模式的内涵和特点。大学生思想政治教育契约管理模式就是在平等的基础上，以突出主体意识为前提，以沟通交流为方式，以制度规定为载体，通过相对固定的、清晰的契约来约定教育者和受教育者的职责、权利和义务、利益等的一种教育形式。契约管理模式具有以下特点：

第一，大学生思想政治教育契约管理模式中的缔约双方是一种不完全契约关系。现代契约理论包括完全契约理论和不完全契约理论。完全契约理论（Complete Contract）是一种以完全竞争市场为假设前提而形成的契约。不完全契约理论（Incomplete Contract）是一种假定人是有无限理性、外在环境充满复杂性和不确定性的前提下而形成的契约，缔约双方无法对未来进行完备预判，契约条款是不完全的。就教育的本质属性和教育主体的特殊性而言，大学生思想政治教育契约管理模式中的教育者和受教育者无法就教育内容进行一次性的约定，必须随着教育阶段的变化、教育主体的思想心理行为变化和缔约双方的期望值变化进行适时的调整。因此，契约管理模式中缔约双方之间的契约关系是动态的。

第二，大学生思想政治教育契约管理模式是一种隐性契约和显性契约相结合的模式。显性契约是一种为了降低市场利益主体交易成本，依靠法律强制执行的明文契约，强调满足利益主体基本物质利益要求，具有静态性、离散性等特点。隐性契约是一种默认契约，是由于诸多原因无法明确写入条款而缔约双方达成默契的复杂协议，是一种暗示性契约，主要以缔约双方的诚信为约束并加以履行，具有非协议性、博弈性的特征。以遵守学校的考试制度为例，从显性或具象的角度来看，学生从入校开始即与学校达成了不在考场作弊的契约，违反这一契约的后果有可能是被学校发现且给予处分；但从隐性或抽象的角度来看，是否不被学校发现作弊行为就算是没有违背与学校达成的遵守考试制度的契约了呢？显然不是，学校与学生达成的不仅仅是不被发现作弊行为的契约，还达成了不实施作弊行为的契约，而后者的履行完全靠缔约方的诚信和自律。

第三，大学生思想政治教育契约管理模式所建立的契约大多数是以心理契约为主的非正式契约。心理契约是组织成员在任何时候都在执行的，没有用书面形式明确表达的一系列期望。心理契约的研究起源于英国和美国，大多用于雇主和雇员之间的关系研究，在中国的研究处于起步阶段，尤其是在教育领域的研究，尚属空白。心理契约既有期望的性质，又有对责任与义务的承诺。心理契约具有主观性、动态性、社会性、个体性等特点，是一个受个人、组织、经济、政治和文化诸多因素共同影响的复杂的心理结构。沟通满意感对心理契约的构建与实现具有积极的促进作用，正如马斯洛（A. H. Maslow）需求层次理论所言，人不仅需要满足生活和安全等最基本的需要，而且在此基础上还会产生对爱、尊重和自我实现的需要，而沟通正是满足这些需要的基本途径。大学生思想政治教育契约管理模式中心理契约的建立大致要经历由相互认同到积极交流、彼此接纳和相互遵守的过程，教育者须要时刻关注大学生的期望和要求，并及时梳理和审视自己对受教育者的期望和要求，以确保向大学生传达科学合理的期望和要求，从而最大限度地发挥“心理契约”的教育功能。

（三）社会支持模式

环境对人的重要作用不言而喻。人们能感受到的环境源于教育对象的特定关注。关注是信息的一种选择、取舍过程。在不同的环境中，“各种事物与人的需要有程度不同的联系，从而引起程度不同的心理动力。”现代社会，环境的多维性、复杂性和开放性进一步增强，环境影响的功能也随之不断强化。正如亚里士多德（Aristoteles）所说：“人不仅在社会里受生活训练所支配，而且人的人格在社会里被塑造。”大学生的成长与成才离不开社会大环境。因此，尽管学校在思想政治教育中起着中心的作用，但我们研究当前的大学生思想政治教育，不能仅仅局限于高校这一单纯领域，更多地应该放眼于整个社会大环境，充分认识社会支持对大学生成长成才的重要作用。

1. 大学生思想政治教育社会支持模式的内涵

（1）社会支持。支持作为一种行为和现象是人类社会的一种客观存在，而社会支持（Social Support）则是从20世纪70年代以后成为科学的专用术语并逐渐发展成为一套丰富完整的理论。社会支持作为一个科学概念首先在神经病学文献中提出，随后便在社会学、医学、心理学等学科的大量研究中被广泛应用，虽然各个领域的学者从各自不同的专业视角出发界定社会支持的概念，阐释其科学内涵，但是至今并没有形成一个统一的概念。很多的学者就社会支持的含义做了阐述，如卡布林（Caplan. G）认为：“社会支持从本质上来说就是一种持续的社会集合，这种社会集合为个体认识自我提供了机会，并且构成这个集合的具有支持性的他人可以在个体需要的时候，为个体提供有用的信息或认知指导以及实际的帮助和情感支持，来帮助个体走出困境。”克勃（Cobb. S）认为：“社会支持主要是指个体所感知的来自其所在的社会团体、他人等社会支持网络成员的关心、尊重和需要的一种行为或主观感受。”而华人学者林南却是在综合众多学者对社会支持的讨论基础上给出了一个相对综合的定义，他认为“社会支持是由社区、社会网络和亲密伙伴所提供的感知的和实际的工具性或表达性支持”，他将社会支持分为工具性支持和表达性支持。近年来，越来越多的研究者开始意识到人与人之间的联系（如家庭关系、朋友关系、同事关系等）是社会资源的重要指标，这些联系构成了整个社会支持网络，对个体的发展发挥着至关重要的作用。因此，社会支持理论的研究者开始重视研究社会支持网络，对社会支持系统及其要素（主体、客体、内容和手段）各方面的研究日趋成熟，且各领域对于社会支持理论与实证的研究也日趋细化，除已被普遍应用于对我国病患、弱势群体等诸多对象和领域的研究外，对一般个体的作用也开始被注意和研究。

社会支持理论初期的发展除了体现在不同领域的研究者对其基本定义的界定以外，还主要集中于对社会支持的功能和操作等内涵方面的研究——重点考察社会支持行为在满足个体的需要或解决问题的过程中所发挥的不同功能以及这种功能发挥的机制。目前社会支持理论应用最多的领域是解决个体心理问题。大量研究证明社会支持对个体心理健康存在显著影响，而关于其影响机制的研究则主要包括如下三类观点，分别是“主效果模型”（Main-effect Model）、“缓冲作用模型”（Buffering Model）和“动态效应模型”（Dynamic Effect Model）。主效应模型主张在社会支持的效应和压力间不发生任何关系，它能够独立发挥作用，从而提高个体心理健康

水平；缓冲作用模型认为社会支持可以缓解压力，从而提高个体心理健康水平；而动态效应模型则认为压力和社会支持相互影响，并在不同时段发生相互转化。前两种理论模型反映的是社会支持所具有的维护心理健康和预防心理疾病这两种基本功能，具体说来，“主效果模式倾向于维护心理健康这一功能，而缓冲作用模式更倾向于预防心理疾病这一功能。”然而，无论是维护心理健康还是预防心理疾病，在大学生心理健康乃至思想政治教育中都有很好的辅助作用，大学生拥有广泛的社会支持不仅是拥有健康身心的保证，也是能够有效接受思想政治教育的一个基础。

不难看出，社会支持与思想政治教育有着密切的联系，从某种角度来说，社会支持就是思想政治教育的一种方法或形式。随着全球化和信息化大潮的不断涌进，思想政治教育也面临着前所未有的挑战，呼唤创新的思路和有效的方法。近些年来，研究者们从不同角度探索了大学生思想政治教育的各种模式，主要包括：主体性大学生道德教育模式、情感性道德教育模式、基于科技伦理视角的大学生网络道德教育模式、新媒体视域中的大学生道德教育创新、通识教育视域下大学生道德教育等等。因此，将社会支持的理论纳入思想政治教育领域中，同样有助于创新大学生思想政治教育模式。

（2）大学生思想政治教育的社会支持模式。美国著名的教育学家科尔曼（Jamess Colema）曾经说过：当前的学校仅仅为学生提供某种训练，而自从学校诞生以来便不曾圆满地完成“缔造成人”这一根本任务。从这一层面说来，学校的教育体系只为学生的发展成熟提供了残缺不全的背景。这对于我们反思今天的大学生的全面发展教育和思想政治教育均具有重要的参考价值。笔者主张将社会支持引入大学生思想政治教育中，是因为在当前高等教育模式中大学生的角色定位过于单一，培养方式也相对简单。然而，大学生思想政治教育由施教到被大学生接受却是一个十分复杂的过程，正如“政治社会化是人们习得其政治取向和行为模式的发展过程”，“是社会的一代到下一代传递其政治文化的方式”。因此，大学生思想政治教育的社会支持模式就是通过建立和运用某种广义的社会联系，构建立体化的教育网络，在认知、行为和心理三个层面上为大学生的成长和发展提供必要的支持与帮助，其核心在于使大学生获得精神方面的支持。

社会支持模式对大学生的支持主要体现在：在认知支持方面，大学生通过获得的社会支持，以仿效和自律的方式提升自己的认知水平，正如陶行知先生所说的“熏染与督促两种力量比较起来，尤其是熏染最为重要”，这里的熏染实际上就是指社会支持；在行为支持方面，大学生通过体验和利用所获得的社会支持，在具体的行为中内化社会支持所带来的缓冲、鼓励、指引作用，并将这种感受内化为稳定的情操和素养，从而矫正自身的行为；在心理支持方面，大学生通过主动寻求帮助获得相应的社会支持，以此来应对生活事件带来的压力，减轻因心理压力所造成的焦虑情绪。

大学生思想政治教育的社会支持模式除了具有传统思想政治教育的一般特征外，还具有区别于传统教育的重要特点：一是空间时间的无限性。与常规的课堂教育或校园文化活动不同，大学生思想政治教育社会支持模式的实施几乎不受任何空间和时间的限制，学生既有可能在一次参观活动中升华道德品质，也可能在家庭成员的一次聚会中领悟人生的真谛，甚至有可能从一次旅行中得到思想道德方面的启发。二是效果的持久性。大学生思想政治教育社会支持模式的育人成果并不随着某一项教育活动的结束而消失，其影响可能会伴随学生终生，并有可能通过学生去影响其子女和其他人，最终为社会创造出的物质财富和精神财富难以用数量计算。这种效果的持久性是大学生思想政治教育传统形式所不可比拟的。三是干预范围的广泛性。传统的思想政治教育会直接告诉大学生什么是对的、什么是错的，直接引导大学生往正确的方向走，避免往不正确的方向走。相比之下，大学生思想政治教育社会支持模式的干预范围可能更加广泛。对于尚未出现问题的大学生，家庭、学校、传媒的各种教育渠道能够提供正确的价值观念，从而引导个体的主观判断；对于已经出现问题的大学生，成熟的心理干预系统可以纠正负面的影响，调动个体积极层面的意识与行为去应对已有的问题。这种广泛的干预范围几乎可以囊括大学生的学习、生活、求职、实践、恋爱等所有问题。四是实施强度的伸缩性。区别于传统思想政治教育形式实施强度的统一性特点，社会支持模式的实施强度具有很大的弹性。有时可以润物无声，比如一篇好的文章所引起的共鸣、一个友善举动引起的反思等等；有时则通过激烈的体验来达到教育的目的，比如组织大学生参加军事训练、夏令营等等；有时需要通过专业的媒介来实现教育的目标，如专业的心理测评、宣泄治疗等等。

2. 大学生思想政治教育采取社会支持模式的必要性

目前，从社会支持的理论视角来探寻提高大学生思想政治教育效果的路径问题，还没有引起人们足够的重视，将社会支持理论应用于大学生思想政治教育研究的已有文献更为鲜见。笔者认为可以从如下四个方面来认识社会支持理论引入大学生思想政治教育的必要性。

第一，依托社会支持的大学生思想政治教育是大学生初步实现社会化的需要。谢昌速提出：道德教育是应然的以道德性为本的教育模式，而公民教育则是实然的以合理性为本的教育模式。换言之，公民教育是教人如何做人的教育，因此应该是面向全社会所开展的终身教育。大学生处于心智完善的重要阶段，他们的成长过程中需要有集体的认同和鼓励，因此，积极融入集体，参与社会才能使大学生的自主性得以形成。当代大学生普遍存在利己主义的价值取向，社会规则意识、社会归属意识和社会责任意识都比较单薄。尽管在道德认知方面明白承担社会责任的必要性，但道德认知和道德行为仅显示出较小程度的相关，表现在现实中则是大学生在公共伦理道德和社会责任实践中存在的知行不统一。同时，阿基诺（K. Aquino）、里德（A. Reed）等人也发现，道德认同与大学生自我报告的志愿服务行为（帮助弱势者和适应不良者）显著正相关，这说明社会支持对于思想政治教育实现认知和行为统一的积极作用。

第二，依托社会支持的思想政治教育形式是大学生思想政治教育现实化、生活化的需要。大学生思想政治教育必须走向生活化才能真正深入人心，在潜移默化中使大学生受到教育、得到熏陶。建立社会支持模式，通过家庭、媒体、社会的多方合力，使大学生日常学习生活的环境充满社会支持的力量，才能让大学生思想政治教育工作真正“沉下去”，走进大学生的生活，避免空洞的书本说教和理论灌输，充分发挥大学生思想政治教育的效能。

第三，依托社会支持的思想政治教育是解决大学生实际问题与社会问题趋强关联化的需要。当前，大学生面临的诸多问题直接表现为社会问题，深刻且直接影响着社会形势，如大学生心理健康、大学生就业、大学生信仰、大学生婚恋等等问题。自 1985 年联合国建立“国际青年年”以来，长期致力于倡导各国制定跨部门的一体化国家青年发展政策，将青年发展问题融入国家发展战略中，采用全面协调的方式解决青年问题，而依托社会支持的思想政治教育就很好地回应了这种政策。

第四，依托社会支持的思想政治教育是应对高等教育环境时代化的需要。现代社会环境的

综合性更加突出，物质环境影响着精神环境，精神环境反过来作用于物质环境；经济环境决定着精神环境，精神环境又潜移默化地改造着经济环境。与传统的思想政治教育相比，社会环境通过各种潜移默化的渗透方式正在成为影响大学生思想行为的重要因素。在这种情况下，在思想政治教育中引入社会支持理论，可以有效应对瞬息万变的信息给大学生带来的价值识别困境，这也与倡导通过价值评价和选择性的学习，进而开展独立思考和自我反思，最终形成自己价值观的价值澄清理论不谋而合。

此外，目前极力倡导的教书育人、管理育人、服务育人的全员育人理念和某些效果突出的咨询式、共感式、体验式的隐性教育以及社会支持理论的影响机制，都为大学生思想政治教育社会支持模式的创建奠定了良好的基础。综上所述，社会支持模式能够有效地弥补传统大学生思想政治教育模式中的缺陷，对于创新大学生思想政治教育模式具有充分的必要性和可行性。

（四）咨询发展模式

当代大学生的成长经历、性格特点等随着时代变迁呈现出了空前的多样性。“因材施教”不仅仅应该体现在传授书本知识层面上，思想政治教育方面更应当根据大学生的不同特点采取不同的方式和方法。同时，由于现实社会在不同程度上存在着理论与实际脱离的情况，滋生了相当广泛的社会逆反心理，这种逆反心理对于高校思想政治教育工作者和传统的训导式教育方式存在着比较抵触的情绪，成了高校思想政治教育顺利开展的重要障碍。美国著名道德教育家劳伦斯·柯尔伯格（Lawrence Kohlberg）曾说：“道德教育最好是对话中的一个自然过程，而不是作为一种理论指导或说教。而教师和课程最好是作为这种对话的促进者。”因此，大学生思想政治教育必须摆脱生硬说教的固态、专职训导的姿态，而是采取平等的、对话的、个性的、建议的方式，从社会生活的各方面进行渗透式的教育。由此，将咨询发展融入大学生思想政治教育过程中，不失为一条适应当前发展的大学生思想政治教育模式创新的路径。

1. 大学生思想政治教育咨询发展模式的内涵

咨询，是指通过头脑中所储备的知识和经验，对外部信息资料进行综合分析加工所形成的综合性研究开发活动。在经济、政治活动中，咨询成为辅助决策的重要手段，已经逐步发展成一门新兴的软科学。而发展，从普遍意义上说是人或事物由小到大、由简单到复杂、由低级到高级的变化。从教育学的视角来看，发展就是指人类个体由诞生到死亡的这一整个生命过程中在身体、心理、社会化等诸方面所发生的变化。笔者提出的大学生思想政治教育咨询发展模式是指高校的思想政治教育工作者与大学生通过平等的、对话的、个性的、建议的交往方式，起到大学生成长过程中的顾问、参谋和外脑作用，从而帮助他们实现各方面全面的成长和发展。

2. 咨询发展纳入大学生思想政治教育的必要性

（1）将咨询发展的方法运用于大学生思想政治教育中是促进大学生成长成才的需要。美国康州教育部的研究结果表明，“高质量的咨询服务可以对孩子的幸福产生长期影响，并且能有效避免学生陷入暴力犯罪、嗑药吸毒以及酗酒等不良行为之中”。而高质量的学校咨询服务不仅可以提高学生成绩，促进学生的学业成就，而且在加强班级团结、强化老师管理班级能力等方面有积极作用，能够更好地满足学生心理健康的需要。咨询服务对于人生的任何阶段都有积极的作用，大学生正处于人生成长的黄金时期，观念、思维等尚未定型，在他们成长的过程中发挥大学生思想政治教育咨询发展模式的优势，将对他们的成长产生积极而深远的影响。

(2) 将咨询发展的方法运用于大学生思想政治教育中是适应大学生时代特点的需要。总体来看，当代大学生的自我意识比较强，社会意识比较弱；竞争意识比较强，受挫能力比较弱；知识能力比较强，辩证能力比较弱；认同感比较强，践行力比较弱；兴趣爱好比较强，学习能力比较弱。针对这些特点有必要开展相应的咨询服务，帮助大学生提高社会责任感、应对挫折的心理承受力、分辨事物的能力、参与实践的能力以及获取知识的能力。

(3) 将咨询发展的方法运用于大学生思想政治教育中是大学生开展自我教育的需要。从某种意义上说，思想政治教育的目的就是为了促成自我教育。著名教育家叶圣陶曾说过："教育的目的是为了不教育。""不教育"其实就是自我教育。外因必须通过内因才能起作用，咨询服务实际上就是通过外界信息的传达，最终使大学生主动开展自我教育，主动提高自身的思想意识和道德水平。咨询服务更加尊重大学生的个性和特点，更易被大学生所接受，能够更加有效地实现大学生自我教育的目标。

(4) 将咨询发展的方法运用于大学生思想政治教育中是高等教育发展的需要。随着高等教育的发展，高校将彻底改变过去的以院系、班级为单位的条块式管理，更加重视个性化服务，单一的说教和灌输已经不能适应时代的发展，而根据个体需求、针对个体特点、尊重个体权利的大学生思想政治教育咨询发展模式无疑更能适应未来高等教育发展的需要。

3. 大学生思想政治教育咨询发展模式的基本构成

随着社会的发展与时代的进步，高等教育的咨询服务早已不局限于传统的"心理咨询"，呈现出了新的变化。在咨询内容方面，除了常见的心理健康咨询，还有学习方法咨询、就业咨询、人际关系咨询等等；在咨询形式方面，除了传统的面对面交谈咨询，还有电话咨询、网络咨询、报刊专栏咨询等等。本书所指的咨询发展模式主要是包括心理咨询、学业咨询、就业咨询和人际关系咨询在内的咨询体系。

(1) 心理咨询。心理咨询是咨询者以一定的心理学理论及方法为依据，通过商谈、讨论、劝告启发来访者，协助来访者正确面对人生发展中遇到的心理问题，提高心理能力和适应能力，通过来访者自身的消化和接受来形成正确的认识、情感和态度从而消除心理障碍的实践过程。广义上说，大学生心理咨询包括自我意识心理咨询、情绪心理咨询、人际关系心理咨询、学习心理咨询、恋爱和婚姻心理咨询、休闲咨询以及生涯咨询等等，本书仅指心理健康咨询。心理健康咨询包括障碍性咨询和发展性咨询两种模式，障碍性咨询主要是解决心理疾病问题，而发展性咨询主要是为个体规划心理发展路径，提高心理承受能力，开发潜能、完善人格。从实践来看，国外的心理咨询在高校中由开始的侧重矫治层面（障碍性咨询）逐渐转向障碍性和发展性并举。发展性咨询在高校心理咨询中占有较大比重。笔者认为，发展性咨询应当是大学生思想政治教育咨询发展模式中心理咨询的重点内容。

(2) 学业咨询。高校的学业咨询是面向全体学生的关于学业方面的辅导、咨询和支持等活动，目的是为了挖掘学生学习潜能，帮助学生实现学习目标。学生的学业情绪不同于一般的人类情绪，它是学生在学习过程中产生和体验到的情绪。教学模式基本都是采用班级授课制，教育同质化现象仍然比较突出，重视教学科研、忽视学生研究性学习的现象也比较严重，学生"厌学""逃课"等现象屡见不鲜，很多大学毕业生感觉在大学里没有学到什么东西，大学生的学业情绪不尽人意。学业咨询试图通过专业人员一对一的单独辅导，解决学生学业当中的迷茫

和困惑，从而建立良好的学业情绪。

（3）就业咨询。就业咨询是指高校就业指导部门对大学生就业当中存在的心理和现实难题进行辅导帮助，从而培养学生良好的就业观和发展观。随着高校扩招和社会竞争激烈程度的不断提高，大学生就业成为社会普遍关注的热点问题，有效就业咨询不仅关系到大学生个人的成长和发展，也关系到高校的办学声誉和社会的和谐稳定。

（4）人际关系咨询。人际交往是人们在生活实践中通过互相交往与相互作用形成的人与人的直接心理联系。大学生人际关系是大学生生活中一个不可忽视的重要方面。人际关系咨询是一个从属于心理咨询范畴的概念，建立人际关系咨询体系对于大学生的成长和发展很重要。

（五）文化育人模式

当今世界，文化、经济和政治相互交融、相互渗透，文化成为衡量一个国家综合实力的重要因素。大学作为文化的主要输出地，是引领社会文化风向的主阵地，校园文化作为社会文化的重要组成部分，建立文化育人模式，对于加强社会主义市场经济条件下的大学生思想政治教育活动的有效开展具有十分重要的意义。

1. 文化育人的含义

文化从狭义上理解是指社会的意识形态和与之相适应的制度和组织结构，从广义上理解是人们在社会发展过程中创造的物质财富和精神财富的集合体。而大学的校园文化则是以校园为基本场域，以大学生为主体，以文化活动为载体，以大学精神为主要特征的群体文化，是除了第一课堂以外的学校其他一切教育活动，是学校长期以来形成的大家共同遵守的价值观、办学理念和行为规范。大学校园文化主要包括物质文化、制度文化和精神文化三个层面。

由此可知，文化育人，即是指以人类创造的先进文化去感化人、熏陶人、培育人。文化育人不仅包括用精神财富育人，而且也包括用物质财富和制度安排育人。尽管校园文化包含多个方面，但其都“统摄”于校园文化的精神层面，呈现为大学校园文化的“基本内核”，具有教育、导向、凝聚、激励、规范等作用。大学校园文化育人则具体表现为大学对人的塑造作用、教化作用，在人的个性养成、理想信念的确立方面处于不可替代的地位，深刻地影响着大学生的思想道德素质。

2. 建立文化育人模式的必要性

（1）建立文化育人模式是培养高素质人才的需要。长期以来，校园文化建设对年轻人的成长产生着至关重要的影响，大学毕业生的人格品质、行为方式等都受到所在大学文化的影响。大学文化能否保持先进性，决定着大学能否培养出符合社会进步要求的毕业生，决定着整个社会文化能否朝着先进文化的方向发展。校园文化的主体是年龄结构上整体趋于年轻化的大学教职员工和庞大的学生群体，这一群体思维活跃、个性突出。同时，他们容易受社会上各种思潮影响，价值判断容易受到挑战，如何帮助大学生正确辨别优劣文化成分，实现他们的健康成长，为国家和社会培养高素质人才，成为校园文化建设的一项重要课题。建立文化育人模式，把校园文化建设作为重中之重来抓，将为解决这一课题提供有效的途径。

（2）建立文化育人模式是繁荣社会文化的需要。校园文化是社会文化在高校的体现和延伸，校园文化是社会文化和校园精神的有机结合，是在社会文化当中处于较高层次的一种文化形态。把校园文化建设好对于推动社会文化的建设具有基础性作用。高校不仅承担教书育人的任务，同时承担着社会服务的职能，高校要创造和传播知识，引领社会文化的前进方向，必须保持校园文化发展的独立性、健康性与高雅性，以期对社会文化产生积极的带动和影响作用。从这一层面看来，建立文化育人模式，加强校园文化建设，是繁荣社会文化的必然需要。

（3）建立文化育人模式是增强高校核心竞争力的需要。校园文化是大学精神的体现，大学精神不是自发形成的，也不可能一蹴而就，而是通过历史的积淀，在继承和创新中不断形成的。每一所优秀的大学都离不开大学精神的支撑。大学精神是校园文化的灵魂，它赋予学校以生命力和发展活力，集中反映着学校的历史沿革、现实特征，是一所学校意志风格、行为规范、培养方向、标准模式等的外在表现。如果说今天高校之间竞争的根本在于大学精神的话，那么承载大学精神的校园文化就是增强高校核心竞争力的主要因素。

第十三章　和谐社会视域下高校思想政治教育队伍建设

第一节　高校思想政治教育队伍基本理论综述

一、大学生思想政治教育队伍的基本概念

所谓大学生思想政治教育队伍，是主要承担、组织、发动、实施大学生思想政治教育活动的个体组合而成的群体，即主要从事学生思想政治教育工作的人员群体。它主要包括学校党政干部和共青团干部、思想政治理论课和哲学社会科学教师、辅导员和班主任及其高校全体教职员工等。

大学生思想政治教育队伍建设是指根据大学生思想政治教育的目标和要求，遵循思想政治教育规律和人才成长规律，对大学生思想政治教育队伍中的人员个体和群体，进行选拔、培养和管理，使之达到适应和满足大学生思想政治教育工作需要的目标的过程。它包括思想建设、组织建设、业务建设、作风建设、制度建设等。

二、大学生思想政治教育队伍的结构

结构，是构成整体的各个部分及其结合方式。大学生思想政治教育队伍的结构，是指大学生思想政治教育队伍这个整体是由哪些部分构成的以及构成的方式。结构决定功能，有什么样的结构，就会产生出什么样的功能，好的结构必然产生好的功能。按照系统论的观点，一个系统能否产生出好的功能，取决于两个基本要素：一是构成系统各要素的质量；二是系统内各要素之间的组合方式，即系统的结构。因此，要研究大学生思想政治教育队伍的功能，就必须先研究大学生思想政治教育队伍的结构。

大学生思想政治教育队伍的结构，按照不同的标准，可以划分为以下几种类型：

（一）人员结构

大学生思想政治教育队伍的人员结构，是指这支队伍中人员的构成状况。大学生思想政治教育队伍中人员的构成状况，直接关系到大学生思想政治教育的效果。大学生思想政治教育队伍主体是学校有关的党政干部和共青团干部、思想政治理论课和哲学社会科学课教师、辅导员和班主任。目前，我国大学生思想政治教育队伍由两部分人员构成：

一是专职人员，包括学校分管学生思想政治教育工作的党委副书记，专职的思想政治理论课教师和哲学社会科学课教师，学生工作部（处）从事学生思想政治教育工作的人员，学校团

委干部，院（系）党委（总支部）负责学生思想政治教育工作的副书记、分团委书记（团总支书记），学生政治辅导员等。尽管他们人数不多，但却是大学生思想政治教育的中坚力量，在教育活动中起着主要的作用，决定着整个大学生思想政治教育队伍功能的强弱。搞好这专职队伍的建设，是加强大学生思想政治教育的关键。大学生思想政治教育是一项科学性、实践性很强的工作。要搞好这项工作，必须按照中央有关文件的要求，建设好专职队伍，使这支队伍具有良好的马克思主义理论修养和奉献精神，有较高的业务水平，懂得大学生思想政治教育专业知识和相关学科知识，有较强的工作能力和研究能力，使这支队伍专业化和职业化，使越来越多的专职人员成为大学生思想政治教育的专家、学者和教授。

二是兼职人员，是指那些既担负着其他业务工作，又担负着大学生思想政治教育任务的人员。它有狭义和广义之分。作为狭义的兼职人员，包括思想政治理论课兼职教师、兼职辅导员、兼职学生班主任和学生主管等。尽管他们只是用部分精力和时间来从事大学生思想政治教育工作，但他们却是这支队伍中的重要力量。

作为广义的兼职人员，它包括专职大学生思想政治教育人员之外的大学其他人员和社会上与大学生思想政治教育有关的人员。由于大学生思想政治教育是一项与业务工作紧密结合的群众性工作，所以，应把教书育人、管理育人、服务育人的全员育人理念和原则贯彻落实到大学生思想政治教育队伍的建设中去。贯彻落实"全员育人"理念和原则，既有利于调动广大教职工和学校各个功能部门来关心和参与大学生思想政治教育工作，更有利于大学生思想政治教育与业务工作相结合。过去长期的实践证明，这样做的作用是独特的，在许多方面，广义的兼职人员能起专职人员起不到的作用。另外，由于大学生思想政治教育是社会性很强的工作，除了发挥本校教育力量的作用之外，还应发挥社会各条战线、各个部门的教育力量，特别是新闻出版、影视部门的力量。大学可以有目的有计划地聘请一批校外人员来做大学生思想政治教育工作，使他们成为兼职队伍的一部分。实际上，已经有不少大学已经这样做了，并且取得了良好的教育效果。社区的优秀退休人员也可以成为大学生思想政治教育的力量。各地的爱国主义教育基地，革命历史纪念馆等都能起到教员的作用。因此，从广义上理解，兼职人员具有广泛的社会性。大学生思想政治教育要依靠大家来做，全社会都应关心大学生思想政治教育工作。

大学生思想政治教育队伍的人员结构的基本要求是：以专为主，专兼结合，功能互补。

（二）知识能力结构

知识能力结构是指大学生思想政治教育队伍的知识和能力的构成。

首先，大学生思想政治教育队伍要有合理的知识结构。一般而言，大学生思想政治教育队伍的成员都应有广博的知识结构，其中主要是有扎实的马克思主义理论知识、大学生思想政治教育的专门知识以及相关学科的知识。根据不同大学的性质和情况，以及不同专业学生的情况，大学生思想政治教育队伍的成员还应有各自不同的知识构成。例如，法学类专业的学生辅导员与文学类专业的学生辅导员相比较，前者就应当比后者具有较多的法学知识，而后者就应该比前者具有较多的文学知识。在一支具体的大学生思想政治教育队伍中，各成员的知识结构是有所不同的。对队伍成员应有共性的知识结构要求，也应鼓励成员之间围绕工作的需要具有知识结构的个性和知识专长，以形成队伍内部成员之间知识互补。

其次，大学生思想政治教育队伍还应当具有相应的能力结构。知识和能力紧密相关。知识

是能力形成和发展的前提和基础，能力是在掌握和运用知识的过程中产生和发展起来的。如果没有相应的知识，大学生思想政治教育者的能力就不能得以形成和发展。实践充分证明，知识的多寡、深厚和完善程度影响大学生思想政治教育者能力活动的广度、深度以及分析问题和解决问题水平的高度。大学生思想政治教育者的能力只有在学习和运用相关知识的过程中才能得以形成，只有随着相关知识的获取和运用，才能促使其能力不断提高。另外，大学生思想政治教育者的能力又是获取、运用和创造相关知识的前提。能力的大小强弱，往往会制约着大学生思想政治教育者掌握相关知识的深浅、快慢、难易和巩固程度，制约着相关知识的运用和创造。因此，知识不等于能力，能力也不等于知识。知识多的人并不等于能力强。学到了知识，并不等于具备了应用这些知识的能力。知识，只有经过理解，融会贯通，联系实际运用，才能促进能力的发展。好的知识结构可以形成和发展好的能力结构，但好的知识结构并不一定会有好的能力结构。因此，大学生思想政治教育队伍不仅要有好的知识结构，还应当有好的能力结构，主要包括大学生思想政治教育信息的整体获取能力、大学生思想政治教育信息的整体分析能力、大学生思想政治教育整体预测与决策能力、组织与实施能力、宣传能力、组织协调能力、创新能力、运用现代化教育手段的能力、科研能力等。

队伍的知识能力结构与队伍的学历层次结构密切相关。大学生思想政治教育队伍应由多层次学历结构的人员组成。学校类别不同，这支队伍的学历结构可以有所不同。例如，高职类大学与“985”类大学，前者的队伍的学历结构可以低一些，后者可以适当高一些。一所大学的大学生思想政治教育队伍学历结构是以专科学历为主，还是以本科学历为主，还是以硕士学历为主，应视这所学校的具体情况而定，不能一概而论。一般而言，层次高的大学，其大学生思想政治教育队伍的学历结构层次相应要高一些。

（三）年龄性别结构

年龄性别结构包括年龄结构与性别结构。大学生思想政治教育队伍的年龄结构是指大学生思想政治教育队伍中不同年龄段成员的构成比例。年龄不仅是一个人的身心功能的标志，而且也是知识、经验多少和能力强弱的重要参数。一般而言，随着年龄的增长，人的知识、能力、经验会随之增长。一支年龄结构合理的大学生思想政治教育队伍，应由不同年龄阶段的成员按一定比例组合而成。大学生专职思想政治教育队伍由思想政治理论课教师队伍和辅导员队伍这两支队伍组成。一般而言，大学生思想政治教育队伍应由老中青三部分组成，但“老”和“中”在这两支队伍中的含义是不同的。由于这两支队伍所承担的教育任务性质的不同，其年龄结构要求也应有所不同。前者承担的是思想政治理论课程的教学任务，队伍成员年龄的上限是正常退休年龄，其“老”和“中”年龄与其他教师是一个意思。后者承担的是大学生日常的思想政治教育与管理，由于其工作的特殊性，年龄一般在20多岁到40多岁之间，以20多岁到30多岁者居多，而且，40多岁的就为“老”，30多岁的就为“中”。由于老中青人员在队伍中的比例不同，大学生思想政治教育队伍的年龄结构一般有三种模式。第一种是正三角形模式，即青年人多于中年人，中年人多于老年人。这种结构既有利于发挥老中青各自的优势和作用，也有利于不断地培养接班人。由于这种结构模式在现实工作中效率高，又有助于队伍的正常发展，所以称它为前进型。第二种是橄榄型模式：即两头小、中间大。这种年龄结构因“中间大”而有利于眼前工作的开展，因青年少而不利于队伍未来的发展，因而这种年龄结构模式又称为静止型。

第三种是倒三角形模式：老年人多于中年人，中年人多于青年人。这种结构问题比较多：一是因老年人太多，难以胜任繁重的工作，且容易因循守旧，排斥创新；二是青年人太少，会使队伍缺乏生气和开拓精神；三是不利于接班人的培养。这种模式故又叫衰退型。在大学生思想政治教育队伍的建设中，我们所需要的是前进型，要避免的和要改造的是静止型和衰退型。

在大学生思想政治教育队伍建设中，除了要有合理的年龄结构，还应有合理的性别结构。大学生中有男有女，有些工作比较适合女成员做，有些工作则比较适合男成员做，因此，队伍中男女成员都应占有一定的比例。如果性别构成单一，不利于性别上发挥互补效应。一般而言，男大学生多的学校，队伍中男性成员的比例就应大一些，女大学生多的学校，队伍中女性成员的比例就应大一些。以上三种结构，在大学生思想政治教育队伍的构成中是比较重要的，只要其中一个结构的比例失调，就会影响队伍整体教育功能的发挥。因此，在大学生思想政治教育队伍建设过程中，应尽量将三方面的结构调整到最佳状态。

三、大学生思想政治教育队伍建设的主要内容

邓小平同志指出："思想战线上的战士，都应当是人类灵魂的工程师。"大学生思想政治教育队伍是大学生思想政治教育工作的主体，具体负责学生思想政治教育工作的组织、指导和实施，是加强和改进大学生思想政治教育的组织保证和人力基础。我们要以"数量充足、结构合理、相对稳定、素质过硬"为目标，按照"政治强、业务精、纪律严、作风正"的要求，坚持专兼结合的原则，从思想、组织、业务、作风和制度等方面进行系统建设。

（一）思想建设

大学生思想政治教育队伍个体和群体自身的思想政治素质、思想觉悟的高低是队伍战斗力的关键。加强大学生思想政治教育队伍建设，首先必须从思想建设上入手。主要是根据思想政治教育队伍素质的特殊要求，以理论和实践的方式，通过学习、培训、实践锻炼和自我修养，加强理想信念教育和思想道德建设，加强思想政治教育队伍政治观、责任感、奉献精神和创新意识的教育、培养和锻炼，全面提高政治思想素质。

（二）组织建设

健全组织机构，配备人员充足、结构合理的队伍是做好工作的基础和前提。大学生思想政治教育队伍组织建设，主要是加强党对思想政治教育和思想政治教育队伍建设的领导，建立科学的管理体制和运行机制，健全完善的管理和建设机构。按照政治强、业务精、纪律严、作风正的队伍建设目标，坚持专职为主、专兼结合、数量充足、相对稳定、合理流动、团结高效的原则，做好各类人员的选聘、培养和管理工作，对人才资源的进行合理有效配置，保持队伍的相对稳定和素质的整体优化。

（三）业务建设

业务素质是思想政治教育者有效开展思想政治教育工作的基本条件。业务建设主要是实施大学生思想政治教育队伍人才培养工程，贯彻"立足于工作需要，着力于知识更新，着眼于能力发展"的思想，通过制定培养规划，加强学科建设，广泛建立人才培养基地，积极组织理论

培训、学习考察、挂职锻炼、社会实践和科学研究等，促进思想政治教育队伍的实际工作能力和业务水平的提高。

（四）作风建设

主要是经过组织的教育、培养、锻炼、管理和自身的修养，使整个大学生思想政治教育队伍在日常的工作、学习和生活中，形成正确的思想作风、扎实工作作风和良好的生活作风。

（五）制度建设

为实现思想政治教育队伍建设的规范化和科学化，制度建设是必然要求，它带有根本性、全局性、稳定性和长期性。制度建设，就是制定和完善适应大学生思想政治教育队伍建设和发展的各项法律法规、方针政策和规章制度体系，全面规范和指导大学生思想政治教育队伍建设工作，使大学生思想政治教育队伍的选拔、培训、管理、激励和保障等建设工作做到有法可依、有章可循，形成长效机制，实现大学生思想政治教育队伍建设工作的制度化、规范化和科学化。

第二节　当前高校思想政治教育队伍建设的现状

当前，我国高校思想政治教育队伍建设总体情况可以用“成就与问题并存”来概括，客观地分析和总结高校思想政治教育队伍建设取得的成绩、存在的问题以及产生问题的原因，将有利于在新的历史条件下进一步加强高校思想政治教育队伍建设工作。

一、大学生思想政治教育队伍建设的成就

（一）确立了思想政治教育队伍的教师地位

高等学校从事学生思想政治教育的专兼职人员，与从事智育、体育的专业人员共同担负着培育人才的重任，都应当是教师队伍的一部分。大学生思想政治教育队伍的教师地位的确立，是大学生思想政治教育工作在学校教育中地位的体现。它对于从根本上正本清源，纠正人们对大学生思想政治教育队伍的偏见，激励他们坚定忠诚于党的思想政治教育事业的信念和决心具有重要作用，这也是大学生思想政治教育队伍建设的立足点和根本前提。自 1987 年以来，党中央、国务院及其相关部委都分别在不同时期，对大学生思想政治教育队伍的身份和教师地位予以了确认。1987 年中共中央《关于改进和加强高等学校思想政治工作的决定》明确指出：从事学生思想政治教育的专职人员，是教师队伍的组成部分，应列入教师编制，实行教师职务聘任制。2006 年教育部《关于进一步加强高等学校学生思想政治工作队伍建设的若干意见》（以下简称《若干意见》）指出，“高等学校学生思想政治工作队伍，……是学生思想政治工作的组织者和指导者，是高等学校教师和管理队伍的重要组成部分”。2006 年教育部《普通高等学校辅导员队伍建设规定》中更加明确的指出：导员是高等学校教师队伍和管理队伍的重要组成部分，具有教师和干部的双重身份。这些对确立大学生思想政治教育队伍的教师地位具有指导和决定性的作用。在以上相关文件精神的指导下，各级地方政府及高等学校也都对大学生思想政治教育队伍的教师身份和地位予以了确认和落实。尤其在近两年来，大部分省（市）和高校都明确将

大学生思想政治教育队伍纳入教师编制，享受专业教师的同等待遇。有些还对专职大学生思想政治教育队伍单独设立了专业职务系列，较好地解决了他们的教师职务聘任问题。

（二）专兼职相结合的队伍结构基本形成

专职为主、专兼结合的队伍结构，是大学生思想政治教育工作的基本要求。自1993年开始，中共中央以及相关部委分别在《中国教育改革和发展纲要》《若干意见》和《关于进一步加强和改进大学生思想政治教育的意见》等重要文件中，明确提出了坚持“专兼结合”的原则，建设大学生思想政治教育队伍。以此为方向和目标，各高校均采取了有效措施，在精心选拔、培养专职学生思想政治教育队伍的同时，也积极选聘了部分专家教授、优秀青年教师、研究生、高年级本科生兼职做学生思想政治教育工作，成为学生思想政治教育队伍的重要组成部分。同时，各高校坚持全员育人的观念，还积极从教师和党政干部中选聘兼职辅导员。截至目前，高校一支以专职人员为骨干，兼职人员为重要补充，广大教师积极参与的专、兼职结合的思想政治教育队伍结构已基本形成，有效延伸了大学生思想政治教育的新空间，初步发挥出全员育人的效果。

（三）学科建设迅速发展，专业队伍素质明显提高

提高队伍专业素质是加强队伍建设的重点，学科建设是进行专业素质教育和培养的基础。为加强思想政治教育学科建设，建立和完善思想政治教育队伍培训制度和培养体系，政府和高校均采取了一系列重要措施，取得了明显成效。1984年4月，教育部决定在部分高校设置“思想政治教育”本科专业，开始系统培养思想政治教育的高级专门人才。后又陆续设立了“马克思主义理论与思想政治教育”硕士点和博士点。2005年12月国务院学位办和教育部又增设了“马克思主义理论”一级学科，下面分设包括“思想政治教育”的五个二级学科。“思想政治教育”作为一个独立的二级学科开始设立硕士点和博士点。从创办思想政治教育专业至今，无论是发展速度还是规模，都位居全国社会科学专业的前列。一个培养学士、第二学士、硕士、博士等各层次专业人才的教育体系已经全面形成。这为培养大批从事思想政治教育的高素质人才，全面提高这支队伍的素质奠定了坚实的基础和学科支撑。同时，政府和高校紧紧依托学科的建设发展及其成果，积极广泛开展大学生思想政治教育骨干培训和实践锻炼工作，使大学生思想政治教育专业队伍的素质有了明显的提高。如教育部已在部分省市专门设立了高校思想政治教育队伍培训基地和实践基地，开展各种类型的培训工作。各省也加大了培养培训力度，相应地举办了各种层次和类型的大学生思想政治教育队伍培训。据此，专业思想政治教育队伍的整体素质得到了明显的提高。相当一部分学生思想政治教育人员，依靠思想政治教育专业学位点，通过在职攻读学位提高了学历；通过理论培训和实践锻炼提高了能力。一批高学历、高素质的人员也不断加入到思想政治教育队伍中来。大批的思想政治教育优秀人才脱颖而出，杰出的专家学者和先进典型不断涌现。

（四）队伍建设的基本制度初步建立

为加强高校学生思想政治教育队伍建设，党中央、国务院及其相关部委，相继出台了一系列有关高校思想政治教育队伍建设的政策和规定。以2000年教育部《若干意见》为标志，以

《关于进一步加强和改进大学生思想政治教育的意见》中指出的“大力加强大学生思想政治教育工作队伍建设……要完善大学生思想政治教育队伍的选拔、培养和管理机制”、教育部《关于加强高等学校辅导员班主任建设的意见》《普通高等学校辅导员队伍建设规定》等为重要内容，从队伍建设的方向和目标，从人员的选拔标准和办法，培养、培训的要求、具体措施和途径，激励保障及有关待遇等方面都做了较明确的规定，为加强队伍制度建设提供了政策依据。各省市和各高等学校也根据以上要求和政策，结合各自的实际，建立了具体的思想政治教育队伍配备与选聘、培养与发展、管理与考核和奖励等制度。如湖北省积极探索辅导员队伍建设的长效机制，出台了《关于加强湖北高校辅导员队伍建设的实施意见》和《湖北普通高校辅导员五年培训计划》《湖北省思想政治教育工作先进集体和个人评选制度》《专职辅导员职务晋升“二二四四”制度》等文件。大部分高校也注重制度建设，出台了一系列关于加强队伍建设的制度。如《辅导员队伍建设实施办法》《辅导员教育行为规范》《兼职辅导员管理办法》《班主任管理办法》《优秀学生工作者评选表彰办法》《专职学生政工干部津贴发放办法》等。目前，一个国家、地方和高校三位一体的大学生思想政治教育队伍建设的制度体系框架已基本构建，一些基本的制度已经形成，基本保障了大学生思想政治教育队伍建设工作规范、有序地开展，促进了队伍的稳定和健康发展。

（五）促进了大学生思想政治教育理论和实践的发展

伴随大学生思想政治教育队伍建设的进程，一代代思想政治教育骨干茁壮成长，一批批思想政治教育专家学者不断涌现，他们在积极促进思想政治教育学科建设蓬勃发展、努力推动大学生思想政治教育实践生动开展的同时，紧扣当代中国大学生思想政治教育的崭新实践，敏锐关注大学生思想政治教育面临的新形势、新情况和新问题，积极回应大学生思想政治教育发展和实践中的理论诉求，总结新规律、解决新问题。同时，在大学生思想政治教育的工作实践中，继承和发扬我党在思想政治教育中的优良传统，积极进行大学生思想政治教育实践手段、途径、方法的新探索，有力地推动了大学生思想政治教育实践的生动发展，积累了宝贵的实践经验。

促进了大学生思想政治教育理论的发展。主要是在有关大学生思想政治教育的指导思想和原则、主要任务、创新教育内容、方法、途径、体制和保障机制等方面均取得了丰硕的理论成果，切实为不断加强和改进大学生思想政治教育工作提供了强有力的理论指导。第一，确定了坚持以马克思主义及其中国化的最新成果为指导，贯彻科学发展观，全面落实党的教育方针，紧密结合全面建设小康社会的实际，以理想信念教育为核心，以爱国主义教育为重点，以思想道德建设为基础，以大学生全面发展为目标，解放思想、实事求是、与时俱进，坚持以人为本，贴近实际、贴近生活、贴近学生，努力提高思想政治教育的针对性、实效性和吸引力、感染力，培养德智体美全面发展的社会主义合格建设者和可靠接班人的指导思想。第二，确立了坚持教书与育人相结合、教育与自我教育相结合、政治理论教育与社会实践相结合、解决思想问题与解决实际问题相结合、教育与管理相结合、继承优良传统与改进创新相结合的基本原则。第三，明确了新时期大学生思想政治教育的主要内容，即以理想信念教育为核心，深入进行树立正确的世界观、人生观和价值观教育；以爱国主义教育为重点，深入进行弘扬和培育民族精神教育；以基本道德规范为基础，深入进行公民道德教育；以大学生全面发展为目标，深入进行素质教育等。第四，在拓展新形势下大学生思想政治教育的有效途径方面，提出了充分发挥课堂教学的主导作用，充分发挥党团组织的重要作用，深入开展社会实践，大力建设校园文化，主动占领网络思想政治教育新阵地，开展深入细致的思想政治工作和心理健康教育，努力解决大学生的实际问题等等。第五，在体制和保障机制上，提出了加强大学生思想政治教育工作队伍建设，营造大学生思想政治教育工作的良好社会环境，加强大学生思想政治教育科学研究工作，建立健全与法律法规相协调、与高等教育全面发展相衔接、与大学生成长成才需要相适应的思想政治教育和管理的制度体系，切实加强党对大学生思想政治教育工作的领导等思路和观点。

促进了思想政治教育实践的发展。一是以“青年志愿者”活动为载体，培养大学生的奉献精神。二是发挥爱国主义教育基地、改革开放示范地区的作用，组织大学生参观历史博物馆、革命圣地纪念馆、战争遗址、文明城市、参观考察社会主义新农村建设、国家大型工程建设等等，让他们了解和亲身体验我国改革开放的大好形势，培养他们的主人翁意识，增强社会责任感，激发大学生的爱国主义情感，坚定对社会主义的信念和信心。三是坚持一般教育和典型教育相结合，结合每年的重要事件的纪念日，组织系列讲座、专题讨论会、辩论会、先进人物尤其是优秀大学生代表的事迹宣传和报告会等。通过开展主题鲜明、形式多样的校园文化活动，营造健康向上的育人氛围。四是坚持理论教育与社会实践相结合，积极开展假期社会调查实践活动、“三下乡”活动、参观考察活动等，帮助大学生走出校园，走进社会，了解国情，体会民情，丰富了大学生活，开阔了视野。五是坚持解决思想问题与解决实际问题相结合，通过“奖、贷、助、补、免”等各种途径和办法，保证家庭贫困学生顺利完成学业。六是坚持思想教育与心理健康教育相结合，建立健全心理健康教育和咨询的专门机构，配备足够数量的专兼职心理健康教育教师，根据大学生的身心发展特点和教育规律，积极开展大学生心理健康教育和心理咨询辅导，培养大学生良好的心理品质和自尊、自爱、自律、自强的优良品格，增强大学生克服困难、经受考验、承受挫折的能力，解决学业、情感、就业等方面给大学生带来的心理压力和困惑，引导大学生健康成长。七是坚持全员育人，实行本科学生导师制，辅导员入住学生公寓等等。

二、大学生思想政治教育队伍建设的问题

目前高校的思想政治教育工作环境变化很大，在校大学生的多样性越来越明显。面对新形势、新情况、新问题和新挑战的现状，认清楚高校思想政治建设的现状是进一步开展工作的基础，而认清楚高校思想政治教育的现状最为重要的是看清高校思想政治教育队伍建设中存在的问题和不足。

（一）缺乏科学且有效的规划

高校进行思想政治教育的组织基础乃是我国高校思想政治教育队伍建设规划的整体科学性。但目前我国很多高校对思想政治教育队伍建设重视不足，尚未构建起有效的、合理的和科学的思想政治教育专职队伍。所以，当前高校中思想政治教育队伍整体存在着这样一些问题：其一，队伍在数量上存在的欠缺问题，难以达到教育部所规定的师生比的标准；其二，从队伍年龄结构来看，多数高校思想政治教育队伍的年龄相对偏大，很多高校的相关队伍不同程度地出现老化的问题；其三，思想政治教育队伍的专业结构方面的问题，这主要是队伍人员不是本专业或相关专业的，因此导致队伍整体缺乏活力和一定的能力；其四，高校思想政治教育队伍缺乏稳

定性，这也就是呈现出的高流动性、低稳定性的特点。上述思想政治教育队伍的整体性存在的不足，不利于思想政治教育工作长期有效地开展，这也是队伍建设所面对的头等任务。

（二）管理上未能呈现有效的来自各方面的合力

高校的思想政治教育工作的管理通常由党委、教务处、学生处、团委、马克思主义学院、宣传部、党校和工会等单位共同来完成。高校中的各部门分工合作，各司其职，相互之间的协调有所欠缺。高校中的马克思主义学院负责的理论教学，是思想政治教育的重要途径，该学院也是思想政治教育的重要队伍。其他的思想政治教育要放在学校党团工作、辅导员工作、教学育人、管理育人、服务育人、课外活动和社会实践中来实现。事实上，这些思想政治教育途径并没有从整体上进行规划，因此没有明确分工，进而形成合力。相反，由于在时空、人力、物力上得不到保证，导致思想政治教育流于形式甚至容易落空，这些都会影响思想政治教育的效果。

（三）整体素质和水平有待进一步提高

高校思想政治教育队伍是思想政治教育的组织者和实施者，也即思想政治教育任务的直接承担者，与在校大学生进行直接的接触和交流，帮助他们解决思想上遇到的各种困惑，使他们能够顺利健康地成长，这要求思想政治教育工作者不仅要具有扎实的专业知识以及丰富的实践经验，还要具备较强的工作能力。可是就现状而言，我们目前高校思想政治教育队伍中存在着学历层次偏低、知识结构不甚合理、理论素养不够和业务水平不高等问题。从知识结构上来看，有些高校的思想政治教育者的知识结构比较单一，当前需要教育学、心理学和思想政治学等专业出身的教育者，但是这方面人才在高校思想政治教育队伍中的比重不高。专业知识、知识结构、知识素养和业务水平等方面的不足使得思想政治教育队伍的整体素质有待进一步的提高。

（四）整体能力与其所承载的任务不协调

这些年以来，我国高校呈现出招生规模迅速扩大、在校大学生人数激增以及学生个性多样化和专业结构复杂等特点。这些现象在教育发展方面可能起到了积极的作用，同时也为思想政治教育工作提出了新的挑战，增加了工作的任务和难度。我国高校思想政治教育队伍的职责是学生思想政治教育以及学生日常事务管理，这也就从两方面要求队伍——也即具备教育和管理的整体能力。但是现实中，教育者在实际的工作中往往身兼数职，难以将时间和精力专职放在学生思想教育和管理工作上，这导致教育者工作渗透力不强，工作效率比较低。正是由于队伍建设的整体能力与其所承载任务不协调，极大地阻碍了思想政治教育队伍的专业化发展。这就要求高校建立相应的机制、专业团队和具有学术专长的特色队伍，以利于思想政治教育的长足发展。

（五）机制有待进一步健全

很多高校中，一些思想政治教育队伍中的教育者并未真正认识到思想政治教育的重要性，学校思想政治教育队伍建设政策体系与教育部文件的基本要求还有些差距，确保队伍健康发展的长效机制不甚健全。还出现了把思想政治教育队伍角色泛化和边缘化的现象，这使得思想政治教育队伍的管理、培育、评价和保障等方面存在着许多困难。一些高校未从思想政治教育本身的职业特点出发为教育者考虑，进而构建一套相对独立而完整的培育和保障机制。这些都不能使队伍建设不断地发展。正是因为缺乏科学的培养、激励以及保障机制，高校思想政治教育队伍的工作热情下降，这在某种程度上形成了高校思想政治教育队伍在思想政治教育中“不求无功、但求无过”的消极心理，这种心理显然是不利于高校思想政治教育健康发展的。

以上五个方面是当前高校思想政治教育队伍建设过程中存在的问题，也是队伍建设所面临的现状，这种现状对高校思想政治教育的队伍建设形成了一种约束和实践前提。如何在现状的基础之上，改进现实中存在的问题，是高校思想政治教育队伍建设过程中亟待解决的问题和重要课题。

第三节　和谐社会视域下高校思想政治教育队伍建设的路径

一、大学生思想政治教育队伍的选拔与培养

（一）大学生思想政治教育队伍的选拔

1. 提高对选拔工作意义的认识

搞好选拔工作对于建设好大学生思想政治教育队伍具有十分重要的意义。第一，做好选拔工作是建设好大学生思想政治教育队伍的前提和基础。要建设一支专兼结合、功能互补、政治可靠、业务精湛的大学生思想政治教育队伍，严格按照条件和程序把好选拔这一关，确保队伍的质量，是建设好这支队伍的关键。第二，做好选拔工作是优化大学生思想政治教育队伍结构的需要。队伍整体结构的合理与否，直接影响到大学生思想政治教育的整体效应。这就要求选拔时要考虑专兼比例、队伍功能、年龄、性别、职称、学历等情况，通过选拔来调整、优化结构。实践证明，大学生思想政治教育队伍结构的合理配置，主要是靠选拔来实现的。第三，做好选拔工作是形成队伍内部竞争上岗机制的需要。在选拔中，要引进竞争机制，择优选拔。要拓宽选择范围，选拔可以在本单位进行，也可以在社会上公开招聘。

2. 遵循选拔工作的原则

选拔原则是在选拔过程中必须遵循的具体指导思想和基本要求，它是选拔经验的科学概括和总结。只有坚持正确的选拔原则，才能达到预期的选拔结果。一般而言，选拔应遵循以下原则：

（1）德才兼备、择优选拔原则。在选拔过程中，一定要全面了解和评价被选拔对象的表现，坚持德才结合的标准，择优选拔，宁缺毋滥。

（2）严格程序原则。选拔过程自始至终都应严格按照规定的程序进行。

（3）阳光原则。选拔过程自始至终都应置于监督部门和群众的监督之下，公平、公正、公开透明，实行选拔信息公开、选拔条件公开、选拔过程公开、选拔结果公开（进行公示），使整个选拔过程处于“阳光”之下。

（4）双向选择原则。选拔时，一是本人要自愿，二是主管部门要择优。这两个方面缺一不可，只有互相认同，才能做好选拔工作。

3. 采取适合的选拔方式

大学生思想政治教育队伍选拔的方法有任命、推荐、招聘等方式，这些选拔方法既可以单独使用，又可以结合使用。

（1）任命。这是上级领导部门经过考察、讨论、决定，指定任职的一种选拔方式。一般用于大学生思想政治教育机构和部门领导人的任命，以下达正式文件为准。

（2）推荐。推荐有群众推荐和组织推荐两种。群体推荐是由群众个人或若干人联名向选拔单位推荐。单位推荐是单位通过民主评议，向选拔单位推荐优秀人选。现在一般以单位推荐居多。被推荐的人选必须符合选拔的条件，得到大家的认可，由上级领导部门审批同意。

（3）招聘。招聘一般是公开张贴布告或通过媒体发布信息，按一定的程序进行。在招聘信息中必须说清楚招聘条件、工作性质、招聘时间、招聘人数等细则。应聘者要提交本人的材料。招聘通常要进行笔试和面试，笔试和面试都是为了了解应聘者的素质状况。对于思想政治理论课教师的招聘，还应进行试讲。

（4）竞争上岗。竞争上岗也是选拔的方式之一。有的单位还实行了选拔的试用制，只有经试用合格的才予以正式聘用，正式上岗。

（二）加强对高校思想政治教育队伍成员素质的培养

大学生思想政治教育要迎接新挑战、取得新成绩、开创新局面，关键是要建设好一支高素质的高校思想政治教育队伍。素质在于培养，在于管理。高校思想政治教育队伍素质的培养是一项长期而又迫切的工作，它既要靠中央的高度重视，靠上级教育主管部门和学校的培养教育，又要靠高校思想政治教育者的自觉修养。

1. 制定和实施素质培养计划

大学生思想政治教育队伍素质培养必须做到有计划地进行。凡事预则立，不预则废。做计划就是“预”，实施计划就是“立”。

大学生思想政治教育队伍培养的计划，从纵向上看，它分为三级：一是教育部的培养计划，二是省教育主管部门的培养计划，三是学校培养计划。从横向上看，它分为思想政治理论课教师培养（训）计划、哲学社会科学教师培养（训）计划、辅导员培养（训）计划、高校团干培养（训）计划。从时间上看，它可分为短期培养（训）计划、中期培养（训）计划和长期培养（训）计划等。

制定大学生思想政治教育队伍培养的计划，首先应有明确的培养目标。有明确的培养目标作指导，培养计划才会有明确的奋斗方向。一般而言，素质培养目标的制定要考虑以下因素，一是大学生思想政治教育队伍承担的任务。因为，队伍的素质是为完成教育任务服务的，有什么样的任务，就要求培养什么样的素质。例如，实施思想政治理论课“05方案”，就必须对思想政治理论课教师在使用新教材前进行培训；为适应高校辅导员队伍建设的需要，教育部制定了《2006—2010年普通高等学校辅导员培训计划》，分期分批对辅导员队伍进行培训。二是大学生思想政治教育队伍素质的现状。当大学生思想政治教育队伍的素质不能适应大学生思想政治教育发展的需要时，就应当对之进行培训。三是必要的条件是否具备。素质培养目标的实现需要满足必要的条件，在制定培养目标时，必须考虑是否能够满足这些条件。四是素质培养的社会大环境。因为高校思想政治教育者素质的培养是在一定社会大环境下进行的，培养工作要受环境的制约和影响。社会大环境变化了，培养的目标就可能要做相应的调整。

在明确培养目标以后，下一步就是制定具体的培养目标和计划，按照需要什么就培养什么、缺乏什么就培养什么的原则，采取各种有效的措施和方法培训队伍。

培养计划是培养目标的具体化。培养计划一般应包含以下内容：

一是培养的时间。计划用多长时间实现目标，在这段时间内，根据各个时期重点的不同，培养工作准备分几个阶段。

二是培养的对象。培养队伍成员的素质必须有明确的对象，这样才能将培养的任务落到实处。

三是培养的内容。由于培养素质的内容较多，在制定计划时必须根据需要，安排好培养内容的顺序，即先培养什么、后培养什么。

四是培养的组织机构人员。要搞好大学生思想政治教育队伍成员的培养工作，必须建立一定的组织机构，配备一定的工作人员和教学人员，有了培养机构和人员，还要进一步明确培养工作具体由什么单位负责承担、由什么人承担，使培养工作得到落实。例如，教育部为贯彻落实中共中央、国务院《关于进一步加强和改进大学生思想政治教育的意见》，有计划地在全国建立了若干思想政治理论课教师和高校辅导员培训基地，调配了培训教师，然后对这些基地下达培训任务，使培训任务得以落实到位。

制定计划后要做好计划的实施管理。计划的实施管理是培养工作的具体开展。其具体要求：一是要按计划的规定严格实施计划，二是要坚持理论与实践相结合的培养方法，三是要经常检查计划的执行情况。通过检查，及时发现问题，及时制定解决问题的措施，保证培养计划顺利落实。

在计划的实施过程中还应根据情况的变化进行必要的调节。因为计划的制订是以当时的情况作依据的，随着时间的推移，情况会发生变化，这种变化必然使计划和执行中的现实情况发生冲突，这就要求对原定的计划作适当的调节，使计划更完善，更符合实际。

计划实施后要及时做好总结。通过总结，及时找出经验和教训，为以后制定培养计划提供依据，使今后的培养工作开展得更好。

2. 素质培养（训）的途径与渠道

高校思想政治教育队伍建设应多途径、多渠道进行。

（1）岗前培训。对于新上岗的高校思想政治教育者，要集中一段时间进行岗前培训。岗前培训主要是提高对大学生思想政治教育工作重要性的认识，明确工作任务和岗位职责，增强工作责任心和奉献精神，进行教育方法和艺术的培训，使培训对象初步明确做一个合格的高校思想政治教育者的基本条件。岗前培训一般由学校负责进行，也可以由当地上级主管部门组织各高校新上岗人员集中进行。岗前培训应分类进行，即把队伍分为辅导员类、团干类、思想政治理论课教师类，然后分别进行培训，其中思想政治理论课教师又可按承担的课程分类进行培训。培训应有计划、有培训教材。参加培训的对象必须经过考核，要坚持“先培训，后上岗”的原则，实行任职资格准入制度，达到合格后才允许上岗。

（2）在岗培训。这是大学生思想政治教育队伍培训的主渠道，也是一项经常性的工作。在岗培训可分为学校对在岗人员的培训和上级主管部门（如教育部，省、自治区、直辖市高校工委）对在岗人员的培训。在岗培训也可分为日常培训、骨干培训、轮训、专人指导和在岗学历

攻读等。日常培训的形式多种多样，如经验（介绍）交流、参观访问、座谈讨论、举办专题报告和讲座、互相听课、现场观摩、开展讲课比赛和课件制作活动、开展传帮带活动等等。凡是在工作中有组织、有计划、有目的地提高在岗人员素质的日常活动，都可以视为对在岗人员的日常培训。骨干培训，即对骨干教师和骨干辅导员进行的培训。这是抓两头（刚参加工作或工作不久的年轻教师和年轻辅导员为一头，骨干教师和骨干辅导员为另一头）促中间工作方法的具体体现，也是矛盾方法的具体体现。轮训，即对全体在岗人员分期分批进行的培训。例如，思想政治理论课“05方案”实施后对思想政治理论课教师的轮训，《普通高等学校辅导员队伍建设规定》颁布后对辅导员进行的轮训。专人指导，即由老同志、中老年教师对新上岗的年轻高校思想政治教育者的指导。年轻高校思想政治教育者经过岗前培训，只是初步入门，要成为一名合格的高校思想政治教育者仍离不开老同志、中老年教师的指导引路。受聘指导教师应制定传帮带计划，要有具体举措，要从政治上、思想上、师德上、业务上全面关心他们的成长和进步，手把手教会思想政治教育的方法和艺术等。在岗学历攻读是不脱产的前提下，利用寒暑期和其他节假日参加在职学位班的学习或学位学习，取得学士学位或硕士学位或博士学位。也有的是利用本校的便利条件在职攻读学位的。提升学历层次既是改善大学生思想政治教育队伍结构，适应高校思想政治教育队伍建设的需求，也是高校思想政治教育者本人的需求。要从根本上提高大学生思想政治教育队伍的素质，培养和造就大学生思想政治教育的专家、学者，就必须改善队伍的学历结构。各高校应根据中央文件的精神和要求，按照教育部的统一部署和安排，制订计划、创造条件，分期、分批选送人员进行较高学位攻读，使大学生思想政治教育队伍拥有越来越多的学士、硕士、博士，建立和形成一支多层次、高素质的大学生思想政治教育专职队伍。近年来，不少高校思想政治教育者利用这种形式取得了学士学位或硕士学位或博士学位。

根据中央有关文件的要求，大学生思想政治教育队伍成员可以从事相关工作的兼职，通过这种方式来达到培训提高的目的。例如，按照《普通高等学校辅导员队伍建设规定》，专职辅导员可兼任学生党支部书记、院（系）团委（团总支）书记等相关职务，并可承担思想道德修养与法律基础、形势政策教育、心理健康教育、就业指导等相关课程的教学工作。具备条件的大学生思想政治工作干部还可承担其他思想政治理论课教学任务。相关专业课的教师也可以承担一定的思想政治理论课教学任务，以促进专业课教师与思想政治理论课教师之间的交流；思想政治理论课教师也可以担任兼职辅导员、班主任，或参与院系的大学生思想政治教育活动；聘请理论研究单位和实际工作部门的专家学者和领导干部开设专题教育讲座；有条件的高校可以建立校际之间教授互聘、优势互补的教学协作机制。

另外，培训还要注意发挥离退休的哲学社会科学著名专家学者在大学生思想政治理论课教育教学中的作用。

（3）离岗培训。又称为脱产培训。它是高校思想政治教育者较长时间离开工作岗位接受教育的培训形式。离岗培训可分为离岗进修、离岗攻读学位、离岗访问进修和换岗锻炼等。离岗进修是指离开岗位一段较长时间，到异地或异校的进修。它一般是因为队伍补充的新成员或因为在大学生思想政治教育队伍内部转岗，由于缺乏新岗位的系统的理论学习和专业培训，受到原所学专业知识的限制，不能适应工作的需要，需要由学校有计划、分期、分批选送到党校、团校、有关高校进修，以提高理论知识素质。离岗攻读学位，即经学校同意离开工作岗位集中时间精力攻读学位。对离岗攻读学位者，学校应予以政策性鼓励。离岗访问进修，即经学校同意离开工作岗位较长一段时间，以访问学者的身份到国内或国外高校（研究所）工作研修。目前，到国外访问进修的还较少，有条件的学校可以有计划地选送优秀的高校思想政治教育者到国外访问进修，学习国外先进的教育管理理论与方法，借鉴新的知识成果，以充实、提高大学生思想政治教育队伍的整体素质。换岗锻炼是指高校思想政治教育者受组织派遣到本校或其他单位担任大学生思想政治教育的某一职务，换岗进行考察培养。这种培养，目的在于使换岗者在新的工作环境中进一步熟悉和掌握大学生思想政治教育新的特点和规律，锻炼工作能力，全面提高自身的素质。同时，也为换岗人员创造条件开拓工作新局面创造了条件。

3. 开展科学研究

开展科学研究是提高大学生思想政治教育队伍素质的重要途径。之所以要开展科学研究，是因为：第一，随着大学生思想政治教育的不断进行，高校思想政治教育者会不断遇到新的情况和问题，需要去研究、去解决。第二，高校思想政治教育者虽然在工作中可以取得许多直接的经验和感性认识，但如果只满足于这些感性经验和感性认识，就会在工作中不可避免地产生片面性和陷入盲目性，认识就不可能深化和系统化。开展科学研究，就能有效地克服和解决这方面的问题。因此，组织他们承担和参加课题研究，撰写研究论文，将零散的认识进行系统的整理和理论提升，将直接的经验和感受加以认真的分析和综合上升为理性认识，才能真正把握大学生思想政治教育的规律，才能更好地指导大学生思想政治教育的实践活动。课题的申报和科研活动的组织可采取集体和个人相结合的方式进行。对思想政治教育中的一些重大课题，可组织多方面的人员集体攻关。同时，还可发挥个人的长处，自选研究课题。应制定鼓励科研的政策措施，对取得成果者要予以奖励。科研的情况要纳入考核，并作为晋级和职称评定的必备条件之一。

4. 加强自我修养

高校思想政治教育者素质的提高，应把有组织有计划地培养和自我修养有机地结合起来。加强自我素质修养，主要应注意以下几点：

（1）对自己正确定位。对自身素质状况和自我修养任务给予科学定位，这是搞好自我修养的前提和基础。首先要冷静、客观、全面、深入地认识自己素养的优缺点、长短处，明确自己应努力的方向和现实起点。同时，还必须正确认识自身素质状况和自我修养对搞好大学生思想政治教育的重要性。认识越客观、越全面、越深刻，加强自我修养的动力和毅力就会越强。只有在正确认识自己和自己的历史使命的基础上，才有可能对自身的素质修养予以正确定位。

（2）自觉坚持理论学习。这是提高自身素质最基本的途径。在学习态度上要克服忙忙碌碌的事务主义倾向和重一次学习轻终生学习的思想，树立终生学习的观念。在学习内容上，既要坚持学习，又要注意重点深入，根据形势的发展和工作的需要，不断改善自己的知识结构。在学习方法上，要树立和坚持理论联系实际的优良学风，注意学以致用，既要读有字之书，又要读好社会无字之书，向社会学、向实践学、向他人学，并持之以恒。

（3）勇于和勤于实践。勇于实践，勤于实践，不仅是对高校思想政治教育者的要求，也是高校思想政治教育者提高自我素质的需要。实践出问题，出真知，长见识，增才干。在大学生思想政治教育工作实践中，会不断发现问题，有问题就要去研究解决。实践是联系主观与客观的桥梁，认识正确与否只有通过实践去检验，认识水平只有通过实践才能提高。实践创造新的经验，促进才干的增长。

(4) 勤于和善于思考。要在学习和实践中勤于思考、善于思考，要经常将学习收获和实践体验加以认真分析、综合，并内化为自身的思想、知识和才能；在学习和实践中要经常自省，对自己的思想、言行经常进行检查，找出差距和不足，及时改进，不断提高。

总之，高校思想政治教育者的素质修养，贵在自知之明，贵在自觉，贵在坚持。只要严格要求自己，自觉修养，就一定能使自己具备优良的素质。

二、大学生思想政治教育队伍的管理

在和谐社会背景之下，应坚持以科学发展观为指导，进一步统筹、整合高校思想政治教育基本力量，完善新时期高校思想政治教育工作队伍体系建设，走“科学化模式、专业化方向、职业化发展”的特色之路，以新思路出新举措，以新举措打造专家化的高校思想政治教育队伍。

（一）职业化管理

实践证明，使某类人员素质的提高的一条行之有效的途径是实行职业化，对从业人员进行资格认定。职业化管理不仅要从树立职业形象、职业理想，掌握职业技能入手，更要从明确职责，准确定位，确保合力育人着力。

高校思想政治课教师职责泛化，已经成为制约队伍建设、发展的瓶颈。学生对教育、管理和服务工作以后会有更高、更广的诉求。高校应该构建一种适应这种要求、符合发展趋势的体制和机制，进行相关功能的合理分化，制定内容清晰、范围恰当、目标较为明确、各部门互动配合的高校思想政治课教师岗位职责，对高校思想政治课教师科学定位。要在岗位职责和思想认识上都必须明确思想政治教育教师的职责范围与思想理论教育教师、专业课教师以及行政管理干部的区别与联系。一般来说思想政治教育课教师包括以从事公共课教育为主的教师和以辅导员、班主任、机关干部为主的思想政治教育工作者。前者为理论引导，解决思想认识问题，后者主要解决把认识变为素质，表现为行为，逐渐形成世界观、价值观、人生观的问题。这后者的工作，在整个育人工作中具有非常重要的地位和作用，而需要特别注意和加强的也正是后面这一部分。专业课教师主要帮助学生建立知识结构，提高学识水平。培养理论学习研究的能力和方法，增强解决实际问题的能力，与思想政治教育工作者的工作既有区别，又有联系，具有互相促进的作用。行政管理干部则是通过经常性的规范管理，使学生形成良好的规范的行为习惯，养成良好的学习、工作、生活作风，为学生服务社会打好基础。思想教育是先导，规范管理是保障。增强专职政工干部与思想政治理论课教师和哲学社会科学课教师的交流与合作，整合学科建设、理论教育与日常教育资源，形成合力。

就发展趋势而言，建立专业机构、放权允许多种形式（如师生社会实践）、强化服务功能是方向。同时，高校思想政治课教师工作从“消极防御、管理至上”向“主动引导、服务至上”的功能转变也是一种必然，这是高校思想政治课教师职责确立和角色定位的基本依据。各高校应结合自己的实际，放手并给予专业部门经济和权力支持，充分体现“术业有专攻”，切实保证合力育人。

（二）专业化管理

如果说思想政治教育教育者的职业管理侧重于外在的表层的管理，那么专业化管理则是重点定位在思想政治教育教育者的内在的深层素质管理，具体说来有如下两方面：

一是注重提升高校思想政治教育队伍的研究水平。要坚持理论与实践相结合、普及与提高相结合的原则，要紧密联系德育改革与发展的实际，立足国情，尊重实际，精益求精，要注重科学研究成果向实际的转化，要把重点放在研究和解决新形势下大学生遇到的新问题上。科研、教研活动既是攻克理论难关的好办法，也是加强队伍建设的一条重要途径。

鼓励并引导队伍向实践研究型发展。大学德育虽是以大学生为实践对象的活动，但大学德育不仅仅只把大学生作为研究对象，而且要把大学生思想品德的形成和发展规律作为研究对象。大学生的思想品德的形成和发展规律是受社会影响的，是在实践中形成的。因此，对大学生进行思想政治教育，必须分析大学生思想形成、发展、变化的实践基础和客观原因，绝不能脱离社会的客观现实。作为德育教师，不能完全封闭在书斋里，要为大学生最关心的学习、生活、工作、就业和政治等问题释疑解惑，引导大学生走向社会，自己首先要积极参与社会实践，了解社情民意，积累较为丰富的社会实践经验和人生阅历。除在日常工作中压担子，加强岗位锻炼外，还要创造条件，增加他们接触社会、了解国情的机会，到具有典型意义的单位进行参观访问。工厂、农村、科研机构、部队等都可以作为选择参观的对象，这是培养队伍成员认识社会、了解国情的一种有益途径。这不仅可以开阔视野、丰富知识，而且还可以学习先进经验，积累德育素材，增加德育的针对性，提高德育的实效性。

二是注重加强高校思想政治教育队伍的培训力度。加强培训是提高高校思想政治教育队伍理论水平和专业素质的必要保证，直接关系到教育水平和效果。

制订培训计划和教材是前提，为思想政治教育队伍的培训确立指导思想。依托最高主管部门如教育部思想政治工作司，制定统一的切实可行的培养规划。培养规划的制定要考虑现阶段和未来一段时间内国际国内形势变化的趋势、大学生的思想动态、高校思想政治教师队伍现有的素质等综合因素，有针对性地制定培养规划并实施。同样，依托国家相关部委和各省（市）教育主管部门的统一指导和协调，组织思想政治教育领域的理论专家，编写高水平的培训教材。这样做有利于填补思想政治课教师培训领域的空白，保证理论学习和培训知识的系统性、科学性，保证培训工作的规范性。我们要广泛吸收国内外优秀研究成果和实践经验，根据新形势下大学生思想政治教育工作的需要，结合不同类型和层次的大学生思想政治教育人员的实际，编写适合不同类型和层次培训需要的系列精品教材，还要组织编写一系列有一定理论性、实践操作性强的学生思想政治教育日常工作指导用书，如辅导员工作手册、班主任工作手册、学生党团工作手册、学生心理健康教育手册、学生就业指导手册、大学生职业生涯规划指导等，逐步建立起科学合理的，以理论学习、技能训练、案例教学和工作见习为重点的，与系统专业学习、阶段培训和日常学习相配套的思想政治教育队伍培养教材体系和课程体系。

岗前培训、在岗培训是基本方式，为提高思想政治教育队伍的整体水平打下基础。各高校要保证政策倾斜，建立专项基金，鼓励思想政治教育工作者有计划、分期分批地在本校或送出去参加业务培训、学术会议等。培训的内容，分为理论学习和技能培养两块。理论学习上以思想政治教育、心理学、时事政策、社会学和教育学以及就业指导、学生事务管理等方面的内容为主，提高思想政治教育工作者的专业化水平。同时，注意解决广大师生关注的热点、难点及焦点问题。对高校思想政治课教师的培训中要有意识、重点突出地加强对思想政治教育专业发展前沿信息的介绍，使他们关心与自身工作有关的学科发展动态。技能塑造上要以管理技巧、

计算机网络知识、心理咨询和社会调查为主。

继续攻读学位是重点手段，为打造思想政治教育后备力量提供支持。在普遍提高的基础上，把有培养前途的年轻思想政治课教师及有研究能力的辅导员输送到高校攻读思想政治专业研究生，以提高他们的理论水平和开展调查研究的能力。不仅支持了他们个人的发展，鼓励他们申报、参与课题研究，从理论上把握大学生的思想特点和规律，而且有效加强和改进了高校思想政治教育工作，有利于培养出一批具有影响力的中青年骨干思想政治教师，提高了思想政治教师的学历层次，完善了这支队伍的年龄结构，并有望通过长期培养，使他们成为活跃在思想政治教育领域中的带头人。

建立学习型集体是组织保障，为整合思想政治教育队伍的团队力量提供支持。学习型集体的学习，是团体的学习，没有成员之间的共同学习与互动，就不能称为学习型集体。专职思想政治教师之间，及他们与辅导员、班主任之间，与高校政工干部之间，可以定期地紧密联系，建立共同愿景、制订工作计划，并定期开展教研活动。活动时，把工作中的棘手问题、疑难案例拿来“会诊”，请大家“把脉”，形成解决问题的方案。成员间发挥各自专长和优势，群策群力，互相学习，共同进步，不仅将集体智慧最大化，还有利于他们研讨之后，回到各自工作领域，相互协助攻克同一难关。

（三）跟踪性管理

为了杜绝思想政治教育者素质上参差不齐、工作能力上不胜任不称职、心态上“干与不干一个样、干多干少一个样”等情况，高校思想政治管理者应该持有全面、长远的眼光，全程了解、监控思想政治教育从业人员的工作表现。从选拔到任用、从考核到奖惩，都要严格把关，以确保这支队伍的整体质量。

把好“入口”，重在选拔。选人是育人和用人的基础，是学校各项工作的基础。邓小平指出：“选贤任能也是革命。”大学生思想教育工作者的主要工作是做人的工作，工作的主要对象是有思想、有文化的大学生，他们的一言一行对学生具有极大的影响，在学生中具有表率作用。应坚持“优中选优，宁缺毋滥”的原则，要坚持德才兼备的原则，选配好思想政治教育工作队伍。选拔政治素质优、思想作风好、学历层次高、组织管理能力强、善于做群众工作的党员教师和党员政工人员做专职学生思想教育工作。按照政治强、业务精、作风正的要求，注意选拔德才兼备的年轻干部和优秀毕业生从事思想政治工作。选拔的学历标准要等同或高于其他教师，而且要更注重对他们的政治立场和思想素质、知识广度深度和专业技能（如教研水平、心理辅导）的考察。

应注意不断加强思想政治教育工作队伍，实行任期聘任制，既保持工作的稳定性，又保持队伍建设的可持续性。要扩大队伍来源，尽可能面向兄弟高校和教师队伍中选拔相关专业的优秀毕业生，比如思想政治专项教育、历史、教育学、管理学、心理学、社会学等专业人才，在人员选拔上注重学科交叉，从而提升工作创新能力，确保思想政治教育工作的质量。

建章立制，加强考核。把好“入口”，重在选拔以后，下一步工作重点就是对思想政治教育工作队伍进行严格管理，把管理作为教育提高的一种特殊手段。一是要加强制度约束。通过《大学生思想政治教育规程》《院（系）级学生工作考核条例》《班主任工作条例》等一系列规章制度，将工作成绩量化。二是要引入竞争机制。把对专职队伍、兼职队伍（特别是班主任）的聘任，纳入《专业技术职务聘任管理办法》来管理。要落实教书育人管理条例，将工作绩效如何作为专业技术人员续聘、解聘、高聘、低聘的重要依据。三是要建立表彰奖励制度。定期表彰优秀政治辅导员、优秀党务工作者、优秀思想政治教育工作先进集体、优秀班主任等。

严格把关，优胜劣汰。根据思想政治教育工作岗位特定的要求和任务，制定相应的实施细则，促进思想政治教育工作的科学化、规范化、制度化。对思想政治教育工作者进行全方位的考核，采取定量与定性相结合的方式对思想政治教育工作者进行客观评价，在激励优秀思想政治教育工作者的同时．对工作不称职的坚决予以淘汰。考核结果要与薪酬、福利、职业发展等挂钩。对工作不称职的要进行批评教育，仍无改进的应调离工作岗位，实行淘汰。

（四）激励性管理

“十年树木，百年树人”。大学生思想政治教育作为一项重要事业，付出大，见效慢，要以科学的机制作支撑，如果仅仅靠相关人员的奉献精神和觉悟作支撑，是难以长期坚持的。高校激励机制的有效运用，有助于提高思想政治教育者的积极性，保持队伍的战斗力。

大学生思想政治教育队伍要科学发展，树立对思想政治教育者的人文关怀理念是基础。把成员的个人发展作为队伍建设的出发点和归宿，激发其对自身发展负责的积极性，把个人成长和教育成效紧密结合起来。要把和谐发展作为队伍建设的关键，要尊重成员的人格特征、思想情趣和个性发展，关心成员的个体利益诉求，重视其潜能的开发，激发和提升其工作的创新能力和创造水平，使之向职业化专业化方向迈进。只有在充满人文气氛中享有人文关怀的人，才能更好地向他人传递人文关怀，这是成员的必备品质，也是队伍建设的必然需要。

高校党委与行政领导对思想政治教育队伍给予应有的重视和地位是保障。高校思想政治教育队伍作为高校职工中的“特殊群体”，队伍建设上存在的一些问题，如体制不顺、待遇偏低、职责不明、地位偏低、工作不受重视等，很大程度上是由政策原因导致的，而作为学校政策的制定者，要从战略高度充分认识加强和改进大学生思想政治教育工作的重要性和必要性。首先应从思想政治教育工作大局出发，把大学生思想政治教育摆在学校各项工作的首位，贯穿于教育教学的全过程，进一步完善党委统一领导、党政齐抓共管、专兼职队伍相结合，要加强全员育人、全程育人、全面育人的氛围营造，学校各部门要在人、财、物以及政策等方面给予大力支持，进一步建立健全部门工作协调机制。建立直接由分管学生政治工作的党委副书记领导的组织机构并负责其队伍教学考核、业务培训、学生日常事务管理、理论研究等，使思想政治课教师的管理规范化、明确化、专职化。

物质激励是提高思想政治教育队伍工作积极性的有效手段。在职称评审上，建立符合高校思想政治教育工作特点的评审体系。充分考虑思想政治教育实践性强的特点，不能只看科研论文，应注重工作实绩，要注意考核思想政治素质、政策理论水平，注意聘后管理和考核。要完善思想政治工作队伍的专业技术职务系列，鼓励他们安心本职工作，支持有条件的同志申报思想政治教育系列高级专业技术职务，逐步实现大学生思想政治教育工作队伍的职业化、专业化和专家化。在津贴评定上，加大校内分配制度改革。针对这支队伍工作的特殊性，单独制定评定标准，适当提高待遇，因为为了教育效果的最大化，思想政治教育者要做大量背后的细致入微的工作，不能简单地以课时为单位的工作量来统计，要建立以岗位业绩工资（津贴）为主的分配激励机制，使高校思想政治教师的实际收入高于本校相应职级教师的平均收入水平，使高校思

想政治教育职业成为能够吸引和留住优秀人才的工作岗位。

精神激励是提高思想政治教育队伍工作积极性的重要手段。对优秀思想政治教育者做出的成绩及时给予表彰，使思想政治教育工作真正成为受人尊重、令人羡慕的崇高职业。如在全国性的教育工作者的奖励体系中，表彰优秀辅导员、班主任、大学生思想政治教育工作者和大学生思想政治教育工作先进集体，树立一批大学生思想政治教育工作的标兵。积极组织开展大学生思想政治教育优秀典型的宣传和先进事迹报告团活动，广泛宣传他们的先进事迹和突出的工作业绩，充分肯定他们在大学生思想政治教育中的贡献，展现当代大学生思想政治教育工作者的精神风貌，积极倡导尊重思想政治教育工作者和重视大学生思想政治教育的良好社会风尚。

引入竞争机制，适度转岗分流、拓宽发展空间是保证思想政治教育队伍可持续发展的重要机制。为了使这支队伍认识到学生思想教育工作有作为、有奔头，保持队伍活力，应在各高校总体规划和高校思想政治教师队伍发展方向相统一，学校利益、部门利益和高校思想政治教育者个人利益相统一的基础上，积极为高校思想政治教育者谋求较好的出路，切实解决他们的晋升和分流问题。为此，根据工作需要、本人条件和志愿，对高校思想政治教育者应有计划地培养。“长期从事学生工作，向职业化、专家化方向发展”“向其他党政管理工作岗位输送”“向教学、科研工作岗位输送”等都是可选择项。对于政治素质高，具有丰富工作经验和较高研究能力的专职人员，应保障他们专业技术职务的晋升，保证他们能够晋升到相应的行政级别。那些业务能力强、有发展潜力的中青年高校思想政治教师骨干，应重点培养，具备条件的，根据工作需要逐步提拔到领导岗位，积极向上级组织部门推荐、输送，在后备干部培养等方面给予重点考虑。保证专家型的专职人员安心本职工作，给予大力的科研支持，不向其他岗位流动。保证这部分人员的稳定，是形成大学生思想政治教育工作队伍合理梯队的前提和基础。对于在思想政治教育工作岗位锻炼过的同志，经过考核合格的，可以向外分流。这就保证了思想政治教育工作专兼职队伍发展途径的多样化，有利于为思想政治教育工作者拓宽发展空间，有利于培养他们的多才多能，有利于将课堂教育和学生工作、学校管理结合起来。

三、高校思想政治教育队伍建设的创新及完善

近年来，党和国家非常重视高校思想政治教育队伍建设工作，从队伍构成、定位、分工、政策保障以及培养培训等方面探索创新队伍建设的新格局，推动了高校思想政治教育队伍建设的稳步发展。

（一）明确大学生思想政治教育队伍的构成、定位和分工

学校党政干部和共青团干部，思想政治理论课和哲学社会科学课教师，辅导员和班主任是大学思想政治教育学科队伍的主体。该文件还明确规定了三部分主体的具体分工：学校党政干部和共青团干部负责学生思想政治教育的组织、协调、实施；高等学校党委要统一领导大学生思想政治教育工作，经常分析大学生思想状况和思想政治教育工作状况，制定思想政治教育的总体规划，对学生思想政治教育工作进行全面部署和安排；校长要对大学生德智体美全面发展负责，把思想政治教育与教学科研社会服务工作结合起来，同时部署，同时检查，同时评估；学校各部门要明确各自职责，密切协作，切实完成相应任务；学校基层党团组织要认真履行学生思想政治教育职责，把加强和改进大学生思想政治教育工作落到实处。这些规定使高校党政

干部和共青团干部在大学生思想政治教育工作中的定位更加清晰、职责更加明确。

高等学校思想政治理论课教师是马克思主义理论和党的路线方针政策的宣讲者，社会主义意识形态和精神文明的传播者，要不断提高马克思主义理论素养，提高科研能力和教学水平，做坚定的马克思主义者，做教书育人的表率，做大学生健康成长的指导者和引路人。该文件还明确指出高等学校哲学社会科学课负有思想政治教育的重要职责，并第一次把哲学社会科学课教师和思想政治理论课教师一起纳入大学生思想政治教育队伍主体建设之中，要求他们根据学科和课程的内容、特点，负责对学生进行思想理论教育、思想品德教育和人文素质教育。

2008 年，中宣部、教育部《关于进一步加强高等学校思想政治理论课教师队伍建设的意见》指出，思想政治理论课教师是高等学校教师队伍的一支重要力量，是党的理论、路线、方针、政策的宣讲者，是大学生健康成长的指导者和引路人。思想政治理论课教师必须坚持正确的政治方向，热爱马克思主义理论教育事业，具有良好的思想品德、扎实的马克思主义理论基础和相应的教学水平、科研能力。新任教师原则上应是中国共产党党员，具备相关专业硕士以上学位，工作期间应兼职从事班主任或辅导员工作。在事关政治原则、政治立场和政治方向问题上不能与党中央保持一致的，不得从事思想政治理论课教学。对思想政治理论课教师的定位，从 20 世纪 80 年代是塑造学生思想灵魂的工程师，是宣传科学共产主义的战士发展为党的理论、路线、方针、政策的宣讲者，大学生健康成长的指导者和引路人，对其角色定位更加准确全面。目前高校思想政治理论课教师队伍教师准入资格的高要求，如必须具有硕士学位、必须是共产党员等条件的要求，表明了高校思想政治理论课教师队伍素质要求越来越严格的趋势。而将哲学社会科学队伍纳入大学生思想政治教育主体，不仅扩大了队伍，充实了力量，也进一步提升了高校思想政治教育学科队伍的层次和水平。

辅导员班主任是大学生思想政治教育队伍的主体，是大学生思想政治教育的骨干力量。辅导员按照党委的部署有针对性地开展思想政治教育活动，班主任负有在思想、学习和生活等方面指导学生的职责。2005 年 1 月，《关于加强高等学校辅导员班主任队伍建设的意见》颁发，明确了辅导员队伍建设的重要地位，辅导员、班主任是高等学校教师队伍的重要组成部分，是高等学校从事德育工作、开展大学生思想政治教育的骨干力量，是大学生健康成长的指导者和引路人。

2006 年 7 月，《普通高等学校辅导员队伍建设规定》（教育部“24 号令”）指出，辅导员是高等学校教师队伍和管理队伍的重要组成部分，具有教师和干部的双重身份；辅导员是开展大学生思想政治教育的骨干力量，是大学生思想政治教育和管理工作的组织者、实施者和指导者；辅导员应该努力成为大学生的人生导师和健康成长的知心朋友，并从思想政治教育、道德品质培养、助学帮困、就业指导、校园稳定等八个方面规定了辅导员的工作职责。辅导员班主任的角色定位，从兼职思想政治工作者，专职思想政治工作者发展为大学生思想政治教育的骨干力量，大学生思想政治教育和管理工作的组织者、实施者和指导者，大学生的人生导师和健康成长的知心朋友，对其定位更加科学具体，不仅适应了大学生全面发展的要求，也有利于提高辅导员班主任的社会地位，树立其良好的职业形象，增强其职业归属感和事业成就感。

总之，大学生思想政治教育队伍的构成、定位和分工的明确，为队伍建设的科学化和有序

化奠定了基础。

（二）完成高校思想政治教育队伍建设的政策保障

保持思想政治教育学科队伍的稳定和发展，需要明确政策，落实待遇。2005 年 1 月，《关于加强高等学校辅导员班主任队伍建设的意见》规定，各高校要按师生比不低于 1∶200 的比例设置本、专科一线专职辅导员，每个院（系）的每个年级设专职辅导员，每个班级都要配备一名兼职班主任。职称和待遇方面，除了继续完善思想政治教育学科队伍的专业职务系列外，要将辅导员、班主任的岗位津贴等纳入学校内部分配体系统筹考虑，确保辅导员、班主任的实际收入与本校专任教师的平均收入水平相当。对辅导员实行双重管理，保证辅导员双线晋升，可按照助教、讲师、副教授、教授评聘思想政治教育学科或其他相关学科的专业技术职务。辅导员作为后备干部，还可以被选拔、调派从事校内的管理工作或者被推荐至地方组织部门。

近年来，党中央高度重视繁荣和发展哲学社会科学工作，加强思想政治理论课教师队伍建设工作，使这支主体队伍建设取得了长足的发展。2004 年，中共中央颁发的《关于进一步繁荣发展哲学社会科学的意见》，提出了一系列加强哲学社会科学建设的措施，特别是通过实施马克思主义理论研究和建设工程，抓好马克思主义理论师资队伍的建设，着力培养一批中青年马克思主义理论教学骨干。

2008 年中宣部、教育部《关于进一步加强高等学校思想政治理论课教师队伍建设的意见》强调要建设一支政治坚定、业务精湛、师德高尚、结构合理的教师队伍，努力把高校思想政治理论课建设成为大学生真心喜爱、终身受益的优秀课程，提出要把思想政治理论课教师队伍建设纳入教育事业发展和人才队伍建设的总体规划，加强领导，统筹安排。各高等学校应当建立独立的、直属学校领导的思想政治理论课教学科研二级机构，统一管理思想政治理论课教师，负责思想政治理论教学、科研、社会服务和相关管理工作，负责马克思主义理论学科建设、人才培养和教学科研梯队建设等工作。各高等学校要根据专任为主、专兼结合的原则，按照学生人数以及实际教学、科研和社会服务的需要，合理核定专任教师编制，配备足够数量和较高质量的思想政治理论课教师。本专科思想政治理论课专任教师要总体上按不低于师生 1∶(350～400) 的比例配备。该意见还要求学校要建立思想政治理论课教学专项经费，列入预算，并随着学校经费的增长逐年增加。将思想政治理论课教师的岗位津贴和课时补助等纳入内部分配体系统筹考虑，确保思想政治理论课教师的实际平均收入不低于本校相关专业院系教师的平均水平。在教育系统各类教师表彰体系中，要对思想政治理论课教师的评比确定相应比例，进行统一表彰，增强教师的责任感和荣誉感。要及时发现、树立思想政治理论课教师先进典型，加大宣传、推广力度。该意见对思想政治理论课的教学时数、经费投入、教师待遇、考核评估、职务评聘、表彰奖励等的明确具体规定，为思想政治理论课教师队伍建设提供了强有力的制度保障。

（三）加强大学生思想政治教育队伍的培训

1. 对辅导员队伍的培训

2005 年，教育部下发了《关于加强高等学校辅导员班主任队伍建设的意见》，提出要大力加强辅导员、班主任队伍的培养培训工作，切实为辅导员、班主任工作及其发展提供保障。2006

年7月，教育部下发了《2006—2010年普通高等学校辅导员培训计划》，对辅导员培训工作做出了统筹安排。2007年，在复旦大学等21所高校设置了“教育部高校辅导员培训与研修基地”，负责高校辅导员的思想政治素质和专业能力的培训工作。

自2005年以来，教育部连续举办全国高校辅导员、班主任骨干示范培训班，各培训基地也纷纷举办上岗培训、骨干培训、高级研修等多层次、多类型的培训，总体上形成了以教育部举办的全国辅导员骨干示范培训为龙头，以辅导员培训和研修基地举办的培训为重点，以高校举办的系统培训为主体，专业培训与学历提高相结合、精英化培训与大众化培训相统一、日常培训与专题培训相补充的多层次、多形式的培训体系。

此外，从2005年开始，教育部每年选派30名左右的骨干辅导员赴国外参加为期3个月的专题研修，帮助辅导员开阔视野，还启动了优秀辅导员攻读思想政治教育专业硕士、博士学位的培养计划，一大批优秀辅导员正朝着职业化、专业化、专家化的方向发展。

辅导员工作的科学研究水平提升到新的高度。近年来，针对辅导员工作开展的科学研究备受关注和重视。教育部思政司于2008年年初组织全国高校思想政治教育学科和部分省（区、市）教育工作部门的专家、学者及有关负责同志，启动了高校辅导员培训与研修教材编写计划，目前大部分教材已公开出版并投入使用。同时，教育部每年设置辅导员工作研究的专项科研项目，鼓励、支持辅导员和高校辅导员培训与研修基地申报并开展研究工作。2008年7月，首个全国性的高校辅导员学术团体——中国高等教育学会辅导员工作研究分会成立，标志着高校辅导员已经有了行业组织的归属。

2009年，全国辅导员工作研究指导性期刊《高校辅导员学刊》在安徽师范大学创刊，中国高等教育学会辅导员工作研究会会刊《高校辅导员》在山东大学公开出版发行，这些刊物的创办为开展辅导员工作的科学研究提供了学术交流平台，推进了辅导员工作科学研究迈上新的台阶。

2. 对思想政治理论课教师的培训

近十年来，国家通过全员培训、骨干研修、在职攻读学位、国内考察、国外研修、以项目选人和选人给项目等多种途径进行思想政治理论课教师的培训，建设一支“让党放心、让学生满意”的高校思想政治理论课教师队伍。努力造就数百名政治坚定、理论功底扎实、善于联系实际、具有较高教学水平和科研能力的领军人物、中青年学术带头人；培养数千名思想政治理论素质高、业务精湛、具有发展潜力的教学一线骨干教师；建设数万名坚持正确方向、师德高尚、业务熟练、结构合理的专业化教师队伍，为加强和改进大学生思想政治教育，培养德智体美全面发展的中国特色社会主义事业合格建设者和可靠接班人做出贡献。思想政治理论课教师培训的主要路径有以下几条。

（1）骨干研修计划。以中宣部、教育部名义每年联合举办高校思想政治理论课骨干教师研修班，分别面向本专科和研究生层次的思想政治理论课骨干教师，并开展培训方案研究、培训核心课程建设。

（2）攻读博士项目。2008年3月，《教育部办公厅关于做好2008年“高校思想政治理论课教师在职攻读马克思主义理论博士学位”专项计划招生工作的通知》对“高校思想政治理论课教师在职攻读马克思主义理论博士学位”专项计划招生工作做出具体规定。2008年秋季学期开始每年招收一定数量的高校思想政治理论课教师专项计划博士生。2013年教育部关于《普通高等学校思想政治理论课教师队伍培养规划（2013—2017年）》提出：每年依托全国高校第一批

19 个马克思主义理论一级学科博士点，招收 100 名从事高校思想政治理论课教学 5 年以上的在岗教师攻读马克思主义理论博士学位。启动高校思想政治理论课教师博士后培训项目，依托部分高校马克思主义理论学科博士后流动站培养思想政治理论课青年学术专家和教学带头人。

（3）示范培训项目。教育部和省级教育部门，通过部级示范培训和省级教育部门培训两级培训方式，对全国高校承担本专科和研究生相关课程的思想政治理论课教师进行全员培训。

此外，教育部还启动中青年骨干教师择优资助计划、拔尖教师国内高级访学资助项目，重点培养一批优秀的教学名师和学术带头人，培养一大批勇于开拓创新的骨干教师。“实施项目带动计划，对教学内容研究、教学方法研究和教学成果总结等课题，专门列项予以资助；实施思想政治理论课表彰计划，定期组织高校思想政治理论课先进教学单位、优秀教师、教学能手表彰活动；实施高校思想政治理论课在线网站建设计划，促进优质教育资源普及共享，为广大思想政治理论课教师继续教育创造条件”，推动思想政治理论课教师队伍建设。

第十四章　和谐社会视域下高校思想政治教育管理强化

第一节　高校思想政治教育管理的基本理论

一、高校思想政治教育管理的含义

什么是管理？管理就是“确切地知道你要别人去干什么，并使他用最好的方法去干”。从人类为对抗大自然的威胁、解决个体生存发展的诸多难题而自愿结成群体开始，管理就作为协调人的活动出现了。此时，管理承担着协调人群，使每个个体积极工作，共同努力实现大家共同目标的使命。因此，管理既是人类各项活动中最重要的活动之一，又渗透在人类的各项活动之中。

诺贝尔经济学奖获得者赫伯特·西蒙认为，管理者所做的一切工作归根结底是在面对现实与未来、面对环境与员工时不断做出各种决策，使组织的一切都可以不断运行下去，直到获得满意的结果，实现令人满意的目标要求。因此，“管理即制定决策”。现在，中外管理学者比较一致的看法是：“管理就是由一个或更多的人来协调他人的活动，以便收到个人单独活动所收不到的效果而进行的活动”，“管理是对组织的资源进行有效整合以达到组织既定目标与责任的动态创造性活动”。

法国学者亨利·法约尔认为，管理是所有的人类组织（不论是家庭、企业或政府）都有的一种活动。思想政治教育是人类社会非常重要而又普遍的一种实践活动，也是人类管理活动重要的领域之一。要实现思想政治教育目标，无论如何都离不开管理的作用。正因为如此，自思想政治教育学科创建以来，对高校思想政治教育管理理论与方法的探索就从没停止过；在思想政治教育实践领域，从不断增强有效性的角度探讨思想政治教育的管理问题，已经成为思想政治教育工作者的集体意识和高度自觉的行为。

然而，给高校思想政治教育管理下定义并非易事。目前，思想政治教育学界大致从两个方面对高校思想政治教育管理作界定：一是从管理学的角度，认为“高校思想政治教育管理是指思想政治教育的领导机构与管理者，通过对思想政治教育进行科学决策、计划、组织、调控和评价，以实现思想政治教育目标和增强思想政治教育系统功效的过程”；另一种是从领导学的角度，认为“高校思想政治教育管理是指思想政治教育的管理机构，通过管理者对思想政治教育进行科学决策和正确指挥，以实现思想政治教育目标的领导行为科学”。在此基础上，秦在东教授提出，“所谓高校思想政治教育管理，是指在一定的社会政治组织或一定的政治利益集团，依据思想政治教育的目的和发展规律，通过借助科学管理的各种功能，有意识地调节思想政治教育系统内外各种关系和资源，以便最大限度地实现思想政治教育效率的社会控制过程”。

高校思想政治教育管理是一种特殊形式的管理活动，既具有管理活动的一般特征，又与思想政治教育有着密切的联系，反映着思想政治教育的属性。第一，高校思想政治教育管理是一种活动，是一种在特定组织中、特定时空环境下、特定条件基础上发生和发展的人类的管理活动，它是一个创造性的活动过程，其创造性突出表现在将人类管理活动的共同特征与规律运用于思想政治教育领域的特殊管理实践。第二，高校思想政治教育管理活动具有明确的目的，这就是思想政治教育领导部门及其工作人员所确定的思想政治教育目的以及依据这一目的而确定的具体目标，高校思想政治教育管理活动以有效实现这些目标为目的。第三，高校思想政治教育管理的主要对象是思想政治教育的资源。思想政治教育的人、财、物等社会资源总是有限的，高校思想政治教育管理就是对这些资源进行科学整合、强化配置，以有效实现思想政治教育目标。因此，整合资源，讲求效率，是高校思想政治教育管理的核心与实质。

因此，高校思想政治教育管理是指高校思想政治教育领导部门及其管理人员，运用计划、组织、指挥、协调和控制等管理手段，对高校思想政治教育资源进行有效整合，以实现高校思想政治教育目的和任务的创造性活动过程。

二、高校思想政治教育管理的基本内容

（一）思想政治教育的目标管理

思想政治教育的目标是人们在进行思想政治教育活动前就确立的希望达到的思想政治教育结果，是实施思想政治教育活动后应该达到的状态标准。思想政治教育目标是思想政治教育根本目的的具体化，贯穿思想政治教育全过程，是思想政治教育的灵魂、核心。因此，思想政治教育的科学管理，首要的、基本的内容就是目标管理。

思想政治教育目标管理，既是基本的管理内容，也是一种管理制度，一种管理思想。作为一种管理制度，是对目标的管理，包括目标确定的权限、程序、考核等。作为一种管理思想，是强调以目标为核心，建立必要的规章制度、工作流程，设置必要的工作岗位、工作职责，进行必要的责权分解、成效考核，使人们在目标的引导下自觉进行管理或接受管理，完成管理任务和工作任务。

在我国，思想政治教育的根本目标，就是要提高人们的思想道德素质，提高人们认识世界和改造世界的能力，为建设社会主义和实现共产主义而奋斗。这一目标，既规定了教育对象应达到的要求，也对思想政治教育提出了目标性要求。可见，思想政治教育的目标管理，包括对教育目标的管理和对工作目标的管理两个方面，而后者是目标管理的基本内容。

思想政治教育的目标管理，关键是确立明确而具有可行性的目标。一个令人振奋、切实可行的奋斗目标可以起到明确方向、鼓舞斗志、激励人心的作用，有利于思想政治教育向社会要求的方向发展；而目标含混不清又不切合实际，管理者和教育对象都可能无所适从，思想政治教育就难以顺利进行。高校确定思想政治教育目标，必须坚持一切从实际出发、实事求是的原则，既要认真执行上级的工作要求，又要从高校大学生的思想实际出发，注意解决大学生的实际思想问题。制定目标，起点要高，必须经过努力才能达到，如果目标太容易实现，对学生就缺乏激励作用；但又不能过高，不能脱离多数大学生的思想实际，否则，大学生会因为目标难以实现而放弃对目标的追求。思想政治教育目标也不能脱离思想政治教育者、管理工作者对目

标和目标管理的认同，致使目标的权威性受损，如果这样，其管理的功效就不会得到实现。

思想政治教育目标的实现是一个动态的过程，只有遵循目标的阶梯原则进行目标管理，才能提高目标管理的结果。高尔基曾说："一个人追求的目标越高，他的才力就发展得越快，对社会就越有益；我确信这是一个真理。"高尔基的这段名言说明了一个道理：根据社会的需要和自己的情况，正确选择较高的目标追求，对于最大限度地发挥自己的才力具有重要的意义。但目标无论多么远大，都必须一步一步地去实现，这就构成了接近目标的层层阶梯。在实际工作中，当我们权衡"希望达到的目标的高度"与"目标实现可能性大小"之间的制约关系时，不妨先定下希望达到的总目标，再将目标的实现过程划分为着干层次，使它呈现阶梯形，然后由低到高，逐步去实现。这种阶段性目标降低了前进坡度，使人们易于取得成效，这不仅给人以成就感，给人以争取更大成果的鼓舞，有利于实现总的奋斗目标，而且使人们在实现阶段性目标的过程中，锻炼、增长了才干，摸索积累了经验，为总目标的实现进一步创造了条件。在高校思想政治教育管理工作中。要把阶段性的具体目标和总目标有机结合起来，根据当代大学生的思想特点，根据管理工作的实际状况，在不同的时期选择不同的教育重点和工作重点，确立相应的目标，动员大家共同奋斗，以形成一个螺旋式上升的教育过程、管理过程和阶梯式上升的目标实现过程。

（二）思想政治教育的计划管理

计划管理是一项基本的管理活动。人们为了把目标变成现实，预先进行的行动安排就是计划。它包括对事项的叙述、目标和指标的排列、所采取手段的选择以及进度的规定等。计划就是将目标具体化，将其变为可操作的实施方案。思想政治教育目标确定后，就要制定切实可行的计划，以克服工作中的随意性，保证教育目标的顺利实现。计划应该是具体的，其内容、时间安排、实施的措施都要具体可行。符合具体性要求的计划，才容易为教育者、管理者所了解、所接受，才能使其明确各自的任务和责权，才具有可操作性，才不会落空。

思想政治教育的计划管理，是通过编制思想政治教育方案并促使其顺利实施，以实现思想政治教育目标的过程。在这一过程中，应着重做好以下工作：

1. 制订内容完整的计划

在管理学理论中，计划的内容常用六个"为什么"来表示：为什么做？原因与目的。做什么？活动与内容。谁去做？人员。在什么地方做？地点。在什么时间做？时间。怎样做？手段和安排。思想政治教育计划应完整地包括这六个方面的内容，尽可能全面、详尽，不仅要有思想政治教育目标、内容的阐述，还要有实施途径、方法及管理措施的规定；不仅要明确计划实施的主体，还要做到长计划、短安排，在时间进程上提出明确的要求。高校思想政治教育把学生行为规范教育列为重点，那么计划还应提出在舆论宣传、政治辅导员工作、班主任工作、共青团活动、学生干部工作、学生日常管理及操行评定等多种途径中应采取的相应的措施，而且对这些工作的具体推进应分解到每月、每周的活动安排中。这样，计划才便于执行和检查。

2. 确定计划的层次性

思想政治教育是一项综合性的复杂工作，牵涉到方方面面，因而必须现实地、分层次地探讨问题和解决问题。计划对不同层次的管理者应提出不同的要求，高校在科学决策思想政治教育目标时，要考虑在时间和资源允许的条件下，最大限度地为思想政治教育提供政策保证；职

能部门则应着重制订完成计划的各种操作规程、工作方法和时间安排；基层单位则应以职能部门的计划为指导，根据本单位的具体实际提出实施细则，保证思想政治教育计划落实到基层。

3. 抓好计划的落实

思想政治教育计划制订以后如何实施，也是计划管理的重要内容。首先，计划实施的责任人要按计划要求组织好人力、物力，保证必要的时间，按计划开展工作。其次，思想政治教育的管理部门必须对实施情况进行检查，要根据不同情况，分阶段、分项目进行抽查，做到执行一部分，检查一部分，随时执行，随时检查，随时分析并做好统计记录。对执行中发现的问题要提出改进措施，帮助解决实施中的具体困难。当发现计划需要调整时，应本着实事求是的态度，认真斟酌，确有必要就及时加以调整。思想政治教育计划实施检查是保证计划得以实现的重要步骤，因此也是计划管理的重要一环。

（三）思想政治教育的规范管理

思想政治教育规范是思想政治教育活动所遵守的准则、规则的总和。思想政治教育规范管理，主要是制定和运用管理制度、行政法规、纪律等，以建立规章明确、机制协调、运行有序的思想政治教育管理体系，保证思想政治教育目标的实现和工作任务的完成。制定并运用思想政治教育规范，有助于统一人们的思想，协调人们的行为，调动人们的积极性，增强人们的责任感；有助于促进思想政治教育制度化，促进思想政治教育及其管理的科学化。思想政治教育的管理规范主要包括：

1. 岗位职责

岗位职责是对思想政治教育机构和专职人员所担负的思想政治教育责任的规定。建立明确的岗位职责，可以做到任务明确、职责分明，避免工作中的相互推诿、扯皮现象，保证思想政治教育各项工作的落实，提高工作和管理效益。

2. 教育制度

教育制度是指对日常思想政治教育内容及形式如政治学习、党团组织生活、班组活动、爱国主义教育、形势政策教育、法制教育、文明创建活动、文化艺术活动以及升旗仪式、成人仪式教育等方面的规定。这些经常性的教育活动和形式，在工作实践中逐步形成制度，使教育者有章可循，既为思想政治教育经常化提供了制度保障，也为思想政治教育的日常管理提供了基本依据。

3. 管理制度

教育离不开管理，管理的目的也是教育。富有成效的思想政治教育，一般都以一系列的管理制度为基础。思想政治教育的管理制度包括日常生活管理、行为管理、纪律管理等方面的制度与规定，也包括奖励和处罚制度。这些制度对高校思想政治教育管理的顺利进行以及帮助大学生形成良好的思想品德具有重要而独特的作用。如奖惩是高校思想政治教育管理的重要手段，通过奖励先进，可以倡导新风与正气，提高本高校精神文明建设的水平；而严肃处罚违反纪律和有关管理规定的行为，可以起到震慑、警示的作用。

4. 工作制度

工作制度是对思想政治教育机构和人员的常规工作和工作方式提出的规范要求，主要包括会议制度、请示汇报制度、理论学习制度、考核评估制度等，是维持思想政治教育体系正常运转的制度保证。

5. 行政法规

思想政治教育及其管理应朝着法制化方向发展，对涉及思想政治教育的重大事项、全局性问题等有条件以法律、行政法规形式确定下来的，应该及时列入全国或地方立法计划，以全国性或地方性法规予以确定，为思想政治教育及其管理工作提供法律依据和法制保障。近年来，这一工作实际上已经开始启动。随着我国法制化建设步伐的加快和思想政治教育的发展，我们将会更自觉地运用法律手段推进思想政治教育，思想政治教育的相关法律法规也会逐渐增多。

遵循人的思想活动发展规律和思想政治教育规律，从思想政治教育实践出发，制定必要的行政法规、工作制度和工作规程、岗位职责，是思想政治教育制度化、规范化的要求，是高校思想政治教育管理的基础性工作。但思想政治教育规范管理，不仅仅包括制定规范，还包括严格地执行规范，即在管理过程中遵守科学的程序规范和方法规范，严格按规章制度办事，确保用公认的标准分析、判断和选择事物，使高校思想政治教育管理工作能够协调有序运行。认真执行思想政治教育规范制度，依法办事，照章管理，以相应规范为依据，对思想政治教育者和责任部门在工作中的表现给予奖励和处罚，必定会提高思想政治教育效率，保证思想政治教育目标的实现。

（四）思想政治教育的信息管理

根据系统论的观点，世界上的万事万物都以系统的形式存在和发展，而系统生存、演变的基本活动就是与环境之间持续进行物质、信息、能量的交换。信息对于系统尤其是社会系统和人的活动系统至关重要。没有信息和信息传递，就不会有有秩序的能量转化和物质变换，也不会有有组织的系统。现代管理活动，就是通过对物质、信息、能量及其交换方式的管理，使系统的运行、发展更加有效地趋向人的活动的目的。然而，在具体的管理过程中，管理人员很少与“具体的事物”打交道，更多的是与“事物的信息”打交道。因此，信息管理是包括高校思想政治教育管理在内的任何管理的重要内容。

思想政治教育信息管理，是指通过对思想和思想政治教育的信息进行系统而科学的收集、加工、传递、控制、反馈，以增强思想政治教育效益的过程。信息管理对思想政治教育十分必要。只有深入了解并充分掌握思想政治教育过程，对其加以准确调控，教育者的具体教育活动才能有更强的针对性，思想政治教育的时效性、实效性才真正得以保证。

思想政治教育信息管理所指的信息，包括教育对象的思想信息、思想政治教育和高校思想政治教育管理信息，这些信息可从不同的角度加以分析。按照信息的来源，这些信息有的来自思想政治教育系统内部，属内源信息；有的来自系统之外，属外源信息。内源信息与思想政治教育决策、计划、协调直接相关，影响和控制着思想政治教育活动和管理活动；外源信息也对思想政治教育有着重要的影响。因此，思想政治教育信息管理，既要重视对内源信息的管理，也要重视对外源信息的管理。按照信息的时限，思想政治教育信息可分为历史信息、现实信息和未来信息，它们对思想政治教育的管理活动都有重要影响。思想政治教育信息管理，不仅是对现实信息的管理，也包括对过去信息和未来信息的管理。只有在既准确把握现实信息，又全面知晓历史的经验教训和科学预测未来发展趋势的基础上，才能把思想政治教育及其管理工作做好，使思想政治教育及其管理取得应有的效果。

真实、及时、适量的信息，是高校思想政治教育管理的重要基础。为思想政治教育及其管理活动提供真实、及时、适量的信息，应该成为思想政治教育信息管理的主要任务和基本要求。要使信息真实，一方面需要管理者具备良好的思想素质和业务素质，善于透过表现各异的信息表象捕捉各种真实信息。另一方面也要求他们在信息加工、传递、反馈的过程中，讲求科学方法，避免失真。虚假而非真实、片面而非全面、表象而非本质的信息，会使我们对人们的思想品德现状和思想政治教育状况得出错误的判断，做出错误的决策，发出错误的调控指令，使思想政治教育偏离自己的目标，甚至导致工作中的重大失误。而及时、适量的信息，有利于高校思想政治教育管理的科学化，有利于思想政治教育活动的顺利进行。

三、高校思想政治教育管理的特征

管理是对组织的资源进行有效整合以达成组织既定目标与责任的动态创造性活动，动态性、科学性、创造性、艺术性以及经济性是其基本的特性。思想政治教育管理，不同于存在于社会其他领域的管理活动，它既具备人类管理活动的共同特性，又具有方向性、民主性、开放性等鲜明特征。

（一）方向性

思想政治教育管理，必须为实现思想政治教育目的、完成思想政治教育任务服务。无论在什么情况下，思想政治教育的意识形态使命是不会改变的，而加强管理是思想政治教育坚持主导性、确保用占统治地位的意识形态教育影响人民群众的重要手段。坚持思想政治教育管理的方向性，是由思想政治教育的性质所决定的，是思想政治教育始终沿着正确方向发展的重要保证。

思想政治教育管理的方向性特征，也是思想政治教育方向性原则在管理活动中的体现。以马克思主义为指导，以党和国家有关方针政策为依据，正确处理管理活动中的各种关系和问题，确保思想政治教育工作朝着预定的目标推进，全面而有效地提升人的思想道德素质，这是思想政治教育管理的根本任务，也在根本属性上体现了方向性特征和要求。

思想政治教育管理的方向性，第一，体现在思想政治教育决策和计划中。思想政治教育的决策和计划是思想政治教育目的的具体表达，直接体现思想政治教育的任务要求。只有保证思想政治教育决策和计划的方向性，才能保证思想政治教育管理活动的方向性。第二，体现在管理者的思想观念和管理行为中。它要求管理者在思想政治教育目标和任务上形成充分的共识，在管理过程和管理活动中能一致行动。如果管理者内部不能在思想政治教育目标和任务方面形成高度一致的认识，就难以真正理解和接受思想政治教育的重大决策，就不能全力以赴地参与计划实施，思想政治教育工作的实际效果就会受到影响。第三，体现在具体的管理运行机制中。它要求合理分配思想政治教育管理的权限，赋予不同层次的管理者在执行决策和计划时，有根据当下具体情况对思想政治教育管理工作和思想政治教育活动作适当调整的权力。这实际上也是思想政治教育管理动态性特性的体现和要求。管理者通过对实际工作过程中出现的问题进行灵活处理，对思想政治教育管理过程作合理调整，就能较好地保证思想政治教育活动始终朝着预定的目的和方向发展。

（二）民主性

我国已经基本建立起了社会主义市场经济体制，正在大力建设社会主义民主法治国家。在这一进程中，人的主体性明显增强，对社会文明、政治民主的要求日益增长。思想政治教育管理是人对人的管理，即使是对物的管理，其最终成果也要落实到人的身上。因此，思想政治教育管理应该是以人为中心的管理，必须充分发挥管理者和被管理者的主观能动性、积极性和创造性，这就决定了思想政治教育管理是一种民主性的管理。

思想政治教育管理是管理者和被管理者全员共同参与、管理和自我管理相结合、充分发挥各自主体性的管理活动，这是思想政治教育管理的民主性特征的体现。第一，思想政治教育管理的民主性，是人的主体性发展的要求。人的主体性，实质上是人的主观能动性高度发展的表现，在认识和改造客观世界以及发掘人的潜力、保障活动的有效性等方面有着极其重要的作用。思想政治教育管理者只有尊重作为管理对象的人的主体地位，与之建立起民主平等关系，才能真正调动他们参与管理的积极性、自觉性，管理工作才会有效。因此，实行民主管理，是实现思想政治教育管理现代化的基本要求。第二，思想政治教育管理的民主性，是社会主义发展的内在要求，社会主义社会必须保障人民群众当家做主的权利，在社会生活的各个领域发扬主人翁精神，实行民主监督制度。特别是在社会主义市场经济条件下，人的专业化分工越来越细，人的活动领域越来越广泛，管理过程越来越复杂，传统的专制型、家长式的管理方式已经不能适应这些新变化，迫切要求采取民主化的管理。思想政治教育管理当然更应该如此，为了使管理更为有效，为了培养人的民主精神，必须实行民主管理。

坚持思想政治教育管理的民主性，首先要求管理者发扬民主精神和民主作风，与被管理者平等相处，以平等的态度交流思想，交换意见，坚持用民主的方法来实现管理的计划、决策、组织等职能，逐步建立起思想政治教育的民主管理制度。其次，要求被管理者积极参与管理活动，充分发挥各自的主体性，积极参与到思想政治教育管理活动中去，参与思想政治教育目标、计划的制定和决策等，做到全员管理。最后，要求管理和自我管理相结合。管理和自我管理是思想政治教育管理过程中不可分割的两个方面，它们相辅相成。自我管理必须以管理为基础，管理又是通过自我管理而起作用的。因此，必须将两者紧密结合，这是思想政治教育管理民主性的内在要求。

（三）开放性

思想政治教育管理还具有开放性特征。首先，管理者和被管理者都处在开放的信息时代，各种信息急剧增长，传播信息的工具、渠道非常之多，获取信息具有面广量多、速度快的特征，对人的思想行为的影响作用日益加强。如果管理者用封闭的方式进行管理，总是让自己处在一种信息不对称的地位，摸不准被管理者的思想动向和行为规律，显然不可能收到实效。因此，必须坚持开放性的思想政治教育管理。其次，现代管理理论认为，任何一个组织的有效管理都是一个封闭与开放相结合的过程。思想政治教育管理既要做好宣传思想工作系统内部的计划、组织等工作，更要考虑到社会环境中的各种影响因素，充分利用社会资源和外界一切有利条件促进思想政治教育的发展。

开放，是一种现代意识与思维。具有开放性特征的思想政治教育管理，要求管理者普遍具

备这种意识与思维，让思想政治教育管理系统面向社会开放，让思想政治教育管理的触角延伸到社会、家庭和各种社会组织，建立相互协调的管理网络体系，把思想政治教育的社会资源尽量整合进来。

思想政治教育管理同现代生产管理一样，在本质上都具有二重性特点，是自然属性和社会属性的统一，普遍性与特殊性的统一，相对性与绝对性的统一。社会属性指思想政治教育管理的指导思想不能超越特定的社会、历史阶段和文化背景，不同民族国家在不同的历史时期，其思想政治教育管理的目的和内容会有明显的差异，体现了思想政治教育管理的相对性与特殊性。自然属性指思想政治教育管理的客观性、绝对性的一面，无论在何种社会制度下，是普遍共有的，而且思想政治教育管理活动所具有的规律，不因政治、经济、社会背景差异和历史时期的变化而变化。因此，社会主义国家的思想政治教育管理，具有面向世界开放的特征，完全应该而且完全可能在继承和发扬民族优秀文化传统的基础上，最大限度地吸收、借鉴国外先进的管理经验、管理理论、管理方法。当然，吸收、借鉴要从我们的具体国情和实际情况出发，始终把坚持正确的政治方向放在首位，思想政治教育管理的开放性与方向性应该并行不悖。

四、高校思想政治教育管理的功能

功能是指一事物对他事物的作用。党的思想政治工作，是经济工作和其他一切工作的生命线，是团结全党和全国各族人民完成党和国家各项任务的中心环节，是我们党和社会主义国家的重要政治优势。思想政治教育作为现代管理的重要组成部分，作为管理的基本方式和重要手段，其管理功能具体地体现在管理实践活动的过程和环节当中，并最终作用于组织目标实现的效果和效率上。高校思想政治教育管理功能是一个集合体、一个系统，它主要通过管理过程中的导向功能、协调功能、激励功能和创新功能具体表现出来。

（一）导向功能

导向功能，也就是思想政治教育在管理过程中对管理活动所具有的导向性。思想政治教育的这种管理功能，将组织活动及其实现目标引导、提升到关注并践行先进文化、社会责任和科学发展观的方向与层次上来。

一是将组织引导到关注社会责任的轨道上来。任何社会组织在独立发展的同时，又是作为社会整体的细胞而存在的。因此，组织在正常运行、不断变革发展的过程中，不仅受到来自组织内外各种社会经济因素的影响，而且也受到非经济因素的影响。随着生产力的发展，越来越需要从社会的整体角度、从人的社会关系和社会行为的角度，来考察组织的管理运行问题。关注组织的社会责任，是思想政治教育对组织导向的重要具体内容。思想政治教育作为一种管理手段，从组织内部不断激发组织发展的自觉性，不断要求组织在自身的发展过程中正确处理与社会的关系，承担社会责任，成为与社会发展相一致的积极的推动力量。

二是将组织引导到发展先进文化的方向上来。思想政治教育从教育对象和社会实际出发，根据我国社会发展的要求和人的发展目标，遵循思想形成发展的规律，通过提升组织文化的层次，将组织引导到发展先进文化的方向上来。从根本上讲，先进文化的发展方向就是要将组织活动及其奋斗目标定位在谋求社会发展和人的发展的层次和高度。任何组织都有自己的组织文化，但不是任何组织都必然具有先进的组织文化。作为管理方式和手段，思想政治教育的特殊意义在于，把马克思主义理论、正确的价值观念、道德原则转化为对象的思想与行为，提高人的思想政治道德素质。这就从根本上拓展了组织文化的深度和广度，使组织文化处于较高的层次。

三是将组织引导到树立和落实科学发展观上来。发展观是关于发展的本质、目的、内涵和要求的总体看法和根本观点。有什么样的发展观，就会有什么样的发展道路、发展模式和发展战略，就会对发展的实践产生根本性、全局性的重大影响。作为组织管理手段和方式的思想政治教育，其独特意义就在于，正是从宏观的指导思想上，从促进经济社会发展和人的全面发展这一根本点上引导组织树立科学发展观，着眼于以新的发展思路实现组织更快更好的发展，在组织日常的管理活动中落实科学发展观，真正成为积极推动社会发展和人的发展的促进力量。

（二）激励功能

激励功能，就是思想政治教育在管理活动中利用一定的物质手段和精神手段，通过激励而引发组织成员思想动机的变化，提高其思想觉悟和精神境界，增加其内在动力，调动组织成员的积极性、主动性和创造性，使之自觉地将组织目标转化为个人目标，与个人需求和个人目标相结合，并为之奋斗。

一是思想政治教育通过开发、选择和利用组织精神资源，建立精神激励的运行机制。思想政治教育的直接对象是人的思想观念和精神状态。它主要是将经选择的精神资源通过一定的方式转化为精神动力，提升人的精神状态和思想境界，从而成为一种稳定可靠的精神激励发生机制，内在地推动着组织的发展。

二是思想政治教育通过内在的激励作用，增强和提高组织成员的事业心、责任感和积极性。实践证明，强烈的事业心、责任感和高度的积极性，是组织成员实现组织目标的根本保证。而事业心、责任感和积极性的形成和提高则与有效的思想政治教育显著相关。正是从这一角度，江泽民同志指出：不重视、不会做思想政治工作，不可能成为成熟的领导干部。

（三）协调功能

协调功能，也就是思想政治教育在管理活动中对组织目标与成员个体需要之间矛盾的协同和调解作用，对组织成员人际关系所起的润滑作用。在每一项决策和计划的实施中，在每一项管理业务中，都需要做大量的组织工作。组织工作的优劣在很大程度上决定着决策、计划和整个管理活动的成败，思想政治教育以自身独特魅力发挥着积极有效的组织协调功能。首先，要增强组织全体成员的整体意识，自觉接受组织奋斗目标；其次，要增强组织成员的责任感，积极主动地为组织目标而奋斗，再次，要使不同利益群体、不同需求的个体有利益需求表达的机会，增进相互沟通和理解；最后，要帮助不同群体和个体克服认识偏差和心理偏差，在组织目标的指导下进行自我调整。

（四）发展功能

发展功能，是指思想政治教育对管理创新的推动作用和提升作用。组织、领导与控制，是保证决策、计划的实现所不可或缺的。从某种意义上来说，它们同属于管理的“维持职能”，其任务是保证组织系统按照预定的方向和规则运行。但是，现代管理是在动态环境中生存的社会

系统，仅有维持与守成是不够的，还必须不断调整系统活动的内容和目标，以顺应环境变化所提出的要求和挑战，此即管理的创新职能。

一是思想政治教育通过强化管理精神动力，从而推动管理创新。思想政治教育对精神生产起直接作用，它是丰富和发展人的精神世界的重要手段，能够培养人的智力和能力，丰富人的需求体系和情感世界，发展人的自我意识，塑造人的个性品德，增强人的事业心和责任心。正是现代精神生产力发展所提供的丰富的精神财富，构成了管理创新的不竭源泉。

二是思想政治教育通过改造不合时宜的思想意识，推动管理观念创新。思想政治教育推动管理创新，集中表现之一就在于它对不合时宜的旧观念、思想的冲击，表现在它对管理观念更新的作用方面，表现在它培养人们形成有利于推动管理创新的现代思想观念。思想政治教育不仅是一种守成的力量，更应是变革创新的力量。

三是思想政治教育通过培养创新精神，开发人才和促进管理创新。在今天强调思想政治教育工作以人为本，一个意义重大、影响深远的方面就在于开发人才资源，培育创新精神。思想政治教育能建构个体坚定的信念、高尚的品德、坚强的意志、浓厚的兴趣和强烈的情感，使创新成为可能。思想政治教育还可以通过塑造个性人格，激发创造性，从而推动管理创新。

五、高校思想政治教育管理的基本手段

思想政治教育管理既然是一种开发与整合思想政治教育资源的活动，就必然需要借助一些具体的手段，使实际结果与预期目标相一致。计划、组织、指挥、协调和控制，是构成管理活动的五项基本要素，也是思想政治教育管理的基本手段。

（一）计划

计划是指对思想政治教育未来的行动或活动以及未来资源供给与使用的筹划，包括预测未来和拟定一个行动计划。思想政治教育管理通过计划手段，指导思想政治教育工作系统循序渐进地去实现思想政治教育的目的。思想政治教育的各级领导部门和管理机构的计划，分别属于不同的类别和不同的层次，构成一定范围内的思想政治教育计划体系。其中，决策性的战略计划是最高层次的、指导各个方面的、总的长远计划，职能计划与部门工作计划则是中层的操作性较强的计划，而基层单位和管理者的工作计划则为近期的具体计划。以大学生思想政治教育为例，中央制定的方针政策，中央有关部委和各省市自治区制定的相应政策、规划，各高等学校及其思想政治教育工作机构提出的具体实施方案和工作计划，就构成了一定时期全国范围内的大学生思想政治教育计划体系。通过计划这一管理手段的运用，可以更好地按照中央提出的要求和战略部署，循序渐进、协调一致地开展教育工作，从而减少未来教育工作过程本身可能产生的不确定性及其对思想政治教育工作的冲击，保证中央关于大学生思想政治教育工作的决策得到真正的落实。

（二）组织

计划的制订和实施，离不开具体的机构以及人员和必要的物质条件。因此，思想政治教育的管理组织，必须建立相应的机构，配备精干的人员，并为该机构提供必要的物质条件。在思想政治教育管理中，通过组织手段的运用，可以将思想政治教育所涉及的各种人财物资源按照

一定的原则及程序要求，有序地进行配置，降低具体工作中的不确定性因素，为思想政治教育计划的实施，为实现思想政治教育目的，提供有效的保障。

（三）指挥

在具体的管理活动中，指挥发挥着四个方面的作用。第一，及时根据外界环境的变化，调动组织所有成员与资源配合去适应环境，采取适当的行为；第二，调动组织成员的积极性，激励他们奋发努力，给他们创造发展的机会；第三，有效地协调组织内的人际关系，使组织内有一个良好的工作氛围，从而降低内耗；第四，督促组织成员尽自己的努力按照既定的目标与计划做好自己本职范围内的工作。

可见，在思想政治教育管理中，通过指挥这一手段的运用，可以强化工作系统，营造良好氛围，调动各方面的积极性，使思想政治教育工作系统中的所有人都能同心协力地执行思想政治教育计划，确保思想政治教育目标和任务的实现。

（四）协调

协调就是把所有的思想政治教育活动和工作结合起来，包括将资源按照规则和配比进行安排，将分工负责实施的各项工作和活动进行有序整合，使之统一和谐。思想政治教育是一项复杂的系统工程，在工作体系内部进行专业化分工是十分必要的。然而，将思想政治教育的工作任务分配给不同部门和不同人员承担后，相互间的配合就显得至关重要。如果配合得好，工作就容易取得成效；配合不好则可能使总体效率下降，甚至产生负效应。运用协调这一管理手段，就是为了防范这种状况的出现，使方方面面的工作形成合力。

（五）控制

控制就是指根据既定目标不断跟踪和修正思想政治教育活动，使所有的工作都按照已定的计划和指挥来完成，实现预想的教育目标。在思想政治教育工作实践中，由于各种不确定性因素的作用，工作推进的每一环节，教育者、管理者（工作部门和个人）的具体行为，都有可能会偏离预定的要求和方向。为了及时纠正这种偏离，防止这种偏离状况对思想政治教育决策计划的执行产生严重影响，在思想政治教育工作系统和管理系统中，建立反馈调节机制，对思想政治教育活动和管理工作进行有效控制是非常必要的。

六、思想政治教育管理的过程

管理的核心问题是决策。所谓决策，是指为了实现一定的目标，提出解决问题和实现目标的各种可行性方案，依据评定准则和标准，在多种备选方案中，选择一个方案进行分析、判断并付诸实施的管理过程。简单来说，决策就是针对问题和目标，分析问题、解决问题的过程。从这个意义上讲，决策过程就是管理过程。高校思想政治教育管理是一个动态的、开放的过程，即从目标要求和实际问题出发，在观察分析形势和收集与实现目标、解决问题有关的一切信息的基础上，制定思想政治教育决策，运用计划、组织、领导、协调和控制等管理手段实施思想政治教育决策，从而实现思想政治教育目标，解决思想政治教育目标管理、计划管理、规范管理、信息管理和队伍管理中的问题，不断增强思想政治教育效率的过程。因此，高校思想政治

教育管理的过程，主要包括决策的形成过程、执行过程和总结反馈过程。

（一）思想政治教育决策的形成过程

一般认为，决策的特征是“在任何时候，都存在着大量（实际）可能的备选行动方案；一个人可能选取其中任何一个方案；通过某种过程，这些大量的备选方案，被缩减为实际采用的一个方案了”。大量备选方案被缩减为一个实际采用的方案，正是决策的过程，也正是决策的本质特征。决策总是针对明确的目标的，这里的目标既可以是工作目标、管理目标，也可以是实际工作中面临的急需解决的具体问题，而实现这些目标、解决这些问题有多个可能的方案。决策的任务就是对这些可能方案进行分析、判断，做出选择。决策是一个循环过程，贯穿于管理活动的始终，一次决策经过执行、反馈又进入到下一轮的决策。正因为如此，我们才有可能通过思想政治教育决策的形成过程、执行过程和总结反馈过程来考察、认识思想政治教育的管理过程。

思想政治教育的决策，关系到思想政治教育的方向，影响着思想政治教育效益，制约着高校思想政治教育管理的全过程。思想政治教育的决策担负着计划、部署、指挥的重任，一般由各级思想政治教育领导部门、管理机构或者单位党委、行政首长负责。在基层单位，党委担负着思想政治教育的领导责任，要根据党的路线、方针、政策和上级思想政治教育领导管理部门的要求，结合本单位思想政治教育工作的实际状况和群众的思想实际，经常性地提出思想政治教育的目标和任务。行政首长要根据这些任务要求，组织力量进行科学决策，制订具体的工作计划，并负责组织实施，完成思想政治教育的具体任务。

高校思想政治教育管理系统是一个多层次的工作系统，依据不同层次管理者的不同管理权限与管理责任，思想政治教育决策可以分为三种不同的决策类型：战略性决策、管理性决策和工作性决策（如图 14-1）。思想政治教育战略性决策是对涉及思想政治教育根本目的或长期目的、主要任务、战略规划的重大事项进行的决策活动，具有全局性、长期性和战略性的特点，一般由思想政治教育的领导部门和高层管理机构、管理者做出。管理性决策是对某一地区、部门或大的单位投入到思想政治教育工作中的人力、资金、物质等资源进行合理配置、布局和调整的活动，具有局部性、中期性和技术性，一般由地区或部门、大单位的思想政治教育领导部门、工作机构负责。工作性决策一般由基层工作单位和工作人员进行，是涉及思想政治教育一般管理和处理日常教育工作、开展教育活动的具体决策活动，具有短期性、日常性和操作性的特点。高校思想政治教育管理者为提高决策水平，避免错误决策，必须按照决策的流程和科学化、合理化的要求进行有效决策。决策流程可分为八个步骤（如图 14-2），其中从“确定问题和目标”到“确定方案”为决策的形成过程。决策的起点是确定目标，思想政治教育决策目标可能来自于思想政治教育目的的规定、上级部门的任务要求，也可以来自思想政治教育工作中的实际问题。合理的目标是思想政治教育有效决策的前提，是决策活动的出发点，也是评价决策效果的依据。确定目标后，必须着手调查研究，广泛搜集信息，并加以整理和分析，为拟订方案打好基础，做好准备。确定决策标准，就是为分析和评价每一个方案寻找一套合适的标准和方法，实际上是对决策目标和要求的进一步明确化。在正式开始拟订可行性方案前确定决策标准可以给予决策者更好的指引，更有利于他们提出高水平、高质量的可能方案，供分析、评价和选择。多种可能方案提出后，要以决策标准为依据，对所提出的可行性方案仔细地加以分析和评价，并根据决策的时间等限制性条件对每个方案进行层层筛选、利弊权衡，然后选取其一或综合多个方案的优点形成一个最佳方案，作为最终的决策方案。

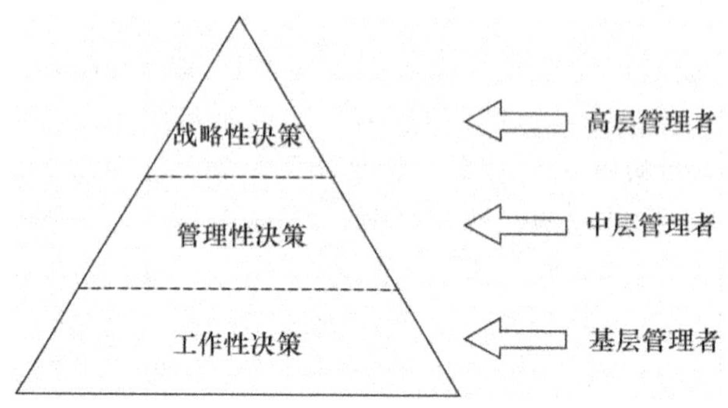

图 14-1　高校思想政治教育管理者与决策类型

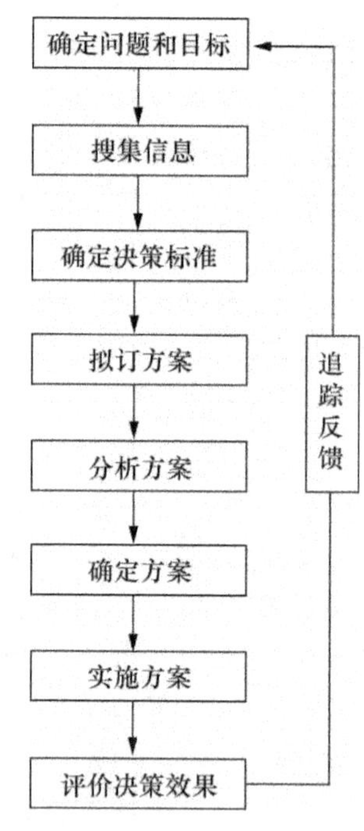

图 14-2　高校思想政治教育管理者决策流程

为了保证决策方案形成的科学化，必须贯彻民主集中制的原则。一般问题的决策，可由主管领导在职能部门提出的方案中进行比较，做出选择。重大问题的决策，则应将决策的依据、过程和可供选择方案的利弊向有关会议（如党委会或行政办公会）汇报，由集体做出最后决策。对于一些具有全局性、战略性的重大决策，还可以组织和聘请相关专家参与调研和方案拟订，或者对已经提出的方案进行分析评价，帮助思想政治教育领导管理部门进行有效决策。我国不少单位都设有思想政治教育工作领导小组等组织机构，在思想政治教育决策中，要充分发挥这些组织机构的作用。因为组成这些机构的人员来自各个方面，掌握的信息全面，能够从各自的角度对方案进行利弊及可行性分析，有利于做出最强化的选择。这些人员和各自所在的工作部门担负着一定的思想政治教育责任，在参与决策的过程中，可以更加清楚地认识和理解决策方

案，明确自己单位在整个决策执行中的地位、作用和任务，增强对所做决策的认同感，有利于决策的执行与实施。

（二）思想政治教育决策的执行过程

决策的执行过程在高校思想政治教育管理中的作用是不言而喻的。只有执行得力，思想政治教育决策才能得到落实，思想政治教育过程和管理工作才能持续有效地向前发展。决策方案在正式执行实施前，需要做好各种必需的准备工作，比如进行必要的宣讲和动员，调配好决策执行必要的人力、资金和物质，协调好有关部门积极给予支持配合等。对于一些重大决策的执行，还应该制定出对执行部门和人员的监督实施措施，确定责任部门和责任人，对决策执行的情况，尤其是在关键阶段、关键环节，对关键岗位、关键人员，要加强控制和监督，以保证工作系统内部执行决策方案的及时性、协调性和有效性。

为保证思想政治教育决策方案的有效执行，需要配置必要的人、财、物资源。“巧妇难为无米之炊”，没有必要的资源作为保障，决策执行就缺乏条件，决策执行就会落空。对思想政治教育岗位的设置、人员的调配、资金的划拨、物资设备的配给等资源配置，当然可以在决策制定之后，根据决策执行的实际需要来进行。但这种临时动议式的人、财、物配置方式，人为的影响因素作用大，容易产生负面效果，应该尽量避免。要使思想政治教育资源得到合理配置，需要加强高校思想政治教育管理规范和制度建设，对思想政治教育资源的类型、配备、调动、划拨等预先做出制度性安排。在决策执行过程中，除根据实际工作中出现的新情况、新问题，作为一种调控手段可对资源分配和安排进行必要的微调外，一般情况下尽可能依章行事，科学配置，以保证决策方案的顺利实施。

在高校思想政治教育管理的各种资源中，人是最重要的一个因素。因此，为保证思想政治教育决策方案的有效执行，需要充分调动执行单位和个人的积极性、主动性和创造性。实践证明，全面推行目标管理和工作评估，建立以目标为导向，以评估为手段的思想政治教育执行机制，能够较好地做到这一点，从而保证思想政治教育决策的顺利执行。

建立以目标为导向、评估为手段的思想政治教育决策执行机制，就是要运用目标管理的方法去激活思想政治教育工作体系，保证思想政治教育决策的实施。要通过确立明确的、实事求是的、定性与定量相结合的工作目标，将思想政治教育的各级部门和责任者的主要精力集中在统一的目标之下，使思想政治教育逐步实现规范化、制度化、定量化，从而较好地克服思想政治教育决策执行中的盲目性、随意性。为此，首先就是要把总的思想政治教育目标和具体决策要求分解落实到思想政治教育工作体系和管理体系内部各个工作机构和每个工作人员的身上，在一定范围内建立一个相互制约、相互协调的思想政治教育责任制体系，使各部门和全体人员，特别是思想政治教育的专职人员，能自觉根据各自承担的思想政治教育责任，从不同的角度，运用不同的方式执行思想政治教育决策，积极主动地开展思想政治教育活动，并形成工作合力，从而实现总的思想政治教育目标，保证思想政治教育决策方案的圆满实施。其次是要建立思想政治教育的考核制度和考核标准，定期对各单位思想政治教育的工作情况进行考核和评估，按有关管理规定进行奖励和惩处，达到奖优罚劣、有效调控的效果。如果将考核与评估结果与各单位及其工作人员的工作业绩、津贴报酬、职务升迁等挂钩，与聘任制、岗位责任制和工资分配方式等内部管理体制改革措施等相结合，就能够对工作群体和每个教育者起到极大的激励作用，引导他们在决策执行过程中积极行动、主动配合、大胆创新，推进思想政治教育工作向前发展。对思想政治教育工作的薄弱环节和重点项目，也可以运用这些措施手段进行调控，从而有效地保证决策的顺利执行以及思想政治教育目标的顺利实现。

（三）思想政治教育的总结反馈过程

总结反馈过程的任务是对思想政治教育决策的执行情况做出评价，找出成绩和差距、经验和教训，为今后的决策提供客观依据。总结反馈过程在高校思想政治教育管理过程中起着承上启下的作用，它既关系到前一个决策方案执行效果的评价、经验教训的总结，又关系到下一轮决策所要针对的问题与目标的确定。总结反馈的信息还能对下一个决策的形成、执行与总结全过程起到指导作用。因此，完善思想政治教育决策的总结反馈过程，强化思想政治教育信息的反馈系统，不断完善思想政治教育督导机制，对不断提高高校思想政治教育管理水平，使其从经验型逐步转变为科学型管理具有非常重要的意义。

及时了解教育对象的思想品德现状，掌握思想政治教育决策计划的执行情况，这是思想政治教育领导部门、管理机构科学决策、正确指挥的保证。没有足够、及时、准确的反馈信息，就难以保证思想政治教育决策的科学性。因此，思想政治教育信息反馈系统是高校思想政治教育管理系统的重要组成部分，应当成为高校思想政治教育管理体制建设的重点之一。要通过强化信息反馈系统，不断完善思想政治教育的督导机制，使思想政治教育真正落实到基层，渗透到生产、教学、管理、经营、服务等环节中。

为了做好思想政治教育的信息反馈工作，应当有专门的机构，如政策研究室或思想政治教育研究室，负责处理来自各方面的有关思想政治教育的信息，为决策提供依据。这些负责信息处理的部门，要运用多种形式，如调查表、座谈会、工作汇报、量化评估等，收集思想政治教育信息；要有发达的信息采集渠道，除在高校思想政治教育管理体系内建立信息上报的反馈路径外，还可以聘请信息员搜集各种思想政治教育信息。要加强对工会、共青团、妇联等群团组织信息工作的领导，使之成为重要的信息反馈途径。通过对信息的分析，预测人们的思想发展趋势，及时调整思想政治教育的目标和计划。

思想政治教育的效果主要体现在基层工作的成效上，体现在人们的思想道德行为状况的变化上。因此，加强对思想政治教育效果的考核和各单位的思想政治教育工作的评估，也是加强信息反馈、强化思想政治教育质量管理的有效办法。随着各单位内部管理体制改革的深入，建立完善的工作考评办法将成为提高管理效能、促进管理科学化的一项重要措施，要把思想政治教育的考评作为各单位整体工作考评的重要内容，纳入内部管理体制改革的整体进程中去。

要通过人们思想、政治、道德素质的测评和各单位工作的考核，准确了解思想政治教育在基层单位的落实情况和思想政治教育的整体效果，从而进一步明确思想政治教育的目标和方向，调整或重新制定思想政治教育的有关政策和工作计划，实现思想政治教育的动态管理，不断提高思想政治教育的管理水平。

第二节　高校思想政治教育管理体系的问题分析

近年来，我国高校学生的思想政治教育管理工作取得了不俗的成绩，这得益于党中央、教

育部和高校自身对高校学生思想政治教育管理工作的重视。具体说来，表现有：首先是高校学生思想政治教育在管理体制改革和建设方面取得了一些初步成绩。其次全国范围内的高校基本建立了学校、家庭和社会三面齐抓共管的管理体系。其次，对学生进行思想政治教育管理工作的队伍建设，特别是队伍素质的提高得到相关方面的高度重视。同时现行的管理方法相较以往也有了进一步的发展。最后，各高校积极健全了对高校思想政治教育管理的相关评估体系。毋庸讳言，虽然时至今日，我国高校思想政治教育管理工作取得了许多可喜的成绩，但是在实现高校思想政治教育管理体系的科学化的目标层次上来说，当前现行的高校思想政治教育管理仍存在着许多问题，距离要完成的目标还有很大的差距。具体说来，问题主要表现在以下几个方面。

一、管理体制建设不够完善

高校思想政治教育管理体制主要是指与高校思想政治教育管理相关的组织实施制度和领导制度。它主要解决的是高校学生的思想政治教育管理工作到底由谁来负责、又由谁来管理的问题。《中共中央关于进一步加强和改进学校德育工作的若干意见》指出：各级各类学校党组织都要加强对高校思想政治教育管理工作的领导。不管学校实行何种领导体制，校长都要对学生德智体的全面发展负责。在党委的统一部署下，学校都要建立和完善以校长及行政系统为主实施的德育管理体制。这可以说是明确地规定了高校思想政治教育管理实行的是在党委统一领导下，以校长及行政系统为主要实施主体的高校思想政治教育的管理体制。近年来，我国高校一直实行的是由党委统一领导并组织实施的高校思想政治教育管理的体制。为了适应改革体制的要求，大部分高校不同程度地完善了旧体制，形成了新的教育管理体制。但是从总体上看，高校思想政治教育管理体制改革成效与党中央的要求对照起来还远远不到位，这种情况主要有以下三个方面的表现。

（一）学校党委的角色转换未完全到位

长期以来，我国高校实行的是党委统一领导并组织实施的高校思想政治教育管理体制。出于高等教育体制发展的需要，必须建立起一种新型的以校长及行政系统为主实施的高校思想政治教育管理的全新体制。而这种对于传统的教育管理体制的转换，首先就需要党委做好角色转换的工作，变以前的主要实施者为领导者、筹划者以及监控者，把具体的实施工作更多地转移给行政系统执行，以便发挥两个系统各自的积极性，使高校思想政治教育管理得到更好的保障。但是，细观目前各高校党委在改革体制方面的工作成效，可以看出当前党委在角色转换中仍然存在着以下几个问题：一是有些党委进行体制改革的积极性不够高。一些学校的党委由于长期从事高校思想政治教育管理工作，对于日常所做的工作已经习以为常，安于现状，不思进取，他们不想改变原本习惯的工作，再花时间和精力去学习新的知识和技能。二是有些党委也积极参与体制改革，但是受传统的思维定式的影响太大，改革的局限性大大存在。如一些高校的党委和行政各有自己独立存在的系统，各自为政，表面上看起来互不干扰，实际上使得两者之间缺乏横向联系与沟通，或者由一位同志同时担任党委副书记和副校长，统管党委系统和行政系统，完全不区分两者的差别。有的高校则专门成立了协调两个工作系统的校指导委员会或领导小组，试图加强两个系统的联系和合作。虽然这些改革措施从一定程度来说都还算有利于党委对高校思想政治教育管理工作的统一部署，但是实际操作起来时党委依然还是高校思想政治教育管理工作的主要实施者，没法从根本上有效分离思想政治教育管理与行政管理，两者的两张皮问题压根没得到有效的解决，更谈不上彻底改革原有的高校思想政治教育管理体制。三是行政系统的支持不到位。党委的角色转换其实离不开行政系统的大力支持，但是有些学校的校长不愿意承担高校思想政治教育管理的具体实施工作。于是，为了保证高校思想政治教育管理工作的正常开展，党委只得又担起负责主要实施工作的职责，并处于孤军作战的境地。

（二）校长不能有效承担教育责任

长期以来，高校逐渐形成了党委书记负责思想政治教育管理工作，校长负责教学科研等行政业务的领导管理体制，即德育归书记管，智育和体育归校长管。也因此造成了德智体教育严重分离、思想政治教育管理和教学行政管理“两张皮”的问题。这也正是目前我国高校思想政治教育管理体制改革的关键性问题。改革后的新体制要求校长也要对高校思想政治教育管理工作全面负责，以校长及行政系统为主共同组织实施具体的教育工作。为了适应新体制的要求，部分高校的校长也开始分管思想政治教育管理方面的工作，但是从目前总的情况来看，很多校长还未能很好地履行这一职责。具体说来，主要表现有：许多高校校长每天忙于学校的基建和学科建设，导致没时间负责思想政治教育管理方面的工作，并且，对于该职责的履行不够重视，还有部分校长仍然认为思想政治教育管理是党委的事情，不是自己的分内之事，没有将其纳入自己的职责范围，因此也不能对这项工作给予适当的人力、物力和财力支持，导致正处于转制时期的高校思想政治教育管理体制出现了不同程度的空当。

（三）职能部门设置不很到位

高校思想政治教育管理体制建设要求必须有科学合理的职能部门设置与之相适应。这就要求对原有的行政系统和党委系统的职能部门进行调整，才能适应高校思想政治教育管理体制建设的要求。主动撤销或者合并那些重复设置或者职责相似的机构部门。如一些高校就将高校思想政治教育管理与行政管理一起统管起来，把党委系统中从事高校思想政治教育管理的工作部门与行政系统中从事招生、学生日常管理、就业指导的学生处合并，从而实行一套班子两块牌子。也有的高校实行高校思想政治教育管理部门与一些行政管理部门合署办公，从而解决相互脱节、相互扯皮的现象，进一步加强高校思想政治教育管理与行政管理这两个系统的横向上的联系。但是当前国内不少高校的思想政治教育管理职能部门的设置还是存有不到位的问题。主要表现在：首先，一些高校的职能部门存在着机构臃肿、人浮于事的问题。一些高校在构建高校思想政治教育管理职能部门时只是简单的相加或合并原有党委行政系统的职能部门，并没有科学合理地精简及强化。还有一些高校并没有从根本上以工作为中心，而是仍然存在“因人设事、因神造庙”的问题。高校应当根据职能部门承担的相关责任，本着人能相称的原则，真正做到“因事而择人”地去合理安排人员。其次，一些高校进行思想政治教育管理的组织机构存在着不健全问题，工作人员数量无法满足需求。一些高校根本不重视思想政治教育管理工作，以至于连一些最基本的从事高校思想政治教育管理的机构都没有，人员严重不足，从而造成高校思想政治教育管理工作者疲于应对，无法深入细致地开展高校思想政治教育管理工作的状况。最后，一些高校思想政治教育管理职能部门机构重复，职责交叉。不少高校还是党委系统和行

政系统各自运行，在进行高校思想政治教育管理机构设置和组织领导时没有真正做到充分的沟通协调，造成政出多门的局面，从而造成资源浪费，办事效率低下。

二、高校思想政治教育管理观念落后

行动的先导就是思想，现代化的管理行为需要的是管理观念的现代化。尽管我们看不见也摸不着现代化的管理理念，但是现代化的管理理念却能对人产生潜移默化的影响，并能指导以及制约管理者的管理行为。很长一段时期以来，高校思想政治教育管理工作常常重视管教而轻于服务，往往只关注管好学生、“管住”学生，这种偏重于“管”而忽略了“理”的片面认识是高校思想政治教育管理工作无法达到理想效果的主要原因，这就造成高校思想政治教育管理工作忙于事务、流于形式。实际上，“管”与“理”是管理工作的两个方面，“管”就是从制度、办法、措施、规定层面而言的，具有规定性、约束性、强制性等特点；而“理”是从监督、沟通、说服、疏导、激励等特征的层面而言的。真正做好高校思想政治教育管理工作就必须调动好各方面的积极性，使两个方面的功能都发挥出应有的效能。管理就是服务，高校思想政治教育管理者应当以为高校思想政治教育提供和创造相应的环境和条件作为自己的神圣职责；管理也是教育，管理的各项规章制度建立的前提是国家的方针政策。高校思想政治教育管理者的职责就在于，通过各种有效的工作方式，使得思想政治教育制度得以贯彻执行；管理同时更是一个过程，高校思想政治教育管理的过程实质上就是高校思想政治教育管理者依据一定的思想政治教育的宗旨和目标，来深化教学改革、强化教学秩序、提高教学质量的这样一个过程。我国政治经济、科学文化等的不断变化和发展，以及高校教育朝着多样化、国际化的方向发展，使得高校思想政治教育管理过程面临着日益复杂的情况。对此情况，高校思想政治教育管理必须从模式型管理向研究型管理转变。所谓研究型管理，就是在思想政治教育实践中的管理，研究管理过程中的思想政治教育规律，从而不断提高高校思想政治教育管理的水平和质量。要实现这一目标，管理者就要做到在高校思想政治管理的实践中“三转变”，即实现由习惯性思维方式向创造性思维方式的转变，由单项思维方式向多向思维方式的转变，由封闭思维方式向开放思维方式的转变。

三、高校思想政治教育管理方式的缺陷

高校思想政治教育管理方式的问题主要有管理内容的单调和管理方法的单一。首先，高校思想政治教育管理内容单调。高校思想政治教育管理的目标过于理想化，从而导致了忽视个体的内心需求。这种过于理想化的目标，会造成思想政治教育教育管理内容的“假、大、空”现象，进一步使得思想政治教育管理工作偏离方向，甚至于让思想政治教育在大众心目中的崇高地位发生动摇。高校思想政治教育管理内容发展滞后，以至于不能适应社会发展以及人的全面发展的需要。我国高校思想政治教育管理内容的滞后性，即高校思想政治教育管理内容滞后于经济发展，滞后于国内外形势的变化和发展。高校思想政治教育管理的内容不仅陈旧、千篇一律，还过分强调共性与说教，从而忽略了高校思想政治教育管理对象的差异性，同时，高校思想政治教育管理内容的说服力和感染力都不强，因而导致了高校思想政治教育管理中的“两张皮”现象。其次，高校思想政治教育管理方法单一。其一是不能综合运用基本方法，在高校思想政治教育管理过程中，往往一些高校思想政治教育管理工作者只是使用实践教育法或理论教

育法，不能综合运用各类基本方法，也不会综合使用各式各样的形式，如问题讨论式、对话交流式、综合分析式、案例分析式等形式。其二是对现代技术性方法研究运用得不够充分，先进的教学手段得不到充分的综合研究运用，课堂结构得不到充分的强化。其三是高校思想政治教育管理方法脱离实际、脱离群众、脱离生活。高校思想政治教育管理方法只是用简单理论传授，同时伴以传统的老方法来简单说教，这种高校思想政治教育管理方法严重地脱离实际、脱离群众、脱离生活。

四、管理体系内部缺少协调沟通

高校思想政治教育管理，需要社会、家庭、高校的共同作用。高校思想政治教育管理体系，就是由高校思想政治教育管理职能和教育职能有机结合而成的。家庭教育是通过父母的思想、行为对子女产生潜移默化的影响；高校教育则是通过系统的思想政治教育来产生影响；社会教育是通过社会活动、社会舆论等途径来产生影响。家庭教育、高校教育、社会教育三者互相补充、互相作用。完善高校思想政治教育管理体系，需要建立全方位、多渠道、多层次的管理体系，形成“齐抓共管”的管理局面。目前，我国高校思想政治教育管理体系内部缺少协调沟通。

（一）高校与社会之间缺少协调沟通

随着现代化传播媒介的不断发展，社会环境已经越来越大、越来越直接地对人产生影响。对此，高校思想政治教育管理者就必须协调组织社会各方面的力量进行高校思想政治教育管理。高校与社会之间缺少协调沟通主要表现在两方面：其一，缺少舆论宣传。当下科技迅速变化发展、思想文化相互强烈碰撞，社会舆论会对人的思想产生直接的深远的影响。虽然目前社会舆论导向与高校在总体上是一致的，但是其仍然存在着诸多负面影响。社会舆论具有“软”约束力这一特性，对此特性，社会舆论就要引导高校学生追求高尚的道德素养，倡导正确的消费方式和生活方式。其二，缺少社会实践。目前适合高校学生的社会实践体制还没有建立起来，高校学生参与社会实践的方法和途径都不多，整个社会共同支撑社会实践的局面无法形成。因此，想要避免高校思想政治教育与社会之间的脱离，就要采取相应措施，进一步加强和强化社会实践，实现实践教育社会化。

（二）高校与家庭之间缺少协调沟通

高校一直以来是我国思想政治教育的主阵地，学生在高校里接受的是传统的、良好的思想政治教育，可是一旦其离开高校，有一种尴尬境地就会强烈凸显，那就是在高校接受的教育会与社会环境相脱离。社会的基本单位是家庭，在长期的家庭教育之中，孩子在父母的潜移默化的影响中形成了道德伦理观、政治价值观等观念。目前，高校与家庭之间在思想政治教育、心理健康教育等方面缺少协调沟通，同时，也缺少各种形式的与学生所在家庭之间进行联系的制度。这当然存在着主观和客观因素的影响。一方面，由于学生已经通过高考进入了高校，这对于高校和家长来说，升学压力已然不复存在，因而双方缺少主动沟通意识；另一方面，不同于中学阶段，高校生源是来自全国各地，因此，受地域限制的客观影响，高校与家庭间的联系难度要更大。要明确家庭也是思想政治教育管理的重要力量这一意识，更好地发挥出家庭的协同作用，争取家庭的积极支持，从而防止消极影响的产生。

（三）高校内部缺少协调沟通

高校对学生进行的思想政治教育管理涉及高校工作的各个方面，从管理职能的角度来看，高校的各级党政组织担负着学生的思想政治教育管理的任务。高校管理部门的主要任务就是要做好各部门之间的协调沟通工作，形成高校思想政治教育管理的合力。但是目前高校内部之间仍然存在着协调沟通不到位的问题，这主要表现在以下两方面：首先，高校思想政治教育系统与其他部门之间缺乏协调沟通。高校思想政治教育管理问题通常会在科研教学、行政管理、后勤服务等部门中产生，但是这些部门却不愿承担解决高校思想政治教育管理问题的责任。高校思想政治教育系统要想真正解决高校思想政治教育管理问题，应当与这些部门形成合力，但这些部门和人员往往由于客观及主观原因不予支持。其次，高校思想政治教育系统内部缺乏协调沟通。高校思想政治教育系统内部的各组织、各人员都有属于自己的岗位职责，但是只有通过各部门的协调配合、通力合作，高校思想政治教育管理工作才能真正地做好。可是在实际工作中，各部门在进行高校思想政治教育管理工作时缺乏合作沟通，往往导致了各部门之间为工作推诿、扯皮的问题发生，从而形成内耗和负效应。

第三节　和谐社会视域下高校思想政治教育管理体系的强化

一、高校思想政治教育管理体系强化的主要原则

高校思想政治教育管理体系强化的主要原则有：实践性原则、全面性原则、开放性原则和客观性原则。

（一）实践性原则

高校思想政治教育管理体系强化的实践性原则是由思想政治教育过程和思想政治教育管理的过程的实践性原则决定的。高校思想政治教育管理体系是人们在不断的思想政治教育管理实践中总结出来的结果，高校思想政治教育管理的体系化存在是高校思想政治教育管理实践所证明了的。高校思想政治教育管理体系的实践性主要体现在以下方面：首先，高校思想政治教育管理实践可以检验高校思想政治教育管理体系。高校思想政治教育管理的实践性是具体的、历史的，而高校思想政治教育管理体系的强化也是在一定具体的、历史的条件下进行的。高校思想政治教育管理实践趋于科学化，并不断地深入，可以更好地用来检验高校思想政治教育管理体系。其次，高校思想政治教育管理实践可以更好地发展高校思想政治教育管理体系。由于人们不断地深入进行高校思想政治教育管理实践，经验在实践中不断地被总结出来，因而人们对于高校思想政治教育管理的认识也越来越深入，高校思想政治教育管理体系也因此得到了发展。

（二）全面性原则

全面性原则是指高校思想政治教育管理体系强化时，要对其进行全方位、立体化、多角度的考察，要从时空整体上全面地考察高校思想政治教育管理体系横向联系和纵向发展。在强化高校思想政治教育管理体系过程中体现全面性，就是要求既要全面地考察高校思想政治教育管

理体系，同时也要全面地考察高校思想政治教育管理体系的基本要素。要反对孤立地考察局部而脱离整体的方法，应当用整体的方法去考察他们的纵向发展；要反对形而上学的、割裂的考察方法，应当用对立统一的方法去考察他们的横向联系。

（三）开放性原则

高校思想政治教育管理体系强化研究的开放性原则，就是必须正确地处理高校思想政治教育管理体系和其他环境系统两者的辩证关系，充分认识到两者的相互作用和相互联系。宏观来说，系统的输入和输出就是高校思想政治教育管理体系和其他环境系统两者关系的主要表现。输入，就是指其他环境系统对高校思想政治教育管理体系的影响。输出，就是指高校思想政治教育管理体系对其他环境系统的影响。因此，高校思想政治教育管理体系强化的开放性，主要表现为其强化的动态性。

（四）客观性原则

客观性就是指不以人的意志为转移的实在性，是相对于主观性而言的。高校思想政治教育管理体系强化的客观性原则，主要有两方面含义；一是高校思想政治教育管理体系本身是客观的；二是高校思想政治教育管理体系强化的各基本要素是客观的。坚持高校思想政治教育管理体系强化的客观性，就是杜绝形而上学的、经验的强化方法。坚持高校思想政治教育管理体系强化的客观性就是要坚持高校思想政治教育管理体系强化的全面性、连续性和发展性。

二、高校思想政治教育管理体系强化的对策

（一）优化高校思想政治教育管理体制建设

要进行高校思想政治教育管理体系优化研究，应当在高校党委的统一领导部署下，建立以校长及行政系统为主实施的高校思想政治教育管理新体制。这种新体制强化了党委对高校思想政治教育工作的统一领导，可以把高校思想政治教育工作贯彻在全过程之中，可以强化行政系统实施思想政治教育的职能，从而更好更全面地发挥广大教职人员在思想政治教育中的作用；有利于增加学校经费在思想政治教育方面的投入支出，提升硬件方面的物质条件等，从而更好地贯彻落实思想政治教育工作。当前优化高校思想政治教育管理体制建设需要做到以下几个方面。

1. 切实做好对原有管理旧体制的改革

要想真正做好高校思想政治教育管理体制优化，就要对原有的校党委统一领导并组织实施的高校思想政治教育管理体制进行改革。改革的关键在于校长和校党委两方面必须要转变观念、提高认识。校长和校党委两方面积极配合的前提是转变了观念，这样才能搞好管理体制的改革，建立起新体制。

校长要转变观念，就是指校长要负责起高校学生的德智体全面发展的工作，充分认识到高校学生的思想政治教育工作是校长工作的重要组成部分之一，这是全面贯彻党的教育方针的需要，是社会主义高等教育的性质所决定的。校长要积极树立起高校思想政治教育管理的意识，要像抓教学、科研工作一样来抓高校思想政治教育管理。

校党委要转变观念，就是指党委要明确高校思想政治教育的问题往往在教学、科研、后勤等工作中产生，要想增强高校思想政治教育管理工作的效果，就必须由校长对高校思想政治教育管理工作全面负责，但与此同时，校党委必须加强对高校思想政治教育管理工作的统一领导，保证高校思想政治教育管理工作沿着正确的方向进行。虽然实行新体制，但是校党委仍然对高校思想政治教育管理的重大问题行使领导权和决策权。校党委要把高校思想政治教育管理工作纳入校党委的重要议事日程，并且放在极其重要的地位。校党委对于高校思想政治教育管理工作，主要是针对重大问题来领导，是全局性的领导。校党委领导高校思想政治教育管理工作的主要职责：一是制订高校思想政治教育管理工作的年度计划，安排部署主要工作任务；二是根据党的方针政策和上级指示，对高校思想政治教育管理机构设置、条例规章、改革方案等重大问题行使决策权；三是培养、任命和考核高校思想政治教育管理工作方面的领导干部。

2. 加强对新体制建设的管理

建立以校长及其行政系统为主实施的高校思想政治教育的管理新体制，可以分校、院（系）两级进行建立。在校一级层面建立以校长为首的高校思想政治教育管理机构及其实施部门，在院（系）一级层面建立以院（系）主任为首的高校思想政治教育工作管理机构及其实施部门。

校级高校思想政治教育工作的管理机构中，校长是第一负责人，分管学校思想政治教育管理工作的副校长是第二负责人。组成的机构可以称之为校思想政治教育管理工作指导委员会，或者可以称之为校思想政治教育管理工作指导小组。对学校思想政治教育工作的管理、协调职能是该校级机构主要行使的职能，同时对其职能部门以及各个院（系）也行使领导职能。校思想政治教育管理工作指导小组，由相关部门的负责人和各工作职能部门来组成，校长担任组长，分管副校长担任副组长，指导小组主持实施学校的思想政治教育管理工作。要按照精干高效、统一指挥的原则对原有的校思想政治教育管理工作机构进行调整安排，才能更好地实行这种新体制，以此为基础，建立完整的校思想政治教育管理工作的职能部门，从而作为指导小组管理实施校思想政治教育管理工作的办事机构。按照一般高校的机构设置，将团委、学生处（含招生办公室、就业指导办公室、学工部、学生宿舍管理处等部门）精简调整后划归校思想政治教育管理工作指导小组来统一进行领导，比如学工部与学生处、学工部与团委就可以进行精简合并或合署办公。对于党、团系统的隶属规定中可能出现冲突的问题，可以通过由同时任党委副书记和副校长的同志担任校思想政治教育指导管理工作小组的副组长来解决，这样更加有利于对学工部和团委的领导。还可从党委系统撤销学工部，重新在行政系统中设置相应的机构。

各院（系）则建立以院（系）主任及行政人员为主实施思想政治教育管理工作的管理体制，院（系）主任是院（系）思想政治教育管理工作的第一负责人，分管副院（系）主任是第二负责人，副院（系）主任协助院（系）主任组织实施思想政治教育管理工作。组织机构可以通过建立思想政治教育管理工作小组或者建立院（系）学生工作办公室的形式来组建，该小组或办公室是实体工作机构，由院（系）主任任组长或主任，分管副院（系）主任任副组长或副主任。在院（系）主任的领导下，根据学校上级机构的统一部署和职能部门的工作安排，组织小组或办公室具体实施思想政治教育管理工作。

（二）树立科学管理观念

高校思想政治教育管理观念是建立在管理实践中获得感性认识基础上的一种理性升华，管理观念上的落后会导致管理行动的滞后，管理观念不断进步发展才能有效地作用于管理行为。科学正确的管理意识，有利于提高人们认识高校思想政治教育管理工作的重要性，有利于提高人们开展高校思想政治教育管理工作的自觉性，有利于科学地来总结思想政治教育管理工作，有利于进一步提高高校思想政治教育管理工作的效率。因此，要优化高校思想政治教育管理体系，就必须要树立科学的管理观念。

1. 树立人本管理观念

人本管理理念的核心是人，该理念认为应将人置于组织中最重要的位置，使其成为组织的竞争力源泉和核心资源。高校思想政治教育管理体系优化研究要求“以人为本”，坚持管理对象的主体地位，进一步强化管理者的服务尊重意识，从而树立人本管理观念，实现管理观念的科学化。

进一步强化管理主体的尊重服务意识，需要管理主体转变旧的管理观念，不能仅仅把管理主体与管理客体之间看作是管理与服从的关系，要明确管理客体虽然是管理主体管理的对象，但其更是管理主体所服务的对象。管理过程当中强调以人为本，以人本价值的体现和思想政治道德素养的提高为目标，从而最终实现全民素质的提高以及社会的全面发展。树立新的管理观念，就要真正贯彻落实人本管理理念，必须要强化管理者的尊重服务意识。管理者要尊重受教育者，这是在思想政治教育管理过程中强化尊重意识的要求。人的高层次的需要之一就是受到尊重的需要，进一步强化对他人的尊重需求，有助于受教育者的认同心理的形成。受教育者有权在思想政治教育管理过程中对管理者、管理措施做出相应的决定。要真正做到尊重管理对象，管理者必须树立起尊重意识，保障受教育者的正当权利，更要尊重受教育者的主观感受。当然，管理者尊重他们主观感受的同时，一定要进行科学的引导和解释，这是因为受教育者的主观感受也不一定就是完全正确的。因此，这就要求管理者在尊重和引导管理对象的同时，必须加强自我管理和自我约束。进一步强化服务意识，要求在管理过程中，管理者必须做到管理育人、服务育人。管理的宗旨，就是指管理者为受教育者的全面发展创造必要条件和基本环境。要想使管理对象真正感受到管理者的热忱，并自觉地接受管理，思想政治教育管理者只有不断强化服务意识，进而增强思想政治教育管理的实效性。

2. 坚持管理主体的引导性与管理对象的主体性

重视管理对象的主体意识、主体性是以人为本管理观念的核心。放任个性的任意，以及坚持以个人为本位，都不是真正意义上的以人为本的思想政治教育管理观念，以人为本的思想政治教育管理观念是管理主体的主导性和管理对象的主体性共同作用的结果，是管理主体价值引导和管理对象自我教育、管理相结合的一个过程。思想政治教育管理主体的主导作用离不开管理主体的价值引导作用，要想使思想政治教育管理达到理想成效，仅靠管理对象的自觉是远远不够的，管理主体必须要紧密联系实际，才能真正树立以人为本的理念。要深入培养管理对象的自我管理能力，充分调动管理对象的积极性，从而激励管理对象参与到管理中来。首先，管理过程中要突出民主。平等是民主的重要方面，平等能更好地保护管理对象的主体地位；其次，要推行差异化管理。管理对象受自身条件和客观环境限制，不可能形成完全相同的思想素质，思想政治教育管理如果单纯地采取灌输教育而忽视了个体差异性，一定无法达成预期理想效果；最后，要将管理与教育相结合。在高校思想政治教育管理中，既要注重管理对象的个体差异，又要注重激发管理对象的主体意识，通过交流沟通促进管理对象内化思想政治教育管理内容。

还要注重管理对象的内在心理需求，开展管理工作要更有针对性。接受外部教育影响的根本前提就是内在心理需求，因此，要充分地调查和了解管理对象的内在心理需求，这是使其主动接受思想政治教育管理的基本前提。高校思想政治教育管理要充分考虑管理对象的内在心理需要，根据内心需要开展相关思想政治教育活动，使其自觉融入管理体系。

3. 树立柔性管理观念

人本管理是现代管理的核心，而走向这个核心的手段和途径之一就是柔性管理。1897 年，泰罗开启了现代管理的大门，他通过刚性管理模式大大提高了工作效率，却忽视了人的个体发展。随着社会的不断发展，管理手段也在不断地改进，柔性管理逐渐成为当前所倡导的重要管理方式。这种管理方法以“人性化”为标志，讲求平等和尊重，重点强调个体发展；强调管理者面对各种变化情况所反映出的应变能力，注重反应和速度；通过信息共享、差异性互补、竞争合作等来创造优势。在目前的环境背景下，这种柔性管理观念对我们在高校思想政治教育管理工作中有很好的借鉴意义。增强管理者对各种变化情况的应变能力是柔性管理的主要目的所在。柔性管理强调管理者和被管理者之间的积极互动，突出适应变化强、灵活应对、快速反应、及时变革的理念。要想树立柔性管理观念，要从以下几个方面入手：首先，要做到以人为本。受教育者是思想政治教育管理过程中的重心，一切工作都要以满足受教育者的发展需求为出发点。管理者是思想政治教育管理过程中的主体力量，要想提高其自觉工作的意识，必须要依靠对管理者内在动机的激发。其次，要加强变革意识。随着复杂环境的快速变化，管理组织必须要适应且实施变革，管理组织要尽可能地与组织的利益相关者联结成合作网络，从而增强对外界环境变化的快速反应能力。最后，要鼓励学习创新。管理组织必须发展成为学习型组织，并鼓励知识创新，共享组织内部的信息，从而保持快速反应能力和足够的柔性。在高校思想政治教育管理中树立柔性管理观念，高校思想政治教育管理者要做到灵活应对、及时反映受教育者复杂多变的思想状况，有针对性地来进行管理，尤其要注意受教育者的社会经验、成长环境、心理品质等个体差异状况，从而使得高校思想政治教育管理体系真正发挥成效。

（三）优化管理方式

高校思想政治教育管理方式主要包括高校思想政治教育的课程管理、制度管理和载体管理等基本要素。这其中，制度管理是保证，课程管理是基础，载体管理是手段，我们要明确这些基本要素之间的相互关系并进行优化，从而达到管理方式的最佳配合。

1. 高校思想政治教育课程管理是基础

高校思想政治教育课程管理是基础，是指要坚持马克思主义的指导，进一步加强思想政治理论课的有效性和针对性，从而真正将高校思想政治理论课的主渠道、主阵地作用充分发挥出来。为了进一步完善高校思想政治教育学科的课程体系，提高高校思想政治教育管理的实效性，从而给高校思想政治教育提供坚实支撑，主要可以从以下几个方面着手：

首先，要加强和改进党对高校“两课”的领导作用。加强和改进高校“两课”教育教学应当作为各级党委、政府的一项重要工作摆上议事日程。高校党委组织要高度重视，加强指导，增加资金投入，从而为高校“两课”的建设和发展提供支持。高校党委组织还要切实承担起政治责任，加强对于“两课”的政治领导。同时，还需要改善和提高高校“两课”教师的待遇，解决落实“两课”人员编制，从而为“两课”参与人员创造出良好的工作环境。

其次，改革教学内容和教材内容，进一步完善课程体系。一是改革教学内容。改革要与国际局势的变化和时代发展的要求相结合，要与我国改革开放和现代化建设实际相结合，要与高校学生思想实际相结合，深入解决思想政治理论课的“供”和学生的“需”之间的矛盾。二是改革教材内容。改革马克思主义思想理论课教学的中心环节就是围绕高质量的教材开展的，提高思想政治教育课程教学水平的重要前提也是高质量的教材。要真正做好思想政治教育课程教材建设，一定要坚持以马克思主义为指导，认真贯彻理论联系实际的原则。

最后，改进教学方式和方法。充分发挥教师的主导作用是高校思想政治教育课程改进教学方式和方法的前提，充分发挥高校学生学习的主体作用，从而提高马克思主义理论的感染力和说服力，还要进一步激发高校学生学习的主动性和积极性，进而让高校学生积极主动地参与到改进教学方法中来，探索思想政治教育课程的新形式和新途径在新形势下有效进行的方法。

2. 高校思想政治教育制度管理是保证

高校思想政治教育管理工作得以正常实施的前提是高校思想政治教育制度管理。通过合理有效的制度管理，高校思想政治教育管理工作能够有序地进行，进而提高高校思想政治教育管理的实效。真正建立与高校思想政治教育管理体系相配套的管理制度，进一步进行规范化管理。

首先，建立完善的高校思想政治教育管理体系规章制度。第一，建立全面的工作指导性的规章制度。如高校思想政治教育管理的党委分工负责制、高校党团组织的思想政治教育管理制度、高校学生公寓管理制度、网络监控管理制度等。第二，建立完善的高校思想政治教育管理自身的建设性制度，就是指为了激励和约束思想政治教育管理工作者，使其保持良好的工作情绪，从而不断提高自身素质和工作效率而形成的准则制度？如组织制度、培训及考核制度、工作奖惩制度等。第三，建立高校思想政治教育制度。要对高校学生的品行提出规范化建设要求。如“优秀学生”“优先学生干部”之类的评选制度、高校学生日常行为守则等。第四，建立监督考核制度。一是要建立辅导员工作考核制度，进而总结其工作，找出工作上的问题，并制定改进措施；二是要建立“三育人”考核制度，即全体教职工都要承担其“教书育人、服务育人、管理育人”的职责任务。

其次，各项规章制度都要落到实处。在实施各项规章制度的过程中，需要注意以下问题：第一，学习并掌握各种规章制度。为了防止学习规章制度流于形式，需要有计划地组织高校学生尤其是新生学习高校规章制度。第二，严格贯彻监督检查措施。在执行高校规章制度的过程中，必须要严格监督跟踪、纠正那些与规章制度相冲突的行为，这样才能进一步保证规章制度实施的有效性。第三，通过各种媒介加强宣传教育。“校园的宣传工具是倡导校园思想政治教育的主力军”，要综合运用高校的广播、报刊、网络、课堂、学报及专题讲座等多种媒介形式来进行高校各项规章制度的宣传。第四，适时适宜地进行奖惩。奖惩手段的运用，一定要注意适宜性和及时性，地点方式要适宜，奖惩要及时，这样才能充分体现尊重意识和服务意识，真正贯彻以人为本的观念。

3. 高校思想政治教育载体管理是手段

载体管理是手段，就是指将思想政治教育管理的内容赋予载体之中，并通过载体活动达到教育管理的预期效果。使具有思想政治教育因素的事务发挥出教育作用的活动及过程就是思想政治教育载体。

首先是要加强校园文化载体管理。所谓校园文化载体，就是以校园文化为载体，把校园文

化看成一个动态的过程，将思想政治教育的内容寓于校园文化建设之中。高校思想政治教育载体管理的重要内容之一就是校园文化载体管理，必须要加强校园文化建设，优化育人环境，进而更好地发挥环境的育人功能，并立足实际情况，努力打造出符合高校特色的校园文化体系。

其次是要加强高校活动载体管理。所谓思想政治教育活动载体，就是指教育者以达到预定的思想政治教育目标为目的，有意识地开展各种活动，寓思想政治教育内容于活动之中，使受教育者在活动的过程中受到教育，从而提高思想道德素养。

最后是加强高校大众传媒载体管理。所谓大众传媒载体，就是指大众传媒通过各种媒介向广大受众传播思想政治教育，使受众在接受广泛信息的同时，能受到思想政治教育对其产生的深刻的影响。其传播工具主要包括报纸、广播、电视、杂志、录像、网络、书籍、电影等各种形式。随着大众传媒尤其是其中的网络技术的迅猛发展，思想政治教育管理工作获得了十分有利的条件，思想政治教育管理在形式、方法和手段上都得到了极大创新，思想政治教育管理的时效性得到了提高，思想政治教育管理的影响力增强了，思想政治教育的覆盖面扩大了，其特有的优势将随着时代的发展日益显示。

（四）协调管理内部体系

优化高校思想政治教育管理体系是一项系统的工程，这个系统工程的执行者和操作者是管理主体，而管理活动所能达到的效果程度则由管理主体的意识和行为决定。所以，我们探讨高校思想政治教育管理的优化研究，就应当强化高校思想政治教育管理主体的管理意识和行为，提升其工作效果。

1. 强化管理主体的意识

管理主体的意识对管理主体的行为起到支配作用，因此，要想做到管理主体充分发挥管理职能的作用就必须形成正确的管理意识。为了使高校思想政治教育管理主体更好地进行管理工作，应该从以下几个方面强化管理主体的管理意识。

一是要充分认识到管理的重要性。目前，高校思想政治教育管理体系存在着问题，很大原因是管理主体没有充分认识到管理的重要性。高校思想政治教育管理要想完成预期的目标和任务，就要提高对于管理工作重要性的认识。管理主体必须充分认识到高校思想政治教育管理保证了党的路线、方针、政策在高校中的贯彻执行的作用；高校思想政治教育管理是把高校学生培养成为德智体全面发展的社会主义接班人的重要保证，是确保安定团结的政治局面的巩固和发展的重要力量。管理主体应当本着对国家和社会负责的态度，全力做好自己的本职工作。

二是强化科学化管理的意识。管理主体在思想政治教育管理中要强化科学化的管理的意识。通过科学化的管理，可以获得管理效益最大化。管理主体强化科学化管理的意识可以从以下几个方面着手：一是高校思想政治教育管理工作要遵循思想政治教育的基本规律和学生成长的科学规律。二是高校思想政治教育管理工作要顺应时代的要求和社会发展的要求来不断发展。三是要按科学的教育管理方法、科学的理论和科学的原则来开展工作。

高校思想政治教育管理工作与学校、家庭和社会紧密相连，是一项复杂的体系工程，是一项各方面广泛参与的社会活动，所以管理主体必须具有着眼于整体、着眼于全局的系统意识，才能使管理产生最佳的预期效果。

2. 强化管理主体的行为

管理是一种有目的的活动，也是一个连续、相互关联的系列行为，通过一系列的行为构成管理活动的整体，并通过管理效果表现出行为效果的整合。强化管理主体的行为应包括以下几方面的内容：首先，必须加强校党委对高校思想政治教育管理的领导，提高党组织的战斗力，发挥下一级党支部的战斗堡垒作用和党员先锋的模范带头作用，从而调动起全校师生员工的积极性。这是从根本上强化管理主体的管理力量的行为，必然会对高校思想政治教育管理产生积极的影响。其次，要制订管理主体的工作计划。制订计划时要认真学习上级的指示精神，分析探讨思想政治教育管理工作的实际情况并结合学生思想政治教育规律，来确定高校思想政治教育管理工作的目的任务和工作计划。通过工作计划可以使管理者和管理对象明确高校思想政治教育管理工作的目的方向、任务要求和方法部署，从而提高参与管理工作的责任感和自觉性，并使双方都沿着计划指定的方向进行工作。最后，要充分贯彻参与和认同原则。根据管理心理学“参与和认同”的原则，师生员工以不同形式参与管理、参与改革与发展，对于组织的巩固、士气的提高、干群关系的改善、工作的推进，都有很大的促进作用。参与制定目标、问题决策可以把个人目标与集体目标相统一，从而使各方都产生自主感，增强动力，产生凝聚力。总之，加强领导管理，及时制订工作计划，充分贯彻参与和认同原则，都是强化管理主体管理意识和管理行为的有效方式，总体而言，强化管理主体的意识和行为就是管理主体要在管理的过程中加强有利于整合管理资源的意识，采取有利于整合管理资源的行为。

第十五章　和谐社会视域下高校思想政治教育效果评估

第一节　高校思想政治教育效果评估的含义与内容

《中国教育改革和发展纲要》明确规定："建立各级各类教育的质量标准和评估指标体系，各地教育部门要把检查评估学校教育质量作为一项经常性的任务。"高校思想政治教育的评估主要是解决高校思想政治教育做得怎样的问题，这就要关注教育的实效，注重过程监控和管理，以使高校思想政治教育的各项措施落到实处。做好评估工作，使评估工作科学化，既是高校思想政治教育的必然要求，也是提高高校思想政治教育质量的重要途径。

一、高校思想政治教育效果评估的特点和意义

（一）思想政治教育效果的含义与特点

1. 思想政治教育效果的含义

思想政治教育的效果指由实施思想政治教育的实践所产生的客观结果。这一结果必须遵循事物发展的客观规律，既能揭示教育过程中原因与结果的必然联系，又能反映这一结果的客观实在性，也是随着国家和社会的发展及人才培养目标需要的增长，不断完善与加强的一种进步的、行之有效的教育方法的"客观结果"。因为是"客观的结果"，所以其具有丰富的内涵和质的规律性。首先，它包含了受教育者行为、行动上表现出的有形变化；其次，它包含了受教育者思想、观念、情感、认识等心理上发生的无形变化，这些无形变化正是构成个体行为动机的必要构件；再次，它包含了教育者本身在实施教育过程中所必然要受到的教育（包含有形的或无形的变化）；最后，它还包含了由于教育者与受教育者双方的双向互动而可能导致教育环境产生的某些变化。因此，思想政治教育的效果，是定义在客观实践的基础上，能够找出受教育者思想发展规律并可实际操作运行的，能够为思想政治教育效果评估可行性提供可靠的科学依据的一种效果。

2. 思想政治教育效果的特点

思想政治教育效果具有以下几个特点：

（1）效果的潜在积累性。思想政治教育的影响是潜在的，所谓"十年树木，百年树人"在思想政治教育中显得尤为如此。人们头脑里某种思想观念的形成、某种政治态度的培养、某种道德观念的形成，是难以经由某项思想政治教育的具体实施而收到"立竿见影"的效果的。特别是大学生正处在思想、心理、价值观的发展阶段，其教育效果的潜在危险性是很强的。

（2）效果的模糊性。思想政治教育效果是一个难以量化的多元函数，与其他教育内容效果比较，突出地表现出其模糊性特征。我们通常的做法是通过受教育者的行为等有形结果来折射其发生思想变化的状况，但这种折射关系并不是直接明显的，有时思想政治教育的效果未必能马上表现为与教育内容相对应的行为，而此时表现出来的某种行为虽然与此时教育的潜在影响有关，但两者间维系的仍是模糊的对应关系。

（3）效果表现形式的多样性、广泛性、丰富性。从思想政治教育效果的整体内容看，一方面指它包含着内涵丰富的各个方面，这是思想政治教育效果广泛性的一层意思。另一层意思，就现实生活中青年学生的思想行为看，思想政治教育的效果体现在他们的学习、生活、交往、娱乐、实践等多姿多彩生活的各方面。一个人的思想、品德、作风、情操等只有在这个广阔的领域才能得以全面充分地体现。

（二）高校思想政治教育效果评估的概念

高校思想政治教育的效果评估，是根据高校思想政治教育目的的要求，按照一定原则，运用一定的评估指标体系和评估方法，检查和评定高校思想政治教育效果的活动。

高校思想政治教育的效果评估，从组织评估的机构看，有教育部对部属高校的评估，省、自治区、直辖市教育主管部门对所管辖高校的评估，中央军委有关部门对军队院校的评估和高校内部思想政治教育主管部门对各院系的评估。从评估的对象上看，有对高校思想政治教育工作部门的评估，如对与高校思想政治教育相关的学校各级党组织、共青团组织、学校行政组织的评估，对高校思想政治教育队伍的评估，如对大学生日常思想政治教育队伍的评估，思想政治理论课队伍的评估，高校思想政治教育工作者的评估等，对高校思想政治教育效果的评估，如日常高校思想政治教育效果和思想政治理论课教学效果的评估等和对大学生思想政治素质的评估。高校思想政治教育效果评估的直接目的，主要是解决被评估者的高校思想政治教育工作做得怎样的问题，进一步的目的是通过总结经验教训，为后续的高校思想政治教育活动提供反馈信息和决策依据，以加强和改进高校思想政治教育，不断提高教育水平。

（三）高校思想政治教育效果评估的特点

高校思想政治教育效果评估，至少具有以下特点：

（1）评估具有价值判断性。高校思想政治教育的评估，实际上是对高校思想政治教育活动的价值判断过程。这种价值判断，是关于评估者对受评对象所开展的高校思想政治教育的效果有无价值、有什么价值、有多大价值的断定；是对大学生思想政治品德素质是否形成和发展、在多大程度上形成和发展的判断。

这种价值判断实际上是一种社会价值的判断。高校思想政治教育作为一种实践活动，它要服从和服务于中国特色社会主义建设事业发展的需要，要为培养中国特色社会主义事业的建设者和接班人做贡献，这就是高校思想政治教育的社会价值。高校思想政治教育效果评估，就是对这一社会价值做出评判，即评判高校思想政治教育活动实现社会价值的方向和程度。

高校思想政治教育的社会价值是通过高校思想政治教育的实际效果体现出来的，实际效果的好坏和大小反映了教育价值的取向和程度。所以，高校思想政治教育的评估，其实质是对其教育实际效果的评估。

（2）评估具有复杂性。高校思想政治教育效果评估是对教育过程各要素、各环节和教育效果各方面的评估，既要评估受教育者，又要评估教育者；既要评估教育目标、内容、形式和方法，又要评估教育环境；既要评估单个因素，又要评估综合因素。其中主要的是对教育效果的评估；既要评估教育过程，又要评估教育实效。可见其评估具有复杂性。

（3）评估的结果具有相对性。高校思想政治教育效果评估是通过系统收集、分析各种高校思想政治教育的反馈信息，从而评估被评估者的工作或思想是否发生了变化，在哪些方面发生了变化，在多大程度上发生了变化。但这种评估的结果只是相对的。之所以是相对的，是因为：第一，由于某种或某些原因的存在，这种评估所依据的反馈信息并不一定都是真实可靠的，如果所依据的反馈信息有虚假成分，评估的结果就会出现偏差；第二，评估的结果往往是通过相对比较得出的，例如将高校思想政治教育的现状与高校思想政治教育所要达到的目标相比较，教育的效果与评估的标准相比较，高校思想政治教育的现在与过去、将来相比较，此评估对象与彼评估对象相比较，由于比较的相对性，决定了比较所产生的结果的相对性；第三，高校思想政治教育的效果本身是复杂的，它有当时效果和以后效果之分，有显效果与潜效果之分，有一时效果和长久效果之分，也有浅表效果和深远效果之分，等等。高校思想政治教育的效果往往不能一下子就表现出来，它实现的周期比较长。例如，评估某门思想政治理论课教学效果好，我们可以以这门课学生考试成绩好为依据评估其教学效果好，但真正的教学效果是要通过这门课的教学看学生的与此相关的行为表现所体现的素质是否真正有所形成，并且在长期的实践中是否能经受住考验。因此，高校思想政治教育效果评估的结果往往具有相对性。

（4）评估的作用具有导向性。高校思想政治教育效果评估的标准、指标体系和评估的结果，具有明确的导向作用。评估的标准、指标体系会明确地引导被评估者按照评估的标准和指标体系进行自我评估。评估过程既是评估者的价值判断过程，也是被评估者的价值判断过程。评估的标准、指标体系会明确地告诉被评估者今后该怎么做，例如，是不是要转变思想观念，改变工作思路，改善教育工作方法，哪些方面需要发扬光大，哪些方面是薄弱环节需要加以改进，等等。可见，高校思想政治教育效果评估具有明显的导向性。因此，评估工作应十分慎重，力求科学化、规范化，应对受评者发挥正面的、积极的导向作用。

（5）评估具有诊断性。高校思想政治教育的评估过程，也是对高校思想政治教育实践活动进行分析的过程，具有诊断的作用。经过评估，就能诊断思想政治教育活动是否存在问题，例如，高校思想政治教育活动是否达到了教育目标的要求，哪些工作做得好，哪些地方还存在着问题，哪些方面应当改进，等等。通过评估，诊断问题的症结所在，并及时地给予纠正和改进，这将使高校思想政治教育更具有针对性、有效性。

（6）评估形式具有多样性。从时间上讲，高校思想政治教育的评估可以是定期评估，也可以是不定期评估；可以是经常性评估，也可以是阶段性评估。从评估主体上看，有上级组织对下级组织和组织对个人的评估，管理部门与社会力量结合的评估，群众性的民主评估，同行评估，自我评估等。

（四）高校思想政治教育效果评估的意义

正确认识评估工作的意义，是搞好评估工作的基本前提。高校思想政治教育效果评估的意义主要体现在以下几个方面：

第一，评估是高校思想政治教育的一个基本环节。高校思想政治教育活动过程包括目标决策、实施决策、总结经验、反馈评估等基本环节，因而，对评估环节必须予以高度的重视。这是因为：其一，评估是正确决策的基础。其二，评估是高校思想政治教育实施有效管理的关键。决策之后，就要按照决策方案和计划予以实施，对实施过程进行管理，使实施过程的各个方面、各个环节都符合高校思想政治教育目标。而评估在这一管理过程中起着重大作用，它能通过管理信息的反馈与调节，使实施过程与教育目标统一起来，从而增强高校思想政治教育的调控机能。其三，评估是高校思想政治教育全面总结的依据。高校思想政治教育效果评估，是一个具体教育过程的终点，只有以评估的客观效果为依据，才能全面地总结高校思想政治教育的成败得失。没有客观而科学的评估，总结的客观性和科学性就会受到影响，也会影响到今后教育工作的正确开展。可见，高校思想政治教育效果评估既是一个具体教育活动的终端，又是另一个具体教育活动的起点。评估是高校思想政治教育承上启下、客观存在的一个基本环节，它在高校思想政治教育活动中具有重要地位。高校思想政治教育效果评估活动与高校思想政治教育活动互相渗透、互相影响、互相促进，形成一个不可分割的整体，评估本身也是思想政治教育。

第二，评估是加强和改进高校思想政治教育工作的重要途径。通过对被评者成绩、经验的肯定性评估，能够有效巩固、拓展、深化教育成果，激励被评者工作的积极性和创造性；通过对被评者教育失误、教训的否定性评估，能帮助被评者发现工作中存在的问题，能够引起被评者的思想震动，或反思或检讨．能够有效制止、克服教育的不良后果，激发被评者长善救失，吸取教训，避免重犯错误，朝着正确的方向努力工作。因此，评估能够促进被评者加强和改进高校思想政治教育工作。

第三，评估是领导者加强和改进高校思想政治教育工作的重要措施。上级对下级的评估，实际上也是对上级领导者的教育决策是否正确和组织领导工作是否有力的检验。评估有利于上级领导者认识高校思想政治教育的有利和不利条件，发现薄弱环节，掌握新的情况和问题，并为新的教育决策提供实际材料，能够为今后进一步加强和改进领导工作创造条件。

第四，评估可以促进高校思想政治教育效果评估工作科学化。高校思想政治教育的评估应当具有自身完善的理论体系。通过评估的实践，有利于发现、矫正评估工作中的问题，有利于促进评估的原理和方法的研究，从而能够加强和改进今后的评估工作，促进高校思想政治教育效果评估工作的科学化。另外，建立科学的高校思想政治教育的评估体系对推动高校思想政治教育理论体系的建立、完善和发展也具有积极作用。

二、高校思想政治教育效果评估的内容

确立高校思想政治教育效果评估的内容，必须以高校思想政治教育的根本任务和目标为依据，同时又要受到高校思想政治教育的特点和规律的制约与影响。由于高校思想政治教育的核心问题是“培养什么人、如何培养人”，根本任务是培养中国特色社会主义事业的建设者和接班人，因此，大学生及其主导的教育者，就是进行评估的一个基本方面；高校思想政治教育的培养目标实现与否、实现程度如何，是进行评估的另一个重要的基本方面；由于其教育过程、教育环境和教育条件也直接或间接地影响着教育效果，因而也应纳入高校思想政治教育效果评估的范围。

（一）高校思想政治教育主导和主体评估

高校思想政治教育的主导是高校思想政治教育者，主体是全体大学生，两者是密切联系、相辅相成的。由于主导的作用要通过主体的思想和行为表现出来，因此，对大学生的评估是整个高校思想政治教育效果评估的中心环节，是高校思想政治教育效果评估的起点。具体评估内容包括大学生的思想政治素质、道德品行、对重大问题的观点与态度，以及考试成绩、分析问题的方法、遵纪守法的情况、为共同事业奋斗的精神状态、身心健康状态等。由于思想政治教育者在整个高校思想政治教育过程中起主导作用，所以对其评估的主要内容是他们的自身素质特别是教育业绩。具体评估内容包括师资配备情况、思想政治素养、知识结构、能力素质、工作水平和效果等。通过评估，一方面促进思想政治教育者不断提升思想政治理论水平，改进教育方法和手段，提高教育效果；另一方面精确把握大学生的思想行为表现，为教育决策提供客观依据，从而增强教育的针对性和实效性。

（二）高校思想政治教育过程评估

高校思想政治教育的过程能否在实践的基础上统一起来，直接关系到高校思想政治教育的客观效果。在这个过程中，高校思想政治教育的途径、形式和方法始终是重要的因素。在一定程度上，高校思想政治教育的途径是否正确、形式是否适宜、方法是否得当，是决定教育能否达到预期目标的关键所在。因此，教育过程评估的内容主要包括：高校思想政治教育的内容是否遵循党的教育方针和国家的政策，是否切合实际，是否具有针对性、科学性；教育方式是否生动活泼、丰富多样，是否把思想性、教育性和知识性很好地结合起来，是否对大学生具有较强的吸引力、说服力和感召力；教育方法是否能保证内容的贯彻落实，是否能保证目标的实现，是否讲究艺术性，能否被大学生所接受等等。

（三）高校思想政治教育环境与条件评估

高校思想政治教育活动是在一定环境中、需要一定条件才能进行的，教育者和教育对象也都生活在一定的环境之中，都需要必要的保障条件与物质条件。为了保证高校思想政治教育效果评估工作的准确性和务实性，对教育环境与条件的评估就十分必要。评估的内容主要包括家庭环境、学习环境、学校氛围和社会环境，以及教育的机构、场所、经费等条件。要通过对各类环境与条件的评估，充分认识相应环境和条件在多大程度上影响和保证了高校思想政治教育的有效性，然后才能客观地对思想政治教育效果进行评估。在两者关系的评估中，既要看到环境和条件对高校思想政治教育的影响，又要看到高校思想政治教育本身对环境的能动作用。

（四）高校思想政治教育整体效果评估

高校思想政治教育的效果是相对独立于主体之外的客观存在，通常表现为上述三个方面，因此上述三个方面评估的结论基本可以代表其教育效果的整体状况。但由于高校思想政治教育效果受方方面面的影响和制约，有时一加一并不等于二，如果整合好有可能大于二，如果是缺乏整合或者是相互抵消，就可能小于二。因此，对高校思想政治教育进行整体效果的评估，既可以弥补评估不全面的缺陷，又可以反映出上述几方面结合而形成合力所产生的效果。其评估内容主要包括教育活动的决策是否正确、总体的教育目标是否达到、取得的成效如何、存在哪些不足等。

第二节　高校思想政治教育效果评估的原则与标准

一、高校思想政治教育效果评估的原则

高校思想政治教育效果评估的原则，是评估活动应当遵循的基本准则。既是价值目标的约定，也是客观规律的反映，是思想政治教育的目标取向和自身运行规律相结合的产物。评估原则主要有以下几条。

（一）方向性原则

方向性原则是决定并保证高校思想政治教育效果评估活动的性质和方向的准则，是根据思想政治教育党性原则的客观要求，指导和制约其检测评估活动方向的基本规则。它要求高校思想政治教育检测评估必须以马克思主义、特别是马克思主义中国化的最新成果为指导，以党和国家关于高校思想政治教育的方针、政策为基本准则，正确处理检测评估中的各种关系和问题，确保高校思想政治教育检测评估的正确导向。譬如，在理论研究中，要正确处理好主导与借鉴的关系，既要学习别国在思想意识形态检测评估方面的理论和方法，更要立足本国，努力探索、总结我国高校思想政治教育检测评估的实践经验，形成有中国特色的检测评估体系。实践中，要正确处理好方向目标与达度目标的关系。方向目标是达度目标的基础，达度目标是方向目标的具体化。两者是本源关系，不能颠倒。具体体现在高校思想政治教育目标中，党的教育方针是方向目标，具体操行指标是达度目标。若本末倒置，无视教育方针贯彻与否，只就操行而论操行，则势必会在培养什么人的问题上出现错误导向。

高校思想政治教育是一项思想性、科学性很强的工作，其评估必须以马克思主义与党的教育方针为指导，立足于培养中国特色社会主义事业的合格建设者和可靠接班人，紧紧围绕党的根本任务这个基本点和中心点来进行。坚持高校思想政治教育效果评估的方向性，关键是在设计评估内容和指标体系时要始终贯穿正确的指导思想。无论评估内容还是评估的指标体系，都应以是否有利于提高大学生思想政治道德素质为基准，以有利于大学生的全面发展进步为宗旨，以有利于提高大学生的综合素质以及有利于调动高校思想政治教育者的积极性和创造性为目的。

（二）客观性原则

客观性原则是依据马克思主义实事求是的思想路线，规范高校思想政治教育效果评估活动的基本准则。它要求在进行高校思想政治教育检测评估时，应坚持实事求是的态度，排斥主观臆断和其他情感因素，真实全面地反映出高校思想政治教育的效果。高校思想政治教育检测评估的实质，是对高校实施的各种思想政治教育活动的效果和大学生思想政治道德素质的发展水平等进行正确的判定。这种判定如果是客观的、实事求是的，就能发扬理论联系实际的作风，推进思想政治教育的发展。如果背离客观，不符合实际，就会挫伤积极性，妨害高校思想政治

教育的发展。

客观性原则是建立高校思想政治教育效果评估可信性与科学性的关键。要求高校思想政治教育的评估必须坚持实事求是，采用科学方法和技术手段进行客观公正的考量。应走群众路线，注重调查研究，掌握大量丰富的第一手材料，全面了解思想政治教育过程的各方面情况；然后以事实为根据，进行认真的评估。高校思想政治教育效果评估的内容和标准都要经过认真调查、集体研究、科学论证，在广泛征求意见的基础上确定，并且一经确定就应有相对的稳定性。评估指标一旦形成科学、合理、有序的等级和分数值后，就要避免主观随意性和盲目性，使评估工作纳入制度化、程序化的轨道。不能因照顾某个评估对象而随意改变评估条件或标准。要做到评估标准客观、评估过程客观，否则就会使大学生产生怀疑甚至对评估产生逆反情绪，削减甚至诋毁评估工作的正向效应。

客观性原则的另一个基本要求，就是高校思想政治教育效果评估的可操作性必须强。评估的程序和方法要简便易行，便于操作；指标体系的提出要符合实际，各个指标必须是客观的、可测的；指标体系的设计要科学，要做到精微分化，可比性和可行性强。

（三）全面性原则

全面性原则亦称整体优化原则，是依据辩证唯物主义的基本原理规范高校思想政治教育效果评估活动的基本准则。它要求在进行高校思想政治教育检测评估时，正确把握教育效果的整体性和关联性，全面准确地判断教育的效果，力戒片面评议、以偏概全。在评估活动的具体实践中，要坚持评估标准的全面性和评估内容的全面性，既不能片面强调某个评估指标，也不能遗漏与评估有关的任一重要因素。高校思想政治教育是一项系统工程，其效果是由多种因素综合而成的。如果过分地强调某一因素，或者忽视遗漏了某一因素，评估的结果就必然失真。例如：高校思想政治教育要培养“四有”新人，这种人才是全面发展型的，因此必须对“四有”的各个方面进行全面评估，不能忽视或丢掉“四有”中的任何一个方面。就高校思想政治教育效果评估体系自身因素而言，它是一个复杂的系统，各个要素之间存在着有机的联系。全面性原则要求我们一方面坚持整体性，另一方面要考虑综合性。整体性要求高校思想政治教育效果评估不能顾此失彼，以偏概全。整体性原则并不是要面面俱到，而是要进行科学综合，即要求在评估过程中，善于抓住各要素之间的内在联系，特别是各个要素中的主要矛盾及矛盾的主要方面。高校思想政治教育系统同样包括教育主体、教育客体、教育介体和教育环体四个要素，在评估时，既要从以上四个方面进行评估，同时又要突出评估四个方面的协调配合，并以整体整合优化的最终结果作为效果评估的标准，最大限度地发挥高校思想政治教育效果评估的综合效能。

同时，在高校思想政治教育的评估中，全面性原则还要求全面考察大学生原来的思想基础与现实表现，全面考察高校思想政治教育的历史发展过程。因为高校思想政治教育的实践是社会的实践，是历史发展着的实践，是一个不断发展、不断深化的过程。如果不注意这个过程的发展和大学生原有的思想基础，不注意社会历史条件的影响，孤立地、静止地考察其实践，就难以得出正确的评估结果。

（四）民主性原则

民主性原则是依据党的群众路线的基本精神规范高校思想政治教育效果评估活动的一项基本准则。它要求高校思想政治教育效果评估活动必须走群众路线，坚持民主评估的做法。高校思想政治教育是立足于广大青年大学生、为广大青年大学生成长服务的，其评估的结果必须为广大青年大学生所公认并产生共鸣。因此，坚持民主性原则，必须体现在高校思想政治教育效果评估的群体性、开放性基础之上。诸如应当广泛听取大学生的意见，任何主评人都不能搞一言堂；要调动青年大学生参与评估的积极性，让其在参与中自己教育自己，更公正地做出评估；同时，还要重视青年大学生的自我评估，注意将自我评估与他人评估、检测者的评估有机结合。

（五）“知”“行”统一原则

“知”“行”统一原则是依据言行一致、理论联系实际原则规范高校思想政治教育效果评估活动的基本准则。它要求在高校思想政治教育的评估中，把“知”与“行”统一起来考察。既要检测大学生思想、政治、道德方面的知识水平，又要评估大学生在这些方面的行为表现。高校思想政治教育的直接目的，是要使大学生掌握马克思主义的科学理论和党的路线、方针和政策，就是要使大学生“知”，“知”的状况如何，是衡量高校思想政治教育效果的一个重要方面，但更重要的是要考核大学生“行”的状况。“马克思主义的哲学认为十分重要的问题，不在于懂得了客观世界的规律性，因而能够解释世界；而在于拿了这种客观规律性的认识去能动地改造世界。”“知”是“行”的手段，“行”是“知”的目的。高校思想政治教育的成效、大学生思想政治和道德素质的高低，归根到底必须通过大学生的行动表现出来。因此，在大学生思想教育评估工作中，要着重对大学生的行为进行考察，在以对“行”的考察为主的基础上，把“知”“行”的考察统一起来。

（六）德才兼备原则

德才兼备原则是依据马克思主义关于人的全面发展的理论规范高校思想政治教育效果评估活动的一项基本准则。它要求在高校思想政治教育效果评估中，既要注重对思想政治教育是否有利于大学生思想政治道德素质发展的评估，也要注重对思想政治教育是否有利于大学生业务能力素质发展情况的评估。要坚持“德才兼备、全面发展”观，从“红”与“专”、思想政治因素（即德的方面）和业务能力因素（即才的方面）的统一中来评估高校思想政治教育的效果。

高校思想政治教育的根本任务是促进人的素质的全面提高，其有效性主要表现在两个方面，一是提高思想政治道德素质，二是促进业务和身心的健康发展。大学生的知识和能力素质，即才的方面的素质无疑是衡量高校思想政治教育效果的重要尺度。政治要落实到业务上，政治思想好，业务能力应当强，不能搞“空头政治”，不能搞形式主义。当然，德不等于才，一个院系或者一个班学生的成绩比较好，并不等于那里的思想政治教育工作就一定搞得好，同理，一个学生很有才能，并不等于他就一定是个思想政治品德好的人。不能简单地认为业务指标上去了，或者考上了研究生，就是思想政治教育的效果好；或者看到业务指标暂时上不去，就简单地认为思想政治教育的效果差。如果在评估中以才代替德，就很可能会掩盖思想政治教育中存在的问题，从而得出不恰当的结论。只有坚持德才兼备的原则，才能做出正确的判断。

（七）和谐原则

和谐原则即以和谐理念为指导与核心，坚持以融洽、协调为根本要求评估思想政治教育的过程及其效果的原则。和谐原则是评估思想政治教育的首要原则，之所以如此，主要理由如下：第一，和谐是思想政治教育的灵魂、核心。思想政治教育秉持的就是和谐理念，实施的就是和谐内容，追求的就是和谐目标，或者说，和谐是思想政治教育的性质和要求。因此，在对思想政治教育进行评估时，理应坚持和谐原则，否则，评估就可能无的放矢或者南辕北辙。第二，坚持和谐原则，评估才能促进思想政治教育的完善与发展。评估不是目的而是手段，即评估是为了推动、促进思想政治教育的完善、进步、发展。但是，不是任何的评估都具有和能够发挥出推动、促进的功能。只有评估这一手段符合目的、有利于目的的实现时，它才具有和能够较好地发挥出推动、促进的功能。坚持和谐原则，以和谐为准则评估思想政治教育的过程及其效果，就有利于促进思想政治教育的完善与发展。第三，和谐原则对其他评估原则具有决定和影响作用。思想政治教育效果评估的原则有多个，但是，所有的评估原则都是由思想政治教育的性质决定的，都是为思想政治教育的实施和发展服务的。和谐原则集中地体现、反映了思想政治教育的性质，因之，它对其他的评估原则有决定和影响作用，即所有的评估原则都应以和谐理念为指导，都应遵从融洽、协调的要求。

坚持评估的和谐原则需要遵循以下要求：第一，以和谐理念指导评估。既然和谐是思想政治教育的灵魂、核心、目标，既然坚持的是和谐评估原则，在评估的整个过程中，就必须以和谐理念为指导，即着眼和谐，注重和谐，追求和谐，让评估过程成为弘扬和谐、促进和谐的过程。第二，既注重教育结果的和谐，也关注教育过程的和谐。评估首先关注的是结果，因为，结果是人们追求的目标。但是，结果与过程是统一的。特别在思想政治教育方面，若没有过程的和谐，定难有结果的和谐。因此，坚持评估的和谐原则，必须既注重教育结果的和谐，也关注教育过程的和谐。第三，评估活动的实施要和谐。评估能否发挥出、发挥好应有的功效——推动、促进，关键在于评估的实施。实施和谐评估取决于多方面的因素，其中主要的有：评估主体合理，其关系和谐；评估方法正确；评估指标适当。在坚持和谐评估原则时，对上面诸因素都要注意到，要处理好各因素间的关系，让它们发挥好作用。第四，评估活动的效应要和谐。前面已说到，评估是手段而非目的。这一手段是否合目的，是否有利于目的的实现，就是评估的效应。评估效应既取决于评估的指导思想、评估的实施，还取决于评估做出的判断是否客观、公正。因此，坚持评估的和谐原则，还必须确保评估判断的客观、公正。这样评估才具有促进和谐的效应。

二、高校思想政治教育效果评估的标准

评估标准又叫评估指标，是对评估对象进行评估的内容和依据。高校思想政治教育效果的评估，就是依据高校思想政治教育的任务与目标要求设计相应的评估指标，构成评估指标体系，并通过一定程序运用其指标体系对教育活动进行价值判断。

评估指标一般分为最高标准与具体标准两个方面。最高标准是评判思想政治教育的根本依据，决定思想政治教育检测评估的价值取向，规定具体标准的内容；而具体标准则是最高标准的具体体现。不管是最高标准还是具体标准，都是根据教育目标和评估对象的实际情况所制定的。思想政治教育检测评估所涉及的范围、内容很多，有对思想政治教育部门的检测评估，有

对思想政治教育队伍的检测评估，有对思想政治教育条件的检测评估等等。不管是哪个方面的评估，都要通过最高标准和具体标准来衡量。

（一）评估的最高标准

毛泽东曾经指出："应该使每个同志明了，共产党人的一切言论行动，必须以合乎最广大人民群众的最大利益，为最广大人民群众所拥护为最高标准。"思想政治教育也不例外，同样应当以此为最高标准。这个最高标准落实到思想政治教育中，并不是个抽象的标准，而是具有相当丰富的内在规定性的标准。在一定的历史时期，它有一定的客观表现。在社会主义初级阶段，邓小平曾多次阐述过衡量我们一切工作的根本标准，指出："要以是否有利于建设有中国特色的社会主义，是否有利于国家的兴旺发达，是否有利于人民的富裕幸福，作为衡量我们各项工作做得对与不对的标准。"在1992年南方谈话中还进一步指出："判断的标准，应该主要看是否有利于发展社会主义社会的生产力，是否有利于增强社会主义国家的综合国力，是否有利于提高人民的生活水平。"这三个"是否有利于"，既是新时期衡量改革开放得失成败的标准，也是判断包括思想政治教育在内的各项工作是非得失的根本标准，为新时期思想政治教育的评估确立了最高标准。

（二）评估的具体标准

具体标准是最高标准在思想政治教育效果评估活动中的具体体现，它是在最高标准指导下，直接用来反映思想政治教育客观效果的诸多具体指标之总和。它既是思想政治教育各项具体工作所要达到的基本要求，又是进行思想政治教育检测评估的基本尺度。因此，应以最高标准为导向，把思想政治教育的要求具体化，作为衡量评估对象在思想政治教育方面的业绩和水平的具体指标。由于思想政治教育的效果总是要通过教育的外在效能和人的内在思想政治素质的变化反映出来，因此，我们把思想政治教育的具体指标分为效能指标和素质指标。

1. 效能指标

效能指标是从思想政治教育的效果和效率两个方面提出的指标，即包括效果指标和效率指标两个部分。效果指标是从教育效果的角度确定的评估标准；效率指标则是根据产出与投入的比例来衡量教育成果的标准。效果指标是绝对的评估尺度，效率指标是相对的评估尺度，是我们客观评估思想政治教育实际效能的两个不可或缺的重要指标。它们分别从质和量两个方面对思想政治教育的效能进行分析评估，前者重其质，侧重思想政治教育作用的性质，即有效与否；后者重其量，侧重思想政治教育发挥作用的程度。

效果指标是对思想政治教育效果的质进行定性分析评估的尺度。一般往往将思想政治教育效果的质分为三种：一是有效性，即所起的作用是好的、积极的；二是有害性，即所起的作用是坏的、消极的；三是无效性，即没有起到任何作用，所谓"流于形式""走过场"，指的就是这种情形。毫无疑义，我们的任务，就在于努力增强思想政治教育的有效性，避免和克服有害性和无效性。

衡量思想政治教育有效性的具体指标主要体现在以下方面：第一方面，要看思想政治教育是否围绕党的中心工作，保证党的路线、方针、政策的顺利贯彻和落实。特别是随着改革开放的不断深入，随着社会主义市场经济的不断发展，思想政治教育的保证作用和服务作用必将越

来越重要，对其要求也将越来越高。是否坚持以经济建设为中心，是否坚持四项基本原则，是否坚持改革开放，是否致力于推进富强、民主、文明、和谐的社会主义现代化建设，这些都是思想政治教育的首要任务，因而也是衡量思想政治教育有效性的重要指标。第二方面，要看思想政治教育是否有利于社会主义精神文明建设，是否坚持“两个文明”一起抓。思想政治教育不仅是社会主义精神文明建设的重要内容，而且是社会主义精神文明建设的重要保证。因此，评估其教育的有效性，就必须考察思想政治教育是否坚持爱国主义、集体主义、社会主义教育；是否引导人们树立建设中国特色社会主义的共同理想和正确的世界观、人生观、价值观；是否大力倡导社会主义思想道德；是否大力坚持社会主义核心价值体系的主导。同时，还必须考察思想政治教育是否充分调动了人们的积极性和创造性，激励人们刻苦学习科学文化和专业知识，努力做好本职工作，推动全面建设小康社会的迅速发展。第三方面，要看思想政治教育是否坚持以人为本、致力于促进人的全面发展。人的全面发展，就是人们的政治素质、思想素质、道德素质、心理素质以及知识素质和能力素质的全面、协调发展。人的全面发展是人的解放的根本标志。把提高人们认识世界和改造世界的能力作为根本目的的思想政治教育，就是要努力把社会成员培养成为全面发展的社会主义建设者，成为“有理想、有道德、有文化、有纪律”的一代新人。因此，是否真正关心人、爱护人，致力于促进人的全面发展，就自然成为评估思想政治教育效果的重要指标。

效率指标是衡量思想政治教育在单位时间内、在一定投入下所应收到成效的尺度，是衡量思想政治教育所起作用程度的指标。实践表明，有些思想政治教育的作用，虽然就其质的方面而言是好的，但是，作用却不大；而有些思想政治教育，则能发挥巨大的、深远的积极效应。这就存在着量的差异。现代社会是高节奏、高效率的社会，要提高思想政治教育的效率，就应该注重其量的比较评估。

“效率就是生命”。在社会主义现代化建设中，各方面都非常重视效率，思想政治教育也不能例外，不能成为不讲效率的特殊活动。我们强调思想政治教育，并不是说要把大量时间和大量的人力、物力都花在思想政治教育上。工人、农民、战士、科技人员都必须用大量的时间从事各自的业务工作；学生以学为主，必须花大量时间学习科学文化知识。在这种情况下，思想政治上的要求又不能降低，更不能取消。这就必须十分讲求思想政治教育的效率。那种把思想政治教育当作“例行公事”来敷衍的状况，那种只追求表面上的轰轰烈烈，其实并没有什么效果的状况，都应该在禁止、淘汰之列。应该对思想政治教育做出明确规定，在多长时间内，投入多少人力和物力，就应该有多大的收效，这就是思想政治教育效率指标的基本要求。

思想政治教育的效率标准，具体可以从其教育的直接效果效率和间接效果效率两个方面来判定。思想政治教育的直接效果的确有一定的模糊性，难以对其效率进行精确的计量。但可以将其思想态度、认识水平、观念的变化等进行宏观的模糊数学处理，得到相对明确的计量，可以相对准确地反映其变化的程度。在一定时间、一定投入下，对这种度的值做出一定的要求，这就是思想政治教育的直接效率指标。至于间接效率标准则相对好确定一些，因为思想政治教育的间接效果——由人们思想、政治、道德上的积极变化所引导的人们行动及结果的变化，例如遵纪守法的状况、团结互助的状况、经济效益的变化、学习成绩的升降等状况，都可以进行比较客观地计量。

诚然，关于思想政治教育的效率指标，仍是个尚待深化研究的问题，也是个有待突破的难题。马克思曾经指出："一种科学只有当它达到了能够运用数学时，才算真正发展了"。因此，努力探索效率标准及其量化分析方法，仍是思想政治教育科学化进程中的艰巨任务。

2. 素质指标

思想政治教育的素质指标是从教育的评估对象承担各种职责或完成各项任务应具备条件的角度提出的标准，是衡量评估对象应具备的基本素质的尺度。素质是思想政治教育效果评估对象的基础，是长期起作用、并能决定日后思想政治教育发展方向的因素。因此，素质指标在思想政治教育效果评估中不能忽视。素质指标因评估对象的不同而各有差异，教育者和受教育者的素质要求显然不能等同。在不同的历史时期，因思想政治教育的任务、要求不同，其素质指标的内容也有所不同。但在一定的历史条件下，对思想政治教育效果评估对象的基本素质，其要求则是相对固定的。

思想政治教育检测评估的素质指标主要有：一是政治思想素质。包括具备建设中国特色社会主义的共同理想，拥护并坚持党的"一个中心、两个基本点"的基本路线，具备忠于祖国、热爱人民、服从真理的基本政治品质，具备与社会主义市场经济相适应的法纪观念等。二是道德品质素质。包括具备良好的道德情操、健康的思想意识，崇尚社会公德和职业道德，拥有为人正直、处事公正、敬业爱岗、诚实守信等基本品质。三是思想作风素质。具有集体主义思想，能正确认识和处理国家、集体、个人三者的关系，具有实事求是的作风、民主的作风、自我批评的作风、艰苦奋斗的作风等。四是理论素质。包括对马克思主义特别是对中国特色社会主义理论体系的认识水平，对党和国家的方针、政策的理解水平，以及内在的认知能力和思维水平等。若评估对象是思想政治教育者，则上述各项素质指标的定位应更高，如在政治思想素质方面，其政治立场和政策水平尤其要高，不仅要自觉坚持，而且要努力贯彻执行党的基本路线；在道德品质和思想作风素质方面，不仅要以身作则，而且要身先士卒、为人师表；在理论素质方面，不仅要具备坚实的马克思主义理论基础，能用辩证唯物主义和历史唯物主义正确地分析问题和解决问题，而且要掌握思想政治教育专业知识和心理学、伦理学等相关学科知识，掌握思想政治教育的基本原理与方法，具备较强的调查研究和综合概括的能力等。以上这些素质指标，只是大致的概括。有些基本素质是所有的人都应具备的，但职业不同、岗位不同、承担的任务不同，对某些素质的要求又是不同的。在确定素质指标时，既要依据教育的目标，又要从受评对象的实际出发。

这里所列举的效能评估指标和素质评估指标只是思想政治教育的主要指标内容，并没有包括思想政治教育所涉及的全部内容。事实上，不同单位、不同时期、不同思想政治教育活动，所确定的教育的具体目标和要求，所运用的教育内容和方法，是各有侧重的。因此，我们在确定评估指标内容时，既要以思想政治教育的主要目标和主要内容为依据，又要从本单位的实际出发，使评估指标内容有所侧重，避免评估抓不住重点而面面俱到。

第三节　高校思想政治教育效果评估的类型与方法

一、高校思想政治教育效果评估的类型

由于高校思想政治教育的评估对象、状态、内容、作用等评估指向的差异，其评估方式可

以分为各种不同的评估类型。

（一）宏观评估和微观评估

这是依据评估对象的不同而进行的分类。宏观评估是以一个国家、一个地区或一个单位为对象，评估其思想政治教育的全部领域，也就是对思想政治教育的整体效应做出评估和估量。微观评估是以某一个体、某一特定范围或某一特定教育活动为对象，评估其接受思想政治教育的程度及其所产生的影响，也就是对思想政治教育的个体、具体效应做出评估和估量。宏观评估可以获得关于思想政治教育效果的整体性、概括性的认识；微观评估可以获得思想政治教育效果的生动、具体的认识。

（二）动态评估和静态评估

这是依据评估的状态来分类的。高校思想政治教育的动态评估，是对高校思想政治教育的发展过程和教育对象思想发展变化状况进行的检查和评估，旨在判断高校思想政治教育过程和教育对象思想发展的动向和趋势。高校思想政治教育的静态评估，是指对高校思想政治教育实践已经取得的成效和教育对象已经达到的认识水平进行的检查和评估，旨在判断高校思想政治教育活动和教育对象思想转化在某一时间段所取得的成果。

高校思想政治教育本身是一个不断发展的实践过程，教育者和受教育者的认识也是不断发展、变化着的。其教育效果的产生，不能一蹴而就。教育对象既受教育者和社会上各种因素的影响，又受其自身素质的制约。因此，其效果的体现有一个动态过程，要经过量的积累然后才能实现质的飞跃。有时甚至会出现多次反复，呈波浪式前进、螺旋式上升状态。特别是现代社会中的青年大学生，思想敏锐、活跃，喜欢独立思考，不愿轻信盲从。因此，衡量其受教育的效果时，不要因为出现思想反复就否定思想政治教育的成效。动态评估就是把有关的人和事放到思想政治教育的整个过程中去进行检测评估，既看原有的基础，又看目前的状况，更要看发展的潜力和趋势，也就是从发展的趋势上、从长远的意义上来评估其效果。譬如学校长期坚持对大学生进行马克思主义基本原理的系统教育，把这当作“治本”的大事来抓。在这种情况下，要正确衡量其教育效果，就必须用动态评估方法。

强调动态评估并不否定静态评估。事物都有其相对静止的一面，如果离开相对静止，运动就找不到规定性和衡量的尺度。我们之所以能够评估思想政治教育，就是因为其存在着暂时稳定的状态。高校思想政治教育的静态评估，就是以其相对静止状态为依据，测评评估对象在某一时刻的现实表现、已达到的水平或已具备的条件，以此对不同的人、不同的单位、不同类型的思想政治教育状况做出客观评估。

动态评估和静态评估应紧密结合运用。既要评估高校思想政治教育的发展过程和教育对象思想变化的状况，看其是否符合思想教育规律和思想变化规律，又要评估高校思想政治教育在某一时期的现实效果和教育对象的认识水平。若忽视动态评估，忽视思想变化是个发展的过程，就很容易把思想政治教育中出现的反复性凝固化，从而否定思想政治教育的成效；若忽视静态评估，忽视发展过程中的相对静止状态，就容易把人的思想变化说成是不可捉摸、无法区别、无法评估的东西。上述两种情况都不可能真正把握高校思想政治教育的规律性，不可能进行科学的评估。

（三）综合评估和单项评估

这是依据评估内容的不同分类的。综合评估是对高校思想政治教育系统的各个方面所作的全面评估与估量，包括对教育对象系统、教育环境系统、教育管理系统和其他相关业务系统的综合效应进行评估，常用于全面了解或总结一所学校、一个院系开展高校思想政治教育活动的综合情况。单项评估只对高校思想政治教育活动的某一个方面、某一个指标或某一个环节进行评估，往往用于重点了解或剖析某个单位或某个事件。单项评估是综合评估的基础，综合评估是单项评估的集中。单项评估的准确性，离不开综合评估的全面性；综合评估的全面性，也离不开单项评估的准确性。因而，两者要结合起来运用。

（四）分析性评估和总结性评估

这是依据评估作用的不同分类的。评估的作用大致可以分为两个方面：一是分析高校思想政治教育失误（或失效）的情况，剖析其失误的根源；二是总结高校思想政治教育的成功事例，探索成功的经验及其规律。分析性评估重在发挥评估活动查找问题、分析原因、吸取教训方面的作用；一般是在思想政治教育后进单位所采取的方法，其运作方式偏重微观剖析。总结性评估重在发挥评估活动肯定成绩、探索规律、总结经验方面的作用；评估的目的是为了推广思想政治教育先进单位的经验，其运作方式偏重宏观归纳。

二、高校思想政治教育效果评估的方法

前述高校思想政治教育效果评估的原则、类型和程序，实际上也是评估的方法，即原则方法、类型方法和程序方法。下面介绍几种主要的高校思想政治教育效果评估的具体实施方法。

（一）比较评估法和达度评估法

比较评估法是一种相对评估方法，包括纵向比较评估和横向比较评估两个方面。

纵向比较评估是将高校思想政治教育的评估对象放在自身的发展过程中，进行历史和现实的比较，看其发展的相对位置是进步了还是退步了，其效果是增强了还是削弱了，以此作为对一个单位乃至学生个体思想政治教育纵向发展的判断。

横向比较评估是将多个评估对象放在一起进行相互比较鉴别，看其相对水平的高低和效果的差异。横向比较评估也是一种相对评估，其具体操作方式是：在评估对象的集合（大学生个体或同一类型的院系群体）中，选取一个或若干对象作为参照（一般先取最好的），然后把各个评估对象和所选参照体进行比较，分出高低、好次等级，并按照一定的程序将其排成先后顺序。可见，横向比较评估是在某一类测评对象集合的内部，将其集合中的各个对象与特定的对象进行比较，然后再把测评对象按高低顺序排列起来。这种测评法的特点是根据测评对象的整体状态来确定优劣，因而其标准只适用于所选定的测评对象的集合，对另外的集合未必适用。其优点是无论被评对象集合的整体情况如何，都可以进行集合内比较，因而这种测评方法的适应性强，应用面广。其缺陷是容易降低标准，测评的结果也并不一定表示测评对象的实际水平，只表示他在集体中所处的相对位置。这种方法，常用在系统或单位内部评选代表或先进工作者，在评选时，一般较少考虑系统内各单位或个人之间的差异，往往是按一定的比例分配指标，各

子系统只能按指标数在内部通过相互比较进行评选。

达度评估法是在被评对象的集合之外确定一个客观的标准，评估时，将测评对象与客观标准进行比较，衡量评估对象达到客观标准的程度，并依照其程度分出高低等级来决定取舍。譬如评选“三好学生”“优秀学生”等，都是使用达度评估方法。达度评估是一种绝对评估，其标准客观具体。如果测评是准确的，测评后可使每个测评对象明确自己与客观标准的差距，从而可以激励大学生积极上进。但高校思想政治教育的标准很难像教学、科研等业务领域那样具体化，往往要通过思想政治和道德方面的典型表现事例、学习或其他业务成绩的高低等方面来体现。所以，高校思想政治教育方面的达度评估常常要同其他评估方法结合使用。

（二）群体评估法和个体评估法

群体评估法是通过发动大学生集体参与思想政治教育效果评估活动，采取集体舆论评议、群体票决等方式，对评估对象做出评估和估量的方法。群体评估法的结论一般比较客观、公正。这种测评方法本身实际上也是一种教育：当集体公认或褒奖某一行为时，这一行为就成为大家的楷模。但群体评估组织工作量大，其评估舆论往往比较抽象，难以统计和把握，且测评者相互之间易受影响和制约。

个体评估法则偏重发挥个体对高校思想政治教育效果评估的作用，通常选择具有一定素质且有一定代表性的个体，组织他们分别对测评对象进行评估和估量。所选择的个体可以是教育者，也可以是教育对象；可以是某项思想政治教育活动的局内人，也可以是局外人；可以是本单位、本系统的，也可以是外单位、外系统的。个体评估法的优势，是结论比较具体、形象，且不易受他人牵制；但由于每个人的看法不一，审视事物的侧重点不同，所以，难免带有主观片面性。

个体评估法和群体评估法在高校思想政治教育任何类型的评估活动中都能使用，但两种方法要结合运用。群体评估应考虑个体评估的意见，确保评估结论的准确、实在；个体评估更要重视群体评估的意见，以免一叶障目，以偏概全。

（三）自我评估法和他人评估法

高校思想政治教育的自我评估，是指测评对象在思想政治教育过程中，特别是在教育活动告一段落后，就自身的行为及其效果，在思想上或在内心深处进行的反思或反省。哪些该肯定，哪些该否定，哪些该改进，以及应如何改进，等等。自我评估通常表现为一种自我总结。既可以在总结会上作自我肯定或自我批评，也可以进行书面自我总结，诸如写思想政治表现的自我鉴定、单位（学校、院系、学生班）的思想政治教育工作总结等。

高校思想政治教育自我评估法的核心是自我判断，关键是把握好自我判断的标准。自我判断的标准有两个方面，即绝对标准和相对标准。绝对标准是指通过努力可以达到的客观要求与奋斗目标，如社会主义荣辱观的要求、共产党员的条件、大学生行为守则等。相对标准是指同其他对象相比较所采用的标准，或者是自身在发展过程中选择的衡量尺度。选取的标准，目标要高，要求要严。但在评判自己时，要实事求是，既不能对自己评估过高，自高自大，也不能对自己评估过低，自暴自弃。必须看到，高校思想政治教育的自我评估同教育者和受教育者的自我教育、自我修养是紧密联系在一起的。自我教育、自我修养越自觉，自我评估就越有效。

高校思想政治教育的他人评估，通常可采用四种方式：一是检查评估。诸如上级的检查和评议，同行兄弟院校的对口检查，不同行业的交叉检查，同事之间的互查和选优评比等。二是民意测验。一般是采用书面、特别是网络进行民意测验。三是社会舆论评估。主要指通过社会传媒（广播、电视、报纸等）所进行的社会评估。四是主动征请他人测评。诸如发测评表，或者请人上门来做口头或书面测评。他人测评法的特点是结论比较客观、公道。但他人评估要求参与评估的面要广，测评者一般应了解并熟悉情况。同时，测评对象要诚心并善于听取他人的测评意见，反对弄虚作假和诱导他人测评的做法。

高校思想政治教育的自我评估法和他人评估法须结合施用。因为思想、政治、道德观念的改造和发展，既需要自我教育、自我鞭策，又需要常“照镜子”，互相促进。要注重将自我评估和他人评估的结论进行比较分析，以便清醒地审时度势、知己知彼，使测评结果更趋准确。同时，通过比较可有效地促进青年大学生的自我教育、自我完善。

（四）定性评估法和定量评估法

大学生的思想及其思想政治教育活动既有质的规定性，也有量的规定性，高校思想政治教育定性评估法和定量评估法就是以质量辩证统一原理为依据的科学方法。

高校思想政治教育的定性评估法，就是通过对大学生的思想及其思想政治教育活动的性质进行分析与综合，最后做出结论性评估的方法。诸如判断大学生思想政治状况的正确与错误、积极还是消极、先进还是落后，其教育工作是有效还是无效、是正效果还是负效果、方向是正确还是错误等，都要用定性评估方法。定性评估只能对高校思想政治教育的效果和大学生的思想状况做出原则的、大致的、趋向性的判断。高校思想政治教育的定性评估主要有鉴定和评语两种形式，例如对某教育活动的验收鉴定和个人的操行评语等。其定性评估法在操作上应注意下述几点：一是用于测评的指标要切实可行，使定性测评的评语或鉴定恰当可靠；二是测评要客观，评估者不能带任何感情色彩，以免测评结论的性质带有人为的主观色彩；三要掌握测评对象的全面情况，使结论中肯切实，且有针对性；四是测评应一分为二，既肯定成绩，又指出问题；五是鉴定或评语的用词要准确，写得恰如其分，富有特点或个性。

高校思想政治教育的定量评估法，就是对大学生的思想政治状况及其思想政治教育效果的程度、范围等各种量的关系进行收集、整理和分析，最后做出结论性评估的方法。诸如判断大学生的思想状况及其教育效果的状态是强是弱，范围是大是小，影响的程度是深是浅，教育的作用是轻是重，以及不同思想层次大学生的数量比例，其认识和行为表现的程度等，都要用定量评估法。由于高校思想政治教育的指标量化具有相对性和一定的模糊性，因此，其定量评估法不能像经济领域里的评估一样，对大学生的思想及其教育效果也只能做出相对的大小程度判断。但随着思想政治教育科学化程度的逐步提高，量化评估方法将越来越受到重视。数学图表法、概率统计法、量化模型法等在高校思想政治教育效果评估中的应用前景将越来越广阔。

在高校思想政治教育效果评估中，定性评估法和定量评估法应有机结合运用。首先，评估者要对高校思想政治教育的概况进行初步的定性评估，为定量评估规定方向和范围。接着，要对高校思想政治教育的各种量的关系进行比较和分析，相对把握评估对象的度。然后还要对定量评估进行归类综合，找出规律性的结论，即作更高层次的定性评估。在这一检测评估过程中，思想政治教育的质量辩证原理对其检测评估方法具有特别重要的方法论意义。

（五）网络评估法

思想政治教育网络评估方法，是指利用现代网络手段对思想政治教育进行检测评估的方法。它是以计算机网络为平台，以思想政治教育信息的获取、交流、反馈、评估为手段，对思想政治教育的现状、效果及其发展趋势进行检测和判断。网络评估既可用于进行思想政治教育风险的预测评估，也可用于进行教育运行状况及其教育效果的绩效评估，还可用于进行思想政治素质优劣状况的检测评估。

思想政治教育网络评估的运用意义重大，它使思想政治教育检测评估朝着高科技、现代化的方向迈进了一大步。传统评估方法受到时空的限制，只能在固定的时间、固定的地点，由特定的人员开展评估，评估效率较低，且受人为因素的影响较大。而网络评估借助现代信息技术，很大程度上弥补了传统评估的上述不足。信息高速公路的建设可使其评估手段、方式方法更加灵活多样，网络的快速信息传输功能、高效的信息检索功能以及资源共享功能，使评估工作的每一环节都变得更省时、更省力、更民主、更准确。毫无疑义，网络评估的运用将为思想政治教育效果评估开启一个崭新的局面，可使评估通过智能化和数字信息化而不断得到优化。

思想政治教育的网络评估具有以下显著特点：一是评估主体多样。互联网的普及为评估主体的参与提供了一个便捷平台，特别是网络的交互性和网络资源的共享性，使得评估组织者、评估专家、评估对象和关注参与评估的其他人，都很容易成为评估主体，使评估主体呈现多样化。二是评估平台虚拟。传统的思想政治教育效果评估通常是评估组织者在一定的场合、向特定的对象收集评估信息，再由专门的评估机构进行评估信息的整理统计、分析总结并做出结论。而网络评估则可突破传统的区域界限，评估者不必在特定的物化了的区域中进行，可在互联网上虚拟的评估场所，用数字方式构成的具有现实特点的信息空间开展评估活动。三是评估方式自由。因网络无处不在，尤其是无线网络技术和手机上网技术的使用，使得网络评估可以在任何时间、任何地点进行评估，达到了前所未有的自由度。四是评估过程信息化。在评估过程中，评估者之间、评估者与评估对象之间的信息交流能够跨越时空进行，实现信息交流，对存在的分歧也可以通过网络传递协商信息予以解决。不仅如此，评估组织者还可以通过网络传输各种数据信息，很方便地发布评估指令，检索评估数据，加强评估管理。五是评估技术智能化。由于网络高科技在思想政治教育效果评估中的运用，信息高速公路、计算机及其信息数据处理库等智能化评估手段就可充分发挥其功能，使传统的人工评估逐步向网络智能评估转变。六是评估活动社会化。从一定意义上说，思想政治教育网络评估是社会评估。全体社会公民都可成为评估资源的提供者，都可以通过社会网络为评估提供思想政治教育活动的过程与效果的材料，甚至可以在网络上表达自己对思想政治教育的看法，发表自己的意见或建议。

第四节　高校思想政治教育效果评估路径创新

一、高校思想政治教育效果评估指标体系的构建与程序

（一）高校思想政治教育效果评估指标是一个分层次的系统

高校思想政治教育是由若干基本要素构成的一个系统。每一个要素又由若干子要素构成。

例如，高校思想政治教育的教育者这一要素主要由学生工作系列教育者、思想政治理论课系列教育者、高校思想政治教育的领导者等子要素构成。根据大学“全员育人”的办学理念，以及“教书育人、管理育人、服务育人”的要求，在“教育者”这一要素还包括与高校思想政治教育相关的其他教师、管理者、服务者。正是这些要素的有机结合才会产生高校思想政治教育这一实践活动，才会产生高校思想政治教育的过程，正是这种活动和活动过程才会产生一定的活动后果（效果）。因此，我们可以按照这些要素及其组合产生的效果（后果），或者按照高校思想政治教育的过程及其效果，来构建高校思想政治教育的评估指标体系。如果是实行全面评估，按照高校思想政治教育的基本要素，或按照高校思想政治教育的教育过程及效果来构建的指标体系，称为一级指标体系；按照基本要素的子要素，或按照教育过程及其效果的子要素而构建的指标体系，称为二级指标体系。如有必要，依次还可以继续建立三级指标体系和四级指标体系。如果是对高校思想政治教育的某一要素或者是对高校思想政治教育过程的某一阶段、某一环节进行评估，则这一要素或这一阶段、环节就是一级指标，其下依次可分解出二级、三级指标。

可见，高校思想政治教育效果评估指标体系，既是一个系统概念，又是一个层次概念。

（二）构建高校思想政治教育效果评估指标体系的要求

高校思想政治教育效果评估指标，即高校思想政治教育总目标的具体化。在高校思想政治教育实践中，用笼统、抽象的总目标直接对评估对象进行价值判断是很困难的，这就需要将总目标分解成具有可操作性并且具有一定内部组织结构与层次的子目标。高校思想政治教育效果评估指标体系就是总目标分解的一系列子目标相互联系、相互制约而构成的整体系统。科学的评估指标体系能多层次、多侧面反映高校思想政治教育的过程和效益。

要建立好高校思想政治教育效果评估指标体系应遵循以下具体要求：

1. 各项评估指标必须与高校思想政治教育目标相一致

评估指标作为教育目标的反映，必须与教育目标保持一致，必须能够充分地反映教育目标。若两者不一致，就会把评估工作引入歧途。这种一致性，具体地表现为两个方面：一是评估所设计的指标的要求和方向必须与教育目标的要求和方向相一致，不能出现与目标相悖的指标；二是各指标间也应保持一致性．不能把两项相互冲突的指标放在同一评估系统中。如果指标体系内有两项指标相互冲突，那么其中必有一项是不符合目标要求的，在实践操作时，它必然会引起评估混乱，使评估者无所适从。

2. 各评估指标应具有相对独立性

指标系统内的各项指标之间都应有自己的特定内涵、明确的外延，相互独立，互不包含。因为，其一，指标若是不独立，存在两项或更多项重复的指标，那么在实际操作中，就会出现重复操作，增加评估的工作量，造成不必要的时间、精力和人力、物力方面的浪费。其二，指标若是不独立，按重复的指标进行分项评分，就会加大该指标的权重，这势必会影响评估工作的科学性。

3. 评估指标体系应具有完备性

设计的指标体系必须能完整地反映高校思想政治教育目标。因为每个评估指标都是教育目标的一个方面的反映，指标完整才能全面反映高校思想政治教育的目标。因此，在设计指标前，

必须对指标的内涵与外延有一个透彻的理解和把握，使指标的设计不出现遗漏和欠缺，这样才能完整地反映教育目标。

4. 评估指标应具有可测性和可比性

评估指标所规定的内容能够通过实际观察或测量的方法，获得确切的反馈信息，经过分析，得出明确结论。测量的结果可以进行科学的比较。

5. 评估指标应具有可接受性

所设立的指标应当符合受评者实际状况，能为受评者所接受。如果指标脱离实际，就不能起到评估的导向、鉴别作用。

（三）高校思想政治教育效果评估指标体系构建的程序

评估指标是对评估对象进行评估的内容和依据，因而提出的评估指标要概念清楚，表达规范，言简意明，便于操作，使评估者和受评者都能理解和把握。高校思想政治教育效果评估指标体系构建大致可按以下步骤进行：

1. 提出评估的一级指标

如果是全面评估，则根据高校思想政治教育整体目标的要求和受评对象的整体实际，提出全面评估的一级指标系统；如果是单项评估，则根据高校思想政治教育的某一个方面、某一阶段、某一环节提出评估的一级指标系统。

2. 分解一级指标，使评估指标系统化、具体化

这是把高校思想政治教育整体目标的要求和受评对象的整体实际进行分解，使之逐步具体化的过程。换言之，这一过程是把一级指标项目逐一分解为二级指标项目，再把各二级指标项目分解为三级指标项目等。经过这样的分解，就会产生一个比较复杂的评估指标层级体系。

经过这样的分解，指标体系内各项目、分项目的内容具有较强的系统性和层次性，项目、分项目之间又保持相对的独立性。可见，指标体系的结构要素、分类项目和分项目是多重分解、逐步深化的，一直到可满足评估的要求为止。但是指标体系的分解不是无限的，指标体系应本着繁简适度的原则进行分解，如果分解太多、太细，反而会变得难以操作。

3. 确定权重系数

衡量评估指标重要程度的数据叫权重系数。权重系数能区分各指标在评估中的主次差别。权重系数的确定，既要根据高校思想政治教育目标的要求，保证重点，又要兼顾一般，还要从实际出发，从已经变化了的情况出发，进行必要的调整。例如，假定在一定时期和一定条件下，对辅导员素质进行评估时，在一级指标中确定道德素质的权重系数为 0.2，如果条件发生变化，辅导员普遍对这一素质修养不大重视而成为突出问题时，确定权重系数时，可适当调高其权重系数。所以，确定权重系数，增加或降低某项指标的权重系数，关系到高校思想政治教育的价值导向，一定要科学合理。

4. 设立评估指标等级

指标等级是对受评对象进行评估的衡量尺度，用以检测受评对象对指标要求达到的程度。评估指标等级的设立，可分为奇数制和偶数制两种，奇数制有三级制和五级制，偶数制一般是二级制和四级制。例如，四级制可设为优、良、合格、不合格，五级制可设为优、良、中、合格、不合格。评估时应根据实际情况来确定哪一种等级制。另外，每一等级都应规定可操作的标准。标准不可太高太严以免挫伤受评者的积极性，也不可过低而使评估流于形式。

5. 进行试评，检验评估方案

评估指标体系、权重系数、指标等级确定以后，为了验证是否切实可行，有必要进行试评。试评可在小范围内进行，也可抽样进行。经过试评，如果发现指标体系有问题，难以操作，结果也不符合实际，就应及时对评估方案进行适当调整。

经过以上步骤，评估方案就可以确定下来。下一步就是依据方案，制定和实施评估计划，正式展开评估工作了。

二、增强高校思想政治教育效果评估的实效性

思想政治教育效果评估“既是思想政治教育工作与思想政治教育效果的连接点，又是思想政治教育工作与思想政治教育价值的连接点”，因此高校思想政治教育必须围绕“以评促改，以评促建”的目标通过创新评估理念、提升评估主体素质、实现评估手段与方法的综合多样性以及有效地强化评估结果来增强高校思想政治教育效果评估的实效性。

（一）创新高效思想政治教育效果评估理念

“理念”通俗来说就是一种观念。我们无论做什么事情都要坚持一定的理念，人所秉承的理念不同就会产生不同的行为。思想政治教育效果评估工作也必须要有一定的理念来支撑，而且必须是具有创新意义的理念。第一，思想政治教育效果评估要实事求是。实事求是是我党开展一切工作的基本原则与要求，高校思想政治教育效果评估必须秉承实事求是的理念。实事求是地进行思想政治教育效果评估，就要求高校思想政治教育效果评估者要有科学严谨的工作态度，抛弃主观色彩，客观地、具体地、公正地评估高校思想政治教育，并在特定的社会条件和历史背景下科学地评估思想政治教育效果，一切以历史条件为转移，既不避长，更不避短。第二，思想政治教育效果评估要与时俱进。无论是思想、理论还是实践都必须与时俱进，只有与时代保持一致才不会被社会淘汰，成为落伍者。时代发生变化了，思想政治教育情况与以前不同了，如果对其评估还停留在过去的思维里，肯定是行不通的，所以评估要与时俱进。要实现伟大的中国梦，要全面贯彻落实科学发展观，毫不动摇地坚持社会主义核心价值体系的指导，就要与时俱进地制定科学的反映时代要求的评估指标，并不断丰富、创新评估的方法与手段，从而使思想政治教育效果评估永葆生命力与活力，增强评估的实效性。第三，思想政治教育效果评估要以学生为本。以人为本是科学发展观的核心，高校思想政治教育要以科学发展观为指导，一切为了学生的发展，发展为了学生的一切。评估以生为本，就要求“评估要淡化鉴别功能，强化发展功能，帮助大学生树立自信心理，培养乐观情绪，探索学习方法，确定人生规划，及时把社会对大学生的思想品德要求转化为大学生自身的道德素质”。第四，思想政治教育效果评估要全面。思想政治教育效果评估是一项系统的工程，其中包括评估主体、评估客体、评估标准、评估方法、评估方案、评估结果等等，因此，科学地评估高校思想政治工作，就不能片面地仅仅着眼于某个或某几个要素的分析评估，而必须紧紧围绕高校思想政治教育的总体目标全面系统地分析有关高校思想政治教育效果评估的一切要素，实现评估的科学化、系统化，增强评估工作的实效性。

（二）提升高校思想政治教育效果评估主体的能力素质

高校思想政治教育效果评估是一项极其复杂、难度系数较高的工作，因此这项工作对高校思想政治教育效果评估主体的要求比较严格，要想增强高校思想政治教育效果评估的科学性和实效性，就必须不断提升高校评估者的基本素质与工作能力，培养个体评估者和集体评估者的人格魅力。这里的高校思想政治教育效果评估主体主要包括高校领导者、思想政治教育专职教师、学习辅导员老师以及高校学生处、教务处和其他相关评估部门等等。首先，不断提升思想政治教育效果评估主体的基本素质。高校思想政治教育效果评估者作为思想政治教育效果评估系统中重要的一个因素，必须不断提升自身最基本的素质：如政治素质、思想素质、道德素质、心理素质、身体素质等等，这是评估人员做好工作的基本要求和前提。其次，不断提升高校思想政治教育效果评估人员的工作能力素质。第一，评估人员必须要具有有关思想政治教育学科的理论基础知识以及广博的相关学科知识，如管理学、统计学、系统论、教育学、心理学、哲学等，熟悉掌握这些知识有利于思想政治教育效果评估者工作的有序开展，尤为重要的评估人员必须具备思想政治教育效果评估的专业知识，全面了解思想政治教育效果评估的理论，这是开展思想政治教育效果评估的理论指导和依据。第二，评估人员必须熟练掌握并且灵活运用现代思想政治教育效果评估技能与手段。随着时代的进步和科技的发展，思想政治教育效果评估的手段和方法越来越时代化、高科技化，因此评估主体也必须与时俱进，不断学习、掌握并熟练运用数学模型、计算机统计分析软件等现代化手段开展思想政治教育效果评估工作，使思想政治教育效果评估越来越科学化、完善化。

（三）实现高校思想政治教育效果评估方法手段的综合多样性

高校作为一个开放的组织，不可避免地深受经济全球化与改革开放浪潮的影响，学生的自我意识、独立意识、张扬个性的需求越来越强烈，高校所面临的问题也越来越复杂多样化、越来越非常规化。因此高校思想政治教育效果评估者要想科学、合理地完成大学生思想政治教育效果评估工作，就不能局限于使用一种评估方法、手段，必须要根据实际情况有针对性地综合运用多种评估方法手段，实现思想政治教育工作的全面化、精确化、科学化。

思想政治教育效果评估不同于其他评估活动，有其自身的特点和规律性。为了更好地对思想政治教育的社会效果进行评估，提高思想政治教育效果评估的质量，我们首先要根据思想政治教育效果的特点，选择合适的评估方法。

1. 根据思想政治教育效果评估的特点整合评估方法

作为政工干部，只有准确把握思想政治教育效果的这些特点，才能切实改进工作，克服急功近利的思想，避免浮躁心理的产生。正确认识了思想政治教育效果的特点，就可以根据不同的情况，按照马克思主义的基本原理，围绕党的中心任务，从具体情况出发，整合各种评估方法，进而提高思想政治教育效果评估的质量。

（1）综合评估方法。坚持以定性评估为主，定性评估和定量评估相结合。思想政治教育效果评估不同于物的评估，它是一项复杂的社会教育实践活动，其复杂性之一就是思想政治教育内容的丰富性。思想政治教育效果有直接的物质成果，也有间接的人们所创造的精神成果；既要注意到思想政治教育产生的社会效益，也要重视思想政治教育产生的经济效益。这就要求我们坚持以定性评估为主，使定性评估和定量评估相结合。思想政治教育效果评估中对效果很难作精确的估量，因此其效果的价值判断只能做近似的模糊值，一般使用描述性和等级语言表述定性评估的结论，采用的方法主要为系统分析法和比较法。系统分析法也可以称之为分析综合法，是根据系统论的基本原理，采用系统分析技术，对作为系统工程的思想政治教育进行分析和评估的方法；比较法是在思想政治教育的各个因素之间进行共时性和历时性比较，并在比较鉴别中确定和判定特定教育的质量和效果。但是，定性评估的缺点就是评估结论的模糊性，很难清晰地将评估对象之间的差别明显反映出来，且在评估中评估者易受主观因素的影响，产生随意性的主观结论。因此在定性评估的同时，还要重视定量评估，主要采用效益评定法，接收程度评定法和分等加权法。定性评估和定量评估相结合，以定性评估为主的评估方法是思想政治教育效果评估有效性的保证。定性与定量的有机统一，才能使模糊和精确相结合，使评估结论更具体、更全面、更科学。

（2）动态评估方法。坚持以形成性评估为主，使形成性评估和终结评估相结合。思想政治教育效果的滞后性决定了我们进行思想政治教育效果评估时应采用动态评估的方法。思想政治教育的效果往往是在实施教育之后的一段时间内才能得以体现。因此，若用静止的眼光看待评估，仅凭一次评估活动就对教育效果下结论往往是不正确的，评估应该经常性、动态性地进行。

形成性评估是在思想政治教育系统运行过程中进行的，也叫过程评估，目的在于了解思想政治教育的进行状态和阶段性成果，及时地发现思想政治教育中存在的问题和缺陷。起到诊断问题、提供信息和改进工作的作用。由于思想政治教育是社会教育系统的一部分，思想政治教育系统内部的整体与部分、层次与环节、系统外部的社会环境与内部环境之间存在着密切联系，思想政治教育效果是系统内外诸要素的相互作用、有机组合的综合表现。因此，思想政治教育的评估要注重形成性评估，对思想政治教育全过程进行不断的评估，才能不断对受评对象做出形成性评估的结论，及时反映受评对象的发展、变化等表现，及时达到预定目标的程度，以便达到对思想这个拟制教育目标做出有的放矢的指导。终结性评估是针对思想政治教育最终结果而言的，也叫绩效评估，它具有导向、强化、诊断的功能，特别是定性评估的描述性评语结论对受评对象的导向和发展起着最为重要的影响。终结性评估结论要特别慎重，字字要再三斟酌，切忌带主观色彩，力争客观公正和全面。终极性评估尽管重要，但要以形成性评估为基础，看发展，重现实，这样才能使评估具有较强的针对性和指向性，提高思想政治教育效果评估的质量。

（3）系统评估方法。坚持以全面评估为主，使全面评估和重点评估相结合。思想政治教育效果作用范围的广泛性，要求我们必须采用系统评估的方法。思想政治教育是一个完整的系统，起作用的发挥具有一种内在的整合机制，因此，在评估工作中，我们既要重视某些阶段性局部工作的评价，也要重视对整个思想政治教育工作的整体分析，做到局部和整体的有机结合，对思想政治教育工作做出全面的评价，全面评估涉及对思想政治教育整体水平的评价和估量。它包括思想政治教育领导体制、队伍建设、教育内容、途径、方法、教育环境、教育效果等思想政治教育的一切方面，通过考评能够对思想政治教育做出总的评价。

思想政治教育效果评估总是针对一定的对象展开的，组织的系统与子系统之间，群体和个体之间，都存在着不同的层次差别，不同层次的地位也是有差别的，这就要求我们进行全面评估和重点评估的区分。重点评估是在全面评估的基础上选择思想政治教育的某一方面进行重点考核分析，从而揭示思想政治教育系统内外诸制约因素的相关联系及其必然规律，这必然有利于提高人们对思想政治教育整体水平的认识，也有助于发现思想政治教育整体存在的问题，有

针对性地采取改进工作的措施。

但是重点评估不能代替全面评估，否则会以偏概全，一叶障目。同样，也不能以全面评估代替重点评估，没有重点评估，只有全面评估，评估的结论也往往缺乏应有的深刻性，不利于有重点地采取补救措施，克服思想政治教育中的薄弱环节。全面评估和重点评估相结合，是思想政治教育效果评估中一般与个别的统一、点与面的结合。这种考评获得的信息资料全面、典型，能给评估结论做出有力的佐证。

2. 运用现代化信息技术创新评估手段

评估的科学性很大程度上取决于评估手段的科学性，思想政治教育效果评估应吸收并综合运用自然科学和社会科学的最新成果，对思想政治教育的社会现象进行测量，以取得对这一现象的科学认识。

21 世纪是一个高度信息化的时代，随着网络技术的普及和发展，思想政治教育效果评估网络化的趋势日渐明显。微机技术的发展使评估信息的处理日益现代化、科学化，它不仅极大地节省了数据统计的时间，而且提高了信息处理的精确性，评估信息可通过网络搜集，并以电子光盘、软盘、网页等形式保存，有利于实现评估信息数字化。这些现代信息技术的优势使评估工作的质量和效率得到极大的提高，更具有可行性和广泛的科学价值。同时，电脑、网络等现代信息技术的发展为“评估的人文化”提供了技术和经济支持，有利于实现“评估的人文化”。思想政治教育是做人的工作，其评估是对人的思想变化及由此产生的间接效果的定性和定量的考察。这就要求评估工作必须以人为本，注重所有参与人的看法在评估中的作用。网络的交互性使得评估者和被评估者之间的信息交流能跨越时空进行，重视被评估者的看法在评估中的作用，并以协商的、对话的方式消除分歧，得出结论。同时，评估者可以邀请被评估者参加网络评估过程，取得被评估者的信任，并与他们建立良好的关系，从而能够收集到比较客观的信息材料。网络评估代表一种未来的方向，这种方向顺应了信息时代和知识经济社会的趋势，为科学评估提供了条件，有利于提高高校思想政治教育效果评估质量。

（四）不断强化高校思想政治教育效果评估结果的反馈

思想政治教育效果评估的目标是“以评促改，以评促建”，总结以往工作的经验教训，并为做好以后的工作提供建设性的建议与意见，因此思想政治教育效果评估结果的出现并不意味着评估工作的结束完成，思想政治教育反馈才是一次完整的思想政治教育效果评估过程的终点。高校思想政治教育效果评估人员必须要客观、理性地分析思想政治教育效果评估结果，得出评估结论，对符合思想政治教育目标的系统因素进行不断的正向强化和正向反馈，推广先进经验，改革创新思想政治教育的手段和方法，使之与社会主义市场经济的发展相适应，从而为全面建成小康社会与实现中华民族伟大复兴的中国梦培养各种优秀人才。对于偏离思想政治教育目标的系统要素和结果，高校评估者更不能忽视不管，要不断进行负向强化即抑制和负向反馈调节，从而不断完善思想政治教育系统，改进教育方法，保证思想政治教育高效率、高质量地有序推进，促进思想政治教育系统的最优化。根据控制论的观点，正反馈调节和负反馈调节在任何系统中都存在，只有双管齐下，全面、客观、及时、反复地强化或抑制思想政治教育效果评估法结果，才能增强高校思想政治教育的实效性，不断实现高校培养目标，推动高校思想政治教育工作的顺利开展。

第十六章　和谐社会视域下高校思想政治教育发展趋势

研究和探讨大学生思想政治教育的未来发展趋势，主要出于两方面的考虑：一方面现代社会条件下的大学生思想政治教育复杂性、灵活性增强，面临着许多挑战，只有主动探究未来可能出现的状况，提前做好全方位的准备，才能尽可能地避免教育的失误甚至挫折。另一方面未来更加强调大学生思想政治教育的自主性、创新性，身处于社会和谐发展的大好机遇，大学生思想政治教育要能够通过充分的准备，抓住机遇，及时采取正确的教育决策和教育措施，实现教育的跨越发展。本章基于构建社会主义和谐社会的背景，对大学生思想政治教育的发展趋势研究始终立足于社会发展和人的发展，因为社会发展和人的发展是大学生思想政治教育发展的要求和依据，也为进行未来的预测提供了条件。本书把大学生思想政治教育发展趋势归为四个方面，其实并不是想也不可能把它们从完全意义上划分开来，它们是相互渗透、相互联系的整体，之所以把它们从教育理念、教育内容、教育方法及教育视野方面分开研究，只是因为着手研究的角度和突出的侧重点不同。

第一节　创新教育理念：高校思想政治教育开放化与人本化趋势

教育理念作为一种观念，具有导向性，正确的教育理念是教育实践活动顺利进行的前提；教育理念作为一种思想，具有前瞻性，符合时代发展规律的教育理念对未来教育发展状态的设想是教育实践活动发展的方向。就大学生思想政治教育而言，改革开放时代背景和社会发展的不断进步要求大学生思想政治教育的发展必须具有开放化与人本化教育理念。

一、大学生思想政治教育开放化发展趋势

高等教育的根本任务是培养人。“牢固树立人才培养在高校工作中的中心地位，着力培养信念坚定、品德优良、知识丰富、本领过硬的高素质专门人才和拔尖创新人才”，是《国家中长期教育改革和发展规划纲要（2010—2020年）》对高等教育提出的三大任务之一。育人为本，德育为先。思想政治教育对大学生健康成长、顺利成才、成功就业起着作为重要的思想保证和精神动力的作用。面对具有前所未有的开放性的当代国际环境，我们要树立开放式的教育理念，要构建开放式的思想政治教育的体系，培养适应开放社会所需要的合格的大学生。

（一）多元化时代下开展大学生思想政治教育要有开放化教育理念

改革开放以来，伴随着经济全球化的不断加速、经济转型的持续深入以及信息网络的快速传播，各种文化以前所未有的速度、强度和广度扑面而来，在意识形态领域形成了多种思想文

化和多元价值观的复杂局面。这给一直“自说自话”的大学生思想政治教育带来了不小的危机。大学生虽然在课堂上学到了价值判断，但面对汹涌而来的文化信息潮时仍然无所适从，不知取舍。思想政治教育的效果立即显得微不足道，使得“一些大学生不同程度地存在政治信仰迷茫、理想信念模糊、价值取向扭曲、诚信意识淡薄、社会责任感缺乏、艰苦奋斗精神淡化、团结协作观念较差、心理素质欠佳等问题”。未来多元化的时代仍将继续，要解决这个时代问题，大学生思想政治教育必须具备开放意识，突破学校与社会的隔离，正视社会上的各种思潮和文化，研究其本质，辩证吸收其中的积极成果，批判其中的消极思想。同时，在教育教学过程中坚持现实性与理想性相结合的原则，以真实的社会为背景，帮助学生正确的认识社会、了解社会，增强学生判断、选择的能力，才能促进大学生适应社会环境，顺利成长为“社会人”，也才能真正提高思想政治教育的实效性。

（二）借鉴国外先进教育思想，促进大学生思想政治教育的改革与发展要有开放化教育理念

思想政治教育是人类社会实践的一个重要方面，它突出的政治功能是每个国家所必需的，因此，世界各国都有发展思想政治教育的理论和实践。我们要深入开展思想政治教育的比较研究，考察外国思想政治教育的特点、模式，了解外国思想政治教育的环境、内容、形式和途径，辩证吸收其中合理成分，趋利避害，促进我国思想政治教育的发展。譬如，受西方思想政治教育的启发，我国思想政治教育也出现了一些新模式，如：情境型思想政治教育、体验型思想政治教育及个性化思想政治教育等。

（三）构筑“全员育人”的教育格局要有开放化教育理念

思想政治教育总是在一定的社会历史条件下进行的，有着特定的时代背景和现实基础。传统的靠专业教师的“一支粉笔、一张嘴”的简单教育方式，已经远远跟不上时代发展的要求。现代思想政治教育要有开放性、社会性的教育理念，注重社会广泛参与，形成教育的合力。“教育系统一个方面的力量毕竟有限，如果能够发动其他部门与机构，如政府、家庭、社区、大众传媒的配合，将会使思想政治教育的效果提高很多。”全社会都来关心大学生的健康成长，支持大学生思想政治教育工作，把“专业化”与“全员化”相结合，综合多方面的积极因素，消解社会不良效应，才能有效提高大学生思想政治教育的实效性。

二、大学生思想政治教育人市化发展趋势

大学生思想政治教育人本化是以人为本的科学发展观的本质要求，是全面建设小康社会的内在要求，是人的全面发展的必然要求。大学生思想政治教育的人本化趋势日益表现为以学生为本，在实践中必须要坚持以学生为本。

（一）大学生思想政治教育人本化趋势发展的成因

大学生思想政治教育人本化趋势，就是大学生思想政治教育愈来愈注重以人为本，把大学生作为思想政治教育的中心和根本。大学生思想政治教育人本化发展趋势的出现有着深刻的原因。

1. 教育实践需要“以人为本”思想的指导

马克思认为，人是一切社会关系的总和，充分肯定了人在社会实践活动中的主体性。“主体性是个人活动积极性产生的源泉和动力，其基本特点是自主性、积极性和创造性。”党在十六届三中全会上提出的科学发展观，也把“以人为本”作为核心内容和价值取向。科学理论为大学生思想政治教育的发展指明了方向，以人为本，决定了思想政治教育实践“既要坚持教育人、引导人、鼓舞人、鞭策人，又要做到尊重人、理解人、关心人、帮助人”。“以人为本”具体到人才培养和教育活动中就是“以学生为本”。教育者要充分尊重学生的人格、情感和需要，注重发挥学生的自觉能动性和内在潜能，主动适应学生的发展阶段和认知水平，把促进学生的全面自由发展作为教育工作的出发点和立足点。

2. 时代发展要求大学生思想政治教育人本化取向

一个由政治、经济和文化系统地形成的社会大环境是推动大学生思想政治教育人本化发展的时代背景。

（1）社会主义市场经济的深化发展需要人本化大学生思想政治教育。经济体制的深刻转型引起了人的生存方式、价值观念的根本改变，尤其是作为人的特质的独立性和主体性日益凸显。“新中国成立以后，由于我国实行了计划经济，而计划经济在实质上是指令经济；社会资源由政府配置，官员的意志起很大作用，个人的价值仅被定位于‘充当整体计划所需的螺丝钉’。于是，个人因失去许多自主活动的机遇，很难谈得上主体地位与自主能力的建构。”而当社会主义市场经济确立的时候，人的地位和人格就不再单纯地表现为依附于整体安排的“螺丝钉”了，而是参与市场竞争来争取自身发展的独立主体。自主把握市场机遇，自行承担市场风险，在社会主义市场经济体制下孕育了人的主体性和独立性，为人的自由发展提供了更广阔的空间。为了适应社会发展的要求，高校在人才培养模式上也进行改革，逐步建立起有益于学生自主管理、个性发展的新模式。与新的教育管理模式相适应，大学生思想政治教育开始改变过去一味强调教师绝对权威，学生只能听教的非人性化做法，转向注重引导学生主动参与教育活动，充分发挥学生的积极性、主体性。可以说，社会主义市场经济的发展为人本化教育理念的形成和发展提供了社会基础和基本前提。随着社会主义市场经济的日益完善和深化发展，21世纪的大学生在独立意识、自主能力、个性气质方面将会进一步增强，这就要求大学生思想政治教育必须秉承人本教育理念，在教育过程中真正做到以学生为本，以学生的需要为教育的出发点，以学生的全面自由发展为教育的根本目标，才能显著提升思想政治教育的实效。

（2）政治民主化、法治化发展需要人本化大学生思想政治教育。政治是经济的集中体现，因此我国经济领域的改革必然决定着政治领域的相应改革。社会主义市场经济的建立和发展增强了人的民主意识、主体意识，这就要求建立相应的民主化的政治运行模式；社会主义市场经济是契约经济、法治经济，这就要求建立相应的法治化政治运行模式。随着社会主义市场经济的不断深化，进一步推动政治民主化、法治化进程，是我国社会主义现代化坚定不移的奋斗目标。而政治民主化、法治化发展与人的生存发展有着密切的联系。一方面民主制度、法律制度的不断完善为人在自由状态下的发展提供了充分的保障，另一方面“民主在本质上体现了人的主体性和人性全面发展的基本趋势，它在观念形态上为人的发展提供了一种价值目标，促使人们积极塑造与之相应的现代素质，追求人的主体参与的最大化以及权力的最大化，以实现人的主体性的全面提升以及素质的全面完善”。因此，在政治、经济、文化持续发展的现代社会，大

学生将会广泛参与社会、学校、班级的建设和管理，充分享有自我设计、选择和发展的权利，大学生民主权利的发展必然会对大学生思想政治教育实现人本化提出强烈诉求。大学生思想政治教育要顺应时代发展趋势，契合大学生民主权利的发展诉求，坚持以学生为本，充分尊重学生的民主权利，积极鼓励学生主动参与、自主管理，不断提高学生民主意识、责任意识和自我教育与管理的能力，真正体现大学生思想政治教育实现大学生全面自由发展的根本目的和价值取向。

(3) 社会文化发展的多元化需要人本化大学生思想政治教育。改革开放，社会主义市场经济体制的建立，中国加入 WTO，融入经济全球化的轨道，这一切都表征着我国步入了开放时代。与社会生活的多元化态势相适应，在意识形态领域也表现出多元文化并存与交融的发展趋势。不同的文化都承载着人对自身存在价值的思考、理想状态的取向和对生活意义的追求。当多元文化交流与融汇时，就给人们展现了更多角度、更多层次的对人生价值的理解与取向。毫无疑问，关于如何实现自由的生存状态，广阔的生活空间的思考，多元文化的发展会赋予人们更多的启迪。但是，这种复杂的文化态势对大多数缺乏理性分析和判断能力的人来说，势必会造成人生价值取向、理想信念、行为方式的混乱甚至偏差。因此，处于多元文化的社会氛围，面对自主选择性显著增强的教育对象，大学生思想政治教育必须转变滞后的教育理念和教育模式，才能取得一定成效，而转变的方向就是大学生思想政治教育的人本化发展。具体而言，就是由“被动一灌输型”教育转向“主体一发展型”教育，注重发挥学生的主体性，引导学生在纷繁复杂的文化价值取向中自主完成从认识、比较、洞察、澄清到认同的过程，筛选出合理的文化内核，逐步形成理性、稳定的判断标准和独立、自主的判断能力。这才是在多元文化趋势中真正实现学生全面自由发展，提升教育实效性的关键。

教育理念是对未来教育发展状态的预想和期望。教育理念涉及对学校发展、学科发展、学生发展等很多方面的具体理念，而开放化与人本化教育理念相对于具体理念来说更体现一般性。现代社会是一个开放社会，教育也是其中的一个重要组成部分，必须具备开放化教育理念，坚持解放思想、实事求是、与时俱进；“以人为本”的思想代表着时代的发展进步，体现着人对自身价值认识的发展，教育作为一项人的实践活动，必须具备人本化的教育理念，贴近实际、贴近生活、贴近学生，充满人文关怀，才能实现大学生思想政治教育的新发展。

（二）大学生思想政治教育人本化趋势的表现

大学生思想政治教育以人为本的人本化趋势，随着科学发展观在高等教育中的深入贯彻与实践，日益凸显为以学生为本，主要表现在以下几个方面：

大学生是实践主体，大学生思想政治教育以人为本首先体现为以大学生为实践之本。大学生的主要任务是学习，这是大学生在校期间作为实践主体的主要活动形式。大学生是学习的主体。大学生思想政治教育越来越注重寓思想政治教育于大学生学习活动之中，引导大学生明确学习目的和科学知识的价值；不断调动大学生学习的积极性、主动性和创造性，激发大学生刻苦学习、严谨治学的精神动力；激励他们勤奋学习和系统掌握人类创造的全部科学文化成果，提高创新精神和实践能力，培养与所学专业密切相关的职业道德和职业精神；全面提升思想道德素质，为大学生的全面发展和毕业以后走向社会、进行社会实践活动奠定重要的思想基础。大学生思想政治教育还更加注重引导在校大学生积极参与社会实践活动，运用掌握的科学理论知识指导和推进社会实践活动，自觉走与实践、工农相结合的青年知识分子成长道路，在社会实践中受教育、做贡献、长才干。

大学生是价值主体，大学生思想政治教育以人为本还体现为以大学生为价值之本。大学生思想政治教育更加注重引导大学生正确认识和满足自身的需要，实现自身的价值。价值涉及主体的需要及其满足。马克思认为，"'价值'这个普遍的概念是从人们对待满足他们需要的外界物的关系中产生的"。在价值关系中，价值主体是其需要获得满足者，价值客体是提供满足者。在大学生思想政治教育的价值关系中，大学生是价值主体，大学生思想政治教育是价值客体，大学生思想政治教育越来越注重千方百计地引导大学生正确认识和满足自己的需要，实现自身的利益，实现大学生的价值，并在这一过程中实现大学生思想政治教育自身的价值。大学生的需要和大学生的利益密切相关，需要是一种潜在利益，需要的满足是一种现实利益。大学生的需要主要表现为物质需要和精神需要。大学生思想政治教育更加重视加强与大学生有关的政策和制度教育，引导大学生协调和处理好各种与自己相关的物质利益关系，维护自身的权益。除此之外，还更加注重引导大学生认识和满足自身的精神需要，包括加强理想信念教育，引导和帮助大学生树立正确的人生理想，把握人生发展的正确方向，选择和走好人生发展的正确道路，满足大学生树立和实现人生远大志向的需要；加强道德教育，增强大学生的道德意识，提高大学生的道德判断能力、道德选择能力和道德践履能力，满足大学生的道德发展需要；加强情感教育，引导大学生正确认识和处理好交友、恋爱、婚姻等各种关系，形成高尚的情操，满足大学生情感发展的需要；加强心理健康教育，开展心理咨询活动，帮助大学生克服心理障碍，形成健全的人格，满足大学生的心理健康发展需要；还要开展各种丰富多彩的校园文化体育活动，满足大学生日益增长的精神文化需要。

大学生是发展的主体，大学生思想政治教育以人为本，还体现为以大学生为发展之本。促进大学生的全面发展和健康成长，是大学生思想政治教育的根本目标，也是大学生的根本利益。大学生思想政治教育越来越自觉为大学生的全面发展和健康成长服务。一是重视教育和引导大学生正确认识和处理好自发发展和自觉发展的关系。大学生的发展呈现出自发发展和自觉发展两种形态。自发发展往往缺乏发展的自觉意识，缺乏对大学生成长发展规律的科学认识，在成长、发展过程中存在很大的自发性、盲目性，走了很多弯路，影响了发展的质量和成效。自觉发展则是具有发展的自觉意识，形成了发展的规律性认识，并能自觉运用这种规律性认识指导和促进自己的成长与发展。大学生思想政治教育十分重视引导大学生克服发展的盲目性，增强发展的自觉性，掌握和遵循人才成长发展的规律，不断健康成长。二是重视教育和引导大学生正确认识和处理好片面发展与全面发展的关系。大学生的综合素质包括思想道德素质、科学文化素质、身心健康素质。大学生的全面发展，就是思想道德素质、科学文化素质、身心健康素质都得到发展。实现大学生德、智、体、美诸方面素质的全面发展，是党的教育方针的根本要求，也是大学生成长的客观规律和发展的内在动力。大学生思想政治教育更加重视针对大学生德智体美素质发展失衡的现象，引导大学生克服发展的片面性，增强发展的全面性与协调性，实现健康发展。三是重视教育和引导大学生正确认识和处理好现实发展与持续发展的关系。大学生的可持续发展，是实现大学生人生发展最大价值的前提，也是实现社会可持续发展的最重要的基础。大学生的可持续发展，就是要发现和挖掘大学生发展的巨大潜力，增强大学生自我持续发展的意识和能力，建立大学生发展的长效机制。大学生思想政治教育更加重视引导大学

生正确认识和处理现实发展与长远发展的关系，把现实发展和长远的、可持续的发展结合起来，克服发展的短期行为，始终根据社会和科学发展的需要，适应学习型社会和学习型组织的要求，不断充实和更新自身的知识结构，增强持续发展的坚定意志，克服发展中面临的种种困难和障碍，实现自身的可持续发展。

第二节　建构教育内容：高校思想政治教育特色化与生活化趋势

教育内容与教育目标有着直接的联系。大学生思想政治教育为中国特色社会主义事业培养合格建设者和可靠接班人的使命，决定了大学生思想政治教育必须以马克思主义理论、中国特色社会主义理论体系为主导内容，彰显鲜明的中国特色；大学生思想政治教育以促进大学生全面发展为目标，决定了大学生思想政治教育必须关注大学生的生活世界，显现生活化的发展趋势。

一、大学生思想政治教育特色化发展趋势

大学生是国家建设的后备军，是推动国家发展的重要力量。各个社会、各个国家都会通过不同的途径对大学生进行政治教育、思想教育、道德教育和心理健康教育，但是思想政治教育能够获得“是一门科学”的地位并形成大学生思想政治教育的学科体系，是中国的独创，体现了鲜明的中国特色。在党的奋斗目标的指引下，大学生思想政治教育的中国特色化是历史必然的趋势。

（一）维护和彰显社会主义的性质是我国大学生思想政治教育的根本宗旨

马克思主义理论教育是大学生思想政治教育的核心内容和本质要求。思想政治教育的核心是政治教育，所关注的是国家、民族的前途和命运。对大学生进行系统的马克思主义理论教育，使他们学会用马克思主义的立场观点来认识世界、认识人类社会发展的客观规律。对大学生进行中国特色社会主义理论体系教育，使他们坚定中国特色社会主义理想信念，树立科学的世界观、人生观和价值观，成长为中国特色社会主义事业的合格建设者和可靠接班人。

（二）深厚和优秀的民族文化是我国大学生思想政治教育具有的文化优势

毛泽东曾说过：“我们这个民族有数千年的历史，有它的特点，有它的许多珍贵品。对于这些，我们还是小学生。今天的中国是历史的中国的一个发展；我们是马克思主义的历史主义者，我们不应当割断历史。从孔夫子到孙中山，我们应当给予总结，承继这一份珍贵的遗产。”因而，我国的大学生思想政治教育学科体系不断完善和发展，其中一个重要的原因是我国的民族文化为它提供了不竭的源泉。

（1）继承中华民族传统美德。我国的古代传统文化留下了民族的传统美德，塑造了民族深层心理，为大学生思想政治教育的丰富和发展奠定了深厚的文化基础，是大学生思想政治教育进行道德教育的宝贵资源。

（2）发扬革命传统文化。革命传统是中国共产党在马克思主义的指导下，艰苦奋斗、自强不息，在进行革命和社会主义建设的伟大实践中所创造的宝贵的精神财富。现代以来的革命传

统文化铸塑了中华民族精神，为大学生思想政治教育提供了强大的精神力量。大学生思想政治教育只有大力弘扬革命传统文化，用不断赋予时代内涵的民族精神丰富思想政治教育内容，才能真正把握中国特色思想政治教育的着力点，也才能从本质上发挥思想政治教育的巨大功能。

二、大学生思想政治教育生活化发展趋势

新时期大学生思想政治教育学科体系建设日益精密，但是脱离学生生活实际的学科化进程并不能直接有效地提升思想政治教育的实效性。理论界开始把目光投向了生活世界，寻求思想政治教育生活化的发展向度。长期以来，大学生思想政治教育的“空洞说教”给大学生留下了假大空的印象，使他们对思想政治教育敬而远之。大学生思想政治教育只有真实地存在于生活世界，才能具有凝聚力与吸引力，也才能提高思想政治教育的实效性和针对性。因而大学生思想政治教育生活化是一种必然的发展趋势。

（一）促进大学生全面发展的根本目标决定了大学生思想政治教育生活化发展向度

（1）重视大学生的社会价值和个人价值，尊重大学生自身发展的需要。大学生思想政治教育服务社会发展是其重要职能，其致力于专心培养能够忠诚代表国家、民族利益的社会主义建设者和接班人。思想政治教育的这个职能不论在过去、现在还是将来，都是不会也是不能改变的。但是，长期以来，大学生思想政治教育在教育的过程中，过分强调自己为社会服务的职能，教育的立足点和出发点都建立在社会需要上，而忽略教育对象——大学生——作为鲜活的个体存在，他们仅仅被教育者视为依据理想标准进行加工的对象，因而学生的个人价值仅体现为他们将是社会政治、经济、文化的建设者，是社会主义事业的接班人。如果说在过去价值观整齐划一的时代，这种以社会价值取代个人价值来提升人格的教育手段可以被接受的话，那么在寻求社会价值与个人价值并重的今天，只强调人的社会价值，忽略个人价值，只会引起大学生的反感，其教育的效果就可想而知了。因此，现代大学生思想政治教育必须在专注于完成社会使命的同时关注大学生的个体需要，既要重视大学生的社会价值又要尊重大学生的个人价值，主动参与大学生的生活实际，增强教育的吸引力，切实提升教育的实效性。

（2）强调大学生的“书本世界”和“生活世界”，实现理想与现实的结合。改革开放以来，大学生思想政治教育课程建设持续进行，但总体上还是围绕着马克思主义基本原理、中国化马克思主义、党的创新理论、中国近代史纲要以及法律基础的书本内容教学，而对现实生活的实际状况关注不够。陶行知先生曾指出：“没有生活作中心的教育就是死教育，没有生活作中心的学校就是死学校，没有生活作中心的书本就是死书本。”因此，大学生思想政治教育必须强调“书本世界”与“生活世界”的融合。

其一，教育内容满足大学生的实际生活需要，才能激发大学生的学习兴趣。高校扩招以后，实现了高等教育由精英教育向大众教育的转变，满足了更多的人上大学的愿望，但同时也使得大学生思想政治教育面临着更艰巨的任务。扩招以后的大学生思想政治素质参差不齐，家庭环境各异，学习、就业压力很大，大学生个体发展需要极其迫切，他们渴望在就业方面、学习方面、择友方面得到指导和帮助。只有把这些与大学生现实生活息息相关的问题渗透到思想政治教育内容中，给予大学生及时、有效的引导，才能受到大学生的欢迎。

其二，从“书本世界”到“生活世界”零距离，才能顺利链接“知”到“行”的转换。

传统大学生思想政治教育的课堂教学，注重的是大学生的道德认知和政治认同，忽视道德实践和政治实践，导致出现知行不一的现象。在现实生活中，有些大学生明明知道做法不对，有悖道德标准，但仍然为一己之私明知故犯。事实充分说明思想政治教育仅仅拘泥于课堂是远远不够的，必须扩展到大学生的生活空间。

(3) 重视教育的理论性和社会性，促进大学生的社会化。社会环境是大学生生存的物质空间，马克思认为："思想、观念、意识的产生最初是直接与人们的物质活动，与人们的物质交往，与现实生活的语言交织在一起的。"可见，大学生思想政治教育要想取得效果，必须重视大学生的生活世界。而实际上课堂教学是大学生思想政治教育的主渠道，课外主要以校园文化的方式进行，因此大学生思想政治教育还局限于校园内，没有实现校园与社会的有效沟通，这无疑会影响大学生的社会化。尤其是一直以来大学生思想政治教育关注主流意识形态、世界观、价值观的教育，用构建的理想世界教育学生，脱离现实生活，回避了社会现实中真实存在的多种矛盾与冲突，造成大学生社会判断能力、适应能力相对缺失，面对社会生活的阴暗面，思想政治教育会因为缺乏解释力、澄清力而消解教育效果，从而影响大学生顺利走向社会、融入社会生活。因而，大学生思想政治教育的新发展必然要注重教育的理论性与社会性的共融。

(二) 教育与生活的本质联系决定了大学生思想政治教育向生活世界的理性回归

教育活动产生于人的需要，而人的生存、发展的各种需要构成了人的全部生活。可见，教育的根本目的是建构人的生活，实现人生的价值。如果离开生活空谈教育，那么这样的教育将走向虚无，也就没有任何存在的意义和价值了。因此，大学生思想政治教育必须关注大学生的生活实际，针对他们的实际需要来组织和建构教育内容。朝着生活化的向度发展，必然增强思想政治教育的凝聚力和吸引力，从而提高教育的实效性。"思想政治教育生活化是相对于思想政治教育抽象性而言的，它强调思想政治教育要以现实生活为中心，遵循现实性与理想性相统一的原则，是一种关注人的生活世界、关注人的生活体验、引导人的生活实践的思想政治教育路径。"教育家陶行知的"为了生活而教育""依据生活而教育"的主张阐明了教育与生活是相互贯通的，教育应该回归生活世界，与社会生活融为一体。因此，大学生思想政治教育的生活化是实现理论认知教育与生活实践教育整体协调发展的有效途径。

(三) 参与生活、提升生活是大学生思想政治教育生活化的原则

大学生思想政治教育要回归生活世界，其现实意义是强调贴近实际、贴近生活、贴近学生，目的是在充分了解的基础上更有针对性地引领大学生朝着真、善、美发展，因此，思想政治教育并不是简单融入生活，更不是被动适应生活。现实生活与思想政治教育有着必需的实践边界。"现实生活具有自在自发特征，而思想政治教育则是人类在现实生活中确立的一种自为的存在方式，二者之间有着各自不同的意义所指和边界。"因此，大学生思想政治教育应立足于大学生现实生活，用科学的理论积极地干预和引导以提升大学生的生活，实现大学生的全面自由发展的终极目标。大学生思想政治教育要实现创新发展，教育内容就是其中需要重点创新的部分。尽管改革开放以来大学生思想政治教育始终坚持与时俱进，进行了三次大的改革与调整，但是仍然没有能够完全达到教育内容与时代发展同步、与大学生发展一致的水平，教育内容的滞后仍然是新时期大学生思想政治教育需要研究和解决的问题。中国特色社会主义事业的伟大发展，

党的理论不断创新，为大学生思想政治教育提供了丰富的理论内容。党的创新理论进课堂、进教材、进学生头脑的工作，会使得大学生思想政治教育在内容上始终凸显中国特色。大学生思想政治教育深入大学生的生活世界，关注大学生的思想特点、关心大学生的生活实际，使每一个大学生都能在教材中找到自己迫切想了解的德育内容，这应该是提升大学生思想政治教育的根本途径。总之，大学生思想政治教育在教育内容上的特色化与生活化是未来发展的必然趋势。

第三节　创新教育方法：高校思想政治教育现代化与综合化趋势

改革开放以来，伴随着经济体制的深刻转型，整个社会生活也呈现出多元化、复杂化的特点。在多元化社会环境中成长起来的当代大学生显现自主化、个性化的发展趋势。在当代大学生思想政治教育的客观环境和教育对象的特点都发生了极大改变的条件下，大学生思想政治教育必须适应时代发展的新要求，依据现代教育对象的新特点，不断探索新的方式方法。

一、大学生思想政治教育现代化发展趋势

在21世纪，我们步入了信息时代，大学生的学习方式、生活方式和思维方式都发生了前所未有的变化。因此，大学生思想政治教育的教育方式也必须适应时代要求，进行创新，实现大学生思想政治教育方法的现代化。

（一）信息社会背景下大学生思想政治教育方法现代化发展的必要性

（1）信息网络技术的发展对大学生思想政治教育的新要求。信息网络技术的出现使人们传播、利用信息的方式发生了改变，相对于传统信息的单向传播，网络实现了信息的即时交流与互动，网络成为新时代大学生获取信息、进行学习、与人交往的一种主要方式。

（2）大学生主体意识的提升与失落的矛盾需要大学生思想政治教育方法的创新。信息网络技术不断发展，人们每时每刻都会获取各种各样的信息，也衍生出各种不同的观点和看法，传统的单向度的道德评价开始动摇，整个社会的宽容度在增强。在这样的社会氛围中，大学生的主体意识也逐步提升，对自己、对他人的行为不再持有传统的道德评判尺度，更注重自主判断，强调自我支配。但是，这也会造成一些大学生主体意识的极度膨胀，使其过分强调自我感受，漠视传统道德的约束，无法有效辨识主流道德观、价值观，出现“理想信念边缘化”“道德品质滑坡”的倾向。

（3）大学生虚拟交往力的发展与现实交往力的弱化要求大学生思想政治教育方法的改进。网络交往的虚拟空间抹去了现实生活中人的社会阶层、社会地位、从事职业以及身份性别等的差异，体现着人与人之间的真正平等。大学生在网络交往中以真我、自然的心态与他人交往，是一种基于感情交流的纯粹关系，因此，大学生很容易交到志同道合的朋友，在网络空间的交往也是得心应手。但是，“人们以网络为中介形成的社会关系是虚拟社会关系，主要是源于网络的虚拟属性。而虚拟社会关系的致命弱点之一就是不能满足现实的人与人之间相见和信任的需要，其满足受挫就会引发群体成员发展的障碍”。一些大学生还因为无法适应现实生活中的人际交往而导致心理疾病的出现。

信息社会的到来，使得大学生思想政治教育必须涉及信息德育这一新领域，树立现代化教

育理念，科学地把握现实性与虚拟性的辩证关系，深入地研究信息时代大学生的思想政治素质的新特点，积极地探索大学生思想政治教育信息德育的方式方法，促进大学生思想政治教育尽快实现方法的现代化。

（二）理念现代化是实现方法现代化的基础和前提

“过时的、保守的教育体制和教育方式，往往凭借过时的、保守的思想观念的维系而习惯地持续下去，对反映时代特征的教育内容和现代化手段，也会按过时的、保守的思维方式给予裁定与阐释，使之蒙上保守的色彩。”可见，要实现方法手段的现代化，首先要具有现代化的思想观念。

（1）要有开放性理念，实现大学生思想政治教育方法的借鉴发展。不同的国家、不同的民族由于政治需要都有着思想政治教育的实践，而且都会积累出一些成功的经验创造出一些方法。大学生思想政治教育应善于借鉴外来的优秀文明成果，“坚持以我为主、为我所用、辩证取舍、择善而从”的原则，深入研究，提炼出有益的因素，并与我国大学生思想政治教育的实际相结合，转化为具有中国风格的教育方法。大学生思想政治教育的借鉴发展是实现方法现代化的有效途径。

（2）要有传承性理念，实现大学生思想政治教育方法的继承发展。方法，作为经验的升华，具有历史传承性。大学生思想政治教育要善于继承优秀思想政治教育的遗产，挖掘传统思想政治教育方法的现代价值，从而促进大学生思想政治教育的现代化发展。

（3）要有适时性理念，实现大学生思想政治教育方法的创新发展。信息技术和网络技术的迅速发展，对大学生思想政治素质的形成产生了巨大的影响，在某种程度上甚至超过了老师的教育。面对信息社会中大学生价值取向的“多元化”，文化素质的“复合化”，道德人格的“矛盾性”，大学生思想政治教育出现了诸多的不适应，直接影响了教育的实效性。因此大学生思想政治教育要适应大学生新的信息获取方式、知识与道德的学习方式以及思想道德发展的新特点，主动运用现代科技手段，开辟科技教育的新途径，逐步提高大学生思想政治教育方法的现代化水平。

（三）大学生思想政治教育方法现代化发展的实践表现

（1）现代科技推进大学生思想政治教育方法现代化。利用计算机、多媒体等先进科技手段，使大学生思想政治教育教学改变传统教学“一支粉笔、一张嘴”的单调方式。高科技的“跨越时空”的性能能够展现历史图像、拉近空间距离，生动、直观的教育方式更能激发学生的兴趣，加深学生对知识点的理解，从而有效提升教育效果；利用网络传播信息的大众传媒是现代社会大学生思想政治教育重要的信息来源。大众传媒提供的快捷的信息对大学生思想政治教育及时掌握社会动态，不断充实具有时代特色的教育内容、提升引导大学生思想发展的主动性等都有着重要作用；利用网络信息技术建立大学生思想政治教育工作的信息渠道，拓展教育者与主体对象之间的沟通途径。教育者利用信息渠道，很便捷地收集工作信息，并进行分析、处理和反馈，这套程序的运用可以加强师生的交流，提高工作的效率；利用网络载体，实现思想政治教育内容向社会、家庭及学生群体的传播，有利于达成对德育目标的共识，促进全社会形成育人合力。

（2）传统教育方法的创新促进大学生思想政治教育方法现代化。如，理论灌输法，是思想政治教育的一种基本方法，也是传统教育方法。提起灌输方法，很多人都会把它与强制、教条、呆板联系在一起，认为其对自主意识强烈的当代大学生是无效的。诚然，传统的灌输方法确实有强制灌输、教条灌输的缺点，但是，灌输是思想政治教育的本质方法，是不能被代替的。最好的做法就是创新。针对新时期大学生的特点，利用现代传媒手段，开展生动的课堂灌输，并建设既有知识性又有趣味性的主题网站，进行潜移默化的灌输，都可以提高理论灌输的实效性。总之，针对传统教育方法，要认真研究，努力创新，使之成为适应社会发展要求的现代方法。

二、大学生思想政治教育综合化发展趋势

思想政治教育是一项以人为主体的社会实践活动，因而社会发展与人的发展是思想政治教育方法发展的根本依据。而现代社会的综合化是社会系统发展的趋势，大学生的发展也呈现出个性化、复合化等特点，大学生思想政治教育应社会发展和大学生发展的要求也表现出综合化发展趋势。

（一）社会发展和人的发展是大学生思想政治教育方法综合化发展的根本依据

（1）社会系统性是社会发展的本质要求。社会是一个由政治、经济、文化等因素组成的一个有机系统，经济发展为政治、文化发展提供物质基础，而政治、文化发展又为经济发展提供制度保证和智力支持。政治、经济和文化的相互协调、相互作用一起推动社会的不断进步与发展。当忽视社会的系统性，片面强调经济发展，而不惜阻碍政治民主、影响文化繁荣、破坏自然环境时，社会必然会出现不和谐的矛盾，影响整个社会的进步和人的全面发展。当前，我们正在建设的和谐社会便是社会系统化、协调化发展的重要体现。综合化是社会发展的显著特征，经济、政治、文化和社会“四位一体”的发展模式，更加注重社会发展的整体性、全面性。任何社会问题，尤其是重大社会问题都不是单一存在的，因而解决的方法也必须综合运用。例如，人口问题、环境问题、能源问题既是社会领域关注的问题，又需运用自然科学手段来参与解决。

（2）社会发展推动着人的全面发展。人的发展与社会的进步是密切关联的，而且随着社会物质财富的丰富，整个社会更加关注人的全面发展，尊重人的主体性，社会正朝着彰显人的生存与价值的方向综合发展。

（二）大学生思想政治教育综合化发展的必要性

（1）大学生思想政治教育目标的追求，促使教育方法的综合化发展。首先，与传统思想政治教育单一的政治教化的目标相比，现代大学生思想政治教育更注重大学生作为个体的成长过程，对大学生政治思想、道德品质、心理健康到思维方式等方方面面都予以教育和引导。具体而言，现代大学生思想政治教育不仅重视理论的灌输、道德规范的学习，而且还引导大学生情感的发展、科学思维能力的培养。因此，大学生思想政治教育必须与社会学、政治学、心理学等学科交织起来，借鉴其他相关学科的理论充实自己，才能有效引导大学生的全面发展。其次，与传统的思想政治教育片面强调知识传授相比，现代大学生思想政治教育更重视知识和能力的全面培养。思想政治教育内容的学习只是完成了教育目的的第一步，只有再采取其他教育方法，综合起来才能使认知最终外化为行为，完成知、情、意、行的思想品德形成的完整过程，也才

能有助于治愈大学生思想政治教育一直存在的“知行不一”的顽疾，真正体现大学生思想政治教育的效果。因此，现代大学生思想政治教育追求的全面性目标，使得大学生思想政治教育必须综合多种方法去实现，推动着教育方法的综合化发展。

（2）影响大学生思想道德素质发展因素的复杂性，要求教育方法的综合化发展。大学生是思想最活跃的群体，他们自己所接收的社会信息远远超过课堂学习，如，社会生活的所见所闻，铺天盖地的网络信息，传递价值观的美国大片等。影响大学生思想行为的因素是异常的复杂，传统的单一的教育方法已经不能适应，需要思想政治教育工作者积极创新，跟上时代潮流的变化，发展出多样化、综合化的教育方法，“以方法的综合优势、整体效应应对社会的多样性存在、环境的复杂性构成、社会文化多元共生与主流文化一元主导并存等社会发展的综合性格局”。

（三）大学生思想政治教育方法综合化发展的实践表现

（1）显性教育与隐性教育的相互补充。我国的思想政治教育一直以来注重显性、直接教育，在现代的多元社会，逐步显现出明显的局限性。思想政治教育总是要在一定的客观环境中进行。大学生思想政治教育方法的创新离不开对大学生生活其中的社会环境的研究和利用，隐性教育方式便应运而生。显性教育方法侧重于教育内容的传授，隐性教育方法则侧重于将教育内容以一定的载体形式渗透到大学生生活的环境中、参与的活动中等各个方面，使得大学生不知不觉地受到思想道德文化的熏陶。可见，显性教育与隐性教育的综合运用是一条提升教育效果的重要途径。

（2）现实方法与虚拟方法的整合运用。一方面不断发展思想政治教育的现实教育方法，加强大学生现实生活思想政治教育的效果。另一方面积极探索能够适应网络虚拟空间的教育方法，把现实方法与虚拟方法有机结合起来，增强大学生思想政治教育的引领力，实现教育有效性的提升。

（3）思想政治教育方法与管理学方法、社会工作方法的相互结合。其一，思想政治教育方法与管理学方法的优势互补。大学生思想政治教育是通过引导大学生对教育内容的内心认同来达到教育目的，而受教育者是否认同、能否履行就只能依靠个体的自觉性了，因此，思想政治教育的实效性经常受到公众的质疑。管理学方法与思想政治教育方法恰恰相反，它通过严格、规范的制度保障来达到管理的目的，效果立竿见影，但是，由于缺乏思想的沟通，会影响人的能动性的发挥。显然，如果把二者有机结合起来，就会产生优势互补的效果。大学生思想政治教育一方面运用真情感化、目标激励、榜样教育等方法，“动之以情、晓之以理”，启发、引导学生的思想认同，另一方面强化制度规范和纪律约束。通过教育与管理的综合运用，来提升大学生思想政治教育的实效性。其二，思想政治教育方法与社会工作方法综合运用。社会工作属于应用社会科学，学校社会工作是其中的一个具体领域，主要以服务学生，努力促进学生的健康成长为目的。可见，学校社会工作与思想政治教育在学生成长方面的目的基本一致。学校社会工作方法相对于教育方法，更具有可操作性和实践性。尤其针对那些在家庭经济状况、人际交往、学习适应等方面出现问题的学生，社会工作方法会通过个案方法、小组方法等方式帮助学生获得自信的力量、提高学习能力。因此，大学生思想政治教育借鉴社会工作方法，与思想政治教育的方法综合运用，是提升思想政治教育工作成效的有效途径。

大学生思想政治教育的方法研究是学科创新发展永恒的主题。本节对大学生思想政治教育方法的发展趋势的探讨，仍然是立足于社会发展与主体对象发展的基础之上。信息社会的到来，对大学生思想政治教育方法提出了创新要求。运用现代科技实现方法的现代化发展是必然趋势。多元化社会使得影响大学生发展的因素更加复杂，仅仅依靠传统思想政治教育方法的苦口婆心的教化，显得苍白无力。寻求与其他相关学科的联合，实现教育方法的综合化发展是必然途径。

第四节　拓展教育视野：高校思想政治教育国际化与社会化趋势

1983 年，邓小平同志为北京景山学校题词：“教育要面向现代化、面向世界、面向未来。”深刻地指出了我国教育发展的总目标和总方向。大学生思想政治教育只有置身于开放的环境中，才能培养出能够承担社会主义现代化建设重任、能够参与国际竞争的人才。

一、大学生思想政治教育国际化发展趋势

思想政治教育的国际化趋势，既是经济全球化、信息全球化、教育国际化发展的客观要求，也是思想政治教育现代化发展的必然走向。

（一）大学生思想政治教育要适应时代要求，必须具有国际视野

随着科学技术的飞速发展，国与国之间的交流越来越频繁，而竞争也越来越激烈。这就要求我国的高等教育要清楚认识所面临的国际挑战和竞争压力，把人才培养的素质评价标准置于国际化的背景中评估与考察，树立国际化的教育观念，培养出能了解国际竞争环境、勇于且善于参与国际竞争的“国际人”。大学生思想政治教育作为培养现代社会公民的学科，更要增强国际化意识，在思想观念上突破封闭性、保守性，大胆走向国际舞台，扩大同资本主义国家的大学生思想政治教育的交流，增强相互了解，辩证地吸收其有益成果，力求在国际竞争中不断完善自己、不断发展自己。

（二）大学生思想政治教育要实现新发展，必须坚持国际化与民族化的统一

紧跟时代发展走向国际化的根本目的是博采众长，发展自己，巩固自己的民族性。“国际化从终极目的上说仍是要解决本国和本民族教育所面临的实际问题，任何外来文化都要经过与本民族文化或吸收或冲突或部分融合、趋同的过程，因为各个国家和民族的教育都根植于其一定的土壤，同时要受到各自不同国情的制约，最终要取得民族的形式才能生存和发展下去。”也就是说，思想政治教育作为一项社会实践活动，与本民族的历史和现实紧密相连，尽管在形式上有共通、共融的地方，但本质上有着阶级、信仰的区别。从这个意义上讲，没有全世界具有普适性的国际化思想政治教育。因此，大学生思想政治教育必须立足我们自己的实际，坚持国际化与民族化相统一的原则，采用国际化的有益形式，体现民族化的独有特色。

二、大学生思想政治教育社会化发展趋势

思想政治教育社会化是指“思想政治教育在适应外在社会要求的过程中，也同时在主体的共同参与下，改造与发展社会的过程”，“它体现了思想政治教育与社会的变化发展保持一致的

必然要求”。同样，大学生思想政治教育也必须改变过去狭窄的教育视野，充分考虑大学生发展的社会化要求，拓展教育视野，有效利用社会教育资源，缩短学校与社会的距离，促进大学生的全面自由发展。

（一）大学生思想政治教育社会化发展的必要性

（1）人的本质属性决定大学生思想政治教育社会化发展。因为人的一切活动都处于一定的社会关系中，从这个意义上说，马克思认为：“人的本质不是单个人所固有的抽象物，在其现实性上，它是一切社会关系的总和。”即个人必须是社会关系的成员，这样才具有改造客观世界的实践性，这说明社会性是人的本质属性。可见，大学生思想政治教育应该认真研究大学生所处的社会关系，从社会关系的总和把握大学生的一般特性，从社会关系的个体差异把握大学生的个性特点。因此，要准确地认识和把握大学生思想发展变化的特点，大学生思想政治教育必须走向社会化。

（2）社会领域的变革要求大学生思想政治教育社会化发展。随着改革开放的深化，社会生活领域发生了深刻的变化：经济成分多样化、利益关系和分配方式多样化、组织形式多样化、就业方式多样化，这些变化使得原来自我封闭式的教育模式已经不能适应时代发展的要求。学校固守的理想化教育与大学生所接触到的世俗化的社会现实不可避免地产生了冲突和矛盾，使大学生从学校所接受的正面教育的影响大大削弱。有人说，大学生五天在学校接受的思想政治教育的效果，周末两天走出校门便化为乌有，可以用数学公式“5＋2＝0”来表示。虽然学校思想政治教育的效果最终为零有些夸大，但是确实反映了关在象牙塔里办教育的做法是存在问题的。因此，要提升大学生思想政治教育的实效性，必须实现学校与社会思想政治教育的互动发展。

（3）高校改革需要大学生思想政治教育社会化发展。随着社会主义市场经济的深化发展，我国高校顺应社会发展的潮流进行了改革。在招生方面，高校近几年扩大招生规模，大学生数量激增。高校教育的大众化发展进程，意味着大学生思想政治教育将会融入更多人的生活之中，大学生思想政治教育将会逐步体现社会教育的特征。而且，大众化教育时代要求大学生思想政治教育必须对这些来自不同的社会阶层、性格特点各异的大学生进行社会环境、家庭氛围的研究与调查，以便有针对性地采取教育对策。大学生思想政治教育对大学生特点把握的过程，也促进了大学生思想政治教育的社会化发展。在就业方面，“双向选择”的导向，使参加勤工俭学、岗前实习的大学生越来越多，加速了大学生的社会化发展进程。因此，大学生思想政治教育为适应大学生的特点和需要，必然朝着社会化方向发展。

（4）家庭教育的分工与选择促进大学生思想政治教育社会化发展。现代社会中家庭教育功能中的智能化倾向日益突出，道德教育功能开始式微，政治教育的内容则基本淡化，家庭对个体的政治社会化功能出现明显衰退。在这种情况下，人们不可能让家庭教育承载更多的政治教育任务，特别是带有明显意识形态化的社会职责。因此，大学生思想政治教育的社会化是必然趋势。

（二）大学生思想政治教育实现社会化的途径

（1）整合利用社会资源，促进大学生思想政治教育社会化发展。第一，整合利用社会人力资源，形成全员育人、全社会育人的合力。在多元化社会环境中，影响大学生思想政治素质的因素也是极其复杂的，单一的封闭的学校教育显得力不从心，打开校门办教育已经是必然的趋势。大学生思想政治教育只有把学校教育、社会教育、社区教育和家庭教育相结合，齐抓共管，才可能提高思想政治教育的实效性。第二，有效利用社会资源和人文资源，发挥环境育人的功能。我国有句俗话，“巧妇难为无米之炊”，说明了资源是人们获得成功的必不可少的基础和条件。同样，大学生思想政治教育也需要丰富、多样的教育资源。一直以来，我国的大学生思想政治教育非常重视学校自身资源的利用，也取得了丰硕成果。但发展到新时期，学校资源已经开发殆尽，需要发掘新的可利用资源予以补充，社会资源便是最好的选择。优美的自然景观、丰富的文化遗产、昂扬的民族精神、红色的旅游资源等都为大学生思想政治教育提供了取之不尽用之不竭的资源。

（2）建立运行机制，推进大学生思想政治教育社会化合力的形成。机制建设有利于形成大学生思想政治教育社会化的氛围，使党政机关、媒体真正把大学生思想政治教育当成自己的责任，协助学校教育，齐抓共管，为大学生营造良好的社会环境、健康的舆论环境，共同推进大学生思想政治教育的发展。

大学生思想政治教育的创新发展必须具备广阔视野和开放意识。大学生思想政治教育要有国际视野，是全球化进程对教育发展的时代要求。随着国际教育的交流和合作的日益频繁，大学生思想政治教育在教育理念、教育方式、教育标准等方面都会逐步与国际接轨，提高人才培养的教育质量，大学生思想政治教育的国际化是必然的发展趋势。大学生思想政治教育要有办大教育意识，是我国社会领域深刻变革的客观要求。在社会发展多样化、高校改革的深化、家庭德育功能弱化的背景下，大学生思想政治教育走向社会化是必然的发展趋势。

参考文献

[1] 阎钢，黄丽珊．构建和谐社会进程中的思想政治教育研究［M］．成都：四川大学出版社，2008.

[2] 王海．和谐社会构建过程中的大学生思想政治教育论［M］．武汉：华中师范大学出版社，2007.

[3] 刘延庆．和谐与统一大学生思想政治教育社会价值与个体价值同构［M］．北京：社会科学文献出版社，2016.

[4] 申小翠．构建社会主义和谐社会的理论与实践［M］．上海：上海交通大学出版社，2011.

[5] 赵红，肖月生，旷勇．和谐社会与大学生思想政治教育创新［M］．长沙：中南大学出版社，2006.

[6] 李方泰．和谐视野下的大学思想政治教育［M］．哈尔滨：东北林业大学出版社，2008.

[7] 李萃英，秦玉良．和谐校园构建与思想政治教育创新研究［M］．长春：吉林大学出版社，2008.

[8] 范跃进．大学生思想政治教育模式建构与实践［M］．北京：中国文史出版社，2014.89.

[9] 杨吉棣，王丽清．当代大学生思想政治教育理论与实践研究［M］．北京：中国文史出版社，2015.25.

[10] 徐国亮．思想政治教育［M］．济南：山东大学出版社，2007.

[11] 宋元林．网络时代大学生思想政治教育导论［M］．长沙：湖南人民出版社，2002.

[12] 张耀灿．思想政治教育学原理［M］．武汉：华中师范大学出版社，1988.

[13] 王焕成．构建和谐社会背景下高校思想政治教育创新研究［D］．兰州：西北师范大学，2007.

[14] 杨海莲．和谐社会视野下大学生思想政治教育方法的创新［D］．北京：中国地质大学，2008.

[15] 蔺松菡．构建和谐社会视角下思想政治教育研究［D］．大连：大连海事大学，2008.

[16] 姜万兰．和谐社会视域中的大学生思想政治教育创新研究［D］．长春：东北师范大学，2006.

[17] 张中伟．和谐社会下的大学生思想政治教育方法创新［D］．合肥：合肥工业大学，2009.

[18] 杜宁．和谐社会视角下高校思想政治教育的创新研究［D］．西安：陕西师范大学，2011.

[19] 朴明珠．构建和谐社会之大学生思想政治教育问题研究［D］．长春：长春理工大学，2006.

[20] 刘玉娟．和谐理念下的高校思想政治教育机制研究 [D]．西安：长安大学，2013.

[21] 邓福庆．和谐文化建设视野中的思想政治教育研究 [D]．长春：东北师范大学，2012.

[22] 胡新峰．大学生思想政治教育机制研究 [D]．长春：东北师范大学，2014.

[23] 高巍翔．全面建设社会主义时期党的思想政治教育研究（1956—1966）[D]．武汉：武汉大学，2010.

[24] 兰宏伟．近十年大学生思想政治教育内容发展创新研究 [D]．长春：东北师范大学，2014.

[25] 孙帅．大学生思想政治教育内容的创新研究 [D]．青岛：青岛大学，2011.

[26] 郑敬斌．学校思想政治教育内容整体构建研究 [D]．长春：东北师范大学，2012.

[27] 石瑛．思想政治教育过程机制研究 [D]．长春：吉林大学，2008.

[28] 邱晓霞．我国思想政治教育目的研究 [D]．青岛：中国海洋大学，2011.

[29] 刘文静．大学生思想政治教育方法运用中存在的问题及改进 [D]．牡丹江：牡丹江师范学院，2014.

[30] 孙炜．大学生思想政治教育的意义与途径 [J]．科技资讯，2014（28）.

[31] 唐琳，李丽等．新兴媒体在开展高校思想政治教育工作中的作用 [J]．科技资讯，2014（28）.

[32] 李丽，孟维超等．当代大学生社会主义核心价值观的培育途径研究 [J]．科技资讯，2014（29）.

[33] 张娥，张东祥等．新媒体时代高校思想政治教育问题研究 [J]．科技风，2014（22）.

[34] 曹晓霞，魏鹏举等．浅论思想政治教育方法创新 [J]．黑河学刊，2013（10）.

[35] 张婧静．试论我国思想政治教育理论与实践对传播学的贡献 [J]．学理论，2013（30）.

[36] 王升臻．思想政治教育本质探究——基于马克思实践视角 [J]．求实，2013（09）.

[37] 李一晨．思想政治教育的价值 [J]．决策探索（下半月），2013（12）.

[38] 张婷，张慧芳．思想政治教育价值的实现过程 [J]．山西高等学校社会科学学报，2015（01）.

[39] 闫艳，王秀阁．论现代思想政治教育目的观 [J]．求实，2011（01）.

[40] 何爱云．思想政治教育环境研究综述 [J]．传承，2013（14）.

[41] 赵旋．高校思想政治教育环境的构建与优化 [J]．中小企业管理与科技（上旬刊），2015（02）.

[42] 付俊龙．浅谈创新高校思想政治教育方法和途径 [J]．科技与企业，2013（24）.

[43] 连方圆．浅谈思想政治教育原则 [J]．佳木斯教育学院学报，2014（02）.